철도법령 달달 암기노트 & OX퀴즈 476제

시대에듀

철도산업발전기본법

제1장 총칙

[제1조] 목적

이 법은 철도산업의 경쟁력을 높이고 발전기반을 조성함으로써 철도산업의 효율성 및 공익성의 향상과 국민경제의 발전에 이바지함을 목적으로 한다.

시행령 [제1조] 목적

이 영은 철도산업발전기본법에서 위임된 사항과 그 시행에 관하여 필요한 사항을 규정함을 목적으로 한다.

[제2조] 적용범위

이 법은 다음 각 호의 어느 하나에 해당하는 철도에 대하여 적용한다. 다만, 제2장의 규정은 모든 철도에 대하여 적용한다.

1. 국가 및 한국고속철도건설공단법에 의하여 설립된 한국고속철도건설공단(이하 "고속철도건설공단"이라 한다)이 소유·건설·운영 또는 관리하는 철도
2. 제20조 제3항에 따라 설립되는 국가철도공단 및 제21조 제3항에 따라 설립되는 한국철도공사가 소유·건설·운영 또는 관리하는 철도

[제3조] 정의

이 법에서 사용하는 용어의 정의는 다음 각 호와 같다.

1. "철도"라 함은 여객 또는 화물을 운송하는 데 필요한 철도시설과 철도차량 및 이와 관련된 운영·지원체계가 유기적으로 구성된 운송체계를 말한다.
2. "철도시설"이라 함은 다음 각 목의 어느 하나에 해당하는 시설(부지를 포함한다)을 말한다.
   가. 철도의 선로(선로에 부대되는 시설을 포함한다), 역시설(물류시설·환승시설 및 편의시설 등을 포함한다) 및 철도운영을 위한 건축물·건축설비
   나. 선로 및 철도차량을 보수·정비하기 위한 선로보수기지, 차량정비기지 및 차량유치시설
   다. 철도의 전철전력설비, 정보통신설비, 신호 및 열차제어설비
   라. 철도노선 간 또는 다른 교통수단과의 연계운영에 필요한 시설
   마. 철도기술의 개발·시험 및 연구를 위한 시설
   바. 철도경영연수 및 철도전문인력의 교육훈련을 위한 시설
   사. 그 밖에 철도의 건설·유지보수 및 운영을 위한 시설로서 대통령령으로 정하는 시설

시행령 **[제2조] 철도시설**

철도산업발전기본법(이하 "법"이라 한다) 제3조 제2호 사목에서 "대통령령이 정하는 시설"이라 함은 다음 각 호의 시설을 말한다.

1. 철도의 건설 및 유지보수에 필요한 자재를 가공·조립·운반 또는 보관하기 위하여 당해 사업기간 중에 사용되는 시설
2. 철도의 건설 및 유지보수를 위한 공사에 사용되는 진입도로·주차장·야적장·토석채취장 및 사토장과 그 설치 또는 운영에 필요한 시설
3. 철도의 건설 및 유지보수를 위하여 당해 사업기간 중에 사용되는 장비와 그 정비·점검 또는 수리를 위한 시설
4. 그 밖에 철도안전관련시설·안내시설 등 철도의 건설·유지보수 및 운영을 위하여 필요한 시설로서 국토교통부장관이 정하는 시설

3. "철도운영"이라 함은 철도와 관련된 다음 각 목의 어느 하나에 해당하는 것을 말한다.
   가. 철도 여객 및 화물 운송
   나. 철도차량의 정비 및 열차의 운행관리
   다. 철도시설·철도차량 및 철도부지 등을 활용한 부대사업개발 및 서비스
4. "철도차량"이라 함은 선로를 운행할 목적으로 제작된 동력차·객차·화차 및 특수차를 말한다.
5. "선로"라 함은 철도차량을 운행하기 위한 궤도와 이를 받치는 노반 또는 공작물로 구성된 시설을 말한다.
6. "철도시설의 건설"이라 함은 철도시설의 신설과 기존 철도시설의 직선화·전철화·복선화 및 현대화 등 철도시설의 성능 및 기능향상을 위한 철도시설의 개량을 포함한 활동을 말한다.
7. "철도시설의 유지보수"라 함은 기존 철도시설의 현상유지 및 성능향상을 위한 점검·보수·교체·개량 등 일상적인 활동을 말한다.
8. "철도산업"이라 함은 철도운송·철도시설·철도차량 관련산업과 철도기술개발관련산업 그 밖에 철도의 개발·이용·관리와 관련된 산업을 말한다.
9. "철도시설관리자"라 함은 철도시설의 건설 및 관리 등에 관한 업무를 수행하는 자로서 다음 각 목의 어느 하나에 해당하는 자를 말한다.
   가. 제19조에 따른 관리청
   나. 제20조 제3항에 따라 설립된 국가철도공단
   다. 제26조 제1항에 따라 철도시설관리권을 설정받은 자
   라. 가목부터 다목까지의 자로부터 철도시설의 관리를 대행·위임 또는 위탁받은 자
10. "철도운영자"라 함은 제21조 제3항에 따라 설립된 한국철도공사 등 철도운영에 관한 업무를 수행하는 자를 말한다.
11. "공익서비스"라 함은 철도운영자가 영리목적의 영업활동과 관계없이 국가 또는 지방자치단체의 정책이나 공공목적 등을 위하여 제공하는 철도서비스를 말한다.

조문확인 OX퀴즈

01 철도산업발전기본법은 철도산업의 경쟁력을 높이고 발전기반을 조성함으로써 철도산업의 효율성 및 공익성의 향상과 국민경제 발전에 이바지함을 목적으로 한다. (O, X)

02 철도라 함은 여객 또는 화물을 운송하는데 필요한 철도시설과 철도차량 및 이와 관련된 운영 지원체계가 유기적으로 구성된 운송체계를 말한다. (O, X)

03 철도운영을 위한 건축물과 건축설비는 부지를 제외하고 철도시설에 해당된다. (O, X)

04 철도안전관련시설·안내시설 등 철도의 건설·유지보수 및 운영을 위하여 필요한 시설로서 국토교통부장관이 정하는 시설은 철도시설에 해당된다. (O, X)

05 선로는 철도차량을 운행하기 위한 궤도만 말한다. (O, X)

06 철도시설의 유지보수는 철도시설의 개선과 성능향상을 위한 점검, 보수 등 관리 활동을 말한다. (O, X)

07 철도산업발전기본법은 국가철도공단 및 한국철도공사가 소유하는 모든 철도에 대하여 적용한다. (O, X)

08 시설관리공단은 철도시설관리자에 해당되지 않는다. (O, X)

09 철도운영자는 한국철도공사 등 철도운영과 철도시설을 유기적으로 수행하는 자를 말한다. (O, X)

10 공익서비스는 국가가 영리목적과 관계없이 정책이나 공공목적 등을 위하여 제공하는 철도서비스를 말한다. (O, X)

정답 **01** O **02** O **03** X **04** O **05** X **06** X **07** O **08** O **09** X **10** X

제2장 철도산업 발전기반의 조성

제1절 철도산업시책의 수립 및 추진체제

[제4조] 시책의 기본방향

① 국가는 철도산업시책을 수립하여 시행하는 경우 효율성과 공익적 기능을 고려하여야 한다.

② 국가는 에너지이용의 효율성, 환경친화성 및 수송효율성이 높은 철도의 역할이 국가의 건전한 발전과 국민의 교통편익 증진을 위하여 필수적인 요소임을 인식하여 적정한 철도수송분담의 목표를 설정하여 유지하고 이를 위한 철도시설을 확보하는 등 철도산업발전을 위한 여러 시책을 마련하여야 한다.

③ 국가는 철도산업시책과 철도투자·안전 등 관련 시책을 효율적으로 추진하기 위하여 필요한 조직과 인원을 확보하여야 한다.

[제5조] 철도산업발전기본계획의 수립 등

① 국토교통부장관은 철도산업의 육성과 발전을 촉진하기 위하여 5년 단위로 철도산업발전기본계획(이하 "기본계획"이라 한다)을 수립하여 시행하여야 한다.

② 기본계획에는 다음 각 호의 사항이 포함되어야 한다.

1. 철도산업 육성시책의 기본방향에 관한 사항
2. 철도산업의 여건 및 동향전망에 관한 사항
3. 철도시설의 투자·건설·유지보수 및 이를 위한 재원확보에 관한 사항
4. 각종 철도 간의 연계수송 및 사업조정에 관한 사항
5. 철도운영체계의 개선에 관한 사항
6. 철도산업 전문인력의 양성에 관한 사항
7. 철도기술의 개발 및 활용에 관한 사항
8. 그 밖에 철도산업의 육성 및 발전에 관한 사항으로서 대통령령으로 정하는 사항

시행령 [제3조] 철도산업발전기본계획의 내용

법 제5조 제2항 제8호에서 "대통령령이 정하는 사항"이라 함은 다음 각 호의 사항을 말한다.

1. 철도수송분담의 목표
2. 철도안전 및 철도서비스에 관한 사항
3. 다른 교통수단과의 연계수송에 관한 사항
4. 철도산업의 국제협력 및 해외시장 진출에 관한 사항
5. 철도산업시책의 추진체계
6. 그 밖에 철도산업의 육성 및 발전에 관한 사항으로서 국토교통부장관이 필요하다고 인정하는 사항

③ 기본계획은 「국가통합교통체계효율화법」 제4조에 따른 국가기간교통망계획, 같은 법 제6조에 따른 중기 교통시설투자계획 및 「국토교통과학기술 육성법」 제4조에 따른 국토교통과학기술 연구개발 종합계획과 조화를 이루도록 하여야 한다.

④ 국토교통부장관은 기본계획을 수립하고자 하는 때에는 미리 기본계획과 관련이 있는 행정기관의 장과 협의한 후 제6조에 따른 철도산업위원회의 심의를 거쳐야 한다. 수립된 기본계획을 변경(대통령령으로 정하는 경미한 변경은 제외한다)하고자 하는 때에도 또한 같다.

시행령 **[제4조] 철도산업발전기본계획의 경미한 변경**

법 제5조 제4항 후단에서 "대통령령이 정하는 경미한 변경"이라 함은 다음 각 호의 변경을 말한다.

1. 철도시설투자사업 규모의 100분의 1의 범위 안에서의 변경
2. 철도시설투자사업 총 투자비용의 100분의 1의 범위 안에서의 변경
3. 철도시설투자사업 기간의 2년의 기간 내에서의 변경

⑤ 국토교통부장관은 제4항에 따라 기본계획을 수립 또는 변경한 때에는 이를 관보에 고시하여야 한다.

⑥ 관계행정기관의 장은 수립·고시된 기본계획에 따라 연도별 시행계획을 수립·추진하고, 해당 연도의 계획 및 전년도의 추진실적을 국토교통부장관에게 제출하여야 한다.

⑦ 제6항에 따른 연도별 시행계획의 수립 및 시행절차에 관하여 필요한 사항은 대통령령으로 정한다.

시행령 **[제5조] 철도산업발전시행계획의 수립절차 등**

① 관계행정기관의 장은 법 제5조 제6항의 규정에 의한 당해 연도의 시행계획을 전년도 11월 말까지 국토교통부장관에게 제출하여야 한다.

② 관계행정기관의 장은 전년도 시행계획의 추진실적을 매년 2월 말까지 국토교통부장관에게 제출하여야 한다.

[제6조] 철도산업위원회

① 철도산업에 관한 기본계획 및 중요정책 등을 심의·조정하기 위하여 국토교통부에 철도산업위원회(이하 "위원회"라 한다)를 둔다.

② 위원회는 다음 각 호의 사항을 심의·조정한다.

1. 철도산업의 육성·발전에 관한 중요정책 사항
2. 철도산업구조개혁에 관한 중요정책 사항
3. 철도시설의 건설 및 관리 등 철도시설에 관한 중요정책 사항
4. 철도안전과 철도운영에 관한 중요정책 사항
5. 철도시설관리자와 철도운영자 간 상호 협력 및 조정에 관한 사항
6. 이 법 또는 다른 법률에서 위원회의 심의를 거치도록 한 사항
7. 그 밖에 철도산업에 관한 중요한 사항으로서 위원장이 회의에 부치는 사항

③ 위원회는 위원장을 포함한 25인 이내의 위원으로 구성한다.

④ 위원회에 상정할 안건을 미리 검토하고 위원회가 위임한 안건을 심의하기 위하여 위원회에 분과위원회를 둔다.

⑤ 이 법에서 규정한 사항 외에 위원회 및 분과위원회의 구성·기능 및 운영에 관하여 필요한 사항은 대통령령으로 정한다.

시행령 [제6조] 철도산업위원회의 구성

① 법 제6조의 규정에 의한 철도산업위원회(이하 "위원회"라 한다)의 위원장은 국토교통부장관이 된다.

② 위원회의 위원은 다음 각 호의 자가 된다.

1. 기획재정부차관 · 교육부차관 · 과학기술정보통신부차관 · 행정안전부차관 · 산업통상자원부차관 · 고용노동부차관 · 국토교통부차관 · 해양수산부차관 및 공정거래위원회부위원장
2. 법 제20조 제3항의 규정에 따른 국가철도공단(이하 "국가철도공단"이라 한다)의 이사장
3. 법 제21조 제3항의 규정에 의한 한국철도공사(이하 "한국철도공사"라 한다)의 사장
4. 철도산업에 관한 전문성과 경험이 풍부한 자 중에서 위원회의 위원장이 위촉하는 자

③ 제2항 제4호의 규정에 의한 위원의 임기는 2년으로 하되, 연임할 수 있다.

[제6조의2] 위원의 해촉

위원회의 위원장은 제6조 제2항 제4호에 따른 위원이 다음 각 호의 어느 하나에 해당하는 경우에는 해당 위원을 해촉(解囑)할 수 있다.

1. 심신장애로 인하여 직무를 수행할 수 없게 된 경우
2. 직무와 관련된 비위사실이 있는 경우
3. 직무태만, 품위손상이나 그 밖의 사유로 인하여 위원으로 적합하지 아니하다고 인정되는 경우
4. 위원 스스로 직무를 수행하는 것이 곤란하다고 의사를 밝히는 경우

[제7조] 위원회의 위원장의 직무

① 위원회의 위원장은 위원회를 대표하며, 위원회의 업무를 총괄한다.

② 위원회의 위원장이 부득이한 사유로 직무를 수행할 수 없는 때에는 위원회의 위원장이 미리 지명한 위원이 그 직무를 대행한다.

[제8조] 회의

① 위원회의 위원장은 위원회의 회의를 소집하고, 그 의장이 된다.

② 위원회의 회의는 재적위원 과반수의 출석과 출석위원 과반수의 찬성으로 의결한다.

③ 위원회는 회의록을 작성 · 비치하여야 한다.

[제9조] 간사

위원회에 간사 1인을 두되, 간사는 국토교통부장관이 국토교통부소속 공무원 중에서 지명한다.

[제10조] 실무위원회의 구성 등

① 위원회의 심의 · 조정사항과 위원회에서 위임한 사항의 실무적인 검토를 위하여 위원회에 실무위원회를 둔다.

② 실무위원회는 위원장을 포함한 20인 이내의 위원으로 구성한다.

③ 실무위원회의 위원장은 국토교통부장관이 국토교통부의 3급 공무원 또는 고위공무원단에 속하는 일반직공무원 중에서 지명한다.

④ 실무위원회의 위원은 다음 각 호의 자가 된다.

1. 기획재정부 · 교육부 · 과학기술정보통신부 · 행정안전부 · 산업통상자원부 · 고용노동부 · 국토교통부 · 해양수산부 및 공정거래위원회의 3급 공무원, 4급 공무원 또는 고위공무원단에 속하는 일반직공무원 중 그 소속기관의 장이 지명하는 자 각 1인
2. 국가철도공단의 임직원 중 국가철도공단이사장이 지명하는 자 1인
3. 한국철도공사의 임직원 중 한국철도공사사장이 지명하는 자 1인
4. 철도산업에 관한 전문성과 경험이 풍부한 자 중에서 실무위원회의 위원장이 위촉하는 자

⑤ 제4항 제4호의 규정에 의한 위원의 임기는 2년으로 하되, 연임할 수 있다.
⑥ 실무위원회에 간사 1인을 두되, 간사는 국토교통부장관이 국토교통부소속 공무원 중에서 지명한다.
⑦ 제8조의 규정은 실무위원회의 회의에 관하여 이를 준용한다.

[제10조의2] 실무위원회 위원의 해촉 등

① 제10조 제4항 제1호부터 제3호까지의 규정에 따라 위원을 지명한 자는 위원이 다음 각 호의 어느 하나에 해당하는 경우에는 그 지명을 철회할 수 있다.
1. 심신장애로 인하여 직무를 수행할 수 없게 된 경우
2. 직무와 관련된 비위사실이 있는 경우
3. 직무태만, 품위손상이나 그 밖의 사유로 인하여 위원으로 적합하지 아니하다고 인정되는 경우
4. 위원 스스로 직무를 수행하는 것이 곤란하다고 의사를 밝히는 경우

② 실무위원회의 위원장은 제10조 제4항 제4호에 따른 위원이 제1항 각 호의 어느 하나에 해당하는 경우에는 해당 위원을 해촉할 수 있다.

[제11조] 철도산업구조개혁기획단의 구성 등

① 위원회의 활동을 지원하고 철도산업의 구조개혁 그 밖에 철도정책과 관련되는 다음 각 호의 업무를 지원·수행하기 위하여 국토교통부장관소속하에 철도산업구조개혁기획단(이하 "기획단"이라 한다)을 둔다.
1. 철도산업구조개혁기본계획 및 분야별 세부추진계획의 수립
2. 철도산업구조개혁과 관련된 철도의 건설·운영주체의 정비
3. 철도산업구조개혁과 관련된 인력조정·재원확보대책의 수립
4. 철도산업구조개혁과 관련된 법령의 정비
5. 철도산업구조개혁추진에 따른 철도운임·철도시설사용료·철도수송시장 등에 관한 철도산업정책의 수립
6. 철도산업구조개혁추진에 따른 공익서비스비용의 보상, 세제·금융지원 등 정부지원정책의 수립
7. 철도산업구조개혁추진에 따른 철도시설건설계획 및 투자재원조달대책의 수립
8. 철도산업구조개혁추진에 따른 전기·신호·차량 등에 관한 철도기술개발정책의 수립
9. 철도산업구조개혁추진에 따른 철도안전기준의 정비 및 안전정책의 수립
10. 철도산업구조개혁추진에 따른 남북철도망 및 국제철도망 구축정책의 수립
11. 철도산업구조개혁에 관한 대외협상 및 홍보
12. 철도산업구조개혁추진에 따른 각종 철도의 연계 및 조정
13. 그 밖에 철도산업구조개혁과 관련된 철도정책 전반에 관하여 필요한 업무

② 기획단은 단장 1인과 단원으로 구성한다.
③ 기획단의 단장은 국토교통부장관이 국토교통부의 3급 공무원 또는 고위공무원단에 속하는 일반직공무원 중에서 임명한다.
④ 국토교통부장관은 기획단의 업무수행을 위하여 필요하다고 인정하는 때에는 관계 행정기관, 한국철도공사 등 관련 공사, 국가철도공단 등 특별법에 의하여 설립된 공단 또는 관련 연구기관에 대하여 소속 공무원·임직원 또는 연구원을 기획단으로 파견하여 줄 것을 요청할 수 있다.
⑤ 기획단의 조직 및 운영에 관하여 필요한 세부적인 사항은 국토교통부장관이 정한다.

[제12조] 관계행정기관 등에의 협조요청 등

위원회 및 실무위원회는 그 업무를 수행하기 위하여 필요한 때에는 관계행정기관 또는 단체 등에 대하여 자료 또는 의견의 제출 등의 협조를 요청하거나 관계공무원 또는 관계전문가 등을 위원회 및 실무위원회에 참석하게 하여 의견을 들을 수 있다.

[제13조] 수당 등

위원회와 실무위원회의 위원 중 공무원이 아닌 위원 및 위원회와 실무위원회에 출석하는 관계전문가에 대하여는 예산의 범위 안에서 수당·여비 그 밖의 필요한 경비를 지급할 수 있다.

[제14조] 운영세칙

이 영에서 규정한 사항 외에 위원회 및 실무위원회의 운영에 관하여 필요한 사항은 위원회의 의결을 거쳐 위원회의 위원장이 정한다.

조문확인 OX퀴즈

01 국가는 철도산업시책을 수립하여 시행하는 경우 효율성과 공익적 기능을 고려하여야 한다. (O, X)

02 국가는 철도수송분담의 목표를 설정하여 지속적으로 높여나가야 한다. (O, X)

03 국가는 철도산업시책과 철도투자 · 안전 등 관련 시책을 효율적으로 추진하기 위하여 필요한 조직과 인원을 확보하여야 한다. (O, X)

04 국토교통부장관은 철도산업의 육성과 발전을 촉진하기 위하여 1년 단위로 철도산업발전기본계획을 수립하여 시행하여야 한다. (O, X)

05 철도산업 육성시책의 기본방향에 관한 사항은 기본계획에 포함되어야 한다. (O, X)

06 기본계획에는 철도산업체계의 개선에 관한 사항이 포함되어야 한다. (O, X)

07 철도산업의 육성 및 발전에 관한 사항으로서 국토교통부령으로 정하는 사항은 기본계획에 포함되어야 하는 사항이 아니다. (O, X)

08 기본계획은 국토교통과학기술 연구개발 종합계획과 조화를 이루도록 하여야 한다. (O, X)

09 기본계획을 수립하고자 하는 때에는 미리 기본계획과 관련이 있는 행정기관의 장과 협의를 하여야 한다. (O, X)

10 철도시설투자사업 기간의 2년의 기간 내에서의 변경을 할 때는 철도산업위원회의 심의를 거치지 않아도 된다. (O, X)

11 관계행정기관의 장은 전년도 시행계획의 추진실적을 매년 11월 말까지 국토교통부장관에게 제출하여야 한다. (O, X)

12 국토교통부장관은 기본계획을 수립한 때에는 대통령에게 보고하여야 한다. (O, X)

13 철도산업에 관한 기본계획 및 중요정책 등을 심의 · 조정하기 위하여 산업통상자원부에 철도산업위원회를 둔다. (O, X)

14 철도산업위원회는 철도산업구조개혁에 관한 중요정책 사항을 심의 · 조정한다. (O, X)

15 철도차량에 관한 중요정책 사항을 철도산업위원회는 심의 · 조정한다. (O, X)

16 철도산업위원회는 위원장을 제외하고 25인 이내의 위원으로 구성한다. (O, X)

17 철도산업위원회는 상정할 안건을 미리 검토하고 위원회가 위임한 안건을 심의하기 위하여 위원회에 실무위원회를 둔다. (O, X)

18 철도산업위원회의 위원장은 국토교통부장관이 된다. (O, X)

19 철도산업위원회 위원의 임기는 2년이며, 연임할 수 없다. (O, X)

20 철도산업위원회의 회의는 간사가 소집하고 국토교통부장관이 의장이 된다. (O, X)

21 철도산업위원회의 회의는 재적위원 과반수의 찬성으로 의결한다. (O, X)

22 실무위원회는 위원장을 포함한 20인 이내의 위원으로 구성한다. (O, X)

23 행정안전부장관은 실무위원회의 위원이 될 수 없다. (O, X)

24 실무위원회의 위원장은 국토교통부차관이 한다. (O, X)

25 실무위원회에는 간사를 두지 않는다. (O, X)

26 철도산업구조개혁기획단은 단장 1인과 간사로 구성된다. (O, X)

27 철도산업구조개혁기획단은 철도산업구조개혁추진에 따른 남북철도망 및 국제철도망 구축정책의 수립 업무를 지원, 수행한다. (O, X)

28 철도산업위원회의 위원 중 공정거래위원회부위원장이 있다. (O, X)

29 철도산업위원회 위원이 심신장애로 인하여 직무를 수행할 수 없게 된 경우 국토교통부장관은 해당 위원을 해촉할 수 있다. (O, X)

30 철도산업위원회는 회의록을 작성·비치하여야 한다. (O, X)

31 한국철도공사의 임직원 중 한국철도공사사장이 지명하는 자 1인은 실무위원회 위원이 된다. (O, X)

32 실무위원회의 위원장은 직무와 관련된 비위사실이 있는 실무위원회 위원을 해촉할 수 있다. (O, X)

33 철도산업구조개혁기획단의 단장은 국토교통부장관이 임명한다. (O, X)

34 철도산업구조개혁기획단의 조직 및 운영에 관하여 필요한 세부적인 사항은 기획단장이 정한다. (O, X)

35 철도산업구조개혁기획단의 업무수행을 위하여 필요하다고 인정하는 때에는 국토교통부장관은 국가철도공단 등 임직원을 기획단으로 파견하여 줄 것을 요청할 수 있다. (O, X)

36 철도산업위원회는 그 업무를 수행하기 위하여 필요한 때에는 관계 전문가 등을 위원회에 참석하게 하여 의견을 들을 수 있다. (O, X)

37 철도산업위원회 위원 중 공무원이 아닌 위원에 대하여 예산의 범위 안에서 필요한 경비를 지급할 수 있다. (O, X)

38 철도산업위원회 운영에 관하여 필요한 사항은 심의를 거쳐 국토교통부장관이 정한다. (O, X)

39 철도산업위원회의 위원장이 부득이한 사유로 직무를 수행할 수 없을 때에는 실무위원회 위원장이 그 직무를 대행한다. (O, X)

40 철도시설관리자와 철도운영자 간 상호 협력 추진에 관하여 철도산업구조개혁기획단은 지원을 할 수 있다. (O, X)

41 철도산업구조개혁기획단은 국토교통부장관소속하에 둔다. (O, X)

42 철도산업구조개혁기획단의 단장은 공무원이다. (O, X)

정답 01 O 02 X 03 O 04 X 05 O 06 X 07 O 08 O 09 O 10 O 11 X 12 X 13 X 14 O 15 X 16 X 17 X 18 O 19 X 20 X 21 X 22 O 23 O 24 X 25 X 26 X 27 O 28 O 29 O 30 O 31 O 32 O 33 O 34 X 15 O 36 O 37 O 38 X 39 X 40 X 41 O 42 O

제2절 철도산업의 육성

[법 제7조] 철도시설 투자의 확대

① 국가는 철도시설 투자를 추진하는 경우 사회적·환경적 편익을 고려하여야 한다.

② 국가는 각종 국가계획에 철도시설 투자의 목표치와 투자계획을 반영하여야 하며, 매년 교통시설 투자예산에서 철도시설 투자예산의 비율이 지속적으로 높아지도록 노력하여야 한다.

[법 제8조] 철도산업의 지원

국가 및 지방자치단체는 철도산업의 육성·발전을 촉진하기 위하여 철도산업에 대한 재정·금융·세제·행정상의 지원을 할 수 있다.

[법 제9조] 철도산업전문인력의 교육·훈련 등

① 국토교통부장관은 철도산업에 종사하는 자의 자질향상과 새로운 철도기술 및 그 운영기법의 향상을 위한 교육·훈련방안을 마련하여야 한다.

② 국토교통부장관은 국토교통부령으로 정하는 바에 의하여 철도산업전문연수기관과 협약을 체결하여 철도산업에 종사하는 자의 교육·훈련프로그램에 대한 행정적·재정적 지원 등을 할 수 있다.

③ 제2항에 따른 철도산업전문연수기관은 매년 전문인력수요조사를 실시하고 그 결과와 전문인력의 수급에 관한 의견을 국토교통부장관에게 제출할 수 있다.

④ 국토교통부장관은 새로운 철도기술과 운영기법의 향상을 위하여 특히 필요하다고 인정하는 때에는 정부투자기관·정부출연기관 또는 정부가 출자한 회사 등으로 하여금 새로운 철도기술과 운영기법의 연구·개발에 투자하도록 권고할 수 있다.

[법 제10조] 철도산업교육과정의 확대 등

① 국토교통부장관은 철도산업전문인력의 수급의 변화에 따라 철도산업교육과정의 확대 등 필요한 조치를 관계중앙행정기관의 장에게 요청할 수 있다.

② 국가는 철도산업종사자의 자격제도를 다양화하고 질적 수준을 유지·발전시키기 위하여 필요한 시책을 수립·시행하여야 한다.

③ 국토교통부장관은 철도산업 전문인력의 원활한 수급 및 철도산업의 발전을 위하여 특성화된 대학 등 교육기관을 운영·지원할 수 있다.

[법 제11조] 철도기술의 진흥 등

① 국토교통부장관은 철도기술의 진흥 및 육성을 위하여 철도기술전반에 대한 연구 및 개발에 노력하여야 한다.

② 국토교통부장관은 제1항에 따른 연구 및 개발을 촉진하기 위하여 이를 전문으로 연구하는 기관 또는 단체를 지도·육성하여야 한다.

③ 국가는 철도기술의 진흥을 위하여 철도시험·연구개발시설 및 부지 등 국유재산을 과학기술분야 정부출연연구기관 등의 설립·운영 및 육성에 관한 법률에 의한 한국철도기술연구원에 무상으로 대부·양여하거나 사용·수익하게 할 수 있다.

[법 제12조] 철도산업의 정보화 촉진

① 국토교통부장관은 철도산업에 관한 정보를 효율적으로 처리하고 원활하게 유통하기 위하여 대통령령으로 정하는 바에 의하여 철도산업정보화기본계획을 수립·시행하여야 한다.

시행령 **[제15조] 철도산업정보화기본계획의 내용 등**

① 법 제12조 제1항의 규정에 의한 철도산업정보화기본계획에는 다음 각 호의 사항이 포함되어야 한다.

1. 철도산업정보화의 여건 및 전망
2. 철도산업정보화의 목표 및 단계별 추진계획
3. 철도산업정보화에 필요한 비용
4. 철도산업정보의 수집 및 조사계획
5. 철도산업정보의 유통 및 이용활성화에 관한 사항
6. 철도산업정보화와 관련된 기술개발의 지원에 관한 사항
7. 그 밖에 국토교통부장관이 필요하다고 인정하는 사항

② 국토교통부장관은 법 제12조 제1항의 규정에 의하여 철도산업정보화기본계획을 수립 또는 변경하고자 하는 때에는 위원회의 심의를 거쳐야 한다.

② 국토교통부장관은 철도산업에 관한 정보를 효율적으로 수집·관리 및 제공하기 위하여 대통령령으로 정하는 바에 의하여 철도산업정보센터를 설치·운영하거나 철도산업에 관한 정보를 수집·관리 또는 제공하는 자 등에게 필요한 지원을 할 수 있다.

시행령 **[제16조] 철도산업정보센터의 업무 등**

① 법 제12조 제2항의 규정에 의한 철도산업정보센터는 다음 각 호의 업무를 행한다.

1. 철도산업정보의 수집·분석·보급 및 홍보
2. 철도산업의 국제동향 파악 및 국제협력사업의 지원

② 국토교통부장관은 법 제12조 제2항의 규정에 의하여 철도산업에 관한 정보를 수집·관리 또는 제공하는 자에게 예산의 범위 안에서 운영에 소요되는 비용을 지원할 수 있다.

[법 제13조] 국제협력 및 해외진출 촉진

① 국토교통부장관은 철도산업에 관한 국제적 동향을 파악하고 국제협력을 촉진하여야 한다.

② 국가는 철도산업의 국제협력 및 해외시장 진출을 추진하기 위하여 다음 각 호의 사업을 지원할 수 있다.

1. 철도산업과 관련된 기술 및 인력의 국제교류
2. 철도산업의 국제표준화와 국제공동연구개발
3. 그 밖에 국토교통부장관이 철도산업의 국제협력 및 해외시장 진출을 촉진하기 위하여 필요하다고 인정하는 사업

[법 제13조의2] 협회의 설립

① 철도산업에 관련된 기업, 기관 및 단체와 이에 관한 업무에 종사하는 자는 철도산업의 건전한 발전과 해외진출을 도모하기 위하여 철도협회(이하 "협회"라 한다)를 설립할 수 있다.

② 협회는 법인으로 한다.

③ 협회는 국토교통부장관의 인가를 받아 주된 사무소의 소재지에 설립등기를 함으로써 성립한다.

④ 협회는 철도 분야에 관한 다음 각 호의 업무를 한다.

1. 정책 및 기술개발의 지원
2. 정보의 관리 및 공동활용 지원
3. 전문인력의 양성 지원
4. 해외철도 진출을 위한 현지조사 및 지원
5. 조사·연구 및 간행물의 발간
6. 국가 또는 지방자치단체 위탁사업
7. 그 밖에 정관으로 정하는 업무

⑤ 국가, 지방자치단체 및 「공공기관의 운영에 관한 법률」에 따른 철도 분야 공공기관은 협회에 위탁한 업무의 수행에 필요한 비용의 전부 또는 일부를 예산의 범위에서 지원할 수 있다.

⑥ 협회의 정관은 국토교통부장관의 인가를 받아야 하며, 정관의 기재사항과 협회의 운영 등에 필요한 사항은 대통령령으로 정한다.

⑦ 협회에 관하여 이 법에 규정한 것 외에는 「민법」 중 사단법인에 관한 규정을 준용한다.

조문확인 OX퀴즈

01 국가는 철도산업 투자를 추진하는 경우 사회적·환경적 편익을 고려하여야 한다. (O, X)

02 국가는 각종계획에 철도시설 투자의 목표치와 투자계획을 반영하여야 한다. (O, X)

03 국가는 매년 교통시설 투자예산에서 철도시설 투자예산의 비율이 지속적으로 높아지도록 노력하여야 한다. (O, X)

04 국가 및 지방자치단체는 철도시설의 발전을 촉진하기 위하여 재정·금융·세제·행정상의 지원을 할 수 있다. (O, X)

05 국토교통부장관은 철도산업에 종사하는 자의 자질향상과 새로운 철도기술 및 그 운영기법의 향상을 위한 개발·지원방안을 마련하여야 한다. (O, X)

06 국토교통부장관은 국토교통부령으로 정하는 바에 의하여 철도산업전문가와 협업하여 철도산업에 종사하는 자를 교육하여야 한다. (O, X)

07 철도산업전문연수기관은 매년 철도종사자 교육프로그램을 실시하고 그 결과와 전문인력의 수급에 관한 의견을 국토교통부장관에게 제출할 수 있다. (O, X)

08 국토교통부장관은 철도산업전문인력의 수급의 변화에 따라 철도산업교육과정의 확대 등 필요한 조치를 관계중앙행정기관의 장에게 요청할 수 있다. (O, X)

09 국토교통부장관은 철도산업종사자의 자격제도를 다양화하고 질적 수준을 유지·발전시키기 위하여 필요한 시책을 수립·시행하여야 한다. (O, X)

10 지방자치단체는 철도산업전문인력의 원활한 수급 및 철도산업의 발전을 위하여 특성화된 대학 등 교육기관을 운영·지원할 수 있다. (O, X)

11 국토교통부장관은 철도기술의 진흥 및 육성을 위하여 철도기술전반에 대한 연구 및 개발에 노력하여야 한다. (O, X)

12 국토교통부장관은 철도산업에 관한 정보를 효율적으로 처리하고 원활하게 유통하기 위하여 대통령령으로 정하는 바에 의하여 철도산업정보화기본계획을 수립·시행하여야 한다. (O, X)

13 철도산업정보화기본계획에는 철도산업정보화에 필요한 비용이 포함되어야 한다. (O, X)

14 국토교통부장관은 철도산업정보화기본계획을 변경하고자 하는 때에는 미리 관계 행정기관의 장과 협의를 하여야 한다. (O, X)

15 철도산업정보의 투자·유지보수 및 이를 위한 재원확보에 관한 사항은 철도산업정보화기본계획에 포함되지 않는다. (O, X)

16 국토교통부장관은 새로운 철도기술을 위하여 특히 필요하다고 인정하는 때에는 정부가 출자한 회사 등으로 하여금 새로운 철도기술의 연구·개발에 투자하도록 권고할 수 있다. (O, X)

17 국가는 철도산업에 관한 정보를 수집·관리 또는 제공하는 자 등에게 필요한 지원을 할 수 있다. (O, X)

18 국토교통부장관은 철도산업에 관한 정보를 효율적으로 수집·관리 및 제공하기 위하여 대통령령으로 정하는 바에 의하여 철도산업정보센터를 설치·운영할 수 있다. (O, X)

19 철도산업정보센터의 업무에는 철도산업의 국제동향 파악 및 국제협력사업의 지원이 있다. (O, X)

20 국토교통부장관은 철도산업에 관한 정보를 수집·관리 또는 제공하는 자에게 예산의 범위 안에서 운영에 소요되는 비용·수당·여비 그 밖의 필요한 경비를 지원할 수 있다. (O, X)

21 철도산업에 관련된 기업, 기관 및 단체와 이에 관한 업무에 종사하는 자는 철도산업의 건전한 발전과 해외 진출을 도모하기 위하여 철도협회를 설립할 수 있다. (O, X)

22 철도협회는 법인으로 한다. (O, X)

23 국가는 국토교통부장관이 철도산업의 국제협력 및 해외시장 진출을 촉진하기 위하여 필요하다고 인정하는 사업을 지원할 수 있다. (O, X)

24 철도협회는 대통령의 인가를 받아 주된 사무소의 소재지에 설립등기를 함으로써 성립한다. (O, X)

25 철도협회는 철도분야에 관한 정보의 관리 및 공동활용 지원 업무를 한다. (O, X)

26 철도협회의 업무 범위에는 국토교통부장관이 정하는 업무가 있다. (O, X)

27 철도협회의 정관은 국토교통부장관의 인가를 받아야 한다. (O, X)

28 철도 분야 공공기관은 철도협회에 위탁한 업무의 수행에 필요한 비용의 전부를 예산의 범위에서 지원할 수 있다. (O, X)

29 철도협회 정관의 기재사항과 철도협회의 운영 등에 필요한 사항은 국토교통부령으로 정한다. (O, X)

30 철도협회에 관하여 철도산업발전기본법에 규정한 것 외에는 민법 중 비영리법인에 관한 규정을 준용한다. (O, X)

정답 01 X 02 O 03 O 04 X 05 X 06 X 07 X 08 O 09 X 10 X 11 O 12 O 13 O 14 X 15 O
16 O 17 X 18 O 19 O 20 X 21 O 22 O 23 O 24 X 25 O 26 X 27 O 28 O 29 X 30 X

제3장 철도안전 및 이용자 보호

[법 제14조] 철도안전

① 국가는 국민의 생명·신체 및 재산을 보호하기 위하여 철도안전에 필요한 법적·제도적 장치를 마련하고 이에 필요한 재원을 확보하도록 노력하여야 한다.

② 철도시설관리자는 그 시설을 설치 또는 관리할 때에 법령에서 정하는 바에 따라 해당 시설의 안전한 상태를 유지하고, 해당 시설과 이를 이용하려는 철도차량 간의 종합적인 성능검증 및 안전상태 점검 등 안전확보에 필요한 조치를 하여야 한다.

③ 철도운영자 또는 철도차량 및 장비 등의 제조업자는 법령에서 정하는 바에 따라 철도의 안전한 운행 또는 그 제조하는 철도차량 및 장비 등의 구조·설비 및 장치의 안전성을 확보하고 이의 향상을 위하여 노력하여야 한다.

④ 국가는 객관적이고 공정한 철도사고조사를 추진하기 위한 전담기구와 전문인력을 확보하여야 한다.

[법 제15조] 철도서비스의 품질개선 등

① 철도운영자는 그가 제공하는 철도서비스의 품질을 개선하기 위하여 노력하여야 한다.

② 국토교통부장관은 철도서비스의 품질을 개선하고 이용자의 편익을 높이기 위하여 철도서비스의 품질을 평가하여 시책에 반영하여야 한다.

③ 제2항에 따른 철도서비스 품질평가의 절차 및 활용 등에 관하여 필요한 사항은 국토교통부령으로 정한다.

[법 제16조] 철도이용자의 권익보호 등

국가는 철도이용자의 권익보호를 위하여 다음 각 호의 시책을 강구하여야 한다.

1. 철도이용자의 권익보호를 위한 홍보·교육 및 연구
2. 철도이용자의 생명·신체 및 재산상의 위해 방지
3. 철도이용자의 불만 및 피해에 대한 신속·공정한 구제조치
4. 그 밖에 철도이용자 보호와 관련된 사항

조문확인 OX퀴즈

01 국가는 국민의 생명을 보호하기 위하여 철도안전에 필요한 법적 장치를 마련하여야 한다. (O, X)

02 국가는 철도안전에 필요한 제도적 장치에 필요한 재원을 확보하도록 노력하여야 한다. (O, X)

03 철도시설관리자는 그 시설을 설치 또는 관리할 때에 법령에서 정하는 바에 따라 해당 시설의 안전한 상태를 유지하여야 한다. (O, X)

04 철도시설관리자는 철도시설과 이를 이용하려는 고객 안전확보에 필요한 조치를 하여야 한다. (O, X)

05 철도운영자 또는 철도차량 및 장비 등의 제조업자는 법령에서 정하는 바에 따라 철도의 안전한 운행 또는 그 제조하는 철도차량 및 장비 등의 구조·설비 및 장치의 안전성을 확보하고 이의 향상을 위하여 노력하여야 한다. (O, X)

06 국토교통부장관은 객관적이고 공정한 철도사고조사를 추진하기 위한 전담기구와 전문인력을 확보하여야 한다. (O, X)

07 철도운영자는 그가 제공하는 철도서비스의 품질을 개선하기 위하여 노력하여야 한다. (O, X)

08 국가는 철도서비스의 품질을 개선하고 이용자의 편익을 높이기 위하여 철도서비스의 품질을 평가하여 시책에 반영하여야 한다. (O, X)

09 철도서비스 품질평가의 절차 및 활용 등에 관하여 필요한 사항은 국토교통부령으로 정한다. (O, X)

10 국가는 철도이용자의 불만 및 피해에 대한 신속·공정한 구제조치의 시책을 강구하여야 한다. (O, X)

11 국가는 철도이용자의 권익보호를 위하여 철도이용자의 생명·신체 및 재산상의 위해 방지 시책을 강구하여야 한다. (O, X)

정답 **01** O **02** O **03** O **04** X **05** O **06** X **07** O **08** X **09** O **10** O **11** O

제4장 철도산업구조개혁의 추진

제1절 기본시책

[법 제17조] 철도산업구조개혁의 기본방향

① 국가는 철도산업의 경쟁력을 강화하고 발전기반을 조성하기 위하여 철도시설 부문과 철도운영 부문을 분리하는 철도산업의 구조개혁을 추진하여야 한다.

② 국가는 철도시설 부문과 철도운영 부문 간의 상호 보완적 기능이 발휘될 수 있도록 대통령령으로 정하는 바에 의하여 상호 협력 체계 구축 등 필요한 조치를 마련하여야 한다.

시행령 [제23조] 업무절차서의 교환 등

① 철도시설관리자와 철도운영자는 법 제17조 제2항의 규정에 의하여 철도시설관리와 철도운영에 있어 상호 협력이 필요한 분야에 대하여 업무절차서를 작성하여 정기적으로 이를 교환하고, 이를 변경한 때에는 즉시 통보하여야 한다.

② 철도시설관리자와 철도운영자는 상호 협력이 필요한 분야에 대하여 정기적으로 합동점검을 하여야 한다.

[제24조] 선로배분지침의 수립 등

① 국토교통부장관은 법 제17조 제2항의 규정에 의하여 철도시설관리자와 철도운영자가 안전하고 효율적으로 선로를 사용할 수 있도록 하기 위하여 선로용량의 배분에 관한 지침(이하 "선로배분지침"이라 한다)을 수립·고시하여야 한다.

② 제1항의 규정에 의한 선로배분지침에는 다음 각 호의 사항이 포함되어야 한다.

1. 여객열차와 화물열차에 대한 선로용량의 배분
2. 지역 간 열차와 지역 내 열차에 대한 선로용량의 배분
3. 선로의 유지보수·개량 및 건설을 위한 작업시간
4. 철도차량의 안전운행에 관한 사항
5. 그 밖에 선로의 효율적 활용을 위하여 필요한 사항

③ 철도시설관리자·철도운영자 등 선로를 관리 또는 사용하는 자는 제1항의 규정에 의한 선로배분지침을 준수하여야 한다.

④ 국토교통부장관은 철도차량 등의 운행정보의 제공, 철도차량 등에 대한 운행통제, 적법운행 여부에 대한 지도·감독, 사고발생 시 사고복구 지시 등 철도교통의 안전과 질서를 유지하기 위하여 필요한 조치를 할 수 있도록 철도교통관제시설을 설치·운영하여야 한다.

[법 제18조] 철도산업구조개혁기본계획의 수립 등

① 국토교통부장관은 철도산업의 구조개혁을 효율적으로 추진하기 위하여 철도산업구조개혁기본계획(이하 "구조개혁계획"이라 한다)을 수립하여야 한다.

② 구조개혁계획에는 다음 각 호의 사항이 포함되어야 한다.

1. 철도산업구조개혁의 목표 및 기본방향에 관한 사항
2. 철도산업구조개혁의 추진방안에 관한 사항
3. 철도의 소유 및 경영구조의 개혁에 관한 사항
4. 철도산업구조개혁에 따른 대내외 여건조성에 관한 사항
5. 철도산업구조개혁에 따른 자산·부채·인력 등에 관한 사항
6. 철도산업구조개혁에 따른 철도관련 기관·단체 등의 정비에 관한 사항
7. 그 밖에 철도산업구조개혁을 위하여 필요한 사항으로서 대통령령으로 정하는 사항

시행령 [제25조] 철도산업구조개혁기본계획의 내용

법 제18조 제2항 제7호에서 "대통령령이 정하는 사항"이라 함은 다음 각 호의 사항을 말한다.

1. 철도서비스 시장의 구조개편에 관한 사항
2. 철도요금·철도시설사용료 등 가격정책에 관한 사항
3. 철도안전 및 서비스향상에 관한 사항
4. 철도산업구조개혁의 추진체계 및 관계기관의 협조에 관한 사항
5. 철도산업구조개혁의 중장기 추진방향에 관한 사항
6. 그 밖에 국토교통부장관이 철도산업구조개혁의 추진을 위하여 필요하다고 인정하는 사항

③ 국토교통부장관은 구조개혁계획을 수립하고자 하는 때에는 미리 구조개혁계획과 관련이 있는 행정기관의 장과 협의한 후 제6조에 따른 위원회의 심의를 거쳐야 한다. 수립한 구조개혁계획을 변경(대통령령으로 정하는 경미한 변경은 제외한다)하고자 하는 경우에도 또한 같다.

시행령 [제26조] 철도산업구조개혁기본계획의 경미한 변경

법 제18조 제3항 후단에서 "대통령령이 정하는 경미한 변경"이라 함은 철도산업구조개혁기본계획 추진기간의 1년의 기간 내에서의 변경을 말한다.

④ 국토교통부장관은 제3항에 따라 구조개혁계획을 수립 또는 변경한 때에는 이를 관보에 고시하여야 한다.

⑤ 관계행정기관의 장은 수립·고시된 구조개혁계획에 따라 연도별 시행계획을 수립·추진하고, 그 연도의 계획 및 전년도의 추진실적을 국토교통부장관에게 제출하여야 한다.

⑥ 제5항에 따른 연도별 시행계획의 수립 및 시행 등에 관하여 필요한 사항은 대통령령으로 정한다.

시행령 [제27조] 철도산업구조개혁시행계획의 수립절차 등

① 관계행정기관의 장은 법 제18조 제5항의 규정에 의한 당해 연도의 시행계획을 전년도 11월 말까지 국토교통부장관에게 제출하여야 한다.

② 관계행정기관의 장은 전년도 시행계획의 추진실적을 매년 2월 말까지 국토교통부장관에게 제출하여야 한다.

[법 제19조] 관리청

① 철도의 관리청은 국토교통부장관으로 한다.

② 국토교통부장관은 이 법과 그 밖의 철도에 관한 법률에 규정된 철도시설의 건설 및 관리 등에 관한 그의 업무의 일부를 대통령령으로 정하는 바에 의하여 제20조 제3항에 따라 설립되는 국가철도공단으로 하여금 대행하게 할 수 있다. 이 경우 대행하는 업무의 범위·권한의 내용 등에 관하여 필요한 사항은 대통령령으로 정한다.

시행령 [제28조] 관리청 업무의 대행범위

국토교통부장관이 법 제19조 제2항의 규정에 의하여 국가철도공단으로 하여금 대행하게 하는 경우 그 대행업무는 다음 각 호와 같다.

1. 국가가 추진하는 철도시설 건설사업의 집행
2. 국가 소유의 철도시설에 대한 사용료 징수 등 관리업무의 집행

3. 철도시설의 안전유지, 철도시설과 이를 이용하는 철도차량 간의 종합적인 성능검증·안전상태점검 등 철도시설의 안전을 위하여 국토교통부장관이 정하는 업무
4. 그 밖에 국토교통부장관이 철도시설의 효율적인 관리를 위하여 필요하다고 인정한 업무

③ 제20조 제3항에 따라 설립되는 국가철도공단은 제2항에 따라 국토교통부장관의 업무를 대행하는 경우에 그 대행하는 범위 안에서 이 법과 그 밖의 철도에 관한 법률을 적용할 때에는 그 철도의 관리청으로 본다.

[법 제20조] 철도시설

① 철도산업의 구조개혁을 추진하는 경우 철도시설은 국가가 소유하는 것을 원칙으로 한다.
② 국토교통부장관은 철도시설에 대한 다음 각 호의 시책을 수립·시행한다.
1. 철도시설에 대한 투자 계획수립 및 재원조달
2. 철도시설의 건설 및 관리
3. 철도시설의 유지보수 및 적정한 상태유지
4. 철도시설의 안전관리 및 재해대책
5. 그 밖에 다른 교통시설과의 연계성 확보 등 철도시설의 공공성 확보에 필요한 사항

③ 국가는 철도시설 관련업무를 체계적이고 효율적으로 추진하기 위하여 그 집행조직으로서 철도청 및 고속철도건설공단의 관련 조직을 통·폐합하여 특별법에 의하여 국가철도공단(이하 "국가철도공단"이라 한다)을 설립한다.

[법 제21조] 철도운영

① 철도산업의 구조개혁을 추진하는 경우 철도운영 관련사업은 시장경제원리에 따라 국가 외의 자가 영위하는 것을 원칙으로 한다.
② 국토교통부장관은 철도운영에 대한 다음 각 호의 시책을 수립·시행한다.
1. 철도운영부문의 경쟁력 강화
2. 철도운영서비스의 개선
3. 열차운영의 안전진단 등 예방조치 및 사고조사 등 철도운영의 안전 확보
4. 공정한 경쟁여건의 조성
5. 그 밖에 철도이용자 보호와 열차운행원칙 등 철도운영에 필요한 사항

③ 국가는 철도운영 관련사업을 효율적으로 경영하기 위하여 철도청 및 고속철도건설공단의 관련조직을 전환하여 특별법에 의하여 한국철도공사(이하 "철도공사"라 한다)를 설립한다.

조문확인 OX퀴즈

01 철도산업의 경쟁력을 강화하고 발전기반을 조성하기 위하여 철도시설 부문과 철도운영 부문을 분리하는 철도산업의 구조개혁의 추진은 국가가 하여야 한다. (O, X)

02 국가는 철도시설 부문과 철도운영 부문 간의 상호 보완적 기능이 발휘될 수 있도록 국토교통부령으로 정하는 바에 의하여 상호 협력 체계 구축 등 필요한 조치를 마련하여야 한다. (O, X)

03 철도시설관리자와 철도운영자는 철도시설관리와 철도운영에 있어 상호 협력이 필요한 분야에 대하여 업무절차서를 작성하여 정기적으로 교환하여야 한다. (O, X)

04 철도시설관리자와 철도운영자는 상호 협력이 필요한 분야에 대하여 정기적으로 합동점검을 하여야 한다. (O, X)

05 선로용량의 배분에 관한 지침의 목적은 철도시설관리자와 철도운영자가 선로를 유연하고 공정하게 사용하도록 하기 위해서다. (O, X)

06 선로배분지침에는 철도차량의 유지·보수에 관한 사항이 포함되어야 한다. (O, X)

07 선로배분지침을 수립·고시하여야 하는 자는 국토교통부장관이다. (O, X)

08 선로배분지침에는 여객열차와 화물열차에 대한 선로용량의 배분이 포함되어야 한다. (O, X)

09 철도시설관리자·철도운영자 등 선로를 관리 또는 사용하는 자는 선로배분지침을 작성하여야 한다. (O, X)

10 철도교통관제시설은 철도차량 등의 운행정보의 제공, 철도차량 등에 대한 운행통제, 적법운행 여부에 대한 지도·감독, 사고발생 시 사고복구 지시 등 철도교통의 안전과 질서를 유지하기 위하여 필요한 조치를 할 수 있도록 국토교통부장관이 설치 및 운영하여야 한다. (O, X)

11 철도산업구조개혁기본계획을 수립하는 자는 국토교통부장관이다. (O, X)

12 철도산업구조개혁기본계획에는 철도산업구조개혁의 여건 및 동향전망에 관한 사항이 포함되어야 한다. (O, X)

13 철도산업구조개혁을 위하여 필요한 사항으로서 대통령령으로 정하는 사항은 기본계획에 포함되어야 하는 사항이다. (O, X)

14 국토교통부장관은 구조개혁계획을 수립하고자 하는 때에는 미리 구조개혁계획과 관련이 있는 행정기관의 장과 협의하여야 한다. (O, X)

15 대통령령으로 정하는 경미한 변경을 제외하고 수립한 구조개혁계획을 변경하고자 하는 경우에 철도산업위원회의 심의를 거쳐야 한다. (O, X)

16 철도안전 및 서비스향상에 관한 사항은 철도산업구조개혁기본계획에 포함되지 않는다. (O, X)

17 철도요금·철도시설사용료 등 가격정책에 관한 사항은 대통령령으로 정하는 기본계획에 포함되어야 하는 사항이다. (O, X)

18 철도산업구조개혁의 중장기 추진방향에 관한 사항은 구조개혁계획의 경미한 사항이다. (O, X)

19 관계행정기관의 장은 수립·고시된 구조개혁계획에 따라 연도별 시행계획을 수립·추진하고, 그 연도의 계획을 전년도 10월 말까지 국토교통부장관에게 제출하여야 한다. (O, X)

20 철도의 관리청은 국토교통부다. (O, X)

21 국토교통부장관은 철도시설의 건설 및 관리 등에 관한 업무의 일부를 국가철도공단으로 하여금 대행하게 할 수 있다. (O, X)

22 국가철도공단이 대행하는 업무의 범위·권한의 내용 등에 관하여 필요한 사항은 국토교통부령으로 정한다. (O, X)

23 국가철도공단은 국토교통부장관의 업무를 대행하는 경우 철도의 관리청으로 본다. (O, X)

24 국가철도공단이 국토교통부장관의 업무를 내행하는 경우 국가가 추진하는 철도시설 건설사업의 집행업무를 한다. (O, X)

25 국가철도공단의 국토교통부장관 대행 업무에는 철도시설의 안전유지, 철도시설과 이를 이용하는 철도차량 간의 종합적인 성능검증·안전상태점검 등 철도시설의 안전을 위하여 국토교통부장관이 정하는 업무가 있다. (O, X)

26 철도산업의 구조개혁을 추진하는 경우 철도시설은 국가철도공단이 소유하는 것을 원칙으로 한다. (O, X)

27 국토교통부장관은 철도시설의 안전관리 및 재해대책 시책을 수립한다. (O, X)

28 국토교통부장관은 철도시설 관련업무를 체계적이고 효율적으로 추진하기 위하여 그 집행조직으로서 철도청 및 고속철도건설공단의 관련 조직을 통·폐합하여 특별법에 의하여 한국철도시설공단을 설립한다. (O, X)

29 철도산업의 구조개혁을 추진하는 경우 철도운영 관련사업은 시장경제원리에 따라 국가가 소유하는 것을 원칙으로 한다. (O, X)

30 철도공사는 철도운영부문의 경쟁력 강화 시책을 시행한다. (O, X)

31 국토교통부장관은 철도운영 관련사업을 효율적으로 경영하기 위하여 철도청 및 고속철도건설공단의 관련 조직을 전환하여 특별법에 의하여 한국철도공사를 설립한다. (O, X)

정답 01 O 02 X 03 O 04 O 05 X 06 X 07 O 08 O 09 X 10 O 11 O 12 X 13 O 14 O 15 O 16 X 17 O 18 X 19 X 20 X 21 O 22 X 23 O 24 O 25 O 26 X 27 O 28 X 29 X 30 X 31 X

제2절 자산·부채 및 인력의 처리

[법 제22조] 철도자산의 구분 등

① 국토교통부장관은 철도산업의 구조개혁을 추진하는 경우 철도청과 고속철도건설공단의 철도자산을 다음 각 호와 같이 구분하여야 한다.

1. 운영자산: 철도청과 고속철도건설공단이 철도운영 등을 주된 목적으로 취득하였거나 관련 법령 및 계약 등에 의하여 취득하기로 한 재산·시설 및 그에 관한 권리
2. 시설자산: 철도청과 고속철도건설공단이 철도의 기반이 되는 시설의 건설 및 관리를 주된 목적으로 취득하였거나 관련 법령 및 계약 등에 의하여 취득하기로 한 재산·시설 및 그에 관한 권리
3. 기타자산: 제1호 및 제2호의 철도자산을 제외한 자산

② 국토교통부장관은 제1항에 따라 철도자산을 구분하는 때에는 기획재정부장관과 미리 협의하여 그 기준을 정한다.

[법 제23조] 철도자산의 처리

① 국토교통부장관은 대통령령으로 정하는 바에 의하여 철도산업의 구조개혁을 추진하기 위한 철도자산의 처리계획(이하 "철도자산처리계획"이라 한다)을 위원회의 심의를 거쳐 수립하여야 한다.

시행령 **[제29조] 철도자산처리계획의 내용**

법 제23조 제1항의 규정에 의한 철도자산처리계획에는 다음 각 호의 사항이 포함되어야 한다.

1. 철도자산의 개요 및 현황에 관한 사항
2. 철도자산의 처리방향에 관한 사항
3. 철도자산의 구분기준에 관한 사항
4. 철도자산의 인계·이관 및 출자에 관한 사항
5. 철도자산처리의 추진일정에 관한 사항
6. 그 밖에 국토교통부장관이 철도자산의 처리를 위하여 필요하다고 인정하는 사항

② 국가는 「국유재산법」에도 불구하고 철도자산처리계획에 의하여 철도공사에 운영자산을 현물출자한다.

③ 철도공사는 제2항에 따라 현물출자받은 운영자산과 관련된 권리와 의무를 포괄하여 승계한다.

④ 국토교통부장관은 철도자산처리계획에 의하여 철도청장으로부터 다음 각 호의 철도자산을 이관받으며, 그 관리업무를 국가철도공단, 철도공사, 관련 기관 및 단체 또는 대통령령으로 정하는 민간법인에 위탁하거나 그 자산을 사용·수익하게 할 수 있다.

1. 철도청의 시설자산(건설 중인 시설자산은 제외한다)
2. 철도청의 기타자산

시행령 **[제30조] 철도자산 관리업무의 민간위탁계획**

① 법 제23조 제4항 각 호 외의 부분에서 "대통령령이 정하는 민간법인"이라 함은 민법에 의하여 설립된 비영리법인과 상법에 의하여 설립된 주식회사를 말한다.

② 국토교통부장관은 법 제23조 제4항의 규정에 의하여 철도자산의 관리업무를 민간법인에 위탁하고자 하는 때에는 위원회의 심의를 거쳐 민간위탁계획을 수립하여야 한다.

③ 제2항의 규정에 의한 민간위탁계획에는 다음 각 호의 사항이 포함되어야 한다.

1. 위탁대상 철도자산

2. 위탁의 필요성·범위 및 효과
3. 수탁기관의 선정절차

④ 국토교통부장관이 제2항의 규정에 의하여 민간위탁계획을 수립한 때에는 이를 고시하여야 한다.

시행령 [제31조] 민간위탁계약의 체결

① 국토교통부장관은 법 제23조 세4항의 규정에 의하여 철도자산의 관리업무를 위탁하고자 하는 때에는 제30조 제4항의 규정에 의하여 고시된 민간위탁계획에 따라 사업계획을 제출한 자 중에서 당해 철도자산을 관리하기에 적합하다고 인정되는 자를 선정하여 위탁계약을 체결하여야 한다.

② 제1항의 규정에 의한 위탁계약에는 다음 각 호의 사항이 포함되어야 한다.
1. 위탁대상 철도자산
2. 위탁대상 철도자산의 관리에 관한 사항
3. 위탁계약기간(계약기간의 수정·갱신 및 위탁계약의 해지에 관한 사항을 포함한다)
4. 위탁대가의 지급에 관한 사항
5. 위탁업무에 대한 관리 및 감독에 관한 사항
6. 위탁업무의 재위탁에 관한 사항
7. 그 밖에 국토교통부장관이 필요하다고 인정하는 사항

⑤ 국가철도공단은 철도자산처리계획에 의하여 다음 각 호의 철도자산과 그에 관한 권리와 의무를 포괄하여 승계한다. 이 경우 제1호 및 제2호의 철도자산이 완공된 때에는 국가에 귀속된다.
1. 철도청이 건설 중인 시설자산
2. 고속철도건설공단이 건설 중인 시설자산 및 운영자산
3. 고속철도건설공단의 기타자산

⑥ 철도청장 또는 고속철도건설공단이사장이 제2항부터 제5항까지의 규정에 의하여 철도자산의 인계·이관 등을 하고자 하는 때에는 그에 관한 서류를 작성하여 국토교통부장관의 승인을 얻어야 한다.

⑦ 제6항에 따른 철도자산의 인계·이관 등의 시기와 해당 철도자산 등의 평가방법 및 평가기준일 등에 관한 사항은 대통령령으로 정한다.

시행령 [제32조] 철도자산의 인계·이관 등의 절차 및 시기

① 철도청장 또는 한국고속철도건설공단이사장은 법 제23조 제6항의 규정에 의하여 철도자산의 인계·이관 등에 관한 승인을 얻고자 하는 때에는 인계·이관 자산의 범위·목록 및 가액이 기재된 승인신청서에 인계·이관에 필요한 서류를 첨부하여 국토교통부장관에게 제출하여야 한다.

② 법 제23조 제7항의 규정에 의한 철도자산의 인계·이관 등의 시기는 다음 각 호와 같다.
1. 한국철도공사가 법 제23조 제2항의 규정에 의한 철도자산을 출자받는 시기: 한국철도공사의 설립등기일
2. 국토교통부장관이 법 제23조 제4항의 규정에 의한 철도자산을 이관받는 시기: 2004년 1월 1일
3. 국가철도공단이 법 제23조 제5항의 규정에 의한 철도자산을 인계받는 시기: 2004년 1월 1일

③ 인계·이관 등의 대상이 되는 철도자산의 평가기준일은 제2항의 규정에 의한 인계·이관 등을 받는 날의 전일로 한다. 다만, 법 제23조 제2항의 규정에 의하여 한국철도공사에 출자되는 철도자산의 평가기준일은 「국유재산법」이 정하는 바에 의한다.

④ 인계·이관 등의 대상이 되는 철도자산의 평가가액은 제3항의 규정에 의한 평가기준일의 자산의 장부가액으로 한다. 다만, 법 제23조 제2항의 규정에 의하여 한국철도공사에 출자되는 철도자산의 평가방법은 「국유재산법」이 정하는 바에 의한다.

[법 제24조] 철도부채의 처리

① 국토교통부장관은 기획재정부장관과 미리 협의하여 철도청과 고속철도건설공단의 철도부채를 다음 각 호로 구분하여야 한다.

1. 운영부채: 제22조 제1항 제1호에 따른 운영자산과 직접 관련된 부채
2. 시설부채: 제22조 제1항 제2호에 따른 시설자산과 직접 관련된 부채
3. 기타부채: 제1호 및 제2호의 철도부채를 제외한 부채로서 철도사업특별회계가 부담하고 있는 철도부채 중 공공자금관리기금에 대한 부채

② 운영부채는 철도공사가, 시설부채는 국가철도공단이 각각 포괄하여 승계하고, 기타부채는 일반회계가 포괄하여 승계한다.

③ 제1항 및 제2항에 따라 철도청장 또는 고속철도건설공단이사장이 철도부채를 인계하고자 하는 때에는 인계에 관한 서류를 작성하여 국토교통부장관의 승인을 얻어야 한다.

④ 제3항에 따라 철도부채를 인계하는 시기와 인계하는 철도부채 등의 평가방법 및 평가기준일 등에 관한 사항은 대통령령으로 정한다.

시행령 **[제33조] 철도부채의 인계절차 및 시기**

① 철도청장 또는 한국고속철도건설공단이사장이 법 제24조 제3항의 규정에 의하여 철도부채의 인계에 관한 승인을 얻고자 하는 때에는 인계 부채의 범위·목록 및 가액이 기재된 승인신청서에 인계에 필요한 서류를 첨부하여 국토교통부장관에게 제출하여야 한다.

② 법 제24조 제4항의 규정에 의한 철도부채의 인계시기는 다음 각 호와 같다.

1. 한국철도공사가 법 제24조 제2항의 규정에 의하여 운영부채를 인계받는 시기: 한국철도공사의 설립등기일
2. 국가철도공단이 법 제24조 제2항의 규정에 의하여 시설부채를 인계받는 시기: 2004년 1월 1일
3. 일반회계가 법 제24조 제2항의 규정에 의하여 기타부채를 인계받는 시기: 2004년 1월 1일

③ 인계하는 철도부채의 평가기준일은 제2항의 규정에 의한 인계일의 전일로 한다.

④ 인계하는 철도부채의 평가가액은 평가기준일의 부채의 장부가액으로 한다.

[법 제25조] 고용승계 등

① 철도공사 및 국가철도공단은 철도청 직원 중 공무원 신분을 계속 유지하는 자를 제외한 철도청 직원 및 고속철도건설공단 직원의 고용을 포괄하여 승계한다.

② 국가는 제1항에 따라 철도청 직원 중 철도공사 및 국가철도공단 직원으로 고용이 승계되는 자에 대하여는 근로여건 및 퇴직급여의 불이익이 발생하지 않도록 필요한 조치를 한다.

조문확인 OX퀴즈

01 국토교통부장관은 철도산업의 구조개혁을 추진하는 경우 철도청과 고속철도건설공단의 철도자산을 운영자산, 시설자산, 기타자산으로 구분하여야 한다. (O, X)

02 국토교통부장관은 철도자산을 구분하는 때에는 위원회의 심의를 거쳐야 한다. (O, X)

03 운영자산은 철도청과 고속철도건설공단이 철도의 기반이 되는 시설의 운영 및 관리를 주된 목적으로 취득하였거나 관련 법령 및 계약 등에 의하여 취득하기로 한 재산·시설 및 그에 관한 권리를 말한다. (O, X)

04 국토교통부장관은 국토교통부령으로 정하는 바에 의하여 철도산업의 구조개혁을 추진하기 위한 철도자산의 처리계획을 위원회의 심의를 거쳐 수립하여야 한다. (O, X)

05 철도자산처리계획에는 철도자산의 처리방향에 관한 사항이 포함되어야 한다. (O, X)

06 철도자산처리계획에는 철도자산처리의 목표 및 기본방향에 관한 사항이 포함되어야 한다. (O, X)

07 철도산업구조개혁에 따른 자산·부채·인력 등에 관한 사항은 철도자산처리계획에 포함되어야 한다. (O, X)

08 국토교통부장관은 「국유재산법」에도 불구하고 철도자산처리계획에 의하여 철도공사에 운영자산을 현물출자한다. (O, X)

09 철도공사는 현물출자받은 운영자산과 관련된 권리와 의무를 포괄하여 승계한다. (O, X)

10 국토교통부장관은 철도자산처리계획에 의하여 철도청장으로부터 철도청의 운영자산을 제외한 나머지 자산을 이관받는다. (O, X)

11 철도청의 기타자산을 이관받은 국토교통부장관은 비영리법인에 위탁하거나 그 자산을 사용·수익하게 할 수 있다. (O, X)

12 국토교통부장관이 철도청장으로부터 이관받은 자산의 관리업무를 주식회사에 위탁하고자 하는 때에는 미리 기획재정부장관과 협의하여야 한다. (O, X)

13 민간위탁계획에는 위탁대상 철도자산, 위탁의 필요성·범위 및 효과, 수탁기관의 선정절차가 포함되어야 한다. (O, X)

14 민간위탁계획을 수립할 때에는 철도산업위원회의 심의를 거쳐야한다. (O, X)

15 국토교통부장관이 민간위탁계획을 수립한 때에는 이를 보고하여야 한다. (O, X)

16 국토교통부장관은 철도자산의 관리업무를 위탁하고자 하는 때에는 민간위탁계획에 따라 사업계획을 제출한 자 중에서 당해 철도자산을 관리하기에 적합하다고 인정되는 자를 선정하여 위탁계약을 체결하여야 한다. (O, X)

17 위탁계약에는 계약기간의 수정·갱신 및 위탁계약의 해지에 관한 사항을 제외한 위탁계약기간이 포함되어야 한다. (O, X)

18 위탁대상 처리방향에 관한 사항은 위탁계약 포함 사항에 해당된다. (O, X)

19 고속철도건설공단이 건설 중인 시설자산 및 운영자산이 완공되면 국가에 귀속된다. (O, X)

20 고속철도건설공단의 기타자산과 그에 관한 권리와 의무를 포괄하여 국토교통부장관이 승계한다. (O, X)

21 철도청장이 철도자산의 인계·이관 등을 하고자 하는 때에는 승인신청서에 인계·이관에 필요한 서류를 첨부하여 국토교통부장관에게 제출하여 승인을 얻어야 한다. (O, X)

22 철도자산의 인계·이관 등의 시기와 해당 철도자산 등의 평가방법 및 평가기준일 등에 관한 사항은 대통령령으로 정한다. (O, X)

23 철도자산의 인계·이관 등에 관한 승인신청서에는 인계·이관 자산의 범위·목록 및 가액이 기재되어야 한다. (O, X)

24 인계·이관 등의 대상이 되는 철도자산의 평가가액은 평가기준일의 자산의 장부가액으로 한다. 다만, 한국철도공사에 출자되는 철도자산의 평가방법은 「국유재산법」이 정하는 바에 의한다. (O, X)

25 국토교통부장관은 기획재정부장관과 미리 협의하여 철도부채를 운영부채, 시설부채, 기타부채로 구분하여야 한다. (O, X)

26 기타부채는 운영자산 및 시설자산과 직접 관련된 철도부채를 제외한 부채로서 철도사업특별회계가 부담하고 있는 철도부채 중 공공자금관리기금에 대한 부채를 말한다. (O, X)

27 한국철도공사가 운영부채를 인계받는 시기는 2004년 1월 1일이다. (O, X)

28 인계하는 철도부채의 평가가액은 인계일의 전일 부채의 장부가액으로 한다. (O, X)

29 철도공사 및 국가철도공단은 철도청 직원 중 공무원 신분을 계속 유지하는 자를 제외한 철도청 직원 및 고속철도건설공단 직원의 고용을 포괄하여 승계한다. (O, X)

30 국가는 철도청 직원 중 철도공사 및 국가철도공단 직원으로 고용이 승계되는 자에 대하여는 근로여건 및 퇴직급여의 불이익이 발생하지 않도록 필요한 조치를 한다. (O, X)

정답 01 O 02 X 03 X 04 X 05 O 06 X 07 X 08 X 09 O 10 X 11 X 12 X 13 O 14 O 15 X 16 O 17 X 18 X 19 O 20 X 21 O 22 O 23 O 24 O 25 O 26 O 27 X 28 X 29 O 30 O

제3절 철도시설관리권 등

[법 제26조] 철도시설관리권

① 국토교통부장관은 철도시설을 관리하고 그 철도시설을 사용하거나 이용하는 자로부터 사용료를 징수할 수 있는 권리(이하 "철도시설관리권"이라 한다)를 설정할 수 있다.

② 제1항에 따라 철도시설관리권의 설정을 받은 자는 대통령령으로 정하는 바에 따라 국토교통부장관에게 등록하여야 한다. 등록한 사항을 변경하고자 하는 때에도 또한 같다.

[법 제27조] 철도시설관리권의 성질

철도시설관리권은 이를 물권으로 보며, 이 법에 특별한 규정이 있는 경우를 제외하고는 민법 중 부동산에 관한 규정을 준용한다.

[법 제28조] 저당권 설정의 특례

저당권이 설정된 철도시설관리권은 그 저당권자의 동의가 없으면 처분할 수 없다.

[법 제29조] 권리의 변동

① 철도시설관리권 또는 철도시설관리권을 목적으로 하는 저당권의 설정·변경·소멸 및 처분의 제한은 국토교통부에 비치하는 철도시설관리권등록부에 등록함으로써 그 효력이 발생한다.

② 제1항에 따른 철도시설관리권의 등록에 관하여 필요한 사항은 대통령령으로 정한다.

[법 제30조] 철도시설 관리대장

① 철도시설을 관리하는 자는 그가 관리하는 철도시설의 관리대장을 작성·비치하여야 한다.

② 철도시설 관리대장의 작성·비치 및 기재사항 등에 관하여 필요한 사항은 국토교통부령으로 정한다.

[법 제31조] 철도시설 사용료

① 철도시설을 사용하고자 하는 자는 대통령령으로 정하는 바에 따라 관리청의 허가를 받거나 철도시설관리자와 시설사용계약을 체결하거나 그 시설사용계약을 체결한 자(이하 "시설사용계약자"라 한다)의 승낙을 얻어 사용할 수 있다.

시행령 [제34조] 철도시설의 사용허가

법 제31조 제1항에 따른 관리청의 허가 기준·방법·절차·기간 등에 관한 사항은 「국유재산법」에 따른다.

② 철도시설관리자 또는 시설사용계약자는 제1항에 따라 철도시설을 사용하는 자로부터 사용료를 징수할 수 있다. 다만, 「국유재산법」 제34조에도 불구하고 지방자치단체가 직접 공용·공공용 또는 비영리 공익사업용으로 철도시설을 사용하고자 하는 경우에는 대통령령으로 정하는 바에 따라 그 사용료의 전부 또는 일부를 면제할 수 있다.

시행령 [제34조의2] 사용허가에 따른 철도시설의 사용료 등

① 철도시설을 사용하려는 자가 법 제31조 제1항에 따라 관리청의 허가를 받아 철도시설을 사용하는 경우 같은 조 제2항

본문에 따라 관리청이 징수할 수 있는 철도시설의 사용료는 「국유재산법」 제32조에 따른다.
② 관리청은 법 제31조 제2항 단서에 따라 지방자치단체가 직접 공용·공공용 또는 비영리 공익사업용으로 철도시설을 사용하려는 경우에는 다음 각 호의 구분에 따른 기준에 따라 사용료를 면제할 수 있다.
1. 철도시설을 취득하는 조건으로 사용하려는 경우로서 사용허가기간이 1년 이내인 사용허가의 경우: 사용료의 전부
2. 제1호에서 정한 사용허가 외의 사용허가의 경우: 사용료의 100분의 60
③ 사용허가에 따른 철도시설 사용료의 징수기준 및 절차 등에 관하여 이 영에서 규정된 것을 제외하고는 「국유재산법」에 따른다.

③ 제2항에 따라 철도시설 사용료를 징수하는 경우 철도의 사회경제적 편익과 다른 교통수단과의 형평성 등이 고려되어야 한다.

④ 철도시설 사용료의 징수기준 및 절차 등에 관하여 필요한 사항은 대통령령으로 정한다.

시행령 **[제35조] 철도시설의 사용계약**

① 법 제31조 제1항에 따른 철도시설의 사용계약에는 다음 각 호의 사항이 포함되어야 한다.
1. 사용기간·대상시설·사용조건 및 사용료
2. 대상시설의 제3자에 대한 사용승낙의 범위·조건
3. 상호 책임 및 계약위반 시 조치사항
4. 분쟁 발생 시 조정절차
5. 비상사태 발생 시 조치
6. 계약의 갱신에 관한 사항
7. 계약내용에 대한 비밀누설금지에 관한 사항
② 법 제3조 제2호 가목부터 라목까지에서 규정한 철도시설(이하 "선로 등"이라 한다)에 대한 법 제31조 제1항에 따른 사용계약(이하 "선로 등 사용계약"이라 한다)을 체결하려는 경우에는 다음 각 호의 기준을 모두 충족해야 한다.
1. 해당 선로 등을 여객 또는 화물운송 목적으로 사용하려는 경우일 것
2. 사용기간이 5년을 초과하지 않을 것
③ 선로 등에 대한 제1항 제1호에 따른 사용조건에는 다음 각 호의 사항이 포함되어야 하며, 그 사용조건은 제24조 제1항에 따른 선로배분지침에 위반되는 내용이어서는 안 된다.
1. 투입되는 철도차량의 종류 및 길이
2. 철도차량의 일일운행횟수·운행개시시각·운행종료시각 및 운행간격
3. 출발역·정차역 및 종착역
4. 철도운영의 안전에 관한 사항
5. 철도여객 또는 화물운송서비스의 수준
④ 철도시설관리자는 법 제31조 제1항에 따라 철도시설을 사용하려는 자와 사용계약을 체결하여 철도시설을 사용하게 하려는 경우에는 미리 그 사실을 공고해야 한다.

시행령 **[제36조] 사용계약에 따른 선로 등의 사용료 등**

① 철도시설관리자는 제35조 제1항 제1호에 따른 선로 등의 사용료를 정하는 경우에는 다음 각 호의 한도를 초과하지 않는 범위에서 선로 등의 유지보수비용 등 관련 비용을 회수할 수 있도록 해야 한다. 다만, 「사회기반시설에 대한 민간투자법」 제26조에 따라 사회기반시설관리운영권을 설정받은 철도시설관리자는 같은 법에서 정하는 바에 따라 선로 등의 사용료를 정해야 한다.
1. 국가 또는 지방자치단체가 건설사업비의 전액을 부담한 선로 등: 해당 선로 등에 대한 유지보수비용의 총액

2. 제1호의 선로 등 외의 선로 등: 해당 선로 등에 대한 유지보수비용 총액과 총건설사업비(조사비·설계비·공사비·보상비 및 그 밖에 건설에 소요된 비용의 합계액에서 국가·지방자치단체 또는 법 제37조 제1항에 따라 수익자가 부담한 비용을 제외한 금액을 말한다)의 합계액

② 철도시설관리자는 제1항 각 호 외의 부분 본문에 따라 선로 등의 사용료를 정하는 경우에는 다음 각 호의 사항을 고려할 수 있다.

1. 선로등급·선로용량 등 선로 등의 상태
2. 운행하는 철도차량의 종류 및 중량
3. 철도차량의 운행시간대 및 운행횟수
4. 철도사고의 발생빈도 및 정도
5. 철도서비스의 수준
6. 철도관리의 효율성 및 공익성

③ 삭제

시행령 [제37조] 선로 등 사용계약 체결의 절차

① 제35조 제2항의 규정에 의한 선로 등 사용계약을 체결하고자 하는 자(이하 "사용신청자"라 한다)는 선로 등의 사용목적을 기재한 선로 등 사용계약신청서에 다음 각 호의 서류를 첨부하여 철도시설관리자에게 제출하여야 한다.

1. 철도여객 또는 화물운송사업의 자격을 증명할 수 있는 서류
2. 철도여객 또는 화물운송사업계획서
3. 철도차량·운영시설의 규격 및 안전성을 확인할 수 있는 서류

② 철도시설관리자는 제1항의 규정에 의하여 선로 등 사용계약신청서를 제출받은 날부터 1월 이내에 사용신청자에게 선로 등 사용계약의 체결에 관한 협의일정을 통보하여야 한다.

③ 철도시설관리자는 사용신청자가 철도시설에 관한 자료의 제공을 요청하는 경우에는 특별한 이유가 없는 한 이에 응하여야 한다.

④ 철도시설관리자는 사용신청자와 선로 등 사용계약을 체결하고자 하는 경우에는 미리 국토교통부장관의 승인을 받아야 한다. 선로 등 사용계약의 내용을 변경하는 경우에도 또한 같다.

[제38조] 선로 등 사용계약의 갱신

① 선로 등 사용계약을 체결하여 선로 등을 사용하고 있는 자(이하 "선로 등 사용계약자"라 한다)는 그 선로 등을 계속하여 사용하고자 하는 경우에는 사용기간이 만료되기 10월 전까지 선로 등 사용계약의 갱신을 신청하여야 한다.

② 철도시설관리자는 제1항의 규정에 의하여 선로 등 사용계약자가 선로 등 사용계약의 갱신을 신청한 때에는 특별한 사유가 없는 한 그 선로 등의 사용에 관하여 우선적으로 협의하여야 한다. 이 경우 제35조 제4항의 규정은 이를 적용하지 아니한다.

③ 제35조 제1항 내지 제3항, 제36조 및 제37조의 규정은 선로 등 사용계약의 갱신에 관하여 이를 준용한다.

[제39조] 철도시설의 사용승낙

① 제35조 제1항의 규정에 의한 철도시설의 사용계약을 체결한 자(이하 이 조에서 "시설사용계약자"라 한다)는 그 사용계약을 체결한 철도시설의 일부에 대하여 법 제31조 제1항의 규정에 의하여 제3자에게 그 사용을 승낙할 수 있다. 이 경우 철도시설관리자와 미리 협의하여야 한다.

② 시설사용계약자는 제1항의 규정에 의하여 제3자에게 사용승낙을 한 경우에는 그 내용을 철도시설관리자에게 통보하여야 한다.

조문확인 OX퀴즈

01 국가는 철도시설을 관리하고 그 철도시설을 사용하거나 이용하는 자로부터 사용료를 징수할 수 있는 권리를 설정할 수 있다. (O, X)

02 철도시설관리권의 설정을 받은 자는 대통령령으로 정하는 바에 따라 국토교통부장관에게 등록하여야 한다. (O, X)

03 철도시설관리권의 설정을 받은 자가 등록한 사항을 변경하고자 하는 경우 국토교통부장관에게 신고하여야 한다. (O, X)

04 철도시설관리권은 물권으로 본다. (O, X)

05 철도시설관리권은 철도산업발전기본법에 특별한 규정이 있는 경우를 제외하고는 민법 중 부동산에 관한 규정을 준용한다. (O, X)

06 저당권이 설정된 철도시설관리권은 그 저당권자의 동의 없이 처분할 수 있다. (O, X)

07 철도시설관리권을 목적으로 하는 저당권의 설정·변경·소멸 및 처분의 제한은 국토교통부에 비치하는 철도시설관리권등록부에 등록함으로써 그 효력이 발생한다. (O, X)

08 철도시설관리권의 등록에 관하여 필요한 사항은 국토교통부령으로 정한다. (O, X)

09 철도시설을 관리하는 자는 국토교통부에 철도시설의 관리대장을 작성·비치하여야 한다. (O, X)

10 철도시설 관리대장의 작성·비치 및 기재사항 등에 관하여 필요한 사항은 국토교통부령으로 정한다. (O, X)

11 철도시설을 사용하고자 하는 자는 대통령령으로 정하는 바에 따라 관리청의 허가를 받거나 철도시설관리자와 시설사용계약을 체결한 자의 승낙을 얻어 사용할 수 있다. (O, X)

12 관리청의 철도시설 사용 허가 기준·방법·절차·기간 등에 관한 사항은 국토교통부령에 따른다. (O, X)

13 철도시설관리자 또는 시설사용계약자는 철도시설을 사용하는 자로부터 사용료를 징수할 수 있다. (O, X)

14 지방자치단체가 직접 공용·공공용 또는 비영리 공익사업용으로 철도시설을 사용하고자 하는 경우에는 대통령령으로 정하는 바에 따라 국토교통부장관의 승인을 얻어야 한다. (O, X)

15 철도시설을 사용하려는 자가 관리청의 허가를 받아 철도시설을 사용하는 경우 관리청이 징수할 수 있는 철도시설의 사용료는 「국유재산법」에 따른다. (O, X)

16 관리청은 지방자치단체가 직접 공용·공공용 또는 비영리 공익사업용으로 철도시설을 취득하는 조건으로 사용하려는 경우로서 사용허가기간이 1년 이내인 사용허가의 경우 사용료의 전부를 면제할 수 있다. (O, X)

17 사용허가에 따른 철도시설 사용료의 징수기준 및 절차 등에 관하여 철도산업발전기본법 시행령에서 규정된 것을 제외하고는 「국유재산법」에 따른다. (O, X)

18 철도시설 사용료를 징수하는 경우 철도의 사회경제적 편익과 다른 교통수단과의 형평성 등이 고려되어야 한다. (O, X)

19 철도시설 사용료의 징수기준 및 절차 등에 관하여 필요한 사항은 국토교통부령으로 정한다. (O, X)

20 철도시설의 사용계약에는 사용기간·대상시설·사용조건 및 사용료가 포함되어야 한다. (O, X)

21 철도차량의 일일운행횟수 · 운행개시시각 · 운행종료시각 및 운행간격은 철도시설의 사용계약에 포함되지 않는다. (O, X)

22 계약내용에 대한 비밀누설금지에 관한 사항은 철도시설의 사용계약에 포함된다. (O, X)

23 선로 등 사용계약을 체결하려는 경우 해당 선로 등을 여객 또는 화물운송 목적으로 사용하려는 경우 또는 사용기간이 5년을 초과하지 않아야 한다. (O, X)

24 선로 등에 대한 사용조건에는 투입되는 철도차량의 종류 및 길이가 포함되어야 한다. (O, X)

25 선로 등에 대한 사용조건은 선로배분지침에 위반되는 내용이어서는 안 된다. (O, X)

26 철도시설관리자는 철도시설을 사용하려는 자와 사용계약을 체결하여 철도시설을 사용하게 하려는 경우에는 미리 그 사실을 공고해야 한다. (O, X)

27 철도시설관리자는 국가 또는 지방자치단체가 건설사업비의 전액을 부담한 선로 등의 사용료를 정하는 경우에 해당 선로 등에 대한 유지보수비용의 총액을 초과하지 않는 범위에서 선로 등의 유지보수비용 등 관련 비용을 회수할 수 있도록 해야 한다. (O, X)

28 사회기반시설관리운영권을 설정받은 철도시설관리자는 「사회기반시설에 대한 민간투자법」에서 정하는 바에 따라 선로 등의 사용료를 정해야 한다. (O, X)

29 철도시설관리자는 선로 등의 사용료를 정하는 경우에 철도여객 또는 화물운송서비스의 수준을 고려할 수 있다. (O, X)

30 철도시설관리자가 선로 등의 사용료를 정할 때 철도관리의 효율성 및 공익성을 고려할 수 있다. (O, X)

31 선로 등 사용계약을 체결하고자 하는 자는 선로 등 사용계약신청서에 철도여객 또는 화물운송사업계획서를 첨부하여 국토교통부장관에게 제출하여야 한다. (O, X)

32 철도시설관리자는 선로 등 사용계약신청서를 제출받은 날부터 3일 이내에 사용신청자에게 선로 등 사용계약의 체결에 관한 협의일정을 통보하여야 한다. (O, X)

33 철도시설관리자는 사용신청자와 선로 등 사용계약을 체결하고자 하는 경우에는 미리 국토교통부장관의 승인을 받아야 한다. 선로 등 사용계약의 내용을 변경하는 경우에도 또한 같다. (O, X)

34 선로 등 사용계약자는 그 선로 등을 계속하여 사용하고자 하는 경우에는 사용기간이 만료되기 1월 전까지 선로 등 사용계약의 갱신을 신청하여야 한다. (O, X)

35 선로 등 사용계약자가 선로 등 사용계약의 갱신을 신청한 때에는 특별한 사유가 없는 한 그 선로 등의 사용에 관하여 우선적으로 협의하여야 한다. (O, X)

36 시설사용계약자는 그 사용계약을 체결한 철도시설의 일부에 대하여 제3자에게 그 사용을 승낙할 수 있다. 이 경우 철도시설관리자와 미리 협의하여야 하며, 사용승낙을 한 경우에는 그 내용을 철도시설관리자에게 통보하여야 한다. (O, X)

정답 01 X 02 O 03 X 04 O 05 O 06 X 07 O 08 X 09 X 10 O 11 O 12 X 13 O 14 X 15 O 16 O 17 O 18 O 19 X 20 O 21 X 22 O 23 X 24 O 25 O 26 O 27 O 28 O 29 X 30 O 31 X 32 X 33 O 34 X 35 O 36 O

제4절 공익적 기능의 유지

[법 제32조] 공익서비스비용의 부담

① 철도운영자의 공익서비스 제공으로 발생하는 비용(이하 "공익서비스비용"이라 한다)은 대통령령으로 정하는 바에 따라 국가 또는 해당 철도서비스를 직접 요구한 자(이하 "원인제공자"라 한다)가 부담하여야 한다.

② 원인제공자가 부담하는 공익서비스비용의 범위는 다음 각 호와 같다.

1. 철도운영자가 다른 법령에 의하거나 국가정책 또는 공공목적을 위하여 철도운임·요금을 감면할 경우 그 감면액
2. 철도운영자가 경영개선을 위한 적절한 조치를 취하였음에도 불구하고 철도이용수요가 적어 수지균형의 확보가 극히 곤란하여 벽지의 노선 또는 역의 철도서비스를 제한 또는 중지하여야 되는 경우로서 공익목적을 위하여 기초적인 철도서비스를 계속함으로써 발생되는 경영손실
3. 철도운영자가 국가의 특수목적사업을 수행함으로써 발생되는 비용

시행령 [제40조] 공익서비스비용 보상예산의 확보

① 철도운영자는 매년 3월 말까지 국가가 법 제32조 제1항의 규정에 의하여 다음 연도에 부담하여야 하는 공익서비스비용(이하 "국가부담비용"이라 한다)의 추정액, 당해 공익서비스의 내용 그 밖의 필요한 사항을 기재한 국가부담비용추정서를 국토교통부장관에게 제출하여야 한다. 이 경우 철도운영자가 국가부담비용의 추정액을 산정함에 있어서는 법 제33조 제1항의 규정에 의한 보상계약 등을 고려하여야 한다.

② 국토교통부장관은 제1항의 규정에 의하여 국가부담비용추정서를 제출받은 때에는 관계행정기관의 장과 협의하여 다음 연도의 국토교통부소관 일반회계에 국가부담비용을 계상하여야 한다.

③ 국토교통부장관은 제2항의 규정에 의한 국가부담비용을 정하는 때에는 제1항의 규정에 의한 국가부담비용의 추정액, 전년도에 부담한 국가부담비용, 관련법령의 규정 또는 법 제33조 제1항의 규정에 의한 보상계약 등을 고려하여야 한다.

시행령 [제41조] 국가부담비용의 지급

① 철도운영자는 국가부담비용의 지급을 신청하고자 하는 때에는 국토교통부장관이 지정하는 기간 내에 국가부담비용지급신청서에 다음 각 호의 서류를 첨부하여 국토교통부장관에게 제출하여야 한다.

1. 국가부담비용지급신청액 및 산정내역서
2. 당해 연도의 예상수입·지출명세서
3. 최근 2년간 지급받은 국가부담비용내역서
4. 원가계산서

② 국토교통부장관은 제1항의 규정에 의하여 국가부담비용지급신청서를 제출받은 때에는 이를 검토하여 매 반기마다 반기초에 국가부담비용을 지급하여야 한다.

시행령 [제42조] 국가부담비용의 정산

① 제41조 제2항의 규정에 의하여 국가부담비용을 지급받은 철도운영자는 당해 반기가 끝난 후 30일 이내에 국가부담비용정산서에 다음 각 호의 서류를 첨부하여 국토교통부장관에게 제출하여야 한다.

1. 수입·지출명세서
2. 수입·지출증빙서류
3. 그 밖에 현금흐름표 등 회계관련 서류

② 국토교통부장관은 제1항의 규정에 의하여 국가부담비용정산서를 제출받은 때에는 법 제33조 제4항의 규정에 의한 전문기관 등으로 하여금 이를 확인하게 할 수 있다.

시행령 **[제43조] 회계의 구분 등**

① 국가부담비용을 지급받는 철도운영자는 법 제32조 제2항 제2호의 규정에 의한 노선 및 역에 대한 회계를 다른 회계와 구분하여 경리하여야 한다.

② 국가부담비용을 지급받는 철도운영자의 회계연도는 정부의 회계연도에 따른다.

[법 제33조] 공익서비스 제공에 따른 보상계약의 체결

① 원인제공자는 철도운영자와 공익서비스비용의 보상에 관한 계약(이하 "보상계약"이라 한다)을 체결하여야 한다.

② 제1항에 따른 보상계약에는 다음 각 호의 사항이 포함되어야 한다.

1. 철도운영자가 제공하는 철도서비스의 기준과 내용에 관한 사항
2. 공익서비스 제공과 관련하여 원인제공자가 부담하여야 하는 보상내용 및 보상방법 등에 관한 사항
3. 계약기간 및 계약기간의 수정·갱신과 계약의 해지에 관한 사항
4. 그 밖에 원인제공자와 철도운영자가 필요하다고 합의하는 사항

③ 원인제공자는 철도운영자와 보상계약을 체결하기 전에 계약내용에 관하여 국토교통부장관 및 기획재정부장관과 미리 협의하여야 한다.

④ 국토교통부장관은 공익서비스비용의 객관성과 공정성을 확보하기 위하여 필요한 때에는 국토교통부령으로 정하는 바에 의하여 전문기관을 지정하여 그 기관으로 하여금 공익서비스비용의 산정 및 평가 등의 업무를 담당하게 할 수 있다.

⑤ 보상계약체결에 관하여 원인제공자와 철도운영자의 협의가 성립되지 아니하는 때에는 원인제공자 또는 철도운영자의 신청에 의하여 위원회가 이를 조정할 수 있다.

[법 제34조] 특정노선 폐지 등의 승인

① 철도시설관리자와 철도운영자(이하 "승인신청자"라 한다)는 다음 각 호의 어느 하나에 해당하는 경우에 국토교통부장관의 승인을 얻어 특정노선 및 역의 폐지와 관련 철도서비스의 제한 또는 중지 등 필요한 조치를 취할 수 있다.

1. 승인신청자가 철도서비스를 제공하고 있는 노선 또는 역에 대하여 철도의 경영개선을 위한 적절한 조치를 취하였음에도 불구하고 수지균형의 확보가 극히 곤란하여 경영상 어려움이 발생한 경우
2. 제33조에 따른 보상계약체결에도 불구하고 공익서비스비용에 대한 적정한 보상이 이루어지지 아니한 경우
3. 원인제공자가 공익서비스비용을 부담하지 아니한 경우
4. 원인제공자가 제33조 제5항에 따른 조정에 따르지 아니한 경우

시행령 **[제48조] 철도서비스의 제한 또는 중지에 따른 신규운영자의 선정**

① 국토교통부장관은 철도운영자인 승인신청자(이하 이 조에서 "기존운영자"라 한다)가 법 제34조 제1항의 규정에 의하여 제한 또는 중지하고자 하는 특정 노선 및 역에 관한 철도서비스를 새로운 철도운영자(이하 이 조에서 "신규운영자"라 한다)로 하여금 제공하게 하는 것이 타당하다고 인정하는 때에는 법 제34조 제4항의 규정에 의하여 신규운영자를 선정할 수 있다.

② 국토교통부장관은 제1항의 규정에 의하여 신규운영자를 선정하고자 하는 때에는 법 제32조 제1항의 규정에 의한 원인제공자와 협의하여 경쟁에 의한 방법으로 신규운영자를 선정하여야 한다.

③ 원인제공자는 신규운영자와 법 제33조의 규정에 의한 보상계약을 체결하여야 하며, 기존운영자는 당해 철도서비스 등에 관한 인수인계서류를 작성하여 신규운영자에게 제공하여야 한다.

④ 제2항 및 제3항의 규정에 의한 신규운영자 선정의 구체적인 방법, 인수인계절차 그 밖의 필요한 사항은 국토교통부령으로 정한다.

② 승인신청자는 다음 각 호의 사항이 포함된 승인신청서를 국토교통부장관에게 제출하여야 한다.

1. 폐지하고자 하는 특정 노선 및 역 또는 제한·중지하고자 하는 철도서비스의 내용
2. 특정 노선 및 역을 계속 운영하거나 철도서비스를 계속 제공하여야 할 경우의 원인제공자의 비용부담 등에 관한 사항
3. 그 밖에 특정 노선 및 역의 폐지 또는 철도서비스의 제한·중지 등과 관련된 사항

시행령 [제44조] 특정노선 폐지 등의 승인신청서의 첨부서류

철도시설관리자와 철도운영자가 법 제34조 제2항의 규정에 의하여 국토교통부장관에게 승인신청서를 제출하는 때에는 다음 각 호의 사항을 기재한 서류를 첨부하여야 한다.

1. 승인신청 사유
2. 등급별·시간대별 철도차량의 운행빈도, 역수, 종사자수 등 운영현황
3. 과거 6월 이상의 기간 동안의 1일 평균 철도서비스 수요
4. 과거 1년 이상의 기간 동안의 수입·비용 및 영업손실액에 관한 회계보고서
5. 향후 5년 동안의 1일 평균 철도서비스 수요에 대한 전망
6. 과거 5년 동안의 공익서비스비용의 전체규모 및 법 제32조 제1항의 규정에 의한 원인제공자가 부담한 공익서비스 비용의 규모
7. 대체수송수단의 이용가능성

시행령 [제45조] 실태조사

① 국토교통부장관은 법 제34조 제2항의 규정에 의한 승인신청을 받은 때에는 당해 노선 및 역의 운영현황 또는 철도서비스의 제공현황에 관하여 실태조사를 실시하여야 한다.

② 국토교통부장관은 필요한 경우에는 관계 지방자치단체 또는 관련 전문기관을 제1항의 규정에 의한 실태조사에 참여시킬 수 있다.

③ 국토교통부장관은 제1항의 규정에 의한 실태조사의 결과를 위원회에 보고하여야 한다.

③ 국토교통부장관은 제2항에 따라 승인신청서가 제출된 경우 원인제공자 및 관계 행정기관의 장과 협의한 후 위원회의 심의를 거쳐 승인여부를 결정하고 그 결과를 승인신청자에게 통보하여야 한다. 이 경우 승인하기로 결정된 때에는 그 사실을 관보에 공고하여야 한다.

시행령 [제46조] 특정노선 폐지 등의 공고

국토교통부장관은 법 제34조 제3항의 규정에 의하여 승인을 한 때에는 그 승인이 있은 날부터 1월 이내에 폐지되는 특정 노선 및 역 또는 제한·중지되는 철도서비스의 내용과 그 사유를 국토교통부령이 정하는 바에 따라 공고하여야 한다.

④ 국토교통부장관 또는 관계행정기관의 장은 승인신청자가 제1항에 따라 특정 노선 및 역을 폐지하거나 철도서비스의 제한·중지 등의 조치를 취하고자 하는 때에는 대통령령으로 정하는 바에 의하여 대체수송수단의 마련 등 필요한 조치를 하여야 한다.

시행령 **[제47조] 특정노선 폐지 등에 따른 수송대책의 수립**

국토교통부장관 또는 관계행정기관의 장은 특정노선 및 역의 폐지 또는 철도서비스의 제한·중지 등의 조치로 인하여 영향을 받는 지역 중에서 대체수송수단이 없거나 현저히 부족하여 수송서비스에 심각한 지장이 초래되는 지역에 대하여는 법 제34조 제4항의 규정에 의하여 다음 각 호의 사항이 포함된 수송대책을 수립·시행하여야 한다.

1. 수송여건 분석
2. 대체수송수단의 운행횟수 증대, 노선조정 또는 추가투입
3. 대체수송에 필요한 재원조달
4. 그 밖에 수송대책의 효율적 시행을 위하여 필요한 사항

[법 제35조] 승인의 제한 등

① 국토교통부장관은 제34조 제1항 각 호의 어느 하나에 해당되는 경우에도 다음 각 호의 어느 하나에 해당하는 경우에는 같은 조 제3항에 따른 승인을 하지 아니할 수 있다.

1. 제34조에 따른 노선 폐지 등의 조치가 공익을 현저하게 저해한다고 인정하는 경우
2. 제34조에 따른 노선 폐지 등의 조치가 대체교통수단 미흡 등으로 교통서비스 제공에 중대한 지장을 초래한다고 인정하는 경우

② 국토교통부장관은 제1항 각 호에 따라 승인을 하지 아니함에 따라 철도운영자인 승인신청자가 경영상 중대한 영업손실을 받은 경우에는 그 손실을 보상할 수 있다.

[법 제36조] 비상사태 시 처분

① 국토교통부장관은 천재·지변·전시·사변, 철도교통의 심각한 장애 그 밖에 이에 준하는 사태의 발생으로 인하여 철도서비스에 중대한 차질이 발생하거나 발생할 우려가 있다고 인정하는 경우에는 필요한 범위 안에서 철도시설관리자·철도운영자 또는 철도이용자에게 다음 각 호의 사항에 관한 조정·명령 그 밖의 필요한 조치를 할 수 있다.

1. 지역별·노선별·수송대상별 수송 우선순위 부여 등 수송통제
2. 철도시설·철도차량 또는 설비의 가동 및 조업
3. 대체수송수단 및 수송로의 확보
4. 임시열차의 편성 및 운행
5. 철도서비스 인력의 투입
6. 철도이용의 제한 또는 금지
7. 그 밖에 철도서비스의 수급안정을 위하여 대통령령으로 정하는 사항

시행령 **[제49조] 비상사태 시 처분**

법 제36조 제1항 제7호에서 "대통령령이 정하는 사항"이라 함은 다음 각 호의 사항을 말한다.

1. 철도시설의 임시사용
2. 철도시설의 사용제한 및 접근 통제
3. 철도시설의 긴급복구 및 복구지원
4. 철도역 및 철도차량에 대한 수색 등

② 국토교통부장관은 제1항에 따른 조치의 시행을 위하여 관계행정기관의 장에게 필요한 협조를 요청할 수 있으며, 관계행정기관의 장은 이에 협조하여야 한다.

③ 국토교통부장관은 제1항에 따른 조치를 한 사유가 소멸되었다고 인정하는 때에는 지체없이 이를 해제하여야 한다.

조문확인 OX퀴즈

01 철도운영자의 공익서비스 제공으로 발생하는 비용은 대통령령으로 정하는 바에 따라 국가 또는 해당 철도서비스를 직접 요구한 자가 부담하여야 한다. (O, X)

02 원인제공자가 부담하는 공익서비스비용의 범위에는 철도운영자가 경영개선을 위한 적절한 조치를 취하였음에도 불구하고 철도이용수요가 적어 수지균형의 확보가 극히 곤란하여 벽지의 노선 또는 역의 철도서비스를 제한 또는 중지하여야 되는 경우로서 공익목적을 위하여 기초적인 철도서비스를 계속함으로써 발생되는 경영손실이 포함된다. (O, X)

03 철도운영자는 매년 3월 말까지 국가가 다음 연도에 부담하여야 하는 공익서비스비용의 추정액, 당해 공익서비스의 내용 그 밖의 필요한 사항을 기재한 국가부담비용추정서를 국토교통부장관에게 제출하여야 한다. (O, X)

04 국토교통부장관은 국가부담비용추정서를 제출받은 때에는 기획재정부장관과 협의하여 다음 연도의 국토교통부소관 일반회계에 국가부담비용을 계상하여야 한다. (O, X)

05 국토교통부장관은 국가부담비용을 정하는 때에는 국가부담비용의 추정액, 전년도에 부담한 국가부담비용, 관련법령의 규정 또는 보상계약 등을 고려하여야 한다. (O, X)

06 철도운영자는 국가부담비용의 지급을 신청하고자 하는 때에는 매년 3월 말까지 국가부담비용지급신청서를 국토교통부장관에게 제출하여야 한다. (O, X)

07 국가부담비용지급신청서의 첨부서류에는 최근 5년간 지급받은 국가부담비용내역서가 있다. (O, X)

08 원가계산서는 국가부담비용의 지급을 신청할 때 첨부하여야 한다. (O, X)

09 국토교통부장관은 국가부담비용지급신청서를 제출받은 때에는 이를 검토하여 매 반기마다 반기 말에 국가부담비용을 지급하여야 한다. (O, X)

10 국가부담비용을 지급받은 철도운영자는 당해 반기가 끝난 후 30일 이내에 국가부담비용정산서를 국토교통부장관에게 제출하여야 한다. (O, X)

11 국가부담비용정산서에는 수입·지출명세서와 수입·지출증빙서류 등을 첨부하여야 한다. (O, X)

12 철도운영자는 국가부담비용정산서를 제출할 때 전문기관 등으로 하여금 이를 확인하게 할 수 있다. (O, X)

13 국가부담비용을 지급받는 철도운영자는 노선 및 역에 대한 회계를 다른 회계와 구분하여 경리하여야 한다. (O, X)

14 원인제공자는 철도운영자와 철도운영자가 제공하는 철도서비스의 기준과 내용에 관한 사항이 포함된 보상계약을 체결하여야 한다. (O, X)

15 원인제공자는 철도운영자와 보상계약을 체결하기 전에 계약내용에 관하여 국토교통부장관 및 기획재정부장관과 미리 협의하여야 한다. (O, X)

16 국토교통부장관은 공익서비스비용의 객관성과 공정성을 확보하기 위하여 필요한 때에는 국토교통부령으로 정하는 바에 의하여 전문기관을 지정하여 그 기관으로 하여금 공익서비스비용의 산정 및 평가 등의 업무를 담당하게 할 수 있다. (O, X)

17 보상계약체결에 관하여 원인제공자와 철도운영자의 협의가 성립되지 아니하는 때에는 원인제공자 또는 철도운영자의 신청에 의하여 철도산업위원회가 이를 조정할 수 있다. (O, X)

18 원인제공자가 공익서비스비용을 부담하지 아니한 경우 승인신청자는 국토교통부장관의 승인을 얻어 특정 노선 및 역의 폐지와 관련 철도서비스의 제한 또는 중지 등 필요한 조치를 취할 수 있다. (O, X)

19 국토교통부장관은 기존운영자가 제한 또는 중지하고자 하는 특정 노선 및 역에 관한 철도서비스를 신규운영자로 하여금 제공하게 하는 것이 타당하다고 인정하는 때에는 신규운영자를 선정할 수 있다. (O, X)

20 국토교통부장관은 신규운영자를 선정하고자 하는 때에는 공정거래위원회와 협의하여 경쟁에 의한 방법으로 신규운영자를 선정하여야 한다. (O, X)

21 원인제공자는 신규운영자와 보상계약을 체결하여야 하며, 기존운영자는 당해 철도서비스 등에 관한 인수인계서류를 작성하여 신규운영자에게 제공하여야 한다. (O, X)

22 신규운영자 선정의 구체적인 방법, 인수인계절차 그 밖의 필요한 사항은 국토교통부령으로 정한다. (O, X)

23 승인신청자는 폐지하고자 하는 특정 노선 및 역 또는 제한·중지하고자 하는 철도서비스의 기간이 포함된 승인신청서를 국토교통부장관에게 제출하여야 한다. (O, X)

24 철도시설관리자와 철도운영자가 국토교통부장관에게 특정노선 폐지 등의 승인신청서를 제출하는 때에는 과거 6월 이상의 기간 동안의 1일 평균 철도서비스 수요를 기재한 서류를 첨부하여야 한다. (O, X)

25 과거 5년 이상의 기간 동안의 수입·비용 및 영업손실액에 관한 회계보고서는 특정노선 폐지 등의 승인신청서 첨부서류에 해당되지 않는다. (O, X)

26 국토교통부장관은 특정노선 폐지 등의 승인신청을 받은 때에는 당해 노선 및 역의 운영현황 또는 철도서비스의 제공현황에 관하여 설문조사를 실시하고 그 결과를 위원회에 보고하여야 한다. (O, X)

27 국토교통부장관 또는 관계행정기관의 장은 승인신청자가 특정 노선 및 역을 폐지하거나 철도서비스의 제한·중지 등의 조치를 취하고자 하는 때에는 대통령령으로 정하는 바에 의하여 대체수송수단의 마련 등 필요한 조치를 하여야 한다. (O, X)

28 국토교통부장관은 특정노선 폐지 등의 승인신청서가 제출된 경우 원인제공자 및 관계 행정기관의 장과 협의한 후 위원회의 심의를 거쳐 승인여부를 결정하고 그 결과를 승인신청자에게 통보하여야 한다. 이 경우 승인하기로 결정된 때에는 그 사실을 관보에 공고하여야 한다. (O, X)

29 국토교통부장관은 특정노선 폐지 등 승인을 한 때에는 그 승인이 있은 날부터 1월 이내에 폐지되는 특정노선 및 역 또는 제한·중지되는 철도서비스의 내용과 그 사유를 국토교통부령이 정하는 바에 따라 공고하여야 한다. (O, X)

30 국토교통부장관은 특정노선 및 역의 폐지 또는 철도서비스의 제한·중지 등의 조치로 인하여 영향을 받는 지역 중에서 대체교통수단 미흡 등으로 교통서비스 제공에 중대한 지장을 초래한다고 인정하는 경우에는 승인을 하지 아니할 수 있다. (O, X)

31 수송대책에는 대체수송수단의 운행횟수 증대, 노선조정 또는 추가투입이 포함되어야 한다. (O, X)

32 원인제공자는 특정노선 폐지 등을 승인하지 아니함에 따라 철도운영자인 승인신청자가 경영상 중대한 영업손실을 받은 경우에는 그 손실을 보상할 수 있다. (O, X)

33 국토교통부장관은 천재·지변·전시·사변, 철도교통의 심각한 장애 그 밖에 이에 준하는 사태의 발생으로 인하여 철도서비스에 중대한 차질이 발생하거나 발생할 우려가 있다고 인정하는 경우에는 필요한 범위 안에서 철도운영자에게 임시열차의 편성 및 운행에 관한 명령을 할 수 있다. (O, X)

34 철도서비스의 수급안정을 위하여 대통령령으로 정하는 사항에는 철도시설의 임시사용이 있다. (O, X)

35 국토교통부장관은 철도시설의 긴급복구 및 복구지원 조치의 시행을 위하여 관계행정기관의 장에게 필요한 협조를 요청할 수 있으며, 관계행정기관의 장은 이에 협조하여야 한다. (O, X)

36 국토교통부장관은 비상사태 시 처분 조치를 한 사유가 소멸되었다고 인정하는 때에는 지체없이 이를 해제하여야 한다. (O, X)

정답 01 O 02 O 03 O 04 X 05 O 06 X 07 X 08 O 09 X 10 O 11 O 12 X 13 O 14 O 15 O 16 O 17 O 18 O 19 O 20 X 21 O 22 O 23 X 24 O 25 O 26 X 27 O 28 O 29 O 30 O 31 O 32 X 33 O 34 O 35 O 36 O

제5장 보칙

[법 제37조] 철도건설 등의 비용부담

① 철도시설관리자는 지방자치단체·특정한 기관 또는 단체가 철도시설건설사업으로 인하여 현저한 이익을 받는 경우에는 국토교통부장관의 승인을 얻어 그 이익을 받는 자(이하 이 조에서 "수익자"라 한다)로 하여금 그 비용의 일부를 부담하게 할 수 있다.

② 제1항에 따라 수익자가 부담하여야 할 비용은 철도시설관리자와 수익자가 협의하여 정한다. 이 경우 협의가 성립되지 아니하는 때에는 철도시설관리자 또는 수익자의 신청에 의하여 위원회가 이를 조정할 수 있다.

[법 제38조] 권한의 위임 및 위탁

국토교통부장관은 이 법에 따른 권한의 일부를 대통령령으로 정하는 바에 따라 특별시장·광역시장·도지사·특별자치도지사 또는 지방교통관서의 장에 위임하거나 관계 행정기관·국가철도공단·철도공사·정부출연연구기관에게 위탁할 수 있다. 다만, 철도시설유지보수 시행업무는 철도공사에 위탁한다.

시행령 **[제50조] 권한의 위탁**

① 국토교통부장관은 법 제38조 본문의 규정에 의하여 법 제12조 제2항의 규정에 의한 철도산업정보센터의 설치·운영업무를 다음 각 호의 자 중에서 국토교통부령이 정하는 자에게 위탁한다.

1. 정부출연연구기관 등의 설립·운영 및 육성에 관한 법률 또는 과학기술분야 정부출연연구기관 등의 설립·운영 및 육성에 관한 법률에 의한 정부출연연구기관
2. 국가철도공단

② 국토교통부장관은 법 제38조 본문의 규정에 의하여 철도시설유지보수 시행업무를 철도청장에게 위탁한다.

③ 국토교통부장관은 법 제38조 본문의 규정에 의하여 제24조 제4항의 규정에 의한 철도교통관제시설의 관리업무 및 철도교통관제업무를 다음 각 호의 자 중에서 국토교통부령이 정하는 자에게 위탁한다.

1. 국가철도공단
2. 철도운영자

[법 제39조] 청문

국토교통부장관은 제34조에 따른 특정 노선 및 역의 폐지와 이와 관련된 철도서비스의 제한 또는 중지에 대한 승인을 하고자 하는 때에는 청문을 실시하여야 한다.

조문확인 OX퀴즈

01 철도시설관리자는 지방자치단체·특정한 기관 또는 단체가 철도시설건설사업으로 인하여 현저한 이익을 받는 경우에는 국토교통부장관의 승인을 얻어 그 이익을 받는 자로 하여금 그 비용의 일부를 부담하게 할 수 있다. (O, X)

02 수익자가 부담하여야 할 비용은 철도시설관리자와 수익자가 협의하여 정한다. 이 경우 협의가 성립되지 아니하는 때에는 철도시설관리자 또는 수익자의 신청에 의하여 철도의 관리청이 이를 조정할 수 있다. (O, X)

03 국토교통부장관은 철도산업발전기본법에 따른 권한의 일부를 대통령령으로 정하는 바에 따라 특별시장·광역시장·도지사·특별자치도지사 또는 지방교통관서의 장에 위임하거나 관계 행정기관·국가철도공단·철도공사·정부출연연구기관에게 위탁할 수 있다. (O, X)

04 철도시설유지보수 시행업무는 국가철도공단에 위탁한다. (O, X)

05 국토교통부장관은 철도교통관제업무를 국가철도공단과 철도운영자 중에서 국토교통부령이 정하는 자에게 위탁한다. (O, X)

06 철도산업정보센터의 설치·운영업무를 정부출연연구기관과 국가철도공단 중에서 국토교통부령이 정하는 자에게 위탁한다. (O, X)

07 국토교통부장관은 특정 노선 및 역의 폐지와 이와 관련된 철도서비스의 제한 또는 중지에 대한 승인을 하고자 하는 때에는 청문을 실시하여야 한다. (O, X)

정답 01 O 02 X 03 O 04 X 05 O 06 O 07 O

제6장 벌칙

[법 제40조] 벌칙

① 제34조의 규정을 위반하여 국토교통부장관의 승인을 얻지 아니하고 특정 노선 및 역을 폐지하거나 철도서비스를 제한 또는 중지한 자는 3년 이하의 징역 또는 5천만 원 이하의 벌금에 처한다.

② 다음 각 호의 어느 하나에 해당하는 자는 2년 이하의 징역 또는 3천만 원 이하의 벌금에 처한다.

1. 거짓이나 그 밖의 부정한 방법으로 제31조 제1항에 따른 허가를 받은 자

법 [제31조] 철도시설 사용료

① 철도시설을 사용하고자 하는 자는 대통령령으로 정하는 바에 따라 관리청의 허가를 받거나 철도시설관리자와 시설사용계약을 체결하거나 그 시설사용계약을 체결한 자(이하 "시설사용계약자"라 한다)의 승낙을 얻어 사용할 수 있다.

2. 제31조 제1항에 따른 허가를 받지 아니하고 철도시설을 사용한 자
3. 제36조 제1항 제1호부터 제5호까지 또는 제7호에 따른 조정·명령 등의 조치를 위반한 자

법 [제36조] 비상사태 시 처분

① 국토교통부장관은 천재·지변·전시·사변, 철도교통의 심각한 장애 그 밖에 이에 준하는 사태의 발생으로 인하여 철도서비스에 중대한 차질이 발생하거나 발생할 우려가 있다고 인정하는 경우에는 필요한 범위 안에서 철도시설관리자·철도운영자 또는 철도이용자에게 다음 각 호의 사항에 관한 조정·명령 그 밖의 필요한 조치를 할 수 있다.

1. 지역별·노선별·수송대상별 수송 우선순위 부여 등 수송통제
2. 철도시설·철도차량 또는 설비의 가동 및 조업
3. 대체수송수단 및 수송로의 확보
4. 임시열차의 편성 및 운행
5. 철도서비스 인력의 투입
7. 그 밖에 철도서비스의 수급안정을 위하여 대통령령으로 정하는 사항

[법 제41조] 양벌규정

법인의 대표자나 법인 또는 개인의 대리인, 사용인, 그 밖의 종업원이 그 법인 또는 개인의 업무에 관하여 제40조의 위반행위를 하면 그 행위자를 벌하는 외에 그 법인 또는 개인에게도 해당 조문의 벌금형을 과(科)한다. 다만, 법인 또는 개인이 그 위반행위를 방지하기 위하여 해당 업무에 관하여 상당한 주의와 감독을 게을리하지 아니한 경우에는 그러하지 아니하다.

[법 제42조] 과태료

① 제36조 제1항 제6호의 규정을 위반한 자에게는 1천만 원 이하의 과태료를 부과한다.

> **법 [제36조] 비상사태 시 처분**
>
> ① 국토교통부장관은 천재·지변·전시·사변, 철도교통의 심각한 장애 그 밖에 이에 준하는 사태의 발생으로 인하여 철도서비스에 중대한 차질이 발생하거나 발생할 우려가 있다고 인정하는 경우에는 필요한 범위 안에서 철도시설관리자·철도운영자 또는 철도이용자에게 다음 각 호의 사항에 관한 조정·명령 그 밖의 필요한 조치를 할 수 있다.
>
> 6. 철도이용의 제한 또는 금지

② 제1항에 따른 과태료는 대통령령으로 정하는 바에 따라 국토교통부장관이 부과·징수한다.

③ 삭제

④ 삭제

⑤ 삭제

> **시행령 [제51조] 과태료**
>
> ① 국토교통부장관이 법 제42조 제2항의 규정에 의하여 과태료를 부과하는 때에는 당해 위반행위를 조사·확인한 후 위반사실·과태료 금액·이의제기의 방법 및 기간 등을 서면으로 명시하여 이를 납부할 것을 과태료처분대상자에게 통지하여야 한다.
>
> ② 국토교통부장관은 제1항의 규정에 의하여 과태료를 부과하고자 하는 때에는 10일 이상의 기간을 정하여 과태료처분대상자에게 구술 또는 서면에 의한 의견진술의 기회를 주어야 한다. 이 경우 지정된 기일까지 의견진술이 없는 때에는 의견이 없는 것으로 본다.
>
> ③ 국토교통부장관은 과태료의 금액을 정함에 있어서는 당해 위반행위의 동기·정도·횟수 등을 참작하여야 한다.
>
> ④ 과태료의 징수절차는 국토교통부령으로 정한다.

조문확인 OX퀴즈

01 국토교통부장관의 승인을 얻지 아니하고 특정 노선 및 역을 폐지하거나 철도서비스를 제한 또는 중지한 자는 3년 이하의 징역 또는 5천만 원 이하의 벌금에 처한다. (O, X)

02 거짓이나 그 밖의 부정한 방법으로 철도시설의 사용허가를 받은 자는 3년 이하의 징역 또는 2천만 원 이하의 벌금에 처한다. (O, X)

03 양벌규정은 법인 또는 개인의 대리인, 사용인, 그 밖의 종업원이 그 법인 또는 개인의 업무에 관하여 벌칙에 해당되는 위반행위를 하면 그 행위자를 벌하는 외에 그 법인 또는 개인에게도 해당 조문의 벌금형을 과하는 것이다. (O, X)

04 양벌규정을 적용할 때 법인 또는 개인이 그 위반행위를 방지하기 위하여 해당 업무에 관하여 상당한 주의와 감독을 게을리하지 아니한 경우에도 적용한다. (O, X)

05 철도이용의 금지 조치를 어긴 철도이용자에게 1천만 원 이하의 과태료를 부과한다. (O, X)

06 과태료는 대통령령으로 정하는 바에 따라 국토교통부장관이 부과·징수한다. (O, X)

07 국토교통부장관이 과태료를 부과하는 때에는 당해 위반행위를 조사·확인한 후 위반사실·과태료 금액·이의제기의 방법 및 기간 등을 서면으로 명시하여 이를 납부할 것을 과태료처분대상자에게 통지하여야 한다. (O, X)

08 국토교통부장관은 과태료를 부과하고자 하는 때에는 30일 이상의 기간을 정하여 과태료처분대상자에게 구술 또는 서면에 의한 의견진술의 기회를 주어야 한다. (O, X)

09 국토교통부장관은 과태료의 금액을 정함에 있어서는 당해 위반행위의 동기·정도·횟수 등을 참작하여야 한다. (O, X)

10 과태료의 징수절차는 대통령령으로 정한다. (O, X)

정답 01 O 02 X 03 O 04 X 05 O 06 O 07 O 08 X 09 O 10 X

철도사업법

제1장 총칙

[법 제1조] 목적

이 법은 철도사업에 관한 질서를 확립하고 효율적인 운영 여건을 조성함으로써 철도사업의 건전한 발전과 철도 이용자의 편의를 도모하여 국민경제의 발전에 이바지함을 목적으로 한다.

시행령 [제1조] 목적

이 영은 「철도사업법」에서 위임된 사항과 그 시행에 관하여 필요한 사항을 규정함을 목적으로 한다.

[법 제2조] 정의

이 법에서 사용하는 용어의 뜻은 다음과 같다.

1. "철도"란 「철도산업발전기본법」 제3조 제1호에 따른 철도를 말한다.
2. "철도시설"이란 「철도산업발전기본법」 제3조 제2호에 따른 철도시설을 말한다.
3. "철도차량"이란 「철도산업발전기본법」 제3조 제4호에 따른 철도차량을 말한다.
4. "사업용철도"란 철도사업을 목적으로 설치하거나 운영하는 철도를 말한다.
5. "전용철도"란 다른 사람의 수요에 따른 영업을 목적으로 하지 아니하고 자신의 수요에 따라 특수 목적을 수행하기 위하여 설치하거나 운영하는 철도를 말한다.
6. "철도사업"이란 다른 사람의 수요에 응하여 철도차량을 사용하여 유상(有償)으로 여객이나 화물을 운송하는 사업을 말한다.
7. "철도운수종사자"란 철도운송과 관련하여 승무(乘務, 동력차 운전과 열차 내 승무를 말한다. 이하 같다) 및 역무서비스를 제공하는 직원을 말한다.
8. "철도사업자"란 「한국철도공사법」에 따라 설립된 한국철도공사(이하 "철도공사"라 한다) 및 제5조에 따라 철도사업 면허를 받은 자를 말한다.
9. "전용철도운영자"란 제34조에 따라 전용철도 등록을 한 자를 말한다.

[법 제3조] 다른 법률과의 관계

철도사업에 관하여 다른 법률에 특별한 규정이 있는 경우를 제외하고는 이 법에서 정하는 바에 따른다.

[법 제3조의2] 조약과의 관계

국제철도(대한민국을 포함한 둘 이상의 국가에 걸쳐 운행되는 철도를 말한다)를 이용한 화물 및 여객 운송에 관하여 대한민국과 외국 간 체결된 조약에 이 법과 다른 규정이 있는 때에는 그 조약의 규정에 따른다.

조문확인 OX퀴즈

01 철도사업을 목적으로 설치하거나 운영하는 철도를 공공철도라고 한다. (O, X)

02 전용철도란 다른 사람의 수요에 따른 영업을 목적으로 설치하거나 운영하는 철도를 말한다. (O, X)

03 철도사업이란 다른 사람의 수요에 응하지 않고 자신의 수요에 따라 유상으로 여객이나 화물을 운송하는 사업을 말한다. (O, X)

04 한국철도공사는 철도사업자에 해당된다. (O, X)

05 철도운송과 관련하여 역무서비스를 제공하는 직원은 철도운수종사자에 해당된다. (O, X)

06 전용철도 등록을 한 자를 전용철도운영자라 한다. (O, X)

07 국제철도(대한민국을 포함한 둘 이상의 국가에 걸쳐 운행되는 철도를 말한다)를 이용한 화물 및 여객 운송에 관하여 대한민국과 외국 간 체결된 조약에 철도사업법과 다른 규정이 있는 때에는 그 조약의 규정에 따른다. (O, X)

정답 01 X 02 X 03 X 04 O 05 O 06 O 07 O

제2장 철도사업의 관리

[법 제4조] 사업용철도노선의 고시 등

① 국토교통부장관은 사업용철도노선의 노선번호, 노선명, 기점(起點), 종점(終點), 중요 경과지(정차역을 포함한다)와 그 밖에 필요한 사항을 국토교통부령으로 정하는 바에 따라 지정·고시하여야 한다.

② 국토교통부장관은 제1항에 따라 사업용철도노선을 지정·고시하는 경우 사업용철도노선을 다음 각 호의 구분에 따라 분류할 수 있다.

1. 운행지역과 운행거리에 따른 분류
   가. 간선(幹線)철도
   나. 지선(支線)철도
2. 운행속도에 따른 분류
   가. 고속철도노선
   나. 준고속철도노선
   다. 일반철도노선

③ 제2항에 따른 사업용철도노선 분류의 기준이 되는 운행지역, 운행거리 및 운행속도는 국토교통부령으로 정한다.

[법 제4조의2] 철도차량의 유형 분류

국토교통부장관은 철도 운임 상한의 산정, 철도차량의 효율적인 관리 등을 위하여 철도차량을 국토교통부령으로 정하는 운행속도에 따라 다음 각 호의 구분에 따른 유형으로 분류할 수 있다.

1. 고속철도차량
2. 준고속철도차량
3. 일반철도차량

[법 제5조] 면허 등

① 철도사업을 경영하려는 자는 제4조 제1항에 따라 지정·고시된 사업용철도노선을 정하여 국토교통부장관의 면허를 받아야 한다. 이 경우 국토교통부장관은 철도의 공공성과 안전을 강화하고 이용자 편의를 증진시키기 위하여 국토교통부령으로 정하는 바에 따라 필요한 부담을 붙일 수 있다.

② 제1항에 따른 면허를 받으려는 자는 국토교통부령으로 정하는 바에 따라 사업계획서를 첨부한 면허신청서를 국토교통부장관에게 제출하여야 한다.

③ 철도사업의 면허를 받을 수 있는 자는 법인으로 한다.

[법 제6조] 면허의 기준

철도사업의 면허기준은 다음 각 호와 같다.

1. 해당 사업의 시작으로 철도교통의 안전에 지장을 줄 염려가 없을 것
2. 해당 사업의 운행계획이 그 운행 구간의 철도 수송 수요와 수송력 공급 및 이용자의 편의에 적합할 것
3. 신청자가 해당 사업을 수행할 수 있는 재정적 능력이 있을 것
4. 해당 사업에 사용할 철도차량의 대수(臺數), 사용연한 및 규격이 국토교통부령으로 정하는 기준에 맞을 것

[법 제7조] 결격사유

다음 각 호의 어느 하나에 해당하는 법인은 철도사업의 면허를 받을 수 없다.

1. 법인의 임원 중 다음 각 목의 어느 하나에 해당하는 사람이 있는 법인
   가. 피성년후견인 또는 피한정후견인
   나. 파산선고를 받고 복권되지 아니한 사람
   다. 이 법 또는 대통령령으로 정하는 철도 관계 법령을 위반하여 금고 이상의 실형을 선고받고 그 집행이 끝나거나(끝난 것으로 보는 경우를 포함한다) 면제된 날부터 2년이 지나지 아니한 사람
   라. 이 법 또는 대통령령으로 정하는 철도 관계 법령을 위반하여 금고 이상의 형의 집행유예를 선고받고 그 유예 기간 중에 있는 사람

> **시행령** **[제2조] 철도관계법령**
>
> 「철도사업법」(이하 "법"이라 한다) 제7조 제1호 다목 및 라목에서 "대통령령으로 정하는 철도 관계 법령"이란 각각 다음 각 호의 법령을 말한다.
>
> 1. 「철도산업발전기본법」
> 2. 「철도안전법」
> 3. 「도시철도법」
> 4. 「국가철도공단법」
> 5. 「한국철도공사법」

2. 제16조 제1항에 따라 철도사업의 면허가 취소된 후 그 취소일부터 2년이 지나지 아니한 법인. 다만, 제1호 가목 또는 나목에 해당하여 철도사업의 면허가 취소된 경우는 제외한다.

[법 제8조] 운송 시작의 의무

철도사업자는 국토교통부장관이 지정하는 날 또는 기간에 운송을 시작하여야 한다. 다만, 천재지변이나 그 밖의 불가피한 사유로 철도사업자가 국토교통부장관이 지정하는 날 또는 기간에 운송을 시작할 수 없는 경우에는 국토교통부장관의 승인을 받아 날짜를 연기하거나 기간을 연장할 수 있다.

[법 제9조] 여객 운임·요금의 신고 등

① 철도사업자는 여객에 대한 운임(여객운송에 대한 직접적인 대가를 말하며, 여객운송과 관련된 설비·용역에 대한 대가는 제외한다. 이하 같다)·요금(이하 "여객 운임·요금"이라 한다)을 국토교통부장관에게 신고하여야 한다. 이를 변경하려는 경우에도 같다.

> **시행령** **[제3조] 여객 운임·요금의 신고**
>
> ① 철도사업자는 법 제9조 제1항에 따라 여객에 대한 운임·요금(이하 "여객 운임·요금"이라 한다)의 신고 또는 변경신고를 하려는 경우에는 국토교통부령으로 정하는 여객 운임·요금신고서 또는 변경신고서에 다음 각 호의 서류를 첨부하여 국토교통부장관에게 제출하여야 한다.
>
> 1. 여객 운임·요금표
> 2. 여객 운임·요금 신·구대비표 및 변경사유를 기재한 서류(여객 운임·요금을 변경하는 경우에 한정한다)

② 철도사업자는 사업용철도를 「도시철도법」에 의한 도시철도운영자가 운영하는 도시철도와 연결하여 운행하려는 때에는 법 제9조 제1항에 따라 여객 운임·요금의 신고 또는 변경신고를 하기 전에 여객 운임·요금 및 그 변경시기에 관하여 미리 당해 도시철도운영자와 협의하여야 한다.

② 철도사업자는 여객 운임·요금을 정하거나 변경하는 경우에는 원가(原價)와 버스 등 다른 교통수단의 여객 운임·요금과의 형평성 등을 고려하여야 한다. 이 경우 여객에 대한 운임은 제4조 제2항에 따른 사업용철도노선의 분류, 제4조의2에 따른 철도차량의 유형 등을 고려하여 국토교통부장관이 지정·고시한 상한을 초과하여서는 아니 된다.

시행령 [제4조] 여객 운임의 상한지정 등

① 국토교통부장관은 법 제9조 제2항 후단에 따라 여객에 대한 운임(이하 "여객 운임"이라 한다)의 상한을 지정하는 때에는 물가상승률, 원가수준, 다른 교통수단과의 형평성, 법 제4조 제2항에 따른 사업용철도노선(이하 "사업용철도노선"이라 한다)의 분류와 법 제4조의2에 따른 철도차량의 유형 등을 고려하여야 하며, 여객 운임의 상한을 지정한 경우에는 이를 관보에 고시하여야 한다.

② 국토교통부장관은 제1항에 따라 여객 운임의 상한을 지정하기 위하여 「철도산업발전기본법」 제6조에 따른 철도산업위원회 또는 철도나 교통 관련 전문기관 및 전문가의 의견을 들을 수 있다.

③ 삭제

④ 삭제

⑤ 국토교통부장관이 여객 운임의 상한을 지정하려는 때에는 철도사업자로 하여금 원가계산 그 밖에 여객 운임의 산출기초를 기재한 서류를 제출하게 할 수 있다.

⑥ 국토교통부장관은 사업용철도노선과 「도시철도법」에 의한 도시철도가 연결되어 운행되는 구간에 대하여 제1항에 따른 여객 운임의 상한을 지정하는 경우에는 「도시철도법」 제31조 제1항에 따라 특별시장·광역시장·특별자치시장·도지사 또는 특별자치도지사가 정하는 도시철도 운임의 범위와 조화를 이루도록 하여야 한다.

③ 국토교통부장관은 제2항에 따라 여객 운임의 상한을 지정하려면 미리 기획재정부장관과 협의하여야 한다.

④ 국토교통부장관은 제1항에 따른 신고 또는 변경신고를 받은 날부터 3일 이내에 신고수리 여부를 신고인에게 통지하여야 한다.

⑤ 철도사업자는 제1항에 따라 신고 또는 변경신고를 한 여객 운임·요금을 그 시행 1주일 이전에 인터넷 홈페이지, 관계 역·영업소 및 사업소 등 일반인이 잘 볼 수 있는 곳에 게시하여야 한다.

[법 제9조의2] 여객 운임·요금의 감면

① 철도사업자는 재해복구를 위한 긴급지원, 여객 유치를 위한 기념행사, 그 밖에 철도사업의 경영상 필요하다고 인정되는 경우에는 일정한 기간과 대상을 정하여 제9조 제1항에 따라 신고한 여객 운임·요금을 감면할 수 있다.

② 철도사업자는 제1항에 따라 여객 운임·요금을 감면하는 경우에는 그 시행 3일 이전에 감면 사항을 인터넷 홈페이지, 관계 역·영업소 및 사업소 등 일반인이 잘 볼 수 있는 곳에 게시하여야 한다. 다만, 긴급한 경우에는 미리 게시하지 아니할 수 있다.

[법 제10조] 부가 운임의 징수

① 철도사업자는 열차를 이용하는 여객이 정당한 운임·요금을 지급하지 아니하고 열차를 이용한 경우에는 승차 구간에 해당하는 운임 외에 그의 30배의 범위에서 부가 운임을 징수할 수 있다.

② 철도사업자는 송하인(送荷人)이 운송장에 적은 화물의 품명·중량·용적 또는 개수에 따라 계산한 운임이 정당한 사유 없이 정상 운임보다 적은 경우에는 송하인에게 그 부족 운임 외에 그 부족 운임의 5배의 범위에서 부가 운임을 징수할 수 있다.

③ 철도사업자는 제1항 및 제2항에 따른 부가 운임을 징수하려는 경우에는 사전에 부가 운임의 징수 대상 행위, 열차의 종류 및 운행 구간 등에 따른 부가 운임 산정기준을 정하고 제11조에 따른 철도사업약관에 포함하여 국토교통부장관에게 신고하여야 한다.

④ 국토교통부장관은 제3항에 따른 신고를 받은 날부터 3일 이내에 신고수리 여부를 신고인에게 통지하여야 한다.

⑤ 제1항 및 제2항에 따른 부가 운임의 징수 대상자는 이를 성실하게 납부하여야 한다.

[법 제10조의2] 승차권 등 부정판매의 금지

철도사업자 또는 철도사업자로부터 승차권 판매위탁을 받은 자가 아닌 자는 철도사업자가 발행한 승차권 또는 할인권·교환권 등 승차권에 준하는 증서를 상습 또는 영업으로 자신이 구입한 가격을 초과한 금액으로 다른 사람에게 판매하거나 이를 알선하여서는 아니 된다.

[법 제11조] 철도사업약관

① 철도사업자는 철도사업약관을 정하여 국토교통부장관에게 신고하여야 한다. 이를 변경하려는 경우에도 같다.

② 제1항에 따른 철도사업약관의 기재 사항 등에 필요한 사항은 국토교통부령으로 정한다.

③ 국토교통부장관은 제1항에 따른 신고 또는 변경신고를 받은 날부터 3일 이내에 신고수리 여부를 신고인에게 통지하여야 한다.

[법 제12조] 사업계획의 변경

① 철도사업자는 사업계획을 변경하려는 경우에는 국토교통부장관에게 신고하여야 한다. 다만, 대통령령으로 정하는 중요 사항을 변경하려는 경우에는 국토교통부장관의 인가를 받아야 한다.

시행령 [제5조] 사업계획의 중요한 사항의 변경

법 제12조 제1항 단서에서 "대통령령으로 정하는 중요 사항을 변경하려는 경우"란 다음 각 호의 어느 하나에 해당하는 경우를 말한다.

1. 철도이용수요가 적어 수지균형의 확보가 극히 곤란한 벽지 노선으로서 「철도산업발전기본법」 제33조 제1항에 따라 공익서비스비용의 보상에 관한 계약이 체결된 노선의 철도운송서비스(철도여객운송서비스 또는 철도화물운송서비스를 말한다)의 종류를 변경하거나 다른 종류의 철도운송서비스를 추가하는 경우
2. 운행구간의 변경(여객열차의 경우에 한한다)
3. 사업용철도노선별로 여객열차의 정차역을 신설 또는 폐지하거나 10분의 2 이상 변경하는 경우
4. 사업용철도노선별로 10분의 1 이상의 운행횟수의 변경(여객열차의 경우에 한한다). 다만, 공휴일·방학기간 등 수송수요와 열차운행계획상의 수송력과 현저한 차이가 있는 경우로서 3월 이내의 기간동안 운행횟수를 변경하는 경우를 제외한다.

② 국토교통부장관은 철도사업자가 다음 각 호의 어느 하나에 해당하는 경우에는 제1항에 따른 사업계획의 변경을 제한할 수 있다.

1. 제8조에 따라 국토교통부장관이 지정한 날 또는 기간에 운송을 시작하지 아니한 경우
2. 제16조에 따라 노선 운행중지, 운행제한, 감차(減車) 등을 수반하는 사업계획 변경명령을 받은 후 1년이 지나

지 아니한 경우
3. 제21조에 따른 개선명령을 받고 이행하지 아니한 경우
4. 철도사고(「철도안전법」 제2조 제11호에 따른 철도사고를 말한다. 이하 같다)의 규모 또는 발생 빈도가 대통령령으로 정하는 기준 이상인 경우

시행령 [제6조] 사업계획의 변경을 제한할 수 있는 철도사고의 기준

법 제12조 제2항 제4호에서 "대통령령으로 정하는 기준"이란 사업계획의 변경을 신청한 날이 포함된 연도의 직전 연도의 열차운행거리 100만 킬로미터당 철도사고(철도사업자 또는 그 소속 종사자의 고의 또는 과실에 의한 철도사고를 말한다. 이하 같다)로 인한 사망자수 또는 철도사고의 발생횟수가 최근(직전연도를 제외한다) 5년간 평균보다 10분의 2 이상 증가한 경우를 말한다.

③ 제1항과 제2항에 따른 사업계획 변경의 절차·기준과 그 밖에 필요한 사항은 국토교통부령으로 정한다.
④ 국토교통부장관은 제1항 본문에 따른 신고를 받은 날부터 3일 이내에 신고수리 여부를 신고인에게 통지하여야 한다.

[법 제13조] 공동운수협정

① 철도사업자는 다른 철도사업자와 공동경영에 관한 계약이나 그 밖의 운수에 관한 협정(이하 "공동운수협정"이라 한다)을 체결하거나 변경하려는 경우에는 국토교통부령으로 정하는 바에 따라 국토교통부장관의 인가를 받아야 한다. 다만, 국토교통부령으로 정하는 경미한 사항을 변경하려는 경우에는 국토교통부령으로 정하는 바에 따라 국토교통부장관에게 신고하여야 한다.
② 국토교통부장관은 제1항 본문에 따라 공동운수협정을 인가하려면 미리 공정거래위원회와 협의하여야 한다.
③ 국토교통부장관은 제1항 단서에 따른 신고를 받은 날부터 3일 이내에 신고수리 여부를 신고인에게 통지하여야 한다.

[법 제14조] 사업의 양도·양수 등

① 철도사업자는 그 철도사업을 양도·양수하려는 경우에는 국토교통부장관의 인가를 받아야 한다.
② 철도사업자는 다른 철도사업자 또는 철도사업 외의 사업을 경영하는 자와 합병하려는 경우에는 국토교통부장관의 인가를 받아야 한다.
③ 제1항이나 제2항에 따른 인가를 받은 경우 철도사업을 양수한 자는 철도사업을 양도한 자의 철도사업자로서의 지위를 승계하며, 합병으로 설립되거나 존속하는 법인은 합병으로 소멸되는 법인의 철도사업자로서의 지위를 승계한다.
④ 제1항과 제2항의 인가에 관하여는 제7조를 준용한다.

[법 제15조] 사업의 휴업·폐업

① 철도사업자가 그 사업의 전부 또는 일부를 휴업 또는 폐업하려는 경우에는 국토교통부령으로 정하는 바에 따라 국토교통부장관의 허가를 받아야 한다. 다만, 선로 또는 교량의 파괴, 철도시설의 개량, 그 밖의 정당한 사유로 휴업하는 경우에는 국토교통부령으로 정하는 바에 따라 국토교통부장관에게 신고하여야 한다.
② 제1항에 따른 휴업기간은 6개월을 넘을 수 없다. 다만, 제1항 단서에 따른 휴업의 경우에는 예외로 한다.

③ 제1항에 따라 허가를 받거나 신고한 휴업기간 중이라도 휴업 사유가 소멸된 경우에는 국토교통부장관에게 신고하고 사업을 재개(再開)할 수 있다.

④ 국토교통부장관은 제1항 단서 및 제3항에 따른 신고를 받은 날부터 60일 이내에 신고수리 여부를 신고인에게 통지하여야 한다.

⑤ 철도사업자는 철도사업의 전부 또는 일부를 휴업 또는 폐업하려는 경우에는 대통령령으로 정하는 바에 따라 휴업 또는 폐업하는 사업의 내용과 그 기간 등을 인터넷 홈페이지, 관계 역·영업소 및 사업소 등 일반인이 잘 볼 수 있는 곳에 게시하여야 한다.

시행령 [제7조] 사업의 휴업·폐업 내용의 게시

철도사업자는 법 제15조 제1항에 따라 철도사업의 휴업 또는 폐업의 허가를 받은 때에는 그 허가를 받은 날부터 7일 이내에 법 제15조 제4항에 따라 다음 각 호의 사항을 철도사업자의 인터넷 홈페이지, 관계 역·영업소 및 사업소 등 일반인이 잘 볼 수 있는 곳에 게시하여야 한다. 다만, 법 제15조 제1항 단서에 따라 휴업을 신고하는 경우에는 해당 사유가 발생한 때에 즉시 다음 각 호의 사항을 게시하여야 한다.

1. 휴업 또는 폐업하는 철도사업의 내용 및 그 사유
2. 휴업의 경우 그 기간
3. 대체교통수단 안내
4. 그 밖에 휴업 또는 폐업과 관련하여 철도사업자가 공중에게 알려야 할 필요성이 있다고 인정하는 사항이 있는 경우 그에 관한 사항

[법 제16조] 면허취소 등

① 국토교통부장관은 철도사업자가 다음 각 호의 어느 하나에 해당하는 경우에는 면허를 취소하거나, 6개월 이내의 기간을 정하여 사업의 전부 또는 일부의 정지를 명하거나, 노선 운행중지·운행제한·감차 등을 수반하는 사업계획의 변경을 명할 수 있다. 다만, 제4호 및 제7호의 경우에는 면허를 취소하여야 한다.

1. 면허받은 사항을 정당한 사유 없이 시행하지 아니한 경우
2. 사업 경영의 불확실 또는 자산상태의 현저한 불량이나 그 밖의 사유로 사업을 계속하는 것이 적합하지 아니할 경우
3. 고의 또는 중대한 과실에 의한 철도사고로 대통령령으로 정하는 다수의 사상자(死傷者)가 발생한 경우

시행령 [제8조] 면허취소 또는 사업정지 등의 처분대상이 되는 사상자 수

법 제16조 제1항 제3호에서 "대통령령으로 정하는 다수의 사상자(死傷者)가 발생한 경우"란 1회 철도사고로 사망자 5명 이상이 발생하게 된 경우를 말한다.

4. 거짓이나 그 밖의 부정한 방법으로 제5조에 따른 철도사업의 면허를 받은 경우
5. 제5조 제1항 후단에 따라 면허에 붙인 부담을 위반한 경우
6. 제6조에 따른 철도사업의 면허기준에 미달하게 된 경우. 다만, 3개월 이내에 그 기준을 충족시킨 경우에는 예외로 한다.
7. 철도사업자의 임원 중 제7조 제1호 각 목의 어느 하나의 결격사유에 해당하게 된 사람이 있는 경우. 다만, 3개월 이내에 그 임원을 바꾸어 임명한 경우에는 예외로 한다.
8. 제8조를 위반하여 국토교통부장관이 지정한 날 또는 기간에 운송을 시작하지 아니한 경우

9. 제15조에 따른 휴업 또는 폐업의 허가를 받지 아니하거나 신고를 하지 아니하고 영업을 하지 아니한 경우
10. 제20조 제1항에 따른 준수사항을 1년 이내에 3회 이상 위반한 경우
11. 제21조에 따른 개선명령을 위반한 경우
12. 제23조에 따른 명의 대여 금지를 위반한 경우

② 제1항에 따른 처분의 기준 및 절차와 그 밖에 필요한 사항은 국토교통부령으로 정한다.

③ 국토교통부장관은 제1항에 따라 철도사업의 면허를 취소하려면 청문을 하여야 한다.

[법 제17조] 과징금처분

① 국토교통부장관은 제16조 제1항에 따라 철도사업자에게 사업정지처분을 하여야 하는 경우로서 그 사업정지처분이 그 철도사업자가 제공하는 철도서비스의 이용자에게 심한 불편을 주거나 그 밖에 공익을 해칠 우려가 있을 때에는 그 사업정지처분을 갈음하여 1억 원 이하의 과징금을 부과·징수할 수 있다.

② 제1항에 따라 과징금을 부과하는 위반행위의 종류, 과징금의 부과기준·징수방법 등 필요한 사항은 대통령령으로 정한다.

시행령 **[제9조] 철도사업자에 대한 과징금의 부과기준**

법 제17조제1항에 따라 사업정지처분에 갈음하여 과징금을 부과하는 위반행위의 종류와 정도에 따른 과징금의 금액은 별표 1과 같다.

■ 철도사업법 시행령 [별표 1]

철도사업자에 대한 과징금의 부과기준(제9조 관련)

1. 일반기준
   가. 국토교통부장관은 철도사업자의 사업규모, 사업지역의 특수성, 철도사업자 또는 그 종사자의 과실의 정도와 위반행위의 내용 및 횟수 등을 고려하여 제2호에 따른 과징금 금액의 2분의 1 범위에서 그 금액을 줄이거나 늘릴 수 있다.
   나. 가목에 따라 과징금을 늘리는 경우 과징금 금액의 총액은 법 제17조 제1항에 따른 과징금 금액의 상한을 넘을 수 없다.

2. 개별기준

(단위: 만 원)

위반행위	근거 법조문	과징금 금액
가. 면허를 받은 사항을 정당한 사유 없이 시행하지 않은 경우	법 제16조 제1항 제1호	300
나. 사업경영의 불확실 또는 자산상태의 현저한 불량이나 그 밖의 사유로 사업을 계속하는 것이 적합하지 않은 경우	법 제16조 제1항 제2호	500
다. 철도사업자 또는 그 소속 종사자의 고의 또는 중대한 과실에 의하여 다음 각 목의 사고가 발생한 경우 1) 1회의 철도사고로 인한 사망자가 40명 이상인 경우 2) 1회의 철도사고로 인한 사망자가 20명 이상 40명 미만인 경우 3) 1회의 철도사고로 인한 사망자가 10명 이상 20명 미만인 경우 4) 1회의 철도사고로 인한 사망자가 5명 이상 10명 미만인 경우	법 제16조 제1항 제3호	 5,000 2,000 1,000 500
라. 법 제5조 제1항 후단에 따라 면허에 붙인 부담을 위반한 경우	법 제16조 제1항 제5호	1,000
마. 법 제6조에 따른 철도사업의 면허기준에 미달하게 된 때부터 3개월이 경과된 후에도 그 기준을 충족시키지 않은 경우	법 제16조 제1항 제6호	1,000

바. 법 제8조를 위반하여 국토교통부장관이 지정한 날 또는 기간에 운송을 시작하지 않은 경우	법 제16조 제1항 제8호	300
사. 법 제15조에 따른 휴업 또는 폐업의 허가를 받지 않거나 신고를 하지 않고 영업을 하지 않은 경우	법 제16조 제1항 제9호	300
아. 법 제20조 제1항에 따른 준수사항을 1년 이내에 3회 이상 위반한 경우	법 제16조 제1항 제10호	500
자. 법 제21조에 따른 개선명령을 위반한 경우	법 제16조 제1항 제11호	300
차. 법 제23조에 따른 명의대여 금지를 위반한 경우	법 제16조 제1항 제12호	300

[제10조] 과징금의 부과 및 납부

① 국토교통부장관은 법 제17조 제1항의 규정에 의하여 과징금을 부과하고자 하는 때에는 그 위반행위의 종별과 해당 과징금의 금액 등을 명시하여 이를 납부할 것을 서면으로 통지하여야 한다.

② 제1항에 따른 통지를 받은 자는 20일 이내에 과징금을 국토교통부장관이 지정한 수납기관에 납부해야 한다.

③ 제2항의 규정에 의하여 과징금의 납부를 받은 수납기관은 납부자에게 영수증을 교부하여야 한다.

④ 과징금의 수납기관은 제2항의 규정에 의하여 과징금을 수납한 때에는 지체 없이 그 사실을 국토교통부장관에게 통보하여야 한다.

⑤ 삭제

③ 국토교통부장관은 제1항에 따라 과징금 부과처분을 받은 자가 납부기한까지 과징금을 내지 아니하면 국세 체납처분의 예에 따라 징수한다.

④ 제1항에 따라 징수한 과징금은 다음 각 호 외의 용도로는 사용할 수 없다.

1. 철도사업 종사자의 양성·교육훈련이나 그 밖의 자질향상을 위한 시설 및 철도사업 종사자에 대한 지도업무의 수행을 위한 시설의 건설·운영
2. 철도사업의 경영개선이나 그 밖에 철도사업의 발전을 위하여 필요한 사업
3. 제1호 및 제2호의 목적을 위한 보조 또는 융자

⑤ 국토교통부장관은 과징금으로 징수한 금액의 운용계획을 수립하여 시행하여야 한다.

⑥ 제4항과 제5항에 따른 과징금 사용의 절차, 운용계획의 수립·시행에 관한 사항과 그 밖에 필요한 사항은 국토교통부령으로 정한다.

[법 제18조] 철도차량 표시

철도사업자는 철도사업에 사용되는 철도차량에 철도사업자의 명칭과 그 밖에 국토교통부령으로 정하는 사항을 표시하여야 한다.

[법 제19조] 우편물 등의 운송

철도사업자는 여객 또는 화물 운송에 부수(附隨)하여 우편물과 신문 등을 운송할 수 있다.

[법 제20조] 철도사업자의 준수사항

① 철도사업자는 「철도안전법」 제21조에 따른 요건을 갖추지 아니한 사람을 운전업무에 종사하게 하여서는 아니 된다.

> **철도안전법** **[제21조] 운전업무 실무수습**
> 철도차량의 운전업무에 종사하려는 사람은 국토교통부령으로 정하는 바에 따라 실무수습을 이수하여야 한다.

② 철도사업자는 사업계획을 성실하게 이행하여야 하며, 부당한 운송 조건을 제시하거나 정당한 사유 없이 운송계약의 체결을 거부하는 등 철도운송 질서를 해치는 행위를 하여서는 아니 된다.

③ 철도사업자는 여객 운임표, 여객 요금표, 감면 사항 및 철도사업약관을 인터넷 홈페이지에 게시하고 관계 역·영업소 및 사업소 등에 갖추어 두어야 하며, 이용자가 요구하는 경우에는 제시하여야 한다.

④ 제1항부터 제3항까지에 따른 준수사항 외에 운송의 안전과 여객 및 화주(貨主)의 편의를 위하여 철도사업자가 준수하여야 할 사항은 국토교통부령으로 정한다.

[법 제21조] 사업의 개선명령

국토교통부장관은 원활한 철도운송, 서비스의 개선 및 운송의 안전과 그 밖에 공공복리의 증진을 위하여 필요하다고 인정하는 경우에는 철도사업자에게 다음 각 호의 사항을 명할 수 있다.

1. 사업계획의 변경
2. 철도차량 및 운송 관련 장비·시설의 개선
3. 운임·요금 징수 방식의 개선
4. 철도사업약관의 변경
5. 공동운수협정의 체결
6. 철도차량 및 철도사고에 관한 손해배상을 위한 보험에의 가입
7. 안전운송의 확보 및 서비스의 향상을 위하여 필요한 조치
8. 철도운수종사자의 양성 및 자질향상을 위한 교육

[법 제22조] 철도운수종사자의 준수사항

철도사업에 종사하는 철도운수종사자는 다음 각 호의 어느 하나에 해당하는 행위를 하여서는 아니 된다.

1. 정당한 사유 없이 여객 또는 화물의 운송을 거부하거나 여객 또는 화물을 중도에서 내리게 하는 행위
2. 부당한 운임 또는 요금을 요구하거나 받는 행위
3. 그 밖에 안전운행과 여객 및 화주의 편의를 위하여 철도운수종사자가 준수하여야 할 사항으로서 국토교통부령으로 정하는 사항을 위반하는 행위

[법 제23조] 명의 대여의 금지

철도사업자는 타인에게 자기의 성명 또는 상호를 사용하여 철도사업을 경영하게 하여서는 아니 된다.

[법 제24조] 철도화물 운송에 관한 책임

① 철도사업자의 화물의 멸실·훼손 또는 인도(引導)의 지연에 대한 손해배상책임에 관하여는 「상법」 제135조를 준용한다.

② 제1항을 적용할 때에 화물이 인도 기한을 지난 후 3개월 이내에 인도되지 아니한 경우에는 그 화물은 멸실된 것으로 본다.

조문확인 OX퀴즈

01 국토교통부장관은 사업용 철도노선의 노선번호를 고시하여야 한다. (O, X)

02 국토교통부장관은 사업용철도노선을 운행노선에 따라 간선철도와 지선철도로 분류할 수 있다. (O, X)

03 고속철도노선은 사업용 철도노선의 운행속도에 따른 분류에 해당된다. (O, X)

04 철도사업을 경영하려는 자는 지정·고시된 사업용철도노선을 정하여 국토교통부장관의 면허를 받아야 한다. (O, X)

05 면허를 받으려는 자는 대통령령으로 정하는 바에 따라 사업계획서를 첨부한 면허신청서를 국토교통부장관에게 제출하여야 한다. (O, X)

06 철도사업의 면허를 받을 수 있는 자는 법인으로 한다. (O, X)

07 철도사업의 면허기준에는 해당 사업에 사용할 철도차량의 대수, 사용연한 및 규격이 국토교통부령으로 정하는 기준에 맞을 것이 있다. (O, X)

08 법인의 임원 중 피성년후견인이 있는 법인은 철도사업의 면허를 받을 수 없다. (O, X)

09 대통령령으로 정하는 철도 관계 법령에는 도시철도법이 속하지 않는다. (O, X)

10 철도사업의 면허가 취소된 후 그 취소일로부터 2년이 지나지 아니한 법인은 철도사업 면허의 결격사유에 해당된다. (O, X)

11 철도사업자는 국토교통부장관이 지정하는 날 또는 기간에 운송을 시작하여야 한다. (O, X)

12 천재지변이나 그 밖의 불가피한 사유로 철도사업자가 국토교통부장관이 지정하는 날 또는 기간에 운송을 시작할 수 없는 경우에는 국토교통부장관의 승인을 받아 잠시 유보할 수 있다. (O, X)

13 철도사업자는 여객에 대한 운임(여객운송에 대한 직접적인 대가를 말하며, 여객운송과 관련된 설비·용역에 대한 대가는 제외한다)·요금을 국토교통부장관에게 승인받아야 한다. 이를 변경하려는 경우에도 같다. (O, X)

14 철도사업자는 여객 운임·요금의 신고 또는 변경신고를 하려는 경우에는 국토교통부령으로 정하는 여객 운임·요금신고서 또는 변경신고서에 여객 운임·요금표를 첨부하여 국토교통부장관에게 제출하여야 한다. (O, X)

15 철도사업자는 사업용철도를 「도시철도법」에 의한 도시철도운영자가 운영하는 도시철도와 연결하여 운행하려는 때에는 여객 운임·요금의 신고 또는 변경신고를 하기 전에 여객 운임·요금 및 그 변경시기에 관하여 미리 당해 특별시장·광역시장·도지사·특별자치도지사 또는 지방교통관서와 협의하여야 한다. (O, X)

16 철도사업자는 여객 운임·요금을 정하거나 변경하는 경우에는 원가와 버스 등 다른 교통수단의 여객 운임·요금과의 형평성 등을 고려하여야 한다. (O, X)

17 여객에 대한 운임은 국토교통부장관이 지정·고시한 상한을 초과하여서는 아니 된다. (O, X)

18 국토교통부장관은 여객 운임의 상한을 지정하는 때에는 마진비율, 원가수준, 다른 교통수단과의 형평성, 사업용철도노선의 분류와 철도노선의 유형 등을 고려하여야 한다. (O, X)

19 국토교통부장관은 여객 운임의 상한을 지정한 경우에는 이를 관보에 고시하여야 한다. (O, X)

20 국토교통부장관은 여객 운임의 상한을 지정하기 위하여 「철도산업발전기본법」에 따른 철도산업위원회 또는 철도나 교통 관련 전문기관 및 전문가의 의견을 들을 수 있다. (O, X)

21 국토교통부장관이 여객 운임의 상한을 지정하려는 때에는 철도사업자로 하여금 실지조사를 할 수 있다. (O, X)

22 국토교통부장관은 사업용철도노선과 「도시철도법」에 의한 도시철도가 연결되어 운행되는 구간에 대하여 여객 운임의 상한을 지정하는 경우에는 「도시철도법」에 따라 도시철도운영자가 정하는 도시철도 운임의 범위와 조화를 이루도록 하여야 한다. (O, X)

23 국토교통부장관은 여객 운임의 상한을 지정하려면 미리 기획재정부장관과 협의하여야 한다. (O, X)

24 철도사업자는 변경신고를 한 여객 운임·요금을 그 시행 1주일 이전에 인터넷 홈페이지, 관계 역·영업소 및 사업소 등 일반인이 잘 볼 수 있는 곳에 게시하여야 한다. (O, X)

25 철도사업자는 재해복구를 위한 긴급지원, 여객 유치를 위한 기념행사, 그 밖에 철도사업의 경영상 필요하다고 인정되는 경우에는 일정한 기간과 대상을 정하여 신고한 여객 운임·요금을 감면할 수 있다. (O, X)

26 철도사업자는 여객 운임·요금을 감면하는 경우에는 그 시행 1주일 이전에 감면 사항을 인터넷 홈페이지, 관계 역·영업소 및 사업소 등 일반인이 잘 볼 수 있는 곳에 게시하여야 한다. 다만, 긴급한 경우에는 미리 게시하지 아니할 수 있다. (O, X)

27 철도사업자는 열차를 이용하는 여객이 정당한 운임·요금을 지급하지 아니하고 열차를 이용한 경우에는 승차 구간에 해당하는 운임 외에 그의 20배의 범위에서 부가 운임을 징수할 수 있다. (O, X)

28 철도사업자는 송하인(送荷人)이 운송장에 적은 화물의 품명·중량·용적 또는 개수에 따라 계산한 운임이 정당한 사유 없이 정상 운임보다 적은 경우에는 송하인에게 그 부족 운임 외에 그 부족 운임의 50배의 범위에서 부가 운임을 징수할 수 있다. (O, X)

29 철도사업자는 부가 운임을 징수하려는 경우에는 사전에 부가 운임의 징수 대상 행위, 열차의 종류 및 운행구간 등에 따른 부가 운임 산정기준을 정하고 철도사업약관에 포함하여 국토교통부장관에게 신고하여야 한다. (O, X)

30 철도사업자는 철도사업약관을 정하여 국토교통부장관에게 신고하여야 한다. (O, X)

31 철도사업약관의 기재 사항 등에 필요한 사항은 국토교통부령으로 정한다. (O, X)

32 철도사업자는 사업계획을 변경하려는 경우에는 국토교통부장관에게 신고하여야 한다. 다만, 대통령령으로 정하는 중요 사항을 변경하려는 경우에는 국토교통부장관의 인가를 받아야 한다. (O, X)

33 화물열차 운행구간의 변경은 대통령령으로 정하는 사업계획의 중요한 사항의 변경에 해당된다. (O, X)

34 철도이용수요가 적어 수지균형의 확보가 극히 곤란한 벽지 노선으로서 「철도산업발전기본법」에 따라 공익서비스비용의 보상에 관한 계약이 체결된 노선의 철도운송서비스(철도여객운송서비스 또는 철도화물운송서비스를 말한다)의 종류를 변경하거나 다른 종류의 철도운송서비스를 추가하는 경우 국토교통부장관의 인가를 받아야 한다. (O, X)

35 철도사업자가 노선 운행중지, 운행제한, 감차 등을 수반하는 사업계획 변경명령을 받은 후 1년이 지나지 아니한 경우 국토교통부장관은 사업계획의 변경을 제한할 수 없다. (O, X)

36 사업계획의 변경을 제한할 수 있는 철도사고의 기준은 사업계획의 변경을 신청한 날이 포함된 연도의 직전 연도의 열차운행거리 100만 킬로미터당 철도사고로 인한 사망자수가 최근 5년간 평균보다 10분의 2 이상 증가한 경우를 말한다. (O, X)

37 사업계획 변경의 절차·기준과 그 밖에 필요한 사항은 국토교통부령으로 정한다. (O, X)

38 철도사업자는 다른 철도사업자와 공동운수협정을 체결하거나 변경하려는 경우에는 국토교통부령으로 정하는 바에 따라 국토교통부장관의 인가를 받아야 한다. (O, X)

39 국토교통부장관은 공동운수협정을 인가하려면 미리 기획재정부장관과 협의하여야 한다. (O, X)

40 철도사업자는 그 철도사업을 양도·양수하려는 경우에는 국토교통부장관의 인가를 받아야 한다. (O, X)

41 철도사업자가 그 사업의 전부 또는 일부를 휴업 또는 폐업하려는 경우에는 국토교통부령으로 정하는 바에 따라 국토교통부장관의 허가를 받아야 한다. 이 경우 휴업기간은 6개월을 넘을 수 없다. (O, X)

42 선로 또는 교량의 파괴, 철도시설의 개량, 그 밖의 정당한 사유로 휴업하는 경우에는 대통령령으로 정하는 바에 따라 국토교통부장관에게 신고하여야 한다. (O, X)

43 철도사업자는 철도사업의 휴업 또는 폐업의 허가를 받은 때에는 그 허가를 받은 날부터 3일 이내에 대체교통수단 안내사항을 철도사업자의 인터넷 홈페이지, 관계 역·영업소 및 사업소 등 일반인이 잘 볼 수 있는 곳에 게시하여야 한다. (O, X)

44 허가를 받거나 신고한 휴업기간 중이라도 휴업 사유가 소멸된 경우에는 국토교통부장관에게 신고하고 사업을 재개할 수 있다. (O, X)

45 국토교통부장관은 사업의 휴업 신고를 받은 날부터 7일 이내에 신고수리 여부를 신고인에게 통지하여야 한다. (O, X)

46 철도사업자는 철도사업의 전부 또는 일부를 휴업 또는 폐업하려는 경우에는 대통령령으로 정하는 바에 따라 휴업 또는 폐업하는 사업의 내용과 그 기간 등을 인터넷 홈페이지, 관계 역·영업소 및 사업소 등 일반인이 잘 볼 수 있는 곳에 게시하여야 한다. (O, X)

47 면허받은 사항을 정당한 사유 없이 시행하지 아니한 경우 국토교통부장관은 6개월 이내의 기간을 정하여 사업의 전부 또는 일부의 정지를 명할 수 있다. (O, X)

48 고의 또는 중대한 과실에 의한 1회 철도사고로 사망자가 5명 이상 발생하게 된 경우 국토교통부장관은 노선 운행중지·운행제한·감차 등을 수반하는 사업계획의 변경을 명할 수 있다. (O, X)

49 국토교통부장관은 철도사업자에게 사업정지처분을 하여야 하는 경우로서 그 사업정지처분이 그 철도사업자가 제공하는 철도서비스의 이용자에게 심한 불편을 주거나 그 밖에 공익을 해칠 우려가 있을 때에는 그 사업정지처분을 갈음하여 1억 원 이하의 과징금을 부과·징수할 수 있다. (O, X)

50 사업경영의 불확실 또는 자산상태의 현저한 불량이나 그 밖의 사유로 사업을 계속하는 것이 적합하지 않은 경우 과징금 금액은 5천만 원이다. (O, X)

51 과징금을 부과하는 위반행위의 종류, 과징금의 부과기준 · 징수방법 등 필요한 사항은 국토교통부령으로 정한다. (O, X)

52 위반행위의 종별과 해당 과징금의 금액 등을 명시하여 이를 납부할 것을 서면으로 통지받은 자는 10일 이내에 과징금을 국토교통부장관이 지정한 수납기관에 납부해야 한다. (O, X)

53 국토교통부장관은 과징금 부과처분을 받은 자가 납부기한까지 과징금을 내지 아니하면 국세 체납처분의 예에 따라 징수한다. (O, X)

54 철도사업의 경영개선이나 그 밖에 철도사업의 발전을 위하여 필요한 사업을 위한 융자에 과징금을 사용할 수 있다. (O, X)

55 과징금 사용의 절차, 운용계획의 수립 · 시행에 관한 사항과 그 밖에 필요한 사항은 대통령령으로 정한다. (O, X)

56 철도사업자는 철도사업에 사용되는 철도차량에 철도사업자의 명칭과 그 밖에 대통령령으로 정하는 사항을 표시하여야 한다. (O, X)

57 철도사업자는 사업계획을 성실하게 이행하여야 하며, 부당한 운송 조건을 제시하거나 정당한 사유 없이 운송계약의 체결을 거부하는 등 철도운송 질서를 해치는 행위를 하여서는 아니 된다. (O, X)

58 철도사업자는 운전업무 실무수습의 요건을 갖추지 아니한 사람을 운전업무에 종사하게 하여서는 아니된다. (O, X)

59 철도사업자는 여객 운임표, 여객 요금표, 감면 사항 및 철도사업약관을 인터넷 홈페이지에 게시하고 관계 역 · 영업소 및 사업소 등에 갖추어 두어야 하며, 이용자가 요구하는 경우에는 제시하여야 한다. (O, X)

60 운송의 안전과 여객 및 화주의 편의를 위하여 철도사업자가 준수하여야 할 사항은 국토교통부령으로 정한다. (O, X)

61 국토교통부장관은 원활한 철도운송, 서비스의 개선 및 운송의 안전과 그 밖에 공공복리의 증진을 위하여 필요하다고 인정하는 경우에는 철도사업약관의 변경을 명할 수 있다. (O, X)

62 사업의 개선명령에는 철도차량 및 운송 관련 장비 · 시설의 개선이 포함된다. (O, X)

63 철도운수종사자는 정당한 사유 없이 여객 또는 화물의 운송을 거부하거나 여객 또는 화물을 중도에서 내리게 하는 행위를 하여서는 아니 된다. (O, X)

64 철도사업자는 타인에게 자기의 성명 또는 상호를 사용하여 철도사업을 경영하게 하여서는 아니 된다. (O, X)

65 철도사업자의 화물의 멸실 · 훼손 또는 인도의 지연에 대한 손해배상책임에 관하여는 「상법」 제135조를 준용하며, 이때 화물이 인도 기한을 지난 후 6개월 이내에 인도되지 아니한 경우에는 그 화물은 멸실된 것으로 본다. (O, X)

정답 01 O 02 X 03 O 04 O 05 X 06 O 07 O 08 O 09 X 10 O 11 O 12 X 13 X 14 O 15 X
16 O 17 O 18 X 19 O 20 O 21 X 22 X 23 O 24 O 25 O 26 X 27 X 28 X 29 O 30 O
31 O 32 O 33 X 34 O 35 X 36 O 37 O 38 O 39 X 40 O 41 O 42 X 43 X 44 O 45 X
46 O 47 O 48 O 49 O 50 X 51 X 52 X 53 O 54 X 55 X 56 X 57 O 58 O 59 O 60 O
61 O 62 O 63 O 64 O 65 X

제2장의2 민자철도 운영의 감독·관리 등

[법 제25조] 민자철도의 유지·관리 및 운영에 관한 기준 등

① 국토교통부장관은 「철도의 건설 및 철도시설 유지관리에 관한 법률」 제2조 제2호부터 제4호까지에 따른 고속철도, 광역철도 및 일반철도로서 「사회기반시설에 대한 민간투자법」 제2조 제6호에 따른 민간투자사업으로 건설된 철도(이하 "민자철도"라 한다)의 관리운영권을 「사회기반시설에 대한 민간투자법」 제26조 제1항에 따라 설정받은 자(이하 "민자철도사업자"라 한다)가 해당 민자철도를 안전하고 효율적으로 유지·관리할 수 있도록 민자철도의 유지·관리 및 운영에 관한 기준을 정하여 고시하여야 한다.

② 민자철도사업자는 민자철도의 안전하고 효율적인 유지·관리와 이용자 편의를 도모하기 위하여 제1항에 따라 고시된 기준을 준수하여야 한다.

③ 국토교통부장관은 제1항에 따른 민자철도의 유지·관리 및 운영에 관한 기준에 따라 매년 소관 민자철도에 대하여 운영평가를 실시하여야 한다.

④ 국토교통부장관은 제3항에 따른 운영평가 결과에 따라 민자철도에 관한 유지·관리 및 체계 개선 등 필요한 조치를 민자철도사업자에게 명할 수 있다.

⑤ 민자철도사업자는 제4항에 따른 명령을 이행하고 그 결과를 국토교통부장관에게 보고하여야 한다.

⑥ 제3항에 따른 운영평가의 절차, 방법 및 그 밖에 필요한 사항은 국토교통부령으로 정한다.

[법 제25조의2] 민자철도사업자에 대한 과징금 처분

① 국토교통부장관은 민자철도사업자가 다음 각 호의 어느 하나에 해당하는 경우에는 1억 원 이하의 과징금을 부과·징수할 수 있다.

1. 제25조 제2항을 위반하여 민자철도의 유지·관리 및 운영에 관한 기준을 준수하지 아니한 경우
2. 제25조 제5항을 위반하여 명령을 이행하지 아니하거나 그 결과를 보고하지 아니한 경우

② 제1항에 따라 과징금을 부과하는 위반행위의 종류와 위반 정도 등에 따른 과징금의 금액 및 징수방법 등에 필요한 사항은 대통령령으로 정한다.

시행령 **[제10조의2] 민자철도사업자에 대한 과징금의 부과기준**

법 제25조의2 제1항에 따라 과징금을 부과하는 위반행위의 종류와 위반 정도 등에 따른 과징금의 금액 등 부과기준은 별표 1의2와 같다.

■ 철도사업법 시행령 [별표 1의2]

민자철도사업자에 대한 과징금의 부과기준(제10조의2 관련)

1. 일반기준
   가. 하나의 행위가 둘 이상의 위반행위에 해당하는 경우에는 그중 무거운 과징금의 부과기준에 따른다.
   나. 부과권자는 다음의 어느 하나에 해당하는 경우에는 제2호의 개별기준에 따른 과징금의 2분의 1 범위에서 그 금액을 줄여 부과할 수 있다. 다만, 과징금을 체납하고 있는 위반행위자에 대해서는 그렇지 않다.
      1) 위반행위가 사소한 부주의나 오류로 인한 것으로 인정되는 경우
      2) 위반행위자가 위반행위를 바로 정정하거나 시정하여 법 위반상태를 해소한 경우
      3) 그 밖에 위반행위의 내용·정도, 위반행위 동기와 그 결과 등을 고려하여 과징금 금액을 줄일 필요가 있다고 인정되는 경우

다. 부과권자는 다음의 어느 하나에 해당하는 경우에는 제2호의 개별기준에 따른 과징금의 2분의 1 범위에서 그 금액을 늘려 부과할 수 있다. 다만, 늘려 부과하는 경우에도 법 제25조의2 제1항에 따른 과징금의 상한을 넘을 수 없다.
1) 위반의 내용·정도가 중대하여 이용자 등에게 미치는 피해가 크다고 인정되는 경우
2) 법 위반상태의 기간이 6개월 이상인 경우
3) 그 밖에 위반행위의 정도, 위반행위 동기와 그 결과 등을 고려하여 과징금 금액을 늘릴 필요가 있다고 인정되는 경우

2. 개별기준

(단위: 만 원)

위반행위	근거 법조문	과징금 금액
가. 법 제25조 제2항을 위반하여 민자철도의 유지·관리 및 운영에 관한 기준을 준수하지 않은 경우	법 제25조의2 제1항 제1호	
1) 철도의 일부 또는 전체의 기능을 상실한 경우		
가) 철도의 일부 또는 전체의 기능을 상실한 기간이 1일 이상 7일 미만인 경우		2,000
나) 철도의 일부 또는 전체의 기능을 상실한 기간이 7일 이상 15일 미만인 경우		4,000
다) 철도의 일부 또는 전체의 기능을 상실한 기간이 15일 이상인 경우		10,000
2) 해당 철도에서 사고가 발생했거나 운행에 위험을 초래하는 결과가 발생한 경우		1,000
나. 법 제25조 제5항을 위반하여 명령을 이행하지 않거나 그 결과를 보고하지 않은 경우	법 제25조의2 제1항 제2호	1,000

[제10조의3] 과징금의 부과 및 납부

법 제25조 제1항에 따른 민자철도사업자(이하 "민자철도사업자"라 한다)에 대한 과징금의 부과 및 납부에 관하여는 제10조를 준용한다. 이 경우 "법 제17조 제1항"은 "법 제25조의2 제1항"으로 본다.

③ 국토교통부장관은 제1항에 따라 과징금 부과처분을 받은 자가 납부기한까지 과징금을 내지 아니하면 국세강제징수의 예에 따라 징수한다.

④ 제1항에 따라 징수한 과징금의 용도 등에 관하여는 제17조 제4항부터 제6항까지를 준용한다.

[법 제25조의3] 사정변경 등에 따른 실시협약의 변경 요구 등

① 국토교통부장관은 중대한 사정변경 또는 민자철도사업자의 위법한 행위 등 다음 각 호의 어느 하나에 해당하는 사유가 발생한 경우 민자철도사업자에게 그 사유를 소명하거나 해소 대책을 수립할 것을 요구할 수 있다.

1. 민자철도사업자가 「사회기반시설에 대한 민간투자법」 제2조 제7호에 따른 실시협약(이하 "실시협약"이라 한다)에서 정한 자기자본의 비율을 대통령령으로 정하는 기준 미만으로 변경한 경우. 다만, 같은 조 제5호에 따른 주무관청의 승인을 받아 변경한 경우는 제외한다.
2. 민자철도사업자가 대통령령으로 정하는 기준을 초과한 이자율로 자금을 차입한 경우
3. 교통여건이 현저히 변화되는 등 실시협약의 기초가 되는 사실 또는 상황에 중대한 변경이 생긴 경우로서 대통령령으로 정하는 경우

시행령 **[제10조의4] 사정변경 등에 따른 실시협약의 변경 요구 등**

① 법 제25조의3 제1항 제1호 본문에서 "대통령령으로 정하는 기준"이란 「사회기반시설에 대한 민간투자법」 제7조에 따른 민간투자사업기본계획에 따라 민자철도사업자가 유지해야 하는 자기자본의 비율을 말한다.

② 법 제25조의3 제1항 제2호에서 "대통령령으로 정하는 기준을 초과한 이자율"이란 다음 각 호의 이자율 중 가장 낮은 이자율을 초과한 이자율을 말한다.

1. 「대부업 등의 등록 및 금융이용자 보호에 관한 법률 시행령」 제5조 제2항에 따른 이자율
2. 「이자제한법 제2조 제1항의 최고이자율에 관한 규정」에 따른 최고이자율
3. 민자철도사업자가 자금을 차입하는 때의 최고이자율에 관하여 국토교통부장관과 합의가 있는 경우에는 그 이자율

③ 법 제25조의3 제1항 제3호에서 "대통령령으로 정하는 경우"란 「사회기반시설에 대한 민간투자법」 제2조 제7호에 따른 실시협약(이하 이 항에서 "실시협약"이라 한다)의 체결 이후 다음 각 호의 경우로 인하여 연간 실제 교통량이 실시협약에서 정한 교통량의 100분의 30 이상 변경된 경우를 말한다.

1. 해당 민자철도의 실시협약 체결 당시 예상되지 않았던 다른 철도가 연결되는 경우
2. 해당 민자철도의 운영 여건 변화로 이용자의 안전 및 편의 등 민자철도의 기능에 심각한 지장이 초래된 경우
3. 해당 민자철도가 「국가통합교통체계효율화법 시행령」 제36조 제1항에 따른 연계교통체계 영향권의 설정 범위에 포함된 경우
4. 관련 법령이 개정되거나 민자철도에 관한 정책이 변경된 경우
5. 그 밖에 제1호부터 제4호까지에 준하는 사유로 교통 여건이 현저히 변화된 경우

② 제1항에 따른 요구를 받은 민자철도사업자는 국토교통부장관이 요구한 날부터 30일 이내에 그 사유를 소명하거나 해소 대책을 수립하여야 한다.

③ 국토교통부장관은 다음 각 호의 어느 하나에 해당하는 경우 제25조의5에 따른 민자철도 관리지원센터의 자문을 거쳐 실시협약의 변경 등을 요구할 수 있다.

1. 민자철도사업자가 제2항에 따른 소명을 하지 아니하거나 그 소명이 충분하지 아니한 경우
2. 민자철도사업자가 제2항에 따른 해소 대책을 수립하지 아니한 경우
3. 제2항에 따른 해소 대책으로는 제1항에 따른 사유를 해소할 수 없거나 해소하기 곤란하다고 판단되는 경우

④ 국토교통부장관은 민자철도사업자가 제3항에 따른 요구에 따르지 아니하는 경우 정부지급금, 실시협약에 따른 보조금 및 재정지원금의 전부 또는 일부를 지급하지 아니할 수 있다.

[법 제25조의4] 민자철도사업자에 대한 지원

국토교통부장관은 정책의 변경 또는 법령의 개정 등으로 인하여 민자철도사업자가 부담하여야 하는 비용이 추가로 발생하는 경우 그 비용의 전부 또는 일부를 지원할 수 있다.

[법 제25조의5] 민자철도 관리지원센터의 지정 등

① 국토교통부장관은 민자철도에 대한 감독 업무를 효율적으로 수행하기 위하여 다음 각 호의 어느 하나에 해당하는 기관을 민자철도에 대한 전문성을 고려하여 민자철도 관리지원센터(이하 "관리지원센터"라 한다)로 지정할 수 있다.

1. 「정부출연연구기관 등의 설립·운영 및 육성에 관한 법률」에 따른 정부출연연구기관
2. 「공공기관의 운영에 관한 법률」에 따른 공공기관

② 관리지원센터는 다음 각 호의 업무를 수행한다.

1. 민자철도의 교통수요 예측, 적정 요금 또는 운임 및 운영비 산출과 관련한 자문 및 지원

2. 제25조 제1항에 따른 민자철도의 유지·관리 및 운영에 관한 기준과 관련한 자문 및 지원
3. 제25조 제3항에 따른 운영평가와 관련한 자문 및 지원
4. 제25조의3 제3항에 따른 실시협약 변경 등의 요구와 관련한 자문 및 지원
5. 제5항에 따라 국토교통부장관이 위탁하는 업무
6. 그 밖에 이 법에 따른 민자철도에 관한 감독 지원을 위하여 국토교통부령으로 정하는 업무

③ 국토교통부장관은 관리지원센터가 업무를 수행하는 데에 필요한 비용을 예산의 범위에서 지원할 수 있다.

④ 국토교통부장관은 관리지원센터가 다음 각 호의 어느 하나에 해당하는 경우에는 지정을 취소할 수 있다. 다만, 제1호에 해당하는 경우에는 지정을 취소하여야 한다.
1. 거짓이나 그 밖의 부정한 방법으로 지정을 받은 경우
2. 지정받은 사항을 위반하여 업무를 수행한 경우

⑤ 국토교통부장관은 민자철도와 관련하여 이 법과 「사회기반시설에 대한 민간투자법」에 따른 업무로서 국토교통부령으로 정하는 업무를 관리지원센터에 위탁할 수 있다.

[법 제25조의6] 국회에 대한 보고 등

① 국토교통부장관은 「사회기반시설에 대한 민간투자법」 제53조에 따라 국가가 재정을 지원한 민자철도의 건설 및 유지·관리 현황에 관한 보고서를 작성하여 매년 5월 31일까지 국회 소관 상임위원회에 제출하여야 한다.

② 국토교통부장관은 제1항에 따른 보고서를 작성하기 위하여 민자철도사업자에게 필요한 자료의 제출을 요구할 수 있다.

조문확인 OX퀴즈

01 국토교통부장관은 민자철도사업자가 해당 민자철도를 안전하고 효율적으로 유지·관리할 수 있도록 민자철도의 유지·관리 및 운영에 관한 기준을 정하여 고시하여야 한다. (O, X)

02 민자철도사업자는 민자철도의 발전과 안전하고 편리한 서비스 제공을 도모하기 위하여 민자철도의 유지·관리 및 운영에 관한 기준을 준수하여야 한다. (O, X)

03 국토교통부장관은 민자철도의 유지·관리 및 운영에 관한 기준에 따라 매년 소관 민자철도에 대하여 운영평가를 실시하여야 한다. (O, X)

04 국토교통부장관은 운영평가 결과에 따라 민자철도에 관한 유지·관리 및 체계 개선 등 필요한 조치를 민자철도사업자에게 명할 수 있다. (O, X)

05 민간철도사업자가 민자철도의 유지·관리 및 운영에 관한 기준을 준수하지 아니한 경우 국토교통부장관은 1억 원 이하의 과징금을 부과·징수할 수 있다. (O, X)

06 과징금을 체납하고 있는 위반행위자가 위반행위를 바로 정정하거나 시정하여 법 위반상태를 해소한 경우 국토교통부장관은 과징금의 2분의 1 범위에서 그 금액을 줄여서 부과할 수 있다. (O, X)

07 운영평가 결과에 따라 민자철도사업자에게 민자철도에 관한 유지·관리 및 체계 개선 등 필요한 조치를 명령하였음에도 이행하지 않은 경우 과징금은 1천만 원이다. (O, X)

08 국토교통부장관은 과징금 부과처분을 받은 자가 납부기한까지 과징금을 내지 아니하면 국세강제징수의 예에 따라 징수한다. (O, X)

09 민자철도사업자가 대통령령으로 정하는 기준을 초과한 이자율로 자금을 차입한 경우 국토교통부장관은 민자철도사업자에게 그 사유를 소명하거나 해소 대책을 수립할 것을 요구할 수 있다. (O, X)

10 교통여건이 현저히 변화되는 등 실시협약의 기초가 되는 사실 또는 상황에 중대한 변경이 생긴 경우로서 관련 법령이 개정되거나 민자철도에 관한 정책이 변경된 경우 국토교통부장관은 민자철도사업자에게 그 사유를 소명하거나 해소 대책을 수립할 것을 요구할 수 있다. (O, X)

11 사정변경 등에 따른 실시협약의 변경 요구 등을 받은 민자철도사업자는 국토교통부장관이 요구한 날부터 10일 이내에 그 사유를 소명하거나 해소 대책을 수립하여야 한다. (O, X)

12 해소 대책으로는 사유를 해소할 수 없거나 해소하기 곤란하다고 판단되는 경우 국토교통부장관은 민자철도 관리지원센터의 자문을 거쳐 실시협약의 변경 등을 요구할 수 있다. (O, X)

13 국토교통부장관은 민자철도사업자가 관리지원센터 자문을 거쳐 실시협약의 변경 등 요구에 따르지 아니하는 경우 정부지급금, 실시협약에 따른 보조금 및 재정지원금의 전부 또는 일부를 지급하지 아니할 수 있다. (O, X)

14 국가는 정책의 변경 또는 법령의 개정 등으로 인하여 민자철도사업자가 부담하여야 하는 비용이 추가로 발생하는 경우 그 비용의 전부 또는 일부를 지원할 수 있다. (O, X)

15 국토교통부장관은 철도협회를 민자철도 관리지원센터로 지정할 수 있다. (O, X)

16 민자철도 관리지원센터는 민자철도의 교통수요 예측, 적정 요금 또는 운임 및 운영비 산출과 관련한 자문 및 지원업무를 수행한다. (O, X)

17 국토교통부장관은 관리지원센터가 업무를 수행하는 데에 필요한 비용을 예산의 범위에서 지원할 수 있다. (O, X)

18 국토교통부장관은 관리지원센터가 지정받은 사항을 위반하여 업무를 수행한 경우 지정을 취소할 수 있다. (O, X)

19 국토교통부장관은 「사회기반시설에 대한 민간투자법」에 따라 국가가 재정을 지원한 민자철도의 건설 및 유지·관리 현황에 관한 보고서를 작성하여 매년 11월 말까지 국회 소관 상임위원회에 제출하여야 한다. (O, X)

20 국토교통부장관은 민자철도의 건설 및 유지·관리 현황에 관한 보고서를 작성하기 위하여 민자철도사업자에게 필요한 자료의 제출을 요구할 수 있다. (O, X)

정답 **01** O **02** X **03** O **04** O **05** O **06** X **07** O **08** O **09** O **10** O **11** X **12** O **13** O **14** X **15** X **16** O **17** O **18** O **19** X **20** O

제3장 철도서비스 향상 등

[법 제26조] 철도서비스의 품질평가 등

① 국토교통부장관은 공공복리의 증진과 철도서비스 이용자의 권익보호를 위하여 철도사업자가 제공하는 철도서비스에 대하여 적정한 철도서비스 기준을 정하고, 그에 따라 철도사업자가 제공하는 철도서비스의 품질을 평가하여야 한다.

② 제1항에 따른 철도서비스의 기준, 품질평가의 항목·절차 등에 필요한 사항은 국토교통부령으로 정한다.

[법 제27조] 평가 결과의 공표 및 활용

① 국토교통부장관은 제26조에 따른 철도서비스의 품질을 평가한 경우에는 그 평가 결과를 대통령령으로 정하는 바에 따라 신문 등 대중매체를 통하여 공표하여야 한다.

시행령 [제11조] 평가결과의 공표

① 국토교통부장관이 법 제27조의 규정에 의하여 철도서비스의 품질평가결과를 공표하는 경우에는 다음 각 호의 사항을 포함하여야 한다.

1. 평가지표별 평가결과
2. 철도서비스의 품질 향상도
3. 철도사업자별 평가순위
4. 그 밖에 철도서비스에 대한 품질평가결과 국토교통부장관이 공표가 필요하다고 인정하는 사항

② 국토교통부장관은 철도서비스의 품질평가결과가 우수한 철도사업자 및 그 소속 종사자에게 예산의 범위 안에서 포상 등 지원시책을 시행할 수 있다.

② 국토교통부장관은 철도서비스의 품질평가결과에 따라 제21조에 따른 사업 개선명령 등 필요한 조치를 할 수 있다.

[법 제28조] 우수 철도서비스 인증

① 국토교통부장관은 공정거래위원회와 협의하여 철도사업자 간 경쟁을 제한하지 아니하는 범위에서 철도서비스의 질적 향상을 촉진하기 위하여 우수 철도서비스에 대한 인증을 할 수 있다.

② 제1항에 따라 인증을 받은 철도사업자는 그 인증의 내용을 나타내는 표지(이하 "우수서비스마크"라 한다)를 철도차량, 역 시설 또는 철도 용품 등에 붙이거나 인증 사실을 홍보할 수 있다.

③ 제1항에 따라 인증을 받은 자가 아니면 우수서비스마크 또는 이와 유사한 표지를 철도차량, 역 시설 또는 철도 용품 등에 붙이거나 인증 사실을 홍보하여서는 아니 된다.

④ 우수 철도서비스 인증의 절차, 인증기준, 우수서비스마크, 인증의 사후관리에 관한 사항과 그 밖에 인증에 필요한 사항은 국토교통부령으로 정한다.

[법 제29조] 평가업무 등의 위탁

국토교통부장관은 효율적인 철도 서비스 품질평가 체제를 구축하기 위하여 필요한 경우에는 관계 전문기관 등에 철도서비스 품질에 대한 조사·평가·연구 등의 업무와 제28조 제1항에 따른 우수 철도서비스 인증에 필요한 심사업무를 위탁할 수 있다.

[법 제30조] 자료 등의 요청

① 국토교통부장관이나 제29조에 따라 평가업무 등을 위탁받은 자는 철도서비스의 평가 등을 할 때 철도사업자에게 관련 자료 또는 의견 제출 등을 요구하거나 철도서비스에 대한 실지조사(實地調査)를 할 수 있다.

② 제1항에 따라 자료 또는 의견 제출 등을 요구받은 관련 철도사업자는 특별한 사유가 없으면 이에 따라야 한다.

[법 제31조] 철도시설의 공동 활용

공공교통을 목적으로 하는 선로 및 다음 각 호의 공동 사용시설을 관리하는 자는 철도사업자가 그 시설의 공동 활용에 관한 요청을 하는 경우 협정을 체결하여 이용할 수 있게 하여야 한다.

1. 철도역 및 역 시설(물류시설, 환승시설 및 편의시설 등을 포함한다)
2. 철도차량의 정비·검사·점검·보관 등 유지관리를 위한 시설
3. 사고의 복구 및 구조·피난을 위한 설비
4. 열차의 조성 또는 분리 등을 위한 시설
5. 철도 운영에 필요한 정보통신 설비

[법 제32조] 회계의 구분

① 철도사업자는 철도사업 외의 사업을 경영하는 경우에는 철도사업에 관한 회계와 철도사업 외의 사업에 관한 회계를 구분하여 경리하여야 한다.

② 철도사업자는 철도운영의 효율화와 회계처리의 투명성을 제고하기 위하여 국토교통부령으로 정하는 바에 따라 철도사업의 종류별·노선별로 회계를 구분하여 경리하여야 한다.

[법 제33조] 벌칙 적용 시의 공무원 의제

제29조에 따라 위탁받은 업무에 종사하는 관계 전문기관 등의 임원 및 직원은 「형법」 제129조부터 제132조까지의 규정을 적용할 때에는 공무원으로 본다.

조문확인 OX퀴즈

01 국토교통부장관은 공공복리의 증진과 철도서비스 이용자의 권익보호를 위하여 철도사업자가 제공하는 철도서비스에 대하여 적정한 철도서비스 기준을 정하고, 그에 따라 철도사업자가 제공하는 철도서비스의 품질을 평가하여야 한다. (O, X)

02 철도서비스의 기준, 품질평가의 항목·절차 등에 필요한 사항은 대통령령으로 정한다. (O, X)

03 국토교통부장관은 철도서비스의 품질을 평가한 경우에는 그 평가 결과를 대통령령으로 정하는 바에 따라 신문 등 대중매체를 통하여 공표하여야 한다. (O, X)

04 국토교통부장관이 철도서비스의 품질평가결과를 공표하는 경우 평가지표별 평가결과를 포함하여야 한다. (O, X)

05 철도서비스의 품질평가결과를 공표하는 경우 철도서비스의 수준을 포함하여야 한다. (O, X)

06 국토교통부장관은 철도서비스의 품질평가결과에 따라 사업 개선명령 등 필요한 조치를 할 수 있다. (O, X)

07 국토교통부장관은 공정거래위원회와 협의하여 철도사업자 간 경쟁을 제한하지 아니하는 범위에서 철도서비스의 질적 향상을 촉진하기 위하여 우수 철도서비스에 대한 인증을 할 수 있다. (O, X)

08 인증을 받은 철도사업자는 우수서비스마크를 철도차량, 역 시설 또는 철도 용품 등에 붙이거나 인증 사실을 홍보할 수 있다. (O, X)

09 우수 철도서비스 인증의 절차, 인증기준, 우수서비스마크, 인증의 사후관리에 관한 사항과 그 밖에 인증에 필요한 사항은 국토교통부령으로 정한다. (O, X)

10 국토교통부장관은 효율적인 철도 서비스 품질평가 체제를 구축하기 위하여 필요한 경우에는 관계 전문기관 등에 철도서비스 품질에 대한 조사·평가·연구 등의 업무와 우수 철도서비스 인증에 필요한 심사업무를 위탁할 수 있다. (O, X)

11 국토교통부장관이나 평가업무 등을 위탁받은 자는 철도서비스의 평가 등을 할 때 철도사업자에게 관련 자료 또는 의견 제출 등을 요구하거나 철도서비스에 대한 설문조사를 할 수 있다. (O, X)

12 공공교통을 목적으로 하는 선로 및 철도역 및 역 시설(물류시설, 환승시설 및 편의시설 등을 제외한다)을 관리하는 자는 철도사업자가 그 시설의 공동 활용에 관한 요청을 하는 경우 협정을 체결하여 이용할 수 있게 하여야 한다. (O, X)

13 철도사업자는 철도사업 외의 사업을 경영하는 경우에는 철도사업에 관한 회계와 철도사업 외의 사업에 관한 회계를 구분하여 경리하여야 한다. (O, X)

14 철도사업자는 철도운영의 효율화와 회계처리의 투명성을 제고하기 위하여 국토교통부령으로 정하는 바에 따라 철도사업의 종류별·노선별로 회계를 구분하여 경리하여야 한다. (O, X)

15 심사업무를 위탁받은 업무에 종사하는 관계 전문기관 등의 임원 및 직원은 「형법」의 규정을 적용할 때에는 민간인으로 본다. (O, X)

정답 01 O 02 X 03 O 04 O 05 X 06 O 07 O 08 O 09 O 10 O 11 X 12 X 13 O 14 O 15 X

제4장 전용철도

[법 제34조] 등록

① 전용철도를 운영하려는 자는 국토교통부령으로 정하는 바에 따라 전용철도의 건설·운전·보안 및 운송에 관한 사항이 포함된 운영계획서를 첨부하여 국토교통부장관에게 등록을 하여야 한다. 등록사항을 변경하려는 경우에도 같다. 다만 대통령령으로 정하는 경미한 변경의 경우에는 예외로 한다.

시행령 [제12조] 전용철도 등록사항의 경미한 변경 등

① 법 제34조 제1항 단서에서 "대통령령으로 정하는 경미한 변경의 경우"란 다음 각 호의 어느 하나에 해당하는 경우를 말한다.

1. 운행시간을 연장 또는 단축한 경우
2. 배차간격 또는 운행횟수를 단축 또는 연장한 경우
3. 10분의 1의 범위 안에서 철도차량 대수를 변경한 경우
4. 주사무소·철도차량기지를 제외한 운송관련 부대시설을 변경한 경우
5. 임원을 변경한 경우(법인에 한한다)
6. 6월의 범위 안에서 전용철도 건설기간을 조정한 경우

② 전용철도운영자는 법 제38조에 따라 전용철도 운영의 전부 또는 일부를 휴업 또는 폐업하는 경우 다음 각 호의 조치를 하여야 한다.

1. 휴업 또는 폐업으로 인하여 철도운행 및 철도운행의 안전에 지장을 초래하지 아니하도록 하는 조치
2. 휴업 또는 폐업으로 인하여 자연재해·환경오염 등이 가중되지 아니하도록 하는 조치

② 전용철도의 등록기준과 등록절차 등에 관하여 필요한 사항은 국토교통부령으로 정한다.

③ 국토교통부장관은 제2항에 따른 등록기준을 적용할 때에 환경오염, 주변 여건 등 지역적 특성을 고려할 필요가 있거나 그 밖에 공익상 필요하다고 인정하는 경우에는 등록을 제한하거나 부담을 붙일 수 있다.

[법 제35조] 결격사유

다음 각 호의 어느 하나에 해당하는 자는 전용철도를 등록할 수 없다. 법인인 경우 그 임원 중에 다음 각 호의 어느 하나에 해당하는 자가 있는 경우에도 같다.

1. 제7조 제1호 각 목의 어느 하나에 해당하는 사람
2. 이 법에 따라 전용철도의 등록이 취소된 후 그 취소일부터 1년이 지나지 아니한 자

[법 제36조] 전용철도 운영의 양도·양수 등

① 전용철도의 운영을 양도·양수하려는 자는 국토교통부령으로 정하는 바에 따라 국토교통부장관에게 신고하여야 한다.

② 전용철도의 등록을 한 법인이 합병하려는 경우에는 국토교통부령으로 정하는 바에 따라 국토교통부장관에게 신고하여야 한다.

③ 국토교통부장관은 제1항 및 제2항에 따른 신고를 받은 날부터 30일 이내에 신고수리 여부를 신고인에게 통지하여야 한다.

④ 제1항 또는 제2항에 따른 신고가 수리된 경우 전용철도의 운영을 양수한 자는 전용철도의 운영을 양도한 자의 전용철도운영자로서의 지위를 승계하며, 합병으로 설립되거나 존속하는 법인은 합병으로 소멸되는 법인의 전용철도운영자로서의 지위를 승계한다.
⑤ 제1항과 제2항의 신고에 관하여는 제35조를 준용한다.

[법 제37조] 전용철도 운영의 상속

① 전용철도운영자가 사망한 경우 상속인이 그 전용철도의 운영을 계속하려는 경우에는 피상속인이 사망한 날부터 3개월 이내에 국토교통부장관에게 신고하여야 한다.
② 국토교통부장관은 제1항에 따른 신고를 받은 날부터 10일 이내에 신고수리 여부를 신고인에게 통지하여야 한다.
③ 제1항에 따른 신고가 수리된 경우 상속인은 피상속인의 전용철도운영자로서의 지위를 승계하며, 피상속인이 사망한 날부터 신고가 수리된 날까지의 기간 동안은 피상속인의 전용철도 등록은 상속인의 등록으로 본다.
④ 제1항의 신고에 관하여는 제35조를 준용한다. 다만, 제35조 각 호의 어느 하나에 해당하는 상속인이 피상속인이 사망한 날부터 3개월 이내에 그 전용철도의 운영을 다른 사람에게 양도한 경우 피상속인의 사망일부터 양도일까지의 기간에 있어서 피상속인의 전용철도 등록은 상속인의 등록으로 본다.

[법 제38조] 전용철도 운영의 휴업·폐업

전용철도운영자가 그 운영의 전부 또는 일부를 휴업 또는 폐업한 경우에는 1개월 이내에 국토교통부장관에게 신고하여야 한다.

[법 제39조] 전용철도 운영의 개선명령

국토교통부장관은 전용철도 운영의 건전한 발전을 위하여 필요하다고 인정하는 경우에는 전용철도운영자에게 다음 각 호의 사항을 명할 수 있다.

1. 사업장의 이전
2. 시설 또는 운영의 개선

[법 제40조] 등록의 취소·정지

국토교통부장관은 전용철도운영자가 다음 각 호의 어느 하나에 해당하는 경우에는 그 등록을 취소하거나 1년 이내의 기간을 정하여 그 운영의 전부 또는 일부의 정지를 명할 수 있다. 다만, 제1호에 해당하는 경우에는 등록을 취소하여야 한다.

1. 거짓이나 그 밖의 부정한 방법으로 제34조에 따른 등록을 한 경우
2. 제34조 제2항에 따른 등록기준에 미달하거나 같은 조 제3항에 따른 부담을 이행하지 아니한 경우
3. 휴업신고나 폐업신고를 하지 아니하고 3개월 이상 전용철도를 운영하지 아니한 경우

[법 제41조] 준용규정

전용철도에 관하여는 제16조 제3항과 제23조를 준용한다. 이 경우 “철도사업의 면허”는 “전용철도의 등록”으로, “철도사업자”는 “전용철도운영자”로, “철도사업”은 “전용철도의 운영”으로 본다.

조문확인 OX퀴즈

01 전용철도를 운영하려는 자는 국토교통부령으로 정하는 바에 따라 전용철도의 건설·운전·보안 및 운송에 관한 사항이 포함된 운영계획서를 첨부하여 국토교통부장관에게 등록을 하여야 한다. (O, X)

02 10분의 1의 범위 안에서 철도차량 대수를 변경한 경우 전용철도 등록사항을 변경할 때 국토교통부장관에게 등록을 하지 아니해도 된다. (O, X)

03 법인의 경우 임원을 변경하였을 때는 전용철도 등록사항의 중대한 변경으로 본다. (O, X)

04 전용철도의 등록기준과 등록절차 등에 관하여 필요한 사항은 국토교통부령으로 정한다. (O, X)

05 국토교통부장관은 등록기준을 적용할 때에 환경오염, 주변 여건 등 지역적 특성을 고려할 필요가 있거나 그 밖에 공익상 필요하다고 인정하는 경우에는 등록을 제한하거나 부담을 붙일 수 있다. (O, X)

06 전용철도운영자는 전용철도 운영의 전부 또는 일부를 휴업 또는 폐업하는 경우 휴업 또는 폐업으로 인하여 자연재해·환경오염 등이 가중되지 아니하도록 하는 조치를 하여야 한다. (O, X)

07 철도사업법에 따라 전용철도의 등록이 취소된 후 그 취소일부터 1년이 지나지 아니한 자가 임원 중에 있는 법인은 전용철도를 등록할 수 없다. (O, X)

08 전용철도운영자가 사망한 경우 상속인이 그 전용철도의 운영을 계속하려는 경우에는 피상속인이 사망한 날부터 1년 이내에 국토교통부장관에게 신고하여야 한다. (O, X)

09 국토교통부장관은 전용철도 운영의 상속신고를 받은 날부터 30일 이내에 신고수리 여부를 신고인에게 통지하여야 한다. (O, X)

10 전용철도운영자가 그 운영의 전부 또는 일부를 휴업 또는 폐업한 경우에는 3개월 이내에 국토교통부장관에게 신고하여야 한다. (O, X)

11 국토교통부장관은 전용철도 운영의 건전한 발전을 위하여 필요하다고 인정하는 경우에는 전용철도운영자에게 사업장의 이전을 명할 수 있다. 이 경우 예산의 범위 안에서 지원할 수 있다. (O, X)

12 국토교통부장관은 전용철도운영자가 휴업신고나 폐업신고를 하지 아니하고 3개월 이상 전용철도를 운영하지 아니한 경우 그 등록을 취소하거나 1년 이내의 기간을 정하여 그 운영의 전부 또는 일부의 정지를 명할 수 있다. (O, X)

정답 **01** O **02** O **03** X **04** O **05** O **06** O **07** O **08** X **09** X **10** X **11** X **12** O

제5장 국유철도시설의 활용·지원 등

[법 제42조] 점용허가

① 국토교통부장관은 국가가 소유·관리하는 철도시설에 건물이나 그 밖의 시설물(이하 "시설물"이라 한다)을 설치하려는 자에게 「국유재산법」 제18조에도 불구하고 대통령령으로 정하는 바에 따라 시설물의 종류 및 기간 등을 정하여 점용허가를 할 수 있다.

시행령 [제13조] 점용허가의 신청 및 점용허가기간

① 법 제42조 제1항의 규정에 의하여 국가가 소유·관리하는 철도시설의 점용허가를 받고자 하는 자는 국토교통부령이 정하는 점용허가신청서에 다음 각 호의 서류를 첨부하여 국토교통부장관에게 제출하여야 한다. 이 경우 국토교통부장관은 「전자정부법」 제36조 제1항에 따른 행정정보의 공동이용을 통하여 법인 등기사항증명서(법인인 경우로 한정한다)를 확인하여야 한다.

1. 사업개요에 관한 서류
2. 시설물의 건설계획 및 사용계획에 관한 서류
3. 자금조달계획에 관한 서류
4. 수지전망에 관한 서류
5. 법인의 경우 정관
6. 설치하고자 하는 시설물의 설계도서(시방서·위치도·평면도 및 주단면도를 말한다)
7. 그 밖에 참고사항을 기재한 서류

② 국토교통부장관은 법 제42조 제1항의 규정에 의하여 국가가 소유·관리하는 철도시설에 대한 점용허가를 하고자 하는 때에는 다음 각 호의 기간을 초과하여서는 아니된다. 다만, 건물 그 밖의 시설물을 설치하는 경우 그 공사에 소요되는 기간은 이를 산입하지 아니한다.

1. 철골조·철근콘크리트조·석조 또는 이와 유사한 견고한 건물의 축조를 목적으로 하는 경우에는 50년
2. 제1호 외의 건물의 축조를 목적으로 하는 경우에는 15년
3. 건물 외의 공작물의 축조를 목적으로 하는 경우에는 5년

③ 삭제

② 제1항에 따른 점용허가는 철도사업자와 철도사업자가 출자·보조 또는 출연한 사업을 경영하는 자에게만 하며, 시설물의 종류와 경영하려는 사업이 철도사업에 지장을 주지 아니하여야 한다.

[법 제42조의2] 점용허가의 취소

① 국토교통부장관은 제42조 제1항에 따른 점용허가를 받은 자가 다음 각 호의 어느 하나에 해당하면 그 점용허가를 취소할 수 있다.

1. 점용허가 목적과 다른 목적으로 철도시설을 점용한 경우
2. 제42조 제2항을 위반하여 시설물의 종류와 경영하는 사업이 철도사업에 지장을 주게 된 경우
3. 점용허가를 받은 날부터 1년 이내에 해당 점용허가의 목적이 된 공사에 착수하지 아니한 경우. 다만, 정당한 사유가 있는 경우에는 1년의 범위에서 공사의 착수기간을 연장할 수 있다.
4. 제44조에 따른 점용료를 납부하지 아니하는 경우
5. 점용허가를 받은 자가 스스로 점용허가의 취소를 신청하는 경우

② 제1항에 따른 점용허가 취소의 절차 및 방법은 국토교통부령으로 정한다.

[법 제43조] 시설물 설치의 대행

국토교통부장관은 제42조에 따라 점용허가를 받은 자(이하 "점용허가를 받은 자"라 한다)가 설치하려는 시설물의 전부 또는 일부가 철도시설 관리에 관계되는 경우에는 점용허가를 받은 자의 부담으로 그의 위탁을 받아 시설물을 직접 설치하거나 「국가철도공단법」에 따라 설립된 국가철도공단으로 하여금 설치하게 할 수 있다.

[법 제44조] 점용료

① 국토교통부장관은 대통령령으로 정하는 바에 따라 점용허가를 받은 자에게 점용료를 부과한다.

② 제1항에도 불구하고 점용허가를 받은 자가 다음 각 호에 해당하는 경우에는 대통령령으로 정하는 바에 따라 점용료를 감면할 수 있다.

1. 국가에 무상으로 양도하거나 제공하기 위한 시설물을 설치하기 위하여 점용허가를 받은 경우
2. 제1호의 시설물을 설치하기 위한 경우로서 공사기간 중에 점용허가를 받거나 임시 시설물을 설치하기 위하여 점용허가를 받은 경우
3. 「공공주택 특별법」에 따른 공공주택을 건설하기 위하여 점용허가를 받은 경우
4. 재해, 그 밖의 특별한 사정으로 본래의 철도 점용 목적을 달성할 수 없는 경우
5. 국민경제에 중대한 영향을 미치는 공익사업으로서 대통령령으로 정하는 사업을 위하여 점용허가를 받은 경우

시행령 [제14조] 점용료

① 법 제44조 제1항의 규정에 의한 점용료는 점용허가를 할 철도시설의 가액과 점용허가를 받아 행하는 사업의 매출액을 기준으로 하여 산출하되, 구체적인 점용료 산정기준에 대하여는 국토교통부장관이 정한다.

② 제1항의 규정에 의한 철도시설의 가액은 「국유재산법 시행령」 제42조를 준용하여 산출하되, 당해 철도시설의 가액은 산출 후 3년 이내에 한하여 적용한다.

③ 법 제44조 제2항에 따른 점용료의 감면은 다음 각 호의 구분에 따른다.

1. 법 제44조 제2항 제1호 및 제2호에 해당하는 경우: 전체 시설물 중 국가에 무상으로 양도하거나 제공하기 위한 시설물의 비율에 해당하는 점용료를 감면
2. 법 제44조 제2항 제3호에 해당하는 경우: 해당 철도시설의 부지에 대하여 국토교통부령으로 정하는 기준에 따른 점용료를 감면
3. 법 제44조 제2항 제4호에 해당하는 경우: 다음 각 목의 구분에 따른 점용료를 감면
   가. 점용허가를 받은 시설의 전부를 사용하지 못한 경우: 해당 기간의 점용료 전액을 감면
   나. 점용허가를 받은 시설의 일부를 사용하지 못한 경우: 전체 점용허가 면적에서 사용하지 못한 시설의 면적 비율에 따라 해당 기간 동안의 점용료를 감면

④ 점용료는 매년 1월 말까지 당해연도 해당분을 선납하여야 한다. 다만, 국토교통부장관은 부득이한 사유로 선납이 곤란하다고 인정하는 경우에는 그 납부기한을 따로 정할 수 있다.

③ 국토교통부장관이 「철도산업발전기본법」 제19조 제2항에 따라 철도시설의 건설 및 관리 등에 관한 업무의 일부를 「국가철도공단법」에 따른 국가철도공단으로 하여금 대행하게 한 경우 제1항에 따른 점용료 징수에 관한 업무를 위탁할 수 있다.

④ 국토교통부장관은 점용허가를 받은 자가 제1항에 따른 점용료를 내지 아니하면 국세 체납처분의 예에 따라 징수한다.

[법 제44조의2] 변상금의 징수

국토교통부장관은 제42조 제1항에 따른 점용허가를 받지 아니하고 철도시설을 점용한 자에 대하여 제44조 제1항에 따른 점용료의 100분의 120에 해당하는 금액을 변상금으로 징수할 수 있다. 이 경우 변상금의 징수에 관하여는 제44조 제3항을 준용한다.

[법 제45조] 권리와 의무의 이전

제42조에 따른 점용허가로 인하여 발생한 권리와 의무를 이전하려는 경우에는 대통령령으로 정하는 바에 따라 국토교통부장관의 인가를 받아야 한다.

시행령 [제15조] 권리와 의무의 이전

① 법 제42조의 규정에 의하여 점용허가를 받은 자가 법 제45조의 규정에 의하여 그 권리와 의무의 이전에 대하여 인가를 받고자 하는 때에는 국토교통부령이 정하는 신청서에 다음 각 호의 서류를 첨부하여 권리와 의무를 이전하고자 하는 날 3월 전까지 국토교통부장관에게 제출하여야 한다.

1. 이전계약서 사본
2. 이전가격의 명세서

② 법 제45조의 규정에 의하여 국토교통부장관의 인가를 받아 철도시설의 점용허가로 인하여 발생한 권리와 의무를 이전한 경우 당해 권리와 의무를 이전받은 자의 점용허가기간은 권리와 의무를 이전한 자가 받은 점용허가기간의 잔여기간으로 한다.

[법 제46조] 원상회복의무

① 점용허가를 받은 자는 점용허가기간이 만료되거나 제42조의2 제1항에 따라 점용허가가 취소된 경우에는 점용허가된 철도 재산을 원상(原狀)으로 회복하여야 한다. 다만, 국토교통부장관은 원상으로 회복할 수 없거나 원상회복이 부적당하다고 인정하는 경우에는 원상회복의무를 면제할 수 있다.

② 국토교통부장관은 점용허가를 받은 자가 제1항 본문에 따른 원상회복을 하지 아니하는 경우에는 「행정대집행법」에 따라 시설물을 철거하거나 그 밖에 필요한 조치를 할 수 있다.

③ 국토교통부장관은 제1항 단서에 따라 원상회복의무를 면제하는 경우에는 해당 철도 재산에 설치된 시설물 등의 무상 국가귀속을 조건으로 할 수 있다.

시행령 [제16조] 원상회복의무

① 법 제42조 제1항의 규정에 의하여 철도시설의 점용허가를 받은 자는 점용허가기간이 만료되거나 점용을 폐지한 날부터 3월 이내에 점용허가받은 철도시설을 원상으로 회복하여야 한다. 다만, 국토교통부장관은 불가피하다고 인정하는 경우에는 원상회복 기간을 연장할 수 있다.

② 점용허가를 받은 자가 그 점용허가기간의 만료 또는 점용의 폐지에도 불구하고 법 제46조 제1항 단서의 규정에 의하여 당해 철도시설의 전부 또는 일부에 대한 원상회복의무를 면제받고자 하는 경우에는 그 점용허가기간의 만료일 또는 점용 폐지일 3월 전까지 그 사유를 기재한 신청서를 국토교통부장관에게 제출하여야 한다.

③ 국토교통부장관은 제2항의 규정에 의한 점용허가를 받은 자의 면제신청을 받은 경우 또는 직권으로 철도시설의 일부 또는 전부에 대한 원상회복의무를 면제하고자 하는 경우에는 원상회복의무를 면제하는 부분을 명시하여 점용허가를 받은 자에게 점용허가기간의 만료일 또는 점용 폐지일까지 서면으로 통보하여야 한다.

[법 제46조의2] 국가귀속 시설물의 사용허가기간 등에 관한 특례

① 제46조 제3항에 따라 국가귀속된 시설물을 「국유재산법」에 따라 사용허가하려는 경우 그 허가의 기간은 같은 법 제35조에도 불구하고 10년 이내로 한다.

② 제1항에 따른 허가기간이 끝난 시설물에 대해서는 10년을 초과하지 아니하는 범위에서 1회에 한하여 종전의 사용허가를 갱신할 수 있다.

③ 제1항에 따른 사용허가를 받은 자는 「국유재산법」 제30조 제2항에도 불구하고 그 사용허가의 용도나 목적에 위배되지 않는 범위에서 국토교통부장관의 승인을 받아 해당 시설물의 일부를 다른 사람에게 사용·수익하게 할 수 있다.

조문확인 OX퀴즈

01 국토교통부장관은 국가가 소유·관리하는 철도시설에 건물이나 그 밖의 시설물을 설치하려는 자에게 「국유재산법」에도 불구하고 대통령령으로 정하는 바에 따라 시설물의 종류 및 기간 등을 정하여 점용허가를 할 수 있다. (O, X)

02 국가가 소유·관리하는 철도시설의 점용허가를 받고자 하는 자는 국토교통부령이 정하는 점용허가신청서를 국토교통부장관에게 제출하여야 한다. (O, X)

03 국가가 소유·관리하는 철도시설의 점용허가를 받고자 하는 자가 법인의 경우 국토교통부장관은 행정정보의 공동이용을 통하여 법인 등기사항증명서를 확인하여야 한다. (O, X)

04 국가가 소유·관리하는 철도시설의 점용허가를 받고자 하는 자는 자금조달계획에 관한 서류를 점용허가신청서에 첨부하여 국토교통부장관에게 제출하여야 한다. (O, X)

05 점용허가신청서의 첨부서류에는 점용허가에 필요한 비용이 포함된다. (O, X)

06 국토교통부장관은 국가가 소유·관리하는 철도시설에 대한 점용허가를 하고자 하는 때 건물 외의 공작물의 축조를 목적으로 하는 경우에는 15년을 초과하여서는 아니된다. (O, X)

07 점용허가는 철도사업자와 철도사업자가 출자·보조 또는 출연한 사업을 경영하는 자에게만 하며, 시설물의 종류와 경영하려는 사업이 철도사업에 지장을 주지 아니하여야 한다. (O, X)

08 점용료를 납부하지 아니하는 경우 국토교통부장관은 점용허가를 취소할 수 있다. (O, X)

09 국토교통부장관은 점용허가를 받은 자가 점용허가를 받은 날부터 1년 이내에 해당 점용허가의 목적이 된 공사에 착수하지 아니한 경우 점용허가를 취소할 수 있지만 정당한 사유가 있는 경우에는 1년의 범위에서 공사의 착수기간을 연장할 수 있다. (O, X)

10 국토교통부장관은 점용허가를 받은 자가 설치하려는 시설물의 전부가 철도시설 관리에 관계되는 경우에는 점용허가를 받은 자의 부담으로 그의 위탁을 받아 시설물을 직접 설치할 수 있다. (O, X)

11 국토교통부장관은 점용허가를 받은 자가 설치하려는 시설물의 일부가 철도시설 관리에 관계되는 경우에는 국가철도공단으로 하여금 설치하게 할 수 있다. (O, X)

12 국토교통부장관은 국토교통부령으로 정하는 바에 따라 점용허가를 받은 자에게 점용료를 부과한다. (O, X)

13 점용허가를 받은 자가 국가에 무상으로 양도하거나 제공하기 위한 시설물을 설치하기 위하여 점용허가를 받은 경우 점용료를 감면할 수 있다. (O, X)

14 점용료는 점용허가를 할 철도시설의 가액과 점용허가를 받아 행하는 사업의 매출액을 기준으로 하여 산출하되, 구체적인 점용료 산정기준에 대하여는 대통령령으로 정한다. (O, X)

15 점용료는 매년 1월 말까지 당해연도 해당분을 선납하여야 한다. 다만, 국토교통부장관은 부득이한 사유로 선납이 곤란하다고 인정하는 경우에는 그 납부기한을 따로 정할 수 있다. (O, X)

16 국토교통부장관이 철도시설의 건설 및 관리 등에 관한 업무의 일부를 국가철도공단으로 하여금 대행하게 한 경우 점용료 징수에 관한 업무를 위탁할 수 있다. (O, X)

17 국토교통부장관은 점용허가를 받은 자가 점용료를 내지 아니하면 국세 체납처분의 예에 따라 징수한다. (O, X)

18 점용허가를 받지 아니하고 철도시설을 점용한 자에 대하여 국토교통부장관은 점용료의 100분의 120에 해당하는 금액을 변상금으로 징수할 수 있다. (O, X)

19 점용허가로 인하여 발생한 권리와 의무를 이전하려는 경우에는 대통령령으로 정하는 바에 따라 국토교통부장관의 인가를 받아야 한다. (O, X)

20 점용허가를 받은 자가 권리와 의무를 이전하고자 하는 날 3월 전까지 그 권리와 의무의 이전에 대하여 인가를 받고자 하는 때에는 국토교통부령이 정하는 신청서를 국토교통부장관에게 제출하여야 한다. (O, X)

21 국토교통부장관의 인가를 받아 철도시설의 점용허가로 인하여 발생한 권리와 의무를 이전한 경우 당해 권리와 의무를 이전받은 자의 점용허가기간은 권리와 의무를 이전한 자가 받은 점용허가기간의 잔여기간으로 한다. (O, X)

22 점용허가를 받은 자는 점용허가기간이 만료되거나 점용허가가 취소된 경우에는 점용허가된 철도 재산을 원상으로 회복하여야 한다. (O, X)

23 국토교통부장관은 원상으로 회복할 수 없거나 대통령령으로 원상회복이 부적당하다고 인정하는 경우에는 원상회복의무를 면제할 수 있다. (O, X)

24 국토교통부장관은 원상회복의무를 면제하는 경우에는 해당 철도 재산에 설치된 시설물 등의 무상 국가귀속을 조건으로 할 수 있다. (O, X)

25 철도시설의 점용허가를 받은 자는 점용허가기간이 만료되거나 점용을 폐지한 날부터 6월 이내에 점용허가 받은 철도시설을 원상으로 회복하여야 한다. (O, X)

26 점용허가를 받은 자가 그 점용허가기간의 만료 또는 점용의 폐지에도 불구하고 당해 철도시설의 전부 또는 일부에 대한 원상회복의무를 면제받고자 하는 경우에는 그 점용허가기간의 만료일 또는 점용 폐지일 3월 전까지 그 사유를 기재한 신청서를 국토교통부장관에게 제출하여야 한다. (O, X)

27 허가기간이 끝난 시설물에 대해서는 15년을 초과하지 아니하는 범위에서 1회에 한하여 종전의 사용허가를 갱신할 수 있다. (O, X)

정답 01 O 02 O 03 O 04 O 05 X 06 X 07 O 08 O 09 O 10 O 11 O 12 X 13 O 14 X 15 O 16 O 17 O 18 O 19 O 20 O 21 O 22 O 23 X 24 O 25 X 26 O 27 X

제6장 보칙

[법 제47조] 보고 · 검사 등

① 국토교통부장관은 필요하다고 인정하면 철도사업자와 전용철도운영자에게 해당 철도사업 또는 전용철도의 운영에 관한 사항이나 철도차량의 소유 또는 사용에 관한 사항에 대하여 보고나 서류 제출을 명할 수 있다.

② 국토교통부장관은 필요하다고 인정하면 소속 공무원으로 하여금 철도사업자 및 전용철도운영자의 장부, 서류, 시설 또는 그 밖의 물건을 검사하게 할 수 있다.

③ 제2항에 따라 검사를 하는 공무원은 그 권한을 표시하는 증표를 지니고 이를 관계인에게 보여 주어야 한다.

④ 제3항에 따른 증표에 관하여 필요한 사항은 국토교통부령으로 정한다.

시행령 **[제16조의2] 민감정보 및 고유식별정보의 처리**

국토교통부장관은 다음 각 호의 사무를 수행하기 위하여 불가피한 경우 「개인정보 보호법 시행령」 제18조 제2호에 따른 범죄경력자료에 해당하는 정보나 같은 영 제19조 제1호, 제2호 또는 제4호에 따른 주민등록번호, 여권번호 또는 외국인등록번호가 포함된 자료를 처리할 수 있다.

1. 법 제5조에 따른 면허에 관한 사무
2. 법 제14조에 따른 사업의 양도 · 양수 등에 관한 사무
3. 법 제16조에 따른 면허취소 등에 관한 사무
4. 법 제34조에 따른 전용철도 등록에 관한 사무
5. 법 제36조에 따른 전용철도 운영의 양도 · 양수 등에 관한 사무
6. 법 제37조에 따른 전용철도 운영의 상속에 관한 사무
7. 법 제40조에 따른 전용철도 등록의 취소에 관한 사무

시행령 **[제16조의3]** 삭제

[법 제47조 2] 정보 제공 요청

① 국토교통부장관은 제10조의2에 따른 승차권 등 부정판매의 금지를 위하여 필요한 경우 관계 중앙행정기관의 장, 지방자치단체의 장, 「공공기관의 운영에 관한 법률」 제4조에 따른 공공기관의 장, 법인 · 단체의 장, 개인에게 승차권 등 부정판매의 금지 의무를 위반하였거나, 위반하였다고 의심할만한 상당한 이유가 있는 자에 대한 다음 각 호의 정보 제공을 요청할 수 있다.

1. 성명, 「주민등록법」 제7조의2 제1항에 따른 주민등록번호, 주소 및 전화번호(휴대전화번호를 포함한다) 등 인적사항
2. 승차권 구매이력

② 제1항에 따른 정보 제공 요청을 받은 자는 정당한 사유가 없으면 이에 따라야 한다. [2025. 1. 21. 신설 및 시행]

[법 제48조] 수수료

이 법에 따른 면허 · 인가를 받으려는 자, 등록 · 신고를 하려는 자, 면허증 · 인가서 · 등록증 · 인증서 또는 허가서의 재발급을 신청하는 자는 국토교통부령으로 정하는 수수료를 내야 한다.

[법 제48조의2] 규제의 재검토

국토교통부장관은 다음 각 호의 사항에 대하여 2014년 1월 1일을 기준으로 3년마다(매 3년이 되는 해의 기준일과 같은 날 전까지를 말한다) 그 타당성을 검토하여 개선 등의 조치를 하여야 한다.

1. 제9조에 따른 여객 운임·요금의 신고 등
2. 제10조 제1항 및 제2항에 따른 부가 운임의 상한
3. 제21조에 따른 사업의 개선명령
4. 제39조에 따른 전용철도 운영의 개선명령

조문확인 OX퀴즈

01 국토교통부장관은 필요하다고 인정하면 철도사업자와 전용철도운영자에게 해당 철도사업 또는 전용철도의 운영에 관한 사항이나 철도차량의 소유 또는 사용에 관한 사항에 대하여 보고나 서류 제출을 명할 수 있다. (O, X)

02 국토교통부장관은 필요하다고 인정하면 소속 공무원으로 하여금 철도사업자 및 전용철도운영자에게 실지조사를 할 수 있다. (O, X)

03 검사를 하는 공무원은 그 권한을 표시하는 증표를 지니고 이를 관계인에게 보여 주어야 한다. (O, X)

04 증표에 관하여 필요한 사항은 국토교통부령으로 정한다. (O, X)

05 국토교통부장관은 민자철도 등록의 취소에 관한 사무를 수행하기 위하여 불가피한 경우 주민등록번호가 포함된 자료를 처리할 수 있다. (O, X)

06 철도사업법에 따른 면허·인가를 받으려는 자, 등록·신고를 하려는 자, 면허증·인가서·등록증·인증서 또는 허가서의 재발급을 신청하는 자는 국토교통부령으로 정하는 수수료를 내야 한다. (O, X)

07 전용철도 운영의 개선명령에 대하여 매년마다 그 타당성을 검토하여 개선 등의 조치를 하여야 한다. (O, X)

정답 01 O 02 X 03 O 04 O 05 X 06 O 07 X

제7장 벌칙

[법 제49조] 벌칙

① 다음 각 호의 어느 하나에 해당하는 자는 2년 이하의 징역 또는 2천만 원 이하의 벌금에 처한다.

1. 제5조 제1항에 따른 면허를 받지 아니하고 철도사업을 경영한 자
2. 거짓이나 그 밖의 부정한 방법으로 제5조 제1항에 따른 철도사업의 면허를 받은 자
3. 제16조 제1항에 따른 사업정지처분기간 중에 철도사업을 경영한 자
4. 제16조 제1항에 따른 사업계획의 변경명령을 위반한 자
5. 제23조(제41조에서 준용하는 경우를 포함한다)를 위반하여 타인에게 자기의 성명 또는 상호를 대여하여 철도사업을 경영하게 한 자
6. 제31조를 위반하여 철도사업자의 공동 활용에 관한 요청을 정당한 사유 없이 거부한 자

② 다음 각 호의 어느 하나에 해당하는 자는 1년 이하의 징역 또는 1천만 원 이하의 벌금에 처한다.

1. 제34조 제1항을 위반하여 등록을 하지 아니하고 전용철도를 운영한 자
2. 거짓이나 그 밖의 부정한 방법으로 제34조 제1항에 따른 전용철도의 등록을 한 자

③ 다음 각 호의 어느 하나에 해당하는 자는 1천만 원 이하의 벌금에 처한다.

1. 제13조를 위반하여 국토교통부장관의 인가를 받지 아니하고 공동운수협정을 체결하거나 변경한 자
2. 삭제
3. 제28조 제3항을 위반하여 우수서비스마크 또는 이와 유사한 표지를 철도차량 등에 붙이거나 인증 사실을 홍보한 자

[법 제50조] 양벌규정

법인의 대표자나 법인 또는 개인의 대리인, 사용인, 그 밖의 종업원이 그 법인 또는 개인의 업무에 관하여 제49조의 위반행위를 하면 그 행위자를 벌하는 외에 그 법인 또는 개인에게도 해당 조문의 벌금형을 과(科)한다. 다만, 법인 또는 개인이 그 위반행위를 방지하기 위하여 해당 업무에 관하여 상당한 주의와 감독을 게을리하지 아니한 경우에는 그러하지 아니하다.

[법 제51조] 과태료

① 다음 각 호의 어느 하나에 해당하는 자에게는 1천만 원 이하의 과태료를 부과한다.

1. 제9조 제1항에 따른 여객 운임·요금의 신고를 하지 아니한 자
2. 제11조 제1항에 따른 철도사업약관을 신고하지 아니하거나 신고한 철도사업약관을 이행하지 아니한 자
3. 제12조에 따른 인가를 받지 아니하거나 신고를 하지 아니하고 사업계획을 변경한 자
4. 제10조의2를 위반하여 상습 또는 영업으로 승차권 또는 이에 준하는 증서를 자신이 구입한 가격을 초과한 금액으로 다른 사람에게 판매하거나 이를 알선한 자

② 다음 각 호의 어느 하나에 해당하는 자에게는 500만 원 이하의 과태료를 부과한다.

1. 제18조에 따른 사업용철도차량의 표시를 하지 아니한 철도사업자
2. 삭제
3. 제32조 제1항 또는 제2항을 위반하여 회계를 구분하여 경리하지 아니한 자

법 [제32조] 회계의 구분

① 철도사업자는 철도사업 외의 사업을 경영하는 경우에는 철도사업에 관한 회계와 철도사업 외의 사업에 관한 회계를 구분하여 경리하여야 한다.

② 철도사업자는 철도운영의 효율화와 회계처리의 투명성을 제고하기 위하여 국토교통부령으로 정하는 바에 따라 철도사업의 종류별·노선별로 회계를 구분하여 경리하여야 한다.

4. 정당한 사유 없이 제47조 제1항에 따른 명령을 이행하지 아니하거나 제47조 제2항에 따른 검사를 거부·방해 또는 기피한 자

③ 다음 각 호의 어느 하나에 해당하는 자에게는 100만 원 이하의 과태료를 부과한다.

1. 제20조 제2항부터 제4항까지에 따른 준수사항을 위반한 자

법 [제20조] 철도사업자의 준수사항

② 철도사업자는 사업계획을 성실하게 이행하여야 하며, 부당한 운송 조건을 제시하거나 정당한 사유 없이 운송계약의 체결을 거부하는 등 철도운송 질서를 해치는 행위를 하여서는 아니 된다.

③ 철도사업자는 여객 운임표, 여객 요금표, 감면 사항 및 철도사업약관을 인터넷 홈페이지에 게시하고 관계 역·영업소 및 사업소 등에 갖추어 두어야 하며, 이용자가 요구하는 경우에는 제시하여야 한다.

④ 제1항부터 제3항까지에 따른 준수사항 외에 운송의 안전과 여객 및 화주(貨主)의 편의를 위하여 철도사업자가 준수하여야 할 사항은 국토교통부령으로 정한다.

2. 삭제

④ 제22조를 위반한 철도운수종사자 및 그가 소속된 철도사업자에게는 50만 원 이하의 과태료를 부과한다.

법 [제22조] 철도운수종사자의 준수사항

철도사업에 종사하는 철도운수종사자는 다음 각 호의 어느 하나에 해당하는 행위를 하여서는 아니 된다.

1. 정당한 사유 없이 여객 또는 화물의 운송을 거부하거나 여객 또는 화물을 중도에서 내리게 하는 행위
2. 부당한 운임 또는 요금을 요구하거나 받는 행위
3. 그 밖에 안전운행과 여객 및 화주의 편의를 위하여 철도운수종사자가 준수하여야 할 사항으로서 국토교통부령으로 정하는 사항을 위반하는 행위

⑤ 제1항부터 제4항까지의 규정에 따른 과태료는 대통령령으로 정하는 바에 따라 국토교통부장관이 부과·징수한다.

시행령 [제17조] 과태료의 부과기준

법 제51조 제1항부터 제4항까지의 규정에 따른 과태료의 부과기준은 별표 2와 같다.

- 철도사업법 시행령 [별표 2]

과태료의 부과기준(제17조 관련)

1. 일반기준

가. 국토교통부장관은 다음의 어느 하나에 해당하는 경우에는 제2호의 개별기준에 따른 과태료 금액의 2분의 1 범위에서 그 금액을 줄일 수 있다. 다만, 과태료를 체납하고 있는 위반행위자의 경우에는 그렇지 않다.

1) 위반행위자가 「질서위반행위규제법 시행령」 제2조의2 제1항 각 호의 어느 하나에 해당하는 경우

2) 위반행위가 사소한 부주의나 오류 등 과실로 인한 것으로 인정되는 경우

3) 위반행위자가 법 위반상태를 시정하거나 해소하기 위하여 노력한 사실이 인정되는 경우

4) 그 밖에 위반행위의 정도, 횟수, 동기와 그 결과 등을 고려하여 과태료의 금액을 줄일 필요가 있다고 인정되는 경우

나. 국토교통부장관은 다음의 어느 하나에 해당하는 경우에는 제2호의 개별기준에 따른 과태료 금액의 2분의 1 범위에서 그 금액을 늘릴 수 있다. 다만, 과태료 금액의 총액은 법 제51조 제1항부터 제4항까지의 규정에 따른 과태료 금액의 상한을 넘을 수 없다.

1) 위반의 내용·정도가 중대하여 소비자 등에게 미치는 피해가 크다고 인정되는 경우

2) 법 위반상태의 기간이 6개월 이상인 경우

3) 그 밖에 위반행위의 정도, 위반행위의 동기와 그 결과 등을 고려하여 가중할 필요가 있다고 인정되는 경우

2. 개별기준

(단위: 만 원)

위반행위	근거 법조문	과징금 금액
가. 법 제9조 제1항에 따른 여객 운임·요금의 신고를 하지 않은 경우	법 제51조 제1항 제1호	500
나. 법 제10조의2를 위반하여 상습 또는 영업으로 승차권 또는 이에 준하는 증서를 자신이 구입한 가격을 초과한 금액으로 다른 사람에게 판매한 경우	법 제51조 제1항 제4호	500
다. 법 제10조의2를 위반하여 상습 또는 영업으로 승차권 또는 이에 준하는 증서를 자신이 구입한 가격을 초과한 금액으로 다른 사람에게 판매하는 행위를 알선한 경우	법 제51조 제1항 제4호	500
라. 법 제11조 제1항에 따른 철도사업약관을 신고하지 않거나 신고한 철도사업약관을 이행하지 않은 경우	법 제51조 제1항 제2호	500
마. 법 제12조에 따른 인가를 받지 않거나 신고를 하지 않고 사업계획을 변경한 경우	법 제51조 제1항 제3호	500
바. 법 제18조에 따른 사업용철도차량의 표시를 하지 않은 경우	법 제51조 제2항 제1호	200
사. 법 제20조 제2항부터 제4항까지의 규정에 따른 철도사업자의 준수사항을 위반한 경우	법 제51조 제3항 제1호	100
아. 법 제22조에 따른 철도운수종사자의 준수사항을 위반한 경우	법 제51조 제4항	50
자. 삭제		
차. 삭제		
카. 법 제32조 제1항 또는 제2항을 위반하여 회계를 구분하여 경리하지 않은 경우	법 제51조 제2항 제3호	200
타. 정당한 사유 없이 법 제47조 제1항에 따른 명령을 이행하지 않거나, 법 제47조 제2항에 따른 검사를 거부·방해 또는 기피한 경우	법 제51조 제2항 제4호	300

⑥ 삭제

⑦ 삭제

[법 제52조] 삭제

조문확인 OX퀴즈

01 사업정지처분기간 중에 철도사업을 경영한 자는 2년 이하의 징역 또는 2천만 원 이하의 벌금에 처한다. (O, X)

02 면허를 받지 아니하고 철도사업을 경영한 자는 1년 이하의 징역 또는 1천만 원 이하의 벌금에 처한다. (O, X)

03 법인의 대표자나 법인 또는 개인의 대리인, 사용인, 그 밖의 종업원이 그 법인 또는 개인의 업무에 관하여 벌칙의 위반행위를 하면 그 행위자를 벌하는 외에 그 법인 또는 개인에게도 해당 조문의 벌금형을 과한다. (O, X)

04 국토교통부장관의 인가를 받지 아니하고 공동운수협정을 체결하거나 변경한 자 1년 이하의 징역 또는 1천만 원 이하의 벌금에 처한다. (O, X)

05 등록을 하지 아니하고 전용철도를 운영한 자는 1년 이하의 징역 또는 1천만 원 이하의 벌금에 처한다. (O, X)

06 회계를 구분하여 경리하지 아니한 자는 500만 원 이하의 과태료를 부과한다. (O, X)

07 철도사업자의 준수사항을 위반한 자는 50만 원 과태료를 부과한다. (O, X)

08 과태료는 대통령령으로 정하는 바에 따라 국토교통부장관이 부과·징수한다. (O, X)

09 국토교통부장관은 법 위반상태의 기간이 6개월 이상인 경우에는 개별기준에 따른 과태료 금액의 2분의 1 범위에서 그 금액을 늘릴 수 있다. (O, X)

10 철도사업약관을 신고하지 않거나 신고한 철도사업약관을 이행하지 않은 경우 과태료 금액은 1,000만 원이다. (O, X)

정답 **01** O **02** X **03** O **04** X **05** O **06** O **07** X **08** O **09** O **10** X

한국철도공사법

[법 제1조] 목적

이 법은 한국철도공사를 설립하여 철도 운영의 전문성과 효율성을 높임으로써 철도산업과 국민경제의 발전에 이바지함을 목적으로 한다.

> **시행령** **[제1조] 목적**
>
> 이 영은 한국철도공사법에서 위임된 사항과 그 시행에 관하여 필요한 사항을 규정함을 목적으로 한다.

[법 제2조] 법인격

한국철도공사(이하 "공사"라 한다)는 법인으로 한다.

[법 제3조] 사무소

① 공사의 주된 사무소의 소재지는 정관으로 정한다.

② 공사는 업무수행을 위하여 필요하면 이사회의 의결을 거쳐 필요한 곳에 하부조직을 둘 수 있다.

[법 제4조] 자본금 및 출자

① 공사의 자본금은 22조 원으로 하고, 그 전부를 정부가 출자한다.

② 제1항에 따른 자본금의 납입 시기와 방법은 기획재정부장관이 정하는 바에 따른다.

③ 국가는 「국유재산법」에도 불구하고 「철도산업발전기본법」 제22조 제1항 제1호에 따른 운영자산을 공사에 현물로 출자한다.

> **철도산업발전기본법** **[제22조] 철도자산의 구분 등**
>
> ① 국토교통부장관은 철도산업의 구조개혁을 추진하는 경우 철도청과 고속철도건설공단의 철도자산을 다음 각 호와 같이 구분하여야 한다.
>
> 1. 운영자산 : 철도청과 고속철도건설공단이 철도운영 등을 주된 목적으로 취득하였거나 관련 법령 및 계약 등에 의하여 취득하기로 한 재산·시설 및 그에 관한 권리

④ 제3항에 따라 국가가 공사에 출자를 할 때에는 「국유재산의 현물출자에 관한 법률」에 따른다.

[법 제5조] 등기

① 공사는 주된 사무소의 소재지에서 설립등기를 함으로써 성립한다.

② 제1항에 따른 공사의 설립등기와 하부조직의 설치·이전 및 변경 등기, 그 밖에 공사의 등기에 필요한 사항은 대통령령으로 정한다.

③ 공사는 등기가 필요한 사항에 관하여는 등기하기 전에는 제3자에게 대항하지 못한다.

시행령 **[제2조] 설립등기**

한국철도공사법(이하 "법"이라 한다) 제5조 제2항의 규정에 의한 한국철도공사(이하 "공사"라 한다)의 설립등기사항은 다음 각 호와 같다.

1. 설립목적
2. 명칭
3. 주된 사무소 및 하부조직의 소재지
4. 자본금
5. 임원의 성명 및 주소
6. 공고의 방법

[제3조] 하부조직의 설치등기

공사는 하부조직을 설치한 경우에는 설치 후 2주일 이내에 주된 사무소의 소재지에서 설치된 하부조직의 명칭, 소재지 및 설치 연월일을 등기해야 한다.

[2025. 1. 21. 신설, 2025.1. 31. 시행]

[제4조] 이전등기

① 공사는 주된 사무소를 이전한 경우에는 이전 후 2주일 이내에 종전 소재지 또는 새 소재지에서 새 소재지와 이전 연원일을 등기해야 한다.

② 공사는 하부조직을 이전한 경우에는 이전 후 2주일 이내에 주된 사무소의 소재지에서 새 소재지와 이전 연월일을 등기해야 한다.

[2025. 1. 21. 신설, 2025.1. 31. 시행]

[제5조] 변경등기

공사는 제2조 각 호 또는 제3조의 등기사항이 변경된 경우(제4조에 따른 이전등기에 해당하는 경우는 제외한다)에는 변경 후 2주일 이내에 주된 사무소의 소재지에서 변경사항을 등기해야 한다.

[2025. 1. 21. 신설, 2025.1. 31. 시행]

[제6조] 대리·대행인의 선임등기

① 공사는 사장이 법 제7조에 따라 사장을 대신해 공사의 업무에 관한 재판상 또는 재판 외의 행위를 할 수 있는 직원(이하 "대행인"이라 한다)을 선임한 경우에는 선임 후 2주일 이내에 주된 사무소의 소재지에서 다음 각 호의 사항을 등기해야 한다. 등기한 사항이 변경된 경우에도 또한 같다.

1. 대리·대행인의 성명 및 주소
2. 대리·대행인을 둔 주된 사무소 또는 하부조직의 명칭 및 소재지
3. 대리·대행인의 권한을 제한한 때에는 그 제한의 내용

② 공사는 사장이 법 제7조에 따라 선임한 대리·대행인을 해임한 경우에는 해임 후 2주일 이내에 주된 사무소의 소재지에서 그 해임한 뜻을 등기해야 한다.

[2025. 1. 21. 신설, 2025.1. 31. 시행]

[제7조] 등기신청서의 첨부서류

제2조 내지 제6조의 규정에 의한 각 등기의 신청서에는 다음 각 호의 구분에 따른 서류를 첨부하여야 한다.

1. 제2조의 규정에 의한 공사의 설립등기의 경우에는 공사의 정관, 자본금의 납입액 및 임원의 자격을 증명하는 서류
2. 제3조의 규정에 의한 하부조직의 설치등기의 경우에는 하부조직의 설치를 증명하는 서류
3. 제4조의 규정에 의한 이전등기의 경우에는 주된 사무소 또는 하부조직의 이전을 증명하는 서류
4. 제5조의 규정에 의한 변경등기의 경우에는 그 변경된 사항을 증명하는 서류
5. 제6조의 규정에 의한 대리·대행인의 선임·변경 또는 해임의 등기의 경우에는 그 선임·변경 또는 해임이 법 제7조의 규정에 의한 것임을 증명하는 서류와 대리·대행인이 제6조 제1항 제3호의 규정에 의하여 그 권한이 제한된 때에는 그 제한을 증명하는 서류

[법 제6조] 삭제

[법 제7조] 대리·대행

정관으로 정하는 바에 따라 사장이 지정한 공사의 직원은 사장을 대신하여 공사의 업무에 관한 재판상 또는 재판 외의 모든 행위를 할 수 있다.

[법 제8조] 비밀 누설·도용의 금지

공사의 임직원이거나 임직원이었던 사람은 그 직무상 알게 된 비밀을 누설하거나 도용하여서는 아니 된다.

[법 제8조의2] 유사명칭의 사용금지

이 법에 따른 공사가 아닌 자는 한국철도공사 또는 이와 유사한 명칭을 사용하지 못한다.

[법 제9조] 사업

① 공사는 다음 각 호의 사업을 한다.

1. 철도여객사업, 화물운송사업, 철도와 다른 교통수단의 연계운송사업
2. 철도 장비와 철도용품의 제작·판매·정비 및 임대사업
3. 철도 차량의 정비 및 임대사업
4. 철도시설의 유지·보수 등 국가·지방자치단체 또는 공공법인 등으로부터 위탁받은 사업
5. 역세권 및 공사의 자산을 활용한 개발·운영 사업으로서 대통령령으로 정하는 사업
6. 「철도의 건설 및 철도시설 유지관리에 관한 법률」 제2조 제6호 가목의 역 시설 개발 및 운영사업으로서 대통령령으로 정하는 사업
7. 「물류정책기본법」에 따른 물류사업으로서 대통령령으로 정하는 사업
8. 「관광진흥법」에 따른 관광사업으로서 대통령령으로 정하는 사업
9. 제1호부터 제8호까지의 사업과 관련한 조사·연구, 정보화, 기술 개발 및 인력 양성에 관한 사업
10. 제1호부터 제9호까지의 사업에 딸린 사업으로서 대통령령으로 정하는 사업

② 공사는 국외에서 제1항 각 호의 사업을 할 수 있다.

③ 공사는 이사회의 의결을 거쳐 예산의 범위에서 공사의 업무와 관련된 사업에 투자·융자·보조 또는 출연할 수 있다.

시행령 [제7조의2] 역세권 개발·운영 사업 등

① 법 제9조 제1항 제5호에서 "대통령령으로 정하는 사업"이란 다음 각 호에 따른 사업을 말한다.
  1. 역세권 개발·운영 사업: 「역세권의 개발 및 이용에 관한 법률」 제2조 제2호에 따른 역세권개발사업 및 운영 사업
  2. 공사의 자산을 활용한 개발·운영 사업: 철도이용객의 편의를 증진하기 위한 시설의 개발·운영 사업

② 법 제9조 제1항 제6호에서 "대통령령으로 정하는 사업"이란 다음 각 호의 시설을 개발·운영하는 사업을 말한다.
  1. 「물류정책기본법」 제2조 제1항 제4호의 물류시설 중 철도운영이나 철도와 다른 교통수단과의 연계운송을 위한 시설
  2. 「도시교통정비 촉진법」 제2조 제3호에 따른 환승시설
  3. 역사와 같은 건물 안에 있는 시설로서 「건축법 시행령」 제3조의5에 따른 건축물 중 제1종 근린생활시설, 제2종 근린생활시설, 문화 및 집회시설, 판매시설, 운수시설, 의료시설, 운동시설, 업무시설, 숙박시설, 창고시설, 자동차관련시설, 관광휴게시설과 그 밖에 철도이용객의 편의를 증진하기 위한 시설

③ 법 제9조 제1항 제7호에서 "대통령령으로 정하는 사업"이란 「물류정책기본법」 제2조 제1항 제2호의 물류사업 중 다음 각 호의 사업을 말한다.
  1. 철도운영을 위한 사업
  2. 철도와 다른 교통수단과의 연계운송을 위한 사업
  3. 다음 각 목의 자산을 이용하는 사업으로서 「물류정책기본법 시행령」 별표 1의 물류시설운영업 및 물류서비스업
    가. 「철도산업발전기본법」 제3조 제2호의 철도시설(이하 "철도시설"이라 한다) 또는 철도부지
    나. 그 밖에 공사가 소유하고 있는 시설, 장비 또는 부지

④ 법 제9조 제1항 제8호에서 "대통령령으로 정하는 사업"이란 「관광진흥법」 제3조에서 정한 관광사업(카지노업은 제외한다)으로서 철도운영과 관련된 사업을 말한다.

⑤ 법 제9조 제1항 제10호에서 "대통령령으로 정하는 사업"이란 다음 각 호의 사업을 말한다.
  1. 철도시설 또는 철도부지나 같은 조 제4호의 철도차량 등을 이용하는 광고사업
  2. 철도시설을 이용한 정보통신 기반시설 구축 및 활용 사업
  3. 철도운영과 관련한 엔지니어링 활동
  4. 철도운영과 관련한 정기간행물 사업, 정보매체 사업
  5. 다른 법령의 규정에 따라 공사가 시행할 수 있는 사업
  6. 그 밖에 철도운영의 전문성과 효율성을 높이기 위하여 필요한 사업

[법 제10조] 손익금의 처리

① 공사는 매 사업연도 결산 결과 이익금이 생기면 다음 각 호의 순서로 처리하여야 한다.
  1. 이월결손금의 보전(補塡)
  2. 자본금의 2분의 1이 될 때까지 이익금의 10분의 2 이상을 이익준비금으로 적립
  3. 자본금과 같은 액수가 될 때까지 이익금의 10분의 2 이상을 사업확장적립금으로 적립
  4. 국고에 납입

② 공사는 매 사업연도 결산 결과 손실금이 생기면 제1항 제3호에 따른 사업확장적립금으로 보전하고 그 적립금으로도 부족하면 같은 항 제2호에 따른 이익준비금으로 보전하되, 보전미달액은 다음 사업연도로 이월(移越)한다.

③ 제1항 제2호 및 제3호에 따른 이익준비금과 사업확장적립금은 대통령령으로 정하는 바에 따라 자본금으로 전입할 수 있다.

시행령 [제8조] 이익준비금 등의 자본금전입

① 법 제10조 제3항의 규정에 의하여 이익준비금 또는 사업확장적립금을 자본금으로 전입하고자 하는 때에는 이사회의 의결을 거쳐 기획재정부장관의 승인을 얻어야 한다.

② 제1항의 규정에 의하여 이익준비금 또는 사업확장적립금을 자본금에 전입한 때에는 공사는 그 사실을 국토교통부장관에게 보고하여야 한다.

[법 제11조] 사채의 발행 등

① 공사는 이사회의 의결을 거쳐 사채를 발행할 수 있다.

② 사채의 발행액은 공사의 자본금과 적립금을 합한 금액의 5배를 초과하지 못한다.

③ 국가는 공사가 발행하는 사채의 원리금 상환을 보증할 수 있다.

④ 사채의 소멸시효는 원금은 5년, 이자는 2년이 지나면 완성한다.

⑤ 공사는 「공공기관의 운영에 관한 법률」 제40조 제3항에 따라 예산이 확정되면 2개월 이내에 해당 연도에 발행할 사채의 목적·규모·용도 등이 포함된 사채발행 운용계획을 수립하여 이사회의 의결을 거쳐 국토교통부장관의 승인을 받아야 한다. 운용계획을 변경하려는 경우에도 또한 같다.

시행령 [제9조] 사채의 발행방법

공사가 법 제11조 제1항의 규정에 의하여 사채를 발행하고자 하는 때에는 모집·총액인수 또는 매출의 방법에 의한다.

시행령 [제10조] 사채의 응모 등

① 사채의 모집에 응하고자 하는 자는 사채청약서 2통에 그 인수하고자 하는 사채의 수·인수가액과 청약자의 주소를 기재하고 기명날인하여야 한다. 다만, 사채의 최저가액을 정하여 발행하는 경우에는 그 응모가액을 기재하여야 한다.

② 사채청약서는 사장이 이를 작성하고 다음 각 호의 사항을 기재해야 한다.

1. 공사의 명칭
2. 사채의 발행총액
3. 사채의 종류별 액면금액
4. 사채의 이율
5. 사채상환의 방법 및 시기
6. 이자지급의 방법 및 시기
7. 사채의 발행가액 또는 그 최저가액
8. 이미 발행한 사채 중 상환되지 아니한 사채가 있는 때에는 그 총액
9. 사채모집의 위탁을 받은 회사가 있을 때에는 그 상호 및 주소

시행령 [제11조] 사채의 발행총액

공사가 법 제11조 제1항의 규정에 의하여 사채를 발행함에 있어서 실제로 응모된 총액이 사채청약서에 기재한 사채발행총액에 미달하는 때에도 사채를 발행한다는 뜻을 사채청약서에 표시할 수 있다. 이 경우 그 응모총액을 사채의 발행총액으로 한다.

시행령 [제12조] 총액인수의 방법 등

공사가 계약에 의하여 특정인에게 사채의 총액을 인수시키는 경우에는 제10조의 규정을 적용하지 아니한다. 사채모집의 위탁을 받은 회사가 사채의 일부를 인수하는 경우에는 그 인수분에 대하여도 또한 같다.

시행령 [제13조] 매출의 방법

공사가 매출의 방법으로 사채를 발행하는 경우에는 매출기간과 제10조 제2항 제1호·제3호 내지 제7호의 사항을 미리 공고하여야 한다.

시행령 [제10조] 사채의 응모 등

② 사채청약서는 사장이 이를 작성하고 다음 각 호의 사항을 기재해야 한다.

1. 공사의 명칭
3. 사채의 종류별 액면금액
4. 사채의 이율
5. 사채상환의 방법 및 시기
6. 이자지급의 방법 및 시기
7. 사채의 발행가액 또는 그 최저가액

시행령 [제14조] 사채인수가액의 납입 등

① 공사는 사채의 응모가 완료된 때에는 지체없이 응모자가 인수한 사채의 전액을 납입시켜야 한다.

② 사채모집의 위탁을 받은 회사는 자기명의로 공사를 위하여 제1항 및 제10조 제2항의 규정에 의한 행위를 할 수 있다.

시행령 [제15조] 채권의 발행 및 기재사항

① 채권은 사채의 인수가액 전액이 납입된 후가 아니면 이를 발행하지 못한다.

② 채권에는 다음 각 호의 사항을 기재하고, 사장이 기명날인하여야 한다. 다만, 매출의 방법에 의하여 사채를 발행하는 경우에는 제10조 제2항 제2호의 사항은 이를 기재하지 아니한다.

1. 제10조 제2항 제1호 내지 제6호의 사항
2. 채권번호
3. 채권의 발행연월일

시행령 [제10조] 사채의 응모 등

② 사채청약서는 사장이 이를 작성하고 다음 각 호의 사항을 기재해야 한다.

1. 공사의 명칭
2. 사채의 발행총액
3. 사채의 종류별 액면금액
4. 사채의 이율
5. 사채상환의 방법 및 시기
6. 이자지급의 방법 및 시기

시행령 [제16조] 채권의 형식

채권은 무기명식으로 한다. 다만, 응모자 또는 소지인의 청구에 의하여 기명식으로 할 수 있다.

시행령 [제17조] 사채원부

① 공사는 주된 사무소에 사채원부를 비치하고, 다음 각 호의 사항을 기재해야 한다.

1. 채권의 종류별 수와 번호
2. 채권의 발행연월일
3. 제10조 제2항 제2호 내지 제6호 및 제9호의 사항

② 채권이 기명식인 때에는 사채원부에 제1항 각 호의 사항 외에 다음 각 호의 사항을 기재해야 한다.

1. 채권소유자의 성명과 주소
2. 채권의 취득연월일

③ 채권의 소유자 또는 소지인은 공사의 근무시간 중 언제든지 사채원부의 열람을 요구할 수 있다.

시행령 [제10조] 사채의 응모 등

② 사채청약서는 사장이 이를 작성하고 다음 각 호의 사항을 기재해야 한다.

2. 사채의 발행총액
3. 사채의 종류별 액면금액
4. 사채의 이율
5. 사채상환의 방법 및 시기
6. 이자지급의 방법 및 시기
9. 사채모집의 위탁을 받은 회사가 있을 때에는 그 상호 및 주소

시행령 [제18조] 이권흠결의 경우의 공제

① 이권(利券)이 있는 무기명식의 사채를 상환하는 경우에 이권이 흠결된 때에는 그 이권에 상당한 금액을 상환액으로부터 공제한다.

② 제1항의 규정에 의한 이권소지인은 그 이권과 상환으로 공제된 금액의 지급을 청구할 수 있다.

시행령 [제19조] 사채권자 등에 대한 통지 등

① 사채를 발행하기 전의 그 응모자 또는 사채를 교부받을 권리를 가진 자에 대한 통지 또는 최고는 사채청약서에 기재된 주소로 하여야 한다. 다만, 따로 주소를 공사에 통지한 경우에는 그 주소로 하여야 한다.

② 기명식채권의 소유자에 대한 통지 또는 최고는 사채원부에 기재된 주소로 하여야 한다. 다만, 따로 주소를 공사에 통지한 경우에는 그 주소로 하여야 한다.

③ 무기명식채권의 소지자에 대한 통지 또는 최고는 공고의 방법에 의한다. 다만, 그 소재를 알 수 있는 경우에는 이에 의하지 아니할 수 있다.

[법 제12조] 보조금 등

국가는 공사의 경영 안정 및 철도 차량·장비의 현대화 등을 위하여 재정 지원이 필요하다고 인정하면 예산의 범위에서 사업에 필요한 비용의 일부를 보조하거나 재정자금의 융자 또는 사채 인수를 할 수 있다.

[법 제13조] 역세권 개발사업

공사는 철도사업과 관련하여 일반업무시설, 판매시설, 주차장, 여객자동차터미널 및 화물터미널 등 철도 이용자에게 편의를 제공하기 위한 역세권 개발사업을 할 수 있고, 정부는 필요한 경우에 행정적·재정적 지원을 할 수 있다.

[법 제14조] 국유재산의 무상대부 등

① 국가는 다음 각 호의 어느 하나에 해당하는 공사의 사업을 효율적으로 수행하기 위하여 국토교통부장관이 필요하다고 인정하면 「국유재산법」에도 불구하고 공사에 국유재산(물품을 포함한다. 이하 같다)을 무상으로 대부(貸付)하거나 사용·수익하게 할 수 있다.

1. 제9조 제1항 제1호부터 제4호까지의 규정에 따른 사업

법 [제9조] 사업

① 공사는 다음 각 호의 사업을 한다.

1. 철도여객사업, 화물운송사업, 철도와 다른 교통수단의 연계운송사업
2. 철도 장비와 철도용품의 제작·판매·정비 및 임대사업
3. 철도 차량의 정비 및 임대사업
4. 철도시설의 유지·보수 등 국가·지방자치단체 또는 공공법인 등으로부터 위탁받은 사업

2. 「철도산업발전기본법」 제3조 제2호 가목의 역시설의 개발 및 운영사업

철도산업발전기본법 [제3조] 정의

2. "철도시설"이라 함은 다음 각 목의 어느 하나에 해당하는 시설(부지를 포함한다)을 말한다.
   가. 철도의 선로(선로에 부대되는 시설을 포함한다), 역시설(물류시설·환승시설 및 편의시설 등을 포함한다) 및 철도운영을 위한 건축물·건축설비

② 국가는 「국유재산법」에도 불구하고 제1항에 따라 대부하거나 사용·수익을 허가한 국유재산에 건물이나 그 밖의 영구시설물을 축조하게 할 수 있다.

③ 제1항에 따른 대부 또는 사용·수익 허가의 조건 및 절차에 관하여 필요한 사항은 대통령령으로 정한다.

시행령 [제20조] 국유재산의 무상대부 등

① 법 제14조 제1항의 규정에 의한 국유재산의 무상사용·수익은 당해 국유재산관리청의 허가에 의하며, 무상대부의 조건 및 절차 등에 관하여는 당해 국유재산관리청과 공사 간의 계약에 의한다.

② 국유재산의 무상대부 또는 무상사용·수익에 관하여 법 및 이 영에 규정된 것 외에는 국유재산법의 규정에 의한다.

시행령 [제21조] 국유재산의 전대의 절차 등

공사는 법 제14조 제1항의 규정에 의하여 대부받거나 사용·수익의 허가를 받은 국유재산을 법 제15조 제1항의 규정에 의하여 전대하고자 하는 경우에는 다음 각 호의 사항이 기재된 승인신청서를 국토교통부장관에게 제출하여야 한다.

1. 전대재산의 표시(도면을 포함한다)
2. 전대를 받을 자의 전대재산 사용목적
3. 전대기간

4. 사용료 및 그 산출근거
5. 전대를 받을 자의 사업계획서

[법 제15조] 국유재산의 전대 등

① 공사는 제9조에 따른 사업을 효율적으로 수행하기 위하여 필요하면 제14조에 따라 대부받거나 사용·수익을 허가받은 국유재산을 전대(轉貸)할 수 있다.

법 [제9조] 사업

① 공사는 다음 각 호의 사업을 한다.
1. 철도여객사업, 화물운송사업, 철도와 다른 교통수단의 연계운송사업
2. 철도 장비와 철도용품의 제작·판매·정비 및 임대사업
3. 철도 차량의 정비 및 임대사업
4. 철도시설의 유지·보수 등 국가·지방자치단체 또는 공공법인 등으로부터 위탁받은 사업
5. 역세권 및 공사의 자산을 활용한 개발·운영 사업으로서 대통령령으로 정하는 사업
6. 「철도의 건설 및 철도시설 유지관리에 관한 법률」 제2조 제6호 가목의 역 시설 개발 및 운영사업으로서 대통령령으로 정하는 사업
7. 「물류정책기본법」에 따른 물류사업으로서 대통령령으로 정하는 사업
8. 「관광진흥법」에 따른 관광사업으로서 대통령령으로 정하는 사업
9. 제1호부터 제8호까지의 사업과 관련한 조사·연구, 정보화, 기술 개발 및 인력 양성에 관한 사업
10. 제1호부터 제9호까지의 사업에 딸린 사업으로서 대통령령으로 정하는 사업

② 공사는 제1항에 따른 전대를 하려면 미리 국토교통부장관의 승인을 받아야 한다. 이를 변경하려는 경우에도 또한 같다.

③ 제1항에 따라 전대를 받은 자는 재산을 다른 사람에게 대부하거나 사용·수익하게 하지 못한다.

④ 제1항에 따라 전대를 받은 자는 해당 재산에 건물이나 그 밖의 영구시설물을 축조하지 못한다. 다만, 국토교통부장관이 행정 목적 또는 공사의 사업 수행에 필요하다고 인정하는 시설물의 축조는 그러하지 아니하다.

[법 제16조] 지도·감독

국토교통부장관은 공사의 업무 중 다음 각 호의 사항과 그와 관련되는 업무에 대하여 지도·감독한다.
1. 연도별 사업계획 및 예산에 관한 사항
2. 철도서비스 품질 개선에 관한 사항
3. 철도사업계획의 이행에 관한 사항
4. 철도시설·철도차량·열차운행 등 철도의 안전을 확보하기 위한 사항
5. 그 밖에 다른 법령에서 정하는 사항

[법 제17조] 자료제공의 요청

① 공사는 업무상 필요하다고 인정하면 관계 행정기관이나 철도사업과 관련되는 기관·단체 등에 자료의 제공을 요청할 수 있다.

② 제1항에 따라 자료의 제공을 요청받은 자는 특별한 사유가 없으면 그 요청에 따라야 한다.

[법 제18조] 등기 촉탁의 대위

공사가 제9조 제1항 제4호에 따라 국가 또는 지방자치단체로부터 위탁받은 사업과 관련하여 국가 또는 지방자치단체가 취득한 부동산에 관한 권리를 「부동산등기법」 제98조에 따라 등기하여야 하는 경우 공사는 국가 또는 지방자치단체를 대위(代位)하여 등기를 촉탁할 수 있다.

[법 제19조] 벌칙

제8조를 위반한 자는 2년 이하의 징역 또는 2천만 원 이하의 벌금에 처한다.

> **법 [제8조] 비밀 누설·도용의 금지**
> 공사의 임직원이거나 임직원이었던 사람은 그 직무상 알게 된 비밀을 누설하거나 도용하여서는 아니 된다.

[법 제20조] 과태료

① 제8조의2를 위반한 자에게는 500만 원 이하의 과태료를 부과한다.

> **법 [제8조의2] 유사명칭의 사용금지**
> 이 법에 따른 공사가 아닌 자는 한국철도공사 또는 이와 유사한 명칭을 사용하지 못한다.

② 제1항에 따른 과태료는 국토교통부장관이 부과·징수한다.

조문확인 OX퀴즈

01 한국철도공사법의 목적은 한국철도공사를 설립하여 철도 운영의 전문성과 효율성을 높임으로써 철도산업과 국민경제의 발전에 이바지함이다. (O, X)

02 한국철도공사는 법인으로 한다. (O, X)

03 공사의 주된 사무소의 소재지는 대통령령으로 정한다. (O, X)

04 공사는 업무수행을 위하여 필요하면 국토교통부장관의 승인을 받아 필요한 곳에 하부조직을 둘 수 있다. (O, X)

05 공사의 자본금은 30조 원으로 하고, 그 전부를 정부가 출자한다. (O, X)

06 자본금의 납입 시기와 방법은 기획재정부장관이 정하는 바에 따른다. (O, X)

07 국가는 「국유재산법」에도 불구하고 「철도산업발전기본법」에 따른 운영자산을 공사에 현물로 출자한다. (O, X)

08 공사는 주된 사무소의 소재지에서 이사회의 의결을 함으로써 성립한다. (O, X)

09 공사의 설립등기와 하부조직의 설치·이전 및 변경 등기, 그 밖에 공사의 등기에 필요한 사항은 대통령령으로 정한다. (O, X)

10 공사는 등기가 필요한 사항에 관하여는 등기하기 전에는 제3자에게 대항하지 못한다. (O, X)

11 한국철도공사의 설립등기사항에는 자본금이 해당된다. (O, X)

12 한국철도공사의 설립등기사항에는 사업계획서를 첨부하여야 한다. (O, X)

13 공사가 하부조직을 설치한 경우에는 주된 사무소의 소재지에서 설치된 하부조직의 명칭 소재지 및 설치 연월일을 등기해야 한다. (O, X)

14 공사는 하부조직을 이전한 경우에는 이전 후 2주일 이내에 주된 사무소의 소재지에서 새 소재지와 이전 연월일을 등기해야 한다. (O, X)

15 공사는 설립등기사항이 변경된 경우에는 변경 후 3주일 이내에 주된 사무소의 소재지에서 변경사항을 등기해야 한다. (O, X)

16 이사회의 의결로 정하는 바에 따라 사장이 지정한 공사의 직원은 사장을 대신하여 공사의 업무에 관한 재판상 또는 재판 외의 모든 행위를 할 수 있다. (O, X)

17 공사는 사장이 사장을 대신해 공사의 업무에 관한 재판상 또는 재판 외의 행위를 할 수 있는 직원을 선임한 경우에는 선임 후 2주일 이내에 주된 사무소의 소재지에서 대리·대행인을 둔 주된 사무소 또는 하부조직의 명칭 및 소재지를 등기해야 한다. (O, X)

18 대리·대행인을 해임한 경우에는 해임 후 2주일 이내에 주된 사무소의 소재지에서 그 해임한 뜻을 등기해야 한다. (O, X)

19 이전등기의 경우에는 주된 사무소 또는 하부조직의 이전을 증명하는 서류를 등기의 신청서에 첨부하여야 한다. (O, X)

20 공사의 임직원이거나 임직원이었던 사람은 그 직무상 알게 된 비밀을 누설하거나 도용하여서는 아니 된다. (O, X)

21 한국철도공사법에 따른 공사가 아닌 자는 한국철도공사 또는 이와 유사한 명칭을 사용하지 못한다. (O, X)

22 공사는 철도여객사업을 한다. (O, X)

23 공사의 업무범위에 철도시설의 유지·보수 등 국가·지방자치단체 또는 공공법인 등으로부터 위탁받은 사업이 해당된다. (O, X)

24 공사는 국외에서는 화물운송사업을 할 수 없다. (O, X)

25 공사는 국토교통부령에 따라 예산의 범위에서 공사의 업무와 관련된 사업에 투자·융자·보조 또는 출연할 수 있다. (O, X)

26 공사는 매 사업연도 결산결과 이익금이 생기면 먼저 이월결손금의 보전을 하여야 한다. (O, X)

27 국고에 납입은 공사가 매 사업연도 결산 결과 이익금의 순서 처리상 맨 마지막에 해당한다. (O, X)

28 손익금의 처리 두 번째는 자본금과 같은 액수가 될 때까지 이익금의 10분의 2 이상을 사업확장적립금으로 적립이다. (O, X)

29 공사는 매 사업연도 결산 결과 손실금이 생기면 사업확장적립금으로 보전하고 그 적립금으로도 부족하면 이익준비금으로 보전하되, 보전미달액은 다음 사업연도로 이월한다. (O, X)

30 이익준비금 또는 사업확장적립금을 자본금으로 전입하고자 하는 때에는 이사회의 의결을 거쳐 국토교통부장관의 승인을 얻어야 한다. (O, X)

31 공사는 이사회의 의결을 거쳐 사채를 발행할 수 있다. (O, X)

32 사채의 발행액은 공사의 자본금과 적립금을 합한 금액의 5배를 초과하지 못한다. (O, X)

33 국가는 공사가 발행하는 사채의 원리금 상환을 보증할 수 있다. (O, X)

34 사채의 소멸시효는 원금은 5년, 이자는 2년이 지나면 완성한다. (O, X)

35 공사는 「공공기관의 운영에 관한 법률」에 따라 예산이 확정되면 3개월 이내에 해당 연도에 발행할 사채의 목적·규모·용도 등이 포함된 사채발행 운용계획을 수립하여 이사회의 의결을 거쳐 국토교통부장관의 승인을 받아야 한다. 운용계획을 변경하려는 경우에도 또한 같다. (O, X)

36 사채의 모집에 응하고자 하는 자는 사채청약서 2통에 그 인수하고자 하는 사채의 수·인수가액과 청약자의 주소를 기재하고 기명날인하여야 한다. (O, X)

37 사채의 최저가액을 정하여 발행하는 경우에는 그 응모가액을 기재하여야 한다. (O, X)

38 사채청약서에는 사채의 종류별 액면금액을 기재하여야 한다. (O, X)

39 사채지급의 방법 및 시기는 사채청약서에 기재하여야 한다. (O, X)

40 사채모집의 위탁을 받은 회사가 있을 때에는 그 상호 및 주소를 사채청약서에 기재하여야 한다. (O, X)

41 공사가 사채를 발행함에 있어서 실제로 응모된 총액이 사채청약서에 기재한 사채발행총액에 미달하는 때에도 사채를 발행한다는 뜻을 사채청약서에 표시할 수 있다. (O, X)

42 실제로 응모된 총액이 사채청약서에 기재한 사채발행총액에 미달하는 때는 그 응모총액을 사채의 액면금액으로 한다. (O, X)

43 공사가 매출의 방법으로 사채를 발행하는 경우에는 매출기간을 미리 공고하여야 한다. (O, X)

44 공사가 매출의 방법으로 사채를 발행하는 경우에는 사채의 발행총액을 기재해야 한다. (O, X)

45 공사는 사채의 응모가 완료된 때에는 지체없이 응모자가 인수한 사채의 전액을 납입시켜야 한다. (O, X)

46 사채는 사채의 인수가액 전액이 납입된 후가 아니면 이를 발행하지 못한다. (O, X)

47 채권에는 채권번호를 기재하고 사장이 기명날인하여야 한다. (O, X)

48 매출의 방법에 의하여 사채를 발행하는 경우에는 사채의 발행총액을 기재하지 아니한다. (O, X)

49 채권은 무조건 무기명식으로 한다. (O, X)

50 공사는 주된 사무소에 사채원부를 비치한다. (O, X)

51 사채원부에는 채권의 발행연월일을 기재해야 한다. (O, X)

52 채권이 무기명식인 때에는 사채원부에 채권의 취득연월일을 기재해야 한다. (O, X)

53 채권의 소유자는 공사의 근무시간 외에 사채원부의 열람을 요구할 수 있다. (O, X)

54 이권이 있는 무기명식의 사채를 상환하는 경우에 이권이 흠결된 때에는 그 이권에 상당한 금액을 상환액으로부터 공제한다. (O, X)

55 이권소지인은 그 이권과 상환으로 공제된 금액의 지급을 청구할 수 없다. (O, X)

56 사채를 발행하기 전의 그 응모자 또는 사채를 교부받을 권리를 가진 자에 대한 통지 또는 최고는 따로 주소를 공사에 통지한 경우에는 그 주소로 하여야 한다. (O, X)

57 무기명식채권의 소지자에 대한 통지 또는 최고는 공고의 방법에 의한다. 다만, 그 소재를 알 수 있는 경우에는 이에 의하지 아니할 수 있다. (O, X)

58 공사는 공사의 경영 안정 및 철도 차량·장비의 현대화 등을 위하여 재정 지원이 필요하다고 인정하면 예산의 범위에서 사업에 필요한 비용의 일부를 보조하거나 재정자금의 융자 또는 사채 인수를 할 수 있다. (O, X)

59 국토교통부장관은 철도사업과 관련하여 일반업무시설, 판매시설, 주차장, 여객자동차터미널 및 화물터미널 등 철도 이용자에게 편의를 제공하기 위한 역세권 개발사업을 할 수 있고, 정부는 필요한 경우에 행정적·재정적 지원을 할 수 있다. (O, X)

60 국가는 공사의 철도 장비와 철도용품의 제작·판매·정비 및 임대 사업을 효율적으로 수행하기 위하여 국토교통부장관이 필요하다고 인정하면 「국유재산법」에도 불구하고 공사에 물품을 포함한 국유재산을 무상으로 대부하거나 사용·수익하게 할 수 있다. 이때 대부 또는 사용·수익 허가의 조건 및 절차에 관하여 필요한 사항은 대통령령으로 정한다. (O, X)

61 국유재산의 무상사용·수익은 당해 국유재산관리청의 허가에 의한다. (O, X)

62 공사는 대부받거나 사용·수익의 허가를 받은 국유재산을 전대하고자 하는 경우에는 승인신청서를 국유재산관리청에게 제출하여야 한다. (O, X)

63 국유재산 전대 승인신청서에는 전대기간이 기재되어야 한다. (O, X)

64 공사는 전대재산의 표시(설계도면·시방서·위치도·평면도 및 주단면도를 포함한다)가 기재된 승인신청서를 국토교통부장관에게 제출하여야 한다. (O, X)

65 공사는 사업을 효율적으로 수행하기 위하여 필요하면 대부받거나 사용·수익을 허가받은 국유재산을 전대할 수 있다. 이 경우 미리 기획재정부장관의 승인을 받아야 한다. (O, X)

66 국유재산 전대를 받은 자는 해당 재산에 건물이나 그 밖의 영구시설물을 축조하지 못한다. 다만, 국토교통부장관이 행정 목적 또는 공사의 사업 수행에 필요하다고 인정하는 시설물의 축조는 그러하지 아니하다. (O, X)

67 국토교통부장관은 공사의 업무 중 철도사업계획의 이행에 관한 사항에 대하여 지도할 수 없다. (O, X)

68 공사는 업무상 필요하다고 인정하면 관계 행정기관이나 철도사업과 관련되는 기관·단체 등에 자료의 제공을 요청할 수 있다. (O, X)

69 공사의 임직원이거나 임직원이었던 사람이 그 직무상 알게 된 비밀을 누설한 경우 2년 이하의 징역 또는 3천만 원 이하의 벌금에 처한다. (O, X)

70 공사가 아닌 자가 한국철도공사의 명칭을 사용한 경우 1천만 원 이하의 과태료를 국토교통부장관이 부과한다. (O, X)

정답 **01** O **02** O **03** X **04** X **05** X **06** O **07** O **08** X **09** O **10** O **11** O **12** X **13** O **14** O **15** X
16 X **17** O **18** O **19** O **20** O **21** O **22** O **23** O **24** X **25** X **26** O **27** O **28** X **29** O **30** X
31 O **32** O **33** O **34** O **35** X **36** O **37** O **38** O **39** X **40** O **41** O **42** X **43** O **44** X **45** O
46 X **47** O **48** O **49** X **50** O **51** O **52** X **53** X **54** O **55** X **56** O **57** O **58** X **59** X **60** O
61 O **62** X **63** O **64** X **65** X **66** O **67** X **68** O **69** X **70** X

너의 시작을 옳게 만드는 노력,
그 단단한 걸음에 빛나는 길이 마중나올 것이니.

#힘찬시작 #빛나는미래

KORAIL
코레일
100% 새 문항
봉투모의고사

코레일 100% 새 문항 봉투모의고사

정답과 해설

NCS 기출복원 모의고사

01	①	02	①	03	①	04	④	05	④
06	②	07	⑤	08	③	09	④	10	③
11	④	12	②	13	③	14	⑤	15	②
16	④	17	③	18	②	19	⑤	20	②
21	②	22	③	23	④	24	③	25	④
26	①	27	①	28	②	29	⑤	30	②

01 의사소통능력 정답 ①

시간 단축 문제접근 TIP

밑줄, 빈칸, ㉠과 같은 기호가 등장하는 유형은 특정 부분에 집중해서 풀이해야 한다. 전체 내용을 이해해야만 풀 수 있는 경우도 존재하지만, 대부분 발췌독을 통해 풀이 가능한 유형이다. 해당 문제 역시 ㉠에 대한 내용이므로, ㉠에 집중해서 풀이를 해야 한다. 다만, 주어진 글과 같이 여러 대상을 구분짓고, 특성을 비교, 대조하는 글이라면 두 대상의 차이점에 근거를 두고 매력적인 선지를 구성할 가능성이 높다는 것까지 기억해 두는 것이 좋다.

세 번째 문단의 '읽기 전에 저자나, 제목, 그림 등을 바탕으로 내용을 예측하고, 읽는 중에는 전체적으로 훑어보며 예상한 바와 맞추거나, 궁금한 내용을 정리한다. 읽은 후에는 이해한 바를 정리하고 평가와 비판이 이루어진다.'를 통해 ㉠은 독서를 하기 전과 도중, 그리고 독서 후에 활용할 수 있는 읽기 모형임을 알 수 있다. 독서 과정 중에서 어떤 부분이 가장 효율적인지의 여부는 설명하지 않았으므로 과정 간 비교는 적절한 이해로 볼 수 없다.

| 오답풀이 |

② 세 번째 문단에서 ㉠은 '읽는 사람이 가지고 있는 배경지식과 경험이 읽기 및 이해에 주도적으로 작용한다.'고 하였으므로 독자의 배경지식이 중요하고, 이를 바탕으로 책을 이해한다는 이해는 적절하다.
③ 세 번째 문단을 통해 ㉠은 배경지식을 활용하는 읽기 모형이므로, 배경지식이 쌓이지 않은 어린아이들에게는 상대적으로 적합하지 않음을 추론할 수 있다. 더불어 두 번째 문단에서 상향식 읽기 모형이 '어린아이들이나 언어 학습자에게 특히 효과적이다.'고 하였으므로 어린아이들에게는 하향식보다는 상향식이 더 적절함을 알 수 있다.
④ 세 번째 문단에서 ㉠은 '이 모형은 읽기 과정이 상향식 읽기 모형과는 반대로 단어나 문장 전체의 의미를 먼저 파악하고 이를 기반으로 하위 구조나 단어의 의미를 이해하는 과정이라고 설명한다.'라고 언급되어 있으므로 적절한 내용이다.
⑤ 세 번째 문단을 통해 ㉠은 배경지식을 중요시하고, '읽기 전에 저자나, 제목, 그림 등을 바탕으로 내용을 예측'하는 과정도 거치므로, 독서할 책의 저자에 대한 정보를 참고할 수 있음을 추론 가능하다.

02 의사소통능력 정답 ①

연단공포증은 의사표현의 방해요인 중 하나로, 쉼의 종류에 해당하지 않는다.

개념 더 알아보기

쉼
쉼이란 대화 도중에 잠시 침묵하는 것을 말한다. 쉼은 의도적인 경우와 비의도적인 경우로 구분할 수 있고, 의도적으로 쉼을 잘 활용함으로써 논리성, 감정제고, 동질감 등을 확보할 수 있다. 쉼의 경우는 여러 가지가 있는데, 이를 열거하면 다음과 같다.

- 이야기의 전이(轉移) 시
- 양해, 동조, 반문의 경우
- 생략, 암시, 반성의 경우
- 여운을 남길 때

03 의사소통능력 정답 ①

주어진 글은 '공감적 듣기'의 중요성을 설명하고 있으므로, 이를 통해 향상될 수 있는 능력은 '경청'이다. 경청을 위한 기본적 태도에 따르면 '상대방이 말하는 의미를 이해'해야 하고, '단어 이외의 보여지는 표현에도 신경' 써야 하는데, 주어진 글의 "공감대를 형성하는 것의 목표는 상대방의 관점에 초점을 맞추고 그의 발언 배경을 이해하는 것에 있습니다.", "여러분은 고객의 말을 충분히 이해하기 위해 고객이 사용하는 단어뿐만 아니라 어조와 말투, 몸짓 언어까지도 놓치지 않도록 노력해야 합니다."와 각각 내용상 연결된다. 그 외 유용한 3가지 방법들도 모두 경청을 위한 기본적 태도와 긴밀하게 연결되고 있다.

| 오답풀이 |

③ 의사표현: 목적과 상황에 맞는 말과 비언어적 행동을 통해 정보를 효과적으로 전달하는 능력을 말한다.
④ 문서이해: 직업생활에서 필요한 문서를 확인하고 읽고 내용을 이해하여 업무 수행에 필요한 요점을 파악하는 능력을 말한다.

⑤ 문서작성: 목적과 상황에 적합한 정보를 전달할 수 있는 문서를 작성하는 능력을 말한다.

개념 더 알아보기

적극적 경청을 위한 태도
- 비판적·충고적인 태도 버리기
- 상대방이 말하는 의미 이해하기
- 단어 이외의 보여지는 표현에도 신경 쓰기
- 상대방이 말하는 동안 경청하고 있다는 것을 표현하기
- 대화 시 흥분하지 않기

04 의사소통능력 정답 ④

따뜻하고 인정이 많고 자기희생적이나 타인의 요구를 거절하지 못하는 특징을 가진 유형은 '친화형'이다.

개념 더 알아보기

키슬러 대인관계 의사소통 유형

구분	특징	필요 자세
지배형	자신감이 있고, 지도력이 있으나 논쟁적이고 독단이 강함	타인의 의견을 경청하고 수용하는 자세
실리형	이해관계에 예민하고 성취지향적으로 경쟁적인 데다 자기중심적임	타인의 입장을 배려하고 관심을 갖는 자세
냉담형	이성적인 의지력이 강하고 타인의 감정에 무관심하고 피상적인 대인관계를 유지함	타인의 감정상태에 관심을 가지고 긍정적 감정을 표현하는 자세
고립형	혼자 있는 것을 선호하고 사회적 상황을 회피하며 지나치게 자신의 감정을 억제함	대인관계의 중요성을 인식하고 타인에 대한 비현실적인 두려움의 근원을 성찰하는 자세
복종형	수동적이고 의존적이며 자신감이 없음	적극적인 자기표현과 주장을 펼칠 수 있는 자세
순박형	단순하고 솔직하며 자기주관이 부족함	자기주장을 하고자 노력하는 자세
친화형	따뜻하고 인정이 많고 자기희생적이나 타인의 요구를 거절하지 못함	타인과의 정서적인 거리를 유지하려 노력하는 자세
사교형	외향적이고 인정하는 욕구가 강하며, 타인에 대한 관심이 많아서 간섭하는 경향이 있음	심리적 안정과 지나친 인정욕구에 대해 성찰하는 자세

05 의사소통능력 정답 ④

시간 단축 문제접근 TIP

해당 유형의 문제는 발문과 [보기]를 읽은 후, 바로 선택지를 확인하는 것이 효율적인 접근법이 될 수 있다. 주어진 글과 [보기]를 모두 확인해야만 풀 수 있는 문제도 있지만, 난도가 쉽게 나올 경우 [보기]만으로도 풀이가 가능한 문제도 출제된다.

[보기]는 '세계인구 마침내 75억 명 돌파'와 관련된 내용이므로, 이와 관련된 시각자료를 활용해야 한다. 국가별 인구가 제시되고, 순위도 27위까지 나타나 있으므로, 세계지도를 통해 국가별 인구를 구분하여 제시하는 것이 메시지 전달에 효과적임을 알 수 있다. 주어진 글의 세 번째 문단에서 '주제에 따라서는 다채롭게 표현되어야 하는 경우도 있다.'고 하면서 '단순하게 표현한 것만으로 주요 메시지 전달이 어렵다면, 강조하고자 하는 부분에는 적절한 비주얼 요소를 활용하여 시각적인 효과를 극대화할 수 있다.'고 하였다. 따라서 [보기]의 자료는 다양한 색감을 활용하여 표현하는 것이 적절함을 알 수 있다.

| 오답풀이 |

①, ⑤ [보기]는 세계인구에 대한 자료이다. 국가별 인구는 그에 대한 상술 자료이므로, 가장 인구가 많은 중국 혹은 자국인 한국의 자료를 강조해 표현하는 것은 주요 메시지 전달과 거리가 멀다.

② [보기]는 상위 10개국 외의 자료도 포함되며, 무엇보다 주제가 '세계인구 마침내 75억 명 돌파'이므로 이에 맞춘다면 상위 10개국만을 나타내는 자료는 주요 메시지를 정확하게 전달했다고 보기 어렵다.

③ 세계인구 순위를 나타내는 자료이므로, 간결하고 명확한 디자인만으로는 주요 메시지 전달이 어려울 수 있다. 각국의 인구에 대한 자료가 있으므로 이를 잘 표현하기 위해서는 좀 더 다채롭게 표현하는 것이 더 효과적이다.

06 의사소통능력 정답 ②

시간 단축 문제접근 TIP

주어진 글이 길 경우에는 선택지에서 핵심 키워드를 확인한 후, 이를 중심으로 글을 발췌독하는 것이 효율적인 접근법이 될 수 있다. 특히 부정발문일 경우 정답을 제외한 4개의 선택지가 적절한 내용을 담고 있으므로 글을 읽어나가면서 이를 확인하는 식으로 풀이할 수 있다. 다만, 해당 방법은 익숙해지려면 어느 정도 연습이 필요하므로, 시험장에서 처음으로 적용하는 것은 지양해야 한다.

세 번째 문단의 '한국은 대기업을 제외하고 이러한 세계 시장에 대응력을 갖춘 기업이 많지 않다. 한국을 대표하는 대기업이 세계적인 기업이 되어 가고 있는 점을 감안한다면 국가경제 발전 정도에 비해 중소기업의 경쟁력은 약한 편이다.'를 통해 한국의 중소기업은 대기업에 비해 세계 시장 대응력이 부족함을 알 수 있다. 그리고 네 번째 문단의 '특허 방어력이 떨어지기 때문에 핵심 기술 특허권의 위력을 제대로 발휘하고 있지 못하는 것 역시 사실이다.'를 통해 우리나라 중소기업이 핵심 기술을 가진 것은 맞지만, '핵심 특허 수는 많다.'와 관련된 내용은 찾을 수 없다.

| 오답풀이 |

① 세 번째 문단의 '핵심 기술에 대한 특허권은 R&D를 통해 직접 창출할 수도 있지만, 매입함으로써 획득할 수도 있다.'를 통해 알 수 있다.
③ 두 번째 문단의 '이는 특허에 대하여 전문적인 지식을 가진 자로 구성된 팀에 의해 수행되어야 할 것이다.'를 통해 알 수 있다.
④ 네 번째 문단과 여섯 번째 문단을 바탕으로 할 때, 필자는 정부가 중소기업의 역량을 강화하기 위한 특허 지원 프로그램을 체계적으로 진행할 것을 요구하고 있음을 알 수 있다.
⑤ 다섯 번째 문단의 '국내 산·학·연 각 기관에 R&D 자금을 지원할 때 '특허 제출'을 의무화하는 방안도 연구 중에 있다.'를 통해 알 수 있다.

07 의사소통능력 정답 ⑤

주어진 자료를 통해 알 수 없는 내용이다.

| 오답풀이 |

① 제1항의 '사상사고가 발생한 경우 열차승무원 또는 기관사는 다음 각 호의 사항을 열차무선전화 그 밖의 방법으로 관제센터장 또는 역장에게 신속히 통보하여야 한다.'를 통해 알 수 있다.
② 제3항 제1호의 '기존선은 열차승무원이 사상자 구호조치를 하여야 하며, 기관사는 열차승무원의 구호조치에 적극 협조하여야 한다.'와 제2호의 '고속선은 관제센터장의 지시에 따라 열차승무원이 사고현장으로 이동하여 구호조치를 하여야 한다.'를 통해 열차승무원 혹은 기관사가 사상자를 직접 구호조치해야 함을 알 수 있다.
③ 제1항 제3호의 '사상자 또는 구호조치자의 보호를 위하여 인접선 운행열차의 정지 또는 서행운전이 필요한 경우 그 내용을 통보해야 한다.'는 것으로 보아, 열차 내 승무원이 사상자 보호 혹은 수습을 위해 열차가 정지 혹은 서행할 수 있음을 알 수 있다.
④ 제5항에 따르면 사망사고가 일어날 경우 기관사는 아래의 5가지 조건이 '모두' 충족하고, '시체의 위치 및 열차 정차지점, 열차 접촉 흔적 등에 대한 사진자료 등 증거물을 최대한 확보한 후'일 때만 경찰공무원이 도착하기 전에 운전을 재개할 수 있다. 따라서 사망사고가 일어난 경우 경찰공무원이 오기 전에는 운전 재개에 필요한 조건을 모두 충족할 때까지 정차하고 있어야 함을 알 수 있다.

08 의사소통능력 정답 ③

시간 단축 문제접근 TIP

법조항이 제시된 경우 소제목이 있다면 그를 우선 파악 후, 선택지를 보는 것이 효율적인 접근법이 될 수 있다. 더불어 주어진 문제와 같이 행위의 주체가 여러 명일 때는 각각 구분하여 정리하고, '이 경우, 다만, 예외'에 해당하는 부분에 주의·집중할 필요가 있다.

제62조에서 열차에는 '철도차량 운전자'와 '열차승무원'이 탑승할 수 있지만, 열차운행의 안전에 지장이 없다고 인정할 경우에는 '철도차량 운전자 외의 다른 열차승무원을 탑승시키지 아니하거나 인원을 조정할 수 있다.'고 하였으므로, 열차에는 철도차량운전자가 반드시 탑승하여야 함을 알 수 있다. 그리고 제65조 제3항에서 '운전취급상 긴급한 경우로서 휴대전화를 일시 사용할 수 있는 경우'가 있다고 하였으므로 '휴대전화 등 전자기기를 휴대해서는 안 된다.'는 내용은 적절하지 않다. '사용금지'가 '휴대금지'를 뜻하지는 않는다.

| 오답풀이 |

① 제54조 제2항을 통해 알 수 있다.
② 제53조 제2항에 따르면 수사기관 등 외부기관의 요구가 있을 때는 선로 출입이 가능하다. 하지만 제3항에서 '종합관제실은 시간, 구간, 출입인원, 목적 및 이동경로 등을 협의하여 열차운행과 출입자의 안전상 이상이 없음을 확인하고, 필요시 직원을 지정·동행하여 출입하게 하여야 한다.'고 언급되어 있으므로 인원과 이동경로를 제한할 수 있음을 알 수 있다.
④ 제55조 제1항의 5를 통해 철도시설물 중 유류, 가스 등 위험물을 취급하는 운전 취약개소는 주의개소로 지정, 관리함을 알 수 있다.
⑤ 제65조 제2항의 '직원이 술을 마시거나 약물을 복용한 상태임을 인정할 만한 상당한 이유가 있는 때에는 안전관리체계 감독자는 이를 확인 또는 검사를 시행할 수 있으며, 이 경우 해당 직원은 거부하여서는 안 된다.'를 통해 '인정할 만한 상당한 이유', 즉 조건에 맞춘다면 약물 검사를 실시할 수 있음을 알 수 있다.

09 의사소통능력 정답 ④

'SRT 정기승차권 운영 기본방향'의 '할인율'에서 '정기승차권 이용객의 경제적인 부담 완화라는 근본 취지를 감안하여 타 고속열차와 비슷한 수준(1개월권 50%)으로 할인율 적용'한다고 하였으나, 전문가의 판단을 근거로 했다는 내용은 찾을 수 없다.

| 오답풀이 |

① 가장 마지막에 주요 내용을 표로 정리하고 있다. 내용이 많을 경우 표로 정리하면 줄글보다 가독성을 높일 수 있다.
② 'SRT 정기승차권 운영 기본방향'의 '조회, 결제, 발권, 환불'을 통해 정기승차권의 조회, 결제, 발권, 환불은 현장이 아닌 온라인에서 가능함을 알 수 있다.
③ 'SRT 정기승차권 운영 기본방향'의 '이용요일 확대'를 통해 주말·공휴일에 열차 이용은 가능하나, 승차권 사용개시일은 주중에만 가능함을 알 수 있다.
⑤ 'SRT 정기승차권 운영 기본방향'의 '수요 관리'를 통해 열차당 수요에 따라 발매 수를 20~54매로 제한함을 알 수 있다.

10 의사소통능력 정답 ③

시간 단축 문제접근 TIP

'알 수 없는 내용'에 대한 이해가 필요하다. 적절한 것을 고르는 긍정 발문에서는 '알 수 없는 내용'이 정답이 될 수 없다. 하지만 적절하지 않은 것을 고르는 부정 발문에서는 틀린 내용도 정답이 될 수 있지만, '알 수 없는 내용'도 정답이 될 수 있음을 기억하자.

주어진 글은 PPT를 활용한 효과적인 발표법에 대한 것인데, 이와 관련하여 '유명인을 섭외한다.'는 내용은 찾을 수 없다.

| 오답풀이 |

① 두 번째 문단의 '첫째, PPT를 보지 않고 발표하기이다.'를 통해 알 수 있다.

② 세 번째 문단의 '발표의 마지막 부분도 중요하다.', '지금까지 말한 내용을 정리하고 전달하고자 하는 관점이나 꼭 기억해야 할 부분을 다시금 짚어주고 강조하며 마무리하는 것이 중요하다.'를 통해 알 수 있다.

④ 네 번째 문단의 '완벽한 리허설은 최소 2번 이상하는 것이 좋은데 가능하면 발표 당일 혹은 전날 저녁에는 반드시 하는 것이 좋다. 그리고 이 과정에서 시간 체크도 해야 한다. 예상 시간보다 너무 빨리 혹은 너무 늦게 끝내는 것은 준비 소홀로 보일 수 있다.'를 통해 알 수 있다.

⑤ 여섯 번째 문단의 '셋째, 적절한 속도와 다양한 표현을 활용한 발표하기이다.'를 통해 알 수 있다.

11 수리능력 정답 ④

15% 소금물 200g에 들어 있는 소금의 양은 $200\times0.15=30$(g), 20% 소금물 300g에 들어 있는 소금의 양은 $300\times0.2=60$(g)이다. 즉, 섞인 소금물 $200+300=500$(g)에 들어 있는 소금의 양은 $30+60=90$(g)이다. 따라서 섞인 소금물의 농도는 $\frac{90}{500}\times100=18$(%)이다.

12 수리능력 정답 ②

30초 컷 풀이 TIP

(A) $\frac{268}{512}$와 (B) $\frac{216}{382}$의 분자를 비교하면, (B)의 분자는 (A)의 분자보다 52 더 작으므로 약 20% 더 작고, 분모는 130 더 작으므로 약 25% 더 작다. 즉 분모의 감소율이 더 크므로 (A)보다 (B)가 더 크다.

(A) $\frac{268}{512}$와 (C) $\frac{294}{586}$의 분자를 비교하면, (C)의 분자는 (A)의 분자보다 26 더 크므로 약 10% 더 크고, 분모는 74 더 크므로 약 14% 더 크다. 즉, 분모의 증가율이 더 크므로 (A)가 (C)보다 더 크다. 따라서 분수의 크기를 비교하면 (B) > (A) > (C)임을 알 수 있다.

(A) $\frac{268}{512}\fallingdotseq0.52$

(B) $\frac{216}{382}\fallingdotseq0.57$

(C) $\frac{294}{586}\fallingdotseq0.5$

따라서 분수의 크기를 비교하면 (B) > (A) > (C)이다.

13 수리능력 정답 ③

30초 컷 풀이 TIP

59×61에서 합·차공식을 이용하면 $59\times61=(60-1)\times(60+1)=60^2-1=3{,}600-1=3{,}599$와 같이 쉽게 계산할 수 있다.

$\frac{59\times60\times61\times62}{40^2+40\times42+440}=\frac{59\times60\times61\times62}{40(40+42+11)}=\frac{59\times60\times61\times62}{40\times93}$
$=59\times61=3{,}599$

14 수리능력 정답 ⑤

홀수항을 보면 숫자의 크기가 12, 24, 48, …으로 증가하는 것을 확인할 수 있다. 즉, 홀수항의 규칙은 처음에 12만큼 증가한 뒤 다음 홀수항은 이전 홀수항의 증가량의 2배씩 증가하는 규칙이다.
짝수항을 보면 숫자의 크기가 20씩 증가함을 알 수 있다.
따라서 빈칸에 들어갈 숫자는 아홉 번째 항이므로 홀수항의 규칙을 적용하면 48의 2배인 96만큼 이전 홀수항에서 증가한 $91+96=187$이다.

15 수리능력 정답 ②

첫 번째 줄부터 세 번째 줄까지 오른쪽 칸으로 이동할수록 17, 14, 11씩 증가함을 알 수 있다. 따라서 빈칸에 들어갈 숫자는 $30+11=41$이다.

16 수리능력 정답 ④

부산, 대구, 경북을 방문한 연령대별 방문자 비율의 합은 30세 미만이 $29.1+20.5+15.2=64.8$(%)로 가장 높지만, 방문자 수는 30세 미만이 $13{,}800\times0.291+4{,}649\times0.205+27{,}145\times0.152\fallingdotseq9{,}095$(천 명), 40대가 $13{,}800\times0.185+4{,}649\times0.177+27{,}145\times0.215\fallingdotseq9{,}212$(천 명)이므로 40대가 더 많다.

| 오답풀이 |

① 60세 이상 방문자 비율은 부산이 $11.1+5.3=16.4$(%), 대구가 $14.4+10.9=25.3$(%), 경북이 $16.5+7.6=24.1$(%)이므로 대구가 가장 높다.

② 70세 이상 방문자 수는 대구가 $4{,}649\times0.109\fallingdotseq507$(천 명), 부산이 $13{,}800\times0.053\fallingdotseq731$(천 명)이므로 부산이 대구보다 많다.

③ 30대 방문자 비율은 주어진 지역 중 대구가 18.9%로 가장 높다.

⑤ 경북을 제외한 부산, 대구는 연령대가 낮을수록 방문자 비율이 높으므로 두 지역은 연령대가 낮을수록 방문자 수가 많다.

17 수리능력

정답 ③

112 신고 접수 건수가 가장 많은 해는 2016년이고, 112 신고 출동 건수가 가장 많은 해는 2022년이므로 서로 다르다.

| 오답풀이 |

① 2014년 이후 112 신고 출동 건수가 전년 대비 증가한 해는 2014년, 2015년, 2019년, 2021년, 2022년으로 5개이다.

② 연도별 112 신고 접수 건수 대비 출동 건수를 계산하면 다음과 같다.

(단위: 천 건)

2013년	2014년	2015년	2016년	2017년
$\frac{9,344}{19,115} \fallingdotseq 0.489$	$\frac{10,387}{18,778} \fallingdotseq 0.553$	$\frac{10,719}{19,104} \fallingdotseq 0.561$	$\frac{10,701}{19,567} \fallingdotseq 0.547$	$\frac{10,539}{18,953} \fallingdotseq 0.556$
2018년	**2019년**	**2020년**	**2021년**	**2022년**
$\frac{10,452}{18,730} \fallingdotseq 0.558$	$\frac{10,703}{18,976} \fallingdotseq 0.564$	$\frac{10,288}{18,296} \fallingdotseq 0.562$	$\frac{10,512}{18,710} \fallingdotseq 0.562$	$\frac{11,338}{19,117} \fallingdotseq 0.593$

따라서 가장 많은 해는 2022년이다.

④ 2014년 이후 112 신고 접수 건수가 전년 대비 감소한 해는 2014년, 2017년, 2018년, 2020년이고, 이 중 가장 많이 감소한 해는 $18,976-18,296=680$(천 건) 감소한 2020년이다.

⑤ 112 신고 접수 건수가 적은 순서대로 나열하면 2020년, 2021년, 2018년, …이므로 세 번째로 적은 해는 2018년이다.

18 수리능력

정답 ②

여자끼리 서로 이웃하지 않으려면 다음과 같이 앉아야 한다.

구분	a	b	c	d	e	f
경우1	남	여	남	여	남	여
경우2	여	남	남	여	남	여
경우3	여	남	여	남	남	여
경우4	여	남	여	남	여	남

이때, 철수와 영희는 이웃해야 한다.

경우1에서 철수가 a에 앉는다면 영희는 b에 앉고, 나머지 4명은 남, 여로 구분하여 앉으므로 가능한 경우의 수는 $2\times2=4$(가지)이다. 철수가 c에 앉는다면 영희는 b 또는 d에 앉고 나머지 4명은 남는 자리에 앉으므로 가능한 경우는 $2\times2\times2=8$(가지)이다. 철수가 e에 앉는다면 영희는 d 또는 f에 앉고 나머지 4명은 남는 자리에 앉으므로 가능한 경우는 $2\times2\times2=8$(가지)이다. 따라서 경우1에서 조건을 만족하는 경우의 수는 $4+8+8=20$(가지)이고 경우4는 경우1과 경우의 수가 같으므로 20가지이다.

마찬가지의 방법으로 경우2를 계산하면 $4\times2+8=16$(가지)이고, 경우3은 경우2와 경우의 수가 같으므로 16가지이다.

따라서 구하고자 하는 경우의 수는 $20+20+16+16=72$(가지)이다.

19 수리능력

정답 ⑤

고등교육기관의 취학률은 매년 증가하고 있으므로 옳은 내용이다.

| 오답풀이 |

① 주어진 자료에서 고등교육기관의 취학률은 매년 증가하고 있지만 고등교육기관의 진학률은 알 수 없다.

② 주어진 자료로 고등학교 진학생 수를 알 수 없으므로 증가 여부도 알 수 없다.

③ 주어진 자료로 취학적령 인구 중 중학교에 재학 중인 학생 수를 알 수 없으므로 증가 여부도 알 수 없다.

④ 주어진 자료로 중학교 졸업자 수를 알 수 없으므로 매년 비슷한 수준인지도 알 수 없다.

20 수리능력

정답 ②

연도별 철도사고 전체 건수는 2019년에 $6+15+36+1+4+10=72$(건), 2020년에 $4+8+26+1+19=58$(건), 2021년에 $17+7+20+3+1+16=64$(건), 2022년에 $20+13+34+3+12=82$(건), 2023년에 $30+4+19+4+11=68$(건)이므로 옳은 그래프는 ②이다.

| 오답풀이 |

① 2020년 철도사고 전체 사상자 수는 $22+29=51$(명)이다.

③ 2019~2023년 교통사상사고 총 사고 건수는 $36+26+20+34+19=135$(건)이다.

④ 2021년 안전사상사고 건수는 16건이다.

⑤ 2022년 철도사고 사상자 수는 사망이 28명, 부상이 43명이다.

21 문제해결능력

정답 ②

시간 단축 문제접근 TIP

팀별 합력만 구하면 되므로, 각 팀원의 당기는 힘을 하나씩 구하는 대신 다음과 같이 계산하면 조금 더 빨리 풀 수 있다.

- A팀: (110+75+80+75)×1.2−2=406(kg)
- B팀: (55+40+60+45)×0.9+8=188(kg)

각 팀원의 당기는 힘과 팀별 합력은 다음과 같다.

[A팀]

- $110\times1.2-3=129$(kg)
- $75\times1.2+2=92$(kg)
- $80\times1.2-3=93$(kg)
- $75\times1.2+2=92$(kg)

합력: $129+92+93+92=406$(kg)

[B팀]

- $55\times0.9+2=51.5$(kg)
- $40\times0.9+2=38$(kg)
- $60\times0.9+2=56$(kg)
- $45\times0.9+2=42.5$(kg)

합력: $51.5+38+56+42.5=188$(kg)

따라서 두 팀의 합력 차이는 $406-188=218$(kg)이다.

22 문제해결능력

정답 ③

시간 단축 문제접근 TIP

떨어진 지점의 거리인 3.5km는 문제풀이에 활용할 필요가 없다.

각 기차의 속도를 km/h 단위로 통일하면 다음과 같다.

- A: $\frac{200}{2}=100$(km/h)
- B: $18\times6=108$(km/h)
- C: $\frac{100}{4}=25$(m/s)$=0.025\times3{,}600$(km/h)$=90$(km/h)
- D: $\frac{6{,}000}{5}=1{,}200(m/min)=1.2(km/min)=1.2\times60(km/h)=72$(km/h)
- E: $\frac{600}{25}=24$(m/s)$=0.024\times3{,}600$(km/h)$=86.4$(km/h)

속도가 세 번째로 빠른 기차가 세 번째로 도착할 것이므로, 세 번째로 도착하는 기차는 C이다.

23 문제해결능력

정답 ④

시간 단축 문제접근 TIP

평균을 구할 때 A~E조 전부 3으로 나누므로 나눗셈을 하지 않고 덧셈만으로 비교할 수 있다.

2번 주자 중에서 D조와 E조는 각각 0.5초씩 가산하고, 5번 주자 중에서 A조만 1초를 가산한다(D조의 5번 주자는 12초이므로 12초보다 길지 않아 가산하지 않음). 이를 고려한 기록 및 가장 짧은 주자와 가장 긴 주자를 제외한 조별 중간 3명은 다음과 같다.

구분	1번 주자	2번 주자	3번 주자	4번 주자	5번 주자
A조	13.4초	13.1초	12.1초	12.5초	14.5초
B조	19.3초	13.9초	11.2초	15.2초	11.7초
C조	13.8초	15.4초	12.3초	14.7초	10.9초
D조	10.9초	12초	17.4초	12.6초	12초
E조	12.3초	12.2초	12.7초	13.5초	11.9초

E조에서 가산 전에는 기록이 가장 짧은 사람이 2번 주자였지만, 가산 후에는 5번 주자로 바뀐다는 점에 주의한다. 각 조별 중간 3명의 평균 기록은 다음과 같다.

- A조: $(13.4+13.1+12.5)\div3=13$(초)
- B조: $(13.9+15.2+11.7)\div3=13.6$(초)
- C조: $(13.8+12.3+14.7)\div3=13.6$(초)
- D조: $(12+12.6+12)\div3=12.2$(초)
- E조: $(12.3+12.2+12.7)\div3=12.4$(초)

따라서 달리기 시합에서 우승한 조는 12.2초를 기록한 D조이다.

24 문제해결능력

정답 ③

시간 단축 문제접근 TIP

2사이클을 돌았을 때 230m까지 팠으므로 남은 깊이는 70m이다. 27+16=43이고 여기에 철수의 31을 더하면 70 이상이므로 정답이 철수임을 쉽게 알 수 있다.

'민수－진수－철수－영수－희수' 순으로 한 번씩 우물을 판 상황을 1사이클이라 하면, 1사이클이 돌았을 때 우물의 깊이는 $27+16+31+22+19=115$(m)이다. 2사이클을 돌면 깊이는 $115\times2=230$(m)이다.
여기서 민수가 한 번 더 파면 깊이는 $230+27=257$(m), 이어서 진수가 한 번 더 파면 깊이는 $257+16=273$(m), 이어서 철수가 한 번 더 파면 깊이는 $273+31=304$(m)가 된다. 즉, 철수가 우물을 팔 때 300m 깊이까지 파게 된다.

25 문제해결능력

정답 ④

시간 단축 문제접근 TIP

서로의 진술이 모순되는 경우를 찾는다. 가장 흔한 것은 한 사람이 다른 사람의 진술을 거짓이라고 말하는 경우이다. 이 문제에서는 D대리가 B과장이 거짓을 말하고 있다고 하였으므로 B과장과 D대리의 진술을 중심으로 생각하는 것이 좋다.

D대리가 B과장은 거짓이라고 하였으므로 둘 중 하나는 반드시 참, 나머지 하나는 반드시 거짓이다.

i) B과장이 참, D대리가 거짓인 경우

D대리는 출장을 가지 않고, A부장의 진술은 반드시 거짓이 된다. 참/거짓이 정해지지 않은 C대리, E사원, F사원 중에 1명만 참이고 나머지 2명은 거짓이다.

i －1) C대리가 참, E사원과 F사원이 거짓인 경우

E사원의 진술이 거짓이므로 A부장, D대리 2명이 출장을 가지 않는다. 즉, B과장, C대리, E사원, F사원이 출장을 간다. C대리의 진술은 참, F사원의 진술은 거짓인 것에 대한 모순은 없다.

i －2) E사원이 참, C대리와 F사원이 거짓인 경우

E사원의 진술이 참인데 D대리는 출장을 가지 않으므로 A부장이 출장을 간다. C대리는 거짓이므로 사원 중에 출장을 가지 않는 직원이 있고, F사원도 거짓이므로 A부장과 B과장 중 출장을 가지 않는 사람이 있다. 그런데 A부장은 출장을 가므로 B과장이 출장을 가지 않는다. 따라서 출장을 가지 않는 직원이 B과장, D대리, 사원 중 최소 1명으로 총 3~4명이 되어 모순이 발생한다.

i －3) F사원이 참, C대리와 E사원이 거짓인 경우

F사원의 진술이 참이므로 A부장과 B과장 모두 출장을 간다. 그런데 E사원이 거짓이므로 A부장과 D대리 모두 출장을 가지 않는다. A부장에 대한 모순이 발생한다.

결과적으로 B과장이 참, D대리가 거짓인 경우에는 C대리가 참을 말하고 B과장, C대리, E사원, F사원이 출장을 가는 경우만 가능하다.

ⅱ) B과장이 거짓, D대리가 참인 경우

B과장이 거짓이므로 D대리는 출장을 가는데, E사원의 진술이 거짓이라면 A부장과 D대리 모두 출장을 가지 않으므로 모순이 발생한다. 따라서 E사원은 참, 나머지 A부장, C대리, F사원은 모두 거짓이다. D대리가 출장을 가고 A부장이 거짓이므로 C대리가 출장을 가지 않는다. 또한 C대리가 거짓이므로 사원 중에 출장을 가지 않는 직원이 있고, F사원도 거짓이므로 A부장과 B과장 중 출장을 가지 않는 사람이 있다. 따라서 출장을 가지 않는 직원이 A부장과 B과장 중 최소 1명, C대리, 사원 중 최소 1명으로 총 3~5명이 되어 모순이 발생한다.

결과적으로 B과장이 거짓, D대리가 참인 경우는 존재하지 않는다. 따라서 출장을 가는 직원은 B과장, C대리, E사원, F사원이다.

26 문제해결능력

정답 ①

작성된 자료에서는 전략과제(보조 메시지)를 통해 경영목표(메인 메시지)를 도출해 내고, 다시 이를 통해 핵심가치(최종 정보)를 도출하고 있으므로 피라미드 구조화 방법에 해당한다.

| 오답풀이 |

② 브레인스토밍: 자유연상법 중 하나로, 자유롭게 다양한 아이디어를 창출하고 그중 가장 적절한 아이디어를 찾아내는 기법이다.

③ NM: 비교발상법 중 하나로, 대상과 비슷한 것을 찾아내 그것을 힌트로 새로운 아이디어를 생각해 내는 기법이다.

④ 체크리스트: 강제연상법 중 하나로, 어떤 개선점을 찾고자 할 때 이에 대한 질문 항목을 표로 만들어 정리하고 그에 따라 하나씩 점검해 가며 아이디어를 뽑아내는 방법이다.

⑤ 시네틱스: 비교발상법 중 하나로, 서로 관련이 없어 보이는 것들을 조합하여 새로운 것을 도출해 내는 집단 아이디어 발상법이다.

개념 더 알아보기

피라미드 구조화 방법

보조 메시지들을 통해 주요 메인 메시지를 얻고, 다시 메인 메시지를 종합한 최종 정보를 도출해 내는 방법이다.

27 문제해결능력

정답 ①

외부 환경의 기회(O1)를 활용하기 위해 강점(S3)을 사용하는 전략이므로 ST전략이 아닌 SO전략에 해당한다.

| 오답풀이 |

② 외부 환경의 위협(T2)을 회피하기 위해 강점(S4)을 사용하였으므로 ST전략에 해당한다.

③ 외부 환경의 기회(O1)를 활용하기 위해 강점(S3)을 사용하였으므로 SO전략에 해당한다.

④ 자신의 약점(W2)을 극복함으로써 외부 환경의 기회(O2)를 활용하였으므로 WO전략에 해당한다.

⑤ 외부 환경의 위협(T2)을 회피하고 자신의 약점(W1)을 최소화하고자 하였으므로 WT전략에 해당한다.

개념 더 알아보기

SWOT전략 수립 방법

- SO전략: 외부 환경의 기회를 활용하기 위해 강점을 사용하는 전략
- ST전략: 외부 환경의 위협을 회피하기 위해 강점을 사용하는 전략
- WO전략: 자신의 약점을 극복함으로써 외부 환경의 기회를 활용하는 전략
- WT전략: 외부 환경의 위협을 회피하고 자신의 약점을 최소화하는 전략

28 문제해결능력

정답 ②

주어진 사례에서 A사의 프로젝트 팀은 팀 리뷰를 통해 시장 조사와 경쟁 분석 부족이 앱 개발 프로젝트의 실패 원인이었음을 파악하고 있다. 따라서 사례에 해당하는 문제해결 절차는 '원인분석'이다.

개념 더 알아보기

문제해결 절차

'문제인식 – 문제도출 – 원인분석 – 해결안 개발 – 실행 및 평가'의 5단계를 따른다.

29 문제해결능력

정답 ⑤

주어진 대화에서 B는 채식 급식 추진과 관련해 다양한 의견이 있다는 A의 발언 중 '급식이 영양 불균형을 초래한다'는 문구에 초점을 맞추어 '영양 불균형을 초래하는 급식을 폐지하고 도시락을 가져오게 해야 한다'라고 과대 해석하는 오류를 범하고 있다. 따라서 B에게 나타난 논리적 오류는 문맥을 무시하고 과도하게 문구에만 집착할 경우 빠질 수 있는 '과대 해석의 오류'에 해당한다.

| 오답풀이 |

① 성급한 일반화의 오류: 특정한 몇몇 사례만을 토대로 일반화하는 주장의 오류를 말한다.

② 허수아비 공격의 오류: 상대방의 주장과는 전혀 상관없는 별개의 논리를 만들어 공격하는 경우에 해당한다.

③ 복합 질문의 오류: 둘 이상의 개별적인 질문으로 나누어서 질문해야 할 것을 하나의 질문 안에 포함시켜 질문함으로써 그 대답의 여하에 관계 없이 자기에게 유리하게 해석하는 오류이다.

④ 흑백논리의 오류: 세상의 모든 일을 흑과 백처럼 이분법적으로 보려는 사고의 오류를 말한다.

30 문제해결능력

정답 ②

㉠ 해결해야 할 문제를 파악하고 있으므로 '문제인식' 단계에 해당한다.
㉡ 근본 원인을 효과적으로 해결할 수 있는 해결방안을 마련하였으므로 '해결안 개발' 단계에 해당한다.
㉢ 선정된 문제를 분석하여 해결해야 할 것이 무엇인지 명확히 하였으므로 '문제도출' 단계에 해당한다.
㉣ 해결안을 실제 상황에 적용하고 이후 평가를 통해 이를 보완해 나가고자 하였으므로 '실행 및 평가' 단계에 해당한다.
㉤ 파악된 핵심 문제에 대한 근본적인 원인을 도출하고 있으므로 '원인분석' 단계에 해당한다.

따라서 문제해결 절차에 따라 바르게 나열하면 ㉠ – ㉢ – ㉤ – ㉡ – ㉣이다.

개념 더 알아보기

문제해결 절차

'문제인식 – 문제도출 – 원인분석 – 해결안 개발 – 실행 및 평가'의 5단계를 따른다.

NCS 실전모의고사 1회

01	④	02	②	03	③	04	③	05	⑤
06	④	07	③	08	②	09	⑤	10	③
11	⑤	12	③	13	②	14	①	15	④
16	③	17	④	18	②	19	④	20	①
21	④	22	③	23	①	24	④	25	③
26	①	27	③	28	③	29	⑤	30	⑤

01 의사소통능력 정답 ④

시간 단축 문제접근 TIP

일치/불일치 문제는 먼저 선택지를 훑어보고, 선택지에 나온 단어를 지문에서 1:1로 대응해서 찾는다. 전체 글을 읽지 않고 정답을 찾을 수 있는 경우가 있어 문제 푸는 시간을 단축할 수 있다.

첫 번째 문단에서 방역 로봇은 UV-C 자외선램프를 활용해 자동 발매기, 물품 보관함 등 고객 편의 설비를 방역한다고 언급되어 있으므로 적절하지 않은 내용이다.

| 오답풀이 |

① 첫 번째 문단에서 디지털경영자문위원회는 인공지능(AI), 빅데이터, 사물인터넷(IoT), 클라우드 컴퓨팅, 통합모빌리티 서비스(MaaS) 분야의 디지털 전문가 9인으로 구성되었다고 언급되어 있으므로 적절한 내용이다.

② 첫 번째 문단에서 한국철도공사는 디지털정부 플랫폼 정책에 발맞춰 다양한 변화를 꾀하기 위해 디지털경영자문위원회를 출범했다고 언급되어 있으므로 적절한 내용이다.

③ 첫 번째 문단에서 방역 로봇은 주로 이용객이 적은 야간에 무인 가동한다고 언급되어 있으므로 적절한 내용이다.

⑤ 첫 번째 문단에서 '정보보안·개인정보 보호를 위한 실무협의회'를 개최하고 최신 정보보안 위협 동향, 개인정보 관리 강화 방안 등을 공동 실행하며 디지털 전환을 위해 적극적으로 나서는 중이라 언급되어 있으므로 적절한 내용이다.

02 의사소통능력 정답 ②

두 번째 문단을 통해 다른 부서와 협업을 위한 장소는 휴게실이 아닌 오픈미팅 룸임을 알 수 있다.

| 오답풀이 |

① 두 번째 문단을 통해 코레일 디지털 허브는 VR공간, 3D프린터룸, 프로젝트 랩실 1~8호, 오픈미팅 룸, 디지털 월, 휴게실 공간으로 구성됨을 알 수 있다.

③ 두 번째와 세 번째 문단을 통해 디지털 월에서는 디지털 시제품과 추진 과제 진행 현황을 확인할 수 있으며 이 밖에도 KPI, 뉴스, 고객의 소리까지 한눈에 파악할 수 있음을 알 수 있다.

④ 세 번째 문단을 통해 AR/VR을 활용해 철도 선로전환 시스템을 직접 체험할 수 있음을 알 수 있다.

⑤ 세 번째 문단을 통해 코레일 디지털 허브는 철도 장애 및 안전사고를 예방하고, 코레일 내부 업무 효율화에도 상당한 기여를 할 것임을 알 수 있다.

03 의사소통능력 정답 ③

시간 단축 문제접근 TIP

빈칸 추론은 빈칸 앞뒤 문장을 통해 어떤 내용이 들어가야 하는지 파악하는 것이 가장 중요하다. 주어진 글의 내용과 일치하더라도 빈칸에 들어가는 데 어색하다면 정답이 아니다. 주어진 글의 내용과 일치하지 않는 선택지를 먼저 지우고 문제를 풀어보도록 하자.

㉠에는 객차마다 동력장치가 달렸지만, 소음과 진동이 크지 않은 이유에 대해서 서술되어야 한다. 이 조건에 맞는 선택지는 ③이다.

| 오답풀이 |

① 객차마다 있는 동력장치가 가·감속 능력을 향상시키는 것은 맞지만 객차마다 동력장치가 있는데 소음과 진동이 크지 않은 이유에 대한 진술로는 적절하지 않다.

② 기관차가 앞뒤에서 객차를 끌고 가는 것은 동력집중식이다. KTX는 동력분산식이며, 또 이 내용이 ㉠에 들어가기에 적절한 것도 아니다.

④ '공기 스프링'을 설치해 고속 주행 중 소음이 발생한다는 진술은 앞의 소음이 크지 않은 이유에 해당하지 않는다.

⑤ '공기 스프링'을 제거하여 흔들림이 있다는 진술은 앞의 진동이 크지 않은 이유에 해당하지 않는다.

04 의사소통능력

정답 ③

두 번째 문단에서 2028년 평택~오송 2복선화 사업이 완료되기 전까지는 KTX-산천과 같은 속도로 운행할 예정이라 하였으므로, 9천120kW가 아닌 8천800kW로 운행될 것임을 알 수 있다.

| 오답풀이 |

① 첫 번째 문단에서 KTX-청룡은 가·감속 능력이 뛰어나서 역 사이 거리가 외국보다 가깝고 터널·교량이 많은 국내 철도 환경에 적합하다고 언급되어 있으므로 적절한 내용이다.

② 두 번째 문단에서 KTX-청룡은 최고 속도가 시속 320km로 KTX-산천보다 20km 더 빨라졌다고 하였으므로, KTX-산천의 최고 속도는 시속 300km임을 알 수 있다.

④ 네 번째 문단에서 기존 KTX-산천, 수서고속철도(SRT) 등 고속열차는 앞뒤로 두 좌석이 하나의 큰 창을 공유하는 형태라고 언급되어 있으므로 적절한 내용이다.

⑤ 마지막 문단에서 이전에는 객실 내 와이파이 중계기를 '열차 2량당 1개'였는데 KTX-청룡은 '1량당 2개'로 늘렸다고 언급되어 있으므로 적절한 내용이다.

05 의사소통능력

정답 ⑤

세 번째 문단을 통해 KTX-산천은 통로 폭이 450mm이고, KTX-청룡은 604mm임을 알 수 있다. 즉, KTX-청룡은 KTX-산천보다 통로 폭을 154mm 늘린 것이다. 그리고 좌석 간 앞뒤 폭도 KTX-산천의 106mm에서 20mm 늘렸다고 했으므로 KTX-청룡의 좌석 간 앞뒤 폭은 126mm이다.

| 오답풀이 |

① 주문형 비디오(VOD)를 시청할 수 있는 스크린의 설치는 좌석 넓이와 상관이 없다.

② KTX-청룡의 통로 폭은 450mm가 아니고 604mm이다.

③ KTX-청룡은 KTX-산천보다 통로 폭이 154mm 줄어든 것이 아니라 늘어났다.

④ KTX-청룡의 좌석 간 앞뒤 폭은 120mm가 아니라 126mm이다.

06 의사소통능력

정답 ④

두 번째 문단을 통해 '생애 첫 KTX체험 해피트레인'은 서울, 대전, 부산, 순천역 등 전국 23개 KTX 역에서 출발하여 지역 대표 관광상품을 함께 체험하는 행사임을 알 수 있다. 즉, KTX 역에서 출발하여 다양한 지역의 국내 여행을 하는 행사이다.

| 오답풀이 |

① 두 번째 문단을 통해 '생애 첫 KTX체험 해피트레인'은 4월 한 달간만 진행되는 것이 아니라 시작이 4월 1일임을 알 수 있다.

②, ⑤ 세 번째 문단을 통해 '생애 첫 KTX체험 해피트레인'은 2006년부터 시작했음을 알 수 있다.

③ 두 번째, 세 번째 문단을 통해 '생애 첫 KTX체험 해피트레인'은 여행의 기회가 적은 모든 이웃을 대상으로 함을 알 수 있다.

07 의사소통능력

정답 ③

시간 단축 문제접근 TIP

보고서 해석 문제는 보고서에 나와 있는 내용이 적절하게 들어가 있는지 파악하는 것이 중요하다. 주어진 글과 보고서의 내용을 비교하여 읽도록 한다.

[보기]의 '선정 방법'을 통해 코레일 홈페이지 공모 또는 지지체 및 기관 등의 추천방식으로 선정이 이루어짐을 알 수 있다. 즉, 참여를 원하는 사람이 공모를 통해 신청하거나 지자체 및 기관 등에서 대상을 추천하여 선정되므로 참여를 원하는 사람이 직접 신청해야만 참여할 수 있다는 반응은 적절하지 않다.

| 오답풀이 |

① [보기]의 '추진 배경'을 통해 한국철도공사는 KTX 이용 경험이 없는 어린이와 취약계층을 대상으로 하는 '꿈을 이루세요! 생애 첫 KTX 여행' 사업을 통해 사회적 가치를 실현하고자 함을 알 수 있다.

④ 주어진 글과 [보기]를 통해 2024년 4월에는 제천을 방문하고 5월에는 울산을, 6월에는 경주를 방문하였음을 알 수 있다.

⑤ [보기]의 '추진 실적'을 통해 2024년 6월에 Y시 발달장애인복지관과 함께 경주 주요 문화유적지를 방문하였음을 알 수 있다.

08 의사소통능력

정답 ②

주어진 글은 코레일이 임산부 대상 KTX 좌석 할인 혜택을 확대하여 제공한다는 내용이다.

| 오답풀이 |

① 코레일의 임산부 할인 혜택은 기존에도 KTX 좌석에 적용되고 있었다.

③ 임산부 할인 혜택의 범위를 넓힌 것이지 할인율을 변경한 것은 아니다.

④ 취약계층을 대상으로 하는 혜택에 대해서는 주어진 글에서 다루고 있지 않다.

⑤ 다자녀 가족 대상 할인 혜택을 확대하였다는 내용이 일부 포함되어 있으나, 글 전체를 아우르는 표제로 보기는 어렵다.

09 의사소통능력

정답 ⑤

다섯 번째 문단을 통해 코레일이 지난 5월부터 다자녀 가족 중 세 명 이상이 KTX 동반 탑승 시 반값을 할인하는 등 다자녀 혜택을 확대하였음을 알 수 있다. 즉, 10월에 다자녀 가족 중 세 명이 열차에 탑승한다면 열차표를 반값에 구매할 수 있다.

| 오답풀이 |

① 두 번째 문단을 통해 모든 열차 일반실을 40% 할인된 가격으로 이용할 수 있음을 알 수 있다.

② 두 번째 문단을 통해 무료 업그레이드 혜택은 사라지지 않고 유지됨을 알 수 있다.

③ 세 번째 문단을 통해 할인 기간은 임신확인서에 기재된 출산예정일로부터 1년 이내임을 알 수 있다.

④ 네 번째 문단을 통해 임산부 전용좌석은 10월부터 시행되는 것이 아니라 향후에 계획하고 있는 혜택 중 하나임을 알 수 있다.

10 의사소통능력

정답 ③

㉠이 포함된 문단은 예매 시스템 개선, 임산부 전용좌석 설치 등 '맘편한 코레일'의 향후 계획으로, 앞선 내용과 병렬적으로 연결되는 내용이므로 '그리고' 또는 '아울러'가 들어가야 한다. 또한 ㉡이 포함된 문단은 임산부 대상 혜택이 아닌 다자녀 가족 대상 혜택에 대한 내용이므로, 다른 측면을 말할 때 쓰는 접속어인 '한편'이 들어가야 한다.

11 수리능력

정답 ⑤

2023년 철도교통사고의 탈선 건수는 2019년 대비 $\frac{26-6}{6}\times100 ≒ 333.3(\%)$ 증가하였으므로 340% 미만으로 증가하였다.

| 오답풀이 |

① 2022년 직원 사상사고는 철도교통사고가 철도안전사고보다 $8-7=1$(건) 더 많다.

② 2021년 철도화재사고, 철도시설파손사고, 기타 철도안전사고 중 철도안전사고에서 가장 큰 비중을 차지하는 사고인 기타철도안전사고의 비중은 $\frac{16}{20}\times100=80(\%)$이다.

③ 전체 철도사고 건수는 2019년에 $57+15=72$(건), 2020년에 $38+20=58$(건), 2021년에 $44+20=64$(건), 2022년에 $67+15=82$(건), 2023년에 $53+15=68$(건)이므로 연평균 $\frac{72+58+64+82+68}{5}=68.8$(건)이다.

④ 주어진 기간의 철도교통사상사고와 건널목사고의 2배에 해당하는 값은 다음과 같다.

(단위: 건)

(건널목사고)×2	30	16	14	26	8
철도교통사상사고	36	26	20	34	19

따라서 매년 철도교통사상사고는 건널목사고의 2배 이상이다.

12 수리능력

정답 ③

연도별 철도교통사상사고 건수와 철도안전사상사고 건수의 합은 다음과 같다.

(단위: 건)

2019년	2020년	2021년	2022년	2023년
$36+10=46$	$26+19=45$	$20+16=36$	$34+12=46$	$19+11=30$

즉, 건수의 합이 두 번째로 적은 해는 2021년이고, 2021년에 여객, 공중, 직원 사상사고 건수가 철도교통사상사고 건수 및 철도안전사상사고 건수에서 각각 차지하는 비중은 다음과 같다.

구분	철도교통사상사고	철도안전사상사고
여객	$\frac{2}{20}\times100=10(\%)$	$\frac{1}{16}\times100=6.25(\%)$
공중	$\frac{16}{20}\times100=80(\%)$	$\frac{5}{16}\times100=31.25(\%)$
직원	$\frac{2}{20}\times100=10(\%)$	$\frac{10}{16}\times100=62.5(\%)$

따라서 a>d, b>e, c<f이다.

13 수리능력

정답 ②

㉠ 1달이 30일인 어느 달에 $100m^2$에 대한 화물헛간(을지) 사용료는 일시 사용료가 30일에 $124\times100\times30=372,000$(원), 장기 사용료가 1개월(=30일)에 $1,647\times100=164,700$(원)이므로 장기 사용료가 일시 사용료보다 $372,000-164,700=207,300$(원) 더 저렴하다.

㉢ 영컨테이너 40피트 화물 1개의 임율은 800원이다. 이때 90km 운송한다면 컨테이너 화물 최저운임 기준인 100km보다 적으므로 100km에 해당하는 운임 비용이 든다. 따라서 컨테이너 화물 운임 비용은 $800\times100=80,000$(원)이다.

| 오답풀이 |

㉡ 같은 면적의 하차장을 같은 기간 동안 장기로 사용한다면 야적하치장(을지)가 야적하치장(갑지)보다 $\frac{1,366-836}{1,366}\times100≒38.8(\%)$ 더 저렴하므로 30% 이상 저렴하다.

㉣ 선로 유치료는 열차가 운행하지 않을 때 발생하는 비용이므로 열차를 운행하여 선로를 이용했다면 선로 유치료는 발생하지 않는다.

14 수리능력

정답 ①

주어진 [상황]에서 발생한 화물수송 운임 비용은 다음과 같다.

(단위: 원)

구분	운임 비용
선로 사용료	$513\times30\times2=30,780$
기관차 사용료	$226,400\times2=452,800$
컨테이너 화물	$946\times20\times125=2,365,000$
하차장 사용료 (일시 사용료)	$238\times800\times5=952,000$
합계	3,800,580

따라서 해당 상황에서 알 수 있는 화물수송 운임 비용의 합은 3,800,580원이다.

15 수리능력

정답 ④

화물헛간과 야적하치장의 하차장 사용료($1m^2$당) 장기 사용료의 차는 특지가 $3,521-1,892=1,629$(원), 갑지가 $2,709-1,366=1,343$(원), 을지가 $1,647-836=811$(원)으로 을지의 그래프가 잘못되었다.

| 오답풀이 |

② 규격별 공컨테이너 임율은 규격별 영컨테이너 임율의 74%이므로 20피트가 $516\times0.74=381.84$(원), 40피트가 $800\times0.74=592$(원), 45피트가 $946\times0.74=700.04$(원)이다.

⑤ 150km 수송한 컨테이너 화물의 규격별 임율은 20피트가 $516\times150=77,400$(원), 40피트가 $800\times150=120,000$(원), 45피트가 $946\times150=141,900$(원)이다.

16 수리능력

정답 ③

30초 컷 풀이 TIP

㉠ 종별 철도시설 중 정거장을 제외한 종의 동수의 합은 소계에서 정거장 동수를 뺀 값과 같으므로 이를 이용하면 정거장을 제외한 종의 동수의 합을 더욱 빠르게 계산할 수 있다.
㉡ 2022년 경과 연수별 건물 동수를 보면 10년 미만이 30년 이상 40년 미만의 2배 이상이고, 10년 이상 20년 미만이 40년 이상 60년 미만의 2배 이상, 20년 이상 30년 미만이 60년 이상의 2배 이상이므로 30년 미만이 30년 이상의 2배 이상임을 쉽게 알 수 있다.
㉢ 철도시설 중 주택 건물의 연평균 전년 대비 건물 동수 증가량은 2020년부터 2022년까지 증가한 동수로 구할 수 있다. 2년간 증가한 동수는 $413-317=96$(동)이므로 연평균 $96\div2=48$(동) 증가했음을 쉽게 알 수 있다.

㉠ 종별 철도시설 중 정거장을 제외한 종의 동수의 합은 2020년에 $1,027+1,745+317=3,089$(동), 2021년에 $1,036+1,762+365=3,163$(동), 2022년에 $1,014+1,755+413=3,182$(동)이고, 각각 철골-철근콘크리트 구조로 된 건물의 동수보다 매년 적으므로 철골-철근콘크리트 구조로 된 정거장이 매년 존재한다.
㉡ 2022년 경과 연수가 30년 미만인 건물 동수는 $1,528+1,614+1,222=4,364$(동), 30년 이상인 건물 동수는 $695+500+248+209=1,652$(동)이므로 30년 미만이 30년 이상의 2배 이상이다.
㉢ 철도시설 중 주택 건물의 전년 대비 건물 동수 증가량은 2021년에 $365-317=48$(동), 2022년에 $413-365=48$(동)이므로 연평균 증가량은 $\frac{48+48}{2}=48$(동)이다.

| 오답풀이 |

㉣ 2020년부터 2022년까지 철도시설 건물을 구조별로 구분했을 때, 건물 동수가 매년 전년 대비 증가하는 구조는 철골-철근콘크리트 1가지이다.

17 수리능력

정답 ④

2020년과 2021년 철도시설 건물 중 경과 연수별 건물 동수는 다음과 같다.

연도	2020년	2021년
20년 미만(a)	$1,378+1,803=3,181$(동)	$1,515+1,768=3,283$(동)
20년 이상 40년 미만(b)	$1,002+722=1,724$(동)	$1,079+698=1,777$(동)
40년 이상(c)	$478+242+195=915$(동)	$511+233+203=947$(동)

이에 따라 위의 연수별 건물 동수의 2020년 대비 2021년 증가율은 다음과 같다.

연도	증가율
20년 미만(a)	$\frac{3,283-3,181}{3,181}\times100\fallingdotseq3.2(\%)$
20년 이상 40년 미만(b)	$\frac{1,777-1,724}{1,724}\times100\fallingdotseq3.1(\%)$
40년 이상(c)	$\frac{947-915}{915}\times100\fallingdotseq3.5(\%)$

따라서 a, b, c의 크기를 큰 순서대로 바르게 나열하면 c, a, b이다.

18 수리능력

정답 ②

올해 하루 열차 이용객 수가 최대인 날은 18일이고, 이날 열차 이용객 수는 50만 5천 명이다.
따라서 하루 이용객 수가 최대인 날의 열차 이용객 수의 전년 대비 증가율은 $\frac{505,000-404,000}{404,000}\times100=25(\%)$이다.

19 수리능력

정답 ④

㉠ 일자별 열차 이용객 수는 13일 48만 7천 명, 14일 45만 3천 명에서 15일 43만 6천 명까지 감소하다가 16일 44만 4천 명부터 명절 마지막 날인 18일 50만 5천 명까지 증가하였으므로 옳은 설명이다.
㉢ 추석 기간 열차 운행 횟수는 KTX가 일반열차 대비 $\frac{2,296-1,981}{1,981}\times100\fallingdotseq15.9(\%)$ 더 많으므로 옳은 설명이다.
㉣ 추석 기간 열차 이용객 수는 KTX가 일반열차보다 $174-107=67$(만 명) 더 많으므로 옳은 설명이다.

| 오답풀이 |

㉡ 18일 열차 이용객 수는 50만 5천 명이고, KTX 이용객 수는 31만 4천 명이므로 일반열차 이용객 수는 $505,000-314,000=191,000$(명)이다. 즉, 19만 1천 명이다.

20 수리능력

정답 ①

30초 컷 풀이 TIP

일자별 열차 이용객 수의 단위는 모두 같으므로 증가율을 계산할 때, $\frac{453-487}{487}\times100\fallingdotseq-7.0(\%)$와 같이 천 단위를 제외한 숫자만으로 계산하면 더욱 빠르게 계산할 수 있다.

일자별 열차 이용객 수의 전일 대비 증가율을 계산하면
14일에 $\frac{453,000-487,000}{487,000}\times100\fallingdotseq-7.0(\%)$,
15일에 $\frac{436,000-453,000}{453,000}\times100\fallingdotseq-3.8(\%)$,
16일에 $\frac{444,000-436,000}{436,000}\times100\fallingdotseq1.8(\%)$,
17일에 $\frac{485,000-444,000}{444,000}\times100\fallingdotseq9.2(\%)$,
18일에 $\frac{505,000-485,000}{485,000}\times100\fallingdotseq4.1(\%)$이다.
따라서 그래프로 옳은 것은 ①이다.

21 문제해결능력

정답 ④

시간 단축 문제접근 TIP

선택지의 핵심 키워드를 빠르게 파악하여 자료에 해당 부분과 비교한다. 예를 들어, ⑤의 핵심 키워드는 '3호차 1C, 2C, 1D, 2D', '마주보고 앉음'이고 주어진 자료에서 3호차의 1~2C/1~2D(커플석)를 제외한 좌석이 마주보고 앉는다고 하였으므로 ⑤는 오답임을 빠르게 파악할 수 있다.

'3. 열차 운행역 및 시간표'에 따르면 강릉, 정동진, 묵호, 동해역에서는 KTX이음 열차로 환승할 수 있다. 따라서 분천에서 출발한 경우, KTX이음 열차로 환승할 수 있는 네 개의 역 중 가장 먼저 도착하는 역은 동해역이다.

| 오답풀이 |

① '3. 열차 운행역 및 시간표'의 열차 시간표에서 동해 산타열차는 하루에 각각 1번 운행하는 것을 알 수 있다.

② '2. 객실정보'에서 2호차 카페실의 좌석은 31석이나 8~11A/8~11B/4~11C는 미판매 좌석이라고 하였으므로 예매 가능한 좌석은 31−16=15(석)이다.

③ '3. 열차 운행역 및 시간표'에 따르면 2502 열차에서 정차 시간이 가장 긴 역은 정동진으로 10시 29분에 도착한 후 10시 41분에 출발하므로 12분간 정차한다.

⑤ '2. 객실정보'에서 3호차의 1~2C/1~2D(커플석)를 제외한 전 좌석 4좌석이 2좌석씩 마주보고 있는 가족석이라고 하였으므로 3호차 1C, 2C, 1D, 2D를 예약한 경우 마주보고 앉을 수 없다.

22 문제해결능력

정답 ③

시간 단축 문제접근 TIP

나이에 따라 운임요금이 달라지며, KTX 가족석의 경우 할인이 적용되므로 계산 시 주의한다. 이때, 6세 미만의 유아가 포함되는지 반드시 확인한다.

먼저 1SET의 가족석을 구매한다고 하였으므로, 유아에 해당하는 3세 자녀의 승차권 운임요금은 고려하지 않는다. 나머지 가족의 경우 각각 어른(A씨), 어른(A씨의 배우자), 경로(어머니), 어린이(8세 자녀)에 해당하므로 각 운임요금을 더하면 $12{,}500+12{,}500+8{,}700+6{,}300=40{,}000$(원)이다. 이때 가족석은 각 운임요금 합의 15% 할인된 금액이므로, 왕복 승차권을 구매할 경우 A씨 가족이 할인받을 수 있는 금액은 $(40{,}000\times0.15)\times2=12{,}000$(원)이다.

23 문제해결능력

정답 ①

시간 단축 문제접근 TIP

문제 풀이 시 예외적인 내용이나 단서를 함께 고려한다. 예를 들어, 자료에서 환승 시 10km 이내는 기본운임을 적용하지만 서울광역버스의 경우 30km까지 기본운임을 적용한다는 내용을 통해 ㉡은 환승할인 제도가 적용되는 경우임을 확인할 수 있다.

㉠ '적용대상'에서 경기도 지역을 운행하는 시외버스는 적용대상이 아니라고 하였다.

㉢ '주의사항'에서 하차 시 단말기에 교통카드를 접촉하지 않으면 무료 환승혜택이 상실된다고 하였다.

| 오답풀이 |

㉡ '적용대상'에 따라 서울광역버스는 대중교통 환승할인 적용 대상에 해당하며, '환승할인 개요'에서 서울광역버스는 30km까지 기본운임이 적용되며 이후 운임이 추가된다고 하였다.

㉣ '주의사항'에서 21시~익일 07시까지 환승 인정 시간을 60분으로 한다고 하였다. 따라서 40분 후 환승한 경우이므로 대중교통 환승할인이 적용된다.

24 문제해결능력

정답 ④

시간 단축 문제접근 TIP

운임요금을 구할 때 총 이동거리뿐만 아니라 거리별 추가운임, 환승 시간 등도 함께 고려해야 한다. 자료에서 추가운임은 기본거리 이상일 때 5km마다 100원씩 부과되지만, 통합거리가 50km를 초과한 경우 그 조건이 달라진다.

먼저 지하철 전 노선은 대중교통 환승할인 적용 대상에 해당하며, 김 사원의 모든 환승 시간은 하차 후 20분으로 30분을 초과하지 않으므로 전 구간에 할인이 적용된다. 김 사원이 이동한 거리는 $15+35+32=82$(km)인데, 기본거리 10km 이상일 경우 5km마다 100원, 통합거리가 50km를 초과한 경우 그 이후부터는 8km마다 100원씩 추가된다고 하였다. 따라서 통합거리가 50km인 C역까지는 $100\times8=800$(원), 이후 82km인 D역까지는 $100\times4=400$(원)의 요금이 추가되므로, 김 사원에게 부과되는 총 요금은 $1{,}400+800+400=2{,}600$(원)이다.

25 문제해결능력

정답 ③

시간 단축 문제접근 TIP

자료에 제시된 조건을 빠르게 파악하여 오답 선택지를 소거한다. 예컨대 '할증 비율'은 가장 높은 것을 기준으로 적용되므로 ②는 정답이 아님을 알 수 있다.

KTX특송 서비스는 현장에서 각 기차의 출발 시간을 기준으로 30분 이전까지 접수 가능하다고 하였으므로, 14시 20분에 출발하는 기차를 이용할 경우 적어도 13시 50분까지는 접수해야 한다.

| 오답풀이 |

① 자료에서 주어진 규격을 벗어나는 물품은 접수 불가능하며, 무게 기준은 개당 30kg 이하까지 제시하고 있으므로 무게가 30kg 넘는 물건을 보낼 수 없다.

② 운임은 가장 높은 할증 비율에 해당되는 기준으로 적용되는데, 세 변의 합이 220cm인 경우 이미 가장 높은 할증 비율이 적용되므로 무게에 상관없이 보관 요금은 8,000원이다.

④ 가로 40cm, 세로 70cm, 높이 65cm, 24kg인 물품은 최장변이 180cm 이하, 세 변의 합이 220cm 이하, 무게가 30kg 이하이므로 규격 기준을 충족한다.

⑤ 기본 운임표에 따르면 오송역에서 여수엑스포역까지 서비스를 이용할 경우 기본 운임은 8,600원이다.

26 문제해결능력

정답 ①

시간 단축 문제접근 TIP

상담 내용에서 A씨가 보내고자 하는 물품의 규격에 해당하는 할증 비율과 보관요금을 먼저 파악하여 풀이 시간을 단축할 수 있다.

㉠ 기본 운임표에 따르면 동대구에서 부산까지의 기본 운임은 7,600원이다.
㉡ 물품의 규격에 따라 할증요금이 부과되며 주어진 규격을 벗어나는 물품은 접수가 불가능하다.
㉣ A가 보낼 물품의 규격은 56cm, 세로 92cm, 높이 35cm, 무게는 7.5kg(기본요금)으로 최장변 길이 92cm(150%), 세 변의 합 183cm(250%)이므로 가장 높은 할증 비율인 250%가 적용된다. 따라서 1일에 대한 보관요금은 8,000원이다.

| 오답풀이 |

㉢ 가장 높은 할증 비율인 세 변의 합(183cm)에 대한 할증 비율 250%가 적용된다.
㉤ A씨가 보내고자 하는 물품에 대한 서비스 이용 요금은 7,600+(7,600×2.5)+8,000=34,600(원)이다.

27 문제해결능력

정답 ③

시간 단축 문제접근 TIP

대량 접수는 추가로 할인되므로 계산에 누락되지 않도록 한다.

주어진 정보에 따라 정리하면 다음과 같다.

• 기본운임: 8,600원(서울 – 부산)
• 할증 비율: 100%(세 변의 합 135cm)
• 대량 접수 할인: 20%(수량 20개)

이에 따라 총 이용 금액을 계산하면
{8,600+(8,600×1)}×20×0.8=275,200(원)이다.

28 문제해결능력

정답 ③

시간 단축 문제접근 TIP

각 선택지의 핵심 키워드와 자료에 해당하는 부분을 빠르게 비교하며 [보기]의 정오를 판단한다.

B: '주의사항'에 따르면 회의실은 예약한 이용시간 30분 전부터 입실 가능하다.
C: '부대장비 대여료'에 따라 오전 9시부터 오후 3시까지 6시간 이용에 대한 빔프로젝트와 노트북의 대여료는 70,000+30,000=100,000(원)이다.

| 오답풀이 |

A: '사용료'에 따르면 이용 시간은 1시간 단위로 연장할 수 있으므로 3시간 30분 동안 이용하고자 할 경우 4시간을 예약해야 한다. 따라서 KTX산천실의 부대장비 대여료를 제외한 임대료는 100,000+(50,000×2)=200,000(원)이다.
D: '주의사항'에 따르면 회의실 변경은 사용일 1일 전까지만 가능하고, 당일의 경우 취소수수료 기준이 적용된다.

29 문제해결능력

정답 ⑤

시간 단축 문제접근 TIP

요청 사항의 조건을 파악하여 가능한 시간대를 예약 현황표에 표시하면 범위를 좁힐 수 있다.

회의 인원이 총 16명이라고 하였으므로 소회의실을 제외한 모든 회의실을 사용할 수 있다. 이때 12~13시는 포함되지 않아야 하고, 19시 이전에 일정이 종료되어야 하므로 회의실별 가능한 시간대를 표시하면 다음과 같다.

• 대회의실: 14~16시
• KTX실: 14~19시 사이
• KTX산천실: 15~19시 사이

여러 회의실이 만족한다면 예산을 줄이는 방향으로 선택해야 하므로 윤 사원이 예약할 회의실은 'KTX산천실'이며, 이에 따른 이용 금액을 계산하면 100,000(기본임대료)+50,000(추가임대료 1시간)+50,000(빔프로젝트 대여료)+20,000(노트북 대여료)=220,000(원)이다.

30 문제해결능력

정답 ⑤

시간 단축 문제접근 TIP

예약 취소 시점에 따라 수수료 비율이 달라지므로 이용 일자와 예약 취소 일자를 확인한다.

먼저 결제한 금액을 계산하면 220,000+(110,000×4)=660,000(원)이다. 취소하려는 시점은 2024년 12월 19일로, 회의실 이용 일자인 2024년 12월 23일 기준 4일 전이므로 납부 금액의 10%의 취소 수수료가 발생한다. 따라서 예약을 취소할 경우 발생하는 취소 수수료는 660,000×0.1=66,000(원)이다.

NCS 실전모의고사 2회

01	③	02	⑤	03	①	04	④	05	②
06	③	07	⑤	08	④	09	④	10	④
11	③	12	③	13	①	14	④	15	②
16	④	17	⑤	18	③	19	④	20	③
21	②	22	②	23	①	24	②	25	③
26	④	27	③	28	④	29	①	30	②

01 의사소통능력 정답 ③

시간 단축 문제접근 TIP

일치/불일치 유형과 달리 추론 유형은 지문에 언급되지 않은 내용이 선택지에 나온다. 이럴 때 지문 내용을 근거로 선택지 추론의 타당성을 판단해야 한다. 지문에 언급된 내용이 근거가 되지 않는다면 선택지의 내용을 추론할 수 없는 것이다.

세 번째 문단을 통해 현저성 네트워크는 보상과 동기부여를 담당하는 신경전달물질 시스템과 관련되어 있고, 우울증은 이러한 신경전달물질 시스템의 불균형에서 발병하므로 현저성 네트워크의 확장이 우울증 발병과 관련됨을 알 수 있다. 즉, 현저성 네트워크가 확장된 사람은 그렇지 않은 사람보다 주변 환경의 부정적인 측면에 더 많은 주의를 기울이도록 만들 수 있다고 보는 것이다. 따라서 현저성 네트워크 활동을 자연스럽게 두는 것이 아니라 약물 등을 통해 조절하면 우울증을 치료할 수 있을 것이라고 추론하는 것이 적절하다.

| 오답풀이 |

① 우울증이 뇌의 내부 통신 체계를 변화시킨다는 것은 우울증은 단순히 우울한 증상이나 마음의 병이 아니라 신경 체계의 병리학적 증상일 수 있다는 이해를 할 수 있게 한다. 즉, 이러한 주장은 우울증에 대한 우리의 이해를 근본적으로 바꿀 수 있다.

② 우울증 발병 전에 현저성 네트워크가 변화한다는 이론이 증명되면 애초에 현저성 네트워크의 변화를 막을 수 있는 약을 투여하여 우울증을 예방할 수 있음을 의미한다.

④ 우울증 환자의 현저성 네트워크의 확장은 우울증 환자들이 흔히 경험하는 부정적 편향을 신경전달 체계의 불균형이라는 신경학적으로 설명하는 증거가 된다.

⑤ 우울증 발병 전에 현저성 네트워크의 변화를 감지했다는 것은 현저성 네트워크의 확장은 단순한 병리적 현상이 아니라 우울증과 관련되어 있는 복잡한 병리적 증상일 수 있음을 의미한다.

02 의사소통능력 정답 ⑤

시간 단축 문제접근 TIP

주제 유형에서 표제와 부제를 동시에 묻는 경우가 있는데, 이럴 때는 표제뿐만 아니라 부제도 적절한지 꼼꼼히 확인해야 한다. 표제가 주제라면 부제는 내용을 요약·전달하거나 전체 내용 중 읽는 이로 하여금 눈길을 끌 만한 내용으로 구성한다. 참고로 부제는 여러 개가 될 수도 있다.

주어진 글은 옥스퍼드대학교 생물학과 연구진이 동물의 사회성을 5개의 단계로 분류하여 각각의 수명과 번식 정도 등을 연구한 결과를 설명하고 있다. 연구 결과에 따르면, 사회성 단계가 가장 낮은 단독형 동물보다 사회성 단계가 가장 높은 사회형 동물이 더 오래 살고, 노화가 느리며 번식 성공률도 더 높은 것으로 나타났다. 이를 통해 적절한 표제와 부제를 고르면 ⑤이다.

| 오답풀이 |

① 사회적 동물을 이분법적으로 나눌 수 없다는 내용은 주제가 되기에는 어렵다.

② 사회적 동물이 급변하는 환경에 가장 잘 적응한다고 할 수는 없다고 했다.

③ 사회적 동물이 아닌 동물보다 더 많은 비용을 수반하지만 이익이 더 크다고 했다.

④ 사회적 동물은 사회적 계층과 갈등, 질병 확산, 공격성 등으로 인한 스트레스로 인해 반대 효과에 노출될 가능성이 있다고는 했지만 주제가 되기 어렵고, 사회성이 코로나 팬데믹 시대의 스트레스를 준 주범이라고 보기도 어렵다.

03 의사소통능력

정답 ①

시간 단축 문제접근 TIP

논지 강화 유형의 경우, 글쓴이가 어떤 논지를 가지고 글을 썼는지 파악한 후, 이 논지와 방향이 같은 선택지를 골라야 한다. 논지 강화를 할 수 없는 선택지는 주로 지문의 논지와 반대되는 논지를 세우거나, 전혀 상관없는 논지를 주장하기도 한다.

주어진 글은 미국 채용시장에서 학력이 폐지되고 있다는 내용이다. 그런데 기업들의 학력 제한 철폐는 주로 중급 기술로 분류되는 직군에서 많이 나타나고 있으며 고급 기술 직군은 상대적으로 적은 추세라는 진술은 주어진 글의 논지를 강화하는 것이 아니다. 오히려 학력 타파가 중급 기술자들에게만 요구되고 실제로 고소득자인 고급 기술자들은 아직도 학력이 채용 기준에 큰 요소를 차지하고 있음을 방증하는 것이다.

| 오답풀이 |

② 대학이 제공하는 교육과 기업에서 필요로 하는 능력의 불균형이 심해지기 때문이라는 논지는 기업의 학력 철폐를 강화하는 내용이다.
③ 업무 필요성과 상관없이 높은 학위를 원하는 것이 학위 인플레이션이라면 최근 구인난으로 인해 학위 인플레이션이 사라지고 있다는 논지는 주어진 글의 논지를 강화한다.
④ 학위 요건을 제외하면 인재 풀(Pool)이 커지고, 또 높은 학위를 가진 인재 채용에 따른 인건비 부담을 줄이며 입사 후의 업무 부적응으로 인한 조기 퇴사율을 낮추는 것 모두 주어진 글의 논지를 강화한다.
⑤ 소규모 수시 채용에는 학력 요건이 필요 없고, 또 이 학력 요건이 철폐되면 새로운 선발 도구가 필요하다는 것은 주어진 글의 논지의 구체적 실행 방법이므로 논지를 강화하는 것이다.

04 의사소통능력

정답 ④

주어진 글은 우연성 음악에 대해 설명하고 있다. 특히 케이지와 슈톡하우젠의 예를 들어 두 사람이 실행했던 우연성 음악의 특징을 예시로 들고 있다. 케이지는 처음부터 무작위의 방법으로 작곡하였고, 슈톡하우젠은 다양한 방법으로 악구를 연주한다. 즉, 빈칸에 들어갈 말은 "하나의 작품이 작곡되고 연주되는 과정이 고정된 것이 아니라, 작곡가의 창작 과정과 이를 실현하는 연주자에 의해 다양하게 나타날 수 있다."가 가장 적절하다.

05 의사소통능력

정답 ②

두 번째 문단을 통해 측은지심이 마지막 결과이자 인간 본성의 원인이라고 말한 사람은 주희임을 알 수 있다. 정약용은 측은지심을 인간의 윤리적 행위의 처음 원인이라고 생각하였다.

| 오답풀이 |

① 첫 번째 문단을 통해 정약용은 주체의 자율적 의지나 결단을 통해서만 도덕 감정도 의미를 지닐 수 있다고 했음을 알 수 있다.
③ 세 번째 문단의 '인간은 육체의 제약을 가지고 살아가는 유한한 존재이고 욕망에 흔들리기 쉽기 때문에, 본성이 아무리 선을 좋아하더라도, 실제로 선을 행하는 것이 그리 쉽지 않다.'를 통해 아무리 본성이 좋다 해도 권형 때문에 행사가 힘듦을 알 수 있다.
④ 네 번째 문단의 '정약용은 본성이 그대로 기능하는 '도심(道心)'이라 부르고, 그렇지 않은 마음을 자신의 육체적 안위를 우선시하는 '인심(人心)'이라고 하는데 주체는 확고하게 도심을 따라야 한다.'를 통해 '인심'은 '우물에 빠지려는 아이를 보고 내가 죽을 수 있다는 생각'이고 '도심'은 '아이를 구하는 것'임을 알 수 있다.
⑤ 다섯 번째 문단을 통해 정약용은 유학에서 주체의 실천과 관련된 자유의지를 강조했으며, 이를 통해 주희가 강조한 내면적 수양을 넘어, 유학을 실천적 책임의 윤리학으로 바꾸었음을 알 수 있다.

06 의사소통능력

정답 ③

[다]는 홍수가 야생동물과 식물 등 생태계 전반에 미치는 악영향에 대한 내용을 담고 있으므로, '홍수로 인한 식량 부족 문제'가 아닌 '홍수가 생태계에 미치는 악영향'이 중심내용으로 적절하다.

07 의사소통능력

정답 ⑤

시간 단축 문제접근 TIP

문단 배열 유형에서 제일 중요한 것은 접속어이다. 접속어가 문단의 제일 앞에 있을 때, 그 문단이 가장 앞에 올 확률은 희박하다. 그러나 해당 문제처럼 접속사가 문단 배열에 큰 영향을 주지 않을 경우, 그리고 고정된 문단이 제시될 경우에는 문단 내용을 꼼꼼하게 읽어야 한다.

주어진 글은 신뢰할 수 없는 거짓 기억에 관해 설명하고 있다. 첫 번째 문단에서 거짓 기억이 정체성과 사회적 관계까지 영향을 미친다고 했다. 이를 바탕으로 할 때 첫 번째 문단 다음에 와야 하는 문단은 거짓 기억이 무엇인지 구체적으로 설명해 주는 [마]이다. 그리고 [마] 뒤에는 이러한 거짓 기억이 뇌의 작동 방식과 연관이 있다는 내용인 [라]가 와야 한다. [라] 다음에는 첫 번째 문단에서 언급한 거짓 기억이 정체성에 영향을 준다는 내용인 [다]와 [다]의 예시인 [가]가 순서대로 와야 한다. 그런 뒤 거짓 기억이 사회적 영향을 준다는 내용인 [나]가 와야 한다.
따라서 적절한 배열 순서는 '[마] – [라] – [다] – [가] – [나]' 순이다.

08 의사소통능력

정답 ④

주어진 글은 '범주화'에 대한 글이다. 첫 번째 문단에서는 '범주화'가 무엇인지 설명하고 두 번째 문단에서는 아리스토텔레스의 견해인 고전적 범주화를, 세 번째 문단에서는 아리스토텔레스 견해에 의문을 제시한 비트겐슈타인의 견해와 그 예를, 마지막 문단에서는 비트겐슈타인의 범주화 이론을 발전시킨 로쉬의 원형 범주화를 설명하고 있다. 다양한 전문가들의 견해와 예를 바탕으로 하고 있으며 소극적 의미의 범주화에서 원형 범주화까지 그 개념이 점점 확대되고 있다.

| 오답풀이 |

① 각각의 견해가 다양한 의견이라고 볼 수 있지만 그 의견의 절충안을 제시하고 있다고는 볼 수 없다.
② 다양한 의견이 대립하고 있지 않다.
③ 설명 대상인 '범주화'에 다양한 문제점이 있는 것이 아니며 그 원인을 분석하고 있지도 않다.
⑤ 설명 대상의 정의가 다양한 것이 아니며 일반화하고 있지도 않다.

09 의사소통능력

정답 ④

주어진 글은 링겔만 효과와 '무임승차' 조직 문화에 대해 설명하고 있다. 첫 문단으로는 '링겔만 효과'의 정의를 제시하고 있는 [라]가 오는 것이 가장 자연스럽다. [나]는 '링겔만 효과는 직원들이 조직 내에서 자신의 가치를 스스로 인정하지 못할 때도 나타난다.'에서 보조사 '도'를 통해 첫 문단으로는 자연스럽지 않음을 알 수 있다. 따라서 ①, ②를 소거할 수 있다. 그리고 [다]는 사회심리학자 빕 라탄과 존 달리의 '집단에서 책임이 분산될 때 사람들이 행동을 관찰'한 실험에 대한 내용이다. 해당 내용도 첫 문단으로는 오기에 자연스럽지만, 뒤이어 [나]가 오는 것이 자연스럽지 않으므로 ③도 소거할 수 있다. '[라] – [다] – [나]'는 모두 연결되어 있으므로 그 흐름에 맞게 읽어 내려가면, [나]의 마지막에서 무임승차형 직원에게서 링겔만 효과가 나타남을 거론하고 있다. [마]는 그러한 링겔만 효과를 제어하기 위한 방안이 설명되고 있고, [가]는 다른 측면에서 바라본다는 뜻을 가진 '한편'이라는 접속어를 통해 시작하는 동시에 링겔만 효과가 팀의 크기와 밀접한 관계가 있음을 설명하고 있다. '[나] – [마]'가 밀접하게 연결되고 있기 때문에 가장 자연스러운 연결은 ④가 된다.

10 의사소통능력

정답 ④

네 번째 문단을 보면 요유래 줄기세포가 손상된 조직을 재생시키는 데 특화되어 있음을 알 수 있다. 그러나 다양한 장기의 손상된 조직에 특화된 것이 아니라 신장 조직에 친화적이고 특화되어있다.

| 오답풀이 |

① 두 번째 문단에서 여성 환자의 소변에 함유된 줄기세포를 분석하던 중, 남성의 Y 염색체를 발견했는데 이 여성은 과거에 남성의 신장을 이식받은 이력이 있었으며, 이식된 신장에서 나온 세포가 소변으로 배출되었던 것이었다고 진술되어 있다.

② 두 번째 문단에서 세포들이 신장에서 주로 발현되는 특정 단백질 마커(PAX2, PAX8, Synaptopodin, Podocin 등)를 발현하고, 이를 통해 소변에 존재하는 줄기세포가 신장에서 기원한다는 것이 과학적으로 입증되었다고 진술되어 있다.

③ 세 번째 문단에서 소변에서는 간단한 절차로 여러 번 줄기세포를 얻을 수 있기 때문에 골수나 지방조직에서 줄기세포를 채취하는 기존 방법에 비해 환자에게 고통이나 불편함을 최소화할 수 있다고 진술되어 있다.

⑤ 네 번째 문단에서 요유래 줄기세포가 다른 조직 유래의 줄기세포에 비해 신장 손상 부위로 스스로 이동할 수 있는 호밍 능력(Homing effect)이 더 뛰어나며 줄기세포가 손상된 조직을 찾아가는 호밍 능력은 마치 몸 안에서 길을 찾아가는 GPS와 같다고 진술되어 있다.

11 수리능력

정답 ③

가장 많이 선택된 색상은 빨간색뿐이고, 하늘색을 선택한 사람은 3명 이상이므로 빨간색을 선택한 사람은 4명 이상이다. 이때, 모든 색상은 적어도 1개는 선택되었고, 같은 수만큼 선택된 색상은 2개이므로 가능한 경우는 다음과 같다.

i) 같은 수만큼 선택된 두 색상이 1개씩 선택된 경우

노란색	검은색	하늘색	빨간색
1개	1개	3개	7개
1개	1개	4개	6개

ii) 같은 수만큼 선택된 두 색상이 2개씩 선택된 경우

노란색	검은색	하늘색	빨간색
2개	2개	3개	5개

iii) 같은 수만큼 선택된 두 색상이 3개씩 선택된 경우

노란색	검은색	하늘색	빨간색
1개	3개	3개	5개
3개	1개	3개	5개
2개	3개	3개	4개
3개	2개	3개	4개

따라서 빨간색 우산을 선택한 사람이 5명일 확률은 $\frac{3}{7}$이다.

12 수리능력

정답 ③

코인을 최대한 적게 내려면 액수가 가장 큰 코인인 800원짜리 코인을 가장 많이 사용해야 한다. 이때, 각 코인은 최소 1개씩 사용하였으므로 물건의 가격에서 $100+400+800=1,300$(원)을 뺀 $9,900-1,300=8,600$(원)에서 800원짜리 코인을 최대한 많이 사용해야 한다. $8,600=800\times10+600$이므로 800원짜리 코인 10개를 사용하고 나머지 600원을 100원짜리 2개, 400원짜리 1개를 사용하면 코인을 가장 적게 내서 물건을 구매할 수 있다.
따라서 코인을 가장 적게 냈을 때의 코인의 개수는 $3+10+2+1=16$(개)이다.

13 수리능력

정답 ①

부품 A의 개수를 x개, 부품 B의 개수를 y개, 부품 C의 개수를 z개라고 하면 각 부품을 만드는 데 소요되는 시간은 부품 A가 3일, 부품 B가 5일, 부품 C가 6일이고 52일 동안 기계를 이용해서 만든 전체 부품의 개수는 11개이므로 식을 세우면 다음과 같다.
$x+y+z=11$ … ㉠
$3x+5y+6z=52$ … ㉡
㉡$-3\times$㉠을 계산하면 $2y+3z=19$인데 만든 부품 중 C의 개수는 2개 이상 5개 미만이므로 $2\le z<5$가 성립한다. 만약 $z=2$이면 $2y=13$이어야 하는데 13은 홀수이고 y는 자연수이므로 성립하지 않는다. $z=3$이면 $2y=10$이므로 $y=5$가 성립한다. $z=4$이면 $2y=7$이어야 하는데 7은 홀수이고 y는 자연수이므로 성립하지 않는다.
따라서 $z=3$, $y=5$이므로 이를 ㉠에 대입하면 $x+5+3=11$, $x=3$이다. 즉, 부품 A의 개수는 3개이다.

14 수리능력

정답 ④

30초 컷 풀이 TIP

ⓒ 그래프의 일의 자리 숫자만 더해서 비교하면 2022년은 0+9+3+0=12, 2023년은 0+0+8+3=11이고 12−11=1이므로 감소한 소집자의 수는 일의 자리가 1이어야 한다. 그러나 지문에서 512명 감소하였다고 했으므로 옳지 않은 내용임을 쉽게 알 수 있다.

㉠ 사회복무요원 소집자원 중 19세인 자원은 당해연도 수검 보충역에 해당한다. 전체 사회복무요원 소집자원은 연말 자원과 당해연도 수검 보충역으로 구분되므로 2022년에 당해연도 수검 보충역 중 대학 이상이 54,789−52,919=1,870(명), 고졸이 34,302−27,833=6,469(명)이므로 대학 이상이 고졸보다 6,469−1,870=4,599(명) 더 적다.

ⓒ 2023년 고졸 사회복무요원 소집자의 6배는 5,178×6=31,068(명)이고, 고졸 사회복무요원 소집자원은 31,184명이므로 소집자원이 소집자의 6배 이상이다.

㉣ 중졸 이하 당해연도 수검 보충역은 2022년에 1,177−1,110=67(명), 2023년에 898−840=58(명)이므로 2023년에 2022년 대비 $\frac{67-58}{67}\times 100 ≒ 13.4(\%)$ 감소하였다.

| 오답풀이 |

㉡ 사회복무요원 소집자는 2022년에 220+1,279+5,243+23,770=30,512(명), 2023년에 200+1,090+5,178+23,523=29,991(명)이므로 2023년에 2022년 대비 30,512−29,991=521(명) 감소하였다.

15 수리능력

정답 ②

ⓒ 평생교육기관은 비형식 평생교육기관과 준형식 평생교육기관으로 구분되므로 준형식 평생교육기관 수는 2020년에 5,573−4,541=1,032(개), 2021년에 5,536−4,493=1,043(개), 2022년에 5,901−4,869=1,032(개), 2023년에 6,082−5,029=1,053(개)이다. 즉, 가장 많은 해는 2023년이고, 이때 평생교육기관의 교·강사 수와 사무직원 수는 총 94,610+26,872=121,482(명)이다.

| 오답풀이 |

㉠ 2021년 이후 원격형태의 전년 대비 증감 추이는 '감소−증가−증가'이고, 비형식 평생교육기관 중 원격형태와 증감 추이가 같은 기관은 없다.

㉡ 학원은 평생직업교육학원만 포함되므로 평생직업교육학원의 수는 학원의 수와 같다. 따라서 2022년 평생직업교육학원의 수는 2020년 대비 $\frac{8,226-7,897}{7,897}\times 100 ≒ 4.2(\%)$ 증가하였다.

㉣ 제시된 기간의 연평균 사무직원 수는 $\frac{24,862+24,368+26,697+26,872}{4} ≒ 25,700$(명)이다.

16 수리능력

정답 ④

평생교육기관의 사무직원 수가 가장 적은 해는 24,368명인 2021년이고, 이 해에 준형식 평생교육기관 수는 5,536−4,493=1,043(개)이다. 따라서 2021년 준형식 평생교육기관 1개당 학생 및 학습자 수는 512,479÷1,043≒491(명)이다.

17 수리능력

정답 ⑤

30초 컷 풀이 TIP

① 의사인 레지던트 수가 0명인 인천광역시와 울산광역시를 제외하고 레지던트 수의 2.5배를 한 값은 지역별로 다음과 같다.

서울	부산	대구	광주	대전
867×2.5 =2,167.5	196×2.5 =490	209×2.5 =522.5	168×2.5 =420	165×2.5 =412.5

따라서 의사인 전문의 수가 레지던트 수의 2.5배 이상인 지역은 부산광역시, 대구광역시, 대전광역시 총 3곳임을 쉽게 알 수 있다.

치과의사의 일반의, 인턴, 레지던트, 전문의 각각의 비중이 소수점 첫째 자리까지 의사와 같으므로 서울특별시 의사 중 전문의의 비중을 계산하면 $\frac{1,959}{3,159}\times 100 ≒ 62.0(\%)$이다. 따라서 서울특별시 치과의사 중 전문의 수는 373×0.62≒231(명)이므로 200명 이상이다.

| 오답풀이 |

① 의사인 레지던트 수가 0명인 인천광역시와 울산광역시를 제외하고 전문의 수를 레지던트 수로 나눈 값을 지역별로 계산하면 다음과 같다.

서울	부산	대구	광주	대전
1,959÷867 ≒2.26	502÷196 ≒2.56	547÷209 ≒2.62	375÷168 ≒2.23	413÷165 ≒2.50

따라서 의사인 전문의 수가 레지던트 수의 2.5배 이상인 지역은 부산광역시, 대구광역시, 대전광역시 총 3곳이다.

② 공공의료기관의 비중이 세 번째로 높은 지역인 대구광역시의 의사 수는 치과의사 수보다 845−129=716(명) 더 많다.

③ 전체 의료기관 수가 세 번째로 많은 지역인 광주광역시의 공공의료기관 수는 276×0.029≒8(개소)이다.

④ 전국의 의사 인턴 수에서 주요 지역의 의사 인턴 수가 차지하는 비중은 $\frac{303+72+83+60+60}{815}\times 100 ≒ 70.9(\%)$이다.

18 수리능력

정답 ③

2023년에 병상 수가 증가한 주요 지역 중 가장 많이 증가한 지역은 60개 증가한 대전광역시이고, 대전광역시의 병상 수는 전국에서 차지하는 비중이 5.0%이므로 병상 수가 60,320×0.05=3,016(개)이다.
따라서 대전광역시의 2023년 공공의료기관 의사 1명당 병상 수는 3,016÷640≒4.7(개)이다.

19 수리능력 정답 ④

서울특별시를 제외하고 2023년 2/2반기 낮 시간대 소음도가 일반공업지역인 라 지역보다 생산관리지역인 나 지역이 더 높은 도시는 대구광역시 1개이다.

| 오답풀이 |

① 2023년 1/2반기 다 지역의 밤 시간대 소음도가 2022년 1/2반기 대비 증가한 주요 도시는 대구광역시, 울산광역시 총 2개이다.

② 전용주거지역은 가 지역이므로 2022년 2/2반기 가 및 나 지역의 낮 시간대 소음도와 밤 시간대 소음도의 차는 서울특별시가 $70-67=3$(Leq dB(A)), 부산광역시가 $66-61=5$(Leq dB(A)), 대구광역시가 $67-62=5$(Leq dB(A)), 인천광역시가 $66-61=5$(Leq dB(A)), 광주광역시가 $64-57=7$(Leq dB(A)), 대전광역시가 $61-55=6$(Leq dB(A)), 울산광역시가 $61-53=8$(Leq dB(A))이므로 소음도의 차가 가장 큰 주요 도시는 울산광역시이다.

③ 오후 11시는 밤 시간대이므로 2022년 1/2반기 라 지역에서 밤 시간대 소음도가 세 번째로 큰 주요 도시는 62Leq dB(A)인 부산광역시이다.

⑤ 2023년 1/2반기 광주광역시의 라 지역 밤 시간대 소음도는 낮 시간대 소음도의 $\frac{61}{68}\times100\fallingdotseq89.7$(%)이다.

20 수리능력 정답 ③

ⓒ 2021년 석유제품별 소비량의 50%에 해당하는 양을 계산하면 다음과 같다.

휘발유	등유	경유	벙커C유	나프타
42,437.0	8,406.5	83,062.0	10,466.5	225,903.5

항공유	LPG	아스팔트	윤활유
10,587.0	61,613.5	4,725.0	4,015.0

따라서 소비량의 50% 이상에 해당하는 양보다 수입량이 더 많은 석유제품은 벙커C유, 나프타, LPG 총 3개이다.

ⓔ 2023년에 나프타는 생산량이 두 번째로 많지만 수출량은 네 번째로 많으므로 순서가 다르다.

| 오답풀이 |

ⓐ 2023년 LPG는 수입량과 생산량의 합은 $98,402+27,047=125,449$(천 배럴), 수출량과 소비량의 합은 $609+125,185=125,794$(천 배럴)이므로 수입량과 생산량의 합이 수출량과 소비량의 합보다 $125,794-125,449=345$(천 배럴) 더 적다.

ⓑ 2022년 이후 생산량과 소비량이 모두 전년 대비 매년 증가하는 석유제품은 휘발유, 항공유 총 2개이다.

21 문제해결능력 정답 ②

시간 단축 문제접근 TIP

요일별로 설치 가능 시간이 '전체'인 가구부터 방문을 시작하는 구조라는 것을 먼저 파악해야 한다. 또한, 오후 4시 30분까지 에어컨 설치를 완료해야 하므로 오후 3시를 넘는 시각부터는 에어컨 설치를 할 수 없으며, 이동시간 30분을 고려하면 오후 2시 30분까지 에어컨 설치가 끝나지 않는 가구가 있다면 그 날의 에어컨 설치는 그 가구에서 종료된다.

월요일에는 가장 먼저 방문할 수 있는 E(10:00~11:30)부터 방문한다. 그리고 점심시간이 지난 후 B(14:00~15:30)에 방문한다. 화요일에는 가장 먼저 방문할 수 있는 C(10:00~11:30)부터 방문한다. 그리고 점심시간이 지난 후 H(13:30~15:00)에 방문한다. 수요일에는 가장 먼저 방문할 수 있는 G(10:30~12:00)부터 방문한다. 그런데 12:00~13:00는 점심시간이므로 가구 간 이동이 불가능하며, 점심시간이 끝난 13:00부터 이동하여 13:30부터 A(13:30~15:00)에 방문이 가능하다. 오후 3시에 에어컨 설치가 완료되면 오후 4시 30분까지 남은 시간은 1시간 30분밖에 없으므로, 이동(30분)과 에어컨 설치(1시간 30분)를 모두 하기에는 시간이 모자르다. 따라서 수요일에는 G, A 2개 가구에만 방문한다.

한편 목요일에는 가장 먼저 방문할 수 있는 D(13:00~14:30)에 방문하는데, 오전 11시에 방문하면 점심시간이 되기 전에 에어컨 설치를 완료할 수 없으므로 오후 1시에 방문해야 한다. 마지막으로 남은 F는 14:30에 D의 설치를 마친 후 30분 동안 이동하여 15:00~16:30에 설치를 완료할 수 있다. 전체 방문 시각을 정리하면 다음과 같다.

요일	방문 가구 및 설치 시간
월요일	E(10:00~11:30), B(14:00~15:30)
화요일	C(10:00~11:30), H(13:30~15:00)
수요일	G(10:30~12:00), A(13:30~15:00)
목요일	D(13:00~14:30), F(15:00~16:30)
금요일	−

수요일에는 G(10:30~12:00), A(13:30~15:00) 2개 가구에 방문한다.

| 오답풀이 |

① F가구는 목요일 오후 3시에 가장 늦게 방문한다.

③ 금요일에 방문하는 가구는 없다.

④ 목요일에 가장 먼저 방문하는 가구는 오후 1시에 방문하는 D이므로, 목요일 오전에는 방문하는 가구가 없다.

⑤ 화요일에는 H가구에 방문하여 오후 3시에 그날의 에어컨 설치가 완료된다.

22 문제해결능력

정답 ②

시간 단축 문제접근 TIP

"임원급은 반드시 1명만 선발한다."를 기준으로 하여 경우의 수를 좁혀나가면 2가지 경우만 고려하면 된다.

임원급(전무, 상무)을 반드시 1명만 선발해야 하므로 A(상무) 또는 D(전무) 둘 중 하나를 선발해야 한다.

i) A(상무)를 선발하는 경우

기획부에서 D(전무)를 선발할 수 없으므로 반드시 E(부장)를 선발한다. A와 E 둘 다 남자이므로 같은 방에서 숙박할 수 있다. 총무부에서는 적은 출장비를 지급하도록 직급이 가장 낮은 H(대리)를 선발하고, 세 부서에서 1명씩 선발을 마쳤으므로 남은 지원자 중에서 부서와 관계없이 직급이 가장 낮으면서 H(대리)와 성별이 같은 남자를 선발하면 된다. 이에 부합하는 사람은 C(사원)이다. 즉, 상무, 부장, 대리, 사원이 선발되며 모두 남자다.

ii) D(전무)를 선발하는 경우

연구부에서 A(상무)를 선발할 수 없다. 일단 적은 출장비를 지급하도록 직급이 가장 낮은 2명을 선발하면 C(사원), H(대리)를 선발할 수 있으며 둘 다 남자다. 세 부서에서 1명씩 선발을 마쳤으므로 남은 지원자 중에서 부서와 관계없이 직급이 가장 낮으면서 D(전무)와 성별이 같은 여자를 선발하면 된다. 이에 부합하는 사람은 B(과장)이며, 과장과 차장의 출장비는 같으므로 F(차장)도 가능하다. 즉, 전무, 차장(or 과장), 대리, 사원이 선발되며 2명은 여자, 2명은 남자다.

i)과 ii)의 출장비 차이는 부장과 차장(or 과장)에서 달라지며, 부장의 출장비가 더 많으므로 ii)를 선택해야 한다.

따라서 이 경우 임직원 4명의 런던 출장비 합계는 $(250+100+100+100)\times2+(20+20+20+20)\times3/2+(20+15+10+10)\times5+(20+10+5+5)\times5=1,695$(만 원)이다.

23 문제해결능력

정답 ①

시간 단축 문제접근 TIP

운행 노선과 시간표를 헷갈리지 않도록 주의한다. 예를 들어, 광명역행 운행 노선과 달리 인천공항행 운행 노선에서는 송도국제교에 정차하지 않으므로 ㉣은 옳지 않은 내용임을 알 수 있다.

㉠ 만 6세 미만의 유아는 어른 1명당 유아 1명을 별도의 좌석을 점유하지 않는 조건으로 무임 이용할 수 있으나 유아 1명을 초과할 경우 어린이 승차권을 구매해야 한다고 하였으므로, 어른 1명과 유아 2명이 탑승하고자 할 경우 최소 어른 1명과 어린이 1명에 대한 승차권을 구매해야 한다.

㉡ 제2여객터미널에서 광명역으로 가는 막차를 탑승할 경우 광명역에 23시 35분에 도착하게 되므로 적어도 막차 전인 21시 30분 버스를 탑승해야 광명역에 23시 30분 이전에 도착함을 알 수 있다.

| 오답풀이 |

㉢ 12시 35분에서 15시 30분 사이에 제1여객터미널에서 광명역으로 가는 KTX공항버스는 12:55, 13:25, 13:55, 14:25, 14:55, 15:25에 출발하는 버스로 총 6회 운행된다.

㉣ 광명역에서 제1, 2여객터미널로 가는 인천공항행 운행 노선에는 송도국제교가 정차역에 포함되지 않는다.

24 문제해결능력

정답 ②

시간 단축 문제접근 TIP

반환 시점에 따라 수수료율이 달라지므로 주의하여 계산한다.

출발 40분 후는 출발 후 3시간 이내에 해당하므로 미사용 승차권에 대한 반환 수수료는 50%이다. 따라서 어른 5명과 어린이 2명에 대한 반환 신청으로 환불받게 될 금액을 구하면 $(9,000\times5+4,500\times2)\times0.5=27,000$(원)이다.

25 문제해결능력

정답 ③

시간 단축 문제접근 TIP

자료에 주어진 조건을 빠르게 파악하여 오답 선택지를 소거한다. 예를 들어, ④의 경우, '등록 기간에 관계없이'라는 자료의 단서를 통해 오답임을 빠르게 알 수 있다.

수영장을 1개월 중 10일 이용할 경우 자유이용권과 1일 이용권으로 매번 결제할 경우를 비교하면 다음과 같다.

이용시설	구분		1일 이용권(원)	월 자유 이용권(원)
수영장	성인	개인	40,000	52,500
		단체	35,000	
	청소년·군인	개인	35,000	42,000
		단체	30,000	
	노인·유아·어린이	개인	30,000	36,000
		단체	25,000	

따라서 수영장을 1개월 중 10일 이용한다면 월 자유이용권보다 매번 1일 이용권을 사용하는 것이 더 저렴하다.

| 오답풀이 |

① 수영과 헬스를 복수 이용하는 경우 헬스 이용료의 30%가 할인되므로 청소년 개인이 수영과 헬스를 1개월 자유이용하고자 하는 경우 이용료는 $42,000+(36,000\times0.7)=67,200$(원)이다.

② 이용 연기는 회원기간 만료 7일 전까지 해야 하므로 2024년 12월 15일이 회원기간 만료일이라면 이용 연기는 2024년 12월 8일 이전까지는 해야 한다.

④ 연기 가능 횟수는 등록 기간에 관계없이 1개월 단위로 1회에 한하여 가능하다.

⑤ 손자녀의 50% 할인이 적용되는 대상은 국가유공자가 아닌 독립유공자이므로 주 3회 이용 월 요가 이용료는 26,400원이다.

26 문제해결능력

정답 ④

시간 단축 문제접근 TIP

할인 대상, 수수료 발생 여부 등 조건에 따라 환불 내용이 달라지므로 표로 정리한 후 계산하면 풀이 시간을 단축할 수 있다.

자료에 주어진 조건에 따라 정리하면 다음과 같다.

(단위: 원, 회)

구분	이용시설	구분	결제한 총 수강료	1회당 금액	이용한 횟수	수수료
㉠	수영장	청소년(개인, 일반)	42,000	42,000÷30=1,400	15	없음
㉡	에어로빅	개인(장애인)	34,800×2÷0.5=34,800	34,800÷24=1,450	8	3,480
㉢	에어로빅	개인(일반)	34,800×3=104,400	104,400÷36=2,900	31	10,440
㉣	요가	개인(일반)	26,400×2=52,800	52,800÷24=2,200	14	없음

이에 따라 환불금액을 계산하면 다음과 같다.

㉠ 42,000−(1,400×15)=21,000(원)

㉡ 34,800−(1,450×8)−3,480=19,720(원)

㉢ 104,400−(2,900×31)−10,440=4,060(원)

㉣ 52,800−(2,200×14)=22,000(원)

따라서 환불금액이 많은 순으로 나열하면 '㉣ − ㉠ − ㉡ − ㉢'이다.

27 문제해결능력

정답 ③

시간 단축 문제접근 TIP

주어진 선택지 중 비교적 정오를 빨리 판단할 수 있는 ①, ③, ④를 우선적으로 확인한다.

G의 기본 성과급은 7,200÷12+17×40=1,280(만 원)이다. 그런데 차장의 최대 기본 성과급은 1,000만 원이므로 G의 기본 성과급은 1,000만 원이다. 한편 G가 참여한 프로젝트 X의 이익은 1억 원이고, 1억 원의 절반인 5,000만 원을 A, G 두 직원이 나누어 가져가므로 G의 프로젝트 성과급은 2,500만 원이다. 따라서 G의 기본 성과급은 1,000만 원, 프로젝트 성과급은 2,500만 원이므로 G의 프로젝트 성과급은 기본 성과급의 2.5배이다.

| 오답풀이 |

① E의 기본 성과급은 6,000÷12+8×30=740(만 원)이다. 과장의 최대 기본 성과급은 750만 원이므로 E는 최대 기본 성과급을 받지 않는다.

② H의 기본 성과급은 12,000÷12+25×50=2,250(만 원)이다. 그런데 부장의 최대 기본 성과급은 1,500만 원이므로 H의 기본 성과급은 1,500만 원이다. 한편 H가 참여한 프로젝트 Z의 이익은 1억 7,000만 원이고, 1억 7,000만 원의 절반을 5명이 나누어 가져가므로 한 사람당 프로젝트 성과급은 17,000÷2÷5=1,700(만 원)이다. 따라서 H의 성과급은 1,500+1,700=3,200(만 원)이다.

한편 F의 기본 성과급은 6,600÷12+11×30=880(만 원)이다. 그런데 과장의 최대 기본 성과급은 750만 원이므로 F의 기본 성과급은 750만 원이다. 한편 F가 참여한 프로젝트 Y의 이익은 6,000만 원이고, 6,000만 원의 절반인 3,000만 원을 F가 전부 가져가므로 F의 성과급은 750+3,000=3,750(만 원)이다.

따라서 성과급이 가장 높은 사람은 H가 아니다.

④ A의 프로젝트 성과급은 G와 같은 2,500만 원, B의 프로젝트 성과급은 H와 같은 1,700만 원이다. 따라서 두 사원의 프로젝트 성과급 차이는 2,500−1,700=800(만 원)이다.

⑤ C, D, E, F의 성과급을 구해보면 다음과 같다.

직원	기본 성과급	프로젝트 성과급	성과급
C	4,500÷12+4×20=455(만 원)	1,700만 원	2,155만 원
D	5,100÷12+5×20=525(만 원) → 500만 원	1,700만 원	2,200만 원
E	6,000÷12+8×30=740(만 원)	1,700만 원	2,440만 원
F	6,600÷12+11×30=880(만 원) → 750만 원	3,000만 원	3,750만 원

따라서 두 과장의 성과급 합계는 두 대리의 성과급 합계보다 (3,750+2,440)−(2,200+2,155)=1,835(만 원) 더 많다.

28 문제해결능력

정답 ④

시간 단축 문제접근 TIP

일반 숙박인지 단체 숙박인지 먼저 확인한다. 해약 시기에 따라 위약금의 발생 여부, 정도가 달라지므로 주의하여 계산한다.

'제5조'에 따르면 숙박일 10일 전부터 3일 전 사이에 해약할 경우 1실당 최초 1일째 숙박요금의 20%의 위약금이 발생하지만 단체 숙박예약의 경우 예약 객실의 10% 미만 해약 시 미부과된다. 따라서 2025년 1월 6일에 전체 객실 중 1실에 대한 예약을 해지하고자 할 경우, 이용 4일 전이면서 예약 객실의 10% 미만이므로 위약금은 발생하지 않는다.

| 오답풀이 |

① 숙박일 2일 전에 해약할 경우 1실당 최초 1일째 숙박요금의 50%에 해당하는 위약금이 발생한다.

② 숙박일 10일 전에 해약할 경우 위약금이 없다고 하였으므로, 2024년 12월 30일에 호텔 이용을 취소할 경우 이용 예정일 11일 전이므로 위약금은 없다.

③ 숙박 당일 해약하였을 경우 1실당 최초 1일째 숙박요금의 100%가 부과되므로 위약금은 200,000×20=4,000,000(원)이다.

⑤ 체크아웃 시간 초과 시 당일 14:00까지 마지막 숙박일 객실요금의 50%에 해당하는 추가요금이 발생하므로 13시에 체크아웃할 경우 1실당 부과되는 추가요금은 250,000×0.5=125,000(원)이다.

29 문제해결능력

정답 ①

큐레이션은 여러 분야에서 '양질의 콘텐츠만을 취합·선별·조합·분류해 특별한 의미를 부여하고 가치를 재창출하는 행위'라고 했다. 즉, 나의 창작물이 아니라 선별하고 조합하여 재창작하는 작업이다. Spotify와 Apple Music과 같은 플랫폼에 나의 창작물을 제공하는 것은 문화 큐레이션의 업무라고 보기 어렵고, 작곡의 영역이다.

| 오답풀이 |

② 음악 큐레이션의 역할이다.
③ 이벤트 큐레이션의 역할이다.
④ 음악 큐레이션의 역할이다.
⑤ 이벤트 큐레이션의 역할이다.

30 문제해결능력

정답 ②

시간 단축 문제접근 TIP

사업계획서나 공고문이 나온 문제에서는 각 항목의 '예외' 조건이나 '추가' 조건을 면밀하게 살펴야 한다. 함정이 있을 수 있으므로 주의해야 한다.

사업계획서와 사업 참여 신청서 및 첨부서류는 PDF 파일과 출력물을 모두 받으며 사업계획서와 사업 참여 신청서는 하나의 PDF로 취합하는 것이 아니라 각각의 PDF 파일로 취합하여 제출해야 한다.

| 오답풀이 |

① '1. 사업계획서'를 보면 제출 부수는 보관용 1부, 평가용 10부이므로 그 합이 11부이다.
③ 'ㅇ 제출방식 및 제출처'를 보면 이메일 제목을 [2023 생활물류스테이션 인천 운영사업자 모집 참여 / 참여업체명]으로 기재해 달라고 명시되어 있다.
④ 'ㅇ 제출기간'에 명시되어 있다.
⑤ 'ㅇ 평가방안'에 명시되어 있다.

NCS 실전모의고사 3회

01	④	02	③	03	③	04	④	05	④
06	②	07	②	08	②	09	④	10	③
11	⑤	12	④	13	①	14	⑤	15	③
16	②	17	④	18	③	19	③	20	②
21	④	22	④	23	⑤	24	⑤	25	⑤
26	④	27	⑤	28	②	29	③	30	④

01 의사소통능력

정답 ④

- 이 사원: 고객님이 어떤 말씀을 하시더라도 '미소 유지'를 한다고 하였는데, 이는 적극적인 경청의 자세로 보기는 어렵다. 경청이란 상대방을 바라보고, 듣고, 따라하며 반응을 살피는 것이 기본적인 자세인데, 내용에 따라서 적절한 표정을 지을 수도 있어야 한다.
- 박 대리: 경청은 상대방의 말을 '듣는' 것이다. 설명을 듣도록 하는 것은 적절한 경청 자세라고 보기 어렵다.
- 차 대리: 경청을 할 때는 '왜?'라는 질문을 피하고, 삼가는 것이 좋다.

| 오답풀이 |

- 김 사원: 경청을 위한 기본적인 자세 중 하나는 상대방이 말하는 동안 경청하고 있다는 것을 표현하는 것이다. 더불어 상대방이 하는 말의 어조와 억양, 소리의 크기까지도 귀를 기울이는 것이 효과적이므로, 김 사원은 적절한 자세로 경청을 하고 있다고 볼 수 있다.
- 성 과장: 경청을 위한 기본적인 자세 중 하나는 단어 이외의 보여지는 표현에도 신경을 쓰는 것이다. 더불어 산만한 행동은 중단하고 비언어적인 것, 즉 상대방의 얼굴과 몸의 움직임뿐만 아니라 호흡하는 자세까지도 주의하여 관찰해야 하므로, 성 과장은 적절한 자세로 경청을 하고 있다고 볼 수 있다.

개념 더 알아보기

경청훈련

- 주의 기울이기(바라보기, 듣기, 따라하기)
- 상대방의 경험을 인정하고 더 많은 정보 요청하기
- 정확성을 위해 요약하기
- 개방적인 질문하기
- '왜?'라는 질문 피하기

02 의사소통능력

정답 ③

보고서 작성 시에는 내용의 중복을 피하고 핵심사항만 산뜻하고 간결하게 작성해야 한다. 따라서 '되도록 많은 자료를 첨부하는 것이 유리하다.'는 조언은 적절하지 않다.

개념 더 알아보기

보고서 내용 작성 및 제출 시 유의사항

- 업무 진행 과정에서 쓰는 보고서인 경우, 진행과정에 대한 핵심 내용을 구체적으로 제시하도록 작성한다.
- 내용 중복을 피하고 핵심사항만을 산뜻하고 간결하게 작성한다.
- 복잡한 내용일 때에는 도표나 그림을 활용한다.
- 보고서는 개인의 능력을 평가하는 기본요인이므로, 제출하기 전에 반드시 최종점검을 한다.
- 참고자료는 정확하게 제시한다.
- 내용에 대한 예상 질문을 사전에 추출해 보고, 그에 대한 답을 미리 준비한다.

03 의사소통능력

정답 ③

문서를 이해하는 절차를 바르게 나열한 것은 'ⓛ – ㉠ – ㉣ – ㉤ – ㉥ – ㉢'이다.

개념 더 알아보기

문서이해의 구체적인 절차

1. 문서의 목적을 이해하기

⬇

2. 이러한 문서가 작성된 배경과 주제를 파악하기

⬇

3. 문서에 쓰여진 정보를 밝혀내고, 문서가 제시하고 있는 현안 문제를 파악하기

⬇

4. 문서를 통해 상대방의 욕구와 의도 및 내게 요구되는 행동에 관한 내용을 분석하기

⬇

5. 문서에서 이해한 목적 달성을 위해 취해야 할 행동을 생각하고 결정하기

↓

6. 상대방의 의도를 도표나, 그림 등으로 메모하여 요약, 정리 해 보기

04 의사소통능력 정답 ④

시간 단축 문제접근 TIP

어문 규정은 분량이 상당히 많을 뿐만 아니라 휘발성도 높기 때문에, 주객전도되기 좋은 유형 중 하나이다. 이론에 매몰되어, NCS 합격이라는 본래의 목적을 잊을 수 있다. 따라서 [보기]가 나왔을 경우 그를 이해할 만한 이론들, 예컨대 '음절의 첫소리', '어미나 접미사' 등의 개념어를 이해하고 이를 선택지에 적용하는 수준까지만 학습하는 것이 효율적인 접근법이라고 할 수 있다.

'끓는'은 'ㅀ' 뒤에 'ㄴ'이 결합되는 경우이며, 제12항 3의 [붙임]에 따라 'ㅀ' 뒤에서는 'ㄴ'이 [ㄹ]로 발음됨을 알 수 있으므로 [끈는]이 아니라 [끌른]으로 발음해야 한다.

| 오답풀이 |

① 'ㄶ' 뒤에 'ㄷ'이 결합되는 경우에는 제12항 1에 따라 뒤 음절 첫소리와 합쳐서 [ㅌ]으로 발음해야 한다. 따라서 '않던'은 [안턴]으로 발음하는 것이 적절하다.

② 받침 'ㄼ'이 뒤 음절 첫소리 'ㅎ'과 결합되는 경우에는 제12항 1의 [붙임1]에 따라 [ㅍ]으로 발음해야 한다. 따라서 '밟히는'은 [발피는]으로 발음하는 것이 적절하다.

③ 'ㅎ(ㄶ, ㅀ)' 뒤에 모음으로 시작된 어미나 접미사가 결합되는 경우에는, 제12조 4에 따라 'ㅎ'을 발음하지 않아야 한다. 따라서 '쌓이다'는 [싸이다]로 발음하는 것이 적절하다.

⑤ 제12항 1의 [붙임2]에 따라 'ㅊ'은 'ㄷ'으로 발음되므로, 'ㅎ'과 결합되는 경우 [ㅌ]으로 발음해야 한다. 따라서 '꽃 한 송이'는 [꼬탄송이]로 발음하는 것이 적절하다.

05 의사소통능력 정답 ④

시간 단축 문제접근 TIP

맞춤법과 관련된 유형은 모듈형, 피듈형에서 자주 출제되는 유형 중 하나이다. 단순 암기형이라고 볼 수도 있겠지만, 생각보다 자주 출제되는 단어들이 존재한다. 한글맞춤법 제57항이 헷갈리는 맞춤법을 정리해 놓은 부분이므로 이를 우선적으로 암기하되, '자주 틀리는 맞춤법' 혹은 '기출 맞춤법' 등을 검색하여 추가로 암기하는 것이 좋다.

주어진 사례 중 적절하지 않은 것은 '2, 3, 4, 8, 9' 다섯 가지이다.

2. 둘 이상의 대상들을 견주어 서로 같지 않음을 뜻하므로 '틀리다'가 아닌 '다르다'로 써야 한다. '다르다'는 형용사이며 '틀리다'는 동사이다. 또한, '틀리다'의 반대말은 '맞다'이며, '다르다'의 반대말은 '같다'라는 점을 되새겨 보면 이와 같은 혼동을 피할 수 있다.
3. '드러나다'는 '가려 있거나 보이지 않던 것이 보이게 되다'라는 뜻과 '알려지지 않은 사실이 널리 밝혀지다'는 뜻이 있다. '들어나다'는 잘못된 표기이다.
4. 외래어표기법에 따른 'contents'의 표기는 '콘텐츠'이다.
8. '결단을 내리지 못하고 머뭇거리며 망설이다'의 의미로 쓸 때는 '서슴다'로 써야 한다. 기본형이 '서슴하다'가 아니라 '서슴다'이기 때문에 활용형은 '서슴고, 서슴지' 등으로 해야 한다. 일반적으로 '–하지'를 줄여 '–치'나 '–지'로 쓸 수 있는데, '–하지' 앞에 오는 음절이 모음이거나 받침이 유성음(ㄴ, ㄹ, ㅁ, ㅇ)일 땐 '치'로 줄이고, 무성음일 때는 '지'로 '–하'를 삭제한다. 하지만 '서슴다'는 '서슴하다'가 원형이 아니므로 '서슴치'로 줄어들 수 없다.
9. '시간·기한이 매우 늦다'는 의미로 쓸 때는 '느지막하다'가 적절한 표기이다.

| 오답풀이 |

1. '십상이다'는 '십상팔구(十常八九)'에서 온 말로 '열에 여덟, 아홉은 그렇다'는 뜻이다. 참고로 '쉽상이다'로 쓰는 것이 적절하지 않는 표기이다.
5. 한자어로만 구성된 단어에는 사이시옷을 표기하지 않으므로 '촛점'이 아닌 '초점'으로 써야 한다.
6. '그 달의 몇 번째 날', 또는 '여러 날'이라는 뜻의 단어는 '며칠'이 적절하다. 참고로 '몇 년'은 '몇'으로 쓰는 것이 적절하다.
7. 형용사에 결합하는 현재 관형사형 어미는 '–은'이고 동사와 결합하는 관형사형 어미는 '–는'이므로, 형용사인 '알맞다'의 활용형은 '알맞은'이 적절하다.
10. '마음이 가라앉지 않고 들떠서 두근거리다'라는 뜻의 단어는 '설레다'이다. 그 활용형으로는 '설레다', '설레', '설레니'이므로, 명사형은 '설렘'으로 써야 한다. 참고로 활용형이 '설레임'이 되려면 기본형이 '설레이다'가 되어야 하므로, 적절하지 않은 표현이다.

06 의사소통능력 정답 ②

주어진 글은 KTX–청룡을 소개하는 글이다. 첫 번째 문단은 국내 기술로 설계·제작한 고속열차임을 소개하고 있고, 두 번째 문단에서는 기존 KTX와 달리 '동력분산식'을 동력편성방식으로 채택한 KTX–청룡에 대해 소개하고 있다. 세 번째 문단에서는 그러한 연유로 가지게 된 장점인 더 넓고 많은 객실을 소개한 후, 승객의 편의성을 높인 부분도 소개하고 있다. 네 번째 문단에서는 정차역을 최소화하는 방식으로 운영되어 이동 시간 단축의 효과를 소개한 후, 마지막 문단에서는 요금을 소개하면서 마무리하고 있다. 따라서 제목으로 가장 적절한 것은 ②이다.

| 오답풀이 |

① 주어진 글에서는 KTX–청룡의 최고 속력을 강조하지 않는다.

③ KTX–청룡의 주요 특징 중 하나를 강조하지만, 글의 전체적인 흐름(전반적인 소개와 다양한 특징)을 포괄하지 못한다.

④ 주어진 글에서 기존 KTX와의 차이를 일부 언급하긴 하지만, 이 차이점을 나열하기보다는 KTX–청룡의 장점에 초점을 두고 있다.

⑤ 주어진 글에서 KTX–청룡의 세계 시장 진출 가능성을 언급하긴 했지만, 이는 부수적인 내용일 뿐 글의 제목으로 적절하지는 않다.

07 의사소통능력

정답 ②

시간 단축 문제접근 TIP

문단 배열 문제에서 가장 주요한 힌트는 '선택지'이다. 첫 문단을 파악하는 것만으로도 많은 시간을 단축할 수 있다. 흔히 첫 문단은 핵심 소재를 소개하거나, 전체 흐름에 대해 논하거나, 예시를 들어 독자의 호기심을 유발하는 내용이 온다. 해당 문제와 같이 첫 문단이 고정되어 있다면 그를 중심으로 읽으며 '핵심어'의 연결에 집중해야 한다. 그리고 접속어, 지시어 등을 힌트 삼아 연결고리를 잘 잇는다면 비교적 쉽게 풀 수 있는 유형이다.

i) 선택지를 통해 첫 번째 문단이 [나]라는 것을 알 수 있으므로, 이를 기준으로 두 번째 문단의 힌트를 얻어야 한다. [나]는 지하철역과 달리 기차역이 스크린도어 설치가 되지 않은 이유를 묻고 있다. 따라서 이어서 나올 내용은 그에 대한 상술임을 알 수 있다.

ii) 선택지를 통해 두 번째 문단의 후보가 [다], [라], [바]임을 알 수 있다. [다]는 기차역은 고상홈이라 법제상 스크린도어의 설치가 의무가 아니라는 점을 들면서, 저상홈과 고상홈의 차이점을 설명하고 있다. [라]는 '이런 고상홈'이라는 표현을 통해 앞서 고상홈에 대한 설명이 나와야 함을 알 수 있으므로 '[다]–[라]'의 흐름을 파악할 수 있다. 마지막으로 [바]는 '결국 비용 문제'라고 들면서 기차역에 스크린도어가 설치되지 않은 이유를 묻는 [나]에 대한 대답을 하고 있다. 따라서 두 번째 문단으로 가장 적절한 것은 [바]이다.

iii) 선택지를 통해 세 번째 문단의 후보가 [다], [마]임을 알 수 있다. [다]는 '그리고'라는 접속어를 통해 [바]에 이어서 기차역에 스크린도어가 설치되지 않은 또다른 이유에 해당하므로 자연스럽게 연결이 가능하다. [마] 역시도 '게다가'라는 접속어를 통해 [바]와 자연스럽게 연결된다. 따라서 다른 문단을 통해 확인해야 하는데, 앞서 '[다]–[라]'가 긴밀하게 연결됨을 알 수 있으므로 이를 통해 확인하면 정답은 ②가 된다.

| 오답풀이 |

① [다]가 두 번째 문단이 될 수 없는 까닭은 '그리고'라는 접속어 때문이다. '그리고'가 등장하려면 앞서 유사한 내용을 지닌 내용이 나와야 하는데, 첫 번째 문단에 이어지는 내용으로는 적절하지 않다.

③, ④ [라]는 '이런 고상홈'이라는 표현을 통해 앞서 고상홈에 대한 설명이 나와야 함을 알 수 있으므로 '[다]–[라]'의 흐름을 파악할 수 있다. 따라서 두 번째 문단으로는 적절하지 않다.

08 의사소통능력

정답 ②

시간 단축 문제접근 TIP

한자성어, 고유어, 관용구, 속담 등의 어휘 관련 문제 유형은 모듈형, 피듈형에서 생각보다 자주 출제되는 유형이다. 특히 한자성어의 비중이 높은 편인데 이와 관련된 지식이 전무하다면, 보완할 필요성이 있다. 선택지는 비교적 잘 알려진 것과 낯선 것이 함께 구성될 가능성이 높은데, 그중 잘 알려진 것이 정답인 경우가 더 많다. 따라서 '기초 한자성어', '기출 한자성어' 등을 검색하여 기초적인 한자성어는 정리해 두는 것을 권한다.

㉠은 목숨을 잃을 수도 있는 긴박한 상황에 처해 있음을 뜻하므로, 가장 관련 깊은 한자성어는 '아무에게도 도움을 받지 못하는, 외롭고 곤란한 지경에 빠진 형편을 이르는 말'인 '사면초가(四面楚歌)'이다.

| 오답풀이 |

① 구사일생(九死一生): 아홉 번 죽을 뻔하다 한 번 살아난다는 뜻으로, 죽을 고비를 여러 차례 넘기고 겨우 살아남을 이르는 말

③ 아전인수(我田引水): 자기 논에 물 대기라는 뜻으로, 자기에게만 이롭게 되도록 생각하거나 행동함을 이르는 말

④ 촌철살인(寸鐵殺人): 한 치의 쇠붙이로도 사람을 죽일 수 있다는 뜻으로, 간단한 말로도 남을 감동하게 하거나 남의 약점을 찌를 수 있음을 이르는 말

⑤ 환골탈태(換骨奪胎): 1) 뼈대를 바꾸어 끼고 태를 바꾸어 쓴다는 뜻으로, 고인의 시문의 형식을 바꾸어서 그 짜임새와 수법이 먼저 것보다 잘되게 함을 이르는 말, 2) 사람이 보다 나은 방향으로 변하여 전혀 딴사람이 됨을 이르는 말

09 의사소통능력

정답 ④

시간 단축 문제접근 TIP

내용 이해 유형은 NCS에서 가장 비중이 큰 유형이다. 선택지 내용 구성에 자주 적용되는 오류의 유형들이 있는데, 그중 하나가 바로 ④에 나오는 관계성의 오류이다. 지문의 내용에 따르면 인과관계가 성립하지 않지만 인과관계가 있는 것처럼 제시된 선택지이므로 적절하다고 보기 어렵다.

두 번째 문단의 '눈이 색맹인 사람도 빨간색은 확인할 수 있기 때문에 신호등을 대표하는 색으로 자리 잡았다고 한다.'를 통해 빨간색이 색맹을 고려하여 선택된 색임을 알 수 있다. 하지만 주어진 글에서 '신호등의 색'이 모두 '색맹인 사람을 배려하여' 결정했다는 내용은 찾을 수 없다.

| 오답풀이 |

① 세 번째 문단의 '철도 초창기인 1830~1840년대에는 녹색이 '주의', 흰색(무색)이 진행 신호로 이용되었다.'를 통해 알 수 있다.

② 세 번째 문단의 '이를 계기로 녹색이 '주의'에서 '진행'으로 바뀌고, 새로이 주황색이 '주의' 표시가 되었다.'를 통해 주황색이 가장 마지막에 결정된 색임을 알 수 있다.

③ 세 번째 문단을 통해 한 기관사의 착각으로 발생한 대형사고로 인해 기차의 신호 체계가 변화를 맞이하게 되었음을 알 수 있다.

⑤ 네 번째 문단의 녹색 신호시간 책정 기준을 통해 일반 횡단보도가 1m당 1초로, 노인보호구역은 1m당 1.25초로 계산됨을 알 수 있다.

10 의사소통능력

정답 ③

시간 단축 문제접근 TIP

발문이 긴 문제는 반드시 주요 단서가 숨겨져 있지 않은지 확인해야 한다. 더불어 주어진 문제와 같이 절차가 있고, 각 주체가 구분되어 있다면 이를 구분하여 정리하는 것이 중요하다. 출제자들은 주체와 권한 및 역할을 뒤섞어서 배치하는 것을 선호한다.

컨테이너를 철도 화물운송을 이용해 부산신항으로 운송하고자 하므로 '화물운송 절차' 중에서 '화주'에 해당하는 업무를 진행해야 한다. 그런데 ③은 '한국철도'가 하는 업무에 해당하므로, 귀하가 체크해야 할 사항에 해당하지 않는다.

| 오답풀이 |

① '화물운송 절차'의 첫 번째 단계에 따라 '컨테이너 화물'은 'EDI'로 신청해야 하므로, 적절한 체크 사항이다.

② '화물운송 절차'의 두 번째 단계에 따라 적재통지를 받은 후, 컨테이너는 3시간 이내 적재해야 함을 알 수 있으므로 적절한 체크 사항이다.

④ '화물운송 절차'의 세 번째 단계에 따라 '운송거리, 중량, 운송조건에 따른 운임지불'을 해야 하므로, 적절한 체크 사항이다.

⑤ '화물운송 절차'의 네 번째 단계에 따라 화물의 하화(수령)는 컨테이너의 경우 3시간 이내 당일 반출이 되어야 한다. 도착 예정시간이 오후 2시이므로 오후 5시 이내에는 하화하여 반출해야 하므로, 적절한 체크 사항이다.

11 수리능력

정답 ⑤

30초 컷 풀이 TIP

수열에서 숫자가 급격히 커질 경우, 연산 규칙에 곱셈이 포함되어 있을 확률이 높다.

주어진 숫자는 다음과 같은 규칙이 적용된다.

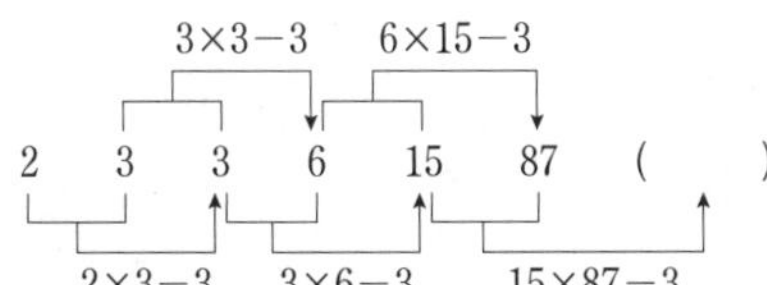

따라서 빈칸에 들어갈 숫자는 $15\times87-3=1,302$이다.

12 수리능력

정답 ④

주어진 숫자는 다음과 같은 규칙이 있다.

- $3^2+4=13$
- $7^2+4=53$
- $12^2+4=148$
- $(\quad)^2+4=293$
- $20^2+4=404$

따라서 $17^2+4=293$이므로 빈칸에 들어갈 숫자는 17이다.

13 수리능력

정답 ①

30초 컷 풀이 TIP

선택지를 먼저 살펴보면, 선택지 ①~⑤의 끝 두 자리 수가 모두 다르다는 것을 알 수 있다. 그러므로 주어진 식을 십의 자리까지만 계산하면 답을 쉽게 찾을 수 있다.
$480\times126+240\times48-365$에서 십의 자리까지만 계산한 결과를 적으면 $80+20-65=35$이다. 따라서 정답은 ①이다.

[풀이방법1]

$480\times126+240\times48-365$
$=60,480+11,520-365$
$=71,635$

[풀이방법2]

수식 계산 문제의 경우 대부분 빠르게 풀 수 있는 방법이 있는 식이 주어지므로 바로 계산하기보다는 식을 변형할 수 있는지 살펴보는 것이 좋다.

$480\times126+240\times48-365$
$=240\times2\times126+240\times48-365$
$=240\times(2\times126+48)-365$
$=240\times300-365$
$=71,635$

14 수리능력

정답 ⑤

주어진 그림에서 E에 칠할 수 있는 색은 5가지, A에 칠할 수 있는 색은 E에 칠한 색을 제외한 4가지, B에 칠할 수 있는 색은 A와 E에 칠한 색을 제외한 3가지이다. C와 D에 색을 칠하는 경우는 아래와 같이 두 가지 경우로 나누어 생각할 수 있다.

i) A와 C를 같은 색으로 칠할 경우
C에 칠하는 색은 A와 같은 색이므로 1가지, D에 칠할 수 있는 색은 A(C)와 E에 칠한 색을 제외한 3가지이다. 따라서 $5\times4\times3\times1\times3=180$(가지)이다.

ii) A와 C를 다른 색으로 칠할 경우
C에 칠할 수 있는 색은 A, B, E에 칠한 색을 제외한 2가지, D에 칠할 수 있는 색은 A, C, E에 칠한 색을 제외한 2가지이다. 따라서 $5\times4\times3\times2\times2=240$(가지)이다.

따라서 그림을 칠하는 경우의 수는 $180+240=420$(가지)이다.

15 수리능력

정답 ③

30초 컷 풀이 TIP

마카롱을 5개씩 담으면 마카롱 3개가 남는다고 했으므로 마카롱의 개수는 (5의 배수)+3임을 알 수 있다. 그러므로 일의 자리 숫자가 3 또는 8로 끝나지 않는 선택지 ①, ⑤는 소거할 수 있다. 또한, 마카롱을 8개씩 담으면 마지막 상자에는 마카롱이 4개 담긴다고 했으므로 마카롱의 개수는 (8의 배수)+4임을 알 수 있다. 선택지 ②~④ 중 이를 만족하는 것은 ③뿐이다.

상자의 개수를 x개라 하면 다음과 같은 식이 성립한다.

$5x+3=8(x-2)+4$

$3x=15$

$\therefore x=5$

따라서 준비된 마카롱의 개수는 $5x+3=5\times5+3=28$(개)이다.

16 수리능력

정답 ②

30초 컷 풀이 TIP

어른과 어린이가 각각 15명이라고 하면 총입장료는 $(4,500+2,300)\times15=102,000$(원)이다. 어른과 어린이의 1인당 입장료 차이는 $4,500-2,300=2,200$(원)이므로 어른이 1명 줄고, 어린이가 1명 늘면 총입장료는 $102,000-2,200=99,800$(원)으로 10만 원 이하가 된다. 즉, 어른은 최대 14명이 가능하다.

어른을 x명이라 하면, 어린이는 $(30-x)$명이므로 다음과 같은 식이 성립한다.

$4,500x+2,300(30-x)\le100,000$

$4,500x+69,000-2,300x\le100,000$

$2,200x\le31,000$

$\therefore x\le14.1$

따라서 어른은 최대 14명까지 입장할 수 있다.

17 수리능력

정답 ④

4회 이상 영화를 관람하는 비중이 15~19세는 33.2%, 20대는 46.6%로, 연령대가 높아졌지만 4회 이상 영화를 관람하는 비중은 늘었다.

| 오답풀이 |

① 평균 영화 관람 횟수가 가장 많은 연령대는 4.24회인 20대이므로 옳은 설명이다.

② 30대 조사 인원 중 영화를 3회 관람한 인원은 $1,065\times0.25\fallingdotseq266$(명)이므로 옳은 설명이다.

③ 3회 이상 영화를 관람하는 비중은 남성이 $22.4+32.6=55.0$(%), 여성이 $21.8+32.2=54.0$(%)로 모두 50% 이상이므로 옳은 설명이다.

⑤ 전체 평균인 3.52회보다 평균 영화 관람 횟수가 더 많은 연령대는 15~19세(3.76회), 20대(4.24회), 30대(3.71회)로, 총 3개이므로 옳은 설명이다.

18 수리능력

정답 ③

전북과 전남에서 대중교통통행목적이 쇼핑이라고 응답한 비중은 20.7%로 동일하지만, 조사 인원수를 알 수 없으므로 구체적인 인원수를 비교할 수 없다.

| 오답풀이 |

① 모든 시도에서 대중교통 통행 목적이 여가라고 응답한 비중은 25% 이상이고 그 외 항목들은 25% 미만이므로 옳은 설명이다.

② 대전과 제주의 대중교통 통행 목적 순위는 '여가－쇼핑－출퇴근－업무－등하교－학원－기타'로 동일하므로 옳은 설명이다.

④ 세종에서 대중교통 통행 목적이 여가라고 응답한 인원을 x만 명이라고 하면,

$20.0:7=26.0:x$

$20x=182$

$\therefore x=9.1$

즉, 9.1만 명이므로 옳은 설명이다.

⑤ 충북에서 대중교통통행목적이 출퇴근이라고 응답한 비중은 19.4%, 학원이라고 응답한 비중은 1.2%로 그 차이는 $19.4-1.2=18.2$(%p)이므로 옳은 설명이다.

19 수리능력

정답 ③

그래프 ③은 주어진 [표]의 가구 소득 항목의 수치와 동일하다.

| 오답풀이 |

① 만 19~24세의 '충분하지 않은 편이었다'는 25.1%인데 그래프에는 28.7%로 작성되어 있고 '충분한 편이었다'는 67.6%인데 그래프에는 63.0%로 작성되어 있으므로 적절하지 않다.

② 초등학교와 중학교의 그래프가 서로 바뀌었으므로 적절하지 않다.

④ 농산어촌에 거주하는 청소년 중 수면 충분 정도가 충분하지 않은 편이라고 응답한 비율은 30.8%인데, 그래프에는 30.3%로 작성되어 있으므로 적절하지 않다.

⑤ 여성과 남성의 그래프가 서로 바뀌었으므로 적절하지 않다.

20 수리능력

정답 ②

2021년에 인구밀도는 서울, 부산, 광주 순으로 높으므로, 인구밀도가 세 번째로 높은 광주의 인구수는 1,476천 명이다.

2023년에 인구밀도는 강원, 경북, 전남, 전북, 충북 순으로 낮으므로, 인구밀도가 다섯 번째로 낮은 충북의 인구수는 1,627천 명이다.

따라서 $\frac{1,476}{1,627}\fallingdotseq0.9$(배)이다.

21 문제해결능력 　　　　정답 ④

시간 단축 문제접근 TIP

명제 사이의 관계를 화살표로 나타낸 후에 화살표가 시작될 수 없는 선택지를 빠르게 소거한다.

명제 사이의 관계를 화살표로 나타내면 다음과 같다.

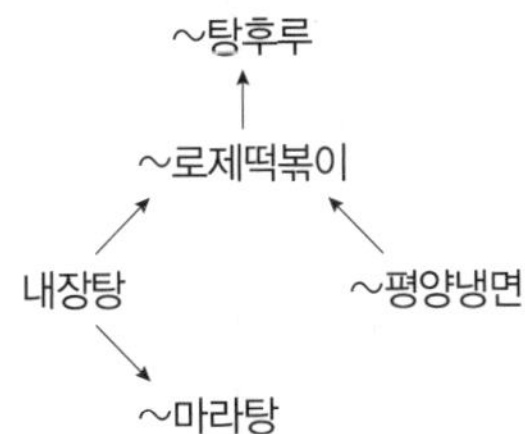

'내장탕 → ~로제떡볶이 → ~탕후루', '내장탕 → ~마라탕'이 모두 옳으므로, 내장탕을 좋아하는 사람은 탕후루도 좋아하지 않고, 마라탕도 좋아하지 않는다.

| 오답풀이 |

① '탕후루 → 로제떡볶이 → ~내장탕'은 옳지만, 마라탕은 알 수 없다.
② '평양냉면'에서 출발하는 화살표가 없으므로 알 수 없다.
③ '~탕후루'에서 출발하는 화살표가 없으므로 알 수 없다.
⑤ '내장탕 → ~로제떡볶이 → ~탕후루', '~평양냉면 → ~로제떡볶이 → ~탕후루'가 모두 성립하지만, 내장탕을 좋아하면서 평양냉면도 좋아하는 사람이 탕후루를 좋아하지 않을 수 있고, 반대로 내장탕을 좋아하지 않으면서 평양냉면도 좋아하지 않는 사람이 탕후루를 좋아하지 않을 수 있으므로 옳지 않다.

22 문제해결능력 　　　　정답 ④

시간 단축 문제접근 TIP

B팀과 C팀 각각의 승무패 합계가 3이 되지 않으므로 이 두 팀의 경기가 남아있음을 빠르게 캐치해야 한다. D팀이 3패이므로 나머지 A, B, C팀의 1승이 모두 D팀으로부터 나왔다는 것, 현재 A와 B, C 사이에는 무승부만 있다는 구조를 확인한 후 득점 경우의 수를 생각해 본다.

D팀은 3패를 하였으므로 A팀, B팀, C팀의 각 1승은 모두 D팀을 상대로 거둔 1승이다. 그리고 A팀의 2무는 각각 B팀과 C팀을 상대로 거둔 것이며, 현재 B팀과 C팀의 경기만이 남아 있는 상태다.

한편 D팀을 이긴 C팀은 1득점만 하였으므로 C팀과 D팀의 경기는 1:0으로 C팀의 승리, A팀과 C팀의 경기는 0:0으로 무승부이다. D팀은 2득점을 하였으므로 가능한 경우는 ⅰ) D팀이 A팀 상대로 2득점, ⅱ) D팀이 A팀과 B팀 상대로 각각 1득점씩, ⅲ) D팀이 B팀 상대로 2득점 3가지다.

ⅰ) D팀이 A팀 상대로 2득점한 경우

A팀이 D팀을 이겼으므로 A팀의 3득점은 모두 D팀 상대로 나온 것이어야 한다. 한편 A팀과 B팀은 무승부인데, B팀은 2실점하였으므로 A팀과 B팀의 경기는 2:2로 무승부여야 한다. 그런데 이 경우 A팀이 총 5득점을 하게 되므로 모순이다.

ⅱ) D팀이 A팀과 B팀 상대로 각각 1득점씩한 경우

A팀이 D팀을 이겼으므로 A팀의 3득점 중 3득점 또는 2득점은 D팀 상대로 나온 것이다. 한편 B팀의 2실점 중 1실점은 D팀에게 받은 것이므로 나머지 1실점은 A팀에서 받은 것이다. A팀과 B팀은 무승부이므로 1:1이어야 하고, 결국 A팀의 3득점 중 2득점은 D팀 상대로, 1득점은 B팀 상대로 나온 것이다. B팀은 D팀을 이겼으므로 D팀을 상대로 2득점 이상 하였다. 이를 정리하면 다음과 같다.

	A	B	C	D
A		1:1	0:0	2:1
B	1:1		?	2↑:1
C	0:0	?		1:0
D	1:2	1:2↑	0:1	

이때, A팀의 골득실은 3−2=1, B팀의 골득실은 3↑−2=1↑, C팀의 골득실은 1−0=1, D팀의 골득실은 2−5↑=−3↓이다.

ⅲ) D팀이 B팀 상대로 2득점한 경우

A팀이 D팀을 이겼으므로 A팀의 3득점 중 3득점 또는 2득점 또는 1득점은 D팀 상대로 나온 것이다. 한편 A팀과 B팀은 무승부인데, B팀의 2실점은 모두 D에게 받은 것이므로 A팀과 B팀의 경기는 0:0이어야 한다. 따라서 A팀의 3득점 모두는 D팀 상대로 나온 것이다. 이를 정리하면 다음과 같다.

	A	B	C	D
A		0:0	0:0	3:0
B	0:0		?	3↑:2
C	0:0	?		1:0
D	0:3	2:3↑	0:1	

이때, A팀의 골득실은 3−0=3, B팀의 골득실은 3↑−2=1↑, C팀의 골득실은 1−0=1, D팀의 골득실은 2−7↑=−5↓이다.

ⅱ)의 경우 B팀과 C팀이 무승부가 되면 A팀과 C팀은 서로 무승부, 골득실도 1로 동일하기 때문에 승부차기로 선발팀을 뽑는다.(B팀의 현재 골득실이 1이라면 B팀도 승부차기에 참가한다.)

따라서 남은 1경기의 결과에 따라 A팀은 선발되지 않을 수도 있다.

| 오답풀이 |

① ⅰ)은 모순이고 ⅱ)와 ⅲ)은 모두 가능하므로 D팀은 B팀 상대로 1득점 이상을 반드시 하였다.
② B팀과 C팀 중 남은 1경기를 승리한 팀은 2승 1무가 되어 승점 5점으로 반드시 선발된다.
③ B팀과 C팀 중 남은 1경기를 패배한 팀은 1승 1무 1패가 되어 승점 3점으로 반드시 선발되지 않는다. 선발되는 팀은 승점 4점의 A팀과 남은 1경기를 승리한 팀이다.
⑤ 현재 B팀이 4득점을 한 상태라면 ⅱ)와 ⅲ)의 경우 모두 B의 골득실은 4−2=2이다. 이 상태에서 남은 1경기인 C팀과의 경기에서 무승부가 되면 골득실을 따졌을 때 B팀은 반드시 선발된다.

23 문제해결능력

정답 ⑤

시간 단축 문제접근 TIP

알러지 반응을 유발하지 않는 식재료부터 먼저 제외시킨 후 문제에 접근한다.

세 번째, 다섯 번째 조건에 따라 A, B, D, E로 만든 음식을 먹었을 때는 알러지 반응이 나타나지 않았으므로, 이들을 모두 제외하면 알러지 반응을 유발하는 식재료 의심군은 C, F 둘이다. 이때 C, D, E로 만든 음식을 먹었을 때 알러지 반응이 나타나지 않았다면, 알러지를 유발하는 식재료는 F로 확정된다.

| 오답풀이 |

① C가 알러지 반응을 유발하는 식재료임을 알아낼 수 있지만, F를 명확히 판단할 수 없다.
② F가 알러지 반응을 유발하는 식재료임을 알아낼 수 있지만, C를 명확히 판단할 수 없다.
③, ④ C와 F 중 알러지 반응을 유발하지 않는 식재료가 있을 수도 있다는 점을 명확하게 알 수는 없다.

24 문제해결능력

정답 ⑤

주어진 사례에서 문제는 교통사고가 발생한 것이고, 그 원인인 문제점은 과속과 무리한 차선변경 등 운전자의 난폭운전으로 볼 수 있다.

개념 더 알아보기

문제란 업무 수행 시 답을 요구하는 질문이나 의논해서 해결해야 할 사항을 의미하고, 문제점은 문제의 원인이 되는 사항으로 문제해결을 위해서 손을 써야 할 대상을 의미한다. 즉, 문제는 결과로 일어난 것을 말하고, 문제점은 결과를 초래한 원인 중 대책을 세워야 하는 것을 말한다.

25 문제해결능력

정답 ⑤

㉠ 환경부에서 제공하던 환경 및 기상 정보의 유용성이 떨어지는 원인에 대해 분석하고 있으므로, '원인 분석' 단계에 해당한다.
㉡ 오픈 IoT 플랫폼을 적용한 시제품의 실증이 완료되면 다중이용시설부터 설치 및 확대해 나갈 계획이라고 하였으므로 '실행 및 평가' 단계에 해당한다.

개념 더 알아보기

문제해결은 '문제 인식 → 문제 도출 → 원인 분석 → 해결안 개발 → 실행 및 평가'의 5단계를 거쳐 이루어진다.

26 문제해결능력

정답 ④

㉣은 외부환경의 위협(글로벌 선진엔지니어링 기업의 해외 철도시장 선점)을 회피하고, 자신의 약점(선진국 대비 외국어 구사력 부족)을 최소화하는 WT전략이다. 외부환경의 위협을 회피하기 위해 강점을 사용하는 전략인 ST전략으로는 '사업 수행을 통해 확보된 글로벌 기업과의 협업을 통한 메가 프로젝트 진출로 영역 확장' 정도가 올 수 있다.

| 오답풀이 |

㉠ 강점(K-브랜드에 대한 높은 선호도)을 사용하여 외부 환경의 기회(해외 철도시장 규모의 증가 추세)를 활용하고자 하였으므로 SO전략으로 적절하다.
㉡ 약점(대규모 민간투자사업 참여 역량 및 관심 부족)을 극복하고, 외부환경의 기회(대규모 민간투자사업의 증가 등)를 활용하고자 하였으므로 WO전략으로 적절하다.
㉢ 약점(해외 철도사업 수행경험/인력 부족)을 극복하고, 외부환경의 기회(해외 철도시장 규모의 증가 추세 등)를 활용하고자 하였으므로 WO전략으로 적절하다.
㉤ 약점을 최소화(해외 철도사업 수행경험/인력 부족)하고 외부환경의 위협을 회피(현지 로컬 기업 자체 사업 추진)하고자 하였으므로 WT전략으로 적절하다.

개념 더 알아보기

SWOT분석은 내부 환경 요인(강점, 약점)과 외부 환경 요인(기회, 위협)의 2개의 축으로 구성되며, 이들을 서로 연관 지어 SO, ST, WO, WT전략으로 제시하여 문제해결 방법을 개발하는 방법이다.

27 문제해결능력

정답 ⑤

시간 단축 문제접근 TIP

자료 항목 내용의 하단에 주어지는 부가 정보에 핵심 내용이나 오답을 선택할 수 있는 함정이 있을 수 있으므로 문제 풀이 시 유의해야 한다.

'이용방법'에 따르면 다자녀 행복 할인승차권은 열차 출발 1개월 전부터 20분 전까지 구매할 수 있으므로 이용 당일에도 구매 가능하다.

| 오답풀이 |

① '할인율'에 따르면 다른 할인과 중복 적용할 수 없다.
② '할인대상'에 따르면 성인이더라도 25세 미만의 자녀일 경우 할인대상에 해당한다.
③ '할인율'에서 가족 중 최소 3명 이상(어른 1명 포함)이 이용해야 한다고 하였다.
④ '이용방법'에서 등록된 가족 이외에 다른 사람이 이용하는 경우 할인금액 회수 및 추가로 부가운임을 수수하며, 할인승차권을 다른 사람에게 제공한 회원은 할인 자격이 정지된다고 하였다.

28 문제해결능력

정답 ②

시간 단축 문제접근 TIP

발문과 주어진 정보를 잘 이해한 후 자료에 대입하여 적용하고 계산 시 실수하지 않도록 유의한다.

정 씨의 가족은 3자녀 가정이므로 KTX열차 승차 시 50% 운임이 할인된다. 이에 따라 갈 때와 올 때의 정 씨 가족의 승차권 가격을 구하면 다음과 같다.

- 갈 때(특실): {83,700(정 씨)+83,700(배우자)+83,700(21세 자녀)+83,700(18세 자녀)+53,800(12세 자녀)}×0.5=194,300(원)
- 올 때(일반실): {59,800(정 씨)+59,800(배우자)+59,800(21세 자녀)+59,800(18세 자녀)+29,800(12세 자녀)}×0.5=134,500(원)

따라서 왕복 승차권을 구매하는 데 결제해야 할 총금액은 194,300+134,500=328,800(원)이다.

29 문제해결능력

정답 ③

네 번째 문단에서 5G 특화망의 초고속성과 안정성을 활용해 상태기반 유지보수 체계를 고도화하는 곳은 서울역이 아니라 시흥차량기지이다.

| 오답풀이 |

① 두 번째 문단에서 시범사업 대상은 서울역, 시흥 수도권전철 차량정비 기지, 구로 전철변전소 등 3곳이며, 오는 2026년까지 철도 전용 5G 특화망을 새로 구축하고 로봇, 인공지능(AI), 디지털 트윈 등 4차 산업혁명 기술 솔루션을 적용할 계획이라고 언급되어 있으므로 적절한 내용이다.

② 다섯 번째 문단에서 구로 전철변전소에는 변압기 등 안전설비의 이상 여부를 신속하게 진단하는 원격제어 관리 체계로 변전소 운영의 안전성과 효율성이 한층 강화될 예정이라고 언급되어 있으므로 적절한 내용이다.

④ 첫 번째 문단에서 '이음5G'는 기존 이동통신망이 아닌 전용 주파수를 이용해 특정 구역 단위로 맞춤형 5G 네트워크를 제공하는 특화망 서비스라고 언급되어 있으므로 적절한 내용이다.

⑤ 네 번째 문단에서 시흥차량기지에서는 무거운 물건을 옮길 때 자동제어 가능한 5G 특화망 기반 지능형 물류 로봇으로 작업자 안전사고를 예방하고 작업 시간도 단축한다고 언급되어 있으므로 적절한 내용이다.

30 문제해결능력

정답 ④

세 번째 문단에서 환자는 자신의 건강 데이터를 쉽게 확인하고, 이를 기반으로 건강 관리에 적극적으로 참여할 수 있다고 했다. 따라서 환자가 자신의 건강의 의료진에게 의존하게 만드는 것이 아니라 자신의 건강에 능동적으로 참여할 수 있는 기회를 준다고 판단할 수 있다.

| 오답풀이 |

① 세 번째 문단에서 AI가 탑재된 웨어러블 기기는 심박수, 혈압, 산소포화도 등의 중요한 신호를 실시간으로 모니터링하고, 이러한 장치는 환자의 건강 상태를 지속적으로 체크하고 이상이 감지되면 의료제공자에게 즉시 경고한다고 했다. 따라서 만성 질환 환자의 경우, AI는 데이터 패턴을 분석하여 급격한 상태 악화를 예측하고, 이를 기반으로 적절한 치료를 계획할 수 있다고 판단할 수 있다.

② 첫 번째 문단에서 AI는 유전체 정보와 환자의 개인 기록을 통합하여 개인 맞춤형 진단을 가능하게 한다고 했다. 따라서 AI는 환자의 유전적 특성과 건강 이력을 고려한 맞춤형 치료를 제공할 수 있으며, 이는 보다 효과적인 헬스케어 솔루션으로 이어진다고 판단할 수 있다.

③ 두 번째 문단에서 AI는 일정 관리, 환자 기록 관리, 청구 처리와 같은 행정 업무를 자동화하여 의료 종사자들이 환자 관리에 더 많은 시간을 할애할 수 있도록 돕는다고 했다. 따라서 AI로 인한 병원 운영의 자동화는 인적 오류를 줄이고, 업무의 일관성을 높이며 의료진의 업무 부담을 경감할 것이라고 판단할 수 있다.

⑤ 첫 번째 문단에서 AI 시스템은 MRI 및 CT 스캔을 분석하여 종양, 골절 및 기타 이상 징후를 더욱 정확하게 감지할 수 있다고 했다. 따라서 AI는 방사선사의 진단을 보조하여 초기 단계에서 질병을 발견할 수 있게 도와줄 수 있을 것이라고 판단할 수 있다.

전공 기출복원 모의고사(경영학)

01	⑤	02	⑤	03	①	04	⑤	05	⑤
06	④	07	①	08	④	09	③	10	④
11	①	12	②	13	⑤	14	③	15	④
16	⑤	17	①	18	①	19	④	20	③
21	③	22	③	23	①	24	③	25	④
26	⑤	27	④	28	⑤	29	③	30	②

01 경영학원론 정답 ⑤

컨베이어 시스템은 헨리 포드(H.Ford)의 혁신적 생산설비이다. 이동조립법이라고도 불리며, 생산의 표준화 및 대량 생산을 통한 저가격 공급의 토대가 된 생산 시스템이다.

개념 더 알아보기

테일러(F.W.Taylor)의 과학적 관리법
- 시간연구와 동작연구
- 차별적 성과급제, 기획부제도
- 노동자의 과학적 선발
- 기능식 조직 및 직장 제도
- 고임금 저노무비
- 인간보다는 조직 우선의 관리법

02 경영학원론 정답 ⑤

경영학의 발전은 테일러(1911년)와 포드(1913년)의 과학적 관리론에 이어 페이욜의 경영관리론(1916년), 메이요와 뢰슬리스버거의 인간관계론(1932년)으로 이어졌고, 그 이후 경영의 근대 이론인 행동과학, 경영과학, 상황이론 등으로 발전하였다.

개념 더 알아보기

경영학의 발전

관점	이론	특징
고전적 경영학	Taylor 과학적 접근법(1911)	시간 및 동작연구, 차별적 성과급제, 기획부제도, 고임금 저노무비 등
	길브레스 부부의 과학적 관리법	Taylor 계승, 기본 동작연구(Therblig 모형), 영상 촬영 기법
	포드 시스템(1913)	컨베이어벨트(대량 생산), 봉사주의, 고임금 저가격, 3S 강조
	Fayol의 경영관리론(1916)	• 관리자의 6가지 역할 중 '관리'를 세분화 • 계획화 → 조직화 → 지휘 → 조정 → 통제
	Weber의 관료제(20C 초)	• 명령, 복종, 합법적 권위(규범), 문서화 • 전문성과 능력주의 강조
인간 관계론	호손공장 연구(1932)	• 종업원(인간)에 대한 관심, 인간관계론의 태동 • 호손 효과(인간적 요소 → 생산성에 영향을 미침)
	맥그리거 XY 이론(1960)	인간의 본성에 대한 관점(X론, Y론)
행동 과학 이론	경영과학(계량경영학)	세계대전 군수 물자 수송 문제, 최적해 산정, 수리적·확률적 모형
	경영 정보 시스템(MIS)	경영 의사결정 지원
현대 경영학	시스템 이론(1960)	오픈 시스템, 전체 최적화, 상호작용, 시너지 효과 발생
	상황 적합 이론(1960~1970)	기술과 조직 구조, 환경과 조직 구조

03 경영학원론 정답 ①

유통경로에서 발생하는 경쟁자와 협력업자 환경은 중간상인, 소비자(구매자) 및 주주, 시민단체, 채권자 등과 함께 기업에 직접적인 영향을 미치는 미시적 환경(Micro environment)에 해당한다.

개념 더 알아보기

거시적 환경

경영환경 중 거시적 환경(Macro environment)은 기업의 경쟁 및 시장환경을 둘러싼 환경을 말한다. 거시적 환경은 모든 기업에 공통적으로 영향을 미치는 것으로 사회·문화적 환경(Social&Culture), 기술적 환경(Technology), 경제적 환경(Economic), 정치·법률적 환경(Political) 등을 의미한다. 거시적 환경은 간접적으로 영향을 미치고 단기간에 잘 변화하지 않는다.

거시적 환경과 미시적 환경

04 경영학원론 정답 ⑤

사회화 → 표출화 → 연결화 → 내면화의 4가지 지식변환 과정은 순차적으로 진행되며 상호 간 밀접하게 연결되어 있다.

개념 더 알아보기

노나카의 지식변환

사회화 → 표출화 → 연결화 → 내면화의 과정을 거치며 암묵지와 형식지가 서로 변환되는 과정으로, 암묵지에서 암묵지로, 암묵지에서 형식지로, 형식지에서 형식지로, 그리고 형식지에서 암묵지로 변화한다.

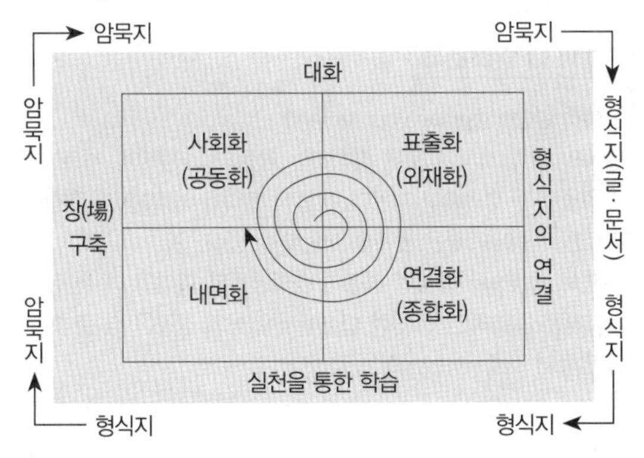

05 경영학원론 정답 ⑤

| 오답풀이 |

포터(M. Porter)의 가치창출 활동은 크게 본원적 활동과 지원적 활동으로 구분된다.

㉠, ㉡, ㉣은 지원적 활동(= 보조적 활동)에 해당한다.

개념 더 알아보기

마이클 포터의 가치창출(Value Chain)

- 본원적 활동: 물류투입(Inbound logistics), 운영·생산(Operations), 물류산출(Outbound logistics), 마케팅 및 영업(Marketing & Sales), 서비스(Service) 활동이 포함되며, 제품·서비스의 물리적 가치창출과 관련된 활동으로서 직접적으로 고객들에게 전달되는 부가가치 창출에 기여하는 활동들을 의미함
- 지원적 활동: 기업의 하부구조(Firm infrastructure), 인적자원관리(HRM), 기술개발(Technology development), 구매조달(Procurement)이 포함되며, 본원적 활동이 발생하도록 하는 투입물 및 인프라를 제공함
  ※ 기업의 하부구조: 기획, 재무, 회계, 법률 서비스

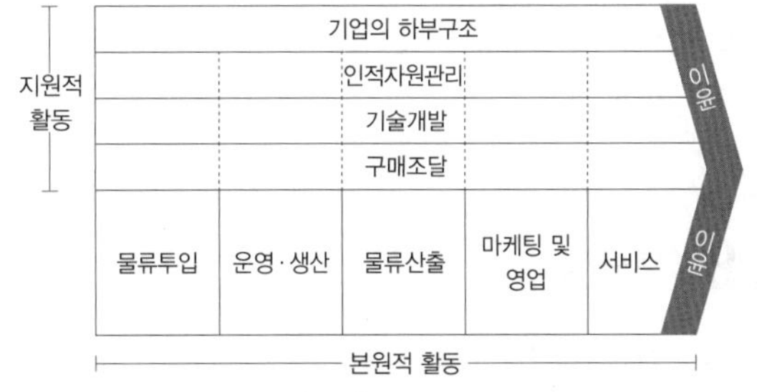

06 인사관리 정답 ④

조직화(Organization)란 지각이 된 대상이 분리된 형태로 존재할 수 없기 때문에 하나의 형태로 만들어져 가는 과정으로, 특정 이미지를 형성하는 과정(게스탈트 과정)이라 할 수 있다. 이러한 조직화의 형태에는 집단화(Grouping), 폐쇄화(Closure), 단순화(Simplification), 전경-배경의 원리(Law of figure & Background)가 있다.

개념 더 알아보기

조직화의 형태

- 집단화: 접근성이나 유사성을 근거로 사람이나 사물을 하나로 묶는 경향
- 폐쇄화: 불완전한 정보에 대해 임의대로 불완전한 정보를 채워서 전체로 지각하려는 경향
- 단순화: 정보가 과도한 경우 중요하다고 생각되는 것만 선택하여 정보를 줄이려는 경향
- 전경-배경의 원리: 특정 대상을 지각하는 경우 주요 요소(전경)와 부수적인 요소(배경)로 조직화하려는 경향

07 인사관리

정답 ①

조직시민행동(Organizational Citizenship Behavior)이란 조직에서 공식적으로 부과된 직무 이외에 자발적으로 다른 직무를 돕는 이타적인 행동을 의미한다. 조직시민행동의 유형에는 이타주의(altruism), 양심(conscience), 스포츠맨십(sportsmanship), 예의(courtesy), 공익성, 대인 간 돕기, 개인 솔선, 개인적 근면, 충성적 후원, 돕는 행위 등으로 측정한다. 이 중 예의행동(courtesy)은 다른 사람에 대해 기본적인 배려심을 베푸는 행동을 지칭한다. 즉, 업무의 진척 상황을 주기적으로 확인하고, 이를 다른 동료들과 적절한 방식을 통해 공유하는 것을 의미한다.

| 오답풀이 |

② 이타적 행동(altruism): 사회 친화적인 행동으로, 조직의 여러 상황에서 도움이 필요한 다른 사람을 자발적으로 도와주는 행위
③ 공익적 행동(civic virtue): 조직이나 집단 또는 팀을 위한 행동으로, 조직이 후원하는 자선행사에 참여하는 등의 행동
④ 스포츠맨십 행동(sportsmanship): 조직에서 발생하는 사소한 문제나 고충을 인내하는 행동으로서 변화와 변혁을 위한 고충 등에도 불평보다는 건설적인 노력을 보태는 행위
⑤ 양심적 행동(conscientiousness): 조직에서 요구하는 바를 이행하는 것과 관련이 깊은 규범적인 행동으로, 스스로 약속 시간을 지키는 등의 행동

08 인사관리

정답 ④

아담스(J.Adams)의 공정성 이론은 동기부여 이론 중 과정 이론에 해당한다. 공정성 이론은 개인의 보상체계와 관련하여 페스팅거의 '인지부조화' 이론을 동기부여와 연관시켜 설명하는 이론으로, 자신의 공헌과 보상의 크기를 다른 사람(비교 인물)의 투입과 산출 비율로 비교함으로써 동기가 유발된다는 이론이다.

개념 더 알아보기

동기부여 이론의 정리

동기부여 이론	초기 이론	과학적 관리론	차별적 성과급(개인성과급)
		인간관계론	호송공장 연구(관심/배려)
	현대적 동기부여 이론	내용 이론	매슬로우의 욕구단계설
			알더퍼의 ERG 이론
			맥클리랜드의 성취동기 이론
			허즈버그의 2요인 이론
			애킨슨의 성취동기 이론
		과정 이론	브룸의 기대 이론
			아담스의 공정성 이론
			포터&로울러의 기대 이론
			로크의 목표 설정 이론
			데시의 인지적 평가 이론

09 인사관리

정답 ③

집단응집성(Group cohesiveness)은 구성원 간 느끼는 매력도와 집단 구성원으로 남아있으려 하는 정도로, 집단의 활성화에 많은 영향을 미치는 요소이다.
집단 내 경쟁은 집단응집성을 약화시키는 요인에 해당한다.

개념 더 알아보기

집단응집성에 영향을 미치는 요인

- 상호작용의 빈도: 구성원 간의 빈번한 접촉은 의사소통을 활발하게 하고 친밀도를 높여 응집성을 향상시킴
- 집단 간 구조: 집단의 규모는 상호작용의 빈도와 관련되며, 너무 크면 응집성을 약화시킴
- 유사성의 정도: 친밀도가 높은 경우 응집성이 커짐
- 집단 목표의 동의 정도: 집단 목표의 동의성이 높으면 응집력이 커짐
- 집단 내외의 경쟁: 집단 간 경쟁은 응집성을 높이지만, 집단 내 개인 간 경쟁은 응집성을 약화시킴
- 집단 보상: 구성 전체에 대한 보상은 응집성을 높이지만, 개인별 차등 보상은 경쟁을 높임

10 인사관리

정답 ④

분배적 협상(Distributive negotiation)은 배분될 자원의 크기가 한정되어 있는 경우 이해관계가 상반되는 당사자들이 각각 자신의 몫을 극대화하려는 협상 방식이다. 즉, 당사자들은 오직 상대방보다 더 많은 몫을 가져오는 일에만 몰두한다. 완전히 분배적인 협상은 순수 갈등이나 제로섬 게임 상황으로 이해되며, 당사자들은 상대방의 이해가 자신의 이해와 상충된다고 생각한다. 즉, 협상은 '승자-패자'의 게임으로서 한쪽의 이익은 필연적으로 또 다른 한쪽의 손해를 의미한다. 분배적 협상은 양 당사자들이 고정된 파이인식(Fixed pie perception)을 지니고 있으며, 상대방과의 공통적인 요소는 무시하고 오직 자신과 상대방의 차이에만 초점을 맞춘다.

개념 더 알아보기

통합적 협상(Integrative agreement)

협상의 양 당사자가 모두 참여하는 공동의 과정이며, 서로에게 도움을 주는 결과를 가져온다. 통합적 합의가 이루어지면 협상이 종료된 이후에도 좋은 관계를 지속할 수 있다.
분배적 협상에서 협상의 성공이 상대방보다 파이의 더 큰 몫을 차지하는 것이라면, 통합적 협상에서 협상의 성공은 더 큰 파이를 만들어 서로 win-win하는 것이다.

11 인사관리

정답 ①

직무평가의 기초자료는 직무분석의 결과물인 직무기술서 및 직무명세서이며, 직무평가의 결과는 다시 직무급 산정에 활용된다.

개념 더 알아보기

직무평가(Job evaluation)

① 개념: 직무분석을 기초로 하여 각 직무가 지니고 있는 상대적인 가치를 결정하는 방법이다. 즉, 기업이나 기타의 조직에 있어서 각 직무의 중요성·곤란도·위험도 등을 평가하여 다른 직무와 비교한 직무의 상대적 가치를 정하는 체계적인 방법이다.

② 특징
- 직무분석을 바탕으로 작성된 '직무기술서'와 '직무명세서'를 기초로 함
- 일체의 속인적인 조건을 떠나서 객관적인 직무 그 자체의 가치를 평가함(cf. 직무상의 인간을 평가 → 인사평가(고과))
- 동일한 가치의 직무에는 동일한 임금을 적용하고, 더 높은 가치가 인정되는 직무에는 더 많은 임금을 책정하는 '직무급' 제도의 기초임

③ 방법: 서열법, 분류법, 점수법, 요소비교법이 있다.
서열법은 평가 대상 직무가 적은 경우에 적합하며, 분류법은 미리 등급표를 만들어놓고 해당 등급으로 분류하는 방법이다.

직무기술서와 직무명세서의 비교

구분	직무기술서	직무명세서
의미	직무 수행과 관련된 과업 및 직무 행동을 일정한 양식에 기술한 문서	직무 수행에 필요한 종업원의 행동, 기능, 능력, 지식 등을 일정한 양식에 기록한 문서
강조점	직무의 내용과 요건(과업 중심) 중시	직무 수행자인 인적 요건(사람 중심) 중시
내용	• 직무의 명칭 • 직무개요 • 직무내용 • 직무의무와 책임	• 교육 및 직무경험 • 필요한 지적 능력과 지식 • 업무 기술(skill) • 자격요건 등 기타 인적 요건
특징	직무분석의 결과를 바탕으로 직무의 내용과 개선점을 기록(속직적)함	• 직무분석의 결과를 세분화(속인적)하여 정리함 • 채용 관리와 밀접함

12 인사관리

정답 ②

마코프체인 기법(Markov chain method)은 주어진 특정 인적자원관리 정책 하에서 종업원이 미래의 어떤 시점에 현 직위에 존속·이동·이직할 확률을 추정한 인력전이행렬을 통하여 내부 노동시장의 인력 공급 정도를 파악하는 기법이다.
마코프체인 기법은 조직 및 인력 수요가 안정적인 경우에 적합한 기법이다.

개념 더 알아보기

기술목록(Skill inventory)
- 조직 구성원의 기술·역량·자격에 대한 기록으로, 각 직원의 지식이나 능력 등을 조사하고 그 내용을 바탕으로 기업 내 인적자원을 가장 적절하게 배치하고 활용하는 인적자원관리 기법
- 보통 이력서와 같이 첨부하는 내용으로 개인이 보유하고 있는 기술을 세부적으로 기술함
- 개인이 수행한 다양한 프로젝트를 꼼꼼히 나열하고, 어떤 프로젝트인지, 어떤 역할을 했는지 등을 구체적으로 기술함

13 인사관리

정답 ⑤

직무분석은 특정 직무의 내용(또는 성격)이나 조직이 요구하는 일의 내용 또는 요건을 정리·분석해서 그 직무가 요구하는 조직 구성원의 지식·능력·숙련·책임 등을 명확히 하는 과정이다. 그 중 워크샘플링법은 전체 작업 과정 동안 무작위적인 간격으로 많은 관찰을 행하여 직무행동에 관한 정보를 얻는 방법으로, 여러 직무활동을 동시에 기록하여 전체 직무의 모습을 파악할 수 있다는 장점이 있으나, 직무성과가 외형적일 경우에만 적용이 가능하다는 단점이 있다.

개념 더 알아보기

직무분석법
- 관찰법: 훈련된 직무 분석자가 직접 직무 수행자를 집중적으로 관찰하면서 정보를 수집하는 방법으로, 가장 보편적으로 이용함
- 면접법: 담당자(감독자, 부하, 기타 관계자 등)를 개별적 또는 집단적으로 면접하여 필요한 분석 항목의 정보를 획득하는 방법
- 질문지법: 표준화된 질문지를 통하여 직무 담당자가 직접 직무에 관련된 항목을 체크하거나 평가하는 방법
- 실제 수행법(경험법): 직무 분석자가 분석 대상 직무를 직접 수행함으로써 직무에 관한 정보를 얻는 방법
- 중요사건법: 직무 수행 과정에서 직무 수행자의 중요하거나 가치 있는 행동을 기록해 두었다가 이를 취합하여 분석하는 방법

14 인사관리

정답 ③

| 오답풀이 |

㉡ 집단성과분배제는 이익의 증가나 비용 감소 등 경영성과를 구성원에게 분배하는 제도이며, 이윤분배제도는 목표 수준 이상의 이익이 발생했을 때 구성원에게 분배하는 제도이다.

㉣ 스캔론플랜은 생산의 판매가치를 기초로 한 성과배분제도이다.
실제 산출액에서 기대 산출액을 차감한 모든 비용 절약분을 배분하는 것은 프렌치 시스템에 해당한다.

개념 더 알아보기

기업의 성과분배제도

기업의 성과분배제도는 개인성과급과 집단성과급제로 구분할 수 있다. 개인성과급에는 생산량을 기준으로 한 테일러식, 메릭식, 리틀식, 맨체스터플랜 등과 시간을 기준으로 한 비도우식, 할시식, 로완식, 간트식 등이 있다. 또한 집단성과급제에는 스캔론플랜, 럭커플랜, 카이저플랜, 프렌치 시스템 등이 있다.

개인성과급제

<table>
<tr><td>단순 성과급제</td><td colspan="2">제품 단위당 임률에 생산량을 곱하여 임금을 계산하는 방식(생산량비례급)</td></tr>
<tr><td rowspan="4">복률 성과급제 (차등 성과급)</td><td colspan="2">종업원의 작업 능률을 향상시키기 위해 성과의 정도에 따라 임금률을 차등 적용하는 방식</td></tr>
<tr><td>테일러식</td><td>과학적으로 결정된 표준 작업량을 기준으로 2단계로 나누어 차등적 성과를 지급하는 방식</td></tr>
<tr><td>메릭식</td><td>표준 실적 대비 100% 이상, 83~100%, 83% 미만 등 3단계 임률 적용</td></tr>
<tr><td>일급보장</td><td>표준에 미달하는 경우에도 일급을 보전해 주고, 표준 생산량 이상인 경우 성과급을 지급함</td></tr>
<tr><td rowspan="5">할증 성과급제</td><td colspan="2">임금의 기본 수준을 보장하면서 표준 이상의 성과를 달성한 경우에 할증 임금을 지급하는 방식</td></tr>
<tr><td>할시식</td><td>작업을 빨리 완료하는 경우 절약 시간에 대해서 시간당 임률의 1/2~1/3을 추가 지급함</td></tr>
<tr><td>비도우식</td><td>시간 단축 시 절약된 시간에 임률의 75%를 할증해서 지급함</td></tr>
<tr><td>로완식</td><td>할시식과 유사 절약한 시간의 규모에 따라 배분률을 정하는 방식</td></tr>
<tr><td>간트식</td><td>달성하기 어려운 작업 시간 내 완수 시 절약된 시간에 대한 보상을 지급함</td></tr>
</table>

집단성과급제

스캔론플랜	• 종업원의 제안을 통한 경영 참여의 대가로 개선된 성과를 분배(노동 비용을 제품 생산액으로 나눈 비율이 노사의 합의하에 정한 목표 비율보다 낮은 경우 절감된 금액) • 위원회제도를 통하여 종업원의 참여를 유도함 • 생산물의 판매가치(매출액)를 기준으로 성과를 배분함
럭커플랜	• 부가가치(VA)의 증대를 목표로 하여 이를 노사협력체제에 의하여 달성하고, 증가된 생산성 향상분을 분배함 • 전체 경제에 인플레 효과가 없는 임금 상승이 가능함 • 노동 비용을 부가가치로 나눈 생산성 비율을 목표로 정하여 이를 달성하는 경우 초과된 부가가치를 인센티브로 지급함
링컨플랜	성과급과 이윤분배제도를 결합하여 배분함
카이저플랜	재료비와 노무비 절약분을 분배함
프렌치 시스템	실제 산출액에서 기대 산출액을 차감한 모든 비용 절약분을 배분함

15 경영학원론

정답 ④

구매 의사결정력의 향상은 e-business 기업들이 제공하는 신속하고 다양한 정보들을 통해 검색 및 비교 가능성이 향상된 소비자 측면의 장점이다.

개념 더 알아보기

e-business의 장점

소비자 측면의 장점	기업 측면의 장점
• 신속, 정확한 정보 탐색 가능 • 온라인을 통한 원스톱 구매 • 시간적·공간적 구애를 받지 않음 • 정보 비교·탐색에 따른 구매 의사결정력 향상	• 유통비용 절감을 통한 효율성 향상 • 거래시간 단축 • 고객 정보 획득 및 이를 통한 DB 구축 • 오류 및 재작업 감소 • 내·외부 의사소통의 효율적 수행 가능

16 경영학원론

정답 ⑤

데이터베이스 마케팅(Database marketing)은 고객에 대한 개인적인 정보를 바탕으로 고객의 욕구에 부응하여 고객의 만족을 극대화하는 마케팅이다. 즉 기업과 소비자 간 양방향 의사소통이 이루어지는 관계로 즉각적인 피드백 제공을 장점으로 한다.

데이터베이스 마케팅은 표적시장 전략 또는 STP 전략의 시장세분화(Segmentation) 단계에서 매우 중요하다. 데이터베이스 마케팅을 위한 선행 작업은 고객들에 대한 세세한 정보를 수집하여 이를 데이터베이스화하는 것이다.

17 생산관리

정답 ①

적시 생산(JIT) 또는 린 생산 시스템은 고객의 요구(주문)에 따르는 풀(Pull) 시스템을 활용한다.

개념 더 알아보기

JIT(Just in time, 적시 생산) 시스템

제품 생산에 요구되는 부품 등 자재를 필요한 시기에 필요한 수량만큼 조달하여 낭비적 요소를 근본적으로 제거하려는 무재고 생산 시스템으로, 1950년대 중반 일본의 도요타(Toyota) 자동차 회사에서 개발되었다.

JIT 시스템과 MRP 시스템의 비교

구분	JIT 시스템	MRP 시스템
관리 시스템	요구(주문)에 따라가는 Pull 시스템	계획대로 추진하는 Push 시스템
관리 목표	낭비 제거 (무재고 시스템)	계획과 통제 (필요시 확보)
관리도구	눈으로 보는 관리(간판)	컴퓨터 처리
생산 계획	안정된 MPS 필요	변경이 잦은 MPS 적용 가능
자재 소요 판단	칸반(Kanban)	자재소요계획
발주(생산) 로트	소로트(Small lot)	경제적 주문량

18 생산관리

정답 ①

- 주기재고(A): 경제적 생산과 판매를 위해서 하나씩 생산하는 것보다 일정량을 한꺼번에 구입 또는 생산하는 것이 유리한데, 이에 따라 창고에 보관 중인 재고자산을 뜻한다.
- 안전재고(B): 불확실성에 대비하는 재고이다.
- 예비재고(C): 사전에 예측된 수요 증가에 대비하는 재고이다.
- 투기재고(D): 재화의 가격이 오를 때를 대비하여 농산물 등을 비축하는 재고이다.

개념 더 알아보기

A.J.Arrow가 말하는 재고보유의 동기

- 거래동기: 시장 수요는 매일 반복되나 납품을 한 달에 한 번만 한다면 대량 입고 후 조금씩 팔리는 동안 재고로써 보유함(lot size 재고, 수송 중 재고)
- 예방동기: 수요에 대한 품절의 위험을 감소하기 위해 보유함(안전재고)
- 투기동기: 값이 오를 때를 대비하여 농산물 등을 비축함

19 생산관리

정답 ④

| 오답풀이 |

① 프로젝트 공정(Project process)은 극단적 다품종 소량생산에 적합한 공정으로 선박, 항공기와 같은 고가품에 적용한다.
② 대량 생산공정(Mass production process)이 단속적 생산공정(Intermittent process)보다 더 많은 자본을 요구한다.
③ 단속 생산공정은 다품종 소량 생산의 제품 흐름에 적합하다.
⑤ 단속공정은 제품이 표준화되어 있지 않거나 생산 수량이 적은 경우에 적합하다.

개념 더 알아보기

생산공정의 유형

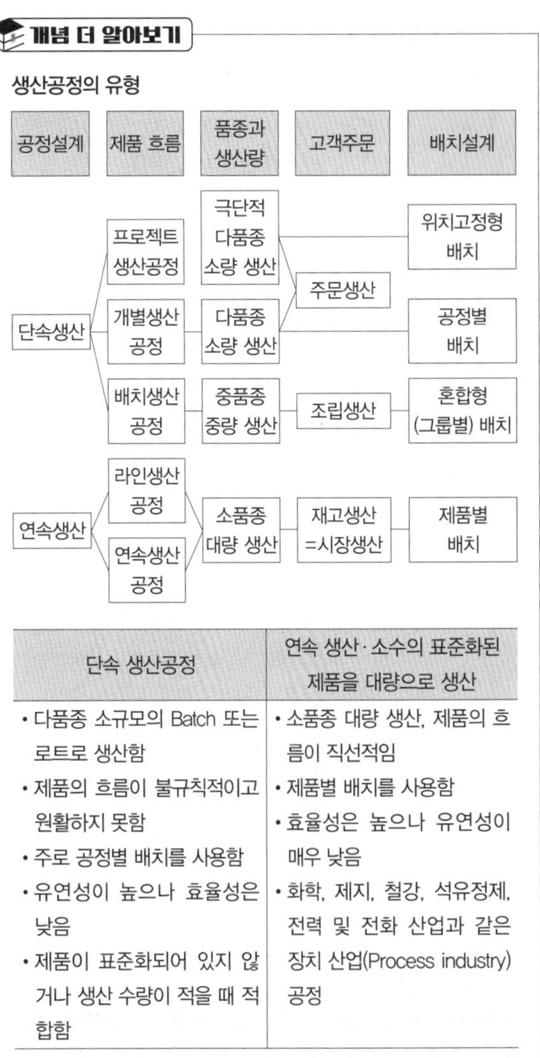

단속 생산공정	연속 생산·소수의 표준화된 제품을 대량으로 생산
• 다품종 소규모의 Batch 또는 로트로 생산함 • 제품의 흐름이 불규칙적이고 원활하지 못함 • 주로 공정별 배치를 사용함 • 유연성이 높으나 효율성은 낮음 • 제품이 표준화되어 있지 않거나 생산 수량이 적을 때 적합함	• 소품종 대량 생산, 제품의 흐름이 직선적임 • 제품별 배치를 사용함 • 효율성은 높으나 유연성이 매우 낮음 • 화학, 제지, 철강, 석유정제, 전력 및 전화 산업과 같은 장치 산업(Process industry) 공정

20 마케팅관리

정답 ③

성장기의 마케팅 전략은 상표를 강화하고 차별화를 통해 시장점유율을 확대하는 것이다. 이를 위해 취급점포를 대폭 확대하여 소비자가 쉽게 구매할 수 있도록 하는 집약적 유통(Intensive distribution) 전략을 사용한다.

| 오답풀이 |

①은 도입기, ②, ④, ⑤는 성숙기에 해당하는 전략이다.

개념 더 알아보기

제품수명주기

구분	도입기	성장기	성숙기	쇠퇴기
마케팅 목표	제품의 인지도 제고	시장점유율(M/S) 극대화	시장점유율 방어 및 이윤극대화	철수를 위한 회수 또는 회생
마케팅 전략	무차별 마케팅	경쟁우위 확보	차별적 마케팅	재마케팅
매출액	낮음	급격한 성장	최대 매출액	감소
이익	–	증대	최대	감소
제품	핵심 제품(기본사양)	제품 다양성 확대	제품의 전문화 및 브랜드 강화	취약품목의 포기
가격	원가기준 가격	시장침투 가격	경쟁자 기준 가격	가격 인하
촉진	조기 사용 유도를 위한 강력한 촉진	설득으로 다양한 소비자에게 인지도 강화	브랜드 차별화 강조 및 상표 전환 유도	최소한의 촉진 또는 재마케팅 촉진
유통	제한적 유통	집약적 유통	집약적 유통 강화	수익성 적은 경로의 조정 및 폐쇄

21 마케팅관리 정답 ③

전문품(Specialty goods)은 독특한 특징이나 브랜드 정체성이 있는 제품과 서비스이다. 소비자의 강한 브랜드 선호도와 충성도를 지니고 있고, 특별한 구매 노력을 기울인다. 브랜드 대안 간 비교가 이루어지지 않으며 가격 민감도가 낮다.

주로 구매 시점에 제품 특성을 비교평가 후 구매하는 제품은 편의품이며, 전문품은 사전적 정보 및 탐색을 통한 새로운 정보 수집을 하는 고관여 제품이다.

개념 더 알아보기

소비재의 분류

구분	편의품	선매품	전문품
구매빈도	높음	중간	낮음
관여도 수준	낮음	비교적 높음	매우 높음
문제 해결 방식	일상적 문제 해결 과정	포괄적 문제 해결 과정	상표 충성도에 의한 구매
제품 종류	치약, 세제, 비누, 껌, 과자류 등	패션 의류, 승용차, 가구, 가전 등	고급 시계, 고급 오디오, 보석류 등
가격	저가	고가	매우 고가
유통	집중적 유통	선택적 유통	전속적 유통
촉진	높은 광고 지출, 빈번한 판매 촉진	제품의 차별성 강조	구매자의 지위 강조

22 마케팅관리 정답 ③

| 오답풀이 |

① 소비자들이 제품을 알지 못하거나 무관심한 상태(또는 상황)는 무수요이다. 이 경우 수요의 창조를 위한 자극적 마케팅이 필요하다.

② 잠재적 수요는 아직 존재하지 않는 제품에 대한 욕구가 있는 상황으로, 수요의 개발을 위한 개발적 마케팅이 필요하다.

④ 불건전한 수요는 수요가 바람직하지 않다고 여겨지는 상황이다. 수요의 파괴를 위한 대항적 마케팅이 필요하다.

⑤ 초과 수요는 수요 수준이 공급자의 공급 능력을 초과하는 상황이다. 수요의 감소를 위한 디마케팅이 필요하다.

개념 더 알아보기

마케팅의 8가지 수요의 상황 및 대응 전략

목적	구분	내용	해결 방법	마케팅 전략
수요 확대	부정적 수요	소비자들이 구매를 꺼리는 경우	수요의 전환	전환 마케팅
	감퇴적 수요	제품수명주기에 따라 산업 자체가 쇠퇴해 가는 경우	수요의 부활	재마케팅
	무수요	소비자들이 제품에 관심이 전혀 없는 경우	수요의 창출	자극 마케팅
	잠재적 수요	소비자의 수요는 존재하나 그들이 알고 있는 제품으로는 충족시키지 못하는 경우	수요의 개발	개발 마케팅
수요 안정화	불규칙적 수요	수요가 계절성을 띠거나 생산 과잉이 일어나는 경우	수요와 공급시기의 일치	동시 마케팅
	완전 수요	기업이 현재 판매량으로 충분히 만족하는 경우	수요의 유지	유지 마케팅
수요 축소	초과 수요	수요가 공급 능력을 초과하는 경우, 혹은 기업의 입장에서 해가 되는 수요가 존재하는 경우	수요의 감소	디마케팅(역마케팅)
	불건전한 수요	수요가 사회적으로 바람직하지 못한 경우	수요의 파괴	대항적 마케팅

23 마케팅관리 정답 ①

시장세분화 기준 변수 중 구매행동(Behavioral) 변수에는 소비자가 추구하는 편익(Benefit), 사용률(사용량), 상표 충성도 수준, 사용 상황(Usage occasion) 등이 있고 심리분석적(Psychographics) 변수에는 라이프 스타일, 사회계층, 개성 등이 있다.

가족 생애주기(Family life cycle)는 연령, 성, 소득, 인종, 주거 지역 등과 함께 인구통계적(Demographics) 변수에 해당한다.

개념 더 알아보기

시장세분화 기준

변수	내용
지리적 기준	인구 규모, 밀도, 기후, 지형, 상권 등
인구통계적 기준	연령, 성별, 생애주기, 소득, 종교, 교육 수준 등
심리적 기준	사회계층, 라이프 스타일, 개성
구매 행동적 기준	구매 동기, 추구하는 편익, 사용 경험, 사용량, 충성도 등

24 마케팅관리

정답 ③

포지셔닝(Positioning)이란 소비자들이 경쟁업체와 비교하여 브랜드의 결정이나 제품 선택에 영향을 주는 요인들을 고려하여 이미지 형성을 위한 제품 및 브랜드를 소비자들에게 위치시키는 것을 말한다.

㉡ 이미지 포지셔닝이란 제품의 추상적인 편익을 강조하여 포지셔닝하는 방법으로, 소비자들에게 자사의 제품으로부터 긍정적 연상이 유발되도록 하는 기법이다.

㉣ 사용자에 의한 포지셔닝은 특정 제품이 특정 고객층에게 적합한 제품이라고 포지셔닝하는 방법이다. 제품의 기능적 편익 등을 경쟁 제품과 차별화하여 소비자에게 인식시키기 위한 방법은 경쟁 제품에 의한 포지셔닝에 해당한다.

25 마케팅관리

정답 ④

산업재 수요는 소비재 수요에 비해 가격 비탄력적이다. 소비재의 경우 가격 변동에 대해 소비자들이 민감하게 반응하는 반면, 산업재의 경우 가격 변동이 있더라도 재고를 통해 이를 흡수할 수 있으므로 가격 탄력성이 작다고 할 수 있다.

개념 더 알아보기

산업재의 특징

- 최종 소비재를 만들기 위해 소비되는 파생 수요에 해당한다.
- 생산자와 소비자 간의 직접 거래가 많이 이루어진다.
- 산업재 시장의 구매자는 전문적 구매를 하며 대량 수요를 한다.
- 산업재 수요는 소비재 수요에 비해 가격 비탄력적이다. 소비재의 경우 가격 변동에 대해 소비자들이 민감하게 반응하는 반면, 산업재의 경우 가격 변동이 있더라도 재고를 통해 이를 흡수할 수 있으므로 가격 탄력성이 작다고 할 수 있다.
- 산업재 구매자는 소비재 구매자에 비해 상품에 대한 전문 지식이 상대적으로 높고, 소비재 구매보다 더욱 계획적·합리적 구매가 이루어진다.

26 마케팅관리

정답 ⑤

푸시 전략의 경우 생산자가 제품을 유통업자를 통해 소비자에게 밀어내는 방식으로 촉진이 이루어지며, 대표적인 방법으로 인적 판매, 판매 촉진이 있다.

개념 더 알아보기

풀(Pull) 전략과 푸시(Push) 전략

① 풀 전략
- 소비자를 상대로 광고와 같은 적극적인 프로모션 활동을 통하여 소비자들이 제품을 직접 찾게 만드는 전략
- 촉진 전략: 광고와 홍보를 주로 사용하며, 쿠폰, 샘플, 경품 제공 등 소비자를 대상으로 하는 판매 촉진을 사용함

② 푸시 전략
- 제조업자가 소비자를 향해 제품을 밀어낸다는 의미로, 제조업자 → 도매상 → 소매상 → 최종 소비자에게 제품을 판매하게 만드는 전략
- 촉진 전략: 인적 판매 또는 가격 할인 등 중간상을 대상으로 하는 판매 촉진을 주로 사용함

27 생산관리

정답 ④

무검사는 제품의 품질을 간접적으로 보증해 주는 검사이다.

| 오답풀이 |

① 전수검사: 개개의 물품에 대하여 그 전체를 검사하는 것
② 로트별 샘플링검사: 로트별로 시료를 샘플링하고, 샘플링한 물품을 조사하여 로트의 합격, 불합격을 결정하는 검사
③ 관리 샘플링검사: 제조공정관리, 공정검사의 조정, 검사의 체크를 목적으로 하는 검사
⑤ 자주검사: 작업자 자신이 스스로 하는 검사

개념 더 알아보기

한국산업표준(KS)에 따른 검사의 종류

- 검사가 행해지는 공정에 의한 분류: 수입검사, 구입검사, 공정검사와 중간검사, 최종검사, 출하검사
- 검사가 행해지는 장소에 의한 분류: 정위치검사, 순회검사, 출장검사
- 검사 성질에 의한 분류: 파괴검사, 비파괴검사
- 판정 대상에 의한 분류: 전수검사, 로트별 샘플링검사, 관리 샘플링검사, 무검사, 자주검사

28 인사관리

정답 ⑤

동일한 유형의 더 많은 직무로 직무량을 확대하는 것은 직무의 수평적 확대를 의미하는 직무 확대(Job enlargement)이다.

개념 더 알아보기

직무충실화

- 직무확충이라고도 하며 전통적인 직무설계 방법과 달리 직무성과가 직무 수행에 따른 경제적 보상(Economic rewards)보다도 개인의 심리적 만족에 달려 있다는 전제하에 직무 수행의 내용과 환경을 재설계하는 방법
- 높은 수준의 지식과 기술이 요구되며, 작업자에게 자신의 성과를 계획하고 통제할 수 있는 자주성과 책임이 보다 많이 부여되고, 개인적 성장과 의미 있는 작업 경험에 대한 기회를 제공할 수 있도록 직무의 내용을 재편성하는 것을 의미함

29 생산관리

정답 ③

역사적 유추법(Historical analogy)은 정성적 기법으로, 신제품과 비슷한 기존 제품(보완 제품이나 대체 제품)의 제품수명주기의 각 단계에서 수요 변화에 관한 과거의 자료를 이용하여 수요의 변화를 유추하는 방법이다. 수명주기 유추법이라고도 하며, 중·장기의 수요 예측에 적합하다고 알려져 있다. 비용이 적게 든다는 장점이 있으나 신제품과 비슷한 기존 제품을 어떻게 선정하는가에 따라서 예측 결과에 큰 차이가 있다는 단점이 있다.

개념 더 알아보기

수요 예측 기법

① 정성적 기법

기법	내용
델파이법	• 전문가의 의견을 우편으로 수집함 • 미래의 불확실성에 대한 의사결정(장기적인 예측)에 유용함 • 많은 시간이 소요되고, 응답자에 대한 통제력이 결여됨
시장조사법	• 설문지, 인터뷰, 시제품 발송 등으로 소비자들의 의견을 조사하여 수요를 예측함 • 단기·중기·장기의 수요 예측에 모두 사용할 수 있음 • 질적 기법 중 가장 많은 비용과 시간이 소요됨
경영자의견법 (중역의견법)	• 신제품 개발 등 과거의 실적 자료가 없거나 자료가 부족한 경우 사용함 • 통제 불가능한 위험에 빠질 수 있음 • 경영자들의 능력에 따라 차이가 많고, 정확도가 높지 않음
패널동의법	경영자, 판매원, 소비자 등으로 패널을 구성하고 자유롭게 의견을 제시함으로써 예측치를 구함
수명주기 유추법 (역사적 유추법)	• 제품의 수명주기를 고려하여 수요 변화를 유추함 • 신제품 개발에 주로 이용함

② 정량적 기법

구분	기법	내용
시계열분석법	추세분석법	시계열을 관통하는 추세선을 구한 다음 그 추세선상에서 미래의 수요를 예측함
	이동평균법	• 매기간 앞으로 이동하면서 일정 기간의 수요를 평균하여 수요를 예측함 • 경기 변동이나 계절 변동을 충분히 알 수 없음 • 단순이동평균법에서 이동 평균기간이 짧을수록 최근의 수요 변화를 많이 반영함 • 가중이동평균법은 가까운 기간에 더 큰 가중치를 주어 최근의 수요 변화를 많이 반영할 수 있음
	지수평활법	• 현시점에 가까운 실적치에 가중치를 크게 주고 과거로 갈수록 가중치를 적게 주어 수요를 예측함 t(수요 예측치) =평활상수×($t-1$)의 실적치 +(1−평활상수) ×($t-1$)의 예측치 =($t-1$)의 예측치+($t-1$)×(실적치−예측치) • 수요 변동이 크거나 성장률이 높은 제품에 대하여는 평활상수값을 크게 조정함 • 평활상수값이 클수록 현시점에 가까운 실적치에 많은 비중을 둠
인과형모형	회귀분석법	• 수요에 영향을 주는 요인을 파악하여, 수요와 요인의 관계를 나타내는 회귀식을 추정하여 수요를 예측함 • 상관계수가 ±1에 가까울수록 모형의 신뢰성이 높음
	투입−산출 모형	산업의 산출량 혹은 가격 변화가 다른 산업에 미치는 영향을 예측하는 데 이용할 수 있는 분석 도구

30 생산관리

정답 ②

미국 하버드 대학 G.A Garvin(1984) 교수는 생산자뿐만 아니라 사용자의 관점을 동시에 고려하여 품질을 구성하는 8가지 차원을 제시하여 전략적인 품질경영의 중요성을 강조하였는데, 이 중 구체성은 8요소에 해당하지 않는다.

개념 더 알아보기

G.A Garvin(1984)의 품질 구성(특성)의 8요소

- 성능: 제품이 가지고 있는 운영적인 특징
- 특징: 특정 제품이 가지고 있는 경쟁적 차별성
- 신뢰성: 잘못되거나 실패할 가능성의 정도
- 적합성(일치성): 고객들의 세분화된 요구를 충족시킬 수 있는 능력
- 지속성: 제품이 고객에게 지속적으로 가치를 제공할 수 있는 기간
- 서비스 편의성: 기업이 고객을 통하여 가질 수 있는 속도, 친절, 문제 해결 능력 등의 경쟁력
- 심미성: 사용자 감각에 소구(訴求)할 수 있는 내용
- 지각된 품질: 기업 혹은 브랜드의 명성

전공 기출복원 모의고사(기계일반)

01	①	02	⑤	03	④	04	④	05	②
06	③	07	②	08	③	09	①	10	②
11	④	12	③	13	④	14	⑤	15	③
16	⑤	17	③	18	④	19	③	20	④
21	③	22	⑤	23	②	24	③	25	⑤
26	①	27	⑤	28	①	29	⑤	30	④

01 유체역학

정답 ①

일반적으로 초킹 현상은 아음속 유동에서도 나타날 수 있으나 초음속 유동에서는 주로 충격파(Shock wave), 마하파(Mach wave), 팽창파(Expansion wave) 등이 나타난다.

| 오답풀이 |

② 목 부분에서 압력이 감소하면 유체의 속도가 증가하고, 결국 음속에 도달하여 초킹 현상이 발생한다.
③ 질량 유량을 증가시키면 유속이 빨라져 음속에 도달하고, 결국 초킹 현상이 발생할 수 있다.
④ 노즐 설계 시 초킹 현상을 고려하지 않으면 원하는 성능을 얻을 수 없으므로 매우 중요한 요소이다.
⑤ 초킹 현상은 유체의 흐름 속도가 음속에 도달하는 순간 발생한다.

개념 더 알아보기

초킹 현상은 유체가 흐르는 관이나 노즐의 목 부분에서 유체의 속도가 음속에 도달하고, 더 이상 질량 유량이 증가하지 않는 현상이다. 유체가 마치 목이 막힌 것처럼 흐름이 제한되는 현상으로, 쉽게 말해 유체가 흐르는 통로가 너무 좁아져서 더 이상 빨리 흐를 수 없게 되는 상황을 말한다.

02 유체역학

정답 ⑤

파스칼의 원리는 밀폐된 용기 속의 유체에 가해진 압력은 유체의 모든 부분에 균일하게 전달된다는 것으로, 파스칼의 원리를 이용한 장치는 작은 힘으로 큰 일을 할 수 있다는 것이 가장 큰 장점이다.

개념 더 알아보기

작은 면적의 피스톤에 힘을 가하면 유압 오일의 압력이 증가하고, 이 압력이 큰 면적의 피스톤에 전달되어 더 큰 힘을 발생시킨다. 이러한 원리를 이용하여 자동차 브레이크, 건설 기계, 산업용 기계 등 다양한 분야에서 파스칼의 원리가 활용된다.

03 유체역학

정답 ④

정상 유동은 유체의 상태가 시간에 따라 변하지 않는 상태를 의미한다. 즉, 유동장 내의 어떤 점을 고정하고 관찰하면 시간이 흘러도 그 점에서의 유체의 속도, 압력 등이 변하지 않는다는 뜻이다.

| 오답풀이 |

① 정상 유동은 시간에 대한 미분항이 없어 비정상 유동에 비해 해석이 간단하다.
② 정상 유동에서는 유동장의 전체적인 모양이 시간에 따라 변하지 않는다.
③ 유선은 특정 순간의 속도 방향을 나타내는 선으로, 정상 유동에서는 시간에 따라 변하지 않는다.
⑤ 정상 유동의 정의이다.

개념 더 알아보기

정상 유동에서 유선은 유체의 흐름 자체를 나타내는 고정된 선이고, 유적선은 유체 입자의 이동 경로를 나타내는 시간에 따라 변하는 선이다. 하지만 정상 유동에서는 유체 입자가 항상 같은 방향으로 움직이기 때문에 유선과 유적선이 일치하게 된다.
반면에 비정상 유동에서는 유선이 시간에 따라 변하기 때문에 유선과 유적선이 다르게 나타난다.

04 유체역학

정답 ④

점도가 낮은 유체는 흐름이 더 부드러워 관 벽과의 마찰이 적어 손실수두가 감소한다. 마치 물보다 꿀이 더 끈적여 흐르기 어려운 것과 같은 원리이다.

| 오답풀이 |

① 유속이 증가하면 유체 입자 간의 충돌이 빈번해지고, 관 벽과의 마찰도 증가하여 손실수두가 증가한다.
② 관이 길어질수록 유체가 이동하는 거리가 길어져 마찰이 증가하고, 손실수두도 증가한다.

③ 관의 직경이 감소하면 유속이 증가하고, 관 벽과 유체 사이의 접촉 면적이 넓어져 마찰이 증가하여 손실수두가 증가한다.
⑤ 거친 표면은 유체와의 마찰을 증가시켜 손실수두를 증가시킨다.

개념 더 알아보기

관의 손실수두란 유체(액체나 기체)가 관을 따라 흐를 때, 유체의 에너지가 점차 감소하는 현상을 수두라는 단위로 나타낸 것을 말한다. 마치 물이 높은 곳에서 낮은 곳으로 흐르면서 높이(수두)를 잃어가는 것처럼, 유체 역시 관을 따라 흐르면서 에너지를 잃어 버리는 것이다.

05 재료역학

정답 ②

3차원 공간에서 원래 부피(dV)는 $dx \times dy \times dz$이므로 변화된 부피는 다음과 같이 나타낼 수 있다.

$dV' - dV = dxdydz(\varepsilon_x + \varepsilon_\gamma + \varepsilon_\beta +$ 고차항)

고차항을 무시하면

$\varepsilon_v = (dV' - dV)/dV \approx \varepsilon_x + \varepsilon_\gamma + \varepsilon_\beta$

즉, 작은 변형률 범위 내에서 체적 변형률은 각 축 방향의 변형률의 합으로 근사적으로 나타낼 수 있다.

개념 더 알아보기

체적 변형률이란 물체가 외부 힘을 받아 부피가 변할 때, 원래 부피에 대한 변화된 부피의 비율을 의미한다. 즉, 물체의 부피가 얼마나 변했는지를 나타내는 척도이다.

06 유체역학

정답 ③

원관에서 수력반경(Rh)는 유체가 흐르는 관의 단면적(A)을 젖은 둘레(P)로 나눈 값이다.

원형관에서 단면적 $A = \pi r^2$(여기서 r은 반지름)

젖은 둘레 $P = 2\pi r$

따라서 $Rh = \frac{A}{P} = \frac{\pi r^2}{2\pi r} = \frac{r}{2}$

수력직경(Dh)는 원형관에서

$Dh = 4Rh = 4(\frac{r}{2}) = 2r$

즉, 원형관에서 수력직경(Dh)은 $2r$로, 실제 직경과 같다.

07 기계설계

정답 ②

$\tau = \frac{8PD}{\pi d^3}$

(여기서 τ: 전단응력, P: 하중, D: 코일의 평균 지름, d: 선재의 지름, π: 원주율)

문제에서 D가 4배 증가하고, d는 일정하다고 했으므로

$D' = 4D$라고 설정하여 새로운 전단응력을 계산하면 다음과 같다.

$$\tau' = \frac{8PD'}{\pi d^3} = \frac{8P(4D)}{\pi d^3} = 4 \times (\frac{8PD}{\pi d^3}) = 4\tau$$

개념 더 알아보기

코일 스프링에서 전단응력은 스프링의 평균 지름과 선재의 지름에 따라 달라진다. 스프링의 평균 지름이 증가하면 전단응력도 그에 비례하여 증가하는데 이 문제에서는 코일 스프링의 평균 지름을 4배로 하면 전단응력이 4배로 증가한다는 것을 계산을 통해 확인할 수 있다.

08 유체역학

정답 ③

절대 압력은 완전 진공 상태를 기준으로 측정하는 압력으로, 외부 환경(특히 대기압)의 영향을 최소화하여 절대적인 압력 값을 얻을 수 있다. 하지만 절대 압력을 측정하기 위해서는 진공 상태를 만들거나 보정해야 하므로 일반적인 게이지 압력 측정 방식보다 더 복잡한 측정 장비가 필요하다.

| 오답풀이 |

① 열역학 계산은 절대 온도와 절대 압력을 사용하는 것이 일반적이므로 절대 압력을 사용하면 계산의 정확도를 높일 수 있다.
② 절대 압력은 대기압의 영향을 받지 않는 것이 가장 큰 장점 중 하나이다.
④ 절대 압력은 모든 시스템에서 동일한 기준으로 측정되므로 다양한 시스템 간의 압력 비교를 용이하게 한다.
⑤ 진공 시스템에서는 절대 압력이 0에 가까우므로 절대 압력을 사용하여 정확하게 측정할 수 있다.

09 열역학

정답 ①

습증기 구간에서 등온선은 온도가 일정한 상태를 나타내는 수평선이다. 이는 액체와 기체가 공존하며 상변화가 일어나는 동안 가해지는 열에너지가 모두 상변화에 사용되기 때문이다. 이때 엔탈피는 증가한다. 등온선의 기울기가 0인 이유는 온도 변화가 없기 때문이며, 이는 건도와 무관하다.

개념 더 알아보기

냄비에 물을 넣고 가열하면 물의 온도가 올라가 100℃에서 끓기 시작한다. 이때 불의 세기를 조절해도 물의 온도는 100℃를 유지하며, 물은 모두 끓어 수증기가 될 때까지 온도가 변하지 않는다. 이를 잠열이라고 하며 이 과정을 몰리에르 선도의 등온선으로 나타내면 습증기 구간에서는 수평으로 표시된다.

10 열역학

정답 ②

랭킨 사이클은 작동 유체가 상변화를 거치면서 일을 하는 열역학적 사이클이다. 이 사이클은 물과 같은 작동 유체가 보일러에서 증기로 변환되고, 터빈을 통해 팽창하면서 일을 수행한 후, 응축기에서 다시 물로 응축되는 과정을 반복한다. 이러한 상변화 과정이 랭킨 사이클의 핵심 특징이다.

| 오답풀이 |

① 랭킨 사이클은 등온 팽창 과정을 포함하지 않는 대신에 등압 과정과 단열 과정을 포함한다.

③ 외부에서 연료를 공급 받아 열을 얻지만, 이는 사이클의 주요 특징이 아니다.

④, ⑤ 이 설명은 랭킨 사이클뿐만 아니라 다른 열역학적 사이클에도 적용될 수 있는 일반적인 설명이다.

개념 더 알아보기

랭킨 사이클은 열에너지를 기계적인 일로 변환하는 데 사용되는 열역학적 사이클이다. 증기 기관이나 화력 발전소에서 널리 사용되는 사이클로, 물을 가열하여 증기를 만들고, 이 증기의 팽창력을 이용하여 일을 얻는 과정을 반복한다.

11 재료역학

정답 ④

문제에서 주어진 값을 전단 탄성계수 G의 공식에 대입하면

$$G=\frac{E}{2(1+\eta)}=\frac{300\text{GPa}}{2(1+0.25)}=\frac{300\text{GPa}}{2.5}=120\text{GPa}$$

따라서 이 재료의 전단 탄성계수 G는 120GPa이다.

개념 더 알아보기

탄성계수 E는 재료가 인장 또는 압축력을 받을 때 변형되는 정도를 나타내는 값이고, 전단 탄성계수 G는 재료가 전단력을 받을 때 변형되는 정도를 나타내는 값이다. 푸아송의 비는 재료가 한 방향으로 늘어날 때 수직 방향으로 얼마나 수축하는지를 나타내는 비율로, 인장 변형률에 대한 횡 변형률의 비라고 할 수 있다. 따라서 탄성계수 E와 전단 탄성계수 G는 푸아송의 비 η를 통해 서로 연관되어 있다. 즉, 푸아송의 비가 주어지면 탄성계수와 전단 탄성계수 중 하나만 알면 나머지 하나를 계산할 수 있다.

12 유체역학

정답 ③

평판 위를 유체가 흐르면 표면과의 마찰 때문에 유체의 속도가 감소하는 영역이 생기는데, 이를 경계층이라고 한다. 평판의 하류 쪽으로 갈수록 이 경계층의 두께는 점차 증가한다.

개념 더 알아보기

경계층은 고체 표면 근처에서 유체의 속도가 감소하는 영역을 말하며, 그 두께는 유체의 종류, 유속, 표면 거칠기 등 다양한 요인에 따라 달라진다.

층류 경계층은 유체 입자들이 규칙적으로 움직이며 서로 섞이지 않고 평행하게 이동하는 반면, 난류 경계층은 유체 입자들이 불규칙하게 움직이며 서로 섞여 복잡한 흐름을 보인다.

13 열역학

정답 ④

i) 효율 $\eta=1-\dfrac{Q_{out}}{Q_{in}}$

$$=1-\frac{\text{방출된 열량}}{\text{흡수된 열량}}=1-\frac{300}{800}=0.625$$

따라서 효율 η는 62.5%이다.

ii) Clausius 부등식 $\oint\dfrac{\delta Q}{T}\le 0$에 대입하면

$$\oint\frac{\delta Q}{T}=\frac{800}{1,200}+\frac{-300}{400}=0.667-0.75\le -0.083$$

따라서 Clausius 부등식을 만족한다.

개념 더 알아보기

모든 열기관은 열을 흡수하여 일을 하고, 남은 열을 저온원에 방출하는 과정을 거친다.

Clausius 부등식은 이러한 과정에서 열이 저절로 고온에서 저온으로만 흐른다는 것을 나타내며, 자연 현상의 방향성을 설명하는 중요한 법칙이다.

14 재료역학

정답 ⑤

단순보의 처짐량 $\delta_{\max}=\dfrac{PL^3}{48EI}$

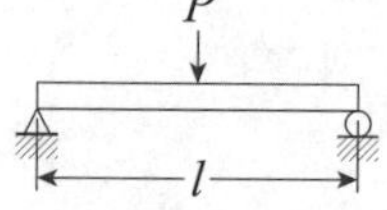

양단 고정보의 처짐량 $\delta_{\max}=\dfrac{PL^3}{192EI}$

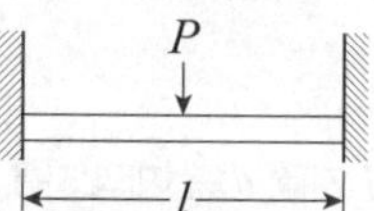

$\delta_{\max}$는 위의 공식으로부터

$$\frac{PL^3}{48EI}:\frac{PL^3}{192EI}=4:1$$

따라서 단순보의 처짐량이 4배 크다.

개념 더 알아보기

단순 지지보는 양 끝단이 자유롭게 회전할 수 있기 때문에 균일 분포 하중에 대해 더 쉽게 변형될 수 있다. 반면, 양단 고정보는 양 끝단이 고정되어 있다.

15 재료역학

정답 ③

비틀림 각도가 작을수록 축이 더 강하게 유지되며, 이는 기계의 성능과 안정성을 보장한다. 내구성이 높아지면 축이 비틀림 변형에 의해 과도하게 휘어지는 것을 방지할 수 있다.

개념 더 알아보기

강성이 높은 재료는 외부 힘에 의해 변형이 적게 발생하므로 반복적인 하중이나 충격에도 구조적 변형이 적다. 이는 내구성을 높이는 데 중요한 역할을 한다. 예를 들어, 강성이 높은 축은 비틀림 변형이 적어 피로 파괴의 위험이 줄어들고, 결과적으로 내구성이 향상된다.

16 열역학

정답 ⑤

메탄(CH_4)은 프로판(C_3H_8)에 비해 비교적 간단한 구조로, 하나의 탄소 원자와 네 개의 수소 원자로 구성되어 있고 프로판은 세 개의 탄소 원자와 여덟 개의 수소 원자로 구성되어 있다. 일반적으로 분자 구조가 복잡할수록 자유도가 커서 비열비가 작아지는 경향이 있다. 여기서 메탄의 비열비는 약 1.31, 프로판의 비열비는 약 1.13으로, 프로판의 비열비가 메탄보다 더 작은 값을 가지는 것을 확인할 수 있다.

| 오답풀이 |

① 헬륨(He)은 단원자 기체이며 비열비가 약 1.66으로 가장 크다.

②, ③ 산소(O_2)나 질소(H_2)는 2원자 기체로 단원자 기체보다 비열비가 조금 높으며 약 1.40이다.

개념 더 알아보기

같은 양의 열을 가했을 때, 정압 과정에서는 물질의 온도 상승이 정적 과정보다 더 작다. 즉, 정압 과정에서는 부피가 변하면서 일을 하므로, 온도를 올리기 위해 더 많은 열이 필요하다. 비열비라는 개념은 이러한 차이를 정량적으로 나타내는 값으로, 정압 비열과 정적 비열의 비율이며 일반적으로 1보다 큰 값을 보인다.

17 기계재료

정답 ③

백점은 주조된 금속 내의 미세한 결함으로, 주로 불균일한 결정 구조나 기체 포획에 의해 발생한다. 이러한 결함은 금속의 기계적 성질을 저하시킬 수 있으며, 특히 외부 힘에 대한 저항력인 인성이 낮아져 변형을 방해하고 파손이 더 쉽게 된다.

개념 더 알아보기

백점 발생이 재료의 기계적 성질에 미치는 영향은 여러 요인에 의해 결정되며, 연성과 인성의 관계도 그 중 하나이다. 인성은 재료가 파손되기 전에 얼마나 많은 변형을 견딜 수 있는지를 나타내며, 외부 힘에 대한 저항력을 의미한다. 따라서 백점은 이러한 변형을 방해하여 파손을 쉽게 만드는 경향이 있다.
연성은 재료가 늘어나는 능력을 나타내며, 인성과 밀접한 관련이 있지만 백점은 주로 파괴 전 단계에서의 변형 저항에 더 큰 영향을 미친다. 즉, 백점이 있는 금속은 외부 힘에 의해 쉽게 파손될 가능성이 높아진다.

18 재료역학

정답 ④

장주 설계 시 좌굴응력 계산에 사용되는 단말계수(n)가 클수록 기둥은 좌굴에 대한 저항력이 크게 된다.
단말계수를 n이라고 하면

설계 유형	단말계수(n)
1단고정, 타단자유	1/4
양단힌지	1
1단힌지, 타단고정	2
양단고정	4

따라서 단면계수(n)의 크기는
1단고정, 타단고정>1단힌지, 타단힌지로
양단고정 조건이 양단힌지 조건보다 크다.

개념 더 알아보기

기둥의 양 끝단 고정 조건에 따라 좌굴에 대한 저항력이 달라지는데, 이러한 차이를 나타내는 비율을 단말계수라고 한다. 단말계수는 강도계수 또는 고정단 계수라고도 하며 단말계수가 클수록 좌굴에 대한 저항력이 크다는 것을 의미한다.

19 기계재료

정답 ③

합금강의 내열성이 높은 것은 몰리브덴, 크롬 등의 합금 원소가 포함되어 있기 때문이다. 이러한 원소들은 고온에서의 강도와 경도를 유지하는 데 중요한 역할을 한다.

| 오답풀이 |

① 탄소량이 적다고 해서 내열성이 높아지는 것은 아니다. 오히려 적당한 탄소량이 있어야 강도와 경도를 유지할 수 있다.

② 열처리는 내열성을 높이는 중요한 과정이다. 열처리를 하지 않는 것은 내열성과 관계 없다.

④ 열전도성은 열을 전달하는 능력과 관련이 있으며, 내열성과는 직접적인 관계가 없다.

⑤ 내식성과 내열성은 서로 다른 특성으로 내식성이 높다고 해서 내열성이 높아지는 것은 아니다.

20 기계재료

정답 ④

순금속 A와 그 중에 들어간 B가 일정하게 분포되어 있을 때, 즉 2개의 원소 이상으로 된 단일상의 고체에서 1개 원소의 결정이 다른 원소에 용해된 것을 고용체라 한다.

개념 더 알아보기

고용체는 두 개 이상의 원소가 서로의 결정 구조 내에서 균일하게 분포하여 형성된 상태로, 치환형과 침입형 고용체로 나뉜다. 치환형 고용체는 용질 원자가 용매 원자의 결정 격자 위치를 대체하는 형태(예: 구리, 니켈)이고 침입형 고용체는 용질 원자가 용매 원자 사이의 빈 공간(침입 위치)에 자리 잡은 형태이다.

21 기계설계

정답 ③

중력 순환 급유 방식은 중력을 이용해 윤활유를 공급하는 방식으로, 펌프나 전원이 필요 없다는 장점이 있다. 그러나 급유량을 정밀하게 조절하기 어렵다는 단점도 있다.

| 오답풀이 |

① 별도의 복잡한 장치 없이 간단하게 설치할 수 있다.
② 중력을 이용하기 때문에 펌프와 같은 별도의 동력원이 필요하지 않다.
④ 중력을 이용하기 때문에 구조가 단순하여 펌프와 같은 별도의 동력원이 필요하지 않아 초기 투자 비용이 적다.
⑤ 펌프 등의 동력원이 필요없으므로 별도의 전원 공급이 필요하지 않다.

개념 더 알아보기

중력 순환 급유 방식은 중력을 이용해 윤활유를 공급하는 방식이다. 주요 장점으로는 설치가 간단하고, 펌프나 전원이 필요 없으며, 초기 투자 비용이 적다는 것이다. 그러나 급유량을 정밀하게 조절하기 어렵고, 윤활유가 고르게 분포되지 않을 수 있다는 단점도 있다. 이 방식은 주로 간단한 기계나 저속, 저하중의 기계에서 주로 사용된다.

22 기계재료

정답 ⑤

몰리브덴은 고온에서 강도와 경도를 유지하는 데 매우 효과적이며, 유동성을 좋게 하는 특성도 가지고 있다.

| 오답풀이 |

① 탄소(C)는 강도와 경도를 높이는 데 기여하지만, 유동성 향상에는 크게 기여하지 않는다.
② 크롬(Cr)은 내식성과 내열성을 증가시키지만, 유동성을 개선하는 데는 효과적이지 않다.
③ 규소(Si)는 유동성을 좋게 하지만, 고온에서의 강도와 경도를 유지하는 데는 몰리브덴보다 효과적이지 않다.
④ 바나듐(V)은 결정립 미세화로 강도를 증가시키지만, 유동성과 고온 성질 유지에는 큰 영향을 미치지 않는다.

개념 더 알아보기

몰리브덴의 특성

몰리브덴은 아래와 같은 특성을 모두 갖추고 있어, 특히 고온에서의 강도 유지와 유동성 개선에 매우 효과적인 합금원소이다.

- 유동성: 주물의 경우, 유동성이 좋으면 주형 내에서 금속이 쉽게 흐르고 균일하게 분포될 수 있어 결함 없이 제품을 만들 수 있다.
- 고온 강도: 고온에서도 재료가 변형되지 않고 강도를 유지하는 것은 고온 환경에서의 사용에 매우 중요하다.
- 내열성: 고온에서의 성능을 보장하고, 고온에서 산화나 분해를 방지하는 성질이다.

23 기계재료

정답 ②

회주철에서 가장 일반적으로 발견되는 흑연의 형태는 편상흑연이다. 편상흑연은 얇게 벗겨지는 편처럼 생긴 납작한 판 모양의 흑연으로, 회주철의 특징적인 미세구조를 이룬다.

| 오답풀이 |

① 구상흑연은 구형에 가까운 흑연 입자가 뭉쳐 있는 형태로, 구상흑연 주철에서 주로 발견된다. 회주철에서는 일반적으로 관찰되지 않는다.
③ 괴상흑연은 불규칙한 형태의 흑연 덩어리를 의미하며, 특정 조건에서 형성될 수 있지만 회주철에서는 주로 편상흑연이 나타난다.
④ 편석흑연은 흑연이 특정 영역에 불균일하게 분포하는 현상을 의미하며, 흑연의 형태를 나타내는 용어는 아니다.
⑤ 장미상흑연은 매우 특수한 조건에서 형성되는 미세한 흑연의 집합체로, 일반적인 회주철에서는 관찰되지 않는다.

개념 더 알아보기

회주철의 조직은 주로 편상흑연과 기지로 구성되어 있다. 기지는 주로 페라이트와 펄라이트로 이루어져 있으며, 이는 주철의 기계적 성질에 큰 영향을 미친다. 회주철은 파단면에서 흑연이 편상 형태로 분포되어 있어 회색으로 보이기 때문에 회색 주철이라고도 부른다.

24 열역학

정답 ③

열역학 제1법칙으로부터 계에 공급된 열량 Q는 계의 내부 에너지 변화량 ΔU와 계가 외부에 한 일 W의 합과 같다.
즉, $Q=\Delta U+W$이다.
계에 공급된 열량
$Q=+63\text{kJ}$(열을 받았으므로 $+$)
계가 외부에 한 일
$W=+63\text{kJ}$(외부에 일을 했으므로 $+$)
$\Delta U=Q-W=63\text{kJ}-63\text{kJ}=0\text{kJ}$
따라서 내부 에너지의 변화는 없다.

개념 더 알아보기

열을 받으면 무조건 내부 에너지가 증가하는 것은 아니다. 외부에 일을 하면서 내부 에너지가 감소한다. 또한, 일을 하면 무조건 내부 에너지가 감소하는 것은 아니다. 열을 받으면서 내부 에너지가 증가할 수도 있다.
열역학 제1법칙은 에너지 보존 법칙을 나타내므로 계에 들어온 에너지와 나간 에너지의 합이 항상 일정하다.

25 기계설계

정답 ⑤

부싱 체인은 롤러 대신 부싱을 사용하여 마찰을 줄인 체인이다. 구조가 간단하고 비용이 저렴하여 엔진 타이밍 조절 등 저속, 저하중 조건에서 주로 사용된다. 핀과 부싱으로 구성되어 유연성이 좋고, 소음이 적다.

| 오답풀이 |

①, ② 롤러 체인의 특징이다.
③ 사일런트 체인의 특징이다.
④ 리프 체인의 특징이다.

26 기계재료

정답 ①

니켈(Ni)은 오스테나이트를 가장 안정화 시키는 대표적인 원소이다. 니켈은 철과 고용체를 형성하여 오스테나이트 상을 확대시키고, 상온에서도 오스테나이트 상이 안정하게 존재할 수 있도록 한다.
구리(Cu)는 니켈만큼 강력한 오스테나이트 안정화 효과는 없지만, 소량 첨가 시 오스테나이트 상을 확대시키고 내식성을 향상시키는 효과가 있다.

| 오답풀이 |

② 텅스텐(W)은 주로 강도를 높이고, 고온에서의 강도를 유지하는 데 사용되며, 오스테나이트 안정화 효과는 미미하다.
③ 니오븀(Nb)은 주로 탄화물을 형성하여 강도를 높이고, 결정립 성장을 억제하는 역할을 한다. 그러나 오스테나이트 안정화 효과는 미미하다.
④ 텅스텐(W)과 바나듐(V)은 모두 강도를 높이고, 고온에서의 강도를 유지하는 데 사용된다. 하지만 오스테나이트 안정화 효과는 미미하다.
⑤ 텅스텐(W)과 티타늄(Ti)은 모두 강도를 높이고, 경량화에 기여하지만, 오스테나이트 안정화 효과는 거의 없다.

27 기계설계

정답 ⑤

폭경비($\frac{L}{D}$)는 베어링 폭(L)과 베어링의 내경 또는 축의 지름(D)의 비율을 나타내는 값이다.

따라서 $\frac{L}{D}=\frac{50\text{mm}}{20\text{mm}}=2.5$이다.

개념 더 알아보기

폭경비는 베어링의 강도, 안정성 및 내구성에 영향을 미친다. 적절한 폭경비는 베어링이 부하를 잘 견디고 효율적으로 작동할 수 있도록 폭경비는 베어링 내의 평균 압력을 적절한 값으로 조정하기 위한 기준치로서 일반적으로 0.25~2로 한다.

28 기계설계

정답 ①

자동차 서스펜션에 사용되는 고무 스프링은 주행 중 노면의 요철, 가속, 감속 등 다양한 상황에서 복합적인 힘을 받는다. 단순히 늘어나거나 줄어드는 인장, 압축 하중뿐만 아니라, 비틀림과 진동 등 여러 하중이 동시에 작용하기 때문에 복합 하중이라고 한다.

| 오답풀이 |

② 인장 하중: 고무 스프링이 늘어나는 힘을 의미하며, 서스펜션에서도 발생하지만 다른 하중과 함께 작용한다.
③ 압축 하중: 고무 스프링이 압축되는 힘을 의미하며, 서스펜션에서도 발생하지만 다른 하중과 함께 작용한다.
④ 진동 하중: 주기적인 움직임으로 인한 하중을 의미하며, 서스펜션에서도 발생하지만 다른 하중과 함께 작용한다.
⑤ 비틀림 하중: 고무 스프링이 비틀리는 힘을 의미하며, 서스펜션에서도 발생하지만 다른 하중과 함께 작용한다.

개념 더 알아보기

복합 하중은 여러 방향에서 동시에 작용하는 하중을 의미한다. 자동차 서스펜션 시스템은 주행 중 도로의 불규칙성, 차량의 무게, 회전 및 가속 등으로 인해 다양한 하중을 받기 때문에 이로 인해 고무 스프링은 압축, 인장 및 비틀림 등 여러 가지 힘을 동시에 처리해야 한다.

29 기계설계

정답 ⑤

스코링(Scoring)은 기어의 표면에 긁힌 자국을 남기는 손상 유형이다. 이는 높은 압력과 과도한 미끄럼, 온도 상승 등으로 인해 유막이 파괴되면서 금속 표면끼리 직접 접촉하여 발생한다.

| 오답풀이 |

① 균열은 기어의 이가 조각나거나 얇게 벗겨지는 현상으로, 주로 부적정한 열처리나 과부하로 인해 발생한다.
② 변색은 버어닝에 의해 발생하며, 과하중, 과속도, 백래시 부적합 및 윤활 불량 등으로 인해 기어 표면이 변색되고 경도가 저하된다.
③ 비틀림은 기어의 축이 비틀어지는 현상으로, 주로 과도한 토크나 부적절한 설치로 인해 발생한다.
④ 탄성 변형은 외부 힘이 제거되면 원래 형태로 돌아가는 변형을 의미하며, 소성 변형과 반대되는 개념이다.

30 기계설계

정답 ④

웜기어는 일반적으로 감속 기어로 사용되며, 회전 속도를 증가시키는 것이 아니라 감소시키는 역할을 한다.

| 오답풀이 |

① 웜기어는 미끄럼 접촉을 통해 동력을 전달하기 때문에 이빨 맞물림 소음이 적어 부드러운 작동을 제공한다. 이는 기계의 작동 환경에서 장점으로 작용한다.
② 부품 교체의 용이성을 위해 마모가 웜휠에 집중되도록 웜과 웜휠의 재질을 다르게 설계하는 경우가 많다.
③ 백래시를 조절하여 정밀한 위치 제어가 가능하다. 이는 로봇이나 정밀 기계에 적합하다.
⑤ 미끄럼 접촉으로 인해 충격 부하를 완화하고 부드러운 작동을 제공한다. 따라서 진동과 소음이 적어 안정적인 작동이 가능하다.

개념 더 알아보기

웜기어는 일반적으로 큰 감속비를 얻고 역회전을 방지하며, 소음이 적고 부드러운 작동을 제공하는 장점이 있다. 하지만 효율이 낮다는 단점도 가지고 있다. 주로 정밀한 속도 조절이 필요하거나 큰 토크가 필요한 분야에서 사용된다.

전공 기출복원 모의고사(전기일반)

01	①	02	④	03	③	04	②	05	⑤
06	③	07	③	08	④	09	⑤	10	④
11	②	12	③	13	①	14	②	15	④
16	④	17	②	18	⑤	19	②	20	③
21	①	22	⑤	23	④	24	⑤	25	④
26	①	27	③	28	②	29	③	30	①

01 전자기학 정답 ①

병렬 접속 시의 합성 정전용량은 $C_1=3C$, 직렬 접속 시의 합성 정전용량은 $C_2=\frac{1}{3}C$가 된다.

따라서 C_1은 C_2의 9배가 되어 $C_1=9C_2$의 관계로 표현할 수 있다.

개념 더 알아보기

- 정전용량이 C_1, C_2인 두 콘덴서의 합성
  - 직렬 합성 정전용량 $C=\frac{C_1C_2}{C_1+C_2}$
  - 병렬 합성 정전용량 $C=C_1+C_2$
- 정전용량 C'인 콘덴서 n개의 합성 정전용량
  - 직렬 합성 정전용량 $C=\frac{1}{n}C'$
  - 병렬 합성 정전용량 $C=nC'$

02 전자기학 정답 ④

주어진 모든 전하의 극성이 동일하므로 각 전하 간에 작용하는 힘은 반발력으로 작용한다.

$A-B$ 전하 간에 작용하는 힘을 F_{AB}, $B-C$ 전하 간에 작용하는 힘을 F_{BC}라고 할 때, 각 힘은 다음과 같이 계산할 수 있다.

- $F_{AB}=\frac{Q_1Q_2}{4\pi\varepsilon_0r^2}\fallingdotseq9\times10^9\times\frac{Q_1Q_2}{r^2}$
  $=9\times10^9\times\frac{4\times10^{-6}\times2\times10^{-6}}{2^2}=18\times10^{-3}[\text{N}]$
- $F_{BC}=\frac{Q_1Q_2}{4\pi\varepsilon_0r^2}\fallingdotseq9\times10^9\times\frac{Q_1Q_2}{r^2}$
  $=9\times10^9\times\frac{2\times10^{-6}\times5\times10^{-6}}{3^2}=10\times10^{-3}[\text{N}]$

각 전하 간에는 반발력으로 작용하기 때문에 B지점의 전하 입장에서 F_{AB}는 우측으로 향하는 힘, F_{BC}는 좌측으로 향하는 힘이 된다.

우측 방향을 (+), 좌측 방향을 (−)라고 할 때, B지점의 전하에 작용하는 합성 힘은 다음과 같다.

$F_B=F_{AB}+(-F_{BC})=18\times10^{-3}+(-10\times10^{-3})$
$=8\times10^{-3}[\text{N}]$

따라서 B 전하에 작용하는 힘은 우측($B\to C$) 방향으로 작용하고 힘의 크기는 $8\times10^{-3}[\text{N}]$가 된다.

개념 더 알아보기

- 전하 간의 작용 힘(쿨롱의 힘) $F=\frac{Q_1Q_2}{4\pi\varepsilon r^2}[\text{N}]$
- 동일 극성의 전하 간에는 반발력, 다른 극성의 전하 간에는 흡입력이 작용한다.

03 전자기학 정답 ③

$H=\frac{I}{2\pi r}=\frac{20}{2\pi\times2}=\frac{5}{\pi}[\text{AT/m}]$

개념 더 알아보기

도체 형태에 따른 자계의 세기

- 무한장 직선도체 $H=\frac{NI}{l}=\frac{NI}{2\pi r}[\text{AT/m}]$
- 원형코일 중심 $H=\frac{NI}{2r}[\text{AT/m}]$
- 무한장 솔레노이드 내부 $H=\frac{NI}{l}[\text{AT/m}]$
- 환상 솔레노이드 내부 $H=\frac{NI}{l}=\frac{NI}{2\pi r}[\text{AT/m}]$

(여기서 N=권수, I=전류[A], r=평균 반지름[m])

※ 솔레노이드의 외부자계는 ≒0이다.

※ 전류가 흐르기 위해서는 최소한 도체 1개가 필요하므로 권수의 언급이 없는 경우에는 $N=1$로 취급한다.

04 전자기학

정답 ②

i) P점에서의 전계

전계는 벡터값이므로 정n각형 도체의 각 꼭짓점에 극성과 크기가 동일한 전하가 존재하는 경우, 정n각형 도체 중심에서의 합성값은 0[V/m]이 된다. 따라서 주어진 조건과 같이 정삼각형 각 꼭짓점에 동일한 전하가 존재하는 경우의 P점의 전계는 0[V/m]이다.

ii) P점에서의 전위

전위는 전계와 달리 스칼라값이므로 전하가 여러 개 존재하는 경우, 특정 위치의 전위는 각 전하가 형성하는 모든 전위의 크기를 합하여 계산할 수 있다.

- 전하 1개에 의한 P점의 전위

$V_1=\frac{Q}{4\pi\varepsilon_0}=9\times10^9\times\frac{5\times10^{-6}}{3}=15\times10^3[\text{V}]$

- 각 꼭짓점에 존재하는 모든 전하에 의한 P점의 전위

$V=3V_1=45\times10^3[\text{V}]$

05 전자기학

정답 ⑤

히스테리시스 손실은 무부하손 중에서 철손으로 분류되는 손실이다.

개념 더 알아보기

손실

- 무부하손(고정손)
  - ㉠ 철손: 히스테리시스손+와류손
  - ㉡ 기계손: 풍손+마찰손
- 부하손(가변손)
  - ㉠ 동손
  - ㉡ 표류부하손

영구자석과 전자석의 구비조건

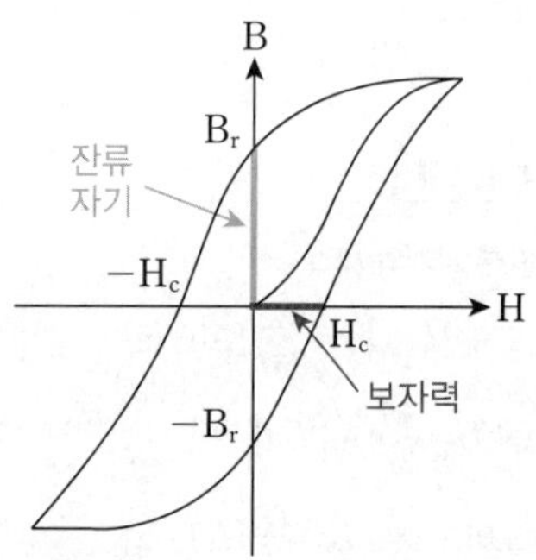

구분	영구자석	전자석
잔류자기	↑	↑
보자력	↑	↓
히스테리시스 면적	↑	↓

06 전자기학

정답 ③

평행한 두 직선도선 간에 작용하는 힘은 다음과 같다.

$F=\frac{\mu_0 I_1 I_2}{2\pi r}=\frac{2I_1 I_2}{r}\times10^{-7}[\text{N/m}]$

여기서 작용하는 힘은 전류의 방향이 동일할 때 흡입력, 전류의 방향이 반대일 때 반발력으로 작용한다.

07 회로이론

정답 ③

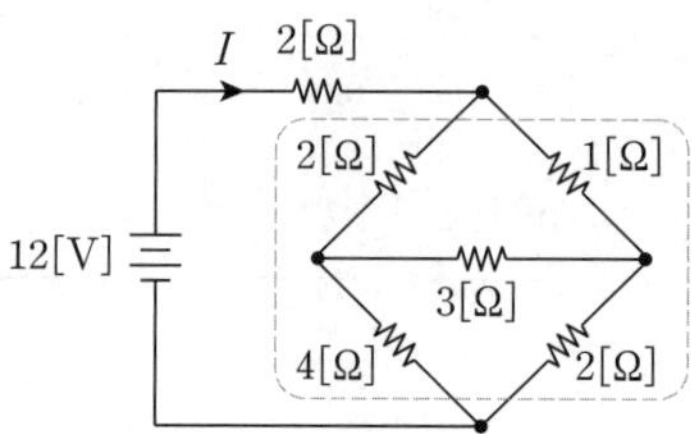

위 회로에서 점선 부분은 브리지 회로가 되며, 브리지 회로는 대각에 위치한 저항의 곱이 서로 같은 경우에는 평형 상태가 되어 회로 중앙부의 저항에는 전류가 흐르지 않는다.

주어진 회로는 대각에 위치한 저항 간의 곱이 4로 동일하므로 평형 상태가 되어 3은 회로적으로 없는 것과 같은 상태가 된다.

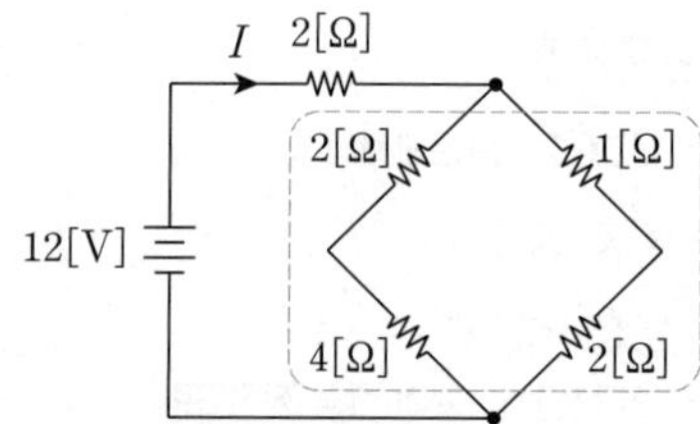

그러므로 점선 부분의 저항을 합성하면 다음과 같다.

$R=\frac{(2+4)\times(1+2)}{(2+4)+(1+2)}=2[\Omega]$

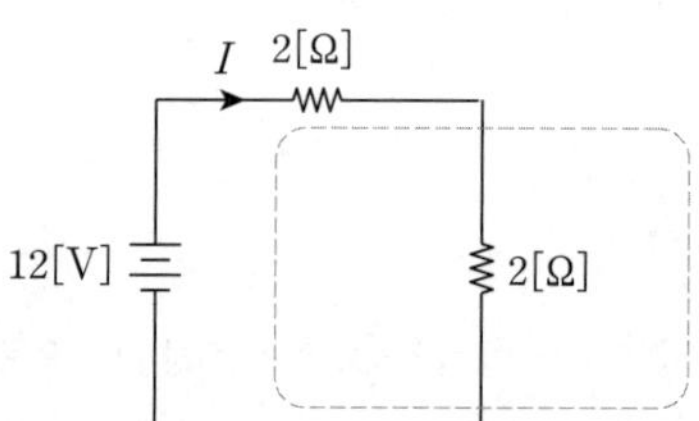

따라서 회로에 흐르는 전류는 다음과 같다.

$I=\frac{12}{2+2}=3[\text{A}]$

08 회로이론 정답 ④

- 임피던스 $Z=\sqrt{R^2+X_L^2}=\sqrt{6^2+8^2}=10[\Omega]$
- 회로의 전류 $I=\frac{V}{Z}=\frac{200}{10}=20[\text{A}]$
- 역률 $\cos\theta=\frac{V}{Z}=\frac{6}{10}=0.6$
- 소비전력 $P=VI\cos\theta=200\times20\times0.6=2{,}400[\text{W}]=2.4[\text{kW}]$

09 회로이론 정답 ⑤

a와 b 사이에 있는 $4[\Omega]$, $5[\Omega]$의 병렬회로에 걸리는 $20[\text{V}]$의 전압을 이용하여 회로에 흐르는 전류를 계산할 수 있다.

i) a와 b 간에 흐르는 전류

$4[\Omega]$, $5[\Omega]$의 저항은 병렬 접속으로 두 저항에는 $20[\text{V}]$의 전압이 동일하게 걸린다.

- $5[\Omega]$의 저항에 흐르는 전류 $I'=\frac{20}{5}=4[\text{A}]$
- $4[\Omega]$의 저항에 흐르는 전류 $I''=\frac{20}{4}=5[\text{A}]$
- a와 b 간의 전류 $I_{ab}=I'+I''=9[\text{A}]$

ii) 인가되는 전압

회로에 흐르는 전류는 I_{ab}와 같으므로 회로의 $2[\Omega]$에 걸리는 전압은 각각 $2\times9=18[\text{V}]$가 된다.

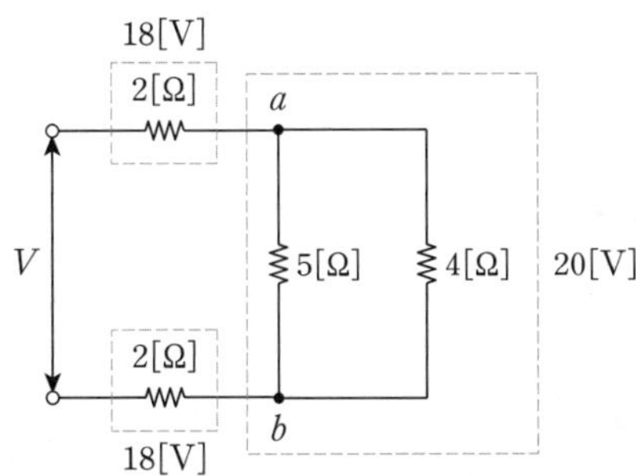

따라서 $V=18+20+18=56[\text{V}]$가 된다.

10 회로이론 정답 ④

지로해석법을 이용하여 풀면 다음과 같다.

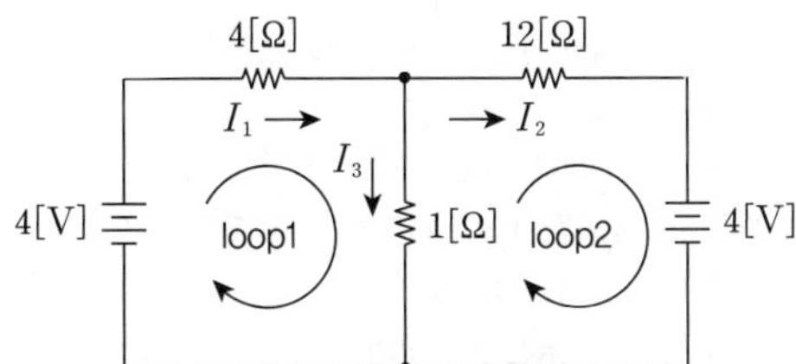

i) KCL 적용

위 회로에서 설정한 I_1, I_2, I_3에 대해 KCL을 적용하면 다음과 같다.

$I_1-I_2-I_3=0$ ⋯ ㉠

ii) KVL 적용

위 회로의 각 루프에 대해 KVL을 적용하면 다음과 같다.

loop1: $4=4I_1+1I_3$ ⋯ ㉡

loop2: $4=-12I_2+1I_3$ ⋯ ㉢

iii) 위에서 도출한 각 식을 연립하여 지문에서 요구하는 I_1, I_2를 계산할 수 있다.

㉠+㉡: $4=5I_1-I_2 \rightarrow I_2=5I_1-4$ ⋯ ㉣

㉡−㉢: $0=4I_1+12I_2 \rightarrow 0=I_1+3I_2$ ⋯ ㉤

㉣을 ㉤에 대입하여 계산하면

$0=I_1+3I_2=I_1+3(5I_1-4)=16I_1-12$

$16I_1=12$

$I_1=\frac{12}{16}=0.75[\text{A}]$

여기서 ㉤에 $I_1=0.75$를 대입하면

$I_2=-0.25[\text{A}]$

11 회로이론 정답 ②

- 등가전압 $V=\frac{3}{3+3}\times12=6[\text{V}]$
- 등가저항 $R=6+\frac{3\times3}{3+3}=7.5[\Omega]$

12 회로이론 정답 ③

- 상전류

Δ결선은 상전압과 선간전압이 같으므로 상전류는 다음과 같이 계산할 수 있다.

$I_p=\frac{V_p}{Z}=\frac{200}{\sqrt{6^2+8^2}}=20[\text{A}]$

- 선전류

Δ결선의 선전류는 상전류의 $\sqrt{3}$배이므로 다음과 같이 계산할 수 있다.

$I_p=\sqrt{3}I_p=20\sqrt{3}[\text{A}]$

개념 더 알아보기

각 결선의 전압, 전류 관계

구분	Y결선	Δ결선
전압 관계	$V_l=\sqrt{3}V_p\angle30°$	$V_l=V_p$
전류 관계	$I_l=I_p$	$I_l=\sqrt{3}I_p\angle30°$
3상 전력	$P_3=3V_pI_p=\sqrt{3}V_lI_l[\text{VA}]$	

부하 임피던스 관계

$Z=\frac{V_p}{I_p}[\Omega]$

13 회로이론 정답 ①

주어진 함수에 대한 라플라스 변환함수는 다음과 같다.

$F(s)=\frac{10}{(s+2)^2+10^2}$

개념 더 알아보기

라플라스 변환표

시간함수	라플라스 변환	시간함수	라플라스 변환
$\delta(t)$	1	$\cos wt$	$\frac{s}{s^2+w^2}$
$u(t)$	$\frac{1}{s}$	$e^{\pm at}$	$\frac{1}{s\mp a}$
t	$\frac{1}{s^2}$	$t^n\cdot e^{\pm at}$	$\frac{n!}{(s\mp a)^{n+1}}$
t^n	$\frac{n!}{s^{n+1}}$	$e^{\pm at}\cdot\sin wt$	$\frac{w}{(s\mp a)^2+w^2}$
$\sin wt$	$\frac{w}{s^2+w^2}$	$e^{\pm at}\cdot\cos wt$	$\frac{s\mp a}{(s\mp a)^2+w^2}$

14 제어공학 정답 ②

비례대(Proportional Band)는 출력신호가 최소에서 최대로 변하는데 필요한 오차신호이며, 백분율로 표현한다.

개념 더 알아보기

연속제어의 종류 및 특징

- 비례제어: 정상오차를 수반하고 잔류편차가 발생
- 미분제어: 오차가 커지는 것을 미리 방지
- 적분제어: 잔류편차 제거
- 비례미분제어: 응답 속응성 개선
- 비례적분제어: 잔류편차 제거, 정상특성 개선
- 비례미분적분제어: 오차 억제, 잔류편차 제거, 응답 속응성 개선

15 제어공학 정답 ④

주어진 블록선도의 전달함수는 다음과 같은 관계식으로 계산할 수 있다.

$\frac{C(s)}{R(s)}=\frac{\text{전향경로 이득}}{1-\text{루프 이득}}$

전향경로 이득은 입력에서 출력으로 곧장 향하는 경로상의 이득으로, 주어진 블록선도에서는 G_1G_2가 되며, 루프 이득은 루프를 형성하고 있는 G_2와 G_3를 이용하여 나타낼 수 있으며, 경로상의 부호를 고려할 때 $-G_2G_3$가 된다.

따라서 전달함수는 $\frac{C(s)}{R(s)}=\frac{G_1G_2}{1-(-G_2G_3)}=\frac{G_1G_2}{1+G_2G_3}$가 된다.

16 제어공학 정답 ④

주어진 회로는 PB_1을 먼저 누를 때 X_1이 여자되고 이후에 PB_2를 누르면 X_2가 동작하지 않고, PB_2를 먼저 누를 때 X_2가 여자되고 이후에 PB_1을 누르면 X_1이 동작하지 않는 회로이다.

이처럼 한쪽의 회로가 동작할 때, 다른 쪽의 회로는 동작될 수 없는 회로를 인터록 회로라 한다.

17 전력공학 정답 ②

- 이도 $D=\frac{WS^2}{8T}$[m]
- 전선의 실제길이 $L=S+\frac{8D^2}{3S}$[m]

18 전력공학 정답 ⑤

대지 정전용량을 C_s, 선간 정전용량을 C_m이라고 할 때, 작용 정전용량은 다음과 같다.

- 단상 선로: $C=C_s+2C_m$
- 3상 선로: $C=C_s+3C_m$

19 전력공학 정답 ②

$P_s=\frac{100}{\%z}P_n=\frac{100}{5}\times500\times10^{-3}=10[\text{MVA}]$

20 전력공학 정답 ③

직접접지 방식은 1선 지락 시 큰 지락전류가 흐르고, 이로 인해 통신선의 유도장해가 크게 나타난다.

개념 더 알아보기

직접접지 방식의 특징

- 1선 지락 시 건전상의 전위상승이 거의 없다.
- 선로 및 기기의 절연레벨을 낮출 수 있다.
- 중성점 전위가 낮아 변압기의 단절연이 가능하다.
- 정격이 낮은 피뢰기를 사용할 수 있다.
- 1선 지락 시 지락전류가 매우 크다.
- 1선 지락 시 보호계전기의 동작이 확실하여 고장검출이 용이하다.
- 1선 지락 시 통신 유도장해가 크다.
- 1선 지락 시 지락전류는 저역률의 대전류이므로 과도 안정도가 나빠진다.
- 계통고장의 대부분이 1선 지락고장이므로 차단기의 동작이 빈번하며, 대용량의 차단기가 필요하다.

21 전기기기

정답 ①

변압기의 부하시험은 2차측을 단락하여 정격상태의 전류가 흐르게 함으로써 시행할 수 있으므로 부하시험은 단락시험과 같으며, 이를 통해 알 수 있는 것은 임피던스 전압, 임피던스 와트, 전압변동률이 있다. 임피던스 와트는 동손이므로 정답은 ①이다.

개념 더 알아보기

변압기의 등기회로 작성시험

- 무부하시험(개방시험): 여자전류, 여자 어드미턴스, 철손을 알 수 있음
- 부하시험(단락시험): 임피던스 전압, 임피던스 와트(동손), 전압변동률을 알 수 있음
- 권선저항 측정시험

22 전기기기

정답 ⑤

병렬운전 중인 두 대의 동기 발전기에서 기전력의 파형이 다른 경우에는 고조파 무효 순환전류가 흐르게 된다.

개념 더 알아보기

병렬운전 조건과 조건의 불일치 시 일어나는 현상

병렬운전 조건	불일치 시 일어나는 현상
기전력의 주파수일치	난조발생
기전력의 위상 일치	유효 순환전류 발생
기전력의 파형 일치	고조파 무효 순환전류 발생
기전력의 크기 일치	무효 순환전류 발생
상회전 방향과 그 변위 일치	

23 전기기기

정답 ④

해당 문제는 전기각과 기하각의 관계를 알아야 한다.
기계적인 회전에 대한 각도를 기하각이라 하고, 전기각은 서로 다른 자극 사이의 각도를 180° 기준으로 나타내는 각도를 말하며, 다음과 같은 관계가 성립한다.

전기각$=\frac{p}{2}\times$기하학

즉, 2극의 회전자를 1바퀴 돌리면 기하각은 360°가 되고 전기각도 360°가 된다.

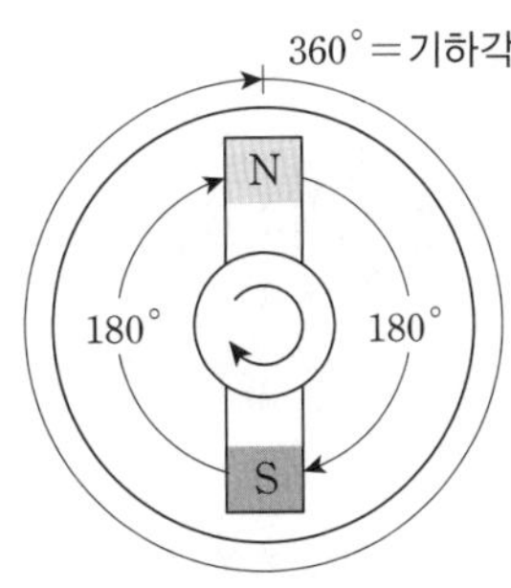

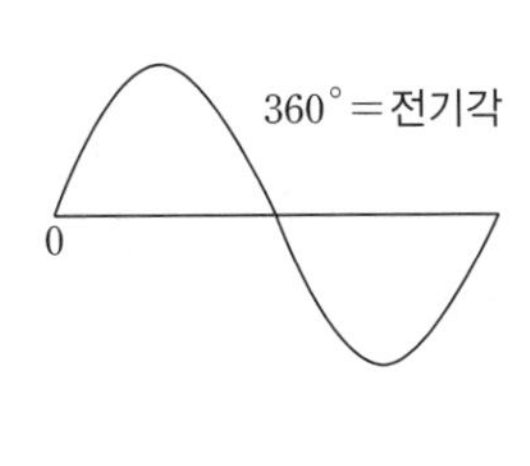

이에 따라 4극의 회전자를 1바퀴 돌리면 기하각은 360°가 되고 전기각은 720°가 된다.

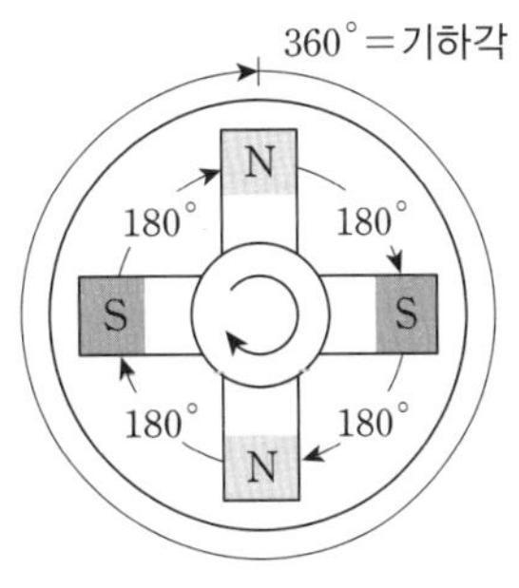

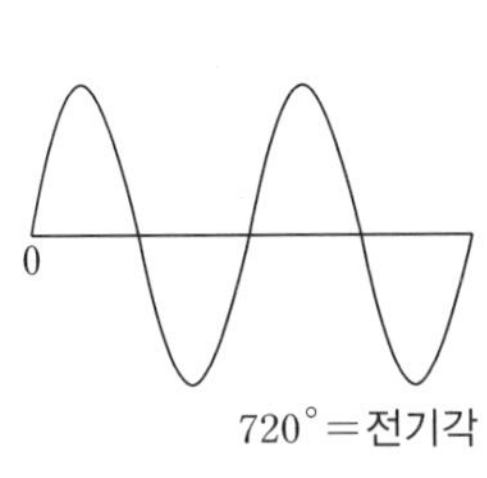

1[Hz]는 초당 반복되는 사이클이 1개인 것으로, 전기각으로 치면 360°에 해당한다.
따라서 기하각은 다음과 같이 계산할 수 있다.

기하학$=$전기각$\times\frac{2}{p}=360°\times\frac{2}{4}=180°$

호도법으로 나타내면 $180°=\pi[\text{rad}]$

24 전기기기

정답 ⑤

유도전동기의 기동법에서 $Y-\Delta$기동을 전전압과 비교할 때, 기동전압은 $\frac{1}{\sqrt{3}}$배, 기동전류와 기동토크는 $\frac{1}{3}$배가 된다.

25 전기기기

정답 ④

$N=(1-s)N_s=(1-s)\frac{120f}{p}=(1-0.05)\times\frac{120\times60}{4}=1,710[\text{rpm}]$

26 전기기기

정답 ①

주어진 지문은 회생제동에 대한 설명이다.

개념 더 알아보기

전동기의 제동법

- 발전제동: 전동기를 전원으로부터 분리시키고 발전기로 사용하면서 발생된 전력을 저항기에서 열로 소비하면서 제동하는 방식
- 회생제동: 전원에 연결시킨 상태로 동기속도 이상의 속도에서 운전함으로써 발전기도 동작시키고, 이로 인해 발생하는 전력을 전원으로 반환하면서 제동하는 방식
- 역상제동: 역회전의 원리를 이용하여 역토크를 발생시켜 급제동 시 사용하는 방식으로, 역전제동 또는 플러깅제동이라고도 한다.

※ 유도 전동기의 역회전의 원리: 3상 3선중 임의의 2선의 접속을 바꾼다.

27 전기응용

정답 ③

전식은 지중에 매설된 금속이 전기 화학적인 작용으로 대지에 유출되는 누설전류의 전기분해 작용에 의해 부식되는 현상으로, 이를 방지하기 위한 방법은 다음과 같다.

- 전철 측의 대책
  - 레일에 본드를 시설한다.
  - 레일을 따라 보조귀선을 설치한다.
  - 귀선의 극성을 정기적으로 변경한다.
  - 대지에 대한 레일의 절연저항을 크게 한다.
  - 변전소 간의 간격을 좁힌다.
- 지중매설관 측의 대책
  - 매설관을 대지와 절연한다.
  - 매설관 주위에 저전위 금속을 매철하여 차폐한다.
  - 배류법, 희생양극법, 외부전원법과 같은 방식을 적용한다.

28 전기응용

정답 ②

직류 급전방식의 특징은 다음과 같다.

- 전압이 낮으므로 절연계급을 낮출 수 있다.
- 통신유도장해를 일으키지 않는다.
- 정류장치가 필요하다.
- 누설전류에 의한 전식이 발생하므로 이에 대한 대책이 필요하다.
- 사고 시 선택차단이 어렵다.
- 경량 단거리 수송에 유리하다.

개념 더 알아보기

교류 급전방식의 특징

- 급전 전압이 높으므로 절연비용이 크다.
- 전원의 불평형이 발생한다.
- 통신유도장해가 발생한다.
- 사고 발생 시 선택차단이 용이하다.
- 누설전류에 의한 전식이 발생하지 않는다.
- 대용량의 중거리 및 장거리 수송에 유리하다.

29 전기응용

정답 ③

SCADA 시스템은 원거리의 설비를 집중 감시 및 제어하기 위한 것으로, 초기의 투자비용이 크고 설치와 유지보수가 어려우나 다음과 같은 장점들이 있다.

- 원격으로 설비를 제어할 수 있다.
- 실시간으로 설비를 감시 및 제어할 수 있다.
- 실시간으로 데이터를 수집하고 분석할 수 있다.
- 사고 발생을 조기에 감지할 수 있으며 신속한 조치가 가능하다.
- 전원의 무정전을 확보할 수 있고, 안정된 전력공급으로 신뢰도가 향상된다.

30 전기응용

정답 ①

주어진 선지에 대한 장치를 분류하면 다음과 같다.

- 압력측정 계측장치: 스트레인 게이지, 벨로우즈, 다이어프램, 부르돈관
- 유량측정 계측장치: 오리피스

전공 실전모의고사(경영학)

01	③	02	④	03	②	04	③	05	④
06	④	07	⑤	08	⑤	09	⑤	10	③
11	①	12	⑤	13	⑤	14	④	15	③
16	①	17	⑤	18	②	19	④	20	②
21	③	22	③	23	③	24	④	25	②
26	②	27	③	28	①	29	③	30	③

01 경영학원론 정답 ③

C.Perrow는 기술을 과업의 다양성과 문제의 분석 가능성에 따라 일상적 기술, 공학적 기술, 장인 기술, 비일상적 기술로 분류하였다.

| 오답풀이 |

㉠은 번즈와 스탈거의 상황적합 이론, ㉣, ㉥은 올드햄과 해크만의 직무특성 이론의 독립변수에 해당하며, ㉢은 톰슨의 연구와 관련된 것이다.

개념 더 알아보기

페로우의 기술유형

문제의 분석 가능성 \ 과업의 다양성	저	고
고	일상적 기술 (단순 기술)	공학적 기술 (공학 기술)
	공식화, 집권화, 표준화 높음 예 철강, 자동차, 석유화학 등	전문화 높음 예 건설, 회계사 등
저	기능 기술 (장인 기술)	비일상적 기술 (복잡 기술)
	복잡성 높음, 분권화 예 신발 제조, 공예 산업 등	복잡성 높음, 다원화, 분권화 예 항공, 우주 산업 등

02 경영학원론 정답 ④

콩글로메리트(Conglomerate)는 1950년대 후반부터 미국에서 독점금지법 때문에 급격히 증가한 이종기업 간의 기업결합 형태이다. 콩글로메리트의 목적은 경기변동에 따른 위험 분산, 경영다각화, 외적 성장, 이윤 증대, 조직 개선 등에 있다. 콩글로메리트는 이종기업 간의 결합이므로 이윤 증대가 쉽게 이루어지지 않는다.

개념 더 알아보기

독립성에 따른 기업결합의 유형

구분	카르텔	트러스트	콘체른
명칭	기업 연합	기업 합동	기업 결합
목적	경쟁 배제, 시장 통제	경영 합리화, 시장 독점	내부 경영 통제·지배
독립성	경제적, 법률적 독립성 유지	완전한 독립성 상실	법률적 독립성 유지, 경제적 독립성 상실
결합력	약함	아주 강함	경제적 결합
결합 방법	동종의 수평적 결합	수평적·수직적 결합	수평·수직·자본적 결합

03 경영학원론 정답 ②

| 오답풀이 |

① 효율성은 기업의 투입 대비 산출을 최대화하는 능력이라 할 수 있다.

③ 소비자가 원하는 만큼의 재화와 서비스를 생산할 수 있는 능력, 소비자의 만족도 극대화 등은 경영의 목표 달성과 관계되는 효과성에 해당한다.

④ Do things right(자원의 낭비 없이 제대로 된 행위를 수행하려는 노력)는 효율성과 관계된 표현이다.

⑤ 성공적인 조직의 경우 효율성과 효과성이 모두 높아야 한다.

개념 더 알아보기

효율성과 효과성의 비교

구분	효율성	효과성
평가 대상	자원의 사용 정도	올바른 목표 설정 및 목표의 달성 정도
의미	자원의 투입 대비 산출의 극대화 (Do things right)	목표의 달성 (Do the right things)
지향점	최소의 자원으로 최대의 산출	목표의 최대 달성
조직과 목표 달성과의 관계	효율성이 높으면 목표 달성이 용이함	효과성이 높아야 목표 달성이 용이함
효율성과 효과성의 관계	성공적인 조직의 경우 효율성과 효과성이 모두 높음	

04 경영학원론

정답 ③

| 오답풀이 |

㉢ '조직 없는 인간' 이론이라는 비판을 받기도 한 것은 인간관계학파의 인간관계론에 해당한다.

㉣ 시스템 이론은 전일주의 관점(Holism)의 이론으로, 조직 구성원 간의 상호유기적인 작용을 통해서 단순 부분의 합을 초월하는 시너지 효과를 발휘한다는 것을 의미한다.

05 경영학원론

정답 ④

마이클 포터(M.Porter)는 기존의 'CSR(기업의 사회적 책임)'의 아이디어를 한 단계 더 발전시킨 CSV(Creating Shared Value: 공유가치 창출) 개념을 제시하였고, 향후 웨인 비서(Wayne Visser)는 CSV를 '기업의 지속성과 책임'을 의미하는 것으로 정의한 바 있다.

개념 더 알아보기

ESG(환경(Environment), 사회(Social), 지배구조(Governance))

2004년 UN보고서에 처음 채택된 용어로, 최근에는 지속 가능 경영 달성을 위한 기준이자 기업에 대한 새로운 투자 기준으로 자리잡고 있다.

ESG 경영: 기업의 비재무적 성과측정 기준

환경(Environment)	기후 변화, 환경오염물질 저감, 친환경 제품 개발
사회(Social)	산업안전, 하도급 거래, 서비스의 안전성, 공정 경쟁
지배구조(Governance)	주주권리, 이사회 구성 및 활동, 감사제도, 배당

06 경영학원론

정답 ④

기업의 경영전략 중 M.Porter의 산업구조 분석(5-Forces Model)에 대한 것으로, 산업의 경쟁력에 영향을 미치는 5가지 요인은 현재 산업 내 기존 경쟁자, 잠재적 경쟁자, 대체재, 공급자와 구매자의 협상력(교섭력)을 의미한다. 따라서 외생적 변수인 정부의 통화정책, 유망기술, 보완재는 이에 해당하지 않는다.

개념 더 알아보기

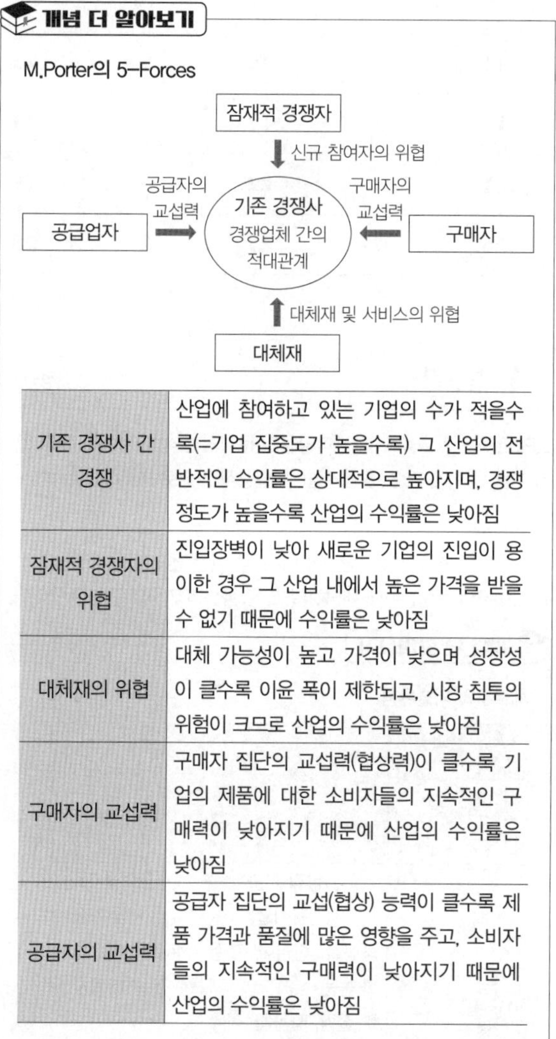

기존 경쟁사 간 경쟁	산업에 참여하고 있는 기업의 수가 적을수록(=기업 집중도가 높을수록) 그 산업의 전반적인 수익률은 상대적으로 높아지며, 경쟁 정도가 높을수록 산업의 수익률은 낮아짐
잠재적 경쟁자의 위협	진입장벽이 낮아 새로운 기업의 진입이 용이한 경우 그 산업 내에서 높은 가격을 받을 수 없기 때문에 수익률은 낮아짐
대체재의 위협	대체 가능성이 높고 가격이 낮으며 성장성이 클수록 이윤 폭이 제한되고, 시장 침투의 위험이 크므로 산업의 수익률은 낮아짐
구매자의 교섭력	구매자 집단의 교섭력(협상력)이 클수록 기업의 제품에 대한 소비자들의 지속적인 구매력이 낮아지기 때문에 산업의 수익률은 낮아짐
공급자의 교섭력	공급자 집단의 교섭(협상) 능력이 클수록 제품 가격과 품질에 많은 영향을 주고, 소비자들의 지속적인 구매력이 낮아지기 때문에 산업의 수익률은 낮아짐

07 경영학원론

정답 ⑤

적대적 M&A는 상대방 기업의 의사와 상관없이 인수기업의 일방적인 의도에 의해 기업의 인수·합병을 추진하는 것으로, 적대적 M&A가 진행되면 공격자와 방어자 간에 치열한 공방이 벌어진다. 인수기업은 공격을, 피인수기업은 방어를 해야 하기 때문에 필연적으로 갈등이 발생한다.

| 오답풀이 |

① 포이즌 필(Poison pill), 즉 독소조항 전략에 대한 설명이다.

② 백기사(White knight) 전략에 대한 설명이다.

③ 황금낙하산(Golden parachute) 전략에 대한 설명이다.

④ 자본 감소 전략에 대한 설명이다.

개념 더 알아보기

M&A 공격 방법

주식 공개매수 (Take over bid)	대상 기업의 불특정 다수 주주를 상대로 장외에서 일정 가격으로 매도를 권유해 대량 매수하는 전략
새벽의 기습 (Dawn raid)	대상 기업의 주식을 상당량 매입해 놓고 기업인수 의사를 대상 기업 경영자에게 전달하는 방법
차입매수	매수 대상 기업의 자산을 담보로 자금을 차입하여 매수하는 방식
백지위임장 대결 (Proxy fight)	피인수기업의 현 경영진에 반대하는 주주들로부터 주주총회에서의 의결권 행사 위임장을 확보하여 M&A를 추진하는 전략
파킹(Parking)	우호적인 제3자를 통해 지분을 확보하게 하고, 주주총회에서 기습적으로 표를 던져 경영권을 탈취하는 방법

08 경영학원론

정답 ⑤

균형성과표(BSC)는 재무, 고객, 내부 프로세스, 학습과 성장 관점의 성과지표를 설정함으로써 기업경영이 어느 한쪽에 치우치지 않도록 관리해 주는 성과 측정 도구이다. 경영자와 관리자의 노력도 중요하지만, 실무자를 비롯한 전 구성원의 노력이 더 중요하다.

개념 더 알아보기

전통적 성과 측정과 BSC의 비교

조직 목표를 달성하기 위해 어느 부분에 자원을 집중해서 얼마만큼의 성과를 달성하고 있는지 전체적인 시각에서 조직관리가 이루어진다.

구분	전통적 성과 측정	BSC
재무적 관점	재무적 관점에 집중	재무적 관점 및 비재무적 관점 고려
성과의 측정자	내부에서 측정	내부/고객 관점의 측정
정량적/정성적	재무적 관점 → 정량적 지표	정량적 지표 +정성적 지표
성과의 장단기	단기적 성과 측정	장기적 성과 측정

09 경영학원론

정답 ⑤

앤소프(Ansoff)의 제품-시장매트릭스에 의하면, 기존 시장에서 기존 제품군을 가지고 경쟁자의 시장점유율을 빼앗아 오는 전략은 시장침투(Market Penetration) 전략에 해당한다.

다각화 전략은 기업이 속한 산업 밖에서 기회를 발견하고자 하는 전략으로, 기업이 속한 산업이 성장 기회를 제공하지 못하는 경우나 산업 외부의 기회가 우수한 경우에 유용하다.

개념 더 알아보기

앤소프(Ansoff)의 제품-시장매트릭스

10 인사관리

정답 ③

매트릭스(Matrix) 조직, 즉 행렬 조직은 기능별 조직과 프로젝트 조직의 장점을 결합시킨 혼합 형태의 조직이다. 매트릭스 조직하에서 작업자는 이중의 명령체계를 가지기 때문에 행렬 조직을 복합 명령체계(Multiple Command System)라고도 한다.

개념 더 알아보기

매트릭스 조직의 장·단점

장점	단점
• 동시에 여러 개의 프로젝트를 수행할 수 있음 • 각 프로젝트는 그 임무가 완성될 때까지 자율적으로 운영됨 • 동시에 여러 기능을 담당하는 부서들로 유지됨	• 명령 계통 간 혼선이 유발될 수 있음 • 서로 상반되는 지시가 내려질 경우 역할 갈등이 발생할 수 있음

매트릭스 조직의 특징

- 인적자원을 기업 상황에 맞게 공유하거나 활용할 수 있음
- 매트릭스 조직에서 작업자는 이중 명령체계(Two boss system)임
- 고도로 복잡한 임무를 수행하는 우주산업·기술개발사업·건설회사 등의 대규모 사업에 널리 사용함
- 프로젝트 조직과 달리 영구적인 조직에 해당함

11 인사관리

정답 ①

쇠사슬(연쇄형, chain)형은 대부분의 커뮤니케이션이 공식적인 명령 계통에 따라서 아래로만 흐르는 고층 조직에서 흔히 발견되는 커뮤니케이션 유형이다. 따라서 쇠사슬형은 구성원의 만족도와 의사결정 수용도가 낮아 몰입도가 낮다.

개념 더 알아보기

의사소통 네트워크 유형

구분	연쇄형	Y형	수레바퀴형	원형	완전연결형
권한의 집중	고	중	중	저	매우 저
의사소통 속도	중	중	단순 직무: 빠름 복합 직무: 느림	단합: 빠름 개별: 느림	빠름
의사소통 정확도	서면: 고 언어: 저	단순: 고 복합: 저	단순 직무: 고 복합 직무: 저	단합: 고 개별: 저	저
구성원 만족도	저	중	저	고	고
의사결정 속도	빠름	중간	중간	느림	빠름
의사결정 수용도	저	중간	중간	고	고

12 인사관리

정답 ⑤

올드햄과 해크만의 직무특성 이론은 직무특성이 직무 수행자의 성장 욕구 수준에 부합될 때 긍정적인 동기유발 효과를 초래하게 된다는 동기부여 이론이다.

| 오답풀이 |

① 허즈버그의 2요인 이론, ② 매슬로의 욕구단계 이론, ③ 알더퍼의 ERG 이론, ④ 맥클리랜드의 성취동기 이론은 모두 동기부여 이론에 해당한다.

개념 더 알아보기

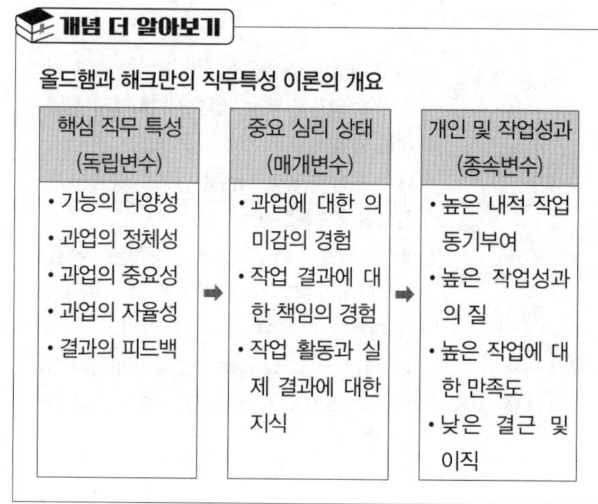

올드햄과 해크만의 직무특성 이론의 개요
핵심 직무 특성 (독립변수)
• 기능의 다양성
• 과업의 정체성
• 과업의 중요성
• 과업의 자율성
• 결과의 피드백
중요 심리 상태 (매개변수)
• 과업에 대한 의미감의 경험
• 작업 결과에 대한 책임의 경험
• 작업 활동과 실제 결과에 대한 지식
개인 및 작업성과 (종속변수)
• 높은 내적 작업 동기부여
• 높은 작업성과의 질
• 높은 작업에 대한 만족도
• 낮은 결근 및 이직

13 인사관리

정답 ⑤

피들러의 상황 이론에서 리더 자신의 특징을 결정하는 방법은 리더에게 가장 싫어하는 동료 작업자(LPC: Least Preferred Co-workers)에 대해 물어보는 방법을 통해 측정한다. LPC 점수는 8척도의 20개의 설문 항목에 대한 점수를 합계하여 산출하는데, LPC 점수가 낮을수록 리더가 과업지향적일 가능성이 크다.

개념 더 알아보기

피들러의 상황 이론(리더-상황 간의 적합도)

과업지향적인 리더는 호의적이거나 또는 비호의적인 상황에서 효과적이며, 상황의 호의성이 중간 정도인 경우 관계지향적인 리더가 효과적이다.

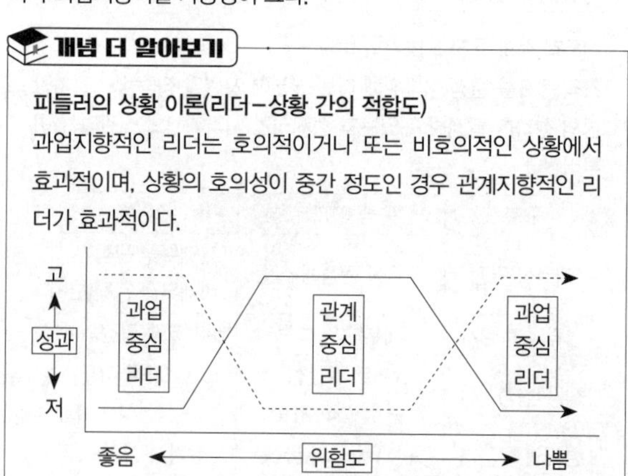

14 인사관리

정답 ④

| 오답풀이 |

① 명목집단법에 대한 설명이다.

② 지명반론자법은 제시된 의견에 대해 고의적으로 반대하는 반론자와의 변증법적 토론을 통해 문제점을 정확히 인식하는 방법으로, 집단사고 현상(group think)을 방지할 수 있다는 장점이 있다.

③ 델파이법은 특정 문제에 대해 다수의 전문가들의 독립적인 의견을 우편으로 수집하고, 이 의견들을 요약하여 전문가들에게 배부한 다음 일반적인 합의가 이루어질 때까지 서로의 아이디어에 대해 논평하도록 하는 대표적인 정성적 방법이다(비대면 기법).

⑤ 변증법적 토의법은 전체 구성원들이 특정 문제에 대해 찬성과 반대로 집단을 나누어 각 대안에 대하여 토의한 후 최종 합의에 이르는 방법이다. 반대안을 만드는 시간, 비용, 노력이 많이 발생한다는 단점이 있다.

15 인사관리

정답 ③

1960년대 중반 미국의 심리학자 B.Tuckman은 'Team Development Model'이라는 조직 이론을 제시했다. 조직(팀)의 형성·발달 과정을 4단계로 나눈 이 모델은 최초 4단계였다가 해체기(Adjourning) 단계가 추가되면서 5단계 모델이 되었다.

규범기(Norming)에는 집단 구성원들 간 집단의 목표와 수단에 대해 합의가 이루어지고 응집력이 높아지며, 구성원들의 역할과 권한 관계가 규정된다.

개념 더 알아보기

B.터크만의 집단 발달 단계

구분	단계별 특징	리더십 스타일
형성기 (Forming)	• 조직(집단)이 결성되는 단계 • 조직의 목표 설정이 이루어지고, 내부적으로 혼란, 불확실성이 존재함	지시형 리더십
격동기 (Storming)	• 본격적인 직무가 시작되는 단계 • 구성원 간 갈등 및 긴장이 발생 • 리더는 구성원들의 상호작용 촉진, 의견 불일치, 갈등 등을 적극적으로 중재함	코치형 리더십
규범기 (Norming)	• 조직의 규범, 정체성이 성립되는 단계 • 작업 간의 흐름과 우선순위를 결정하며, 중요 프로젝트의 진행 촉진이 중요함	참여형 리더십
성과달성기 (Performing)	• 조직이 안정되고 시스템 작동에 의해 성과가 창출되는 단계 • 구성원들에 대한 권한 위양이 중요함	위임형 리더십
해체기 (Adjourning)	프로젝트의 수행이 완료되고 팀이 해체되는 시기	관리형 리더십

16 인사관리

정답 ①

직무분석이란 직무를 구성하는 과업을 구체화하고 직무 수행에 요구되는 사항에 대한 정보를 수집 및 정리하는 활동을 말한다. 즉, 직무분석은 조직이 요구하는 과업의 내용 또는 요건을 정리·분석하는 과정이라고 할 수 있다.

요소비교법은 직무평가 방법에 해당한다.

개념 더 알아보기

직무분석 방법

구분	내용
면접법	• 직무 수행자에 대한 면접을 통해 질문을 분석함 • 가장 널리 알려진 방법으로, 정확한 정보의 획득이 가능함 • 직무 수행 기간이 긴 경우와 주로 정신적인 작업을 하는 사람의 직무분석에 유용함
관찰법	• 훈련된 직무분석자가 직접 관찰함으로써 정보를 수집하고, 가장 보편적으로 사용함 • 반복적 활동을 많이 요구하는 직무분석에 적합함
워크샘플링	전체 작업 중 무작위적인 간격으로 관찰하며, 정보를 수집함
질문지법	• 질문지를 작성하여 기입함으로써 직무를 분석함 • 정신적인 작업 시간이 오래 걸리는 작업에는 적합하지 않음
중요사건법	• 직무 행동 중 보다 중요한 측면에 대한 정보를 수집함 • 성공적인 직무 수행에 결정적인 역할을 한 여건이나 사례 파악이 가능함

17 인사관리

정답 ⑤

내적 일관성(Internal consistency) 측정 방법, 양분법(Split half method), 시험-재시험(Test-retest) 방법 등은 평가도구의 신뢰성(Reliability), 즉 평가측정의 일관성을 확보하기 위한 도구에 해당한다.

개념 더 알아보기

타당성 평가

타당성이란 선발 시험이 당초에 측정하려고 의도하였던 것을 얼마나 정확히 측정하고 있는가를 밝히는 정도로, 기준 타당성, 내용 타당성, 구성 타당성으로 구성된다.

구분	내용
기준 타당성	시험 성적과 하나 또는 그 이상의 기준치를 비교함으로써 파악할 수 있는 타당성
	동시 타당성: 현직 종업원에 대한 시험 성적과 직무 성과를 비교하여 타당성을 검토함 예 TOEIC 900점 이상 획득한 현직 해외영업부 직원의 직무성과가 좋다면 이를 선발 시 활용함
	예측 타당성: 선발 시험에 합격한 지원자의 시험 성적과 입사 후의 직무성과를 비교함 예 입사 전 TOEIC 900점 이상 획득한 해외영업부 사원의 향후 직무성과와의 관련성을 검토함

내용 타당성	측정도구(문항)가 측정할 대상의 속성을 어느 정도 평가 문제에 잘 반영하고 있는지의 정도 ㉠ 무역영어 시험이 비즈니스 영어 능력을 잘 측정할 수 있는지의 여부
구성 타당성	• 선발 시험이 무엇을 측정하느냐 하는 시험의 이론적 구성과 가정을 반영하는지의 정도로, 측정 항목들이 얼마나 논리적인지의 여부 • 측정도구의 적격성 문제로 요인 분석을 통해 검증함 ㉠ 무역영어 자격이 해외영업부 사원 선발에 논리적인 내용으로 구성되었는지의 여부

18 인적관리

정답 ②

Check-off system은 노조에서 노동자 모두에게 일일이 조합회비를 징수하는 것이 어렵기 때문에 회사의 급여 계산 시 종업원들에게 조합비를 일괄적으로 공제하여 조합에 인도하는 제도이다.
Agency shop은 조합원이든 아니든 모든 종업원에게 조합회비를 징수하는 제도이다.

| 오답풀이 |

① 클로즈드 숍(Closed shop)에 대한 설명이다.
③ 메인터넌스 숍(유지숍)에 대한 설명이다.
④ 에이전시 숍(Agency shop)에 대한 설명이다.
⑤ 유니온 숍(Union shop)에 대한 설명이다.

19 마케팅관리

정답 ④

심리적 요인에는 동기, 지각, 학습, 신념과 태도 등이 있다.
나이와 생애주기, 직업과 경제적 상황, 라이프 스타일, 성격과 자아는 개인적 요인에 해당한다.

개념 더 알아보기

소비자 구매행동에 영향을 미치는 요인

사회·문화적 요인	같은 문화 및 사회계층에 속한 소비자들은 일반적으로 비슷한 욕구, 취향과 기호, 가치관, 흥미를 가지게 됨
개인적 요인	나이와 생애주기, 직업, 경제적 상황, 라이프 스타일(AIO 분석), 성격(개성)과 자아 등
심리적 요인	• 학문적으로 개인뿐만 아니라 집단에 대해서도 영향을 미침 • 동기, 지각과 인식, 학습, 신념과 태도 등

20 마케팅관리

정답 ②

관여도(Involvement)란 특정 제품에 대한 구매 상황에서 제품에 대한 중요성이나 관심의 정도를 의미하며, 소비자 행동을 이해하기 위해서는 관여도 개념에 대한 이해가 필수적이다.
고관여 제품으로 상표 간 차이가 작은 경우 부조화 감소 행동이 일어난다.

개념 더 알아보기

관여도에 따른 구매 행동 및 마케팅 관리

구분	고관여 수준	저관여 수준
상표들 간 차이가 큰 경우	복잡한 구매행동	다양성 추구 구매행동
상표들 간 차이가 작은 경우	부조화 감소 구매행동	습관적 구매행동

21 경영학원론

정답 ③

현재 ㈜A!는 BCG 매트릭스상 문제아 영역(시장 성장률: 높음, 시장 점유율: 낮음)에 해당하므로, 향후 전망에 따라 육성 또는 철수하는 전략이 요구된다.

개념 더 알아보기

BCG 매트릭스

BCG 매트릭스는 기업의 경영 전략을 수립하기 위해 사업이 현재 처해 있는 상황을 파악하여 대처방안을 내기 위한 분석 도구이다. 성장-점유율 매트릭스(Growth-Share Matrix)라고 불리며, 산업의 시장 성장률과 시장 점유율에 따라 아래와 같이 4개의 사업단위 포트폴리오로 분류한다.

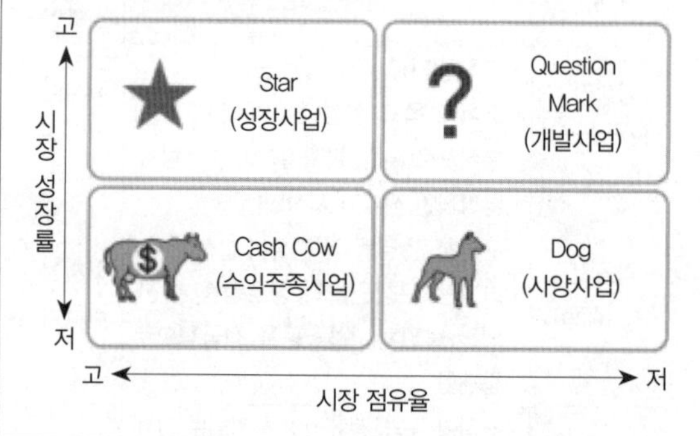

22 마케팅관리

정답 ③

성장기(Growth stage)의 마케팅 목표는 상표를 강화하고 차별화를 통해 시장점유율을 확대하는 것이다. 따라서 취급 점포를 대폭 확대하여 소비자가 쉽게 구매할 수 있도록 하는 개방적 유통(=집중적 유통, Intensive distribution) 전략을 이용해야 한다.

개념 더 알아보기

제품수명주기(Product Life-cycle)

제품수명주기는 하나의 제품이 시장에 나온 뒤 성장과 성숙 과정을 거쳐 결국은 쇠퇴하여 시장에서 사라지는 과정이다. 일반적으로 도입기, 성장기, 성숙기, 쇠퇴기의 4단계로 이루어진다.

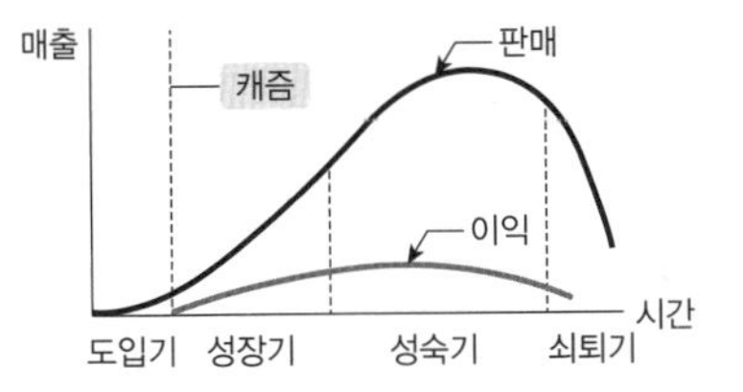

23 마케팅관리

정답 ③

유통경로상에서 중간상은 '내가 어느 브랜드 제품을 취급한다.'라는 자부심을 가질 수 있다. 중간상으로서는 자사가 유명 브랜드와 동일시된다는 일체감을 원하고, 자기 행동의 기준이 된다는 뜻이므로 이는 '준거적 힘'에 해당한다.

개념 더 알아보기

프렌치(J.R.P.French)와 레이븐(B.H.Raven)의 권력의 원천

권력의 파생	권력의 원천	내용
공식적 지위	보상적 권력	보상적 권력(Reward power)은 권력행사자가 권력수용자에게 보상을 줄 수 있다는 인식에 기초함
	강압적 권력	강압적 권력(Coercive power)은 해고나 징계, 작업 시간의 단축 등을 지시할 수 있는 능력에서 기인함
	합법적 권력	합법적 권력(Legitimate power)은 권력행사자의 정당한 영향력 행사권(권한)을 추종해야 할 의무가 있다는 사고에 기초함
개인적 특성	준거적 권력	준거적 권력(Referent power)은 리더가 바람직한 특별한 자질을 가지고 있어 다른 사람들이 그를 따르고 일체감을 느끼고자 할 때 생김
	전문적 권력	전문적 권력(Expert power)은 권력자가 특정 분야나 상황에 대해서 높은 지식이나 경험을 가지고 있다고 느낄 때 발생함

24 마케팅관리

정답 ④

판단 표본추출 방식은 비확률 표본추출법으로 조사 문제를 잘 알고 있거나 모집단의 의견을 반영할 수 있을 것으로 판단되는 특정 집단을 표본으로 선정한다.

조사자가 모집단을 상호 배타적인 몇 개의 집단으로 나누고 그중에서 무작위로 추출하는 방식은 군집 표본추출법이다.

개념 더 알아보기

확률적 표본추출 방법

구분	내용
단순 무작위 표본추출 방식	각 표본이 동일하게 선택될 확률을 가지도록 선정된 표본 목록의 각 표본에 일련번호를 부여하고 난수표를 이용하여 무작위로 추출하는 방식
층화 표본 추출 방식	모집단을 통제변수에 의해 배타적이고 포괄적인 소그룹으로 구분한 다음 각 소그룹별로 단순 무작위로 추출하는 방식
군집 표본 추출 방식	모집단을 동질적인 여러 소그룹으로 나눈 다음 특정 소그룹을 표본으로 선택하고 그 소그룹 전체를 조사하거나 일부를 표본추출하는 방식

25 생산관리

정답 ②

EOQ(경제적 주문량) 모형은 재고유지비용과 재고주문비용을 더한 연간 재고비용의 최적화를 위한 1회 주문량을 결정하는 데 사용된다. Harris에 따르면 주문량에 따른 할인은 EOQ 모형의 기본 가정에 없다.

개념 더 알아보기

EOQ 모형의 기본 가정

- 계획 기간 중 해당 품목의 수요량은 항상 일정하다.
- 단위당 구입비용은 주문 수량에 관계없이 일정하다.
- 연간 단위당 재고유지비용은 일정하다.
- 1회 주문비용은 수량에 관계없이 일정하다.
- 주문량은 일시에 입고된다.
- 리드타임(조달 기간)이 없거나 일정하다.

EOQ 공식

$$EOQ=\sqrt{\frac{2\times D\times O}{C_h}}$$

(여기서 D: 연간 수요량, O: 1회 주문비용, C_h: 연간 재고유지비용)

26 생산관리

정답 ②

채찍효과(Bullwhip Effect)는 공급사슬에서 최종 소비자로부터 멀어질수록 정보가 지연되거나 왜곡되어 수요와 재고의 불안정이 확대되는 현상을 말한다. 채찍효과는 결품에 대한 두려움 때문에 수요를 왜곡하면서 필요보다 더 많이 발주하는 것이므로, 납품 주기를 단축하고 납품 횟수를 늘려서 해결할 수 있다.

개념 더 알아보기

채찍효과의 원인과 해결 방안

발생 원인	발생 원인의 설명	해결 방안
다단계 수요 예측 (=개별적 수요 예측)	기업의 수요 예측 관행이 소비자들의 실제 수요가 아닌, 각 개별 주체에게 주문되어 들어온 발주량에 근거해서 예측함	통합적 수요 예측을 해야 하며, 이를 위해서 정보 공유 및 정보 집중이 필요함
공급사슬상 분배의 문제 (과잉 주문)	특정 제품에 대한 수요 폭증으로 제조업체는 일정하게 도·소매업체별로 제품을 할당할 수 밖에 없고, 유통기관은 향후 유사 상황을 대비해서 실제 수요보다 더 많은 양을 과잉 주문함	반품 제약을 엄격히 하거나 제품 배분 시 과거 판매 실적 또는 주문 실적에 의해 공급량을 배정함
일괄주문 처리 방식 (Order batching)	일반적으로 일정 수준의 제품이 판매될 때까지 기다렸다가 일시에 주문하므로, 특정 시점에서 수요가 급격히 증가하는 문제점이 발생함	유통기관들의 주문 시점을 고루 분배하고, 일괄 주문보다는 실시간 주문 처리가 필요함
불규칙적인 가격 정책	도·소매업체들이 특정 할인 기간에 한번에 많은 물량을 사재기해서 재고로 쌓아 놓고, 이후 주문을 하지 않아서 유통경로상 불규칙한 수요와 가격 왜곡이 발생함	EDLP 정책을 적절히 사용하거나 제품은 할인해주되, 일정 간격으로 나누어 배분함

27 생산관리

정답 ③

6시그마 운동을 효과적으로 추진하기 위해 고객 만족의 관점에서 출발하여 프로세스의 문제를 찾아 통계적 사고로 문제를 해결하는 품질 개선 작업 과정을 DMAIC라고 한다. DMAIC는 정의(Define), 측정(Measurement), 분석(Analysis), 개선(Improvement), 통제(Control)의 5단계를 의미한다.

개념 더 알아보기

6시그마

제품이나 업무의 불량 수준을 측정하고 이를 무결점 수준으로 줄이자는 전사적 품질 혁신 추진 방법이다. 6시그마 운동은 제품의 설계, 제조, 그리고 서비스의 품질 편차를 최소화해 그 상한과 하한이 품질 중심으로부터 6σ 이내에 있도록 한다는 것이다. 이 경우 품질 규격을 벗어날 확률은 1백만 개 중 3.4개(3.4DPMO) 수준이다.

28 생산관리

정답 ①

- 이동평균법(a): $\frac{4.0\text{만}+4.3\text{만}+4.2\text{만}}{3}=4.17$(만 권)
- 가중이동평균법(b): $\frac{4.2\text{만}\times0.5+4.3\text{만}\times0.3+4.0\text{만}\times0.2}{1}=4.19$(만 권)
- 지수평활법(c): 평활상수를 α로 표시하면 지수평활법에 의한 예측치는 (c)$=\alpha\times$전기의 실적치$+(1-\alpha)\times$전기의 예측치가 된다.

따라서 $c=0.8\times4.2$만 권$+(1-0.8)\times4.5$만 권$=4.26$(만 권)이다.

개념 더 알아보기

수요 예측 기법

정성적 기법	델파이법, 시장조사법, 경영자의견법(중역의 견법), 수명주기 유추법(역사적 유추법) 등
정량적 기법	추세분석법, 이동평균법, 지수평활법, 회귀분석법, 투입-산출 모형 등

정량적 수요 예측 기법

시계열 분석법	추세 분석법	시계열을 관통하는 추세선을 구한 다음 그 추세선상에서 미래의 수요를 예측함
	이동 평균법	• 단순이동평균법에서 이동 평균기간이 짧을수록 최근의 수요 변화를 많이 반영함 • 가중이동평균법은 가까운 기간에 더 큰 가중치를 주어 최근의 수요 변화를 많이 반영할 수 있음
	지수 평활법	• 현시점에 가까운 실적치에 가중치를 크게 주고 과거로 갈수록 가중치를 적게 주어 수요를 예측함 • t(수요 예측치) $=$평활상수$\times(t-1)$의 실적치 $+(1-$평활상수$)\times(t-1)$의 예측치 $=(t-1)$의 예측치 $+(t-1)\times$(실적치$-$예측치) • 수요 변동이 크거나 성장률이 높은 제품에 대하여는 평활상수값을 크게 조정함 • 평활상수값이 클수록 현시점에 가까운 실적치에 많은 비중을 둠
인과형 모형	회귀 분석법	• 수요에 영향을 주는 요인을 파악하여, 수요와 요인의 관계를 나타내는 회귀식을 추정하여 수요를 예측함 • 상관계수가 ±1에 가까울수록 모형의 신뢰성이 높음
	투입-산출 모형	산업의 산출량 혹은 가격 변화가 다른 산업에 미치는 영향을 예측하는 데 이용할 수 있는 분석 도구

29 생산관리

정답 ③

칸반(Kanban)에 의해 자재의 제조 명령, 구매 주문을 가시적으로 통제하는 것은 JIT 시스템이다. MRP 시스템은 컴퓨터에 의한 정교한 정보처리를 한다.

개념 더 알아보기

JIT 시스템과 MRP 시스템의 비교

구분	JIT 시스템	MRP 시스템
재고를 이해하는 관점	재고를 부채로 인식	재고를 자산으로 인식
관리 시스템	요구(주문)에 따라가는 Pull 시스템	계획대로 추진하는 Push 시스템
관리 목표	낭비 제거 (무재고 시스템)	계획과 통제 (필요시 확보)
관리도구	눈으로 보는 관리 (간판)	컴퓨터 처리
생산 계획	안정된 MPS 필요	변경이 잦은 MPS 적용 가능
자재소요 판단/정보처리	칸반(Kanban)	자재 소요 계획/컴퓨터
발주(생산) 로트	소로트(Small lot)	경제적 주문량

30 생산관리

정답 ③

생산 일정과 관련해서 PERT는 낙관적, 비관적, 최빈 시간을 고려한 확률적 모형을 이용하는 반면, CPM은 확정적 모형을 이용한다.

개념 더 알아보기

PERT와 CPM의 비교

PERT	CPM
시간의 계획과 통제를 위한 방법	시간과 비용을 통제하기 위한 방법
비반복, 경험이 없는 새로운 프로젝트에 이용하기 위해 개발	반복적, 과거의 충분한 경험과 자료가 있는 프로젝트를 위해 개발
완료 시간의 불확실성을 타개하기 위해 확률적 모형을 도입	활동의 완료 시간이 하나의 추정치로 부여되는 확정적 모형을 도입

전공 실전모의고사(기계일반)

01	②	02	③	03	①	04	③	05	④
06	②	07	④	08	④	09	④	10	③
11	③	12	③	13	②	14	②	15	⑤
16	⑤	17	⑤	18	①	19	⑤	20	②
21	⑤	22	③	23	①	24	②	25	①
26	④	27	③	28	②	29	④	30	②

01 열역학

정답 ②

단열 팽창 과정이란 계와 외부 사이에 열 교환이 없는 상태에서 계가 팽창하는 과정이다.

열역학 제1법칙에 의해 $Q=\Delta U+W$을 적용하면 단열 과정이므로 계와 외부 사이에 열 교환이 없으므로 Q는 0이다.

기체가 외부에 29.8kJ의 일을 했으므로 W는 +29.8kJ

따라서 $Q=\Delta U+W$에 대입하면

$0=\Delta U+29.8$

따라서 $\Delta U=-29.8$이 되므로 내부 에너지는 29.8kJ 감소한다.

개념 더 알아보기

단열 팽창이란 계(예를 들어, 기체가 들어있는 실린더)와 외부 환경 사이에 열의 출입이 전혀 없이 계의 부피가 증가하는 과정을 말한다. 기체가 팽창하면서 주변의 피스톤이나 벽을 밀어내는 일을 하게 되고, 이때 기체는 내부 에너지를 사용하여 외부에 일을 하므로 내부 에너지는 감소하게 된다.

02 열역학

정답 ③

단원자 기체인 아르곤(Ar)이 가장 크다.

| 오답풀이 |

코발트(Co)는 금속으로, 기체가 아니므로 비열비를 계산할 수 없다. 고체 상태의 코발트에 대한 비열은 약 421J/(kg·K)이며, 고체 상태에서의 비열만 주로 측정되고 등압비열과 등적비열은 보통 기체 상태에서 논의된다.

개념 더 알아보기

- 단원자 기체: 아르곤처럼 원자 하나로 이루어진 단원자 기체는 비열비가 약 1.67에 가깝다.
- 2원자 기체: 질소, 산소처럼 두 개의 원자로 이루어진 2원자 기체는 비열비가 약 1.4 정도이다.
- 다원자 기체: 이산화탄소, 메탄처럼 여러 개의 원자로 이루어진 다원자 기체는 비열비가 1.3 이하로 낮다.

03 열역학

정답 ①

카르노 사이클을 따르는 열기관은 이상적인 가역 사이클로, 클라우지우스 부등식은 가역 과정에서 평형 상태를 유지할 때 성립한다.

따라서 클라우지우스 부등식에 따르면 가역 과정에서 엔트로피 변화는 $\oint(dQ/T)=0$로 표현할 수 있다.

개념 더 알아보기

열역학 제2법칙은 엔트로피가 고립된 계에서 시간이 지남에 따라 증가하거나 일정하게 유지된다는 것을 의미한다. 클라우지우스 부등식은 이 원리를 수학적으로 표현한 것으로 가역 사이클에서 엔트로피는 일정하게 유지되므로 클라우지우스 부등식은 다음과 같이 표현된다.

$\oint(dQ/T)=0$

반면, 비가역 사이클에서는 엔트로피가 증가하므로 다음과 같이 표현될 수 있다.

$\oint dQT\geq0$

따라서 카르노 사이클과 같은 가역 사이클을 따르는 열기관에서는 $\oint(dQ/T)=0$이 성립하며, 실제 열기관에서는 $\oint(dQ/T)\geq0$이 성립하게 된다.

04 재료역학

정답 ③

푸아송의 비 μ는 푸아송의 수 m과 역수의 관계로 $\mu=\frac{1}{m}$이다.

가로탄성계수 G에 푸아송의 수를 적용하면

$$G=\frac{E}{2(1+\mu)}=\frac{mE}{2(m+1)}$$

체적탄성계수 K에 푸아송의 수를 적용하면

$K=\frac{E}{3(1-2\mu)}=\frac{mE}{3(m-2)}$가 된다.

여기서 $m=\frac{2G}{E-2G}$이므로 위 식에 대입하면

$$K=\frac{mE}{3(m-2)}=\frac{(\frac{2G}{E-2G})E}{3((\frac{2G}{E-2G})-2)}$$

$$=\frac{2EG}{3(2G-2E+4G)}=\frac{EG}{3(3G-E)}$$

05 유체역학

정답 ④

베르누이 방정식으로부터

$P+(\frac{1}{2})\rho v^2=$일정

(여기서 P: 압력, ρ: 밀도(1,000kg/m^3), v: 속도)

처음 속도를 v_1, 나중 속도를 v_2라 하면

$v_2=3v_1$

$v_1=3\text{m/s}$이므로 $v_2=9\text{m/s}$

압력 차이(P1－P2)를 계산하면

P1－P2

$=(\frac{1}{2})\rho(v_2^2-v_1^2)$

$=(\frac{1}{2})\times1{,}000\text{kg/m}^3\times((9\text{m/s})^2-(3\text{m/s})^2)$

$=36{,}000\text{Pa}$

$=36\text{kPa}$

개념 더 알아보기

베르누이 방정식은 이상적인 유체(비압축성, 비점성)의 정상 유동에서 에너지 보존 법칙으로 유선을 따라 흐르는 유체의 압력 에너지, 운동 에너지, 위치 에너지의 합이 일정하다는 것을 의미한다.

06 열역학

정답 ②

오토 사이클의 핵심은 단열 압축과 단열 팽창 과정이다.

특히, 실린더 내부에서 피스톤의 왕복 운동에 의해 일어나는 압축 과정은 단열 과정으로 가정하기 때문에, 실린더 내에서 단열 압축 과정이 가장 뚜렷하게 나타난다.

| 오답풀이 |

① 액체(물)를 펌프로 압축하는 과정이므로 기체 압축을 다루는 문제와 관련 없다.

③ 단열 압축이 있지만, '실린더 내'라는 조건에서 실제 기관 구현이 어려워 적합하지 않다.

④ 오토 사이클과 마찬가지로 단열 압축이 있지만, 문제에서 '가장 뚜렷하게'라는 표현을 사용하므로 오토 사이클이 더 직접적인 답이다.

⑤ 터빈 엔진 사이클이므로 실린더–피스톤 구조를 가지는 오토 사이클과 작동 방식이 다르다.

개념 더 알아보기

오토 사이클은 가솔린 엔진, 즉 휘발유 엔진의 작동 원리를 이상화한 열역학적 사이클로 '단열 압축－등적 가열－단열 팽창－등적 방열'의 과정을 거친다.

07 유체역학

정답 ④

정지한 유체의 임의의 한 점에서 작용하는 압력은 모든 방향으로 동일하다. 이는 파스칼의 원리에 의한 것으로, 유체 내에서 압력은 어떤 특정 방향으로 더 크게 작용하지 않는다.

| 오답풀이 |

① 유체 정역학에 따르면 깊이에 따라 압력이 변하며 깊이가 깊어질수록 압력이 증가한다.

② 밀도가 높은 유체는 같은 깊이에서 더 큰 압력을 발생시킨다.

③ 파스칼의 원리는 유체에 어떤 한 부분에 압력을 가하면 그 압력이 유체 전체에 고르게 전달되는 현상을 설명한다.

⑤ 유압 장치는 파스칼의 원리를 이용하여 작은 힘으로 큰 힘을 얻는 기계 장치이다. 작은 면적의 피스톤에 가해진 압력이 큰 면적의 피스톤에 그대로 전달되어 큰 힘을 발생시킨다.

08 유체역학

정답 ④

국소 대기압을 kPa로 변환하면 다음과 같다.

1atm＝760mmHg

1atm≈101.325kPa

따라서 720mmHg는 다음과 같이 kPa로 변환된다.

(720mmHg)×(101.325kPa/760mmHg)≈95.99kPa

절대 압력을 kPa로 변환하면 다음과 같다.

1kg/cm^2≈98.067kPa

따라서 0.4kg/cm^{2}abs는 다음과 같이 kPa로 변환된다.

(0.4kg/cm^2)×(98.067kPa/1kg/cm^2)≈39.23kPa abs

계기압은 절대 압력과 대기압의 차이로 정의된다.

계기압＝절대 압력－대기압

따라서 계기압＝39.23kPa abs－95.99kPa≈－56.76kPa

09 유체역학

정답 ④

층류 유동은 유체 입자들이 층을 이루어 규칙적으로 흐르는 유동 형태로 유선이 규칙적으로 층상으로 나타나는 것이 특징이다.

10 열역학

정답 ③

습증기 영역은 액체와 기체 상태가 공존하는 영역으로, 등압 과정에서 온도가 일정하게 유지된다. 압력이 증가하면 포화 온도는 높아진다.

| 오답풀이 |

① 습증기 영역은 액체와 기체(증기)가 공존하는 영역이다. 이것이 습증기의 정의이다.
② 습증기는 과열 증기보다 엔탈피 값이 낮다.
④ 습증기 영역에서는 압력이 일정하면 온도도 일정하게 유지된다. 이는 습증기 영역의 중요한 특징 중 하나이며 등압선과 등온선이 일치하는 구간이다.
⑤ 습증기 영역에서는 건도(Quality, x)라는 성질을 사용하여 습증기 내의 증기의 비율을 나타낸다. 건도는 0과 1 사이의 값을 갖는다.

개념 더 알아보기

습증기 영역(Wet Vapor Region)은 포화 액체와 포화 증기가 공존하는 상태를 나타낸다. 이 영역에서는 압력과 온도가 서로 종속적인 관계를 가지며, 압력이 결정되면 온도가 자동으로 결정된다(또는 그 반대). 건도(x)는 습증기 내의 증기의 질량 비율을 나타내는 중요한 성질로, 습증기의 상태를 명확하게 정의하는 데 사용된다.

11 유체역학

정답 ③

표면 경계층의 두께는 유동 속도, 유체의 점성, 유체의 온도, 그리고 표면의 거칠기 등 다양한 요인에 의해 결정된다. 밀도는 이러한 요인들과 상호작용하여 경계층 형성에 간접적인 영향을 미칠 수 있다.

| 오답풀이 |

① 유동 속도가 증가하면 경계층 두께가 얇아진다. 이는 더 높은 운동 에너지가 표면 근처의 유체 입자를 더 빠르게 움직이게 하여 경계층을 얇게 만들기 때문이다.
② 점성이 큰 유체는 유체 입자 간의 마찰력이 크기 때문에 경계층이 더 두꺼워진다.
④ 유체의 온도가 높아지면 점성이 낮아지므로 경계층 두께가 얇아진다.
⑤ 표면이 거칠어지면 유체와 표면 사이의 마찰이 증가하여 경계층 두께가 변화하고 거친 표면은 경계층의 난류를 유발할 수 있다.

12 유체역학

정답 ③

수력반경(Rh)은 유체와 접촉하는 단면적(A)을 젖은 둘레(P)로 나눈 값으로 수력반경 $Rh=\dfrac{A}{P}$이다.

- 단면적(A): A=가로×물의 높이$=2\text{m}\times3\text{m}=6\text{m}^2$
- 젖은 둘레(P): P=가로+(2×물의 높이)$=2\text{m}+(2\times3\text{m})=8\text{m}$
- 수력반경(Rh): $Rh=\dfrac{A}{P}=\dfrac{6\text{m}^2}{8\text{m}}=0.75\text{m}$

13 유체역학

정답 ②

관속의 평균속도를 구하면 $V=\dfrac{Q}{A}=\dfrac{Q}{\dfrac{\pi d^2}{4}}=\dfrac{70\times10^{-3}}{\dfrac{3.14\times0.1^2}{4}}=8.92[\text{m/s}]$

손실수두 $h_L=f\cdot\dfrac{l}{d}\cdot\dfrac{V^2}{2g}=0.02\times\dfrac{1{,}000}{0.1}\times\dfrac{8.92^2}{2\times9.8}$

$=811.9[\text{m}]$

개념 더 알아보기

달시 바이스바하의 공식은 손실수두를 계산하는 데 사용되는 가장 기본적인 공식이다. 이 공식을 통해 손실수두에 영향을 미치는 요인들을 정확하게 파악할 수 있다.

달시 바이스바흐의 공식: $h_L=f\cdot\dfrac{l}{d}\cdot\dfrac{V^2}{2g}$

(여기서 손실수두 f는 마찰계수, l은 관의 길이, d는 관의 직경, V는 유속, g는 중력가속도)

14 재료역학

정답 ②

$A=\dfrac{\pi({d_1}^2-{d_2}^2)}{4}=\dfrac{\pi(15^2-13^2)}{4}=43.96\text{mm}^2$

$\therefore\ \lambda=\dfrac{Pl}{AE}=\dfrac{(20\times10^3)\times100}{43.96\times(122\times10^3)}=0.373[\text{mm}]$

개념 더 알아보기

탄성계수는 응력과 변형률의 종류에 따라서 세로탄성계수, 전단탄성계수, 체적 탄성계수로 구분된다.
일반적으로 탄성계수라하면 세로탄성계수(E)를 말한다.
탄성한도 내에서 길이 l과 단면적 A인 재료가 하중 P의 작용을 받아 λ만큼 인장 또는 수축되었다고 하면 다음과 같이 된다.

응력 $\sigma=\dfrac{P}{A}$이고 변형률 $\varepsilon=\dfrac{\lambda}{l}$이므로

$\sigma=E\varepsilon$에 대입하면

$$E=\frac{\sigma}{\varepsilon}=\frac{\dfrac{P}{A}}{\dfrac{\lambda}{l}}=\frac{Pl}{A\lambda}$$

따라서 늘어난 길이 $\lambda=\dfrac{Pl}{AE}$이 된다.

15 기계설계

정답 ⑤

병렬 합성 스프링 상수를 K라 하면

$$K = k_1 + k_2$$
$$= 70\times10^6 + 50\times10^6$$
$$= 120\times10^6[N/m]$$

개념 더 알아보기

스프링의 병렬연결은 k_1과 k_2가 동시에 같은 값으로 변형될 때라고 생각하면 된다.

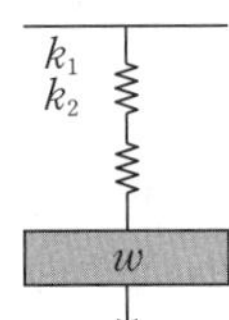

따라서 $K = k_1 + k_2$이다.

반면 스프링의 직렬연결인 경우

$K = \frac{k_1 \times k_2}{k_1 + k_2}$로 계산하면 된다.

16 재료역학

정답 ⑤

| 오답풀이 |

① 중첩법: 복잡한 하중을 단순 하중으로 분해하여 각 처짐을 구한 후 합산하는 방법

② 공액보법: 실제 보와 동일한 길이의 가상 보(공액보)를 이용하여 처짐을 계산하는 방법

③ 불연속 함수법(Macaulay's Method): 불연속 하중을 하나의 식으로 표현하여 계산을 간소화하는 방법

④ 모멘트-면적법: 휨 모멘트 선도와 처짐 곡선 사이의 기하학적 관계를 이용하는 방법

17 재료역학

정답 ⑤

원형 단면의 극관성 모멘트 $I_p = \frac{\pi d^4}{32} = \frac{\pi\times0.05^4}{32} = 6.13\times10^{-7}$이다.

비틀림 각(θ)을 구하는 공식에 대입하면

$$\theta = \frac{Tl}{GI_p} = \frac{100\times4}{80\times10^9\times6.13\times10^{-7}} = 0.0082(rad)$$

1 라디안을 각도(°)로 변환하면 약 57.3°이므로

$$\theta° = \theta(rad)\times\frac{180}{\pi} = 0.0082(rad)\times\frac{57.3°}{(rad)} = 0.467°$$

개념 더 알아보기

비틀림 각은 보통 라디안 단위로 계산되므로, 필요한 경우 도(°) 단위로 변환해야 한다.

변환 공식은 $\theta(°) = \theta(rad)\times(\frac{180}{\pi})$이므로

$\theta° = \frac{Tl}{GI_p}\times\frac{180}{\pi}$[°]로 계산할 수 있다.

18 재료역학

정답 ①

세장비는 기둥의 길이를 단면의 회전반경으로 나눈 값으로, 기둥의 가늘고 긴 정도를 나타낸다. 세장비가 클수록 좌굴이 발생하기 쉽다.

| 오답풀이 |

②, ③ 양단 힌지단과 양단 고정단의 단말계수는 각각 1과 4이다.

④ 편심하중은 하중의 작용 위치가 기둥의 중심선에서 벗어난 경우를 말하며, 좌굴과는 다른 개념이다.

⑤ 오일러 공식은 기둥의 좌굴을 계산하는 데 사용되는 공식으로, 양끝을 지지하는 4가지 방법은 오일러 공식의 변수 중 하나로 고려되지만 오일러 공식 자체가 지지 방법을 분류하는 것은 아니다.

개념 더 알아보기

기둥이 압축력을 받으면 휘어지는 좌굴 현상이 발생한다. 좌굴을 방지하려면 기둥의 가늘고 긴 정도를 나타내는 세장비를 줄여야 한다. 또한, 기둥 양 끝단의 고정 조건에 따라 좌굴 저항력이 달라지므로 단말계수를 고려해야 한다. 좌굴을 일으키는 최소 하중인 임계하중보다 작은 하중이 작용하도록 설계해야 한다.

19 기계재료

정답 ⑤

주철에 규소(Si)를 첨가하면 흑연의 형상을 미세화하고 흑연과 기지의 접촉면을 증가시켜 강도를 현저하게 향상시킨다. 또한, 유동성을 증가시켜 얇은 벽 두께의 주물 제작을 용이하게 하고, 냉각 시 수축을 감소시키는 효과가 있다.

| 오답풀이 |

① C(탄소)는 주철의 기본 성분이지만, 과도한 탄소는 유동성을 감소시키고 취성을 증가시킨다.

② S(황)은 주철의 강도를 저하시키고 열 균열을 발생시키는 원인이 된다.

③ P(인)은 유동성을 감소시키고 수축률을 증가시키며, 취성을 증가시켜 균열을 발생시키는 원인이 된다.

④ Mn(망간)은 강도를 증가시키지만, 유동성을 감소시키고 냉각 시 수축을 증가시킬 수 있다.

개념 더 알아보기

유동성이란 액체 금속이 주형 내에서 얼마나 잘 흘러 들어가는지를 나타내는 성질로, 유동성이 좋으면 복잡한 형상의 주물을 제작할 수 있다.

수축이란 금속이 액체 상태에서 고체 상태로 변화하면서 부피가 줄어드는 현상이다. 수축이 크면 주물에 빈틈이나 균열이 발생할 수 있다.

강도란 재료가 외부 힘에 저항하는 능력을 의미하며 취성은 재료가 외부 충격에 의해 쉽게 부서지는 성질을 말한다.

20 기계재료 정답 ②

포정(peritectic reaction)은 하나의 고용체가 다른 고용체를 둘러싸면서 일어나는 반응이다.

| 오답풀이 |

① 농축은 용액에서 용매를 증발시켜 용질의 농도를 높이는 것을 말한다.
③ 용해는 용질이 용매에 녹는 현상을 말한다.
④ 침전은 액체 속에 녹아 있던 고체 물질이 액체 밑으로 가라앉는 현상이다. 포정과 관련된 개념이지만, 포정 자체를 의미하는 것은 아니다.
⑤ 과포화란 용매에 용질이 포화 상태를 넘어서 녹아 있는 상태를 말한다. 불안정한 상태이며, 조금만 충격을 주어도 용질이 석출된다.

21 기계재료 정답 ⑤

콜드 셧은 용탕이 주형 내에서 여러 방향으로 흐르다가 만나는 지점에서 용탕의 온도가 충분히 높지 않아 완전히 융합되지 못하고 표면에 선형의 결함(차가운 이음매)을 형성하는 현상이다. 이러한 결함은 주물의 강도를 약화시키는 원인이 된다.

| 오답풀이 |

① 균열: 주물 표면이나 내부에 발생하는 갈라짐이다. 응고 과정 중의 급격한 냉각, 응고 수축, 외부 응력, 주형의 변형 등 다양한 원인으로 발생할 수 있다.
② 핀홀: 주물 표면이나 내부에 아주 작은 구멍들이 다수 존재하는 결함이다.
③ 흑피: 주물 표면에 검은 막과 같은 층이 형성되는 결함이다.
④ 기공: 용탕 내에 혼입된 가스가 응고 과정에서 빠져나가지 못하고 주물 내부에 기포 형태로 남는 결함이다.

개념 더 알아보기

콜드 셧은 만나는 지점에서 용탕의 온도가 충분히 높지 않아 발생하므로 용탕 온도를 높이거나 주형을 예열하여 용탕의 냉각속도를 늦추는 작업이 필요하다.
또한, 용탕이 원활하게 흐를 수 있도록 탕구계의 형상과 크기를 설계하는 것이 중요하고 유동 중 여러 갈래의 흐름이 합류하는 부분을 최소화하는 것이 좋다.

22 기계재료 정답 ③

마레이징강은 철(Fe)을 기반으로 니켈(Ni), 코발트(Co), 몰리브덴(Mo) 등을 첨가한 초고강도강이다.

개념 더 알아보기

시효 경화란 금속 재료를 특정 온도에서 일정 시간 유지하여 강도와 경도를 증가시키는 열처리 방법으로 금속 내부에 미세한 석출물이 형성되어 재료의 강도를 높이는 원리이다.

23 기계재료 정답 ①

구상흑연 주철은 흑연을 구상으로 만들어 강도와 인성을 향상시킨 주철이다. 이때 사용되는 첨가제로는 Mg, Ce, Ca 등이 있으며 이러한 첨가제를 구상화제라고 한다. 황(S)은 구상화를 방해하므로 첨가 대상이 아니다.

| 오답풀이 |

② Ca(칼슘)은 마그네슘과 함께 첨가하여 마그네슘의 효과를 보조하거나 슬래그 형성을 조절하는 역할을 한다.
③ Ce(세륨)을 포함한 희토류 원소는 마그네슘과 함께 사용될 때 구상화 효과를 개선하는 역할을 하며, 가격이 비싸다는 단점이 있다.
④ Si(규소)는 구상흑연 주철에서 중요한 역할을 하지만, 흑연의 형태를 구상으로 만드는 직접적인 역할은 하지 않는다. 하지만, 문제에서 '주요 첨가제가 아닌 것'을 묻고 있으므로, 구상화제는 아니지만 첨가되는 물질이므로 정답이 아니다.
⑤ Mg(마그네슘)은 구상흑연 주철 제조에 가장 널리 사용되는 구상화제로 용융된 주철에 첨가하는 대표적인 원소이다.

개념 더 알아보기

구상화제는 용융 주철에 첨가하여 흑연의 형태를 구상으로 변화시키는 물질로서 대표적으로 Mg, Ce, Ca 등이 있다.

24 기계설계 정답 ②

패드 급유법은 모세관 현상을 이용하여 윤활유를 공급하지만, 일반적으로 고속 회전 부위에는 적합하지 않다. 고속 회전 부위에는 윤활유가 빠르게 소비되기 때문에 더 효과적인 급유 방법이 필요하다.

| 오답풀이 |

① 손 급유법은 윤활이 문제되지 않는 저속, 중속의 소형 기계에 주로 사용된다.
③ 적하 급유법은 니들 밸브를 이용하여 윤활유의 급유량을 정확히 조절할 수 있다.
④ 심지 급유법은 심지의 모세관 작용을 이용하여 급유량을 조절하며, 급유를 중지하려면 심지를 제거해야 한다.
⑤ 비순환 급유법은 사용한 윤활유를 회수하지 않고 버리는 방식으로, 전손식 급유법이라고도 한다.

25 기계설계

정답 ①

판 스프링은 구조가 간단하고 내구성이 뛰어나며 큰 하중을 지지하는 데 효과적이다. 또한, 판 사이의 마찰로 진동을 흡수하는 효과가 있다. 하지만 다른 서스펜션에 비해 승차감은 좋지 않은 편이다.

| 오답풀이 |

② 여러 겹의 판으로 구성되어 큰 하중을 효과적으로 지지하므로 트럭, 버스 등 상용차에 많이 사용된다.
③ 비교적 간단한 구조로 제작 및 유지 보수가 용이하다.
④ 판 사이의 마찰은 진동 에너지를 열 에너지로 변환시켜 진동을 줄이는 역할을 한다.
⑤ 판 스프링은 특히 무거운 하중을 싣고 저속으로 험로를 주행할 때 안정적인 성능을 발휘한다.

26 기계재료

정답 ④

탄소강에서 오스테나이트 조직은 A1 변태점(723℃) 이상에서 나타나기 시작하지만, 안정적인 단상 오스테나이트 조직을 얻으려면 보통 900℃ 이상으로 가열해야 한다.

| 오답풀이 |

① 상온 (20℃): 탄소강은 상온에서 페라이트와 시멘타이트 혼합 조직이다.
② 100℃: 탄소강 조직 변화에 영향을 주지 않는 온도이다.
③ 500℃: 일부 스테인리스강의 예민화 온도 범위에 해당하지만, 탄소강의 오스테나이트화 온도와는 관련 없다.
⑤ 1,500℃ 이상: 강철의 용융점에 가까운 매우 높은 온도이다.

개념 더 알아보기

탄소강을 A1 변태점 이상으로 가열하면 페라이트와 시멘타이트 조직이 오스테나이트 조직으로 변태한다. 이때 탄소는 오스테나이트 격자 내에 고용된다.
충분한 시간 동안 높은 온도를 유지하면 균일한 오스테나이트 조직을 얻을 수 있으며, 완전한 오스테나이트화를 위해 보통 900℃ 이상으로 가열한다.

27 기계설계

정답 ③

리플링(Rippling)은 기어 표면에 미끄럼 하중이 반복적으로 작용하여 발생하는 소성 변형으로, 물결처럼 표면이 울퉁불퉁해지는 현상이다. 재료의 강도가 낮거나 윤활이 불충분할 때 더욱 심하게 나타난다.

| 오답풀이 |

① 피팅(Pitting)은 반복적인 하중과 마찰로 인해 기어 표면에 작은 구멍이나 점이 생기는 피로 손상이다.
② 점착 마모는 맞물린 기어 표면 간에 재질이 이동하여 덩어리나 응착물이 형성되는 마모 현상이다.
④ 스크로링(Scoring)은 오일 부족이나 높은 하중으로 인해 기어 표면이 긁히고 손상되는 마모 현상이다.
⑤ 연마 마모(Abrasive Wear)는 먼지나 모래와 같은 경질 입자가 기어 표면을 긁어내면서 발생하는 마모 현상이다.

28 기계설계

정답 ②

헬리컬 기어는 톱니가 축에 대해 비스듬한 나선형으로 되어 있어, 스퍼 기어와 달리 톱니가 점진적으로 접촉한다. 이로 인해 충격이 완화되어 소음과 진동이 줄어드는데 이것이 헬리컬 기어의 주요 장점이다.

개념 더 알아보기

헬리컬 기어는 스퍼 기어의 단점을 보완하기 위해 개발된 기어로 저소음, 저진동의 상섬을 가지지만, 축 방향 하중 발생 및 복잡한 제작 과정이라는 단점도 있다. 주로 고속 회전이나 저소음이 필요한 경우에 사용된다.

29 기계설계

정답 ④

베어링은 반경 방향 하중과 축 방향 하중을 동시에 받는 경우가 많다. 등가 하중은 이러한 복합 하중의 영향을 하나의 가상적인 반경 방향 하중으로 환산한 값이다. 이를 통해 베어링 수명 계산식에 적용하여 실제 복합 하중 조건에서의 수명을 정확하게 예측할 수 있다. 이러한 이유로 복잡한 하중 조건을 단순화하는 것이다.

개념 더 알아보기

등가 하중(Equivalent Load)은 반경 방향 하중과 축 방향 하중이 동시에 작용할 때, 베어링의 수명에 미치는 영향을 동일하게 하는 가상적인 반경 방향 하중으로 나타낸 값으로 복잡한 하중 조건을 단순화하여 보다 용이하게 수명 계산을 하기 위한 것이다.

30 기계설계

정답 ②

문제에서 요구하는 조건은 플레이트와 핀 그리고 높은 하중이다. 이러한 조건에 가장 부합하는 것은 리프 체인이다.

개념 더 알아보기

리프 체인은 플레이트와 핀으로만 구성되어 마찰과 마모를 줄이고, 높은 하중을 견딜 수 있어 균형 유지 장치, 리프 트럭, 지게차, 기타 저속의 리프팅용 기계장치에 사용되고 있다. 또한, 리프 체인은 고강도와 내구성을 요구하는 작업에 적합하다.

전공 실전모의고사(전기일반)

01	④	02	③	03	⑤	04	①	05	③
06	①	07	①	08	④	09	②	10	③
11	③	12	④	13	②	14	②	15	④
16	①	17	③	18	④	19	⑤	20	③
21	③	22	③	23	⑤	24	③	25	①
26	②	27	④	28	①	29	③	30	⑤

01 전자기학 정답 ④

i) 각 전하 간의 거리

꼭짓점에서 중심까지의 거리가 $2\sqrt{3}$[m]이므로 삼각형의 각 변의 길이는 다음과 같다.

$l=2\times2\sqrt{3}\times\sin60°=2\times2\sqrt{3}\times\frac{\sqrt{3}}{2}=6$[m]

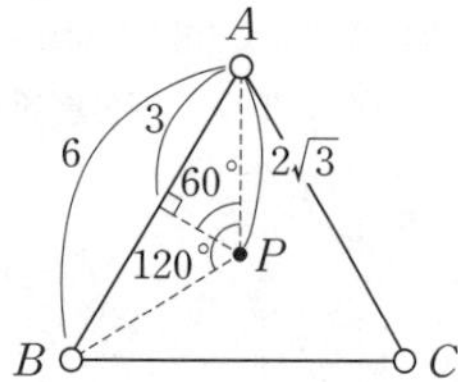

ii) B 또는 C가 A에 각각 가하는 힘의 크기

$F'=\frac{Q^2}{4\pi\varepsilon_0 r^2}=9\times10^9\times\frac{(4\times10^{-6})^2}{6^2}=4\times10^{-3}$[N]

iii) A의 전하에 작용하는 힘

각 꼭짓점의 전하는 동일 극성이므로 서로 간에 반발력으로 작용한다. 따라서 B, C의 전하가 A의 전하에 가하는 힘은 다음과 같이 나타낼 수 있다.

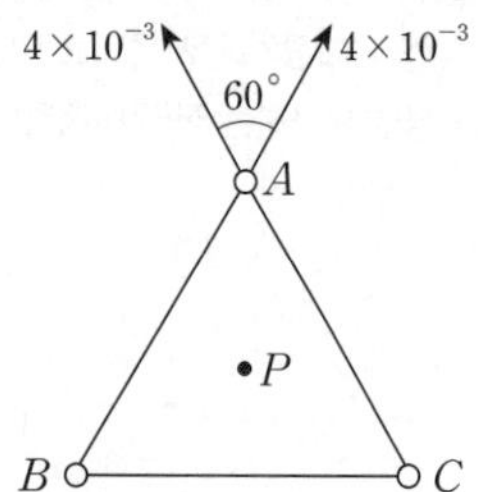

따라서 A의 전하에 작용하는 전체 힘은 다음과 같다.

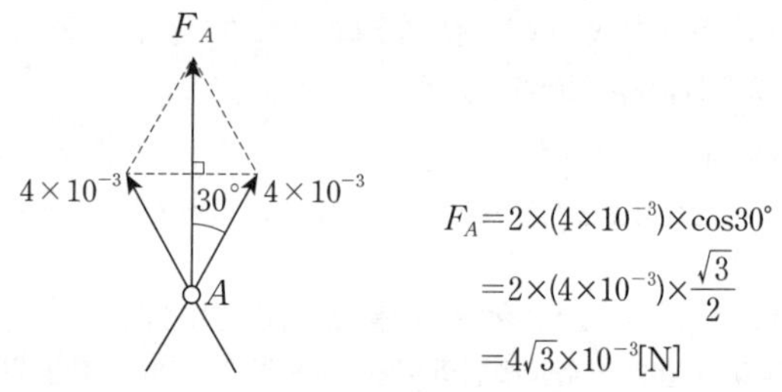

$F_A=2\times(4\times10^{-3})\times\cos30°$

$=2\times(4\times10^{-3})\times\frac{\sqrt{3}}{2}$

$=4\sqrt{3}\times10^{-3}$[N]

02 전자기학 정답 ③

i) 전계의 세기

전계는 벡터값으로, 주어진 조건상에서 A, C의 전하에 의한 전계는 방향이 서로 반대가 되어 상쇄된다.

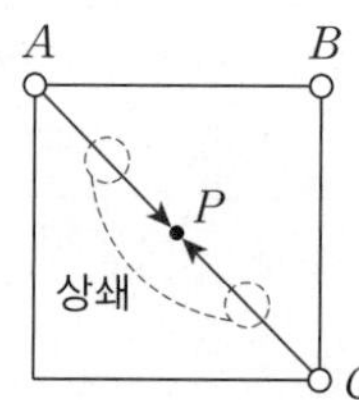

따라서 P점에서의 전계의 세기는 B의 전하에 의한 전계의 세기만 고려하면 된다.

$E=\frac{Q}{4\pi\varepsilon_0 r^2}=9\times10^9\times\frac{2\times10^{-9}}{2^2}=4.5$[V/m]

ii) 전위

전위는 스칼라값으로, 전하가 여러 개 존재하는 경우 특정 위치에 대한 전위는 각 전하가 형성하는 모든 전위의 크기를 합하여 계산할 수 있다.

- 전하 1개에 의한 P점의 전위

$V_1=\frac{Q}{4\pi\varepsilon_0 r}=9\times10^9\times\frac{2\times10^{-9}}{2}=9$[V]

- 각 꼭짓점에 존재하는 모든 전하에 의한 P점의 전위

$V=3V_1=3\times9=27$[V]

03 전자기학

정답 ⑤

주어진 조건에서 입사각은 $\theta_2=60°$가 된다.

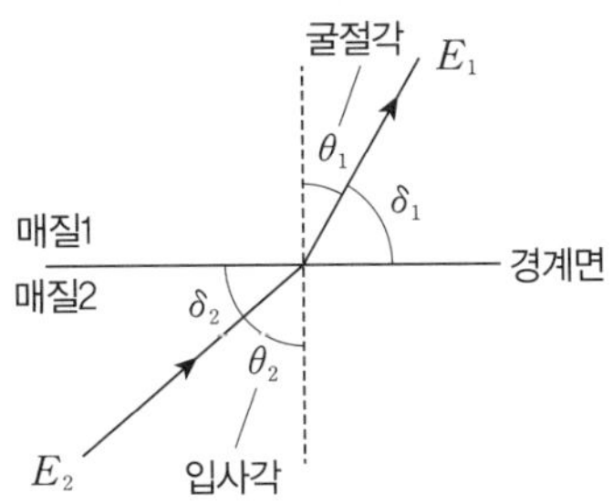

i) 각도 δ_1

굴절법칙 $\frac{\tan\theta_1}{\tan\theta_2}=\frac{\varepsilon_1}{\varepsilon_2}$를 이용하면 다음과 같다.

$\tan\theta_1=\frac{\varepsilon_1}{\varepsilon_2}\tan\theta_2=\frac{2\varepsilon_0}{6\varepsilon_0}\tan60°=\frac{\sqrt{3}}{3}$

그러므로 $\tan\theta_1=\frac{\sqrt{3}}{3}$의 관계를 만족하는 $\theta_1=30°$가 된다.

따라서 $\delta_1=90°-30°=60°$이다.

ii) 전계

전계는 접선성분이 연속이므로 $E_1\sin\theta_1=E_2\sin\theta_2$ 관계를 이용하면 다음과 같다.

$$E_1=\frac{E_2\sin\theta_2}{\sin\theta_1}=\frac{5\times\sin60°}{\sin30°}=\frac{5\times\frac{\sqrt{3}}{2}}{\frac{1}{2}}=5\sqrt{3}[\text{V/m}]$$

개념 더 알아보기

경계조건

유전체의 경계면에서 다음이 성립한다.

- 전계는 접선성분이 연속이다.
  $E_1\sin\theta_1=E_2\sin\theta_2$
- 전속밀도는 법선성분이 연속이다.
  $D_1\cos\theta_1=D_2\cos\theta_2$
- 굴절법칙 $\frac{\tan\theta_1}{\tan\theta_2}=\frac{\varepsilon_1}{\varepsilon_2}$

04 전자기학

정답 ①

공극이 있을 때 자기저항(R_m')과 공극이 없을 때 자기저항(R_m)의 비는 자기회로 전체 길이를 l[m], 공극길이를 l_g[m], 비투자율을 μ_s라고 하는 경우 다음과 같이 나타낼 수 있다.

$$\frac{R_m'}{R_m}\fallingdotseq1+\frac{\mu_s l_g}{l}$$

따라서 공극을 만들기 전의 자기저항은 다음과 같다.

$$R_m=\frac{R_m'}{1+\frac{\mu_s l_g}{l}}=\frac{30}{1+\frac{1{,}000\times5\times10^{-3}}{1}}=\frac{30}{6}$$

$$=5[\text{AT/wb}]$$

개념 더 알아보기

- 공극이 없을 때 자기회로의 자기저항

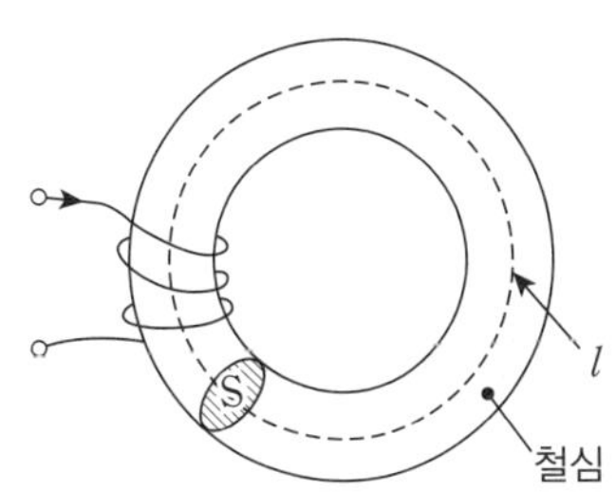

$R_m=\frac{l}{\mu_s\mu_0 S}[\text{AT/wb}]$

- 공극이 있을 때 자기회로의 자기저항

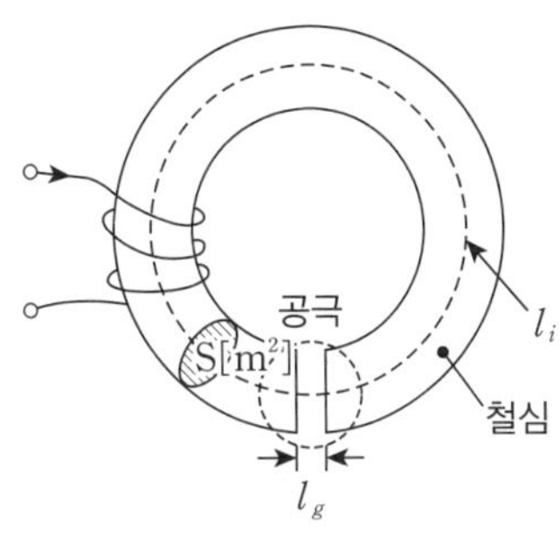

㉠ 철심부분의 자기저항 $R_{mi}=\frac{l_i}{\mu_s\mu_0 S}$

㉡ 공극부분의 자기저항 $R_{mg}=\frac{l_g}{\mu_0 S}$

㉢ 합성 자기저항 $R_m'=R_{mi}+R_{mg}=\frac{l_i+\mu_s l_g}{\mu_s\mu_0 S}[\text{AT/wb}]$

- 공극이 있을 때와 없을 때의 자기저항 비

$$\frac{R_m'}{R_m}=\frac{\frac{l_i+\mu_s l_g}{\mu_s\mu_0 S}}{\frac{l}{\mu_s\mu_0 S}}=\frac{l_i+\mu_s l_g}{l}\fallingdotseq1+\frac{\mu_s l_g}{l}=1+\frac{\mu l_g}{\mu_0 l}$$

05 전자기학

정답 ③

지문의 그림은 유전체의 병렬접속을 나타내고 있다.

처음 상태의 공기콘덴서의 정전용량이 $C_0=\frac{\varepsilon_0 S}{d}=4[\mu\text{F}]$이므로 콘덴서 단면적의 $\frac{1}{2}$만큼 비유전율이 2인 유전체를 삽입한 경우의 합성 정전용량은 다음과 같이 계산할 수 있다.

- 공기 부분의 정전용량

$$C_1=\frac{\varepsilon_0(\frac{1}{2}S)}{d}=\frac{1}{2}\cdot\frac{\varepsilon_0 S}{d}=\frac{1}{2}C_0=\frac{1}{2}\times4=2[\mu\text{F}]$$

- 유전체 부분의 정전용량

$$C_2=\frac{\varepsilon_s\varepsilon_0(\frac{1}{2}S)}{d}=\frac{\varepsilon_s}{2}\cdot\frac{\varepsilon_0 S}{d}=\frac{\varepsilon_s}{2}C_0=\frac{2}{2}\times4=4[\mu\text{F}]$$

- 합성 정전용량

$C=C_1+C_2=2+4=6[\mu\text{F}]$

개념 더 알아보기

- 유전체의 직렬 삽입 시 합성 정전용량

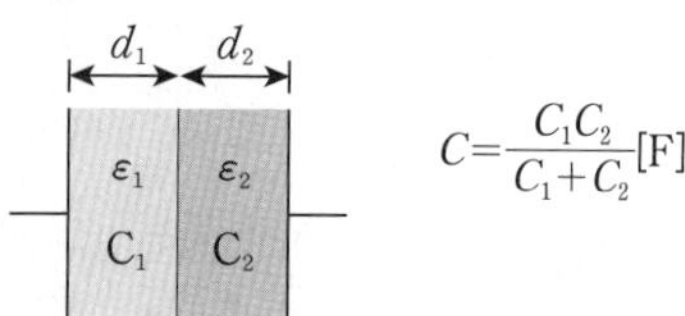

$$C=\frac{C_1C_2}{C_1+C_2}[\text{F}]$$

- 유전체의 병렬 삽입 시 합성 정전용량

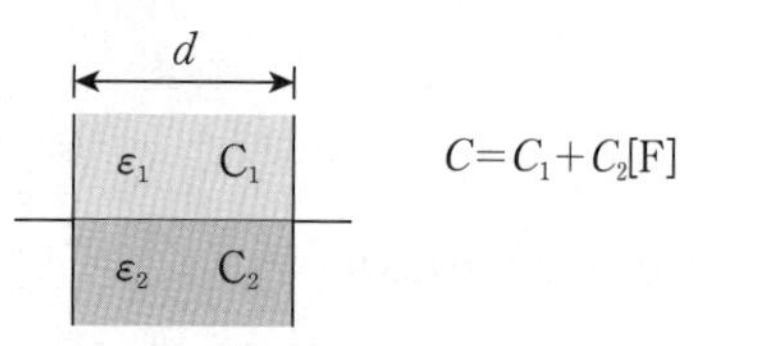

$$C=C_1+C_2[\text{F}]$$

06 전자기학 정답 ①

운동 전하에 작용하는 힘은 로렌츠의 힘으로 해석할 수 있다.

$F=(v\times B)q+qE=(2a_x\times 5a_z)\times 1+1\times(4a_x+3a_y)$

$=-10a_y+(4a_x+3a_y)=4a_x-7a_y[\text{N}]$

개념 더 알아보기

로렌츠의 힘(Lorentz's Force)

운동 전하가 전자기장으로부터 받는 힘

- 자기장으로부터 받는 힘 $F_m=(v\times B)q[\text{N}]$
- 전기장으로부터 받는 힘 $F_e=qE[\text{N}]$
- 전체 힘 $F=F_m+F_e=(v\times B)q+qE[\text{N}]$

07 회로이론 정답 ①

- 용량성 리액턴스

$$X_c=\frac{1}{wC}=\frac{1}{100\pi\times 500\times 10^{-6}}=\frac{20}{\pi}[\Omega]$$

- 전류의 실횻값

$$I=\frac{V}{Z}=\frac{20}{\sqrt{20^2+(\frac{20}{\pi})^2}}=\frac{20}{\sqrt{\frac{20^2\pi^2+20^2}{\pi^2}}}$$

$$=\frac{20}{\frac{20}{\pi}\sqrt{\pi^2+1}}=\frac{\pi}{\sqrt{\pi^2+1}}[\text{A}]$$

08 회로이론 정답 ④

- $2[\Omega]$에서의 전압강하 $e=3\times 2=6[\text{V}]$
- r_1, r_2의 병렬회로에 걸리는 전압 $V=36-6=30[\text{V}]$
- 각 저항값 계산

회로에 흐르는 전체 전류가 $3[\text{A}]$이므로, r_1, r_2의 병렬회로에 흐르는 전류 또한 $3[\text{A}]$가 된다. 따라서 r_1, r_2의 합성 저항값은 다음과 같이 나타낼 수 있다.

$$R=\frac{r_1r_2}{r_1+r_2}=\frac{30}{3}=10[\Omega]$$

또한, r_1, r_2에 흐르는 전류비가 2:1이므로 $r_1=2r_2$의 관계에 있음을 알 수 있으며, 이를 이용하면 각 저항값을 계산할 수 있다.

$\frac{r_1r_2}{r_1+r_2}=10[\Omega]$에 $r_1=2r_2$를 대입하면

$$\frac{2r_2\times r_2}{2r_2+r_2}=\frac{2}{3}r_2=10$$

$$r_2=10\times\frac{3}{2}=15[\Omega]$$

따라서 $r_1=2r_2=2\times 15=30[\Omega]$이다.

09 회로이론 정답 ②

지문에 주어진 회로에서 R_L을 제외하고 나머지 회로에 대하여 테브난 정리를 이용하면 다음과 같다.

i) 테브난 등가전압 $V[\text{V}]$

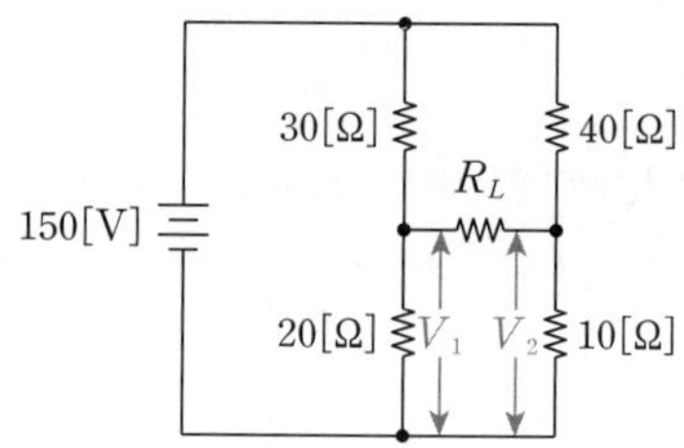

테브난 등가 전압은 위 회로에서 V_1와 V_2의 차와 같다.

- $V_1=\frac{20}{20+30}\times 150=60[\text{V}]$
- $V_2=\frac{10}{10+40}\times 150=30[\text{V}]$
- $V=V_1-V_2=60-30=30[\text{V}]$

ii) 테브난 등가저항 $R[\Omega]$

합성저항을 계산하기 위해 전압원을 단락하면 다음과 같다.

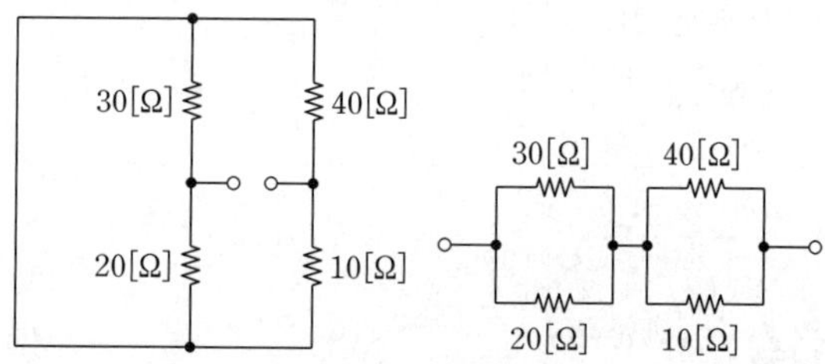

그러므로 합성저항은 $R=\frac{30\times 20}{30+20}+\frac{40\times 10}{40+10}=20[\Omega]$

iii) 테브난 등가회로

위 결과로, 지문에 주어진 회로는 다음과 같이 등가회로로 나타낼 수 있다.

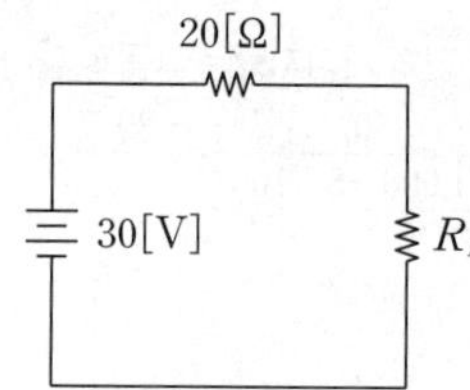

10 회로이론

정답 ③

주어진 그래프의 시간함수는 다음과 같다.

$f(t)=2u(t)-2u(t-1)-u(t-1)-\{-u(t-3)\}$

$\quad=2u(t)-3u(t-1)+u(t-3)$

여기서 $u(t)$의 라플라스 변환은 $\frac{1}{s}$, $u(t-a)$의 라플라스 변환은 $\frac{1}{s}e^{-as}$로 나타낼 수 있으므로 위의 시간함수를 라플라스 변환하면 다음과 같다.

$F(s)=\frac{2}{s}-\frac{3}{s}e^{-s}+\frac{1}{s}e^{-3s}$

개념 더 알아보기

라플라스 변환표

$f(t)$	$F(s)$	$f(t)$	$F(s)$
$\delta(t)$	1	$e^{\pm at}$	$\frac{1}{s\mp a}$
$u(t)$	$\frac{1}{s}$	$t^n\cdot e^{\pm at}$	$\frac{1}{(s\mp a)^{n+1}}$
t	$\frac{1}{s^2}$	$e^{\pm at}\cdot \sin wt$	$\frac{w}{(s\mp a)^2+w^2}$
t^n	$\frac{n!}{s^{n+1}}$	$e^{\pm at}\cdot \cos wt$	$\frac{s\mp a}{(s\mp a)^2+w^2}$
$\sin wt$	$\frac{w}{s^2+w^2}$		
$\cos wt$	$\frac{s}{s^2+w^2}$		

11 제어공학

정답 ③

- $\Sigma G_k\Delta_k=2\times2\times3=12$
- $L_1=2a+2a+3a=7a$
- $L_2=2a\times2a+2a\times3a=10a^2$
- $\frac{C(s)}{R(s)}=\frac{\Sigma G_k\Delta_k}{\Delta}=\frac{\Sigma G_k\Delta_k}{1-L_1+L_2}=\frac{12}{1-7a+10a^2}$

개념 더 알아보기

신호흐름선도의 전달함수는 메이슨 이득공식을 이용하여 나타낼 수 있다.

$\frac{C(s)}{R(s)}=\frac{\Sigma G_k\Delta_k}{\Delta}$

(여기서, $\Delta=1-L_1+L_2-L_3+\cdots$

L_1=개별 루프 이득의 합,

L_2=2개의 비접촉 루프 이득 곱의 합,

L_3=3개의 비접촉 루프 이득 곱의 합,

G_k=k번째 전향경로(순방향 경로)의 이득,

$\Delta_k=1-L_k$,

L_k=k번째 전향경로와 접촉하지 않는 루프이득)

12 회로이론

정답 ④

ⅰ) 유효전력

$P=W_1+W_2=3+1=4[\text{kW}]$

ⅱ) 무효전력

$P_r=\sqrt{3}(W_1-W_2)=\sqrt{3}(3-1)=2\sqrt{3}[\text{kVar}]$

ⅲ) 피상전력

$P_a=\sqrt{P^2+P_r^2}=\sqrt{4^2+(2\sqrt{3})^2}=\sqrt{28}=2\sqrt{7}[\text{kVA}]$

ⅳ) 역률 $\cos\theta=\frac{P}{P_a}=\frac{4}{2\sqrt{7}}=\frac{2}{\sqrt{7}}$

13 회로이론

정답 ②

ⅰ) KVL을 이용한 해석

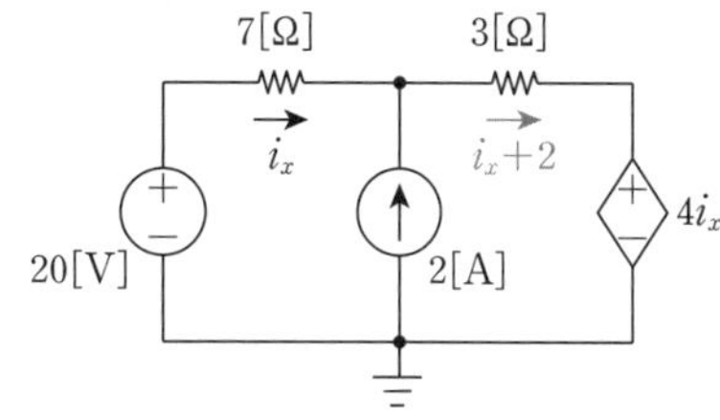

- 전위상승 요소: 20[V]
- 전압강하 요소:
  ㉠ 7[Ω]에서의 전압강하: $7i_x$
  ㉡ 3[Ω]에서의 전압강하: $3(i_x+2)$
  ㉢ 종속전압원: $4i_x$
- KVL: $20=7i_x+3(i_x+2)+4i_x=14i_x+6$
  $14i_x=14$
  $i_x=1[\text{A}]$

ⅱ) KCL을 이용한 해석

- 독립 전압원에서 7[Ω]의 저항에 흘려주는 전류 I'
  $I'=\frac{20-4i_x}{7+3}=\frac{20-4i_x}{10}[\text{A}]$
- 독립 전류원에서 7[Ω]의 저항에 흘려주는 전류 I''
  전류분배법칙을 이용하면 $I''=\frac{3}{7+3}\times2=\frac{6}{10}[\text{A}]$,
  공급되는 전류의 방향을 고려하면 $-\frac{6}{10}[\text{A}]$가 된다.
- 7[Ω]의 저항에 흐르는 전체 전류 i_x
  $i_x=I'+I''=\frac{20-4i_x}{10}+(-\frac{6}{10})=\frac{20-4i_x-6}{10}$
  $10i_x=14-4i_x$
  $14i_x=14$
  $i_x=1[\text{A}]$

14 제어공학 정답 ②

제어요소 전달함수는 다음과 같이 나타낼 수 있다.

- 비례 동작: $\dfrac{Y(s)}{X(s)}=k$
- 미분 동작: $\dfrac{Y(s)}{X(s)}=kT_d s$
- 적분 동작: $\dfrac{Y(s)}{X(s)}=\dfrac{k}{T_i s}$
- 비례미분 동작: $\dfrac{Y(s)}{X(s)}=k+kT_d s$
- 비례적분 동작: $\dfrac{Y(s)}{X(s)}=k+\dfrac{k}{T_i s}$
- 비례적분미분 동작: $\dfrac{Y(s)}{X(s)}=k+kT_d s+\dfrac{k}{T_i s}$

(여기서 K_P=비례상수, T_d=미분시간, T_i=적분시간)

제어요소에서 동작신호는 입력, 조작량은 출력에 해당하므로 지문에 주어진 비례적분미분 동작을 하는 제어요소의 조작량은 다음과 같이 해석할 수 있다.

- 전달함수

$$\frac{Y(s)}{X(s)}=k+kT_d s+\frac{k}{T_i s}=2+2\times0.25s+\frac{2}{4s}$$
$$=2+0.5s+\frac{1}{2s}$$

- 동작신호(입력)의 라플라스 변환 $X(s)=\dfrac{8}{s^2}$
- 조작량

$$Y(s)=(2+0.5s+\frac{1}{2s})X(s)=(2+0.5s+\frac{1}{2s})\times\frac{8}{s^2}$$
$$=\frac{16}{s^2}+\frac{4}{s}+\frac{4}{s^3}$$

- 조작량의 시간함수

$Y(s)=\dfrac{16}{s^2}+\dfrac{4}{s}+\dfrac{4}{s^3}$를 역라플라스 변환하면

$y(t)=16t+4+2t^2=2(2+8t+t^2)$

개념 더 알아보기

폐회로 제어계의 구성

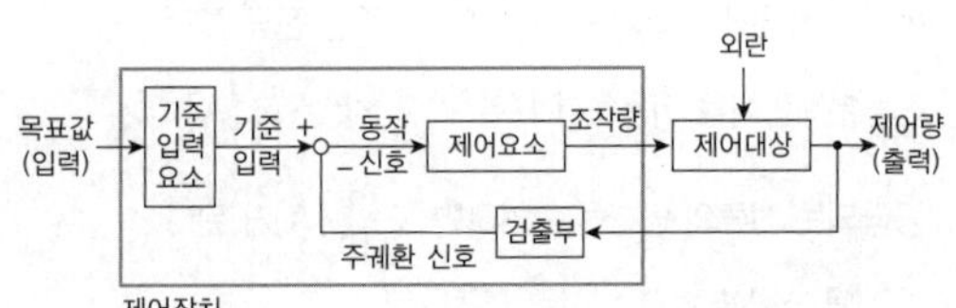

라플라스 변환표

$f(t)$	$F(s)$	$f(t)$	$F(s)$
$\delta(t)$	1	$e^{\pm at}$	$\dfrac{1}{s\mp a}$
$u(t)$	$\dfrac{1}{s}$	$t^n\cdot e^{\pm at}$	$\dfrac{1}{(s\mp a)^{n+1}}$
t	$\dfrac{1}{s^2}$	$e^{\pm at}\cdot\sin wt$	$\dfrac{w}{(s\mp a)^2+w^2}$
t^n	$\dfrac{n!}{s^{n+1}}$	$e^{\pm at}\cdot\cos wt$	$\dfrac{s\mp a}{(s\mp a)^2+w^2}$
$\sin wt$	$\dfrac{w}{s^2+w^2}$		
$\cos wt$	$\dfrac{s}{s^2+w^2}$		

15 회로이론 정답 ④

- 1상의 임피던스 $Z=\sqrt{8^2+6^2}=10[\Omega]$
- 상전류 $I_p=\dfrac{V_p}{Z}=\dfrac{200}{10}=20[\text{A}]$
- 선전류 $I_l=\sqrt{3}I_p=20\sqrt{3}[\text{A}]$
- 3상 전력 $P=3I_p^2R=3\times(20)^2\times8=9{,}600[\text{W}]=9.6[\text{kW}]$

※ 3상 전력은 $P=\sqrt{3}VI\cos\theta[\text{W}]$으로도 계산할 수 있다.

$$P=\sqrt{3}V_lI_l\cos\theta=\sqrt{3}\times200\times20\sqrt{3}\times\frac{8}{\sqrt{8^2+6^2}}$$
$$P=9{,}600[\text{W}]=9.6[\text{kW}]$$

개념 더 알아보기

각 결선의 전압, 전류 관계

구분	Y결선	Δ결선
전압 관계	$V_l=\sqrt{3}V_p\angle30°$	$V_l=V_p$
전류 관계	$I_l=I_p$	$I_l=\sqrt{3}I_p\angle-30°$
3상 전력	$P_3=3V_pI_p=\sqrt{3}V_lI_l[\text{VA}]$	

부하 임피던스 관계

$Z=\dfrac{V_p}{I_p}[\Omega]$

16 제어공학 정답 ①

$$Z=\text{X}\cdot\text{Y}+\overline{\text{X}}\cdot\text{Y}+\text{X}\cdot\overline{\text{Y}}=\text{X}(\text{Y}+\overline{\text{Y}})+\overline{\text{X}}\cdot\text{Y}=\text{X}+\overline{\text{X}}\cdot\text{Y}$$
$$=(\text{X}+\overline{\text{X}})\cdot(\text{X}+\text{Y})=\text{X}+\text{Y}$$

개념 더 알아보기

논리 대수 및 드모르간 정리

- 교환 법칙: $\text{A}+\text{B}=\text{B}+\text{A}$, $\text{A}\cdot\text{B}=\text{B}\cdot\text{A}$
- 결합 법칙: $(\text{A}+\text{B})+\text{C}=\text{A}+(\text{B}+\text{C})$, $(\text{A}\cdot\text{B})\cdot\text{C}=\text{A}\cdot(\text{B}\cdot\text{C})$
- 분배 법칙: $\text{A}\cdot(\text{B}+\text{C})=\text{A}\cdot\text{B}+\text{A}\cdot\text{C}$, $\text{A}+(\text{B}\cdot\text{C})=(\text{A}+\text{B})\cdot(\text{A}+\text{C})$
- 동일 법칙: $\text{A}+\text{A}=\text{A}$, $\text{A}\cdot\text{A}=\text{A}$
- 공리 법칙: $\text{A}+0=\text{A}$, $\text{A}\cdot0=0$, $\text{A}+1=1$, $\text{A}\cdot1=\text{A}$, $\text{A}+\overline{\text{A}}=1$, $\text{A}\cdot\overline{\text{A}}=0$
- 부정 법칙: $\overline{\overline{\text{A}}}=\text{A}$, $\overline{1}=1$, $\overline{0}=0$
- 드모르간 정리: $\overline{\text{A}\cdot\text{B}}=\overline{\text{A}}+\overline{\text{B}}$, $\overline{\text{A}+\text{B}}=\overline{\text{A}}\cdot\overline{\text{B}}$

17 전력공학 정답 ③

주어진 %리액턴스를 30[MVA]를 기준으로 환산하면 다음과 같다.

- 발전기 G_1: $\%Z_{G1}=\dfrac{30}{10}\times10=30[\%]$
- 발전기 G_2: $\%Z_{G2}=\dfrac{30}{20}\times10=15[\%]$
- 변압기 $\%Z_{Tr}=5[\%]$

• 선로: $\%Z_l=\frac{30}{60}\times10=5[\%]$

• 합성 %임피던스: $\%Z=\frac{30\times15}{30+15}+5+5=20[\%]$

따라서 단락용량은 다음과 같다.

$P_s=\frac{100}{\%Z}P_n=\frac{100}{20}\times30=150[\text{MVA}]$

18 전력공학

정답 ④

단도체 방식의 1[km]당 작용 인덕턴스와 작용 정전용량은 다음과 같이 표현된다.

• 작용 인덕턴스 $L_w=0.05+0.4605\log\frac{D}{r}[\text{mH/km}]$

• 작용 정전용량 $C_w=\frac{0.02413}{\log\frac{D}{r}}[\mu\text{F/km}]$

개념 더 알아보기

다도체 방식의 1[km]당 작용 인덕턴스와 작용 정전용량

• 작용 인덕턴스 $L_n=\frac{0.05}{n}+0.4605\log\frac{D}{r_e}[\text{mH/km}]$

• 작용 정전용량 $C_n=\frac{0.02413}{\log\frac{D}{r_e}}[\mu\text{F/km}]$

(여기서 r_e=전선의 등가반지름($=\sqrt[n]{rs^{n-1}}$))

※ 단, n: 다도체를 구성하는 소도체의 개수(복도체: $n=2$, 4도체: $n=4$, 6도체: $n=6$)

19 전력공학

정답 ⑤

$D=\frac{WS^2}{8T}=\frac{4\times240^2}{8\times2{,}880}=10[\text{m}]$

개념 더 알아보기

• 전선의 실제 길이 $L=S+\frac{8D^2}{3S}[\text{m}]$

• 전선의 평균 높이 $h=H-\frac{2}{3}D[\text{m}]$

(여기서 H=전선 지지점의 높이[m])

20 전력공학

정답 ③

전력계통을 연계하는 경우 계통의 임피던스가 감소하므로 단락사고 시에 단락전류가 증가하게 된다.

개념 더 알아보기

전력계통의 연계

전력계통의 연계는 서로 다른 전력계통을 병렬로 연결하는 것을 말한다. 계통을 연계하는 경우 전력계통의 규모가 증대되고 계통의 임피던스는 감소하게 된다.

ⅰ) 장점

• 공급예비력이 절감된다.
• 계통의 리액턴스가 감소하고 전압유지가 용이하다.
• 계통의 안정도가 향상된다.
• 한 계통의 사고 시 연계된 다른 계통으로부터 전력을 공급받을 수 있어 공급신뢰도가 향상된다.
• 송전계통의 유효, 무효전력의 손실이 감소되어 송전효율이 높아진다.
• 설비이용률이 향상되어 투자비가 절감된다.
• 유지보수가 용이하다.

ⅱ) 단점

• 한 계통의 사고가 연계된 다른 계통에 파급될 우려가 있다.
• 계통구성이 복잡해진다.
• 보호계전방식이 복잡해지므로 계전기 오동작의 우려가 있다.
• 작은 임피던스로 인해 단락전류가 커진다.
• 가혹한 사고가 발생할 경우 계통의 안정도 붕괴로 전체 계통이 동기 탈조되어 대정전이 유발될 우려가 있다.

21 전기기기

정답 ③

전류분담비는 $\frac{I_1'}{I_2'}=\frac{P_1}{P_2}\times\frac{\%z_2}{\%z_1}$로 표현되므로 각 변압기의 전류분담은 %임피던스에 반비례하여 분할된다.

개념 더 알아보기

변압기 병렬운전 조건

• 극성이 일치할 것
• 권수비가 일치할 것(1차, 2차 정격전압 일치할 것)
• %임피던스가 일치할 것
• 저항과 리액턴스의 비가 일치할 것
• 3상인 경우 상회전 방향과 각 변위가 일치할 것

변압기 결선조합

• 병렬운전 가능한 결선조합: 짝수조합
($Y-Y$와 $Y-Y$, $\Delta-\Delta$와 $\Delta-\Delta$ 등)
• 병렬운전 불가능한 결선조합: 홀수조합
($Y-Y$와 $Y-\Delta$, $\Delta-\Delta$와 $\Delta-Y$ 등)

병렬운전하는 변압기의 부하분담

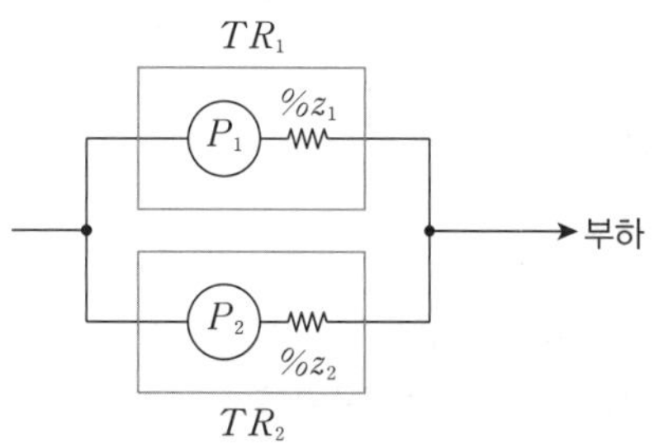

부하(전류)분담비 $\frac{P_1'}{P_2'}=\frac{I_1'}{I_2'}=\frac{P_1}{P_2}\times\frac{\%z_2}{\%z_1}$

(여기서 P_1', P_2'=각 변압기의 분담용량, I_1', I_2'=각 변압기의 분담전류)

22 전기기기

정답 ③

V결선 시의 이용률과 출력비는 다음과 같다.

- 이용률: $\frac{\sqrt{3}}{2}=0.866 \rightarrow 86.6[\%]$
- 출력비: $\frac{\sqrt{3}}{3}=0.577 \rightarrow 57.7[\%]$

23 전기기기

정답 ⑤

속도를 비교적 광범위하게 조정할 수 있으며, 손실이 작고, 전기자 전류에 거의 관계가 없는 특징을 가져 정출력 가변속도 제어에 적합한 방식은 계자 제어방식에 해당한다.

계자 제어방식은 계자 저항기의 저항값을 조정하여 계자전류의 크기를 조정함으로써 회전속도를 제어하는 방식으로, 제어대상이 계자전류가 되므로 전기자 전류에 거의 관계가 없으며 지문의 설명과 같은 특징을 갖는다.

개념 더 알아보기

저항제어

전기자 회로에 삽입한 저항의 크기를 조절함으로써 전동기의 회전속도를 제어하는 방식이며, 큰 전기자 전류로 인해 전력손실이 크므로 효율이 나쁘며 제어범위가 좁은 특성을 갖는다.

전압제어

전기자에 가해지는 단자전압을 변화시킴으로써 전동기의 회전속도를 제어하는 방식으로, 광범위한 속도 조정을 할 수 있으며 정토크 가변속도 제어에 적합하다.

24 전기기기

정답 ③

직류 전동기의 토크는 다음과 같이 나타낼 수 있다.

$$T=\frac{P}{2\pi\frac{N}{60}}=\frac{EI_a}{2\pi\frac{N}{60}}=\frac{I_a}{2\pi\frac{N}{60}}\times pZ\phi\frac{N}{60a}$$

$$T=\frac{pZ\phi I_a}{2\pi a}[\mathrm{N \cdot m}]$$

따라서 지문에 주어진 조건을 위 관계식에 대입하면 토크는 다음과 같다.

$$T=\frac{pZ\phi I_a}{2\pi a}=\frac{4\times240\times0.1\times2}{2\pi\times2}=\frac{48}{\pi}[\mathrm{N \cdot m}]$$

※ 파권에서의 병렬회로수(a)는 2이다.

개념 더 알아보기

파권과 중권

- 파권
  - ㉠ 고압 소전류용 권선법
  - ㉡ 병렬회로수 $a=2$(=브러시 개수)
- 중권
  - ㉠ 저압 대전류용 권선법
  - ㉡ 병렬회로수 $a=p$(극수)(=브러시 개수)
  - ㉢ (4극 이상 시) 균압환 필요: 과열 및 불꽃 방지

25 전기기기

정답 ①

동기기의 전기자 전류에 따른 전기자 반작용은 다음과 같이 정리할 수 있다.

기전력에 대한 전기자 전류의 위상	동기 발전기	동기 전동기
동상 전류	교차자화작용	
90° 뒤진 전류	감자작용	증자작용
90° 앞선 전류	증자작용	감자작용

또한, 동상 전류에 의한 반작용을 횡축 반작용, 90° 뒤지거나 앞선전류에 의한 반작용을 직축 반작용이라 한다.

따라서 동기 발전기에 감자작용이 나타나려면 기전력보다 90° 뒤진 전기자 전류가 흘러야 하고, 동기 전동기에 증자작용이 나타나려면 기전력보다 90° 뒤진 전기자 전류가 흘러야 하므로, ㉠과 ㉡에는 '90° 뒤진'이 들어가야 한다.

26 전기기기

정답 ②

해당 문제는 동기속도와 유도전동기의 슬립을 계산한 후, 비례추이($r_2 \propto s$)를 이용하여 저항 변경 시의 슬립을 계산하여 주어진 조건에 대한 회전속도를 도출할 수 있다.

- 동기속도 $N_s=\frac{120f}{p}=\frac{120\times60}{10}=720[\mathrm{rpm}]$
- 처음 조건에 대한 슬립
  $s=\frac{N_s-N}{N_s}=\frac{720-648}{720}=\frac{72}{720}=0.1$
- 2차 저항을 2배로 하는 경우의 슬립 $s'=2s=0.2$
- 2차 저항을 2배로 하는 경우의 회전속도
  $N'=(1-s)N_s=(1-0.2)\times720=576[\mathrm{rpm}]$

27 전기기기

정답 ④

계자극 표면의 홈에 설치하는 권선을 '보상권선'이라 하며, 전기자 반작용의 영향을 줄이기 위해서는 전기자와 반대 방향의 전류를 흘려주어야 한다.

개념 더 알아보기

전기자 반작용의 영향

- 중성축 이동
  - ㉠ 발전기의 경우 회전방향으로 이동한다.
  - ㉡ 전동기의 경우 회전 반대방향으로 이동한다.
- 주자속 감소
  - ㉠ 발전기: 기전력, 출력이 감소된다.
  - ㉡ 전동기: 토크가 감소, 회전속도가 이상 상승
- 국부적인 불꽃(섬락) 발생 → 정류불량

전기자 반작용의 대책

- 보상권선(가장 확실한 대책방안)
  - ㉠ 계자극 표면에 설치한다.
  - ㉡ 보상권선의 전류는 전기자 전류와 반대방향으로 한다.

ⓒ 전기자와 직렬로 접속한다.
ⓓ 주로 대형 직류기에서 사용된다.

- 보극
  전기자와 직렬로 접속한다.
- 브러시 이동
  중성축 이동방향으로 브러시를 이동한다.
  ※ 브러시 이동은 전기자 반작용을 억제하는 용도로 사용되는 것이 아니라, 전기자 반작용으로 인한 정류 불량을 개선할 목적으로 사용한다.

28 전기기기

정답 ①

직권 전동기는 속도 변동률이 크고 기동토크가 큰 특징이 있어, 전차용 전동기 또는 절기철도용 견인 전동기, 크레인 등에 사용된다.

29 전기응용

정답 ③

열차의 곡선부 주행 시 발생하는 원심력에 대비하여 곡선 바깥쪽 레일을 안쪽 레일보다 높게 하는 정도를 '캔트' 또는 '고도'라고 하며, 관계식은 다음과 같다.

$C=\frac{GV^2}{127R}$[mm]

(여기서 G=궤간[mm], V=열차속도[km/h], R=곡선 반지름[m])

개념 더 알아보기

확도(슬랙)
궤도의 곡선구간을 열차가 원활하게 지나갈 수 있도록 직선구간의 궤도 너비보다 더 넓게 한 정도

$s=\frac{l^2}{8R}$[m]

(여기서 l=고정 차축 거리[m], R=곡선 반지름[m])

30 전기응용

정답 ⑤

열차저항을 분류하면 출발저항, 주행저항, 곡선저항, 구배저항, 가속저항이 있다.

- 출발저항: 열차가 정지상태에서 출발할 경우에 존재하는 저항
- 주행저항: 열차의 주행 시 작용하는 것으로, 베어링 부분의 기계적 마찰, 공기저항 등이 있음
- 곡선저항: 열차의 곡선구간 주행 시 곡선의 반지름에 반비례하여 작용하는 저항
- 구배저항: 열차의 경사궤도 운전 시 중력에 의해 작용하는 저항
- 가속저항: 열차의 가속 시 작용하는 저항

철도법령 기출복원 모의고사

01	③	02	⑤	03	②	04	②	05	④
06	④	07	①	08	⑤	09	④	10	③

01 철도산업발전기본법 정답 ③

[철도산업발전기본법 제3조]

4. "철도차량"이라 함은 선로를 운행할 목적으로 제작된 동력차·객차·화차 및 특수차를 말한다.

02 철도산업발전기본법 시행령 정답 ⑤

[철도산업발전기본법 시행령 제4조]

법 제5조 제4항 후단에서 "대통령령이 정하는 경미한 변경"이라 함은 다음 각호의 변경을 말한다.

1. 철도시설투자사업 규모의 100분의 1의 범위 안에서의 변경
2. 철도시설투자사업 총 투자비용의 100분의 1의 범위 안에서의 변경
3. 철도시설투자사업 기간의 2년의 기간 내에서의 변경

03 철도산업발전기본법 정답 ②

[철도산업발전기본법 제22조]

① 국토교통부장관은 철도산업의 구조개혁을 추진하는 경우 철도청과 고속철도건설공단의 철도자산을 다음 각 호와 같이 구분하여야 한다.

1. 운영자산: 철도청과 고속철도건설공단이 철도운영 등을 주된 목적으로 취득하였거나 관련 법령 및 계약 등에 의하여 취득하기로 한 재산·시설 및 그에 관한 권리
2. 시설자산: 철도청과 고속철도건설공단이 철도의 기반이 되는 시설의 건설 및 관리를 주된 목적으로 취득하였거나 관련 법령 및 계약 등에 의하여 취득하기로 한 재산·시설 및 그에 관한 권리

04 철도사업법 정답 ②

[철도사업법 제2조]

4. "사업용철도"란 철도사업을 목적으로 설치하거나 운영하는 철도를 말한다.

05 철도사업법 정답 ④

[철도사업법 제7조]

다음 각 호의 어느 하나에 해당하는 법인은 철도사업의 면허를 받을 수 없다.

1. 법인의 임원 중 다음 각 목의 어느 하나에 해당하는 사람이 있는 법인
   가. 피성년후견인 또는 피한정후견인
   나. 파산선고를 받고 복권되지 아니한 사람
   다. 이 법 또는 대통령령으로 정하는 철도 관계 법령을 위반하여 금고 이상의 실형을 선고받고 그 집행이 끝나거나(끝난 것으로 보는 경우를 포함한다) 면제된 날부터 2년이 지나지 아니한 사람
   라. 이 법 또는 대통령령으로 정하는 철도 관계 법령을 위반하여 금고 이상의 형의 집행유예를 선고받고 그 유예 기간 중에 있는 사람
2. 제16조 제1항에 따라 철도사업의 면허가 취소된 후 그 취소일부터 2년이 지나지 아니한 법인. 다만 제1호 가목 또는 나목에 해당하여 철도사업의 면허가 취소된 경우는 제외한다.

06 철도사업법 정답 ④

[철도사업법 제12조]

② 국토교통부장관은 철도사업자가 다음 각 호의 어느 하나에 해당하는 경우에는 제1항에 따른 사업계획의 변경을 제한할 수 있다.

1. 제8조에 따라 국토교통부장관이 지정한 날 또는 기간에 운송을 시작하지 아니한 경우
2. 제16조에 따라 노선 운행중지, 운행제한, 감차(減車) 등을 수반하는 사업계획 변경명령을 받은 후 1년이 지나지 아니한 경우
3. 제21조에 따른 개선명령을 받고 이행하지 아니한 경우

07 철도사업법 정답 ①

[철도사업법 제49조(벌칙)]

① 다음 각 호의 어느 하나에 해당하는 자는 2년 이하의 징역 또는 2천만 원 이하의 벌금에 처한다.

1. 제5조 제1항에 따른 면허를 받지 아니하고 철도사업을 경영한 자

[철도사업법 제51조(과태료)]

① 다음 각 호의 어느 하나에 해당하는 자에게는 1천만 원 이하의 과태료를 부과한다.

1. 제9조 제1항에 따른 여객 운임·요금의 신고를 하지 아니한 자

2. 제11조 제1항에 따른 철도사업약관을 신고하지 아니하거나 신고한 철도사업약관을 이행하지 아니한 자
3. 제12조에 따른 인가를 받지 아니하거나 신고를 하지 아니하고 사업계획을 변경한 자

② 다음 각 호의 어느 하나에 해당하는 자에게는 500만 원 이하의 과태료를 부과한다.

1. 제18조에 따른 사업용철도차량의 표시를 하지 아니한 철도사업자

08 한국철도공사법 정답 ⑤

[한국철도공사법 제7조]
정관으로 정하는 바에 따라 사장이 지정한 공사의 직원은 사장을 대신하여 공사의 업무에 관한 재판상 또는 재판 외의 모든 행위를 할 수 있다.

09 한국철도공사법 정답 ④

[한국철도공사법 제10조]
① 공사는 매 사업연도 결산 결과 이익금이 생기면 다음 각 호의 순서로 처리하여야 한다.

1. 이월결손금의 보전(補塡)
2. 자본금의 2분의 1이 될 때까지 이익금의 10분의 2 이상을 이익준비금으로 적립
3. 자본금과 같은 액수가 될 때까지 이익금의 10분의 2 이상을 사업확장적립금으로 적립
4. 국고에 납입

10 한국철도공사법 정답 ③

[한국철도공사법 제11조]
② 사채의 발행액은 공사의 자본금과 적립금을 합한 금액의 5배를 초과하지 못한다.

철도법령 실전모의고사 1회

01	④	02	③	03	③	04	④	05	②
06	④	07	④	08	③	09	⑤	10	④

01 철도산업발전기본법 정답 ④

[철도산업발전기본법 제3조]

11. "공익서비스"라 함은 철도운영자가 영리목적의 영업활동과 관계없이 국가 또는 지방자치단체의 정책이나 공공목적 등을 위하여 제공하는 철도서비스를 말한다.

02 철도산업발전기본법 정답 ③

[철도산업발전기본법 제9조]

③ 제2항에 따른 철도산업전문 연수기관은 매년 전문인력 수요조사를 실시하고 그 결과와 전문인력의 수급에 관한 의견을 국토교통부장관에게 제출할 수 있다.

03 철도산업발전기본법 정답 ③

[철도산업발전기본법 제13조의2]

① 철도산업에 관련된 기업, 기관 및 단체와 이에 관한 업무에 종사하는 자는 철도산업의 건전한 발전과 해외진출을 도모하기 위하여 철도협회(이하 "협회"라 한다)를 설립할 수 있다.

04 철도산업발전기본법 정답 ④

[철도산업발전기본법 제19조]

① 철도의 관리청은 국토교통부장관으로 한다.

05 철도사업법 정답 ②

[철도사업법 제2조]

6. "철도사업"이란 다른 사람의 수요에 응하여 철도차량을 사용하여 유상(有償)으로 여객이나 화물을 운송하는 사업을 말한다.

06 철도사업법 정답 ④

[철도사업법 제15조]

① 철도사업자가 그 사업의 전부 또는 일부를 휴업 또는 폐업하려는 경우에는 국토교통부령으로 정하는 바에 따라 국토교통부장관의 허가를 받아야 한다. 다만, 선로 또는 교량의 파괴, 철도시설의 개량, 그 밖의 정당한 사유로 휴업하는 경우에는 국토교통부령으로 정하는 바에 따라 국토교통부장관에게 신고하여야 한다.

② 제1항에 따른 휴업기간은 6개월을 넘을 수 없다. 다만, 제1항 단서에 따른 휴업의 경우에는 예외로 한다.

07 철도사업법 정답 ④

[철도사업법 제7조]

다음 각 호의 어느 하나에 해당하는 법인은 철도사업의 면허를 받을 수 없다.

1. 법인의 임원 중 다음 각 목의 어느 하나에 해당하는 사람이 있는 법인
   가. 피성년후견인 또는 피한정후견인
   나. 파산선고를 받고 복권되지 아니한 사람
   다. 이 법 또는 대통령령으로 정하는 철도 관계 법령을 위반하여 금고 이상의 실형을 선고받고 그 집행이 끝나거나(끝난 것으로 보는 경우를 포함한다) 면제된 날부터 2년이 지나지 아니한 사람
   라. 이 법 또는 대통령령으로 정하는 철도 관계 법령을 위반하여 금고 이상의 형의 집행유예를 선고받고 그 유예 기간 중에 있는 사람

08 철도사업법 정답 ③

[철도사업법 제19조]

철도사업자는 여객 또는 화물 운송에 부수(附隨)하여 우편물과 신문 등을 운송할 수 있다.

09 한국철도공사법 정답 ⑤

[한국철도공사법 제4조]

① 공사의 자본금은 22조 원으로 하고, 그 전부를 정부가 출자한다.

10 한국철도공사법 정답 ④

[한국철도공사법 제11조]

② 사채의 발행액은 공사의 자본금과 적립금을 합한 금액의 5배를 초과하지 못한다.

철도법령 실전모의고사 2회

01	②	02	①	03	①	04	⑤	05	⑤
06	③	07	③	08	④	09	④	10	⑤

01 철도산업발전기본법 정답 ②

[철도산업발전기본법 제3조]

4. "철도차량"이라 함은 선로를 운행할 목적으로 제작된 동력차·객차·화차 및 특수차를 말한다.

02 철도산업발전기본법 시행령 정답 ①

[철도산업발전기본법 시행령 제10조]

② 실무위원회는 위원장을 포함한 20인 이내의 위원으로 구성한다.

03 철도산업발전기본법 정답 ①

[철도산업발전기본법 제11조]

③ 국가는 철도기술의 진흥을 위하여 철도시험·연구개발시설 및 부지 등 국유재산을 「과학기술분야 정부출연연구기관 등의 설립·운영 및 육성에 관한 법률」에 의한 한국철도기술연구원에 무상으로 대부·양여하거나 사용·수익하게 할 수 있다.

04 철도산업발전기본법 정답 ⑤

[철도산업발전기본법 제33조]

⑤ 보상계약체결에 관하여 원인제공자와 철도운영자의 협의가 성립되지 아니하는 때에는 원인제공자 또는 철도운영자의 신청에 의하여 위원회가 이를 조정할 수 있다.

05 철도사업법 정답 ⑤

[철도사업법 제10조]

① 철도사업자는 열차를 이용하는 여객이 정당한 운임·요금을 지급하지 아니하고 열차를 이용한 경우에는 승차 구간에 해당하는 운임 외에 그의 30배의 범위에서 부가 운임을 징수할 수 있다.

06 철도사업법 정답 ③

[철도사업법 제16조]

① 국토교통부장관은 철도사업자가 다음 각 호의 어느 하나에 해당하는 경우에는 면허를 취소하거나, 6개월 이내의 기간을 정하여 사업의 전부 또는 일부의 정지를 명하거나, 노선 운행중지·운행제한·감차 등을 수반하는 사업계획의 변경을 명할 수 있다. 다만, 제4호 및 제7호의 경우에는 면허를 취소하여야 한다.

1. 면허받은 사항을 정당한 사유 없이 시행하지 아니한 경우
2. 사업 경영의 불확실 또는 자산상태의 현저한 불량이나 그 밖의 사유로 사업을 계속하는 것이 적합하지 아니할 경우
3. 고의 또는 중대한 과실에 의한 철도사고로 대통령령으로 정하는 다수의 사상자(死傷者)가 발생한 경우
4. 거짓이나 그 밖의 부정한 방법으로 제5조에 따른 철도사업의 면허를 받은 경우
5. 제5조 제1항 후단에 따라 면허에 붙인 부담을 위반한 경우
6. 제6조에 따른 철도사업의 면허기준에 미달하게 된 경우. 다만, 3개월 이내에 그 기준을 충족시킨 경우에는 예외로 한다.
7. 철도사업자의 임원 중 제7조 제1호 각 목의 어느 하나의 결격사유에 해당하게 된 사람이 있는 경우. 다만, 3개월 이내에 그 임원을 바꾸어 임명한 경우에는 예외로 한다.
8. 제8조를 위반하여 국토교통부장관이 지정한 날 또는 기간에 운송을 시작하지 아니한 경우
9. 제15조에 따른 휴업 또는 폐업의 허가를 받지 아니하거나 신고를 하지 아니하고 영업을 하지 아니한 경우
10. 제20조 제1항에 따른 준수사항을 1년 이내에 3회 이상 위반한 경우
11. 제21조에 따른 개선명령을 위반한 경우
12. 제23조에 따른 명의 대여 금지를 위반한 경우

07 철도사업법 정답 ③

[철도사업법 제46조]

① 점용허가를 받은 자는 점용허가기간이 만료되거나 제42조의2 제1항에 따라 점용허가가 취소된 경우에는 점용허가된 철도 재산을 원상(原狀)으로 회복하여야 한다. 다만, 국토교통부장관은 원상으로 회복할 수 없거나 원상회복이 부적당하다고 인정하는 경우에는 원상회복의무를 면제할 수 있다.

08 철도사업법

정답 ④

[철도사업법 제51조]

① 다음 각 호의 어느 하나에 해당하는 자에게는 1천만 원 이하의 과태료를 부과한다.

1. 제9조 제1항에 따른 여객 운임·요금의 신고를 하지 아니한 자
2. 제11조 제1항에 따른 철도사업약관을 신고하지 아니하거나 신고한 철도사업약관을 이행하지 아니한 자
3. 제12조에 따른 인가를 받지 아니하거나 신고를 하지 아니하고 사업계획을 변경한 자
4. 제10조의2를 위반하여 상습 또는 영업으로 승차권 또는 이에 준하는 증서를 자신이 구입한 가격을 초과한 금액으로 다른 사람에게 판매하거나 이를 알선한 자

② 다음 각 호의 어느 하나에 해당하는 자에게는 500만 원 이하의 과태료를 부과한다.

3. 제32조 제1항 또는 제2항을 위반하여 회계를 구분하여 경리하지 아니한 자

09 한국철도공사법

정답 ④

[한국철도공사법 제11조]

③ 국가는 공사가 발행하는 사채의 원리금 상환을 보증할 수 있다.

10 한국철도공사법

정답 ⑤

[한국철도공사법 제19조]

제8조(비밀 누설·도용의 금지)를 위반한 자는 2년 이하의 징역 또는 2천만 원 이하의 벌금에 처한다.

철도법령 실전모의고사 3회

01	④	02	②	03	⑤	04	③	05	③
06	④	07	②	08	④	09	④	10	②

01 철도산업발전기본법 정답 ④

[철도산업발전기본법 제3조]

2. "철도시설"이라 함은 다음 각 목의 어느 하나에 해당하는 시설(부지를 포함한다)을 말한다.
   가. 철도의 선로(선로에 부대되는 시설을 포함한다), 역시설(물류시설·환승시설 및 편의시설 등을 포함한다) 및 철도운영을 위한 건축물·건축설비
   나. 선로 및 철도차량을 보수·정비하기 위한 선로보수기지, 차량정비기지 및 차량유치시설
   다. 철도의 전철전력설비, 정보통신설비, 신호 및 열차제어설비
   라. 철도노선 간 또는 다른 교통수단과의 연계운영에 필요한 시설
   마. 철도기술의 개발·시험 및 연구를 위한 시설
   바. 철도경영연수 및 철도전문인력의 교육훈련을 위한 시설
   사. 그 밖에 철도의 건설·유지보수 및 운영을 위한 시설로서 대통령령으로 정하는 시설

[철도산업발전기본법 시행령 제2조]

3. 철도의 건설 및 유지보수를 위하여 당해 사업기간 중에 사용되는 장비와 그 정비·점검 또는 수리를 위한 시설

02 철도산업발전기본법 시행령 정답 ②

[철도산업발전기본법 시행령 제3조(철도산업발전기본계획의 내용)]

법 제5조 제2항 제8호에서 "대통령령이 정하는 사항"이라 함은 다음 각 호의 사항을 말한다.

1. 철도수송분담의 목표
2. 철도안전 및 철도서비스에 관한 사항
3. 다른 교통수단과의 연계수송에 관한 사항
4. 철도산업의 국제협력 및 해외시장 진출에 관한 사항
5. 철도산업시책의 추진체계
6. 그 밖에 철도산업의 육성 및 발전에 관한 사항으로서 국토교통부장관이 필요하다고 인정하는 사항

03 철도산업발전기본법 시행령 정답 ⑤

[철도산업발전기본법 시행령 제6조]

② 위원회의 위원은 다음 각 호의 자가 된다.

1. 기획재정부차관·교육부차관·과학기술정보통신부차관·행정안전부차관·산업통상자원부차관·고용노동부차관·국토교통부차관·해양수산부차관 및 공정거래위원회부위원장
2. 법 제20조 제3항의 규정에 따른 국가철도공단(이하 "국가철도공단"이라 한다)의 이사장
3. 법 제21조 제3항의 규정에 의한 한국철도공사(이하 "한국철도공사"라 한다)의 사장
4. 철도산업에 관한 전문성과 경험이 풍부한 자 중에서 위원회의 위원장이 위촉하는 자

04 철도산업발전기본법 정답 ③

[철도산업발전기본법 제29조]

① 철도시설관리권 또는 철도시설관리권을 목적으로 하는 저당권의 설정·변경·소멸 및 처분의 제한은 국토교통부에 비치하는 철도시설관리권등록부에 등록함으로써 그 효력이 발생한다.

05 철도산업발전기본법 시행령 정답 ③

[철도산업발전기본법 시행령 제44조]

철도시설관리자와 철도운영자가 법 제34조 제2항의 규정에 의하여 국토교통부장관에게 승인신청서를 제출하는 때에는 다음 각 호의 사항을 기재한 서류를 첨부하여야 한다.

1. 승인신청 사유
2. 등급별·시간대별 철도차량의 운행빈도, 역수, 종사자수 등 운영현황
3. 과거 6월 이상의 기간 동안의 1일 평균 철도서비스 수요
4. 과거 1년 이상의 기간 동안의 수입·비용 및 영업손실액에 관한 회계보고서
5. 향후 5년 동안의 1일 평균 철도서비스 수요에 대한 전망
6. 과거 5년 동안의 공익서비스비용의 전체규모 및 법 제32조 제1항의 규정에 의한 원인제공자가 부담한 공익서비스비용의 규모
7. 대체수송수단의 이용가능성

06 철도사업법

정답 ④

[철도사업법 제16조]

① 국토교통부장관은 철도사업자가 다음 각 호의 어느 하나에 해당하는 경우에는 면허를 취소하거나, 6개월 이내의 기간을 정하여 사업의 전부 또는 일부의 정지를 명하거나, 노선 운행중지·운행제한·감차 등을 수반하는 사업계획의 변경을 명할 수 있다. 다만, 제4호 및 제7호의 경우에는 면허를 취소하여야 한다.

1. 면허받은 사항을 정당한 사유 없이 시행하지 아니한 경우
2. 사업 경영의 불확실 또는 자산상태의 현저한 불량이나 그 밖의 사유로 사업을 계속하는 것이 적합하지 아니할 경우
3. 고의 또는 중대한 과실에 의한 철도사고로 대통령령으로 정하는 다수의 사상자(死傷者)가 발생한 경우
4. 거짓이나 그 밖의 부정한 방법으로 제5조에 따른 철도사업의 면허를 받은 경우
5. 제5조 제1항 후단에 따라 면허에 붙인 부담을 위반한 경우
6. 제6조에 따른 철도사업의 면허기준에 미달하게 된 경우. 다만, 3개월 이내에 그 기준을 충족시킨 경우에는 예외로 한다.
7. 철도사업자의 임원 중 제7조 제1호 각 목의 어느 하나의 결격사유에 해당하게 된 사람이 있는 경우. 다만, 3개월 이내에 그 임원을 바꾸어 임명한 경우에는 예외로 한다.
8. 제8조를 위반하여 국토교통부장관이 지정한 날 또는 기간에 운송을 시작하지 아니한 경우
9. 제15조에 따른 휴업 또는 폐업의 허가를 받지 아니하거나 신고를 하지 아니하고 영업을 하지 아니한 경우
10. 제20조 제1항에 따른 준수사항을 1년 이내에 3회 이상 위반한 경우
11. 제21조에 따른 개선명령을 위반한 경우
12. 제23조에 따른 명의 대여 금지를 위반한 경우

07 철도사업법 시행령

정답 ②

[철도사업법 시행령 [별표 1]]

2. 개별기준

(단위: 만 원)

위반행위	과징금 금액
바. 법 제8조를 위반하여 국토교통부장관이 지정한 날 또는 기간에 운송을 시작하지 않은 경우	300

08 철도사업법

정답 ④

[철도사업법 제21조]

국토교통부장관은 원활한 철도운송, 서비스의 개선 및 운송의 안전과 그 밖에 공공복리의 증진을 위하여 필요하다고 인정하는 경우에는 철도사업자에게 다음 각 호의 사항을 명할 수 있다.

1. 사업계획의 변경
2. 철도차량 및 운송 관련 장비·시설의 개선
3. 운임·요금 징수 방식의 개선
4. 철도사업약관의 변경
5. 공동운수협정의 체결
6. 철도차량 및 철도사고에 관한 손해배상을 위한 보험에의 가입
7. 안전운송의 확보 및 서비스의 향상을 위하여 필요한 조치
8. 철도운수종사자의 양성 및 자질향상을 위한 교육

09 철도사업법 시행령

정답 ④

[철도사업법 시행령 제12조]

① 법 제34조 제1항 단서에서 "대통령령으로 정하는 경미한 변경의 경우"란 다음 각 호의 어느 하나에 해당하는 경우를 말한다.

1. 운행시간을 연장 또는 단축한 경우
2. 배차간격 또는 운행횟수를 단축 또는 연장한 경우
3. 10분의 1의 범위 안에서 철도차량 대수를 변경한 경우
4. 주사무소·철도차량기지를 제외한 운송관련 부대시설을 변경한 경우
5. 임원을 변경한 경우(법인에 한한다)
6. 6월의 범위 안에서 전용철도 건설기간을 조정한 경우

10 한국철도공사법

정답 ②

[한국철도공사법 제9조]

③ 공사는 이사회의 의결을 거쳐 예산의 범위에서 공사의 업무와 관련된 사업에 투자·융자·보조 또는 출연할 수 있다.

시대에듀＃은 시대에듀의 퀄리티 끌어올림＃ 브랜드입니다.

2025 최신간 기분좋은 코레일 한국철도공사
#100% 새 문항 봉투모의고사

1 쇄 발 행	2025년 02월 22일
2 쇄 발 행	2025년 02월 28일
발 행 인	박영일
출 판 책 임	이해욱
개 발 편 집	김기임 · 김선아 · 홍수옥
표지디자인	박수영
본문디자인	장성복
마 케 팅	박호진
발 행 처	㈜시대고시기획시대교육
출 판 등 록	제 10-1521호
주 소	서울시 마포구 큰우물로 75[도화동 성지빌딩]
전 화	1600-3600
홈 페 이 지	www.sdedu.co.kr

KORAIL
코레일
100% 새 문항
봉투모의고사

성명

ㄱ ㄴ ㄷ ㄹ ㅁ ㅂ ㅅ ㅇ ㅈ ㅊ ㅋ ㅌ ㅍ ㅎ / ㅏ ㅑ ㅓ ㅕ ㅗ ㅛ ㅜ ㅠ ㅡ ㅣ ㅐ ㅒ ㅔ ㅖ ㅘ ㅙ ㅚ ㅝ ㅞ ㅟ ㅢ / ㄱ ㄴ ㄷ ㄹ ㅁ ㅂ ㅅ ㅇ ㅈ ㅊ ㅋ ㅌ ㅍ ㅎ	ㄱ ㄴ ㄷ ㄹ ㅁ ㅂ ㅅ ㅇ ㅈ ㅊ ㅋ ㅌ ㅍ ㅎ ㄲ ㄸ ㅃ ㅆ ㅉ / ㅏ ㅑ ㅓ ㅕ ㅗ ㅛ ㅜ ㅠ ㅡ ㅣ ㅐ ㅒ ㅔ ㅖ ㅘ ㅙ ㅚ ㅝ ㅞ ㅟ ㅢ / ㄱ ㄴ ㄷ ㄹ ㅁ ㅂ ㅅ ㅇ ㅈ ㅊ ㅋ ㅌ ㅍ ㅎ ㄲ ㄸ ㅃ ㅆ ㅉ ㄺ ㄻ	ㄱ ㄴ ㄷ ㄹ ㅁ ㅂ ㅅ ㅇ ㅈ ㅊ ㅋ ㅌ ㅍ ㅎ ㄲ ㄸ ㅃ ㅆ ㅉ / ㅏ ㅑ ㅓ ㅕ ㅗ ㅛ ㅜ ㅠ ㅡ ㅣ ㅐ ㅒ ㅔ ㅖ ㅘ ㅙ ㅚ ㅝ ㅞ ㅟ ㅢ / ㄱ ㄴ ㄷ ㄹ ㅁ ㅂ ㅅ ㅇ ㅈ ㅊ ㅋ ㅌ ㅍ ㅎ ㄲ ㄸ ㅃ ㅆ ㅉ ㄺ ㄻ	ㄱ ㄴ ㄷ ㄹ ㅁ ㅂ ㅅ ㅇ ㅈ ㅊ ㅋ ㅌ ㅍ ㅎ ㄲ ㄸ ㅃ ㅆ ㅉ / ㅏ ㅑ ㅓ ㅕ ㅗ ㅛ ㅜ ㅠ ㅡ ㅣ ㅐ ㅒ ㅔ ㅖ ㅘ ㅙ ㅚ ㅝ ㅞ ㅟ ㅢ / ㄱ ㄴ ㄷ ㄹ ㅁ ㅂ ㅅ ㅇ ㅈ ㅊ ㅋ ㅌ ㅍ ㅎ ㄲ ㄸ ㅃ ㅆ ㅉ ㄺ ㄻ

수 험 번 호

⓪①②③④⑤⑥⑦⑧⑨	⓪①②③④⑤⑥⑦⑧⑨	⓪①②③④⑤⑥⑦⑧⑨	⓪①②③④⑤⑥⑦⑧⑨	⓪①②③④⑤⑥⑦⑧⑨	⓪①②③④⑤⑥⑦⑧⑨

출생(생년을 제외한) 월일

⓪①②③④⑤⑥⑦⑧⑨	⓪①②③④⑤⑥⑦⑧⑨	⓪①②③④⑤⑥⑦⑧⑨	⓪①②③④⑤⑥⑦⑧⑨

응시분야

○	사무영업
○	운전
○	차량
○	토목
○	건축
○	전기통신

수험생 유의사항

(1) 아래와 같은 방식으로 답안지를 바르게 작성한다.
[보기] ① ② ● ④ ⑤
(2) 성명란은 왼쪽부터 빠짐없이 순서대로 작성한다.
(3) 수험번호는 각자 자신에게 부여받은 번호를 표기하여 작성한다.
(4) 출생 월일은 출생연도를 제외하고 작성한다.
(예) 2002년 4월 1일 → 0401

01	① ② ③ ④ ⑤	21	① ② ③ ④ ⑤	41	① ② ③ ④ ⑤	61	① ② ③ ④ ⑤
02	① ② ③ ④ ⑤	22	① ② ③ ④ ⑤	42	① ② ③ ④ ⑤	62	① ② ③ ④ ⑤
03	① ② ③ ④ ⑤	23	① ② ③ ④ ⑤	43	① ② ③ ④ ⑤	63	① ② ③ ④ ⑤
04	① ② ③ ④ ⑤	24	① ② ③ ④ ⑤	44	① ② ③ ④ ⑤	64	① ② ③ ④ ⑤
05	① ② ③ ④ ⑤	25	① ② ③ ④ ⑤	45	① ② ③ ④ ⑤	65	① ② ③ ④ ⑤
06	① ② ③ ④ ⑤	26	① ② ③ ④ ⑤	46	① ② ③ ④ ⑤	66	① ② ③ ④ ⑤
07	① ② ③ ④ ⑤	27	① ② ③ ④ ⑤	47	① ② ③ ④ ⑤	67	① ② ③ ④ ⑤
08	① ② ③ ④ ⑤	28	① ② ③ ④ ⑤	48	① ② ③ ④ ⑤	68	① ② ③ ④ ⑤
09	① ② ③ ④ ⑤	29	① ② ③ ④ ⑤	49	① ② ③ ④ ⑤	69	① ② ③ ④ ⑤
10	① ② ③ ④ ⑤	30	① ② ③ ④ ⑤	50	① ② ③ ④ ⑤	70	① ② ③ ④ ⑤
11	① ② ③ ④ ⑤	31	① ② ③ ④ ⑤	51	① ② ③ ④ ⑤		
12	① ② ③ ④ ⑤	32	① ② ③ ④ ⑤	52	① ② ③ ④ ⑤		
13	① ② ③ ④ ⑤	33	① ② ③ ④ ⑤	53	① ② ③ ④ ⑤		
14	① ② ③ ④ ⑤	34	① ② ③ ④ ⑤	54	① ② ③ ④ ⑤		
15	① ② ③ ④ ⑤	35	① ② ③ ④ ⑤	55	① ② ③ ④ ⑤		
16	① ② ③ ④ ⑤	36	① ② ③ ④ ⑤	56	① ② ③ ④ ⑤		
17	① ② ③ ④ ⑤	37	① ② ③ ④ ⑤	57	① ② ③ ④ ⑤		
18	① ② ③ ④ ⑤	38	① ② ③ ④ ⑤	58	① ② ③ ④ ⑤		
19	① ② ③ ④ ⑤	39	① ② ③ ④ ⑤	59	① ② ③ ④ ⑤		
20	① ② ③ ④ ⑤	40	① ② ③ ④ ⑤	60	① ② ③ ④ ⑤		

성 명

㉠	ㅏ	㉠	㉠	ㅏ	㉠	㉠	ㅏ	㉠	㉠	ㅏ	㉠
㉡	ㅑ	㉡	㉡	ㅑ	㉡	㉡	ㅑ	㉡	㉡	ㅑ	㉡
㉢	ㅓ	㉢	㉢	ㅓ	㉢	㉢	ㅓ	㉢	㉢	ㅓ	㉢
㉣	ㅕ	㉣	㉣	ㅕ	㉣	㉣	ㅕ	㉣	㉣	ㅕ	㉣
㉤	ㅗ	㉤	㉤	ㅗ	㉤	㉤	ㅗ	㉤	㉤	ㅗ	㉤
㉥	ㅛ	㉥	㉥	ㅛ	㉥	㉥	ㅛ	㉥	㉥	ㅛ	㉥
㉦	ㅜ	㉦	㉦	ㅜ	㉦	㉦	ㅜ	㉦	㉦	ㅜ	㉦
㉧	ㅠ	㉧	㉧	ㅠ	㉧	㉧	ㅠ	㉧	㉧	ㅠ	㉧
㉨	ㅡ	㉨	㉨	ㅡ	㉨	㉨	ㅡ	㉨	㉨	ㅡ	㉨
㉩	ㅣ	㉩	㉩	ㅣ	㉩	㉩	ㅣ	㉩	㉩	ㅣ	㉩
㉪	ㅐ	㉪	㉪	ㅐ	㉪	㉪	ㅐ	㉪	㉪	ㅐ	㉪
㉫	ㅒ	㉫	㉫	ㅒ	㉫	㉫	ㅒ	㉫	㉫	ㅒ	㉫
㉬	ㅔ	㉬	㉬	ㅔ	㉬	㉬	ㅔ	㉬	㉬	ㅔ	㉬
㉭	ㅖ	㉭	㉭	ㅖ	㉭	㉭	ㅖ	㉭	㉭	ㅖ	㉭
	ㅘ		ㄲ	ㅘ	ㄲ	ㄲ	ㅘ	ㄲ	ㄲ	ㅘ	ㄲ
	ㅙ		ㄸ	ㅙ	ㄸ	ㄸ	ㅙ	ㄸ	ㄸ	ㅙ	ㄸ
	ㅚ		ㅃ	ㅚ	ㅃ	ㅃ	ㅚ	ㅃ	ㅃ	ㅚ	ㅃ
	ㅝ		ㅆ	ㅝ	ㅆ	ㅆ	ㅝ	ㅆ	ㅆ	ㅝ	ㅆ
	ㅞ		ㅉ	ㅞ	ㅉ	ㅉ	ㅞ	ㅉ	ㅉ	ㅞ	ㅉ
	ㅟ			ㅟ	ㄺ		ㅟ	ㄺ		ㅟ	ㄺ
	ㅢ			ㅢ	ㄻ		ㅢ	ㄻ		ㅢ	ㄻ

수 험 번 호

⓪	⓪	⓪	⓪	⓪	⓪
①	①	①	①	①	①
②	②	②	②	②	②
③	③	③	③	③	③
④	④	④	④	④	④
⑤	⑤	⑤	⑤	⑤	⑤
⑥	⑥	⑥	⑥	⑥	⑥
⑦	⑦	⑦	⑦	⑦	⑦
⑧	⑧	⑧	⑧	⑧	⑧
⑨	⑨	⑨	⑨	⑨	⑨

출생(생년을 제외한) 월일

⓪	⓪	⓪	⓪
①	①	①	①
②	②	②	②
③	③	③	③
④	④	④	④
⑤	⑤	⑤	⑤
⑥	⑥	⑥	⑥
⑦	⑦	⑦	⑦
⑧	⑧	⑧	⑧
⑨	⑨	⑨	⑨

응시분야

○	사무영업
○	운전
○	차량
○	토목
○	건축
○	전기통신

수험생 유의사항

(1) 아래와 같은 방식으로 답안지를 바르게 작성한다.
[보기] ① ② ● ④ ⑤

(2) 성명란은 왼쪽부터 빠짐없이 순서대로 작성한다.

(3) 수험번호는 각자 자신에게 부여받은 번호를 표기하여 작성한다.

(4) 출생 월일은 출생연도를 제외하고 작성한다.
(예) 2002년 4월 1일 → 0401

01	① ② ③ ④ ⑤	21	① ② ③ ④ ⑤	41	① ② ③ ④ ⑤	61	① ② ③ ④ ⑤
02	① ② ③ ④ ⑤	22	① ② ③ ④ ⑤	42	① ② ③ ④ ⑤	62	① ② ③ ④ ⑤
03	① ② ③ ④ ⑤	23	① ② ③ ④ ⑤	43	① ② ③ ④ ⑤	63	① ② ③ ④ ⑤
04	① ② ③ ④ ⑤	24	① ② ③ ④ ⑤	44	① ② ③ ④ ⑤	64	① ② ③ ④ ⑤
05	① ② ③ ④ ⑤	25	① ② ③ ④ ⑤	45	① ② ③ ④ ⑤	65	① ② ③ ④ ⑤
06	① ② ③ ④ ⑤	26	① ② ③ ④ ⑤	46	① ② ③ ④ ⑤	66	① ② ③ ④ ⑤
07	① ② ③ ④ ⑤	27	① ② ③ ④ ⑤	47	① ② ③ ④ ⑤	67	① ② ③ ④ ⑤
08	① ② ③ ④ ⑤	28	① ② ③ ④ ⑤	48	① ② ③ ④ ⑤	68	① ② ③ ④ ⑤
09	① ② ③ ④ ⑤	29	① ② ③ ④ ⑤	49	① ② ③ ④ ⑤	69	① ② ③ ④ ⑤
10	① ② ③ ④ ⑤	30	① ② ③ ④ ⑤	50	① ② ③ ④ ⑤	70	① ② ③ ④ ⑤
11	① ② ③ ④ ⑤	31	① ② ③ ④ ⑤	51	① ② ③ ④ ⑤		
12	① ② ③ ④ ⑤	32	① ② ③ ④ ⑤	52	① ② ③ ④ ⑤		
13	① ② ③ ④ ⑤	33	① ② ③ ④ ⑤	53	① ② ③ ④ ⑤		
14	① ② ③ ④ ⑤	34	① ② ③ ④ ⑤	54	① ② ③ ④ ⑤		
15	① ② ③ ④ ⑤	35	① ② ③ ④ ⑤	55	① ② ③ ④ ⑤		
16	① ② ③ ④ ⑤	36	① ② ③ ④ ⑤	56	① ② ③ ④ ⑤		
17	① ② ③ ④ ⑤	37	① ② ③ ④ ⑤	57	① ② ③ ④ ⑤		
18	① ② ③ ④ ⑤	38	① ② ③ ④ ⑤	58	① ② ③ ④ ⑤		
19	① ② ③ ④ ⑤	39	① ② ③ ④ ⑤	59	① ② ③ ④ ⑤		
20	① ② ③ ④ ⑤	40	① ② ③ ④ ⑤	60	① ② ③ ④ ⑤		

성 명			
ㄱ ㄴ ㄷ ㄹ ㅁ ㅂ ㅅ ㅇ ㅈ ㅊ ㅋ ㅌ ㅍ ㅎ	ㄱ ㄴ ㄷ ㄹ ㅁ ㅂ ㅅ ㅇ ㅈ ㅊ ㅋ ㅌ ㅍ ㅎ ㄲ ㄸ ㅃ ㅆ ㅉ	ㄱ ㄴ ㄷ ㄹ ㅁ ㅂ ㅅ ㅇ ㅈ ㅊ ㅋ ㅌ ㅍ ㅎ ㄲ ㄸ ㅃ ㅆ ㅉ	ㄱ ㄴ ㄷ ㄹ ㅁ ㅂ ㅅ ㅇ ㅈ ㅊ ㅋ ㅌ ㅍ ㅎ ㄲ ㄸ ㅃ ㅆ ㅉ
ㅏ ㅑ ㅓ ㅕ ㅗ ㅛ ㅜ ㅠ ㅡ ㅣ ㅐ ㅒ ㅔ ㅖ ㅘ ㅙ ㅚ ㅝ ㅞ ㅟ ㅢ	ㅏ ㅑ ㅓ ㅕ ㅗ ㅛ ㅜ ㅠ ㅡ ㅣ ㅐ ㅒ ㅔ ㅖ ㅘ ㅙ ㅚ ㅝ ㅞ ㅟ ㅢ	ㅏ ㅑ ㅓ ㅕ ㅗ ㅛ ㅜ ㅠ ㅡ ㅣ ㅐ ㅒ ㅔ ㅖ ㅘ ㅙ ㅚ ㅝ ㅞ ㅟ ㅢ	ㅏ ㅑ ㅓ ㅕ ㅗ ㅛ ㅜ ㅠ ㅡ ㅣ ㅐ ㅒ ㅔ ㅖ ㅘ ㅙ ㅚ ㅝ ㅞ ㅟ ㅢ
ㄱ ㄴ ㄷ ㄹ ㅁ ㅂ ㅅ ㅇ ㅈ ㅊ ㅋ ㅌ ㅍ ㅎ	ㄱ ㄴ ㄷ ㄹ ㅁ ㅂ ㅅ ㅇ ㅈ ㅊ ㅋ ㅌ ㅍ ㅎ ㄲ ㄸ ㅃ ㅆ ㅉ ㄺ ㄻ	ㄱ ㄴ ㄷ ㄹ ㅁ ㅂ ㅅ ㅇ ㅈ ㅊ ㅋ ㅌ ㅍ ㅎ ㄲ ㄸ ㅃ ㅆ ㅉ ㄺ ㄻ	ㄱ ㄴ ㄷ ㄹ ㅁ ㅂ ㅅ ㅇ ㅈ ㅊ ㅋ ㅌ ㅍ ㅎ ㄲ ㄸ ㅃ ㅆ ㅉ ㄺ ㄻ

수 험 번 호					
⓪	⓪	⓪	⓪	⓪	⓪
①	①	①	①	①	①
②	②	②	②	②	②
③	③	③	③	③	③
④	④	④	④	④	④
⑤	⑤	⑤	⑤	⑤	⑤
⑥	⑥	⑥	⑥	⑥	⑥
⑦	⑦	⑦	⑦	⑦	⑦
⑧	⑧	⑧	⑧	⑧	⑧
⑨	⑨	⑨	⑨	⑨	⑨

출생(생년을 제외한) 월일			
⓪	⓪	⓪	⓪
①	①	①	①
②	②	②	②
③	③	③	③
④	④	④	④
⑤	⑤	⑤	⑤
⑥	⑥	⑥	⑥
⑦	⑦	⑦	⑦
⑧	⑧	⑧	⑧
⑨	⑨	⑨	⑨

응시분야	
○	사무영업
○	운전
○	차량
○	토목
○	건축
○	전기통신

수험생 유의사항

(1) 아래와 같은 방식으로 답안지를 바르게 작성한다.
[보기] ① ② ● ④ ⑤
(2) 성명란은 왼쪽부터 빠짐없이 순서대로 작성한다.
(3) 수험번호는 각자 자신에게 부여받은 번호를 표기하여 작성한다.
(4) 출생 월일은 출생연도를 제외하고 작성한다.
(예) 2002년 4월 1일 → 0401

번호	답	번호	답	번호	답	번호	답
01	① ② ③ ④ ⑤	21	① ② ③ ④ ⑤	41	① ② ③ ④ ⑤	61	① ② ③ ④ ⑤
02	① ② ③ ④ ⑤	22	① ② ③ ④ ⑤	42	① ② ③ ④ ⑤	62	① ② ③ ④ ⑤
03	① ② ③ ④ ⑤	23	① ② ③ ④ ⑤	43	① ② ③ ④ ⑤	63	① ② ③ ④ ⑤
04	① ② ③ ④ ⑤	24	① ② ③ ④ ⑤	44	① ② ③ ④ ⑤	64	① ② ③ ④ ⑤
05	① ② ③ ④ ⑤	25	① ② ③ ④ ⑤	45	① ② ③ ④ ⑤	65	① ② ③ ④ ⑤
06	① ② ③ ④ ⑤	26	① ② ③ ④ ⑤	46	① ② ③ ④ ⑤	66	① ② ③ ④ ⑤
07	① ② ③ ④ ⑤	27	① ② ③ ④ ⑤	47	① ② ③ ④ ⑤	67	① ② ③ ④ ⑤
08	① ② ③ ④ ⑤	28	① ② ③ ④ ⑤	48	① ② ③ ④ ⑤	68	① ② ③ ④ ⑤
09	① ② ③ ④ ⑤	29	① ② ③ ④ ⑤	49	① ② ③ ④ ⑤	69	① ② ③ ④ ⑤
10	① ② ③ ④ ⑤	30	① ② ③ ④ ⑤	50	① ② ③ ④ ⑤	70	① ② ③ ④ ⑤
11	① ② ③ ④ ⑤	31	① ② ③ ④ ⑤	51	① ② ③ ④ ⑤		
12	① ② ③ ④ ⑤	32	① ② ③ ④ ⑤	52	① ② ③ ④ ⑤		
13	① ② ③ ④ ⑤	33	① ② ③ ④ ⑤	53	① ② ③ ④ ⑤		
14	① ② ③ ④ ⑤	34	① ② ③ ④ ⑤	54	① ② ③ ④ ⑤		
15	① ② ③ ④ ⑤	35	① ② ③ ④ ⑤	55	① ② ③ ④ ⑤		
16	① ② ③ ④ ⑤	36	① ② ③ ④ ⑤	56	① ② ③ ④ ⑤		
17	① ② ③ ④ ⑤	37	① ② ③ ④ ⑤	57	① ② ③ ④ ⑤		
18	① ② ③ ④ ⑤	38	① ② ③ ④ ⑤	58	① ② ③ ④ ⑤		
19	① ② ③ ④ ⑤	39	① ② ③ ④ ⑤	59	① ② ③ ④ ⑤		
20	① ② ③ ④ ⑤	40	① ② ③ ④ ⑤	60	① ② ③ ④ ⑤		

성 명

ㄱ ㄴ ㄷ ㄹ ㅁ ㅂ ㅅ ㅇ ㅈ ㅊ ㅋ ㅌ ㅍ ㅎ	ㄱ ㄴ ㄷ ㄹ ㅁ ㅂ ㅅ ㅇ ㅈ ㅊ ㅋ ㅌ ㅍ ㅎ ㄲ ㄸ ㅃ ㅆ ㅉ	ㄱ ㄴ ㄷ ㄹ ㅁ ㅂ ㅅ ㅇ ㅈ ㅊ ㅋ ㅌ ㅍ ㅎ ㄲ ㄸ ㅃ ㅆ ㅉ	ㄱ ㄴ ㄷ ㄹ ㅁ ㅂ ㅅ ㅇ ㅈ ㅊ ㅋ ㅌ ㅍ ㅎ ㄲ ㄸ ㅃ ㅆ ㅉ
ㅏ ㅑ ㅓ ㅕ ㅗ ㅛ ㅜ ㅠ ㅡ ㅣ ㅐ ㅒ ㅔ ㅖ ㅘ ㅙ ㅚ ㅝ ㅞ ㅟ ㅢ	ㅏ ㅑ ㅓ ㅕ ㅗ ㅛ ㅜ ㅠ ㅡ ㅣ ㅐ ㅒ ㅔ ㅖ ㅘ ㅙ ㅚ ㅝ ㅞ ㅟ ㅢ	ㅏ ㅑ ㅓ ㅕ ㅗ ㅛ ㅜ ㅠ ㅡ ㅣ ㅐ ㅒ ㅔ ㅖ ㅘ ㅙ ㅚ ㅝ ㅞ ㅟ ㅢ	ㅏ ㅑ ㅓ ㅕ ㅗ ㅛ ㅜ ㅠ ㅡ ㅣ ㅐ ㅒ ㅔ ㅖ ㅘ ㅙ ㅚ ㅝ ㅞ ㅟ ㅢ
ㄱ ㄴ ㄷ ㄹ ㅁ ㅂ ㅅ ㅇ ㅈ ㅊ ㅋ ㅌ ㅍ ㅎ	ㄱ ㄴ ㄷ ㄹ ㅁ ㅂ ㅅ ㅇ ㅈ ㅊ ㅋ ㅌ ㅍ ㅎ ㄲ ㄸ ㅃ ㅆ ㅉ ㄺ ㄻ	ㄱ ㄴ ㄷ ㄹ ㅁ ㅂ ㅅ ㅇ ㅈ ㅊ ㅋ ㅌ ㅍ ㅎ ㄲ ㄸ ㅃ ㅆ ㅉ ㄺ ㄻ	ㄱ ㄴ ㄷ ㄹ ㅁ ㅂ ㅅ ㅇ ㅈ ㅊ ㅋ ㅌ ㅍ ㅎ ㄲ ㄸ ㅃ ㅆ ㅉ ㄺ ㄻ

수 험 번 호

⓪	⓪	⓪	⓪	⓪	⓪
①	①	①	①	①	①
②	②	②	②	②	②
③	③	③	③	③	③
④	④	④	④	④	④
⑤	⑤	⑤	⑤	⑤	⑤
⑥	⑥	⑥	⑥	⑥	⑥
⑦	⑦	⑦	⑦	⑦	⑦
⑧	⑧	⑧	⑧	⑧	⑧
⑨	⑨	⑨	⑨	⑨	⑨

출생(생년을 제외한) 월일

⓪	⓪	⓪	⓪
①	①	①	①
②	②	②	②
③	③	③	③
④	④	④	④
⑤	⑤	⑤	⑤
⑥	⑥	⑥	⑥
⑦	⑦	⑦	⑦
⑧	⑧	⑧	⑧
⑨	⑨	⑨	⑨

응시분야

○	사무영업
○	운전
○	차량
○	토목
○	건축
○	전기통신

수험생 유의사항

(1) 아래와 같은 방식으로 답안지를 바르게 작성한다.

[보기] ① ② ● ④ ⑤

(2) 성명란은 왼쪽부터 빠짐없이 순서대로 작성한다.

(3) 수험번호는 각자 자신에게 부여받은 번호를 표기하여 작성한다.

(4) 출생 월일은 출생연도를 제외하고 작성한다.

(예) 2002년 4월 1일 → 0401

01	① ② ③ ④ ⑤	21	① ② ③ ④ ⑤	41	① ② ③ ④ ⑤	61	① ② ③ ④ ⑤
02	① ② ③ ④ ⑤	22	① ② ③ ④ ⑤	42	① ② ③ ④ ⑤	62	① ② ③ ④ ⑤
03	① ② ③ ④ ⑤	23	① ② ③ ④ ⑤	43	① ② ③ ④ ⑤	63	① ② ③ ④ ⑤
04	① ② ③ ④ ⑤	24	① ② ③ ④ ⑤	44	① ② ③ ④ ⑤	64	① ② ③ ④ ⑤
05	① ② ③ ④ ⑤	25	① ② ③ ④ ⑤	45	① ② ③ ④ ⑤	65	① ② ③ ④ ⑤
06	① ② ③ ④ ⑤	26	① ② ③ ④ ⑤	46	① ② ③ ④ ⑤	66	① ② ③ ④ ⑤
07	① ② ③ ④ ⑤	27	① ② ③ ④ ⑤	47	① ② ③ ④ ⑤	67	① ② ③ ④ ⑤
08	① ② ③ ④ ⑤	28	① ② ③ ④ ⑤	48	① ② ③ ④ ⑤	68	① ② ③ ④ ⑤
09	① ② ③ ④ ⑤	29	① ② ③ ④ ⑤	49	① ② ③ ④ ⑤	69	① ② ③ ④ ⑤
10	① ② ③ ④ ⑤	30	① ② ③ ④ ⑤	50	① ② ③ ④ ⑤	70	① ② ③ ④ ⑤
11	① ② ③ ④ ⑤	31	① ② ③ ④ ⑤	51	① ② ③ ④ ⑤		
12	① ② ③ ④ ⑤	32	① ② ③ ④ ⑤	52	① ② ③ ④ ⑤		
13	① ② ③ ④ ⑤	33	① ② ③ ④ ⑤	53	① ② ③ ④ ⑤		
14	① ② ③ ④ ⑤	34	① ② ③ ④ ⑤	54	① ② ③ ④ ⑤		
15	① ② ③ ④ ⑤	35	① ② ③ ④ ⑤	55	① ② ③ ④ ⑤		
16	① ② ③ ④ ⑤	36	① ② ③ ④ ⑤	56	① ② ③ ④ ⑤		
17	① ② ③ ④ ⑤	37	① ② ③ ④ ⑤	57	① ② ③ ④ ⑤		
18	① ② ③ ④ ⑤	38	① ② ③ ④ ⑤	58	① ② ③ ④ ⑤		
19	① ② ③ ④ ⑤	39	① ② ③ ④ ⑤	59	① ② ③ ④ ⑤		
20	① ② ③ ④ ⑤	40	① ② ③ ④ ⑤	60	① ② ③ ④ ⑤		

2024년 10월 19일 시행

NCS 기출복원 모의고사

※ 본 모의고사는 한국사회능력개발원에서 출제한 2024년 하반기 시행 직업기초능력평가(NCS) 기출복원 자료를 바탕으로 실제 기출에 가까운 기출복원 문항으로 구성하였습니다.

영역		문항 수	권장 풀이 시간
직업기초능력평가	의사소통능력	30문항	30분
	수리능력		
	문제해결능력		

※ 필기시험은 시험 과목 간 세부 시간의 구분 없이 70문항을 70분 내에 풀이하여야 하므로, 권장 풀이 시간 내에 문제 푸는 연습을 해보세요.

현재 나의 실력을 객관적으로 파악해 보자!

모바일 OMR

답안채점 / 성적분석 서비스

도서에 수록된 모의고사에 대한 객관적인 결과(정답률, 순위)를 종합적으로 분석하여 제공합니다.

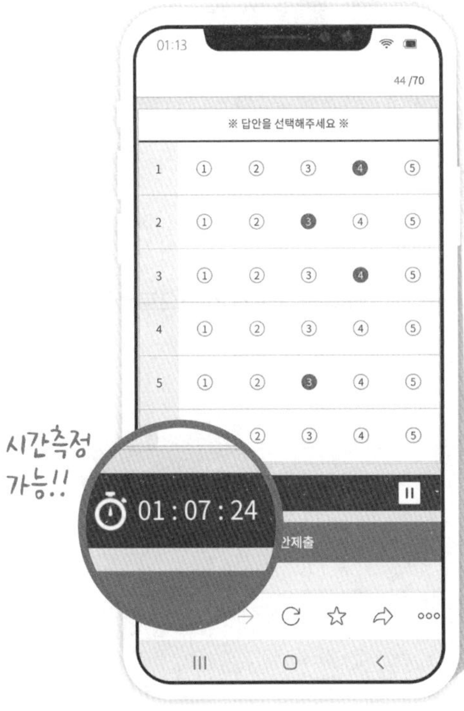

성적분석

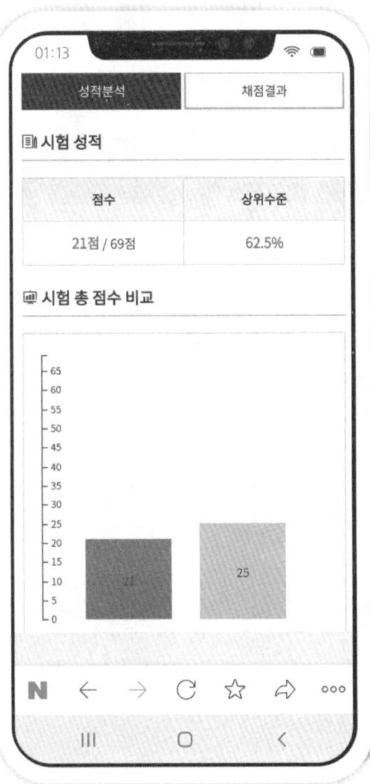

채점결과

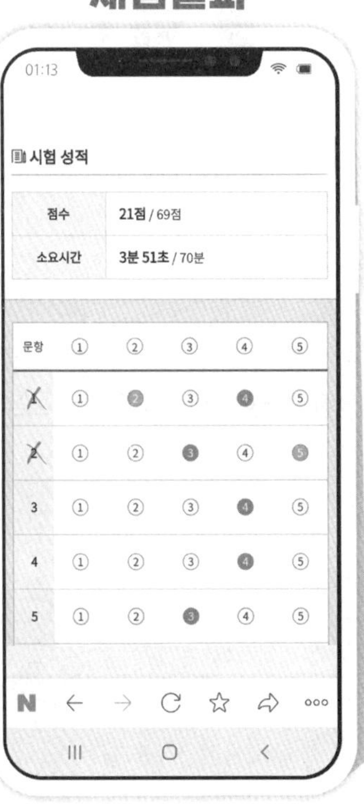

※OMR 답안채점 / 성적분석 서비스는 등록 후 30일간 사용 가능합니다.

2024년 10월 19일 시행

NCS 기출복원 모의고사

모바일 OMR
바로가기

정답과 해설 P.2

01 다음 글의 밑줄 친 ㉠에 대한 이해로 적절하지 않은 것을 고르면?

독자가 한 편의 글을 읽는 과정에서 문자 기호를 지각하고 그 의미를 재구성하기까지에는 다양한 정신 작용이 개입한다. 이러한 독서의 과정은 학자에 따라 다르게 연구 및 해석된다. 독서를 글을 처리해야 할 일종의 자료로 보는 '자료 지향적 관점'과 글 자체보다는 독자의 의미 형성에 초점을 둔 '의미 구성적 관점'으로 구분할 수 있다. 이를 바탕으로 한 방법론으로는 자료 지향적 관점의 상향식 읽기 모형이 시기적으로 가장 먼저 제안되었고, 다음으로 의미 구성적 관점에 해당하는 ㉠ 하향식 읽기 모형, 상호작용 읽기 모형이 차례로 제안되었다.

상향식 읽기 모형에 따르면 독자는 문자 기호를 지각할 때 '단어 → 문장 → 문단 → 글'과 같이 순서에 따라 의미를 표상한다. 즉, 세부적인 것에서 출발하여 전체적인 개념을 형성하는 모형으로, 독서를 의미구성 과정이 아닌 글의 해독 과정으로 본다. 따라서 독자는 일단 주어진 글에 포함된 하위 영역의 과정을 정확하고 유창하게 이해할 수 있으면 자동으로 독해가 이루어진다. 예컨대 읽는 과정에서 텍스트를 분석함으로써 의미를 구성하는 것이다. 이러한 방식은 어린아이들이나 언어 학습자들에게 특히 효과적이며, 읽기 장애를 가진 사람들에게도 효과적인 훈련 방법론으로 쓰일 수 있다. 하지만 상향식 읽기는 유연하고 역동적인 읽기를 설명하기에는 매우 소극적인 방법이라는 비판을 받는다.

하향식 읽기 모형은 상위 개념이 하위 개념을 결정하는 하향식 처리를 기반으로 한다. 이 모형에서는 읽는 사람이 가지고 있는 배경지식과 경험이 읽기 및 이해에 주도적으로 작용한다는 가설이 제시된다. 즉, 독자가 가지고 있는 지식과 경험이 이해 과정에서 중요한 역할을 수행한다는 것이다. 이 모형은 읽기 과정이 상향식 읽기 모형과는 반대로 단어나 문장 전체의 의미를 먼저 파악하고 이를 기반으로 하위 구조나 단어의 의미를 이해하는 과정이라고 설명한다. 예컨대 읽기 전에 저자나, 제목, 그림 등을 바탕으로 내용을 예측하고, 읽는 중에는 전체적으로 훑어보며 예상한 바와 맞추거나, 궁금한 내용을 정리한다. 읽은 후에는 이해한 바를 정리하고 평가와 비판이 이루어진다. 그래서 이 모형은 독자의 능동적인 참여를 가정한다는 점에서 긍정적으로 평가된다. 그러나 독자의 개인적인 경험과 배경지식은 고려하지만, 텍스트 자체의 특성은 고려하지 않는다는 비판 또한 존재한다.

상호작용 읽기 모형은 우리가 실제로 행하는 독서 행위는 상향식 과정과 하향식 과정이 분리되지 않고 하나의 통합된 전체로서 독서 과정에 상호 작용한다는 견해이다. 실제 독자가 주어진 글을 파악하는 데는 독자의 스키마가 작동하여 그 글의 내용에 비추어 이를 적용하고 글의 전체적인 내용을 예측하는 것도 필요하다. 또한, 스키마의 확인을 위해 글에 담긴 내용에 대한 해독도 해야 한다. 이 두 과정은 거의 동시적으로 일어나는 것으로, 독자는 글을 읽어가는 동안 끊임없이 이 과정을 반복하게 된다.

① 독서를 끝낸 후에 가장 효율적으로 활용할 수 있는 모형이다.
② 독서를 할 때 독자의 배경지식이 중요하며, 이를 바탕으로 책을 이해한다.
③ 독서를 처음 시작하는 어린아이들에게는 상대적으로 적합하지 않을 수 있다.
④ 독서를 할 때 전체적인 것에서 출발하여 세부적인 것을 명확히 하는 과정을 거친다.
⑤ 독서를 할 때 책에 대한 배경지식이 중요하므로 저자가 쓴 다른 책들을 참고해 볼 수 있다.

02 다음 글의 빈칸 ㉠에 들어갈 내용으로 적절하지 않은 것을 고르면?

> 우리가 살아가면서 호흡을 조절한다는 것은 호흡을 원하는 방향으로 하면서 감정까지도 조절한다는 것을 뜻한다. 다시 말해, 호흡을 조절하는 목적은 사람이 놓인 상황에서 자신이 원하는 느낌을 만들기 위해 몸과 마음을 조절하는 능력을 가지는 것이다. 따라서 호흡 조절은 우리의 몸과 마음에 강력한 효과를 발휘할 수 있는 단순하고 효과적인 기술이라고 할 수 있을 것이다.
>
> 현대 사회에서 많은 사람들은 다양한 목적으로 호흡을 공부하고 호흡 훈련을 받는다. 이 중 스피치와 관련해 호흡을 훈련하는 이유는 첫째, 평온한 상태에서 스피치를 하기 위함이다. 둘째, 발성을 강화하기 위함이다. 셋째, 목소리의 다양성을 추구하기 위함이다. 넷째, 스피치를 위한 호흡의 속도와 깊이를 조절하기 위함이다. 특히 마지막의 호흡을 '쉼'이라고 한다. 쉼은 심리적 효과를 증대하기 위해 의식적으로 말을 끊는 것인데, 이를 잘 활용하게 되면 논리성, 감정제고, 동질감 등을 확보할 수 있다. 쉼의 종류로는 다음과 같은 것들이 있다. (㉠)

① 연단공포증　　② 생략, 암시의 경우

③ 이야기의 전이 시　　④ 동조, 반문의 경우

⑤ 여운을 남길 때

03 **다음은 ○○사에서 진행한 특강의 일부이다. 특강이 끝난 후 ○○사 대표는 해당 특강을 통해 직원들의 '(　　)능력'이 향상되기를 기대한다고 하였다. 빈칸에 들어갈 가장 적절한 단어를 고르면?**

> 고객의 마음을 여는 법이 알고 싶으시지요? 마음을 여는 방법은 여러 가지가 있습니다만 가장 효과적인 것 중에 하나가 공감대를 형성하는 것입니다. 말처럼 쉬운 일이 아니라고 생각하시겠지만, 작은 노력으로 시작해 볼 수 있습니다. 전문가적인 스킬이 필요한 것이 아니기 때문입니다. 고객이 오셨다고 가정해 봅시다. 우선 고객과 교감하면서 그분의 눈을 통해 세상을 보려고 노력해 보십시오. 공감대를 형성하는 것의 목표는 상대방의 관점에 초점을 맞추고 그의 발언 배경을 이해하는 것에 있습니다. 그래서 실상 이는 고객 설득뿐만 아니라 대부분 주요한 인물과의 대화에서 필요한 요소이기도 합니다. 여기서 주의해야 할 것은 여러분이 고객에게 주의를 기울이고 있는 모습만 보여주는 것에서 그치면 안 된다는 것입니다. 고객은 여러분이 고객의 이야기를, 감정을 제대로 이해하는지 보고 싶어합니다. 다시 말해 여러분이 고객에게 호의적인지, 유대감을 느끼는지 알고 싶어하는 것이지요. 때문에 여러분은 고객의 말을 충분히 이해하기 위해 고객이 사용하는 단어뿐만 아니라 어조와 말투, 몸짓 언어까지도 놓치지 않도록 노력해야 합니다. 한마디로 정리하면 "온전히 집중"해야 하는 것이지요. 이러한 마음가짐은 행동에서, 태도에서 나타나게 됩니다. 눈부터 손의 위치, 몸의 기울기에서 여러분의 집중도가 보이게 될 겁니다. 거기서부터 고객의 마음은 열리기 시작할 겁니다.
>
> 물론 늘 이렇게 하기 쉬운 일은 아닙니다. 충분한 연습도 필요하지요. 제 개인적인 경험을 바탕으로 유용한 3가지 방법을 소개해 보도록 하겠습니다. 첫 번째, 바로 이 순간에 집중하십시오. 여러분이 상대방에게 집중하고 있다는 사실을 상대방은 물론 주변 모든 이들에게 확실히 알릴 수 있어야 합니다. 즉, 스스로에게는 눈길조차 주지 않아야 합니다. 두 번째, 공감을 나타내고 깊은 감정적 유대감을 형성하기 좋은 방법은 눈을 바라보는 것입니다. 눈맞춤은 여러분이 상대방이 하고 있는 말에 관심이 있으며 상대방에게 주의를 기울이고 세심히 살피고 있다는 것을 보여줍니다. 의사와 환자를 대상으로 실시한 연구 자료에 의하면 눈맞춤은 환자에 대한 의사의 관심과 배려를 환자가 얼마나 느끼느냐와 상당한 관련성이 있다고 합니다. 마지막으로는 올바른 질문을 던지는 것입니다. 상대방이 대화에 관심을 보이고 참여할 수 있도록 질문을 한 다음에 여러분이 그 답변을 듣고 있다는 사실을 보여주는 후속 질문을 하십시오. 이때 예, 아니오처럼 한 단어로 대답할 수 있는 닫힌 질문보다는 개인적인 의견까지 내비칠 수 있는 열린 질문을 하시는 것이 좋습니다.
>
> 잘 알려진 베스트셀러인 '성공하는 사람들의 7가지 습관'에서도 상대방에게 공감하면서 듣는 것이 가장 높은 단계라고 하면서, 듣기는 귀로 하지만, 공감적 듣기는 눈으로, 마음으로 듣는 것이라고 했습니다. 여러분도 이를 잘 활용하셔서 성공하는 사람이 되시기를 바라겠습니다.

① 경청　② 외국어　③ 의사표현

④ 문서이해　⑤ 문서작성

04 다음은 키슬러의 의사소통 유형을 표로 정리한 것이다. 빈칸 ㉠에 들어갈 유형으로 가장 적절한 것을 고르면?

구분	특징
	자신감이 있고, 지도력이 있으나 논쟁적이고 독단이 강하다.
	이해관계에 예민하고 성취지향적으로 경쟁적인 데다 자기중심적이다.
	이성적인 의지력이 강하고 타인의 감정에 무관심하고 피상적인 대인관계를 유지한다.
	혼자 있는 것을 선호하고 사회적 상황을 회피하며 지나치게 자신의 감정을 억제한다.
	수동적이고 의존적이며 자신감이 없다.
	단순하고 솔직하며 자기주관이 부족하다.
(㉠)	따뜻하고 인정이 많고 자기희생적이나 타인의 요구를 거절하지 못한다.
	외향적이고 인정하는 욕구가 강하며, 타인에 대한 관심이 많아서 간섭하는 경향이 있다.

① 지배형 ② 실리형 ③ 순박형
④ 친화형 ⑤ 사교형

05 다음 글을 읽고 [보기]의 자료를 표현하는 방식으로 가장 적절한 것을 고르면?

비즈니스 발표에서 가장 중요한 목표는 정확한 메시지를 전달하는 것이다. 그러나 메시지를 단순히 전달하는 것뿐만 아니라, 발표를 통해 청중을 설득하고, 나아가 매력적인 인상을 남기 위해서는 디자인과 비주얼 요소 역시 중요하다.

청중은 시각적인 자극에 민감하므로, 매력적인 디자인과 비주얼 요소를 포함한 발표 자료는 청중의 관심을 끌고 주의를 집중시키는 역할을 한다. 이를 통해 효과적인 메시지 전달도 가능해지는 것이다. 그렇다면 어떻게 매력적인 디자인과 비주얼 요소로 확실한 메시지를 전달할 수 있을까?

첫 번째로는 간결하고 명확한 디자인을 선택해야 한다. 복잡한 디자인은 청중에게 혼란을 줄 수 있으므로, 가능한 한 단순하고 깔끔한 디자인을 사용하는 것이 좋다. 그러나 주제에 따라서는 다채롭게 표현되어야 하는 경우도 있다. 단순하게 표현한 것만으로 주요 메시지 전달이 어렵다면, 강조하고자 하는 부분에는 적절한 비주얼 요소를 활용하여 시각적인 효과를 극대화할 수 있다. 예컨대, 메시지를 강조하기 위해 크기나 색상을 다르게 하거나, 관련된 이미지나 차트를 함께 사용하는 것이 좋은 방법이다.

두 번째로는 청중의 시선을 끄는 디자인을 활용하는 것이다. 사람들은 자연스럽게 시선이 끌리는 요소에 집중하게 된다. 따라서, 발표에서 특정 부분을 강조하고 싶을 때는 청중의 시선을 끌 수 있는 디자인 기법을 활용하는 것이 효과적이다. 예컨대, 색상이나 이미지를 활용하여 중요한 부분을 강조하고 슬라이드는 전체적으로 일관된 디자인을 유지하는 방법이 있다.

마지막으로는 청중의 감정에 호소하는 디자인을 선택해야 한다. 발표는 사실과 데이터를 전달하는 것뿐만 아니라, 청중의 감정에 호소하여 공감과 동기 부여를 이끌어내는 역할도 한다. 이를 위해 디자인을 선택할 때, 청중의 감정에 맞는 색상과 이미지를 활용하고, 텍스트나 슬라이드는 전체적으로 긍정적인 분위기를 전달할 수 있도록 노력해야 한다.

매력적인 디자인과 비주얼 요소를 활용하여 확실한 메시지를 전달하는 발표는 청중에게 더욱 깊은 인상을 남길 수 있다. 따라서, 발표를 준비할 때는 디자인과 비주얼 요소에 충분한 시간과 노력을 투자하여, 청중의 눈과 귀를 매료시킬 수 있는 발표자료를 만들기 위해 노력해야 한다.

보기

– 세계인구 마침내 75억 명 돌파 –

미국 상무부 산하 조사통계국이 세계은행(WB)의 기초자료를 토대로 2018년에 작성한 보고서에 따르면 전 세계의 인구는 약 74억 명에 달한다. 그중 중국의 인구는 13억 8,468만 8,986명으로 단연 가장 많았다. 그 다음은 인도로 12억 9,683만 4,042명이다. 미국은 3억 2,925만 6,465명으로 세계 3위에 올랐다. 이어 인도네시아가 2억 6,278만 7,403명으로 4위, 브라질이 2억 884만 6,892명으로 5위에 각각 랭크됐다. 또 파키스탄은 2억 786만 2,518명으로 6위, 나이지리아는 1억 9,530만 343명으로 7위, 방글라데시는 1억 5,945만 3,001명으로 8위를 기록했으며, 러시아가 9위, 일본이 10위로 그 뒤를 이었다. 10위권 밖으로는 멕시코(세계 11위), 에티오피아(세계 12위), 필리핀(세계 13위), 이집트(세계 14위), 베트남(세계 15위), 독일(세계 16위), 콩고(세계 17위), 이란(세계 18위), 터키(세계 19위), 태국(세계 20위)이 차례로 순위를 형성했다. 이 밖에 영국은 21위, 프랑스는 22위, 이탈리아는 23위, 탄자니아 24위, 남아프리카공화국은 25위, 미얀마는 26위를 기록하였으며, 한국은 27위다.

① 세계에서 인구가 가장 많은 국가인 중국을 강조하여 표현해야 한다.
② 인구가 많은 10위권의 국가 위주로 적절한 표를 통해 표현해야 한다.
③ 세계인구 순위를 나타내는 자료이므로, 전체적으로 단순하고 명확한 디자인을 활용해야 한다.
④ 세계 국가별 인구를 알려주는 자료이므로, 일정 단위를 경계로 색감을 달리하여 다채롭게 표현해야 한다.
⑤ 발표하는 장소가 한국이므로, 한국 자료만 다른 색감을 선택하여 청중을 집중시킬 수 있도록 해야 한다.

06 다음 글을 읽고 알 수 없는 것을 고르면?

특허 하나만으로 경쟁 구도를 바꿀 수 있는 특허경영 시대에서 기업이 가질 수 있는 가장 효율적인 경영전략은 무엇일까?

우선 기업의 경영인들은 특허를 수익 창출의 주요 자산으로 활용할 수 있는 시스템을 구축해야 한다. 이는 특허를 연구개발(R&D)의 부산물로만 생각하던 종래의 관행에서 벗어나, 수익이 되는 특허를 창출하기 위한 R&D로의 패러다임의 변화를 뜻한다. 기업들은 연구 개발을 진행하기 앞서, 특정 기술 분야에 관한 특허 분석을 통해 그 기술의 동향을 먼저 파악할 필요가 있다. 이를 통해 기업들은 연구개발 방향을 정하고 현재 주요 기술뿐만 아니라 미래의 성장 엔진과 관련된 기술에 대하여 R&D 투자 확대와 특허권 매입, 전략적 기술 제휴 등을 통해 특허 포트폴리오를 구축해야 한다. 이는 특허에 대하여 전문적인 지식을 가진 자로 구성된 팀에 의해 수행되어야 할 것이다.

두 번째, 한국의 기업들이 글로벌 시장의 특허 전쟁에서 살아남기 위한 준비에 박차를 가해야 한다. 이를 위해 기업들은 세계 유수의 연구 또는 교육 기관과 협업해야 하며, 이들로부터 핵심 기술들을 선점해야 한다. 핵심 기술에 대한 특허권은 R&D를 통해 직접 창출할 수도 있지만, 매입함으로써 획득할 수도 있다. 따라서 기업들은 연구개발뿐만 아니라 특허 시장에도 눈을 돌려야 한다. 특히 특허전문관리회사의 대대적인 공세에 대비하기 위하여 기업들은 다른 기업들과 협업 또는 인수·합병 등을 통해 견고한 특허 방어막을 형성할 필요가 있다. 하지만 한국은 대기업을 제외하고 이러한 세계 시장에 대응력을 갖춘 기업이 많지 않다. 한국을 대표하는 대기업이 세계적인 기업이 되어 가고 있는 점을 감안한다면 국가경제 발전 정도에 비해 중소기업의 경쟁력은 약한 편이다.

정부도 세계 시장에서 한국의 산업 경쟁력을 강화하기 위한 중장기 특허 정책을 일관되게 추진하고, 대응력이 떨어지는 중소기업의 특허 지원 프로그램을 체계적으로 지원해야 한다. 주요 대기업은 일찍부터 특허의 중요성을 인식하여 효율적인 '특허경영'을 자체적으로 추진하고 있으며, 이를 위한 전문적인 인력풀도 보유하고 있다. 그러나 제조업 중심의 중소기업에는 자체적으로 '특허경영'을 수행할 수 있는 여력이 없다. 물론 많은 중소기업들이 세계 시장에 도전장을 내밀고 있고, 유효할 만한 성과도 내고 있다. 하지만 특허 방어력이 떨어지기 때문에 핵심 기술 특허권의 위력을 제대로 발휘하고 있지 못하는 것 역시 사실이다. 따라서 정부는 특허에 대한 중소기업의 역량을 강화시키기 위한 프로그램을 지원해야 한다.

지식경제부와 특허청은 세계 시장을 주도할 핵심·원천 기술 등을 획득하기 위해 이공계 대학에 특허 강좌를 개설하고 기업에 특허경영 도입을 적극 유도하고 있다. 국내 산·학·연 각 기관에 R&D 자금을 지원할 때 '특허 제출'을 의무화하는 방안도 연구 중에 있다. 하지만 정부의 이 같은 노력에도 성과는 아직까지 미흡하다. 정부는 눈에 보이는 성과를 얻기 위한 성과주의식의 정책 수립을 지양하고, 관련 중소기업에 실질적으로 도움이 될 수 있는 정책을 수립해야 한다. 특허 경영 정책 수립, 이를 통한 연구개발 방향 설정 및 그 결과인 특허의 창출이 유기적으로 진행되기 위해서는 전문 인력이 반드시 필요하다.

특허 전쟁에서 승리하기 위한 무기는 하루아침에 만들어지는 것이 아니다. 정부는 특허 전문 인력을 육성할 수 있는 체계적인 프로그램을 정책적으로 중소기업들에게 지원하고, 중소기업들은 특허 중심의 연구·개발 체제로 패러다임을 전환하여 이에 적극적으로 참여하는 길만이 특허 전쟁에서 생존할 수 있는 길이라는 것을 명심해야 할 것이다.

① 세계 시장을 선도할 핵심 기술을 획득하기 위한 방안은 개발과 매입이 있다.
② 중소기업은 대기업보다 세계 시장 대응력은 부족하지만 핵심 특허 수는 많다.
③ 기업은 전문적인 지식을 가진 특허 인력을 확보하기 위한 투자에 인색하지 않아야 한다.
④ 정부는 세계 시장 대응력이 떨어지는 중소기업의 특허 지원 프로그램을 내실 있게 운영해야 한다.
⑤ 국내 연구 기관이 정부로부터 R&D 자금을 지원받을 때는 '특허 제출'이 의무화가 될 가능성이 있다.

07 **다음은 철도교통 사상사고 처리에 대한 자료이다. 이를 이해한 내용으로 옳지 않은 것을 고르면?**

> 제34조의2(열차운행 중 발생한 사상사고의 조치) ① 사상사고가 발생한 경우 열차승무원 또는 기관사는 다음 각 호의 사항을 열차무선전화 그 밖의 방법으로 관제센터장 또는 역장에게 신속히 통보하여야 한다. 이때 열차승무원과 기관사는 상호 간 관련정보를 공유하여야 한다.
> 1. 사고발생지점, 사상자수, 사상자상태, 사고당시 현황, 의료기관까지의 거리, 사상자 운송수단 등 구호조치에 필요한 사항
> 2. 열차 내의 승무원이 기관사 1인으로서 열차안전운행 확보상 운전실을 비울 수 없는 등의 사유로 사상자 구호조치를 하기가 곤란한 경우에는 그 내용
> 3. 사상자 또는 구호조치자의 보호를 위하여 인접선 운행열차의 정지 또는 서행운전이 필요한 경우 그 내용
>
> ② 제1항의 통보를 받은 관제센터장 또는 역장은 즉시 다음 각 호 등의 조치를 하여야 한다.
> 1. 시설직원(고속선은 전기직원을 포함한다. 이하 같다.)을 사고현장에 파견
> 2. 119구급대 등 의료기관을 수배하는 동시에 경찰관서에 신고
> 3. 시설직원의 출동이 늦어질 것이 예상되거나 사상자 다수발생 등의 사유로 역 직원을 파견할 필요가 있는 경우 역 직원을 파견
>
> ③ 열차운행 중 사고가 발생한 경우 승무원은 안전에 유의하며 다음 각 호에 따라 조치하여야 한다.
> 1. 기존선은 열차승무원이 사상자 구호조치를 하여야 하며, 기관사는 열차승무원의 구호조치에 적극 협조하여야 한다. 다만 열차승무원이 승무하지 않은 열차의 경우 기관사가 구호조치를 하여야 하며, 1인 승무로서 운전실을 이석하는 경우에는 전동방지 등 안전조치를 하여야 한다.
> 2. 고속선은 관제센터장의 지시에 따라 열차승무원이 사고현장으로 이동하여 구호조치를 하여야 한다. 다만, 후속열차 또는 인접선 운행열차가 있을 경우에는 관제센터장의 지시에 따라 해당 열차의 기관사 또는 열차승무원이 구호조치를 하여야 한다.
> 3. 사고현장 부근에 의료기관이 없는 경우에는 부상자를 열차편으로 의료기관이 있는 가까운 역으로 이송하여 역장에게 구호를 의뢰할 수 있다.
>
> ④ 제2항 및 제3항에 의해 사고현장에 도착한 직원은 신속한 방법으로 부상자 구호조치를 하여야 하며, 사망자의 경우에는 다음 각 호에 따라 조치하여야 한다.
> 1. 사고현장 상태가 훼손되지 않도록 유의하고 시체는 관할 경찰공무원이 도착하기 전까지 원형이 보존되도록 주의를 기울여야 한다.
> 2. 경찰의 현장검증이 끝나면 유족이 시체를 신속히 인수할 수 있도록 유족에게 미리 통보하여야 하며, 사망자 신원불명 등으로 시체를 인도할 수 없을 경우 「장사 등에 관한 법률」 제12조에 따라 관할시장·군수 또는 구청장에게 시체를 인계하여야 한다.
>
> ⑤ 사고열차 기관사는 제4항 제1호에도 불구하고 다음 각 호의 조건을 모두 충족한 경우 시체의 위치 및 열차 정차지점, 열차 접촉 흔적 등에 대한 사진자료 등 증거물을 최대한 확보한 후 관할 경찰공무원이 도착하기 전 운전을 재개할 수 있다.
> 1. 사고로 열차가 지연되거나 다른 열차의 운행에 지장을 줄 우려가 있는 경우
> 2. 시체가 궤도를 지장하지 않은 것이 명백한 경우
> 3. 운전을 재개하여도 사고현장 상태가 훼손되지 않는다고 판단하는 경우
> 4. 열차 등 점검 결과 운행에 지장이 없는 경우
> 5. 관제센터장의 운전 지시를 받은 경우

① 사상사고 발생 시 열차 내 승무원은 인터폰으로 관할 역장에게 신고해야 한다.

② 열차승무원 혹은 기관사는 사상자를 직접 확인하고 구호조치하여야 한다.

③ 열차 내 승무원이 사상자를 수습하는 동안 열차를 정지 혹은 서행할 수 있다.

④ 사망자가 발생한 경우 경찰공무원이 오기 전 열차는 운전 재개에 필요한 조건을 모두 충족할 때까지 정지 상태를 유지하여야 한다.

⑤ 열차승무원은 사상자에 대한 예우를 갖추기 위하여 흰장갑을 끼고 사고를 수습한다.

08 다음 철도공사 안전관리규칙을 참고할 때 옳지 않은 설명을 고르면?

철도공사 안전관리규칙

제53조(선로 등 내 출입 제한) ① 사장은 시설물보호 및 열차운행의 안전 확보를 위하여 위험지역 내에 일반인이 출입할 수 없도록 안전울타리(펜스) 등 방호시설의 설치에 노력하여야 한다.

② 회사 직원 이외에는 선로 등을 출입할 수 없다. 다만, 작업(공사 포함)이나 수사기관 등 외부기관의 요구가 있을 경우에는 그러하지 아니하다.

③ 제2항 단서에 의하여 위험지역을 출입할 경우에는 종합관제실에 출입신청을 하고, 신청을 받은 종합관제실은 시간, 구간, 출입인원, 목적 및 이동경로 등을 협의하여 열차운행과 출입자의 안전상 이상이 없음을 확인하고, 필요시 직원을 지정·동행하여 출입하게 하여야 한다.

제54조(철도시설 유지관리) ① 철도시설물은 열차 또는 차량이 규정된 속도로 안전하게 운행할 수 있도록 점검하고 유지관리 되어야 한다.

② 사장은 철도시설물 안전기준에 관한 규칙 제46조에 규정한 철도시설물 점검 및 유지관리계획을 수립·시행하여야 한다.

③ 기술본부장은 제1항의 규정에 따라 철도시설을 점검하고 유지관리를 할 경우에는 철도시설의 특성을 감안하여 각 시설별 관리기준, 점검항목 주기 및 방법, 기록유지 등에 관한 세부사항을 따로 정하여 시행하여야 한다.

제55조(주의개소 지정관리 등) ① 철도시설물 중 「재난 및 안전관리기본법」과 「시설물의 안전관리에 관한 특별법」 등에 따라 특별히 관리하는 시설물은 법령에 규정한 바에 따르고, 운전 취약개소는 다음 기준에 따라 주의개소로 지정, 관리하여야 한다.

1. 승강장 중 홈과 차량 간 간격이 넓어 실족 우려가 있는 곳
2. 정거장 구내 선로가 기울어져 유치차량이 구를 우려가 있는 곳
3. 비탈면에 설치된 절연구간으로서 운전에 주의를 요하는 곳
4. 신호 확인이 곤란하거나 신호오인의 우려가 있는 곳
5. 유류, 가스 등 위험물을 취급하는 곳
6. 특수한 교량 및 장대교량으로 운전주의 및 관리할 필요가 있는 곳
7. 기타 특별히 관리할 필요가 있는 곳

② 회사의 시설물 취약개소에 대한 관리는 주의개소를 지정하여 관리하여야 하며, 주의개소의 지정 및 관리는 세부사항을 따로 정하여 시행하여야 한다.

③ 안전관리체계 감독자는 주의개소에 대한 시설물 보완·개선 등 안전대책을 강구하고 직원 교육 및 점검 등 안전사고 예방을 위하여 특별히 관리하여야 한다.

④ 안전관리체계 감독자는 관련 본부안전관리체계 책임자에게 관련 보고서를 제출하여야 한다.

제62조(열차에 탑승하여야 하는 철도종사자) 열차에는 철도차량 운전자와 열차에 승무하여 여객의 안내, 열차의 방호, 제동장치의 조작 또는 각종 전호를 취급하는 업무를 수행하는 자(이하 "열차승무원"이라 한다)를 탑승시켜야 한다. 다만, 당해 선로의 상태, 열차에 연결되는 차량의 종류, 철도차량의 구조 및 장치의 안전관리규정수준 등을 고려할 때 열차운행의 안전에 지장이 없다고 인정되는 경우에는 철도차량 운전자 외의 다른 열차승무원을 탑승시키지 아니하거나 인원을 조정할 수 있다.

제65조(직원의 음주제한 및 휴대전화 등 사용금지)

① 안전관리체계 감독자는 직원이 술을 마시거나 약물을 사용한 상태에서 업무를 수행하게 하여서는 안 된다.

② 제1항의 직원이 술을 마시거나 약물을 복용한 상태임을 인정할 만한 상당한 이유가 있는 때에는 안전관리체계 감독자는 이를 확인 또는 검사를 시행할 수 있으며, 이 경우 해당 직원은 거부하여서는 안 된다.

③ 기관사(장비운전원 포함)는 운전취급 중 휴대전화 등 전자기기를 사용하여서는 아니 된다. 다만, 운전취급상 긴급한 경우로서 휴대전화를 일시 사용할 수 있는 경우는 다음 각 호와 같다.

1. 사고(장애)발생 시 조치사항을 지시 받을 때
2. 차량고장 등으로 기술 지원을 받을 때
3. 기타 긴급을 요하는 상황 발생 시

① 사장은 철도시설물 점검 및 유지관리계획을 수립하고 시행하여야 한다.

② 수사기관의 선로 출입 요구가 있을 경우, 종합관제실은 인원 및 이동경로 등을 제한할 수 있다.

③ 열차에는 철도차량 운전자가 1명 이상 승무하여야 하며, 휴대전화 등 전자기기를 휴대해서는 안 된다.

④ 철도시설물 중 유류, 가스 등 위험물을 취급하는 운전 취약개소는 주의개소로 지정, 관리하여야 한다.

⑤ 안전관리체계 감독자는 열차승무원의 약물 복용 검사를 조건에 맞춰 실시할 수 있으며, 해당 직원은 이를 거부할 수 없다.

09 다음 문서를 읽고 옳지 않은 내용을 고르면?

정기승차권 서비스

- 이용 열차: 모든 SRT 열차 중 고객이 지정한 열차
- 판매 개시: 2017. 4. 11.(화) 07:00~
- 할인율: 기준운임 대비 45~60% 운임 할인
- 구입 방법: SRT 앱을 통하여 구입 및 이용
- 이용 형태: 일반인용/청소년용, 1개월용/10일용
- 이용 방법: 열차와 구간을 지정한 후 구매, 명절 대수송 기간을 제외한 월~금, 주말, 공휴일에 좌석 지정 없이 1일 편도 2회 이용 가능

  ※ 단, 명절 대수송 기간 중 연휴가 아닌 평일에 해당하는 일자에는 정기승차권 이용 가능함.
- 열차별 정기승차권 판매수량을 제한 발매

정기승차권 이용 시 유의사항

- 지정된 구간을 가는 열차와 오는 열차로 각각 지정하여 1일 2회 왕복으로 사용 가능함.

  ※ 예 가는 열차 #304 오송(07:16) → 수서(08:03), 오는 열차 #367 수서(19:30) → 오송(20:10)
- 정기승차권은 좌석이 지정되지 않으며, 열차 내 빈 좌석이 없을 경우 간이석 혹은 입석으로 이용해야 함.
- 정기승차권은 열차당 최대 54매까지 발행되므로 조기 매진될 수 있으며, 매진된 열차를 승차권 없이 이용할 경우 철도사업법 제10조 및 여객운송약관에 따라 부가운임을 수수함.
- 정기승차권은 동일 구간에 대하여 1계정당 1매만 구매 가능함.

SRT 정기승차권 이용특례 안내

전 시간대: 정기승차권 구매 시 지정한 열차의 전·후 열차 또는 1시간 이내 운행열차에 한해 탑승 허용

SRT 정기승차권 운영 기본방향

- 조회, 결제, 발권, 환불: 스마트폰 승차권, SRT앱으로만 이용
- 판매 대상 및 이용기간: 일반인용/청소년용, 1개월/10일용
- 좌석운영 및 대상열차: 좌석 미지정, 모든 SRT 열차
- 판매 제한: 열차당 수요에 따라 발매 제한(이용률에 따라 10~54매)

구분	일반	청소년
1개월용	50%	60%
10일용	45%	55%

- 이용 방법: 고객 이용편의 및 승차권 유통비용 절감을 위해 SRT앱을 통한 스마트폰 승차권으로만 이용
- 수요 관리: 열차당 수요에 따라 발매 수 제한, 20~54매(열차별 인원을 제한하여 안전 확보 및 차내 혼잡 최소화)
- 할인율: 정기승차권 이용객의 경제적인 부담 완화라는 근본 취지를 감안하여 타 고속열차와 비슷한 수준(1개월권 50%)으로 할인율 적용
- 명절 대수송 기간 및 특실 이용 불가

  ※ 단, 명절 대수송 기간 중 연휴가 아닌 평일에 해당하는 일자에는 정기승차권 이용 가능

  예 2019년도 SRT 설 대수송 기간은 2/1(금)~2/7(목)이지만, 2/1(금) 및 2/7(목)의 경우 연휴가 아닌 평일(달력상 검은색으로 표시된 일자)이므로 정기승차권 이용 가능
- 운영 조정: 지속적인 운영 모니터링 통해 발매수량 및 운영 방안 조정 가능

  ※ 열차별 발매 제한 수량은 환경 변화에 따라 변경될 수 있음.

• 운임계산: 유효기간 중 월~금요일(공휴일 제외) 일수(사용일수)와 1일 2회로 계산한 사용횟수에 아래와 같이 계산한 1회 운임을 곱한 금액으로 함.

※ 정기권 운임 산식=(기준운임×좌석 미지정 할인율)×정기권 할인율×운임계산 횟수

※ 운임계산 횟수=지정 기간 중 토·일, 공휴일을 제외한 주중 일자×2회

※ 정기승차권은 공공할인, 영업할인 등과 중복 할인 불가

• 이용요일 확대: 출퇴근의 다변화, 교대근무자 증가 등을 고려하여 주말 및 공휴일에도 사용 가능하도록 운영

※ 주말·공휴일에 열차 이용은 가능하나, 승차권 사용개시일은 주중에만 가능(주말을 사용개시일로 지정하여 구매 불가)

구분	SRT 정기승차권	비고
방식	이용구간 지정	동일구간 왕복이용
	좌석 미지정	–
	이용열차 지정	• 열차 내 쾌적한 분위기 조성 • 집중 승차 방지 • 허용증량 이상 승착 방지 • 열차별 이용률에 따라 20~54매
	발매매수 제한	
	모든 요일 사용가능	• 다양한 근무형태 이용가능 • 주중 및 주말/공휴일 이용가능 • 명절 대수송 기간은 이용불가
	승무원용 차내 이동 단말기를 이용한 스마트 검표	위변조 방지로 부정사용 근절
종류	(이용기간) 1개월용, 10일용 (이용대상) 일반인용, 청소년용	–
발권	SRT앱	부정사용 방지

① 정기승차권의 주요 내용을 표로 정리 및 제시하여 가독성을 높였다.

② 정기승차권의 결제 및 환불은 온라인으로만 가능하고, 현장에서는 불가능하다.

③ 정기승차권은 주말에도 사용이 가능하지만, 승차권의 사용개시는 주중만 가능하다.

④ 정기승차권의 할인율은 타 고속열차의 자료와 전문가의 판단을 근거로 설정되었다.

⑤ 정기승차권의 열차당 정해진 수량은 변동이 가능하므로 반드시 구입 가능한 것이 아니다.

10 다음 중 PPT를 활용하여 발표할 때 사용할 수 있는 기법으로 옳지 않은 것을 고르면?

발표라고 하면 반사적으로 PPT를 떠올리게 된다. 요즘은 대학이나 직장에서는 물론, 작은 소모임 발표에서도 PPT를 사용하는 경우가 흔하다. 하지만 흔한 방법이라고 해서 쉬운 방법은 아니기에 부담감을 가지는 사람들도 적지 않다. 이번에는 PPT가 발표에서 부담이 아닌 무기가 되기 위한 발표법을 설명하고자 한다.

첫째, 'PPT를 보지 않고 발표하기'이다. PPT를 활용한 발표를 할 때 대부분의 사람들이 스크린을 보고 발표를 하려고 한다. PPT는 도구일 뿐, 너무 의존하면 발표 효과가 떨어진다. 청중들 역시 발표자가 아닌 스크린만을 바라볼 것이다. 그러한 실수를 줄이기 위해서는 PPT의 제목이나 키워드만으로 내용이 기억날 수 있도록 충분히 암기하는 과정이 필요하다. 암기는 '눈'이 아닌 '입'으로 해야 하는데, PPT를 켜 놓고 실전처럼 연습하는 것이 가장 효과적이다.

특히 발표의 시작과 끝 그리고 다음 페이지로 넘어가는 부분이 중요하다. 발표의 시작은 항상 긴장되기 마련이지만 첫 시작을 잘하게 되면 긴장을 풀 수 있고, 마음이 편할 수 있다. 각각의 페이지에 대한 내용은 잘 설명하지만 연결 부분이 자연스럽지 않으면 유창한 발표가 되기 어렵다. 발표의 마지막 부분도 중요하다. 청중은 가장 마지막에 들은 내용을 기억한다. 따라서 발표를 허둥지둥 마무리하는 것은 절대 금물이다. 지금까지 말한 내용을 정리하고 전달하고자 하는 관점이나 꼭 기억해야 할 부분을 다시금 짚어 주고 강조하며 마무리하는 것이 중요하다. 이러한 포인트들을 모두 살리기 위해서는 화면을 거의 보지 않고 발표하는 연습이 필요하다.

한편 완벽한 리허설은 최소 2번 이상하는 것이 좋은데 가능하면 발표 당일 혹은 전날 저녁에는 반드시 하는 것이 좋다. 그리고 이 과정에서 시간 체크도 해야 한다. 예상 시간보다 너무 빨리 혹은 너무 늦게 끝내는 것은 준비 소홀로 보일 수 있다.

둘째, '청중을 생각하며 발표하기'이다. 이는 발표자의 마음가짐에 대한 내용이다. 청중을 고려하지 않는 발표는 진정한 의미에서의 발표라고 보기 어렵다. 청중을 분석하고, 니즈에 맞춰 말하고자 하는 바를 제대로 전달하는 것이 발표의 목적임을 잊지 않아야 한다. 예컨대 청중과 끊임없이 눈맞춤을 하고, 반응을 살피며, 적절한 질의응답을 통해 발표가 제대로 이뤄지고 있는지 확인하는 과정이 필요하다.

셋째, '적절한 속도와 다양한 표현을 활용한 발표하기'이다. 너무 느리거나 빠르게 발표를 하면 앞서 거론한 것처럼 예정된 발표 시간을 맞추지 못 할 수도 있고, 무엇보다 전달력이 떨어질 가능성이 높다. 따라서 적절한 속도로 말하는 것이 대단히 중요하다.

목소리 톤이나 제스처 등도 신경써야 하는 요소이다. 만약 하나의 톤으로 처음부터 끝까지 발표를 하면 중요 내용을 강조하지 못할 뿐만 아니라 발표가 지루하게 느껴질 수 있다. 그리고 적절한 제스처를 통해 주의를 집중시키거나 발표장의 분위기를 조절할 수도 있다. 발표자가 뻣뻣하게 서서 발표하게 되면 분위기가 어색해질 가능성이 높고, 내용 전달 역시 어려워질 가능성이 높다.

이와 같은 방법들은 꾸준한 연습과 실전을 통해 가다듬을 수 있는 것임을 잊지 말도록 하자. 위 방법들을 잘 활용하여 PPT가 발표의 무기로 활용될 수 있기를 바란다.

① 발표자는 PPT를 최대한 보지 않고 청중을 바라보며 발표해야 한다.
② 발표의 마무리 부분에서는 반드시 알아야 할 부분을 다시금 강조해야 한다.
③ 발표자는 청중과 진정으로 소통하기 위해 유명인을 섭외하여 관심을 유도한다.
④ 발표자는 정해진 발표시간에 맞춰 발표하는 연습을 최소 2번 이상 진행해야 한다.
⑤ 발표자는 내용에 따라 다른 속도와 톤, 그리고 제스처를 활용하여 내용을 전달할 수 있어야 한다.

11 15% 소금물 200g과 20% 소금물 300g을 섞었을 때, 섞인 소금물의 농도를 고르면?

① 10% ② 13% ③ 15%
④ 18% ⑤ 20%

12 다음 [보기]에 주어진 세 분수의 크기를 비교한 결과로 옳은 것을 고르면?

보기

(A) $\frac{268}{512}$ (B) $\frac{216}{382}$ (C) $\frac{294}{586}$

① (A) > (C) > (B) ② (B) > (A) > (C) ③ (B) > (C) > (A)
④ (C) > (A) > (B) ⑤ (C) > (B) > (A)

13 다음 식을 계산한 값으로 옳은 것을 고르면?

$$\frac{59 \times 60 \times 61 \times 62}{40^2 + 40 \times 42 + 440}$$

① 2,599 ② 3,099 ③ 3,599
④ 4,099 ⑤ 4,599

14 주어진 숫자의 규칙을 찾아 빈칸에 들어갈 알맞은 숫자를 고르면?

7	11	19	31	43	51	91	71	(　　)

① 101　② 139　③ 151　④ 163　⑤ 187

15 주어진 숫자의 규칙을 찾아 빈칸에 들어갈 알맞은 숫자를 고르면?

12	29	43	54
−7	10	24	35
17	34	48	59
−1	16	30	

① 40　② 41　③ 42　④ 43　⑤ 44

16 다음 [표]는 지역별 연령대별 방문자 비율과 방문자 수에 관한 자료이다. 이를 바탕으로 옳지 않은 것을 고르면?

[지역별 연령대별 방문자 비율]

(단위: %)

구분	부산	대구	경북
30세 미만	29.1	20.5	15.2
30대	18.7	18.9	17.7
40대	18.5	17.7	21.5
50대	17.3	17.6	21.5
60대	11.1	14.4	16.5
70세 이상	5.3	10.9	7.6

[지역별 방문자 수]

(단위: 천 명)

부산	대구	경북
13,800	4,649	27,145

① 60세 이상 방문자 비율은 대구가 가장 높다.

② 70세 이상 방문자 수는 부산이 대구보다 많다.

③ 주어진 지역 중 30대가 방문한 비율이 가장 높은 곳은 대구이다.

④ 부산, 대구, 경북을 방문한 연령대별 총방문자 수는 30세 미만이 가장 많다.

⑤ 경북을 제외한 두 지역은 연령대가 낮을수록 방문자 수가 많다.

17 다음 [그래프]는 연도별 112 신고 접수 현황에 관한 자료이다. 이를 바탕으로 유추할 수 있는 내용이 아닌 것을 고르면?

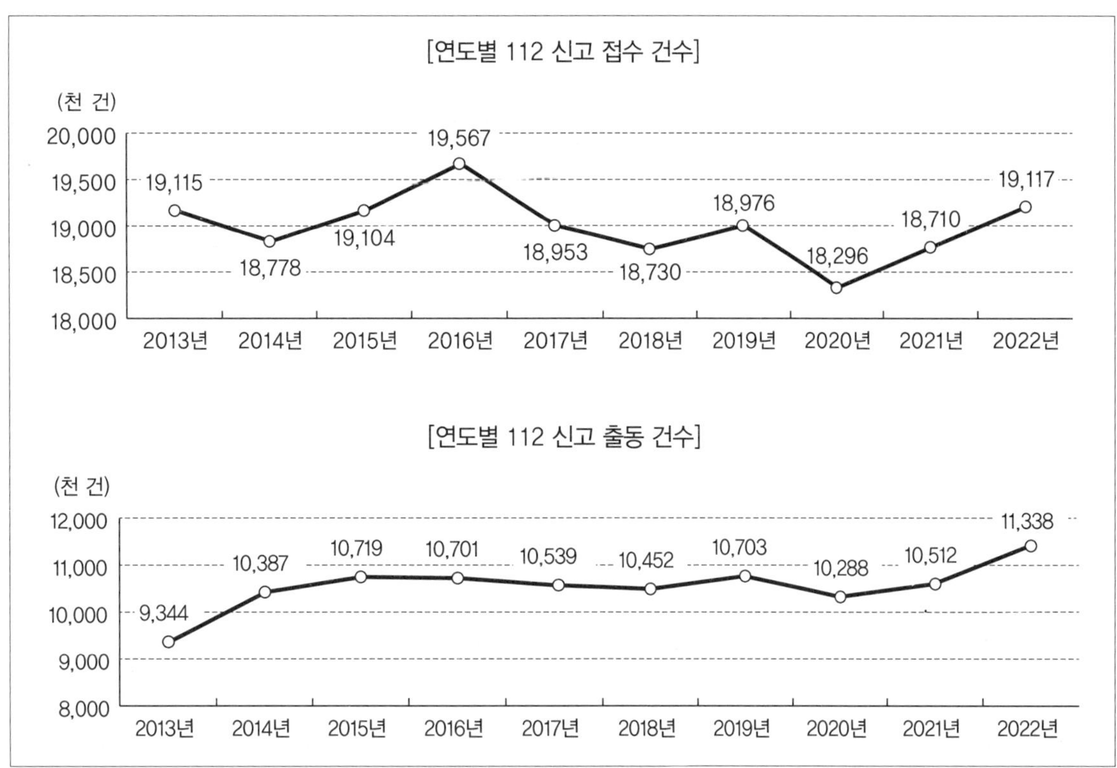

① 2014년 이후 112 신고 출동 건수가 전년 대비 증가한 해는 햇수로 5개이다.

② 112 신고 접수 건수 대비 출동 건수는 2022년에 가장 많다.

③ 112 신고 접수 건수가 가장 많은 해에 112 신고 출동 건수도 가장 많다.

④ 2014년 이후 112 신고 접수 건수가 전년 대비 가장 많이 감소한 해는 2020년이다.

⑤ 112 신고 접수 건수가 세 번째로 적은 해는 2018년이다.

18 철수를 포함한 남자 3명과 영희를 포함한 여자 3명이 일렬로 앉으려고 할 때, 철수와 영희는 이웃하고 여자끼리는 서로 이웃하지 않는 경우의 수를 고르면?

① 48가지 ② 72가지 ③ 84가지

④ 96가지 ⑤ 108가지

19 다음 [표]는 연도별 취학률 및 진학률에 관한 자료이다. 이를 바탕으로 유추할 수 있는 내용을 고르면?

[연도별 취학률 및 진학률]

(단위: %)

구분		2017년	2018년	2019년	2020년	2021년	2022년	2023년
유치원	취학률	51.4	51.2	49.1	49.2	50.8	52.7	54.8
초등학교	취학률	97.5	97.7	98.6	98.2	98.1	98.5	99.8
	상급학교 진학률	100.0	100.0	100.0	100.0	100.0	100.0	100.0
중학교	취학률	94.0	97.7	96.3	95.1	97.3	98.2	96.9
	상급학교 진학률	99.7	99.7	99.7	99.7	99.7	99.7	99.6
고등학교	취학률	93.9	92.2	91.2	90.5	95.3	94.2	93.3
	상급학교 진학률	68.9	69.7	70.4	72.5	73.7	73.3	72.8
고등 교육기관	취학률	68.7	68.8	69.4	71.0	72.0	73.8	76.2

※ 1) 취학률: 취학적령 인구 가운데 각급 학교에 재학 중인 학생 비율
2) 진학률: 전체 졸업자 중 상급교육기관으로의 진학자 비율

① 고등교육기관의 진학률이 증가하고 있다.

② 고등학교 진학생은 점차 증가하고 있다.

③ 취학적령 인구 중 중학교에 재학 중인 학생 수는 증가하고 있다.

④ 중학교 졸업자 수는 매년 비슷한 수준이다.

⑤ 고등교육기관에 재학 중인 학생의 비율은 매년 증가하고 있다.

20 다음 [표]는 연도별 철도사고 건수와 철도사고 사상자 수에 관한 자료이다. 이를 바탕으로 만든 그래프로 옳은 것을 고르면?

[연도별 철도사고 건수]

(단위: 건)

구분	2019년	2020년	2021년	2022년	2023년
충돌·탈선·화재	6	4	17	20	30
건널목사고	15	8	7	13	4
교통사상사고	36	26	20	34	19
철도화재사고	1	0	3	3	4
철도시설파손사고	4	1	1	0	0
안전사상사고	10	19	16	12	11

[연도별 철도사고 사상자 수]

(단위: 명)

구분	2019년	2020년	2021년	2022년	2023년
사망	33	22	21	28	19
부상	26	29	20	43	16

① [연도별 철도사고 전체 사상자 수]

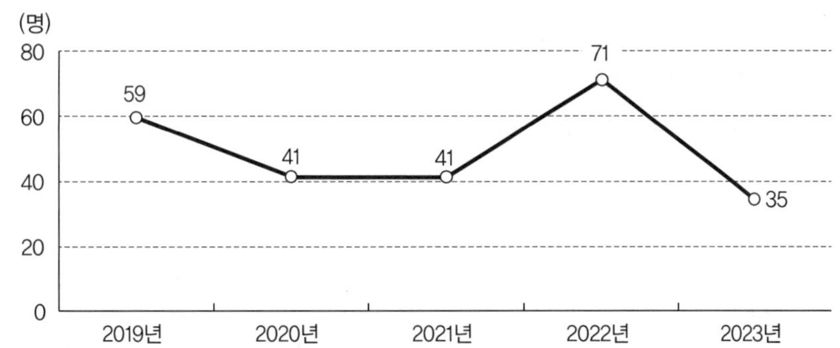

② [연도별 철도사고 전체 건수]

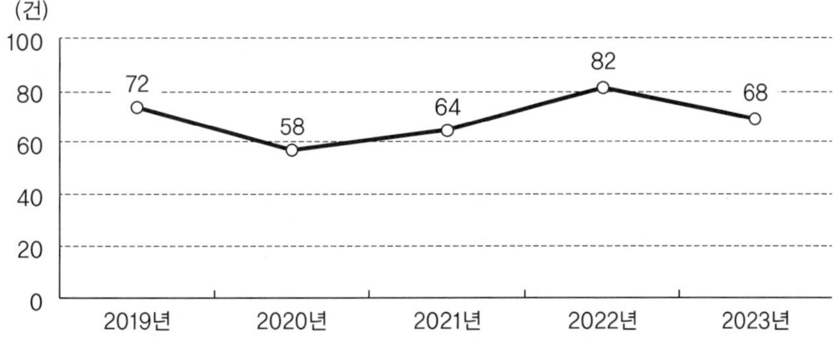

③ [2019~2023년 철도사고별 총 사고 건수]

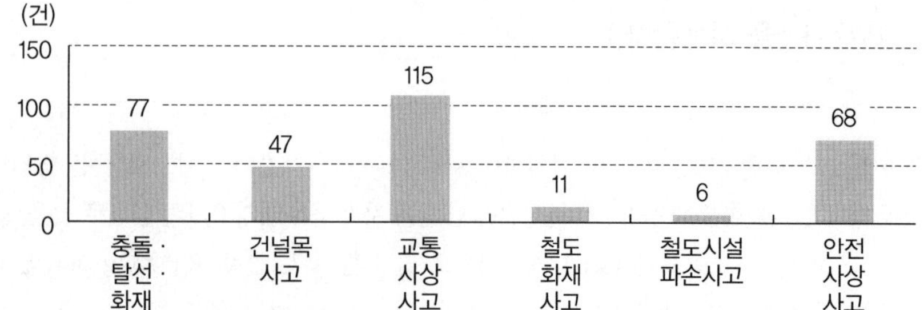

④ [2021년 철도사고별 사고 건수]

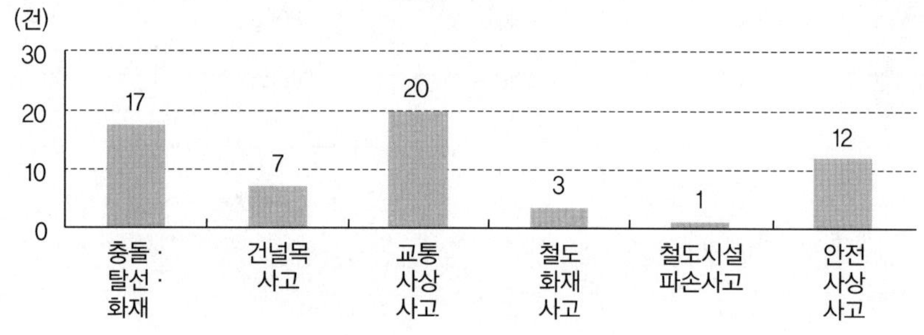

⑤ [연도별 철도사고 사상자 수]

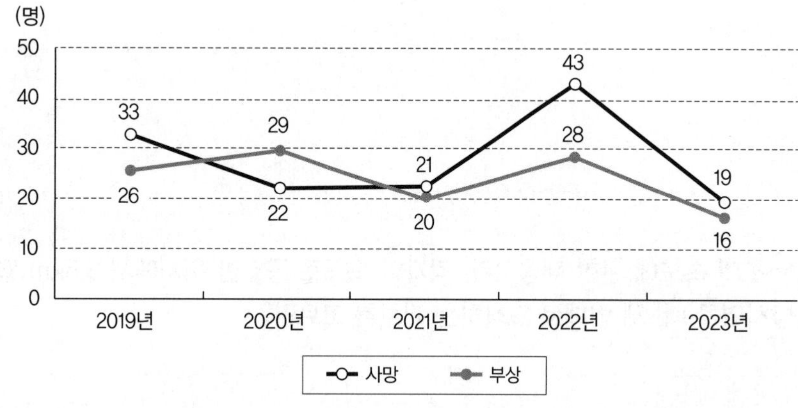

21 A팀 팀원 4명과 B팀 팀원 4명이 서로 줄다리기를 하고 있다. 각 팀원이 당기는 힘에 대한 [정보]가 다음과 같을 때, A팀 팀원들이 당기는 힘의 합력과 B팀 팀원들이 당기는 힘의 합력 간의 차이를 고르면?(단, 편의상 힘의 단위는 kg을 사용한다.)

정보

- A팀 팀원 4명은 좌측에, B팀 팀원 4명은 우측에 위치하여 서로 마주보고 각자의 방향으로 줄을 당긴다.
- A팀 팀원은 자기 몸무게의 1.2배 힘으로 줄을 당기고, B팀 팀원은 자기 몸무게의 0.9배 힘으로 줄을 당긴다.
- 몸무게가 75kg 이하인 사람은 위 조건보다 2kg 더 센 힘으로 줄을 당기고, 몸무게가 75kg 초과인 사람은 위 조건보다 3kg 더 약한 힘으로 줄을 당긴다.
- 각 팀의 팀원 몸무게는 다음과 같다.

A팀	110kg	75kg	80kg	75kg
B팀	55kg	40kg	60kg	45kg

① 216kg ② 218kg ③ 220kg
④ 222kg ⑤ 224kg

22 다음 [보기]는 기차 A~E의 속도에 관한 내용이다. 각자의 속도로 동일한 위치에서 3.5km 떨어진 지점을 향해 동시에 출발하였을 때, 세 번째로 도착하는 기차를 고르면?

보기

- A: 200km의 거리를 가는 데 2시간이 걸린다.
- B: 18km의 거리를 가는 데 10분이 걸린다.
- C: 100m의 거리를 가는 데 4초가 걸린다.
- D: 6,000m의 거리를 가는 데 5분이 걸린다.
- E: 600m의 거리를 가는 데 25초가 걸린다.

① A ② B ③ C
④ D ⑤ E

23 25명을 5명씩 조를 짜서 A~E조 5개 조로 편성해 달리기 시합을 했다. 달리기 시합에 대한 [정보]가 다음과 같을 때, 시합에서 우승한 조를 고르면?

정보

- 각 조별로 1번 주자, 2번 주자, 3번 주자, 4번 주자, 5번 주자를 정하여 각 주자별로 100m를 달린 시간을 기록한다.
- 2번 주자의 기록이 12초보다 짧으면 0.5초를 가산한다.
- 5번 주자의 기록이 12초보다 길면 1초를 가산한다.
- 각 조별로 위 조건의 가산 수치를 고려한 기록이 가장 짧은 주자와 가장 긴 주자를 제외한 3명의 평균 기록을 산출한다.
- 3명의 평균 기록이 가장 짧은 조가 우승한다.
- 각 조별 100m 달리기 기록은 다음과 같다.

구분	1번 주자	2번 주자	3번 주자	4번 주자	5번 주자
A조	13.4초	13.1초	12.1초	12.5초	13.5초
B조	19.3초	13.9초	11.2초	15.2초	11.7초
C조	13.8초	15.4초	12.3초	14.7초	10.9초
D조	10.9초	11.5초	17.4초	12.6초	12초
E조	12.3초	11.7초	12.7초	13.5초	11.9초

① A조 ② B조 ③ C조
④ D조 ⑤ E조

24 **5명의 직원들이 1명씩 번갈아 가며 300m 깊이의 우물을 파고 있다. 우물을 파는 작업에 대한 내용이 [보기]와 같을 때, 마지막으로 우물을 파는 직원을 고르면?**

보기

- 민수, 진수, 철수, 영수, 희수 5명이 1명씩 번갈아 가며 0m 깊이부터 우물을 판다.
- 가장 처음에는 민수가 우물을 파며, 27m를 판 후에는 진수가 이어서 우물을 판다.
- 진수는 16m를 파고, 그 후에는 철수가 이어서 우물을 판다.
- 철수는 31m를 파고, 그 후에는 영수가 이어서 우물을 판다.
- 영수는 22m를 파고, 그 후에는 희수가 이어서 우물을 판다.
- 희수는 19m를 파고, 그 후에는 다시 민수가 이어서 우물을 판다.
- 위 과정을 반복하며, 각 직원이 파는 깊이는 이후에도 위와 동일하다.

① 민수 ② 진수 ③ 철수
④ 영수 ⑤ 희수

25 **A~F 6명의 직원 중 4명이 출장을 간다. 출장을 가는 직원에 대한 진술이 다음과 같고, 이 중에서 2명만이 진실을 말할 때 출장을 가는 직원을 모두 고르면?**

- A부장: 대리는 모두 출장을 가.
- B과장: D대리는 출장을 가지 않아.
- C대리: 사원은 모두 출장을 가.
- D대리: B과장님은 거짓을 말하고 있어.
- E사원: A부장님과 D대리님 중에 출장을 가는 직원이 있어.
- F사원: A부장님과 B과장님 모두 출장을 가.

① A부장, B과장, C대리, E사원
② A부장, B과장, C대리, F사원
③ A부장, B과장, D대리, E사원
④ B과장, C대리, E사원, F사원
⑤ C대리, D대리, E사원, F사원

26 다음은 A기업에서 핵심가치 도출을 위해 작성한 자료일 때, 자료에 해당하는 논리적 사고 기법으로 적절한 것을 고르면?

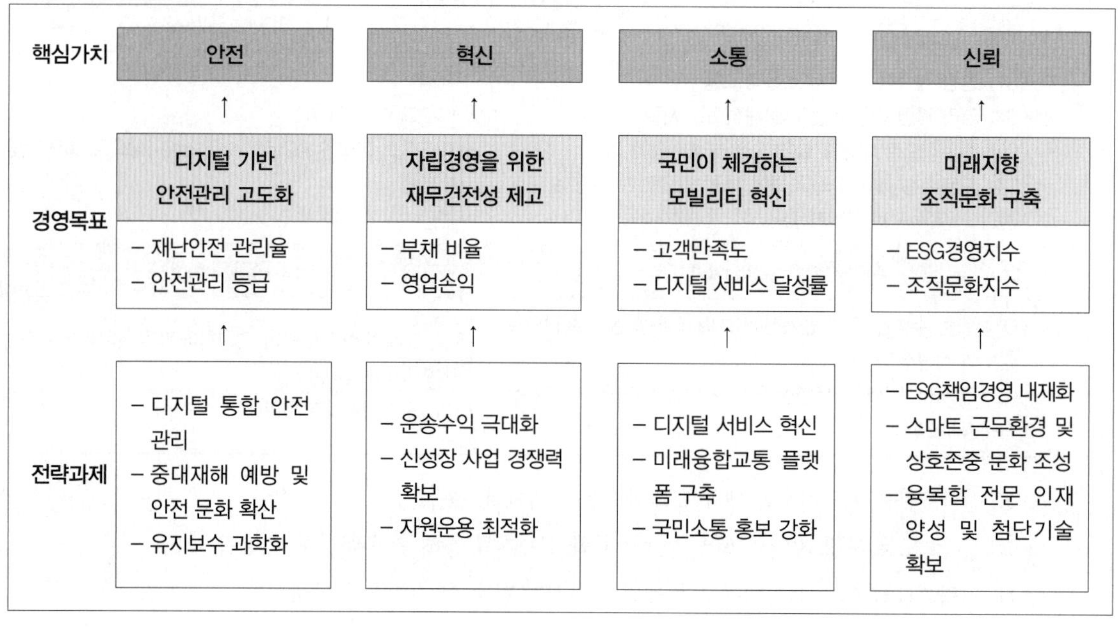

① 피라미드 구조화　　② 브레인스토밍　　③ NM

④ 체크리스트　　⑤ 시네틱스

27 다음은 철도화물 수송 시장의 SWOT 분석을 통해 도출한 전략일 때, 적절하지 않은 것을 고르면?

[SWOT 분석 요약]

강점(Strength)	약점(Weakness)
• S1: 환경 친화적, 에너지 효율적 교통수단 • S2: 거리 관련 변동 비용이 상대적으로 저렴 • S3: 전통적으로 대규모 화물의 장거리 수송에 이점 • S4: 도로수송 대비 중량화물에 대한 패널티가 없으며 도로 혼잡과 같은 지체 문제가 없음	• W1: 고정비용이 높음 • W2: 최소 철도 수송거리가 256km 이상으로 철도 수송 경쟁력 부족
기회(Opportunity)	**위협(Threat)**
• O1: 화물 수송을 위한 전용선(private siding) 설치 확장으로 철도의 접근성 개선 • O2: 정시성, 신뢰성, 유연성 있는 서비스의 제공을 위한 복합운송시스템의 구축	• T1: 트레일러식 트럭의 경량화에 따른 운영비용의 절감(트럭 수송비용의 감소) • T2: 도로 네트워크의 확대

① ST전략: 전용선을 이용한 대규모 화물수송 특화체계 확립

② ST전략: 도로 혼잡 지역의 택배 수송업체와의 제휴를 통해 연계수송 체계 확립

③ SO전략: 간선 활용으로 대규모 화물의 배차시간 단축 및 수송시간 확대

④ WO전략: 유휴부지를 활용한 복합물류기지 건설로 지역별 물류거점 확충을 통한 경쟁력 제고

⑤ WT전략: 타 수송수단과의 네트워크 확대로 구간별 비용부담 감소 도모

28 다음 사례에 해당하는 문제해결 절차로 가장 적절한 것을 고르면?

IT기업인 A사는 환경 보호를 목적으로 한 앱을 개발하기 위해 프로젝트 팀을 구성하고, 환경 보호 단체들과 협력을 통해 대규모 네트워크를 형성하여 이를 기반으로 사용자들을 모으려는 계획을 세웠다. 하지만 결과적으로 계획한 네트워크가 형성되지 못했을 뿐만 아니라 경쟁 앱의 등장으로 인해 시장에서의 입지를 확보하는 데 실패하였다. 프로젝트 팀의 리뷰 결과, 프로젝트 기획 단계에서 시장 조사와 경쟁 분석을 충분히 수행하지 않은 것이 주요 실패 요인이었던 것으로 드러났다. 프로젝트의 가능성을 높이기 위해서는 시장의 동향을 정확히 파악하고, 경쟁자들의 움직임을 예의주시해야 하는데, 경쟁 앱의 등장과 시장의 변화를 예측하지 못한 채 기존의 계획을 고수하려고 하였기 때문이다.

① 문제인식 ② 원인분석 ③ 문제도출
④ 해결안 개발 ⑤ 실행 및 평가

29 다음 대화의 B에게 나타나는 논리적 오류에 해당하는 것을 고르면?

A: 최근 ○○시에서 탄소 배출량을 줄이기 위해 채식 급식을 추진한다고 해요. 채식이 탄소 저감과 건강에 긍정적인 영향을 미치기도 하겠지만, 사람마다 체질이 다른 만큼 필요한 영양분도 다른데, 이 같은 점을 고려하지 않고 채식 위주 식단을 할 경우 영양 불균형을 초래하진 않을까 우려된다는 의견도 있네요.
B: 그럼 급식을 폐지하고 학생들에게 매일 본인의 영양 균형을 맞춘 도시락을 가져오게 하자는 건가요?

① 성급한 일반화의 오류 ② 허수아비 공격의 오류
③ 복합 질문의 오류 ④ 흑백논리의 오류
⑤ 과대 해석의 오류

30 다음 [보기]의 ㉠~㉤을 문제해결 절차에 따라 바르게 나열한 것을 고르면?

보기

㉠ 최근 정보공개 청구와 관련해 어려움을 호소하는 민원이 증가하는 것으로 나타나 정부는 최근 5년간 정보공개 청구 내용을 우선적으로 분석해야 한다고 판단하였다.

㉡ 정부는 경찰청과 소방청, 지자체 등 관계기관과 실무협의 및 의견수렴을 거쳐 총 10개의 청구유형을 지정하고, 각 청구유형 및 대상별로 맞춤형 표준시식을 마련했다.

㉢ 분석 결과, 보험 청구와 관련된 CCTV 영상 등에 대한 정보공개 청구가 2019년 대비 3배 이상 증가한 것으로 나타났다.

㉣ 이후 운영상 문제점 등을 확인해 보완하고, 관계기관과 협의를 거쳐 나머지 분야도 표준서식을 마련하는 등 청구인의 편의성과 접근성을 높이고 행정력이 낭비되는 경우를 줄일 예정이다.

㉤ 정보공개 청구가 급증하는 상황에서 정보공개 청구 내용을 작성할 때 표준화된 기준이나 서식이 없어 많은 국민이 청구서 작성에 어려움을 겪고, 담당 공무원은 청구서 내용을 일일이 검토해야 해 고충이 가중됐다.

① ㉠ − ㉡ − ㉢ − ㉣ − ㉤
② ㉠ − ㉢ − ㉤ − ㉡ − ㉣
③ ㉠ − ㉣ − ㉢ − ㉡ − ㉤
④ ㉢ − ㉡ − ㉤ − ㉣ − ㉠
⑤ ㉢ − ㉣ − ㉤ − ㉠ − ㉡

NCS 실전모의고사 1회

영역		문항 수	권장 풀이 시간
직업기초능력평가	의사소통능력	30문항	30분
	수리능력		
	문제해결능력		

※ 필기시험은 시험 과목 간 세부 시간의 구분 없이 70문항을 70분 내에 풀이하여야 하므로, 권장 풀이 시간 내에 문제 푸는 연습을 해보세요.

현재 나의 실력을 객관적으로 파악해 보자!

모바일 OMR

답안채점 / 성적분석 서비스

도서에 수록된 모의고사에 대한 객관적인 결과(정답률, 순위)를 종합적으로 분석하여 제공합니다.

OMR 입력

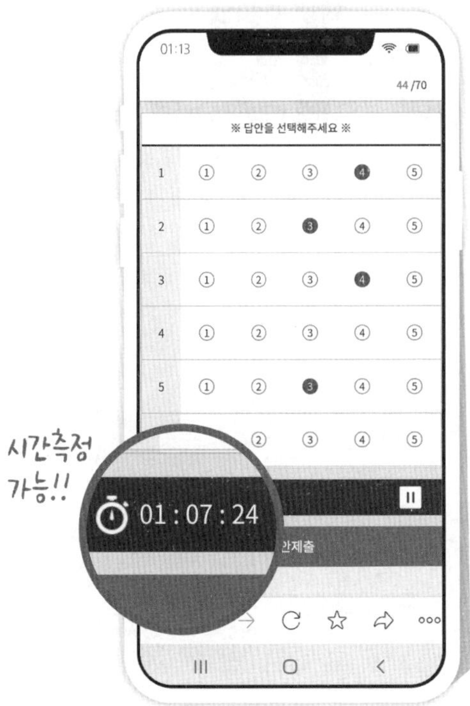

성적분석

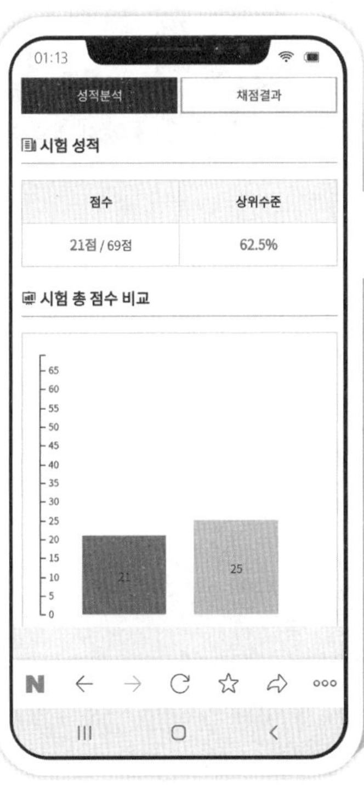

채점결과

※OMR 답안채점 / 성적분석 서비스는 등록 후 30일간 사용 가능합니다.

모바일 OMR
바로가기

NCS 실전모의고사 1회

정답과 해설 P.10

[01~02] 다음은 한국철도공사의 디지털 전환에 대한 자료이다. 이를 바탕으로 질문에 답하시오.

한국철도공사 직원 A는 한국철도공사의 '디지털 전환'에 대한 기사를 살펴보고 있다.
한국철도공사는 디지털정부 플랫폼 정책에 발맞춰 다양한 변화를 꾀하고 있다. 디지털경영자문위원회 출범 역시 그 일환이다. 지난 4월 출범한 한국철도공사 디지털경영자문위원회는 인공지능(AI), 빅데이터, 사물인터넷(IoT), 클라우드 컴퓨팅, 통합모빌리티 서비스(MaaS) 분야의 디지털 전문가 9인으로 구성되었다. 이들은 디지털 경영 정책 방향 자문, 대규모 데이터를 활용한 가치 창출 방법 도출, IT 신기술 도입 정책에 관한 자문을 돕고 있다. 또한 몇몇 역사에는 방역 로봇을 도입해 운영 중이다. 방역 로봇에는 자율주행 기능과 물체 감지, 자동 도킹·충전, 실시간 경로 확인 기능이 탑재되어 있다. 주로 이용객이 적은 야간에 무인 가동하며, UV-C 자외선램프를 활용해 자동 발매기, 물품 보관함 등 고객 편의 설비를 방역한다. 아울러 디지털 시대의 핵심 과제인 개인정보 관리에도 심혈을 기울인다. 코레일 5개 계열사와 '정보보안·개인정보 보호를 위한 실무협의회'를 개최하고 최신 정보보안 위협 동향, 개인정보 관리 강화 방안 등을 공동 실행하며 디지털 전환을 위해 적극적으로 나서는 중이다. 한편 지난 8월 28일 한국철도공사 본사에서 디지털 전환의 핵심 역할을 하게 될 '코레일 디지털 허브' 개소식이 열렸다. 본사 8층에 문을 연 코레일 디지털 허브는 철도 운영에 IT 신기술을 적극 도입해 전사적으로 디지털 대전환과 모빌리티 혁신을 이끌어 내기 위한 곳이다. 코레일은 기존에 사무 공간으로 쓰던 8층을 리모델링해 VR공간, 3D프린터룸, 프로젝트 랩실 1~8호, 오픈미팅 룸, 디지털 월, 휴게실 공간을 만들었다. 그중 오픈미팅 룸은 협업 공간으로 활용할 수 있고, 디지털 월에서는 디지털 시제품과 추진 과제 진행 현황을 확인할 수 있다. 코레일 디지털 허브에서는 KPI, 뉴스, 고객의 소리까지 한눈에 파악할 수 있다. 또한 각 역사의 선로 온도 등을 실제로 관찰하는 것도 가능하다. 이 밖에도 AR/VR을 활용해 철도 선로전환 시스템을 직접 체험해 볼 수도 있다. 코레일 디지털 허브는 철도 장애 및 안전사고를 예방하고, 코레일 내부 업무 효율화에도 상당한 기여를 할 것으로 보인다.

01 주어진 자료를 읽고 직원 A가 이해한 내용으로 적절하지 않은 것을 고르면?

① 디지털경영자문위원회는 총 9명의 전문가로 구성되어 있다.
② 디지털경영자문위원회는 정부의 정책을 따르기 위해 출범하였다.
③ 방역 로봇은 이용객이 적은 밤 시간대에 주로 가동된다.
④ 방역 로봇은 UV-C 자외선램프를 활용해 열차 객실을 방역한다.
⑤ 코레일은 정보보안 및 개인정보 보호 방안을 논의하기 위한 실무협의회를 개최하였다.

02 **다음은 직원 A와 T의 대화 내용일 때, 대화 내용 중 적절하지 않은 것을 고르면?**

> 직원 T: 코레일 디지털 허브에는 무엇이 있습니까?
> 직원 A: VR공간, 3D프린터룸, 프로젝트 랩실, 오픈미팅 룸, 디지털 월, 휴게실이 있습니다. ………………………… ㉠
> 직원 T: 다른 부서와 협업을 위해 장소를 찾고 있는데 어디를 쓰면 됩니까?
> 직원 A: 본사 8층에 위치한 휴게실을 활용하시면 됩니다. ……………………………………………………………… ㉡
> 직원 T: 코레일 디지털 허브에서는 어떤 정보를 얻을 수 있나요?
> 직원 A: 디지털 시제품과 추진 과제 진행 현황, KPI, 뉴스, 고객의 소리까지 한눈에 파악할 수 있습니다. ………… ㉢
> 직원 T: 선로전환 시스템을 직접 체험해 보고 싶은데 어떤 방법으로 체험이 가능합니까?
> 직원 A: AR/VR을 활용해 체험할 수 있습니다. ……………………………………………………………………………… ㉣
> 직원 T: 코레일 디지털 허브를 통해 기대하는 바가 무엇입니까?
> 직원 A: 철도 장애 및 안전사고를 예방하고, 코레일 내부 업무 효율화에도 기여할 것으로 보입니다. ……………… ㉤

① ㉠　　② ㉡　　③ ㉢
④ ㉣　　⑤ ㉤

[03~05] 다음은 'KTX-청룡'에 대한 글이다. 이를 바탕으로 이어지는 질문에 답하시오.

한국철도공사 직원 B는 'KTX-청룡'에 대한 기사를 살펴보고 있다.

KTX-청룡은 100% 국내 기술로 설계 및 제작된 차세대 동력분산식 고속열차이다. 전체 객차 아랫부분에 동력장치를 분산 설치한 동력분산식 구조는 기관차가 앞뒤에서 객차를 끌고 밀며 가던 동력집중식보다 힘이 좋고 가·감속 능력이 뛰어나다. 따라서 역 사이 거리가 외국보다 가깝고 터널·교량이 많은 국내 철도 환경에 적합하다. 또한 객차마다 동력장치가 달렸지만 소음과 진동이 크지 않다. (㉠   )

KTX-청룡이 정지 상태에서 시속 300km까지 내는 데 걸리는 시간은 3분 32초로, KTX-산천(5분 16초)보다 1분 44초 줄었다. 출력을 기존 KTX-산천의 8천800kW(1만1천800마력)에서 9천120kW(1만2천230마력)으로 높인 덕에 최고 속도도 시속 320km로 KTX-산천보다 20km 더 빨라졌다. 다만 2028년 평택~오송 2복선화 사업이 완료되기 전까지는 KTX-산천과 같은 속도로 운행할 예정이다.

실내 환경 역시 쾌적하다. 실제로 탑승해 보면 다른 열차에 비해 넓어졌다는 느낌을 받게 되는데, 레일에서 지붕까지의 높이는 4천mm로 2010년 도입된 KTX-산천보다 75mm 늘었다. 폭은 3천150mm로 180mm 넓어졌다. 덕분에 통로에서 두 명이 부딪히지 않고 엇갈려 지나갈 수 있게 됐다. KTX-산천은 통로 폭이 450mm였는데, 청룡은 604mm다. 아울러 좌석 간 앞뒤 폭도 KTX-산천의 106mm에서 20mm 늘렸다. 자리에 앉아 보니 무릎 앞에 주먹이 들어가고도 공간이 넉넉히 남았다.

현장에서는 객실 창문이 '개별 창'으로 바뀐 점이 가장 편리하다는 반응이 많았다. 기존 KTX-산천, 수서고속철도(SRT) 등 고속열차는 앞뒤로 두 좌석이 하나의 큰 창을 공유하는 형태여서 다른 승객과 블라인드를 같이 써야 하거나, 다른 승객 모습이 창에 비쳐 보이는 등의 불편함이 있었다. 코레일 차량 본부장은 "자리마다 설치된 창문으로 프라이버시도 존중하고, 조망권을 확보할 수 있도록 했다."라고 설명했다.

편의 시설도 대폭 확충됐다. 좌석마다 무선 충전기와 USB 포트, 220V 콘센트가 장착돼 휴대전화 등을 손쉽게 충전할 수 있다. 객실 내 와이파이 중계기를 '열차 2량당 1개'에서 '1량당 2개'로 늘린 것도 특징이다. 천장에 부착된 모니터는 19인치에서 21.5인치로 키웠다. 우등실에는 좌석마다 주문형 비디오(VOD)를 시청할 수 있는 스크린을 장착했다.

03 **주어진 글의 ㉠에 들어갈 내용으로 적절한 것을 고르면?**

① 객차마다 있는 동력장치로 가·감속 능력이 향상되었기 때문이다.
② 객차마다 있는 동력장치로 기관차가 앞뒤에서 객차를 끌고 가기 때문이다.
③ '공기 스프링'을 설치해 고속 주행 중 흔들림을 잡고 승차감을 높였기 때문이다.
④ '공기 스프링'을 설치해 고속 주행 중 소음은 발생하지만 흔들림을 잡았기 때문이다.
⑤ '공기 스프링'을 제거하여 흔들림은 있지만 고속 주행을 가능하게 만들었기 때문이다.

04 **다음 중 직원 B가 주어진 글을 이해한 내용으로 적절하지 않은 것을 고르면?**

① KTX-청룡은 외국보다 국내 철도 환경에 적합하다.
② KTX-산천의 최고 속도는 시속 300km이다.
③ KTX-청룡은 2028년 전까지 출력을 9천120kW로 운행한다.
④ SRT는 앞뒤의 두 좌석이 하나의 큰 창을 공유한다.
⑤ KTX-청룡의 와이파이 중계기 개수는 이전의 고속철도에 설치된 것보다 4배 늘어났다.

05 **다음은 직원 B와 기자의 대화 내용일 때, 빈칸에 들어갈 내용으로 가장 적절한 것을 고르면?**

> 기자: KTX-청룡에 실제로 탑승해 보니 다른 열차들에 비해 넓어졌다는 느낌을 받았습니다.
> 직원 B: 네. 실제로 KTX-청룡은 2010년 도입된 KTX-산천보다 높이는 75mm, 폭은 180mm 확장되었습니다.
> 기자: 자리에 앉아 보니 무릎 앞에 주먹이 들어가도 공간이 남을 정도로 좌석 간 앞뒤 넓이와 통로 폭도 넓어진 것 같은데요?
> 직원 B: 네. ______________________

① KTX-청룡은 KTX-산천에는 없는 주문형 비디오(VOD)를 시청할 수 있는 스크린을 우등석에 장착했습니다.
② KTX-청룡의 통로 폭은 450mm이고 좌석 간 앞뒤 폭은 126mm로 KTX-산천보다 전반적으로 넓게 설계되었습니다.
③ KTX-청룡은 KTX-산천보다 통로 폭은 154mm 줄었지만, 좌석 간 앞뒤 폭은 20mm 늘었습니다.
④ KTX-청룡은 KTX-산천보다 통로 폭이 154mm 늘었고, 좌석 간 앞뒤 폭도 120mm로 20mm가 더 늘어났습니다.
⑤ KTX-청룡은 KTX-산천보다 통로 폭이 154mm 늘었고, 좌석 간 앞뒤 폭도 126mm로 20mm가 더 늘어났습니다.

[06~07] 다음은 '생애 첫 KTX체험 해피트레인'에 대한 글이다. 이를 바탕으로 이어지는 질문에 답하시오.

한국철도공사 직원 C는 '생애 첫 KTX체험 해피트레인' 사업에 관한 기사를 살펴보고 있다.
한국철도공사(코레일)가 KTX 20주년을 맞아 '생애 첫 KTX체험 해피트레인' 기차여행 사회공헌 활동을 펼친다. 취약계층이 열차를 체험할 수 있도록 돕고, 나눔경영을 위함이다. 이번 사업은 KTX를 타보지 않은 교통약자와 소외계층 2,024명을 대상으로 서울, 대전, 부산, 순천역 등 전국 23개 KTX역에서 출발, 지역 대표 관광상품을 함께 체험한다. 코레일 본사를 비롯, 전국 12개 지역본부 사회봉사단이 독거노인, 지역아동, 차상위계층 등과 총 37회 철도연계 관광 프로그램을 진행한다. 첫 시작은 4월 1일이다. 경북 지역의 다문화가정과 지역 아동 140명이 영주역에서 KTX-이음을 타고 제천역으로 떠나 청풍문화재단지 벚꽃축제, 케이블카, 전통시장 등을 둘러본다. 한편, 코레일은 지난 2006년부터 철도를 이용해 여행의 기회가 적은 이웃에게 기차여행을 제공하는 '생애 첫 KTX체험 해피트레인'으로 나눔을 실천하고 있다. 지난해 4,000여 명을 포함, 지금까지 총 14만 명이 참여하는 등 코레일의 대표적인 사회공헌 활동으로 자리잡았다.

06 주어진 글에 대한 내용으로 적절한 것을 고르면?

① '생애 첫 KTX체험 해피트레인'은 4월 한 달간만 진행된다.
② '생애 첫 KTX체험 해피트레인'은 올해 처음으로 시작하였다.
③ '생애 첫 KTX체험 해피트레인'은 취약 계층의 아동만 참여할 수 있다.
④ '생애 첫 KTX체험 해피트레인'은 KTX 역에서 출발하여 국내 여행을 한다.
⑤ '생애 첫 KTX체험 해피트레인'은 KTX 20주년에만 이루어지는 특별 행사이다.

07 다음 [보기]는 직원 C가 주어진 글과 관련해 추가로 검색한 자료일 때, 직원 C가 보일 수 있는 반응으로 적절하지 않은 것을 고르면?

보기

사업 실명제 등록 번호	2024-111	담당부서 작성자	홍길동
사업명	취약계층을 위한 생애 첫 KTX 여행 서비스(해피트레인) 제공		
사업 개요 및 추진 경과	• 추진 배경: KTX 이용 경험이 없는 어린이와 취약계층을 대상으로 '꿈을 이루세요! 생애 첫 KTX 여행' 사업을 통해 사회적 가치를 실현 • 총 사업비: 약 100백만 원(년) • 주요 내용 – (추진 방식) 주중 KTX 빈자리를 활용한 단거리 여행 제공 – (체험 대상) 어린이, 취약계층 가정 등 – (선정 방법) 코레일 홈페이지 공모 또는 지자체 및 기관 등 추천방식 – (프로그램) KTX체험, 도착역 체험프로그램, 식사 및 기념품 제공		
추진 실적	• 24. 4. KTX 개통 20주년 생애 첫 KTX여행 – D시 다문화가족, L시 아동복지관, S시 'SOS 어린이 마을'이 있는 지자체와 협력하여 KTX 개통 20주년 기념 해피트레인 진행 • 24. 5. 독거노인을 위한 문화체험 열차 – P시 동구 취약계층 어르신들과 함께하는 울산 주요관광지 체험 등 • 24. 6. 발달장애인과 함께하는 해피트레인 – Y시 발달장애인복지관과 함께 경주 주요 문화유적지 탐방 (후략)		

① 한국철도공사는 해피트레인을 통해 사회적 가치를 실현하고자 하는군.

② 해피트레인은 주말에는 진행하지 않는군.

③ 해피트레인은 참여를 원하는 사람이 직접 신청해야만 참여할 수 있군.

④ 2024년 4월부터 6월까지의 해피트레인 여행지에는 제천, 울산, 경주가 있군.

⑤ 장애인이 참여하는 해피트레인은 2024년 6월에 진행되었군.

[08~10] 다음은 '맘편한 코레일'에 대한 글이다. 이를 바탕으로 이어지는 질문에 답하시오.

한국철도공사 직원 K는 다음 기사를 살펴보고 있다.

오는 10월부터 임산부와 동반 1인은 한국철도공사(이하 코레일)가 운행하는 모든 열차 일반실을 40% 할인된 운임으로 이용할 수 있다.

코레일이 정부의 출산장려 정책을 적극 지원하기 위해 기존 임산부 대상 KTX 좌석 할인 혜택을 일반열차까지 확대한 '맘편한 코레일'을 10월부터 새롭게 선보인다고 22일 밝혔다. '맘편한 코레일'은 임산부 및 임산부와 함께 여행하는 동반 1인에게 코레일이 운행하는 모든 열차(KTX, ITX-새마을, ITX-마음, 무궁화호, ITX-청춘 등)의 일반실 운임을 40% 할인하는 서비스다. KTX 특실 좌석을 일반실 가격에 이용할 수 있는 무료 업그레이드 할인 혜택도 유지된다.

할인 기간은 임신확인서에 기재된 출산예정일로부터 1년 이내로, 정부24 홈페이지 '맘편한임신 원스톱서비스'에서 신청할 수 있다. 서비스는 '임산부의 날(10월 10일)'이 있는 10월 운행열차부터 적용된다. 내달 5일부터 미리 예약할 수 있다.

㉠ ______, 코레일은 임산부 혜택 확대를 위해 예매 시스템 개선도 추진 중이다. 향후 모든 열차에 임산부를 위한 전용 좌석을 설정하고, 이용에 불편함이 없도록 충분한 좌석을 제공할 계획이다.

㉡ ______, 코레일은 앞서 지난 5월부터 다자녀 가족 중 세 명 이상이 KTX 동반 탑승 시 반값 할인하는 등 다자녀 혜택을 확대한 바 있다. 이에 따라 다자녀 할인을 받은 이용객은 전년 대비 약 2만 4,000명 늘었다. 올해는 약 16만 명이 혜택을 받을 것으로 코레일은 예상하고 있다.

08 주어진 글의 표제로 적절한 것을 고르면?

① 코레일, 임산부 할인 혜택 시작
② 코레일, 임산부 할인 혜택 확대
③ 코레일, 임산부 운임 할인율 변경
④ 코레일, 임산부 및 취약계층 혜택 확대
⑤ 코레일, 다자녀 가족 혜택 확대

09 다음은 주어진 글을 읽고 직원 A~E가 나눈 대화일 때, 바르게 이해한 사람을 고르면?

직원 A: 10월부터 임산부는 열차의 특실만 40% 할인된 가격으로 이용할 수 있게 되었어요.
직원 B: 일반석 가격에 특실을 이용하는 무료 업그레이드 할인 혜택은 임산부 할인 혜택에서 제외되었군요.
직원 C: 할인 기간은 임신확인서를 받은 날로부터 1년까지로 정부24에 신청할 수 있어요.
직원 D: 또 10월부터는 임산부 전용좌석도 이용할 수 있어서 정말 편해졌네요.
직원 E: 10월에 다자녀 가족 중 세 명이 열차에 탑승하고자 할 경우, 열차표를 반값으로 구매하여 열차를 이용할 수 있겠네요.

① 직원 A ② 직원 B ③ 직원 C
④ 직원 D ⑤ 직원 E

10 주어진 글의 ㉠과 ㉡에 들어갈 접속어를 바르게 짝지은 것을 고르면?

	㉠	㉡
①	아울러	그러나
②	그리고	그러므로
③	아울러	한편
④	그리고	반면
⑤	그러므로	한편

[11~12] 다음 [표]는 철도교통사고와 철도안전사고 현황에 관한 자료이다. 이를 바탕으로 질문에 답하시오.

[연도별 철도교통사고 건수]

(단위: 건)

구분				2019년	2020년	2021년	2022년	2023년
철도 교통 사고	충돌			0	1	5	2	4
	탈선			6	3	12	18	26
	열차화재			0	0	0	0	0
	기타 철도 교통사고	위험물사고		0	0	0	0	0
		건널목사고		15	8	7	13	4
		철도교통 사상사고	여객	10	4	2	2	0
			공중	24	18	16	24	18
			직원	2	4	2	8	1
			소계	36	26	20	34	19
	소계			57	38	44	67	53

[연도별 철도안전사고 건수]

(단위: 건)

구분				2019년	2020년	2021년	2022년	2023년
철도 안전 사고	철도화재사고			1	0	3	3	4
	철도시설파손사고			4	1	1	0	0
	기타 철도 안전사고	철도안전 사상사고	여객	3	10	1	2	1
			공중	1	2	5	3	0
			직원	6	7	10	7	10
			소계	10	19	16	12	11
	소계			15	20	20	15	15

※ 전체 철도사고 건수는 철도교통사고와 철도안전사고로 구분됨

11 **다음 중 자료에 대한 설명으로 옳지 않은 것을 고르면?**

① 2022년 직원 사상사고는 철도교통사고가 철도안전사고보다 1건 더 많다.

② 2021년 철도화재사고, 철도시설파손사고, 기타 철도안전사고 중 철도안전사고에서 가장 큰 비중을 차지하는 사고의 비중은 80%이다.

③ 주어진 기간의 연평균 전체 철도사고 건수는 68.8건이다.

④ 매년 철도교통사상사고는 건널목사고의 2배 이상이다.

⑤ 2023년 철도교통사고의 탈선 건수는 4년 전 대비 340% 이상 증가하였다.

12 **다음 [표]는 주어진 기간 중 철도교통사상사고 건수와 철도안전사상사고 건수의 합이 두 번째로 적은 해에 여객, 공중, 직원 사상사고 건수가 철도교통사상사고 건수 및 철도안전사상사고 건수에서 각각 차지하는 비중을 나타낸 것일 때, a와 d, b와 e, c와 f의 크기를 비교한 것으로 옳은 것을 고르면?**

(단위: %)

구분	철도교통사상사고	철도안전사상사고
여객	a	d
공중	b	e
직원	c	f

	a와 d	b와 e	c와 f
①	a<d	b<e	c<f
②	a<d	b>e	c<f
③	a>d	b>e	c<f
④	a>d	b<e	c>f
⑤	a<d	b>e	c>f

[13~15] 다음 [표]는 ○○철도공사의 화물수송 운임정보에 관한 자료이다. 이를 바탕으로 질문에 답하시오.

[화물수송 운임정보]

구분	내용	임율(원)	비고
일반화물 임율	1톤 1km마다	45.9	
컨테이너 화물	영컨테이너 20피트 1개 1km마다	516	
	영컨테이너 40피트 1개 1km마다	800	
	영컨테이너 45피트 1개 1km마다	946	
	공컨테이너 1개		규격별 영컨테이너 임율(원)의 74%
하차장 사용료(1m²당) 일시 사용료(1일마다)	화물헛간(특지)	309	
	화물헛간(갑지)	238	
	화물헛간(을지)	124	
	야적하치장(특지)	173	
	야적하치장(갑지)	124	
	야적하치장(을지)	77	
하차장 사용료(1m²당) 장기 사용료(1개월마다)	화물헛간(특지)	3,521	
	화물헛간(갑지)	2,709	
	화물헛간(을지)	1,647	
	야적하치장(특지)	1,892	
	야적하치장(갑지)	1,366	
	야적하치장(을지)	836	
선로 사용료	1량 1시간마다	513	
탁송 변경료-탁송 취소	일반화물(1량당)	26,700	
	전세열차(1열차당)		전세운임의 10%
탁송 변경료	착역변경 및 발역송환(1량당)	26,700	
대리호송인료	운임계산거리 1km당	300	
화차계중기 사용료	1차마다	31,200	
화차 전용료	1일 1차당	29,200	
선로 유치료	1량 1시간마다	513	
기관차 사용료	시간당	226,400	
구내 운반료	1건당		최저운임의 80%
최저운임	전세열차(열차당)	3,798,600	

※ 1) 컨테이너 화물 최저운임: 규격별 100km에 해당하는 운임
2) 하차장 사용료: 화물을 하차한 뒤 지정된 장소를 점유하는 경우 발생하는 비용
3) 선로 사용료: 열차가 이동하여 운행하면 발생하는 비용
4) 선로 유치료: 열차가 운행하지 않고 선로를 점유할 때 발생하는 비용

13 다음 중 자료에 대한 설명으로 옳지 않은 것을 [보기]에서 모두 고르면?

보기

㉠ 1달이 30일인 어느 달에 화물헛간(을지) 100m^2를 30일 동안 사용했다면 장기 사용료가 일시 사용료보다 206,300원 더 저렴하다.
㉡ 같은 면적의 하차장을 같은 기간 동안 장기로 사용한다면 야적하치장(을지)가 야적하치장(갑지)보다 30% 이상 저렴하다.
㉢ 영컨테이너 40피트 화물 1개를 90km 운송했을 때의 컨테이너 화물 운임 비용은 72,000원이다.
㉣ 열차를 운행하여 선로를 이용했다면 선로 유치료는 발생하지 않는다.

① ㉠ ② ㉠, ㉢ ③ ㉠, ㉡, ㉢
④ ㉠, ㉢, ㉣ ⑤ ㉡, ㉢, ㉣

14 다음은 △△철도공사 직원 K씨가 어느 화물수송 건에 대해 운임을 계산하기 위해 해당 건의 [상황]을 요약한 것이다. 해당 [상황]에서 발생한 화물수송 운임 비용의 합을 고르면?(단, 이 경우 화물수송 운임 비용은 선로 사용료, 기관차 사용료, 컨테이너 사용료, 하차장 사용료의 합으로 계산한다.)

상황

30량인 열차에 기관차를 사용하여 영컨테이너 45피트 화물 20개를 125km의 거리에 있는 곳으로 2시간 동안 이동하여 수송한 뒤 화물헛간(갑지) 800m^2에 5일 동안 일시적으로 보관하였다.

① 3,800,580원 ② 3,950,720원 ③ 4,010,580원
④ 4,280,720원 ⑤ 4,410,280원

15 주어진 자료를 바탕으로 만든 그래프로 옳지 않은 것을 고르면?

① [야적하치장 하차장 사용료(1m²당)]

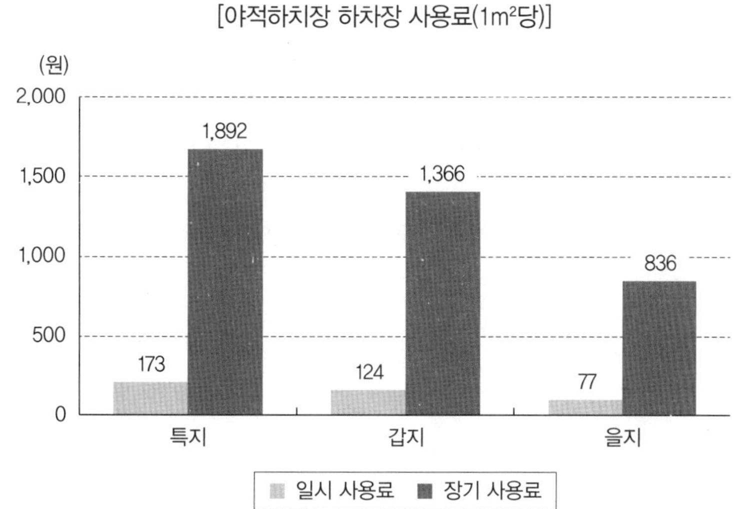

② [규격별 공컨테이너 임율]

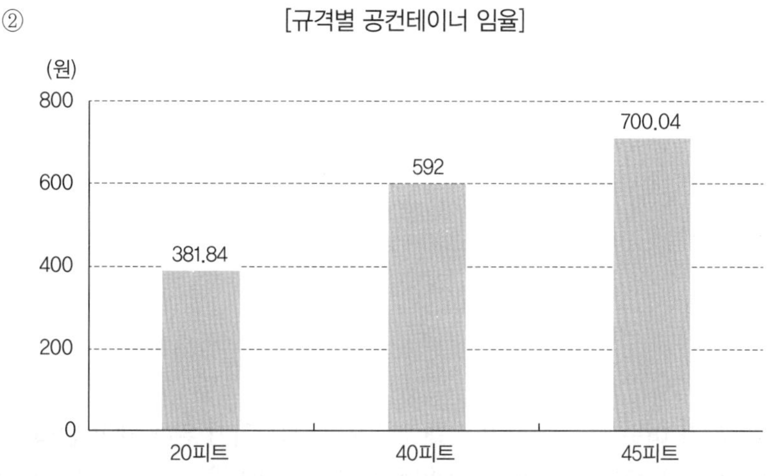

③ [화물헛간 하차장 사용료(1m²당)]

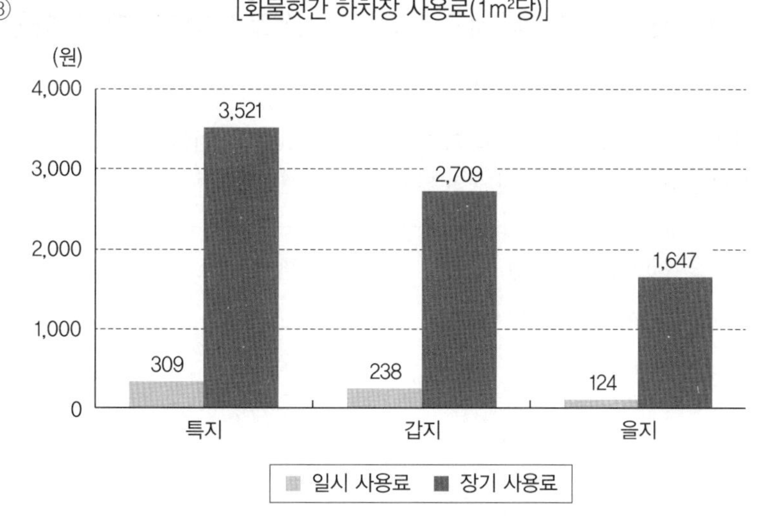

④ [화물헛간과 야적하치장의 하차장 사용료(1m²당) 장기 사용료 차]

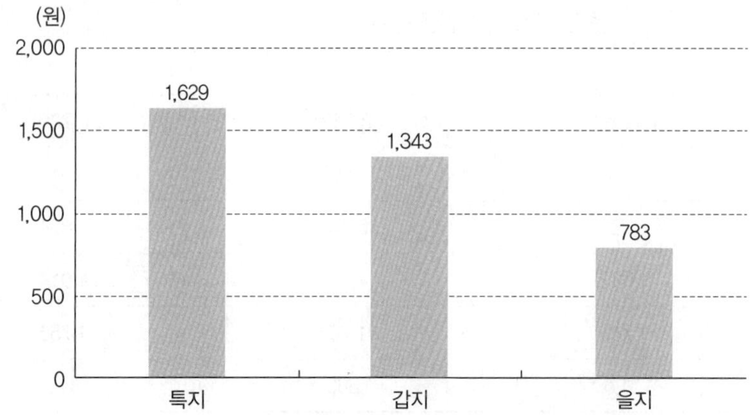

⑤ [150km 수송한 컨테이너 화물의 규격별 임율]

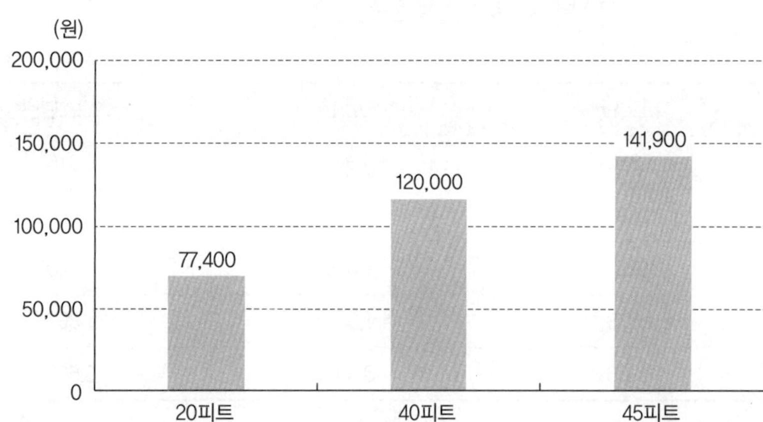

[16~17] 다음 [표]는 철도시설 건물 동수 현황에 관한 자료이다. 이를 바탕으로 질문에 답하시오.

[종별 철도시설 건물 동수]

(단위: 동)

구분	2020년	2021년	2022년
소계	5,820	6,007	6,016
정거장	2,731	2,844	2,834
사무소	1,027	1,036	1,014
공장	1,745	1,762	1,755
주택	317	365	413

[구조별 철도시설 건물 동수]

(단위: 동)

구분	2020년	2021년	2022년
소계	5,820	6,007	6,016
목조,기타	259	125	181
경량철골	920	1,028	1,028
조적조	1,378	1,357	1,307
철골-철근콘크리트	3,263	3,497	3,500

[경과 연수별 철도시설 건물 동수]

(단위: 동)

구분	2020년	2021년	2022년
소계	5,820	6,007	6,016
10년 미만	1,378	1,515	1,528
10년 이상 20년 미만	1,803	1,768	1,614
20년 이상 30년 미만	1,002	1,079	1,222
30년 이상 40년 미만	722	698	695
40년 이상 50년 미만	478	511	500
50년 이상 60년 미만	242	233	248
60년 이상	195	203	209

16 다음 중 자료에 대한 설명으로 옳은 것을 [보기]에서 모두 고르면?

보기

㉠ 2020년부터 2022년까지 철골-철근콘크리트 구조로 된 정거장이 매년 존재한다.
㉡ 2022년 경과 연수가 30년 미만인 건물 동수는 30년 이상인 건물 동수의 2배 이상이다.
㉢ 2021년부터 2022년까지 철도시설 중 주택 건물의 연평균 전년 대비 건물 동수 증가량은 48동이다.
㉣ 2020년부터 2022년까지 철도시설 건물을 구조별로 구분했을 때, 건물 동수가 매년 전년 대비 증가하는 구조는 2가지이다.

① ㉠, ㉡ ② ㉡, ㉢ ③ ㉠, ㉡, ㉢
④ ㉠, ㉢, ㉣ ⑤ ㉡, ㉢, ㉣

17 2021년 철도시설 건물 중 경과 연수가 20년 미만인 건물 동수의 전년 대비 증가율을 a, 20년 이상 40년 미만인 건물 동수의 전년 대비 증가율을 b, 40년 이상인 건물 동수의 전년 대비 증가율을 c라고 할 때, a, b, c의 크기를 큰 순서부터 바르게 나열한 것을 고르면?

① a, b, c ② a, c, b ③ b, c, a
④ c, a, b ⑤ c, b, a

[18~20] 다음은 한국철도공사의 추석 기간 열차 이용에 대한 보도자료이다. 이를 바탕으로 질문에 답하시오.

한국철도공사 추석 특별수송 기간 281만 열차 이용

• 한국철도공사가 추석 특별수송 기간(9.13.~9.18.) 동안 총 281만 명이 열차를 이용했다고 19일 밝혔다.

• 전체 기간 KTX는 174만 명, 일반열차는 107만 명이 이용했으며, 귀경객이 집중된 연휴 마지막 날에 가장 많은 50만 5천 명이 이용했다. 특히 18일 하루 KTX 이용객이 31만 4천 명으로 역내 명절 기간 중 최다를 기록했다.

※ 일자별 열차 이용객 수(KTX 및 일반열차 기준)

13일	14일	15일	16일	17일	18일
48만 7천 명	45만 3천 명	43만 6천 명	44만 4천 명	48만 5천 명	50만 5천 명

• 한편, 한국철도공사는 이번 추석 기간 동안 열차를 모두 4,277회 운행했으며, 특별 교통대책본부를 24시간 가동하고 고객 편의시설을 살피는 등 안전한 열차 운행에 총력을 기울였다.

※ 추석 기간 열차 운행 횟수

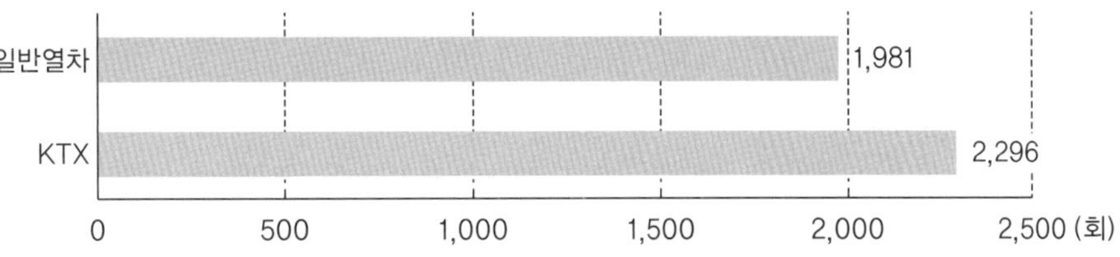

• 한국철도공사의 관계자는 "분야별 사전점검 등 시설과 서비스를 철저히 준해 추석 특별수송을 안전하게 마무리 할 수 있었다."며, "국민이 언제나 안심하고 열차를 이용할 수 있도록 최선을 다하겠다."고 밝혔다.

18 **전년도 추석 기간 중 하루 열차 이용객 수가 최대인 날의 이용객 수가 40만 4천 명이었을 때, 올해 하루 이용객 수가 최대인 날의 열차 이용객 수의 전년 대비 증가율을 고르면?**

① 24% ② 25% ③ 26%
④ 27% ⑤ 28%

19 **다음 중 자료에 대한 설명으로 옳은 것을 [보기]에서 모두 고르면?**

보기

㉠ 14일 이후 전일 대비 일자별 열차 이용객 수는 15일까지 감소하다가 명절 마지막 날까지 증가하였다.
㉡ 18일 일반열차 이용객 수는 18만 9천 명이다.
㉢ 추석 기간 열차 운행 횟수는 KTX가 일반열차 대비 약 15.9% 더 많다.
㉣ 추석 기간 열차 이용객 수는 KTX가 일반열차보다 67만 명 더 많다.

① ㉠, ㉡ ② ㉠, ㉢ ③ ㉠, ㉡, ㉣
④ ㉠, ㉢, ㉣ ⑤ ㉡, ㉢, ㉣

20 주어진 자료를 바탕으로 일자별 열차 이용객 수의 전일 대비 증가율을 그래프로 나타내었을 때, 옳은 것을 고르면?(단, 소수점 둘째 자리에서 반올림한다.)

①
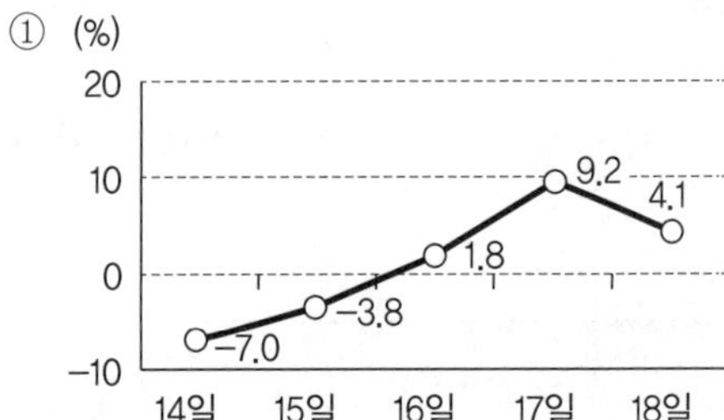

②
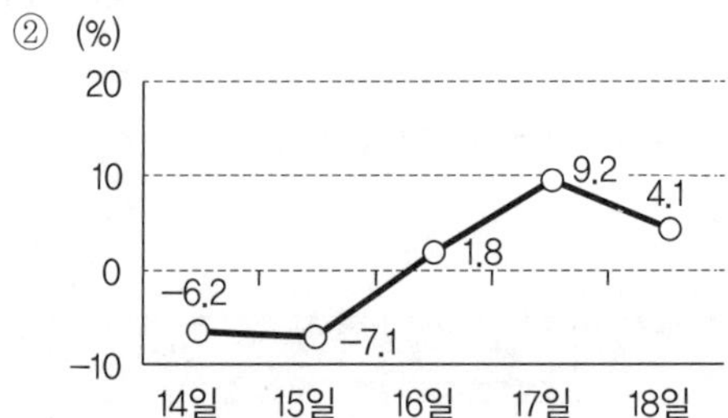

③
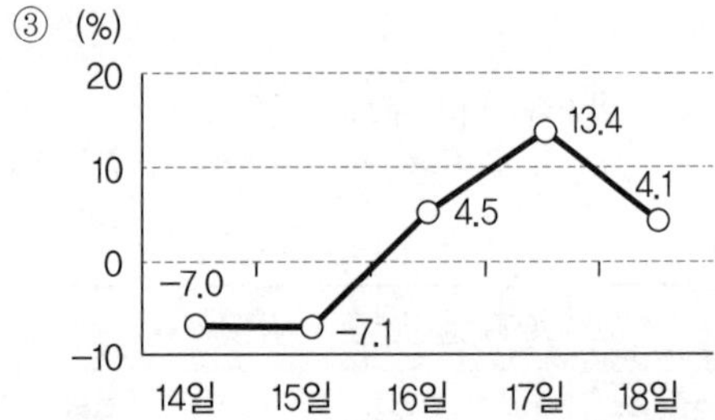

④
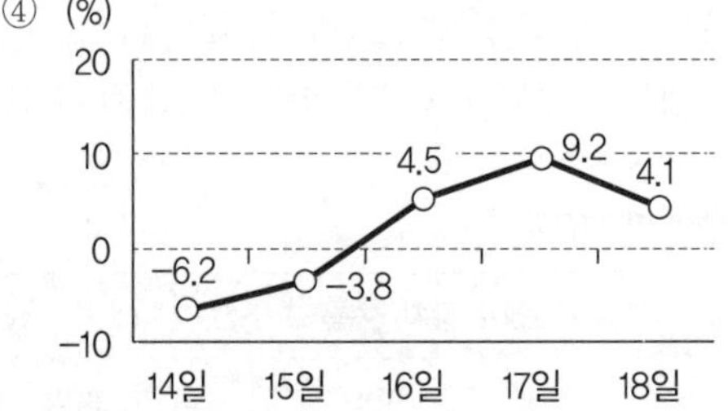

⑤
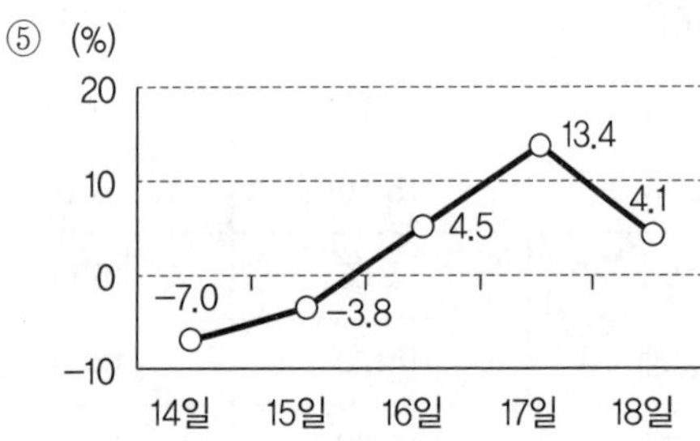

[21~22] 다음은 동해 산타열차에 대한 자료이다. 이를 바탕으로 질문에 답하시오.

[동해 산타열차 관련 정보]

1. 소개

기차를 타고 동해의 바다 경관을 즐기며, 백두대간을 가로질러 분천산타마을까지 가족, 친구, 연인과 함께 떠나는 여행

2. 객실정보

1호차	2호차	3호차	4호차
일반식 56석	카페실 31석	가족실 56석	일반식 56석

※ 단, 2호차의 31석 중 8~11A/8~11B/4~11C는 미판매 좌석임

※ 3호차에서 1~2C/1~2D(커플석)를 제외한 전 좌석은 가족석으로 4좌석이 2좌석씩 마주보고 있음

3. 열차 운행역 및 시간표

2502 열차(강릉 → 분천)			2503 열차(분천 → 강릉)		
역명	도착	출발	역명	도착	출발
강릉		10:14	분천		15:42
정동진	10:29	10:41	양원	15:50	15:51
묵호	11:01	11:02	승부	15:56	15:57
동해	11:09	11:12	석포	16:06	16:08
신기	11:34	11:35	철암	16:20	16:22
도계	11:56	11:57	동백산	16:32	16:33
동백산	12:12	12:13	도계	16:50	16:51
철암	12:23	12:24	신기	17:08	17:10
석포	12:37	12:39	동해	17:36	17:38
승부	12:49	12:54	묵호	17:45	17:46
양원	13:00	13:01	정동진	18:05	18:06
분천	13:10		강릉	18:20	

※ 강릉, 정동진, 묵호, 동해역에서는 KTX이음 열차로 환승 가능함

4. 운임 요금

승객유형	좌석정보	운임요금
어른	일반석	12,500원
어린이(6~12세)	일반석	6,300원
경로(65세 이상)	일반석	8,700원

※ 위 운임은 편도 1명 기준이며, 추가할인이 적용될 경우 결제금액이 변경될 수 있음

※ 가족석 운임의 경우 1SET(4석) 기준임(예약 시 KTX가족석의 경우 각 인원 운임요금 합의 15% 할인된 금액으로 표시됨)

※ 6세 미만의 유아는 어른 1명당 유아 1명까지 별도의 좌석 지정 없이 보호자가 동반하여 승차할 수 있음(단, 좌석을 지정하거나 어른 1명당 유아 1명을 초과하여 이용하는 경우, 유아 승차권을 별도로 구매해야 함)

21 **주어진 자료를 이해한 내용으로 옳은 것을 고르면?**

① 동해 산타열차는 하루에 총 4번 운행된다.

② 2호차에 예매 가능한 좌석은 16석이다.

③ 2502 열차에서 정차 시간이 가장 긴 역은 동백산역이다.

④ 분천에서 출발한 경우 KTX이음 열차로 환승할 수 있는 가장 빠른 역은 동해역이다.

⑤ 3호차 1C, 2C, 1D, 2D를 예약한 4인 가족은 2명씩 마주보고 앉게 된다.

22 **다음 사례에서 A씨 가족이 왕복 승차권 구매 시 할인받을 수 있는 금액을 고르면?(단, A씨 가족은 추가할인 대상에 해당하지 않으며, 주어진 조건 외의 사항은 고려하지 않는다.)**

> 40대 A씨 부부는 70대인 어머니와 각각 8세, 3세인 두 자녀와 함께 가족 여행으로 동해 바다를 보러 갈 계획이다. 여행 계획을 짜던 A씨는 기차를 타고 바다를 볼 수 있는 동해 산타열차 상품을 발견하여 1SET 가족석의 왕복 승차권을 예매하고자 한다.

① 6,000원　② 7,500원　③ 12,000원

④ 15,000원　⑤ 34,000원

[23~24] 다음은 대중교통 환승할인 제도에 대한 자료이다. 이를 바탕으로 질문에 답하시오.

[대중교통 환승할인 제도]

◆ 환승할인 개요

- 전철에서 버스나 마을버스로 환승하는 등 대중교통 환승 시 이동한 전 구간을 통합하여 계산하는 통합거리비례제로 운임이 책정(환승 시에 따로 운임을 부과하지 않고 거리에 따라 추가운임만 발생)
- 10km 이내 기본운임, 이후 5km까지 마다 추가운임(서울광역버스 경우 30km까지 기본운임)
  ※ 이용수단, 환승횟수(환승횟수 최대 4회, 5회 탑승)에 상관없이 기본거리(10km) 이내 통행 시 기본운임만 부과(무료환승)
  ※ 갈아 탄 대중교통 통합거리가 기본거리 이상일 경우 5km마다 100원씩 추가운임 부과(단, 통합거리 50km 초과 환승통행은 50km 이후부터 8km마다 100원씩 추가)
  ※ 통합운임이 각 교통수단별 운임의 합보다 많은 경우에는 각 교통수단별 운임의 합계액으로 함

◆ 적용대상

- 전철/지하철: 한국철도공사, 서울교통공사, 인천교통공사, 서울시메트로 9호선, 공항철도(청라국제도시~인천공항2터미널), 신분당선의 전철, 지하철 전 노선
- 서울버스: 광역, 간선, 지선, 순환, 마을버스
- 경기/인천버스: 좌석, 직행 좌석버스와 일반형 시내버스 및 마을버스(경기도 지역을 운행하는 시외버스는 적용대상이 아님)

◆ 주의사항

- 승차 및 하차 시 교통카드 단말기에 교통카드를 접촉하여야 함
  ※ 하차 시 단말기에 교통카드를 접촉하지 않으면 무료 환승혜택 상실(수단별 각각의 독립운임 부과)
- 선 교통수단 하차 후 30분 이내에 후 교통수단에 탑승할 경우 통합요금제 적용(30분 이후에 탑승 시 독립 통행으로 간주하여 별도 요금 부과)
  ※ 단, 21시~익일 07시까지는 새벽 또는 야간 시간임을 감안하여 환승 인정 시간을 60분으로 함

23 **다음 중 환승할인 제도가 적용되지 않는 경우를 [보기]에서 모두 고르면?**

보기

㉠ 신분당선 전철을 타고 서울에서 경기도 용인으로 이동하여 그 지역의 시외버스를 탄 경우
㉡ 서울광역버스에서 다른 서울광역버스로 1회 환승하여 32km를 이동한 경우
㉢ 지하철에서 서울 지선버스로 환승한 후 하차 시 깜빡하고 단말기에 교통카드를 접촉하지 않은 경우
㉣ 23시 50분에 9호선 지하철에서 하차하여 익일 12시 30분에 서울시의 마을버스에 탑승한 경우

① ㉠, ㉢　② ㉡, ㉢　③ ㉡, ㉣
④ ㉠, ㉡, ㉢　⑤ ㉠, ㉢, ㉣

24 **다음 [사례]에서 김 사원에게 부과되는 총 운임을 고르면?(단, 지하철 기본요금은 성인 일반 기준 1,400원이다.)**

사례

20대 직장인인 김 사원은 협력사에 전달할 물건이 있어 15시에 지하철 2호선 A역에서 B역까지 15km 이동 후 바로 3호선으로 환승하여 다시 35km를 이동하여 16시 30분에 C역에 도착하였다. 협력사에 물건을 전달한 후 김 사원은 16시 50분에 C역에서 다시 6호선 지하철을 타고 32km를 이동한 후 D역에 하차하여 귀가하였다.

① 1,200원　② 1,800원　③ 2,200원
④ 2,600원　⑤ 3,000원

[25~27] 다음은 KTX특송에 대한 자료이다. 이를 바탕으로 질문에 답하시오.

1. KTX특송이란?

KTX를 이용하여 같은 노선에 위치한 기차역으로 소화물, 서류 등을 신속히 배송하는 초고속 배송서비스

※ 현장에서 각 기차의 출발 시간을 기준으로 30분 이전까지 접수 가능

2. 기본 운임(금액: 원, VAT 포함)

① 경부선

서울, 광명	7,600	7,600	8,600	8,600
	천안아산, 오송, 대전	7,600	7,600	7,600
		동대구, 경주	7,600	7,600
			포항	부산

② 호남·전라선

서울, 용산, 광명	7,600	7,600	8,600	8,600
	천안아산, 오송	7,600	7,600	8,600
		익산	7,600	7,600
			광주송정, 목포	여수엑스포

※ 천안아산, 오송은 주말 및 공휴일에는 운영하지 않음

※ 주말 및 공휴일은 오전 9시~오후 6시까지만 특송 운영함

3. 크기 및 무게에 따른 할증요금 및 추가 보관요금

최장변 길이	세 변의 합 (가로+세로+높이)	무게(개당)	할증 비율	보관요금(원)
40cm 이하	100cm 이하	10kg 이하	기본요금	3,000
60cm 이하	120cm 이하	15kg 이하	50%	3,000
80cm 이하	140cm 이하	20kg 이하	100%	5,000
100cm 이하	160cm 이하	25kg 이하	150%	5,000
120cm 이하	180cm 이하	25kg 이하	200%	8,000
140cm 이하	200cm 이하	30kg 이하	250%	8,000
160cm 이하	220cm 이하	30kg 이하	300%	8,000
180cm 이하	220cm 이하	30kg 이하	350%	8,000

※ 상기 규격을 벗어나는 물품은 접수 불가능함

※ 최장변 길이, 세 변의 합, 무게 중 가장 높은 할증 비율에 해당되는 것을 기준으로 운임을 산정함

※ 서비스 이용 당일 보관료 무료

※ 서비스 이용 당일 외 영업일 1일당 추가 요금 발생

4. 대량 접수 할인

전체 금액 기준, 10개 이상 10% 할인, 20개 이상 20% 할인

25 주어진 자료를 보고 대화한 내용으로 옳지 않은 것을 고르면?

① 이균: 1개당 무게가 30kg이 넘는 물건은 보낼 수 없어.
② 성재: 세 변의 합이 220cm인 물품의 보관요금은 무게와 상관없이 8,000원이네.
③ 남노: 14시 20분에 출발하는 KTX의 특송 서비스는 14시까지는 접수해야 해.
④ 종원: 가로 40cm, 세로 70cm, 높이 65cm, 24kg인 물품은 규격 기준을 충족해.
⑤ 현석: 오송역에서 여수엑스포역까지 서비스를 이용할 경우 기본 운임은 8,600원이야.

26 A씨가 KTX특송 서비스를 이용하기 위해 상담한 내용이 다음과 같을 때, ㉠~㉤ 중 옳은 것만을 모두 고르면?

[서비스 이용 상담 내용]

A씨: 안녕하세요. KTX특송 서비스를 이용하려고 하는데, 동대구에서 부산까지 물품을 보낼 경우 요금은 얼마인가요?
상담원: 네, 고객님. ㉠ 동대구역에서 부산까지 서비스를 이용하실 경우 기본 운임은 7,600원입니다. ㉡ 다만, 보내시고자 하는 물품의 규격에 따라 할증요금이 부과되거나 접수가 불가능하실 수 있습니다.
A씨: 그렇군요. 제가 보낼 물건의 규격은 가로 56cm, 세로 92cm, 높이 35cm, 무게는 7.5kg입니다.
상담원: ㉢ 말씀하신 물품의 경우 규격 기준에 부합하여 접수하실 수 있으며, 해당 제품의 할증 비율은 150%입니다. 혹시 물품의 보관도 필요하십니까?
A씨: 네, 오늘 물품을 보내면 내일 물건을 찾아갈 수 있을 것 같은데, 보관요금은 어떻게 될까요?
상담원: 네, ㉣ 화요일인 오늘 물품을 보내시고 내일 회수하실 경우 1일에 대한 8,000원의 보관요금이 부과됩니다. ㉤ 따라서 해당 물품에 대한 서비스 이용 요금은 총 27,000원입니다.

① ㉠, ㉡, ㉣
② ㉠, ㉡, ㉤
③ ㉡, ㉢, ㉣
④ ㉡, ㉣, ㉤
⑤ ㉢, ㉣, ㉤

27 다음과 같이 KTX특송 서비스를 이용하고자 할 때, 총 이용 금액을 고르면?

출발 – 도착	최장변 길이	세 변의 합	무게	수량	보관여부
서울 – 부산	56cm	135cm	6kg	20개	×

① 137,600원
② 154,800원
③ 275,200원
④ 309,600원
⑤ 481,600원

[28~30] 다음은 광명역 회의실 이용안내에 대한 자료이다. 이를 바탕으로 질문에 답하시오.

[광명역 회의실 이용안내]

■ 사용료(VAT 포함)

회의실명	사용가능 최대인원	면적(m^2)	기본임대료(원)		추가임대료(원)	
			기본시간	임대료	추가시간	임대료
대회의실	132명	243	2시간	220,000	1시간당	110,000
KTX실	64명	158	2시간	190,000	1시간당	95,000
KTX산천실	16명	56	2시간	100,000	1시간당	50,000
소회의실	14명	54	2시간	90,000	1시간당	45,000

※ 사용가능 시간: 매일 09:00~21:00

※ 기본임대 시간은 2시간이며, 1시간 단위로 연장할 수 있습니다.

■ 부대장비 대여료(VAT 포함)

장비명	사용료(원)		
	2시간 이내	2시간 초과~4시간 이내	4시간 초과
빔프로젝트	30,000	50,000	70,000
노트북	10,000	20,000	30,000

※ 각 장비는 회의실당 최대 1대씩 대여 가능합니다.

■ 주의사항

- 회의실 이용일 7일 전까지(7일 이내에 예약 시에는 당일 중) 결제해야 합니다.
- 결제 완료 후 예약을 취소하시는 경우 다음과 같이 취소 수수료가 발생합니다.
  - 이용일 기준 7일 이전: 전액 환불
  - 이용일 기준 6~3일 이전: 납부 금액의 10%
  - 이용일 기준 2~1일 이전: 납부 금액의 50%
  - 이용일 당일: 환불 없음
- 회의실 변경은 사용일 1일 전까지만 가능합니다. 단, 당일은 취소 수수료 기준이 적용됩니다(담당자 전화신청 필수).
- 회의실에는 음식물을 반입하실 수 없습니다.
- 회의실은 예약한 이용시간 30분 전부터 입실 가능합니다.
- 결제 수단 변경은 해당 회의실 이용시간 전까지 가능합니다.
- 주차는 해당역 유료 주차장을 이용하시기 바랍니다.

28 **다음 중 주어진 자료를 바르게 이해한 사람을 [보기]에서 모두 고르면?**

보기

- A: KTX산천실을 3시간 30분 동안 이용하고자 하는 경우 부대장비 대여료를 제외한 임대료는 175,000원이겠구나.
- B: 내일 대회의실을 15시부터 이용 예약했으니 14시 30분에는 입실해서 회의 준비를 해야겠어.
- C: 회의실을 오전 9시부터 오후 3시까지 이용할 때, 빔프로젝트와 노트북을 대여하면 부대장비 대여료는 100,000원이야.
- D: 오늘 오후에 이용할 예정이었던 회의실의 행사 일정이 변경됐네. 취소수수료도 발생하지 않으니까 회의실 예약 일정을 변경해야겠어.

① A, B　② A, D　③ B, C
④ B, D　⑤ C, D

29 **윤 사원은 박 팀장의 요청에 따라 협력사와의 회의를 위해 광명역의 회의실을 예약하고자 한다. 회의 일자에 대한 회의실 예약 현황과 박 팀장의 요청 사항이 다음과 같을 때, 윤 사원이 예약할 회의실과 그 이용 금액이 바르게 나열된 것을 고르면?**

[회의 일자의 회의실 예약 현황]

회의실명	9시	10시	11시	12시	13시	14시	15시	16시	17시	18시	19시	20시	21시
대회의실	■■	■■	□□	□□	□□	□□	□□	□□	■■	■■	□□	□□	■■
KTX실	■■	■■	■■	□□	□□	□□	□□	□□	□□	□□	□□	■■	■■
KTX산천실	■■	■■	□□	■■	■■	■■	□□	□□	□□	□□	□□	□□	■■
소회의실	□□	□□	□□	□□	□□	□□	■■	■■	■■	□□	□□	□□	■■

■ 예약 불가 □ 예약 가능

[박 팀장의 요청 사항]

윤 사원, 차주 화요일에 있을 협력사 회의를 위한 회의실 예약 바랍니다. 회의 인원은 우리 팀원 포함 총 16명이며, 대략 2시간 내외로 소요될 예정이니 넉넉히 3시간으로 예약 잡아주세요. 프레젠테이션 발표가 있을 예정이니 빔프로젝트와 노트북 1대도 함께 대여바랍니다. 아, 회의 시간대는 오전과 오후 모두 상관은 없으나 점심시간인 12~13시까지는 포함되지 않고, 적어도 19시에는 끝나는 게 좋겠네요. 여러 회의실이 이 조건들을 만족한다면 예산을 줄이는 방향으로 선택해 주세요.

① 대회의실, 400,000원　② KTX실, 285,000원
③ KTX실, 355,000원　④ KTX산천실, 150,000원
⑤ KTX산천실, 220,000원

30 다음은 나리의 광명역 회의실 예약 내역이다. 행사 일정이 취소되어 2024년 12월 19일 목요일에 예약을 취소하고자 할 경우 발생할 취소 수수료를 고르면?

[회의실 예약 내역]

- 회의실 이용 일자: 2024년 12월 23일(월)
- 예약 회의실 및 사용시간: 대회의실 10:00~16:00(장비 미포함)
- 회의실 예약 일자: 2024년 12월 11일(수)
- 예약 상태: 결제 완료

① 0원 ② 22,000원 ③ 33,000원
④ 44,000원 ⑤ 66,000원

KORAIL
코레일
100% 새 문항
봉투모의고사

NCS 실전모의고사 2회

영역		문항 수	권장 풀이 시간
직업기초능력평가	의사소통능력	30문항	30분
	수리능력		
	문제해결능력		

※ 필기시험은 시험 과목 간 세부 시간의 구분 없이 70문항을 70분 내에 풀이하여야 하므로, 권장 풀이 시간 내에 문제 푸는 연습을 해보세요.

현재 나의 실력을 객관적으로 파악해 보자!

모바일 OMR

답안채점 / 성적분석 서비스

도서에 수록된 모의고사에 대한 객관적인 결과(정답률, 순위)를 종합적으로 분석하여 제공합니다.

성적분석

채점결과

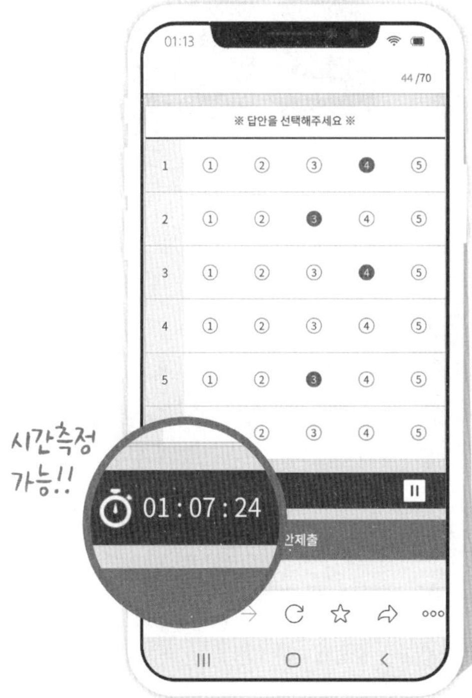

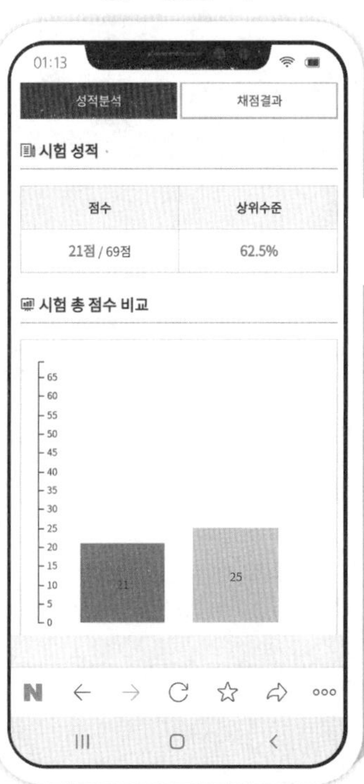

※OMR 답안채점 / 성적분석 서비스는 등록 후 30일간 사용 가능합니다.

모바일 OMR
바로가기

NCS 실전모의고사 2회

정답과 해설 P.16

01 다음 글을 읽고 우울증과 현저성 네트워크의 관계를 추론한 것으로 적절하지 않은 것을 고르면?

> 뇌에는 대략 860억 개가 넘는 신경세포가 존재한다고 알려져 있다. 신경계를 구성하는 최소단위인 뉴런 내에서 전기적 신호가 전달되면 뉴런과 뉴런 사이의 시냅스에서 신경전달물질을 통한 정보 전달이 이루어지게 되는데, 신경세포가 활성화되면서 뇌 혈류량과 산소 소모량 등의 변화가 일어난다. 이러한 변화와 뇌의 활성화 영역은 기능성자기공명영상장치를 통해 측정할 수 있다. 2000년대 중반부터 활발히 연구되기 시작한 뇌의 기능 연구를 통해 '뇌의 연결성 및 네트워크(human brain network)'가 큰 주목을 받기 시작했다.
>
> 뇌에는 다양한 네트워크가 형성되어 있다. 뇌가 쉬고 있을 때에도 활성화되는 '디폴트 모드 네트워크(DMN: Default Mode Network)', 우리 몸을 관장하는 중앙 집행 기관인 '전두정엽 네트워크(Frontoparietal network)', 전두엽과 뇌섬엽(insula)을 포함하는 복잡한 신경 회로 '현저성 네트워크(Salience network)'등이 뇌 네트워크 모델로 알려져 있다.
>
> 이 중 현저성 네트워크는 복잡한 신경 회로로 환경의 중요한 자극 감지, 주의력 자원의 할당, 감정적 반응의 조절, 의사결정 과정 등을 담당한다. 현저성 네트워크의 기능은 여러 신경전달물질 시스템과 밀접하게 연관되어 있는데, 주로 보상과 동기부여를 담당하는 도파민, 기분 및 감정 상태를 조절하는 세로토닌, 주의력과 각성 상태를 조절하는 노르에피네프린 등과 관련되어 있다. 따라서 우울증 환자에게 발생하는 이러한 신경전달물질 시스템의 불균형이 현저성 네트워크의 확장과 관련 있을 것으로 추정된다. 현저성 네트워크의 확장은 우울증 환자의 뇌가 주변 환경의 부정적인 측면에 더 많은 주의를 기울이도록 만들 수 있다고 알려져 있다.
>
> 뇌 네트워크의 재구성은 신경가소성이라는 뇌의 기본적인 특성을 반영한다. 우울증 상태의 뇌는 시냅스 연결의 재구성, 신경 회로의 기능적 재배치, 뇌 영역 간 통신 패턴의 변화, 에너지 할당의 변화 등이 발생한다. 현저성 네트워크의 확장은 뇌의 에너지 사용 패턴도 변화시키는데, 이를 통해 우울증 환자들이 경험하는 피로감과 에너지 저하를 설명할 수 있다. 나아가 연구진은 현저성 네트워크의 변화가 우울증 발병 전에도 감지될 수 있다는 것을 발견했다.

① 우울증이 뇌의 내부 통신 체계를 변화시킨다는 것은 우울증에 대한 우리의 이해를 근본적으로 바꿀 수 있다.
② 우울증 발병 전에 현저성 네트워크가 변화한다는 이론이 증명되면 우울증에 대한 새로운 치료 접근법과 예방법을 발견할 수 있다.
③ 우울증과 현저성 네트워크의 확장이 관계가 있다면 현저성 네트워크 활동을 약물 등을 통해 조절하기보다 자연스럽게 두어야 한다.
④ 우울증 환자의 현저성 네트워크의 확장은 우울증 환자들이 흔히 경험하는 부정적 편향을 신경학적으로 설명하는 증거가 되기도 한다.
⑤ 우울증 발병 전에 현저성 네트워크의 변화를 감지했다는 것은 현저성 네트워크의 확장은 단순한 병리적 현상이 아닐 수 있다는 것이다.

02 다음 글의 표제와 부제로 가장 적절한 것을 고르면?

옥스퍼드대학교 생물학과 연구진은 다양한 동물 종들을 대상으로 사회적 행동이 생애 주기에 미치는 영향을 분석한 결과를 영국 왕립학회 생물학저널에 발표했다. 연구진은 해파리에서 인간에 이르는 동물계 전반을 대상으로 사회성과 수명의 상관관계를 다룬 첫 연구라고 밝히며, 사회적 동물의 '사회성'에는 비용이 수반되지만 전반적으로 이익이 더 크다고 주장했다.

'사회적 동물'은 다른 개체들과 자원을 공유하고 상호작용과 협력하는 특징을 갖는다. 주로 생물학, 동물행동학, 심리학 분야에서 사용하는 개념인데, 진화론적 관점을 견지하는 연구자들은 이러한 특징이 동물의 생존과 번식에 유리하게 발전해 왔다고 주장한다. 동물의 사회성이 생애주기에 미치는 영향과 사회적 유대의 중요성을 다룬 옥스퍼드대학교 연구진의 이번 연구는 기존의 주장을 뒷받침할 것으로 보인다.

살게로 고메스(Rob Salguero-Gómez) 교수와 연구팀은 조류, 포유류, 곤충, 산호를 포함해 152종 동물에 대한 방대한 COMADRE 동물 매트릭스 데이터베이스를 분석했다. 지금까지 동물의 사회적 행동과 생물학적 특성 사이의 상관관계가 조류나 일부 포유류 집단에 초점을 맞춰 왔던 것과는 달리 다양한 종의 긴 생애와 긴 생식 주기의 원인에 대한 심도 있는 비교·분석을 다뤘다는 데에 의의가 있다. 특히 사회성에 대한 이분법적 접근, 즉 사회성 있음과 없음으로 분류하는 이전 연구와는 달리 이번 연구는 사회성이 동물 종 전체에 걸쳐 스펙트럼으로 존재한다는 것을 밝혔다. 연구진은 대상 동물 종의 데이터를 기반으로 사회적 상호작용 빈도와 강도, 연속성에 따라 그룹을 나누고, 생애 주기 변수를 평가했다. 분류한 사회성 단계는 단독형(solitary), 군거형(gregarious), 공동체형(communal), 군집형(colonial), 사회형(social)이다.

단독형의 대표적 동물은 호랑이와 치타로, 번식기 외에는 줄곧 홀로 생활하며 개체와의 상호작용 빈도가 가장 적은 유형이다. 군거형은 얼룩말처럼 무리 지어 사는, 집단생활은 하지만 사회적 상호작용은 느슨한 유형이다. 공동체형은 개체가 가까운 거리에 함께 살고 종종 거주 지역을 공유하는 유형으로 보라색 제비가 이에 속한다. 공동체형은 산호 폴립이나 일부 말벌처럼 개체가 항상 공통의 둥지 및 거주 지역을 공유하는 유형이다. 끝으로 사회형은 개체가 서로 가까이 살며 안정적이고 조직적인 집단을 형성하며 계층적 구조와 같은 사회적 행동을 하는 유형으로 대부분의 영장류가 이에 속한다.

분석 결과에 따르면 사회형이 단독형보다 더 오래 살고, 노화가 느리며 번식 성공률도 더 높은 것으로 나타났다. 연구진은 이 결과가 사회형 동물이 급변하는 환경에 가장 잘 적응할 수 있다는 의미는 아니지만, 이들이 집단생활을 하기 때문에 회복력이 더 강한 것은 분명하다고 설명했다.

한편, 연구진은 동물이 무리를 이루거나 집단을 구성하여 상호작용하는 '사회성'에는 몇 가지 명백한 비용이 수반되지만 전체적으로는 이익이 더 크다고 덧붙였다. 대표적 사례로 사회적 동물은 생존 능력이 감소한 개체를 포식자로부터 보호하는 데 도움을 주며 수명을 늘릴 수 있다. 하지만 이들은 사회적 계층과 갈등, 질병 확산, 공격성 등으로 인한 스트레스로 인해 반대 효과에 노출될 가능성이 있다는 것이다. 살게로 고메스 교수는 "코로나 팬데믹 시대에 고도의 사회적 종인 인간에게 '고립'이 강요되면서 사회성이 인간에게 얼마나 큰 영향을 미치는지 확인했다."고 말했다. 또한, "이처럼 사회성은 많은 동물의 근본적인 특징이지만, 이것에 대한 비용과 이점에 대한 교차분류학적 증거가 부족하다."면서, "이 연구를 통해 사회성이 이분법이 아니라 연속성의 개념으로 이해되는 근거가 되었다."고 덧붙였다.

① 사회적 동물은 이분법적으로 나눌 수 없어
  – 사회성은 연속성의 개념으로 이해해야
② 사회적 동물이 급변하는 환경에 가장 잘 적응해
  – 사회성이 집단생활을 통해 더 큰 회복력을 가져
③ 사회적 동물이 그렇지 않은 동물보다 더 많은 비용을 수반해
  – 사회성을 생태계에서 유지하기 위해 많은 희생이 필요해
④ 사회적 동물이 독립형 동물보다 더 많은 스트레스를 받아
  – 사회성이 코로나 팬데믹 시대에 스트레스를 준 주범
⑤ 사회성이 높은 동물일수록 수명이 길고 번식 성공률도 높아
  – 사회성이 생애 주기와 관련 깊어

03 다음 글의 논지를 강화하는 내용으로 적절하지 않은 것을 고르면?

일론 머스크는 1995년 스탠퍼드대 물리학 박사과정에 합격했다. 그런데 이틀 만에 자퇴했다. 당시 실리콘밸리에 불던 인터넷 붐에서 더 많은 기회를 찾을 수 있다고 봤기 때문이다. 스포티파이를 세운 다니엘 엑은 2002년 스웨덴 왕립 공대에 입학했지만 8주 만에 그만뒀다. 일론 머스크와 비슷한 이유였다. 스티브 잡스, 마크 저커버그, 스티브 워즈니악, 잭 도시, 빌 게이츠, 트래비스 칼라닉 등도 비슷한 배경을 갖고 있다. 속된 말로 가방 끈의 길이와 비즈니스의 성공 여부는 큰 상관이 없는 것 아닐까?

채용 공고에서 4년제 대학 졸업 요건을 없애는 미국 기업들이 늘고 있다. 학력이 여전히 중요한 채용 요건이긴 하지만, 지원자가 가진 기술을 중심으로 채용하는 방식이 점차 증가하고 있다. 이는 하버드 비즈니스 스쿨과 버닝글래스 인스티튜트 연구진이 2017년부터 2021년 3월까지 공개된 5천 1백만 건의 채용 공고를 분석한 결과다.

학력 요건이 명시된 채용 공고의 전체 비중은 2017년 51%에서 2021년 44%로 줄었다. 직무별로 살펴보면 2021년 현재, Computer Support Specialist 24%, Software QA Engineer 54%, Network Administrator 52%가 학력 요건을 명시했다. Software Developer의 경우는 채용 공고의 60%가 학력 요건을 규정하고 있었다. 주요 빅 테크 기업만 살펴보면 오라클은 Software Developer 99%, Software QA Engineer 100%, Network Administrator 100% 수준으로 학력을 철저히 제한했다.

반면 IBM은 Software Developer 31%, Software QA Engineer 29%, Network Administrator 34% 수준으로 채용 문턱을 많이 낮췄다. 엑센추어도 학력 요건이 있는 채용 공고 비중이 전체 평균보다 낮았고, 마이크로소프트의 Network Administrator 공고는 10건 중 약 2건만 학력 요건이 있었다. Computer Support Specialist 직군의 경우 문턱이 더 낮아 아마존 11%, 엑센추어 9%, HP 6% 수준이었다. 이들 채용 공고 10건 중 약 9건은 해당 회사에 학력 제한 없이 지원할 수 있었던 셈이다.

이러한 현상은 코로나 사태를 거치며 비대면 업무가 일반화되면서, 코딩 등 실무 능력이 중요한 테크 기업 중심으로 학력보다 실력을 기준으로 구직자를 선발하는 비중이 늘어나면서 나타난 것으로 보인다. 기업뿐 아니라 백악관이나 미국 정부 기관들도 IT 직군 채용에서 학력을 보지 않는 사례가 증가하고 있다고 리포트는 전하고 있다.

① 기업들의 학력 제한 철폐는 주로 중급 기술로 분류되는 직군에서 많이 나타나고 있으며 고급 기술 직군은 상대적으로 적은 추세다.

② 채용 과정에서 학력 철폐 사례가 늘어나는 원인 중 하나는 대학이 제공하는 교육과 기업에서 필요로 하는 능력의 불균형이 심해지기 때문이다.

③ 이제까지 업무 필요성이 낮아도, 학사 이상의 학위를 요구하는 학위 인플레이션 현상이 지속적으로 강화되었으나 최근 IT 분야를 비롯하여 구인난이 심화되면서 변화의 기로에 서 있다.

④ 학위 요건 제외 시, 인재 풀(Pool)이 확대될 뿐만 아니라 불필요하게 높은 학위를 가진 인재 채용에 따른 인건비 부담 및 입사 후의 업무 부적응으로 인한 조기 퇴사율을 낮추는 효과가 있다.

⑤ 스펙 중심의 채용은 대규모 인력 채용에는 효율적이나, 소규모 수시 채용에는 부적합하며, 직무별 업무 수행 요건을 파악하고 이를 제대로 검증할 수 있는 선발 도구·방식 마련이 필요하다.

04 다음 빈칸에 들어갈 내용으로 가장 적절한 것을 고르면?

'우연성 음악(Aleatoric)'이란 주사위를 뜻하는 라틴어 '알레아(Alea)'에서 유래된 용어로, 서양음악의 전통적 통념에서 벗어나 작곡이나 연주 과정에 우연성을 도입함으로써 불확정성을 추구하는 음악을 일컫는다. 우연성 음악은 현대음악이 지나치게 추상화되거나 정밀하게 구성된 음만을 추구한다는 비판에서 출발하였는데, 대표적인 음악가로 케이지와 슈톡하우젠이 있다.

케이지는 인간의 의도가 배제된 무작위(無作爲)의 상태가 가장 자연스러운 상태라고 주장하는 동양의 주역 사상을 접한 후, 작곡에 있어 인위적인 요소들을 제거하면 소리가 자연스럽게 구성될 수 있다고 생각하였다. 그래서 케이지는 작품을 창작하는 과정에 우연의 요소를 도입하여, 음의 높이나 강약 또는 악기나 음악 형식을 작곡가의 의도에 따라 결정하지 않고 동전이나 주사위를 던져 결정하는 방법을 사용하였다.

우연적 방법을 사용한 케이지의 대표적 작품으로는 1951년 작곡된 〈피아노를 위한 변화의 음악〉이 있다. 케이지는 이 곡을 작곡할 때 작품 전체의 형식 구조만을 정해 놓고 세 개의 동전을 던져 음의 고저와 장단, 음가 등을 결정하였다. 다시 말해 서곡의 전체 구조는 합리적 사고에 의해, 세부적인 요소는 비합리적인 우연성에 의해 선택된 것이다.

케이지의 영향을 받은 슈톡하우젠은 음악의 우연성이 통계적 사고를 하는 과정에서 발생한다고 보고, 음악적 요소들의 관계에서 가변성이 형성될 때 다양한 음악적 표현이 가능하다고 생각했다. 기존의 음악처럼 고정된 악보를 제시하여 정해진 연주 방법과 진행 순서로 연주하는 것이 아니라, 단편적인 여러 악구만 제시하고 연주자가 이를 임의로 조합하는 우연성에 의해 연주해도 얼마든지 음악적 표현이 가능하다고 본 것이다.

슈톡하우젠의 〈피아노 소품 XI〉은 19개의 단편적인 악구로만 구성된, 단 한 페이지의 악보로 된 작품이다. 각 악구의 끝에는 박자, 빠르기, 음의 세기 등과 같은 지시어가 적혀 있는데, 연주자는 악구 중 하나를 선택하여 자신이 생각한 박자, 빠르기, 음의 세기로 연주를 시작하고, 해당 악구의 연주가 끝나면 임의로 선택한 다른 악구로 이동한다. 이때 각 악구의 뒷부분에 다음 악구를 연주하는 방식이 지시되어 있기 때문에, 그다음 악구는 바로 직전 악구의 지시어대로 연주해야 한다. 그리고 동일한 악구를 두 번째로 다시 연주할 때에는 해당 악구 앞부분의 괄호 안에 적힌 옥타브 변경 지시에 따라 연주한다. 이러한 과정을 반복하다 어느 한 악구를 세 번째로 연주하게 되면 끝난다. 따라서 이 작품은 처음에 선택한 악구를 연달아 세 번 연주하고 끝내는 짧은 연주 방법부터, 모든 악구를 두 번씩 반복한 후 마지막에 임의의 한 악구를 선택하여 끝내는 방법까지 다양한 방식으로 연주할 수 있다.

이러한 우연성 음악은 (　　　　　　　　　　　　　　　　　　　　)는 것을 보여 주었다. 때문에 음악을 바라보는 고정관념에서 벗어나 음악의 지평을 넓혔다는 평가를 받고 있다.

① 하나의 작품이 작곡되고 연주되는 과정이 고정되어 작곡가의 창작 과정을 연주자가 완벽하게 반영해야 한다

② 하나의 작품이 작곡되고 연주되는 과정이 고정되었으나 작곡가의 창작 과정보다는 연주자의 개성이 반영된다

③ 하나의 작품이 작곡되고 연주되는 과정이 고정된 것이 아니라, 연주자의 연주를 작곡가가 최대한 존중하여 창작 활동을 해야 한다

④ 하나의 작품이 작곡되고 연주되는 과정이 고정된 것이 아니라, 작곡가의 창작 과정과 이를 실현하는 연주자에 의해 다양하게 나타날 수 있다

⑤ 하나의 작품이 작곡되고 연주되는 과정이 고정된 것이 아니라, 듣는 사람이 어떤 태도에 따라 듣는지에 따라 다양하게 나타날 수 있다

05 다음 글의 내용과 일치하지 않는 것을 고르면?

정약용 유학 사상의 핵심은 주체의 자유의지를 도입했다는 것이다. 하지만 그가 측은지심(惻隱之心)처럼 인간이 선천적으로 지니고 있는 도덕 감정을 부정한 것은 아니다. 다만 주체의 자율적 의지나 결단을 통해서만 도덕 감정도 의미를 지닐 수 있다는 점을 지적한 것이다.

선천적인 도덕 감정을 긍정한다는 점에서 정약용은 주희의 논의를 수용한다고 볼 수 있지만, 그것 자체를 선이라고 보지 않는다는 점에서 그는 주희로부터 벗어나 있다. 어린아이가 우물에 빠지려고 할 때 인간에게는 항상 측은지심이라는 동정심이 생기는데, 주희는 이 측은지심이 인간 본성의 실현이라고 강조한다. 따라서 그에게는 측은지심이 마지막 결과이고 인간 본성이 원인이 되는 셈이다. 이와 달리 정약용은 측은지심을 결과라고 생각하지 않는다. 오히려 인간의 윤리적 행위의 처음 원인이라고 생각한다. 그가 주희로부터 근본적으로 달라지는 부분이 바로 이 지점이다.

정약용은 인간의 마음을 세 가지 차원에서 볼 수 있다고 주장한다. 본성, 권형, 행사가 그것이다. 우선 본성은 인간만이 가진 도덕 감정으로 천명지성(天命之性), 즉 '선을 즐거워하고 악을 부끄러워하는' 윤리적 경향을 말한다. 권형은 마치 소용돌이치는 물과 같이 선과 악이 섞여 있는 갈등상태에서, 주체적 선택과 결단을 할 수 있는 자유의지를 말한다. 행사는 주체가 직접 몸을 움직여서 자신의 선택을 행하는 것이다. 즉, 선을 좋아하는 경향에 따른 실천을 말한다. 그러나 인간은 육체의 제약을 가지고 살아가는 유한한 존재이고 욕망에 흔들리기 쉽기 때문에, 본성이 아무리 선을 좋아하더라도, 실제로 선을 행하는 것이 그리 쉽지 않다.

가령 우물에 빠진 아이를 구하기 위해 내가 죽을 수도 있는 상황에서 아이를 구하려는 의지를 포기하지 않을 수 있을까? 과연 내가 죽는다면 선과 악이 무슨 의미가 있느냐고 하면서, 아이를 구하는 것을 포기할 수도 있지 않을까? 정약용은 이런 상황에서도 아이를 구하고자 하는 마음을 도덕 감정으로서의 본성이 그대로 기능하는 '도심(道心)'이라 부르고, 그렇지 않은 마음을 자신의 육체적 안위를 우선시하는 '인심(人心)'이라 부른다. 이와 같은 도심과 인심 중에서 주체는 확고하게 도심을 따라야 한다고 그는 강조한다.

정약용은 측은지심과 같은 도덕 감정 자체를 문제 삼지는 않았다. 다만 그 감정은 윤리적으로 선을 행할 수 있도록 한다는 데 의미가 있으며, 그 도덕 감정이 실천에까지 이어져야 한다는 것을 강조한 것이다. 그러므로 유학 전통에서 정약용이 차지하고 있는 위상은 주체의 실천과 관련된 자유의지를 강조했다는 데에서 찾을 수 있다. 그는 이를 통해 주희가 강조한 내면적 수양을 넘어, 유학을 실천적 책임의 윤리학으로 바꿀 수 있었던 것이다.

① 정약용은 도덕 감정이 의미를 지니기 위해서라면 주체의 자율적 의지가 필요하다고 했다.

② 정약용에게 측은지심은 마지막 결과이자 인간 본성의 원인이다.

③ 정약용은 아무리 본성이 좋다하더라도 권형이 있기에 행사가 올바르기 어렵다고 했다.

④ 정약용은 우물에 빠지려는 아이를 보고 내가 죽을 수 있다는 생각이 들더라도 아이를 구해야 한다고 주장한다.

⑤ 정약용은 도덕 감정을 지니는 것에서 그치지 말고 실천을 강조했으며, 이러한 그의 주장은 유학을 책임의 윤리학으로 바꾸었다.

06 **다음 [가]~[마]의 중심내용으로 적절하지 않은 것을 고르면?**

[가] 기후 변화로 인해 세계 곳곳에서 '기상 이변' 현상이 속출하고 있다. 과학자들과 전문가들은 지구온난화의 주범인 온실가스가 계속 증가하는 이상, 기상 이변은 더 잦아질 것이라고 예측한다. 기후 변화로 인해 나타나는 기상 이변 현상으로는 폭염, 가뭄, 산불, 폭우의 증가 등을 들 수 있다. 날씨가 따뜻해질수록 대기는 더 많은 수분을 머금을 수 있기에 비가 많이 내리는 날이 늘어날 수 있다. 특히 단시간 내에 특정 지역에 엄청난 비가 내릴 수 있으며, 여름철이 아니더라도 갑작스러운 홍수를 유발할 수 있다. 강물에 삼켜진 이정표, 수많은 차와 집, 떠내려가는 쓰레기 등을 보면서 홍수가 인간에 유익하다고 생각하는 사람은 없을 것이다.

[나] 하지만 홍수가 자연환경에 미치는 영향이 항상 부정적인 것만은 아니다. 국제자연보전연맹의 글로벌 물 프로그램 책임자인 제임스 달튼(James Dalton)은 실제로 많은 생태계가 토양 영양분 분배와 같은 정상적인 생태 순환 과정을 발생시키기 위해 계절적으로 발생하는 홍수 등에 의존한다고 설명한다. 홍수로 범람하는 강을 통해서 강 하류는 생태계를 풍요롭게 하는 영양분을 꾸준히 공급받을 수 있다. 또한 이는 생물학적으로 가장 생산적인 지역인 하구와 삼각주에도 유입된다. 홍수는 퇴적물과 영양분을 옮기며 생태학적으로 매우 중요한 역할을 하는 특정 생물종들도 이동시킬 수 있다. 이는 적재적소에 풍부한 천연 비료를 제공할 수 있으며 토양의 질을 개선하고 식물의 성장을 촉진시킨다. 홍수는 필요한 물과 물자를 운반하는 수단을 제공하고, 이를 통해 퇴적된 영양분은 추후 농사를 지을 수 있는 비옥한 땅으로 거듭나기도 한다. 홍수는 또한 지하수의 보충 등에도 이용된다.

[다] 하지만 홍수 발생으로 인한 악영향도 만만치 않다. 홍수로 인해 수면이 높아지면 저지대에서 생활하던 일부 동물들이 위험에 처할 수 있다. 예를 들어, 2012년 인도 북동부의 카지랑가 국립공원이 심각한 홍수 피해를 입었을 때, 멸종 위기에 처한 외뿔코뿔소를 포함한 수백 마리의 동물이 물에서 빠져나오지 못해 안타깝게 사망한 바 있다. 또한, 저지대에서 생활하던 동물들이 높아진 수면으로부터 탈출하더라도, 그들의 서식지와 번식지는 홍수로 파괴되는 문제도 있다. 홍수가 강둑과 범람원을 휩쓸고 지나가면 산란과 번식을 위해서 특정 시기에 맞추어 이동하는 종들 역시 제때 원하는 장소에 도착할 수 없다. 홍수로 인해 빠르게 이동하는 퇴적물이나 토양이 생물종들의 움직임을 방해하기 때문이다. 이는 생물종의 자연 번식 주기에 영향을 미칠 수 있다. 식물도 예외는 아니다. 농약, 산업 화학 물질 또는 하수가 포함된 지역에 홍수가 발생하면 식물도 치명적인 영향을 받을 수 있으며, 이렇게 오염된 식물을 초식 동물이 먹게 되면 독소와 불순물에 노출되어 먹이 사슬 전반에 영향을 미치게 되는 문제도 있다.

[라] '토양'이 홍수로 인해 일부분만 침식된다면, 앞서 설명한 대로 영양분의 이동 등으로 인한 이점을 가져다줄 수 있다. 하지만 빠른 유속의 물은 잠재적으로 가장 영양분이 풍부한 지표로부터 5~10센티미터의 토양을 쓸어버려 식량 생산의 기초를 무너뜨릴 수 있다. 따라서 다양한 생물종이 서식하는 서식지로서의 토양은 생물 다양성을 보존하는 데 필수적이다. 독일 녹색당과 하인리히 뵐 재단이 발표한 새로운 보고서에 따르면, 건강한 토양은 숲보다 더 많은 이산화탄소를 저장할 수 있다고 한다. 큰 홍수가 발생했을 때의 토양 침식은 지구가 물을 흡수하지 못 하게 하여 문제를 더욱 악화시킬 수 있다. 기후 위기에 적응하기 위해서는 헥타르당 최대 3,750톤의 물을 저장했다가 필요에 따라 다시 방출할 수 있는 건강한 토양이 필요하다.

[마] 홍수로부터 생태계를 보호하기 위해 우리는 여러 가지 조치를 취할 수 있다. 제임스 달튼은 강의 기능을 재구성하는 것이 무엇보다 중요하다고 강조하며, 강을 보다 구불구불하게 연결하고, 강과 범람원을 연결하며, 지하수와 지표수를 연결하는 방법 등을 제안하였다. 이러한 조치들은 물이 효과적으로 흐르도록 도와줄 수 있다. 기존의 산업적인 방식의 농업에서 벗어나 나무를 추가하는 농림업과 같은 방식으로 농업을 다각화하는 것도 홍수의 영향을 약화시키는 데 도움이 될 수 있다. 하지만 전문가들에 따르면 무엇보다 중요한 점은 홍수나 가뭄 같은 기상 이변에 직면한 오늘날, 자연에 기반한 해결책을 찾을 수 있어야 한다는 것이다. 즉, 도로 곳곳에 콘크리트를 깔 것이 아니라 자연과 조화를 이루는 방식을 모색하는 것이 필요하다.

① [가]: 기후 변화 탓으로 홍수 및 폭우의 증가
② [나]: 홍수가 자연에 주는 이득
③ [다]: 홍수로 인한 식량 부족 문제
④ [라]: 토양에도 악영향을 끼치는 홍수
⑤ [마]: 홍수로부터 자연을 지키기 위한 방법

07 다음 글의 [가]~[마] 문단을 문맥에 맞게 적절하게 배열한 것을 고르면?

우리는 우리의 '기억'을 얼마나 신뢰할 수 있을까? 최근 심리학 연구에 따르면 우리가 확신하는 기억 중 상당 부분이 실제로는 '거짓 기억'일 수 있다고 한다. 거짓 기억은 학문적 호기심의 대상을 넘어 우리의 정체성과 사회적 관계까지 영향을 미치는 중요한 문제로 대두되고 있다.

[가] 예를 들어 어떤 사람이 어린 시절 부모로부터 심한 학대를 받았다는 거짓 기억을 갖게 된다면, 이는 그의 성격 형성과 대인 관계에 지대한 영향을 미칠 것이다. 반대로, 실제로 있었던 트라우마적 경험을 억압하거나 '잊어버리는' 경우도 있다. 이 모든 경우에 그 사람의 정체성은 실제 경험과는 다른 방향으로 형성될 수 있다.

[나] 거짓 기억의 문제는 개인의 차원을 넘어 사회적으로도 중요한 함의를 가질 수 있다. 특히 법정에서의 증언이나 역사적 사건에 대한 기억 등에서 이 문제는 매우 민감하게 다뤄진다. 9·11 테러 이후 많은 사람들은 자신이 직접 비행기가 건물에 충돌하는 장면을 TV로 봤다고 '기억'했지만, 실제로 그런 영상은 존재하지 않았다. 이는 충격적인 사건 이후 집단적으로 형성된 거짓 기억의 한 예시이다.

[다] 거짓 기억의 존재는 우리의 정체성에 대한 근본적인 질문을 제기할 수 있다. 우리는 흔히 자기 자신을 '자신이 겪은 경험의 총합'이라고 생각한다. 하지만 만약 그 경험의 일부가 실제로 일어나지 않은 것이라면? 혹은 경험 대부분이 거짓이라면? 이는 단순히 과거 기억에 대한 사실 여부를 넘어 우리가 누구인지, 어떤 사람인지에 대한 인식 자체를 흔들 수 있는 문제로 이어진다.

[라] 이러한 현상은 우리 뇌의 작동 방식과 밀접한 관련이 있다. 우리의 기억은 고정된 녹화물이 아니라 떠올릴 때마다 재구성되는 과정을 거친다. 이 과정에서 새로운 정보나 현재 감정 상태가 개입하여 기억을 변형시킨다. 특히 스트레스가 심한 상황이나 강한 감정을 동반한 사건의 경우 이러한 기억의 왜곡이 더욱 쉽게 일어날 수 있다.

[마] 거짓 기억이란 실제로 일어나지 않은 사건을 경험했다고 믿는 현상을 말하는데, 이는 단순한 착각이나 일시적인 혼동과 다르다. 거짓 기억을 가진 사람은 그 기억이 진실이라고 굳게 믿으며 때로는 실제 경험보다 더 생생하고 상세한 기억을 갖기도 한다. 심리학자들은 다양한 실험을 통해 거짓 기억의 형성 과정을 연구해 왔다. 관련된 유명 일화로, 한 실험에서 참가자들에게 어린 시절 놀이공원에서 길을 잃은 경험에 대한 가짜 이야기를 들려주었더니 놀랍게도 상당수의 참가자들이 이 사건을 실제로 경험했다고 믿게 된 사례가 있다. 실험 참가자들은 심지어 그날의 날씨나 주변 사람들의 반응까지 상세히 '기억해 냈다.'고 한다.

① [나] – [라] – [가] – [다] – [마]
② [다] – [가] – [나] – [마] – [라]
③ [다] – [나] – [라] – [가] – [마]
④ [마] – [라] – [나] – [다] – [가]
⑤ [마] – [라] – [다] – [가] – [나]

08 다음 글의 논지 전개 방식으로 적절한 것을 고르면?

'범주화'란 우리가 접하는 사물, 개념, 현상을 분류하여 이해하는 방식이다. 예컨대, 우리는 우리가 접하는 대상들 가운데 특정한 대상들을 '나무'로 묶어 이해한다. 어떤 것을 '나무'라는 이름으로 범주화하는 것은 그것이 '풀'이나 '돌'과는 다름을 아는 것이며, 모양이나 특성이 다른 낱낱의 수많은 나무들을 하나의 개념으로 이해하는 것이다. 만약 범주화하는 능력이 없다면 새로운 존재를 접할 때마다 모든 정보를 새롭게 파악하고 기억해야 한다는 점에서 인지적인 부담이 매우 클 수밖에 없을 것이다.

그렇다면 범주화는 어떻게 이루어지는가? 이에 대한 견해로 우선 고전적 범주화 이론을 들 수 있다. 고전적 범주화 이론은 아리스토텔레스에서 비롯된 것으로, 범주는 해당 범주를 정의하는 필요충분 속성의 집합으로 결정된다고 본다. 예컨대, 아리스토텔레스는 '사각형'이라는 범주의 필요충분 속성을 [네 개의 변], [폐쇄 도형], [평면 도형]으로 보았다. 모든 사각형은 이 세 가지 속성을 반드시 필요로 하며, 역으로 이 세 가지 속성을 가지면 모두 사각형으로 범주화하기에 충분하다는 것이다. 그리고 일단 사각형으로 범주화된 것은 삼각형이나 오각형이라는 범주와 그 경계가 명확하게 구분되며, 범주 내의 사각형은 모두 대등한 가치를 지녀 더 그럴듯하거나 덜 그럴듯한 사각형의 구별이 없다고 보았다.

이러한 견해에 대해 철학자 비트겐슈타인은 근본적인 의문을 제기하였다. 즉, 우리가 접하는 수많은 개별 대상은 필요충분 속성의 집합으로 범주화되지는 않으며, 범주의 구성원들은 일부 속성만 공유한다는 것이다. 비트겐슈타인은 이를 '가족 유사성'이라는 개념으로 설명했다. 예컨대 '나, 동생, 아버지'로 이루어진 가족이 있다고 하자. '나'는 '아버지'와 부분적으로 닮고, '동생'도 '아버지'와 부분적으로 닮았다. 하지만 '나'와 '동생'은 닮은 점이 없을 수 있다. 다시 말해 구성원 전체가 모든 속성을 공유하지 않더라도 '가족'이 될 수 있다.

심리학자인 로쉬 등은 비트겐슈타인의 견해를 바탕으로 원형 범주화 이론을 제시하였다. 이 이론에 의하면 어떤 대상의 범주는 그것이 해당 범주의 원형과 얼마나 많은 속성을 공유하느냐에 따라 결정된다. 원형은 어떤 범주에 대해 사람들이 마음속에 가지고 있는 표상으로, 어떤 대상이 해당 범주에 속하는지를 판단할 수 있게 해 주는 속성들의 추상적 집합체이다. 기존 범주에 속하지 않는 새로운 대상이 나타날 경우, 그 대상의 속성으로부터 새로운 범주의 원형이 만들어지며, 범주의 구성원들이 계속 추가되면 원형이 바뀌기도 한다. 예를 들어, 우리가 '배추, 양파, 마늘, 고추, 토마토' 등을 '채소'로 범주화한다는 것은, 각 채소들이 우리 마음속에 있는 원형과 일정 부분 유사하다고 판단했음을 의미한다. 원형과 많은 속성을 공유하는 '배추'나 '양파' 같은 것은 전형적인 '채소'로 평가되는 반면, 적은 속성을 공유하는 '고추'나 '토마토'는 덜 전형적인 것으로 평가될 수 있다. 또 판단 기준이 되는 원형이 무엇이냐에 따라 '토마토' 같은 것은 '채소'뿐 아니라 '과일'로 범주화될 수도 있다.

① 다양한 의견을 제시한 후 그 의견의 절충안을 제시하고 있다.
② 다양한 의견이 대립하는 주장을 소개한 후 각각의 관점을 분석하고 있다.
③ 다양한 문제가 있는 설명 대상을 소개한 후 문제의 원인을 분석하고 있다.
④ 다양한 전문가들의 견해와 예를 바탕으로 설명 대상의 개념을 확대하고 있다.
⑤ 다양한 정의가 있는 설명 대상의 개념을 각 전문가의 기준에 따라 분석하고, 일반화하고 있다.

09 다음 글의 [가]~[마] 문단을 문맥에 맞게 적절하게 배열한 것을 고르면?

[가] 한편 링겔만 효과는 팀의 크기와 매우 밀접한 관계가 있다. 구성원이 많아질수록 충분한 의사소통이 쉽지 않고 공동의 목표를 이해하고 공유하기도 어렵다. 하지만 링겔만 효과는 단지 팀의 규모를 작게 유지하는 것만으로 예방할 수 없다. 구성원 모두의 다양한 의견이 반영되고 상호 신뢰할 수 있는 의사 결정 시스템을 구축할 때 비로소 협력의 시너지 효과를 기대할 수 있다.

[나] 링겔만 효과는 직원들이 조직 내에서 자신의 가치를 스스로 인정하지 못할 때도 나타난다. 자신이 팀에 기여하는 바가 별로 없다고 인식하면 스스로에게도 이익이 되지 않는 업무를 한다고 느낀다. 자연스럽게 공동의 목표 달성을 위해 적극적으로 참여하지 않게 되고 만성적 문제 행동을 반복하는 최악의 상황이 발생하는 것이다. 무임승차형 직원의 가장 흔한 모습은 '시간이 지나도 발전이 없다.'라는 것이다. 승진에 관심이 크지 않아서 성과에 욕심을 내지 않는 반면, 생존을 위한 변명과 아부에는 능하다.

[다] 사회심리학자 빕 라탄과 존 달리는 집단에서 책임이 분산될 때 사람들의 행동을 관찰했다. 서로 낯선 학생들이 모여서 토론을 하는 중 한 명이 발작으로 쓰러졌을 때 사람들은 어떤 선택을 할까. 두 명 중 한 명이 쓰러졌을 때 나머지 한 명이 도움을 요청할 확률은 85%였다. 하지만 네 명 중 한 명이 쓰러졌을 때 나머지 사람 중에서 도움을 요청할 확률은 31%에 불과했다. 여럿이 있을 때 사람들은 '굳이 내가 안 해도 되는' 이유를 찾는 성향이 있다. 책임의 부담을 느끼지 않는 탓이다.

[라] 혼자서 일할 때보다 집단에서 함께 일할 때 노력을 덜 기울이는 심리 현상을 '링겔만 효과'라고 한다. 노력은 덜 하면서 성과는 똑같이 챙기는 무임승차 현상이 지속되면 이는 곧 '공정성' 이슈로 불거진다. 공정성이 깨졌다고 느끼는 순간 구성원들은 성과도 실패도 책임지지 않으려고 한다. 링겔만 효과가 나타나는 이유는 공동의 과제를 수행할 때 개인의 기여도와 책임을 분명하게 가리는 게 쉽지 않기 때문이다. 이런 까닭에 '나 하나쯤이야.'라는 '방관자 효과'도 발생한다. 방관자 효과란 여럿이 모일수록 위험에 처한 사람을 돕지 않는다는 심리학 용어다.

[마] 링겔만 효과를 제어하기 위해서는 명확한 규칙과 리더의 빠른 개입이 모두 필요하다. 단, 리더의 개입은 근거가 명확해야 한다. 실행력 있는 약속이나 구체적 규칙이 없다면 리더의 개입은 또 다른 유형의 불만을 낳을 수 있다. 따라서 팀 성과를 평가할 때 반드시 개인의 성과를 함께 인정하고 합당한 보상이 가능한 시스템이 필요하다. 이때, 노동을 통한 결실에 애정이 생기는 인지적 편향 현상을 의미하는 '이케아 효과'의 영향으로 각자 자신의 기여도를 동료보다 높게 평가하는 심리적 현상이 나타난다. 따라서 평가의 과정과 결과는 팀장과 팀원이 투명하게 공유해야 한다.

① [나] – [다] – [라] – [가] – [마]
② [나] – [라] – [가] – [다] – [마]
③ [다] – [나] – [가] – [마] – [라]
④ [라] – [다] – [나] – [마] – [가]
⑤ [라] – [다] – [나] – [가] – [마]

10 다음 글의 내용과 일치하지 않는 것을 고르면?

2008년 미국 웨이크 포레스트 대학의 연구진들은 우리가 매일 배출하는 소변 속에 인체의 다양한 세포들로 분화할 수 있는 줄기세포가 포함되어 있다는 사실을 처음 발견했다. 그렇다면 이 세포들의 기원은 어디일까?

연구자들은 여성 환자의 소변에 함유된 줄기세포를 분석하던 중, 놀랍게도 남성의 Y 염색체를 발견했다. 이 여성은 과거에 남성의 신장을 이식받은 이력이 있었으며, 이식된 신장에서 나온 세포가 소변으로 배출되었던 것이었다. 이후 이 세포들이 신장에서 주로 발현되는 특정 단백질 마커(PAX2, PAX8, Synaptopodin, Podocin 등)를 발현한다는 사실이 추가로 밝혀졌고, 이를 통해 소변에 존재하는 줄기세포가 신장에서 기원한다는 것이 과학적으로 입증되었다. 이러한 줄기세포들은 요(尿)유래 줄기세포(Urine-derived Stem Cell, UDSC)라고 불리게 되었다.

우리가 노폐물로 인식하던 소변에서 손쉽게 신장의 줄기세포를 얻을 수 있다는 것은 재생의학에서 큰 장점이 있다. 예를 들어, 소변에서는 간단한 절차로 여러 번 줄기세포를 얻을 수 있기 때문에 골수나 지방조직에서 줄기세포를 채취하는 기존 방법에 비해 환자에게 고통이나 불편함을 최소화할 수 있다. 또한, 요유래 줄기세포는 신장을 구성하는 다양한 세포들로 분화할 수 있는 능력이 특화되어 있어, 신장 관련 질환에 매우 유망한 잠재력을 가지고 있다.

신장이 손상된 후에도 초기에 상당 기간 기능을 유지할 수 있는 이유는 여러 가지 내재된 재생 메커니즘을 가지고 있기 때문이다. 요유래 줄기세포는 이러한 재생 메커니즘을 활성화하는 데 중요한 역할을 할 수 있다. 예를 들어 신장의 사구체에서 노폐물을 여과하는 역할을 하는 다리세포(Podocyte)나 세뇨관 상피세포가 손상되었을 때, 요유래 줄기세포는 이러한 세포들로 분화하여 신장 조직을 재생할 수 있다. 이처럼 요유래 줄기세포는 신장에서 자체적인 힐링 메커니즘을 담당하던 세포이기 때문에 신장 조직에 더 친화적이고 특화된 재생 능력을 발휘할 수 있는 잠재성이 높다. 즉, 신장을 복구하고 재생시키는 데 적합한 재료가 될 수 있는 셈이다.

또한, 연구진은 신장 손상을 유도한 동물모델에서 정맥투여(IV)된 요유래 줄기세포가 다른 조직 유래의 줄기세포에 비해 신장 손상 부위로 스스로 이동할 수 있는 호밍 능력(Homing effect)이 더 뛰어나다는 것을 확인했다. 줄기세포가 손상된 조직을 찾아가는 호밍 능력은 마치 몸 안에서 길을 찾아가는 GPS와 같다. 줄기세포는 손상된 곳에서 방출되는 화학적 신호를 감지하고, 그곳으로 이동하여 손상된 조직을 복구하게 된다. 이러한 실험 결과는 요유래 줄기세포가 다른 줄기세포에 비해 신장에 더 직접적이고 특화된 치료 효과를 가질 수 있음을 시사한다.

① 남성에게 신장을 이식받은 여성의 경우 소변에서 남성의 염색체가 발견될 수 있다.

② 소변에서 발견되는 특정 세포를 통해 소변에 존재하는 줄기세포가 신장에서 기원한다는 것을 알 수 있다.

③ 골수나 지방조직에서 줄기세포를 채취하는 것보다 소변에서 줄기세포를 얻는 것이 환자의 불편함을 줄일 수 있다.

④ 요유래 줄기세포는 우리 몸의 다양한 장기에 손상된 조직을 재생시키는 데 특화되어 있다.

⑤ 요유래 줄기세포는 GPS와 같이 손상된 신장으로 이동하는 호밍 능력이 뛰어나다.

11 K사는 직원들에게 창립기념일 선물로 우산을 나누어 주려고 한다. 개발팀에 속한 12명이 우산을 다음과 같은 방법으로 나누어 받을 때, 빨간색 우산을 선택한 사람이 5명일 확률을 고르면?

- 선택할 수 있는 우산의 색상은 노란색, 검은색, 하늘색, 빨간색 중 하나이다.
- 각자 원하는 색상의 우산을 1개만 선택할 수 있다.
- 모든 색상이 적어도 1개는 선택되었다.
- 하늘색 우산을 선택한 사람은 3명 이상이다.
- 같은 수만큼 선택된 색상은 2개이다.
- 가장 많이 선택된 색상은 빨간색뿐이다.

① $\frac{1}{7}$ ② $\frac{2}{7}$ ③ $\frac{3}{7}$ ④ $\frac{4}{7}$ ⑤ $\frac{5}{7}$

12 동욱이는 바자회에서 사용할 수 있는 코인을 모아서 평소에 갖고 싶었던 물건을 샀다. 모아 놓은 코인과 구매한 물건에 대한 [정보]가 다음과 같을 때, 코인을 가장 적게 냈을 때의 코인 개수를 고르면?

정보

- 코인의 종류는 100원, 400원, 800원 총 3종이다.
- 코인을 모아서 구매한 물건의 가격은 9,900원이다.
- 각 코인은 최소 1개씩 사용하였다.
- 각 코인의 개수는 충분하다.

① 14개 ② 15개 ③ 16개 ④ 17개 ⑤ 18개

13 어느 공장의 기계는 3가지 부품 A, B, C를 만들 수 있다. 각 부품에 대한 [정보]가 다음과 같을 때, 52일 동안 만든 부품 중 부품 A의 개수를 고르면?

정보

- 각 부품을 만드는 데 소요되는 시간은 A가 3일, B가 5일, C가 6일이다.
- 이 기계는 하나의 부품을 만들기 시작하면 완성되기 전까지 다른 부품을 만들 수 없다.
- 이 기계는 하나의 부품을 완성하면 다른 부품을 바로 만들기 시작한다.
- 52일 동안 기계를 이용해서 만든 전체 부품의 개수는 11개이다.
- 만든 부품 중 부품 C의 개수는 2개 이상 5개 미만이다.

① 3개 ② 4개 ③ 5개 ④ 6개 ⑤ 7개

14 다음 [표]와 [그래프]는 학력별 사회복무요원 소집자원과 소집자 현황에 관한 자료이다. 이를 바탕으로 [보기]에서 옳은 것을 모두 고르면?

[학력별 사회복무요원 소집자원 현황]

(단위: 명)

구분		전체	연말 자원
2022년	합계	97,763	89,063
	대학 이상	54,789	52,919
	고졸	34,302	27,833
	고퇴	7,495	7,201
	중졸 이하	1,177	1,110
2023년	합계	90,565	82,493
	대학 이상	52,485	50,924
	고졸	31,184	25,014
	고퇴	5,998	5,715
	중졸 이하	898	840

※ 전체 사회복무요원 소집자원은 연말 자원과 당해연도 수검 보충역으로 구분됨

※ 당해연도 수검 보충역은 19세 병역판정검사자, 연말 자원은 20세 이상임

[연도별 사회복무요원 소집자 현황]

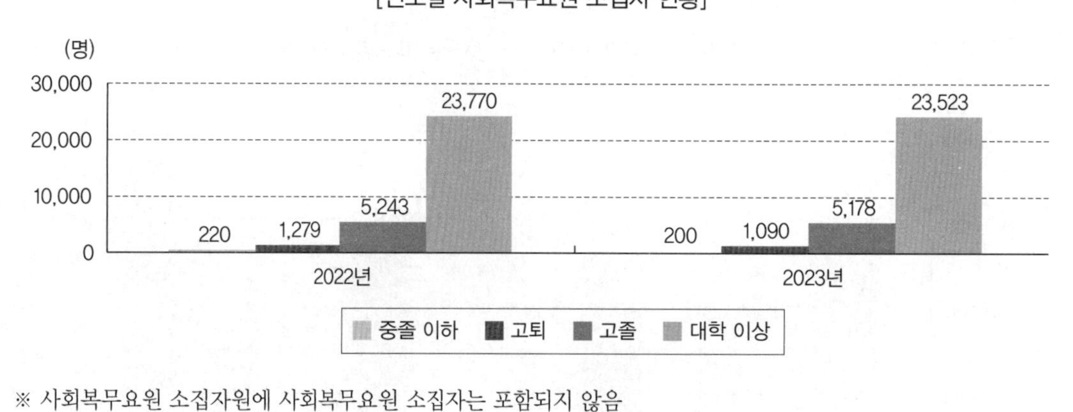

※ 사회복무요원 소집자원에 사회복무요원 소집자는 포함되지 않음

보기

㉠ 2022년 사회복무요원 소집자원 중 19세인 자원은 대학 이상이 고졸보다 4,599명 더 적다.
㉡ 2023년 사회복무요원 소집자는 전년 대비 512명 감소하였다.
㉢ 2023년 고졸 사회복무요원 소집자원은 소집자의 6배 이상이다.
㉣ 2023년 중졸 이하 당해연도 수검 보충역은 전년 대비 약 13.4% 감소하였다.

① ㉠　② ㉡, ㉢　③ ㉠, ㉡, ㉢
④ ㉠, ㉢, ㉣　⑤ ㉡, ㉢, ㉣

[15~16] 다음 [표]와 [그래프]는 연도별 평생교육기관 현황에 관한 자료이다. 이를 바탕으로 질문에 답하시오.

[연도별 평생교육기관 수]

(단위: 개)

구분		2020년	2021년	2022년	2023년
총계		5,573	5,536	5,901	6,082
비형식 평생교육기관		4,541	4,493	4,869	5,029
	초·중등학교부설	8	10	9	10
	대학(원)부설	414	416	419	418
	원격형태	1,048	1,042	1,204	1,237
	사업장부설	413	393	389	377
	시민사회단체부설	474	439	423	408
	언론기관부설	1,098	1,134	1,343	1,528
	지식·인력개발형태	594	561	564	539
	시·도평생교육진흥원	17	17	17	17
	평생학습관	475	481	501	495
	학원	7,897	7,940	8,226	8,291

※ 평생교육기관은 비형식 평생교육기관과 준형식 평생교육기관으로 구분됨

※ 학원은 평생직업교육학원만 포함되며 총계에 포함되지 않음

[연도별 평생교육기관 교·강사 수 및 사무직원 수]

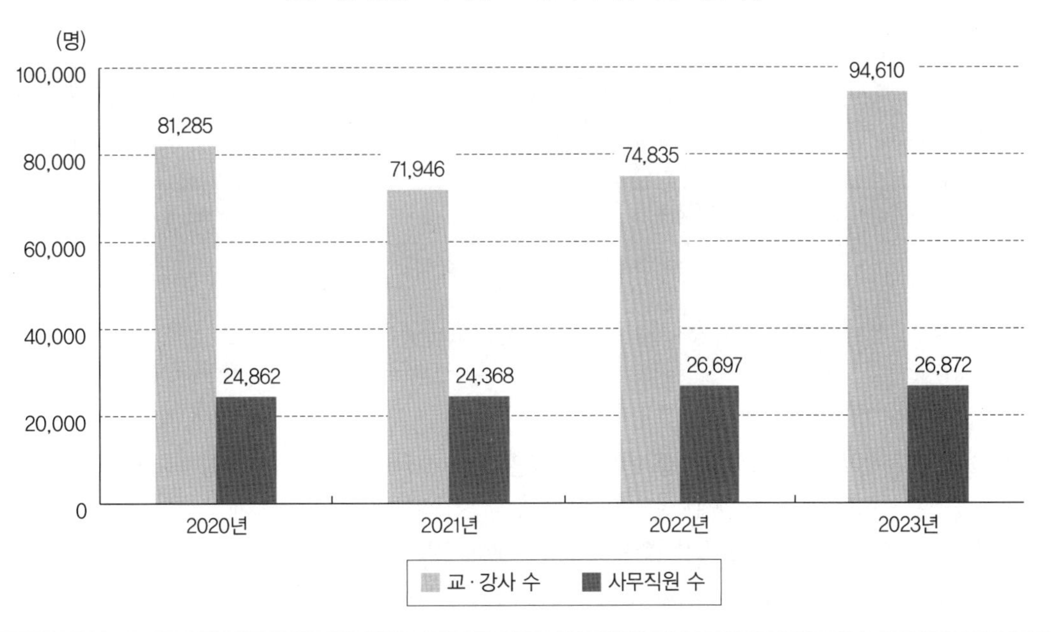

15 다음 [보기]에서 자료에 대한 설명으로 옳지 않은 것의 개수를 고르면?

보기

㉠ 2021년 이후 비형식 평생교육기관 중 원격형태의 전년 대비 증감 추이와 같은 기관은 없다.
㉡ 2022년 평생직업교육학원의 수는 2년 전 대비 약 4.2% 증가하였다.
㉢ 준형식 평생교육기관 수가 가장 많은 해에 평생교육기관의 교·강사 수와 사무직원 수는 총 120,482명이다.
㉣ 주어진 기간의 연평균 사무직원 수는 약 25,700명이다.

① 0개 ② 1개 ③ 2개 ④ 3개 ⑤ 4개

16 다음 [그래프]는 연도별 준형식 평생교육기관의 연도별 학생 및 학습자 수에 관한 자료일 때, 평생교육기관의 사무직원 수가 가장 적은 해에 준형식 평생교육기관 1개당 학생 및 학습자 수를 고르면?(단, 소수점 첫째 자리에서 반올림하여 계산한다.)

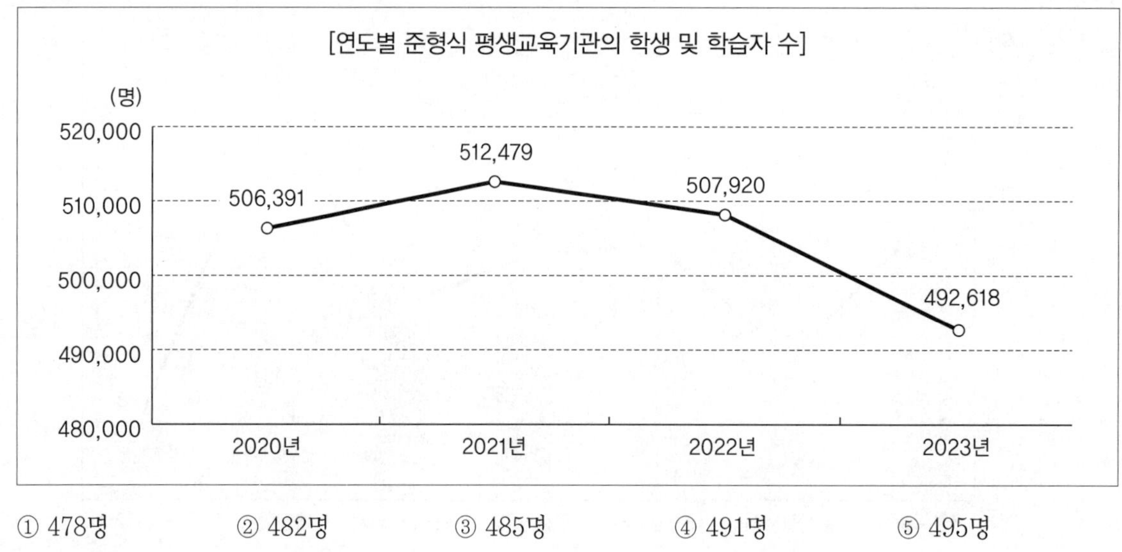

① 478명 ② 482명 ③ 485명 ④ 491명 ⑤ 495명

[17~18] 다음 [표]와 [그래프]는 주요 지역의 2023년 공공의료기관 인력과 전체 의료기관 및 공공의료기관 현황에 관한 자료이다. 이를 바탕으로 질문에 답하시오.

[2023년 공공의료기관 인력]

(단위: 명)

구분	의사					치과의사
	소계	일반의	인턴	레지던트	전문의	소계
전국	11,940	108	815	2,600	8,417	1,162
서울특별시	3,159	30	303	867	1,959	373
부산광역시	774	4	72	196	502	27
대구광역시	845	6	83	209	547	129
인천광역시	129	1	0	0	128	8
광주광역시	607	4	60	168	375	108
대전광역시	640	2	60	165	413	11
울산광역시	2	0	0	0	2	0

※ 주요 지역은 위 자료에 주어진 7개 지역을 의미함

※ 치과의사의 경우 일반의, 인턴, 레지던트, 전문의가 포함됨

[2023년 전체 의료기관 및 공공의료기관 현황]

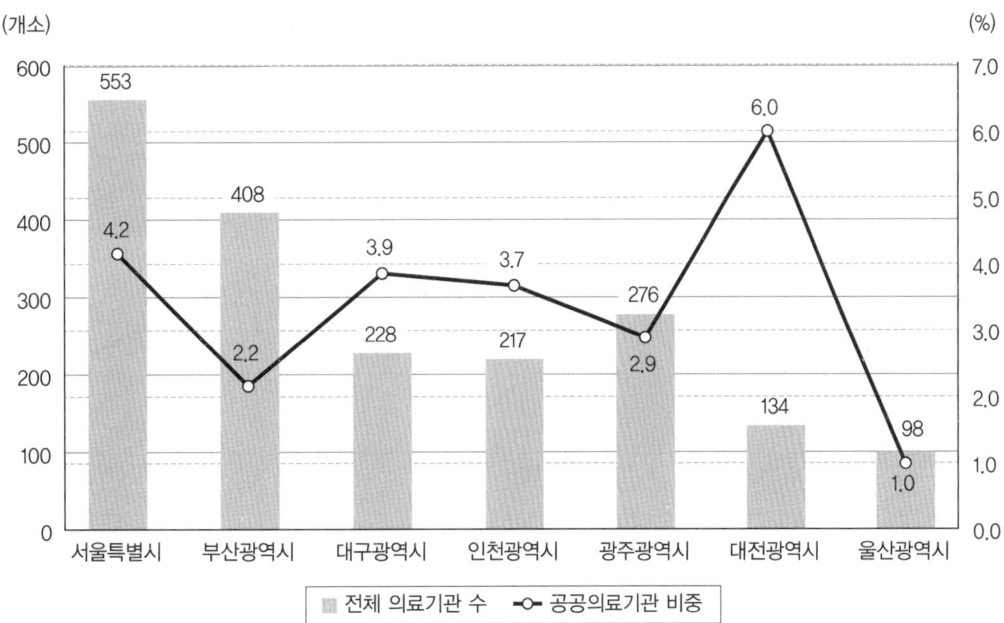

※ 공공의료기관 비중은 전체 의료기관 수에서 공공의료기관 수가 차지하는 비중을 뜻함

※ 공공의료기관 수는 전체 의료기관 수에서 공공의료기관 비중을 곱한 값을 소수점 첫째 자리에서 반올림한 값과 같음

17 **다음 중 자료에 대한 설명으로 옳지 않은 것을 고르면?**

① 의사인 레지던트가 0명인 지역을 제외하고 의사인 전문의가 레지던트의 2.5배 이상인 지역은 3곳이다.

② 공공의료기관의 비중이 세 번째로 높은 지역의 의사 수는 치과의사 수보다 716명 더 많다.

③ 전체 의료기관 수가 세 번째로 많은 지역의 공공의료기관 수는 약 8개소이다.

④ 전국의 의사 인턴 수에서 주요 지역의 의사 인턴 수가 차지하는 비중은 약 70.9%이다.

⑤ 치과의사의 일반의, 인턴, 레지던트, 전문의 각각의 비중이 소수점 첫째 자리까지 의사와 같다면 서울특별시 치과의사 중 전문의 수는 200명 미만이다.

18 **다음은 2023년 공공의료기관의 병상 수 관련하여 작성한 보고서의 일부이다. 보고서의 내용을 바탕으로 2022년 대비 2023년에 병상 수가 가장 많이 증가한 주요 지역의 2023년 공공의료기관 의사 1명당 병상 수를 고르면?(단, 소수점 둘째 자리에서 반올림하여 계산한다.)**

(중략)

2023년 전국 공공의료기관 병상 수는 60,320개로 전년 대비 감소하였는데 이러한 감소세는 주요 지역에서도 확인할 수 있었다. 주요 지역 7곳 중 4곳이 감소하였는데 가장 많이 감소한 지역은 광주광역시로, 전년 대비 248개 감소하였고, 그다음으로 서울특별시가 140개, 대구광역시가 78개 감소하여 그 뒤를 이었다. 반면 병상 수가 증가한 지역은 인천광역시, 대전광역시, 울산광역시가 존재했으며 각각 병상 수가 12개, 60개, 1개 증가하였다. 특히 대전광역시의 병상 수는 전국에서 차지하는 비중이 전년 대비 0.2%p 증가한 5.0%를 차지해 주요 지역 중 전년 대비 비중이 가장 많이 증가하였다.

(하략)

① 4.1개 ② 4.4개 ③ 4.7개 ④ 5.0개 ⑤ 5.3개

19 다음 [표]는 주요 도시의 반기별 낮 시간대와 밤 시간대 소음도 현황에 관한 자료이다. 이를 바탕으로 옳지 않은 것을 고르면?(단, 주요 도시는 특별시와 광역시로 구분된다.)

[낮 시간대 소음도 현황]

(단위: Leq dB(A))

구분		서울특별시	부산광역시	대구광역시	인천광역시	광주광역시	대전광역시	울산광역시
2022. 1/2	가 및 나 지역	70	66	67	66	63	60	60
	다 지역	70	70	68	69	67	66	67
	라 지역	0	71	68	72	68	65	69
2022. 2/2	가 및 나 지역	70	66	67	66	64	61	61
	다 지역	70	71	69	67	68	65	66
	라 지역	0	73	67	72	69	66	69
2023. 1/2	가 및 나 지역	69	66	67	66	63	66	60
	다 지역	69	70	70	68	68	65	68
	라 지역	0	70	66	73	68	62	68
2023. 2/2	가 및 나 지역	70	66	68	67	65	0	61
	다 지역	70	69	69	68	68	0	67
	라 지역	0	72	66	72	69	0	69

[밤 시간대 소음도 현황]

(단위: Leq dB(A))

구분		서울특별시	부산광역시	대구광역시	인천광역시	광주광역시	대전광역시	울산광역시
2022. 1/2	가 및 나 지역	67	61	61	61	56	54	53
	다 지역	66	67	62	63	62	62	61
	라 지역	0	62	58	68	60	59	63
2022. 2/2	가 및 나 지역	67	61	62	61	57	55	53
	다 지역	66	67	63	63	61	61	59
	라 지역	0	64	59	69	62	59	64
2023. 1/2	가 및 나 지역	67	60	61	60	57	60	53
	다 지역	66	67	64	63	61	61	62
	라 지역	0	61	57	68	61	58	63
2023. 2/2	가 및 나 지역	67	60	61	61	57	–	–
	다 지역	66	65	63	62	62	–	–
	라 지역	0	63	58	68	62	–	–

※ 낮 시간대는 06:00~22:00, 밤 시간대는 22:00~06:00를 뜻함

※ 지역구분별 적용대상지역의 구분은 다음과 같음
- 가 지역: 보전관리지역, 자연환경보전지역, 농림지역, 녹지지역, 전용주거지역, 종합병원, 학교, 공공도서관
- 나 지역: 생산관리지역, 일반주거지역, 준주거지역
- 다 지역: 상업지역, 준공업지역
- 라 지역: 일반공업지역, 전용공업지역

① 2023년 1/2반기 다 지역의 밤 시간대 소음도가 전년 동기 대비 증가한 주요 도시는 2개이다.
② 같은 지역에서 적용대상지역의 소음도가 모두 같다면 2022년 2/2반기 전용주거지역의 낮 시간대 소음도와 밤 시간대 소음도의 차가 가장 큰 주요 도시는 울산광역시이다.
③ 같은 시간대에서는 소음도가 모두 같다면 2022년 1/2반기 라 지역에서 오후 11시의 소음도가 세 번째로 큰 주요 도시는 부산광역시이다.
④ 같은 지역에서 적용대상지역의 소음도가 모두 같다면 서울특별시를 제외하고 2023년 2/2반기 낮 시간대 소음도가 일반공업지역보다 생산관리지역이 더 높은 도시는 2개이다.
⑤ 2023년 1/2반기 광주광역시의 라 지역 밤 시간대 소음도는 낮 시간대 소음도의 약 89.7%이다.

20 다음 [표]는 석유제품별 수출량 및 수입량과 생산량 및 소비량에 관한 자료이다. 이를 바탕으로 [보기]에서 옳지 않은 것을 모두 고르면?

[석유제품별 수출량 및 수입량]

(단위: 천 배럴)

구분	수출량			수입량		
	2021년	2022년	2023년	2021년	2022년	2023년
전체	446,559	497,020	494,404	392,317	367,072	372,054
휘발유	98,370	100,335	101,997	299	86	804
등유	7,878	5,014	3,993	216	38	22
경유	180,871	203,530	196,509	0	300	-
벙커C유	7,885	12,485	5,507	37,239	20,800	31,512
나프타	31,203	33,944	39,861	253,313	236,608	239,951
항공유	65,465	85,772	92,805	5	2	304
LPG	3,256	703	609	96,898	107,072	98,402
아스팔트	14,978	13,811	12,200	3,353	551	54
윤활유	23,321	25,412	24,607	993	1,605	968

[석유제품별 생산량 및 소비량]

(단위: 천 배럴)

구분	생산량			소비량		
	2021년	2022년	2023년	2021년	2022년	2023년
전체	1,163,818	1,243,990	1,246,482	938,170	947,276	925,999
휘발유	166,558	169,068	173,781	84,874	88,368	90,361
등유	52,825	46,510	45,316	16,813	16,008	14,138
경유	336,185	360,818	352,639	166,124	163,658	160,492
벙커C유	73,991	90,957	76,310	20,933	21,658	18,356
나프타	285,600	300,608	305,999	451,807	446,832	429,749
항공유	97,180	122,855	139,254	21,174	25,273	34,672
LPG	29,113	25,253	27,047	123,227	132,789	125,185
아스팔트	15,414	17,275	18,043	9,450	8,383	9,077
윤활유	31,502	33,095	30,972	8,030	7,594	8,243

보기

㉠ 2023년 LPG의 수입량과 생산량의 합은 수출량과 소비량의 합보다 345천 배럴 더 적다.
㉡ 2022년 이후 생산량과 소비량이 모두 전년 대비 매년 증가하는 석유제품은 2개이다.
㉢ 2021년 소비량의 50% 이상을 수입하는 석유제품은 2개이다.
㉣ 2023년 생산량이 많은 석유제품 순으로 수출량도 많다.

① ㉠, ㉡　② ㉡, ㉢　③ ㉢, ㉣
④ ㉠, ㉢, ㉣　⑤ ㉡, ㉢, ㉣

21 한 에어컨 설치기사는 이번 주에 A~H 8개의 가구를 방문하여 에어컨을 설치해야 한다. 8개의 가구는 에어컨 방문 설치가 가능한 시간을 미리 신청하였으며, 에어컨 설치기사는 특정한 방식에 따라 방문 순서를 결정할 예정이다. 아래 방문 순서 결정 방식과 A~H의 신청 정보를 바탕으로 판단했을 때, 옳지 않은 것을 고르면?

[방문 순서 결정 방식]

- 평일(월요일~금요일)에만 방문할 예정이며, 한 가구당 한 번의 방문으로 에어컨 설치가 완료된다.
- 에어컨 설치 소요 시간은 한 가구당 1시간 30분이며, 한 가구에서 다른 가구로 이동하는 시간은 모두 30분으로 동일하다. 단, 하루의 첫 방문 가구에 필요한 이동시간은 계산하지 않는다.
- 오전 10시부터 방문을 시작할 수 있으며, 오후 4시 30분까지는 에어컨 설치를 완료해야 한다.
- 정오부터 오후 1시까지는 점심시간으로 점심시간에는 에어컨 설치를 시작하지 않으며, 점심시간이 되기 전에 에어컨 설치를 완료해야 한다. 또한 가구 간 이동도 하지 않는다.
- 가구별로 신청한 방문 설치 가능 시간 중에서 가급적 가장 빠른 시각에 방문한다.
- 만약 두 가구 이상의 방문 설치 가능 시간이 겹칠 경우, 가능한 요일과 시간이 가장 빠른 가구를 선택한다.

[가구별 설치 가능 시간]

신청 가구	설치 가능 시간
A	수요일 오후 1시 이후, 금요일 오후 3시 이후
B	월요일 오후 2시 이후, 목요일 전체, 금요일 오후 2시 30분 이후
C	화요일 전체, 수요일 오후 3시 이후, 금요일 오후 3시 이후
D	수요일 오후 2시 이후, 목요일 오전 11시 이후, 금요일 오전 10시 30분 이후
E	월요일 전체, 화요일 오후 3시 이후, 금요일 전체
F	월요일 오후 3시 이후, 화요일 오후 2시 이후, 목요일 오후 2시 이후, 금요일 오후 2시 이후
G	월요일 오후 2시 30분 이후, 수요일 오전 10시 30분 이후, 목요일 오후 3시 이후
H	화요일 오후 1시 30분 이후, 금요일 오후 1시 이후

① 가장 늦게 방문하는 가구는 F이다.
② 수요일에는 3개 가구에 방문한다.
③ 금요일에는 방문하는 가구는 없다.
④ 목요일 오전에는 방문하는 가구가 없다.
⑤ 화요일에는 오후 3시에 그날의 에어컨 설치가 완료된다.

22 3박 5일 런던 출장을 떠날 임직원 4명을 선발하기 위해 사내 공고를 올렸다. 공고 결과 지원자는 A~H 총 8명으로, 이 중에서 선발 조건을 고려하여 4명을 뽑을 예정이다. 아래 선발 조건과 사내 공고 지원자 현황, 그리고 출장비 지급 규정을 바탕으로 판단했을 때, 임직원 4명의 런던 출장비 합계를 고르면?

[선발 조건]

- 4명 모두 다른 직급으로 선발한다.
- 기획부, 총무부, 연구부에서 각각 1명 이상씩 선발한다.
- 임원급은 반드시 1명만 선발한다.
- 위 조건을 모두 만족하면서 출장비 합계가 가장 적은 임직원들을 선발한다.

[사내 공고 지원자 현황]

지원자	부서	직급	성별
A	연구부	상무	남자
B	연구부	과장	여자
C	연구부	사원	남자
D	기획부	전무	여자
E	기획부	부장	남자
F	총무부	차장	여자
G	총무부	과장	남자
H	총무부	대리	남자

[출장비 지급 규정]

직급		교통비(편도 기준)	숙박비(1박 기준)	식비(1일 기준)	일비(1일 기준)
임원급(전무, 상무)		250만 원	20만 원	20만 원	20만 원
직원급	부장	170만 원	20만 원	20만 원	15만 원
	차장, 과장	100만 원	20만 원	15만 원	10만 원
	대리, 사원	100만 원	20만 원	10만 원	5만 원

※ 위 출장비에서 숙박비를 제외한 모든 비용은 1인 기준이며, 숙박은 2인 1실을 원칙으로 하여 2인 기준이다. 단, 2인 1실은 성별이 같을 때만 허용되므로, 성별이 홀수인 경우 남녀별로 각각 남은 2명은 혼자 1실을 사용하여 2명분의 숙박비를 1명에게 지급한다.

① 1,515만 원　　② 1,695만 원　　③ 1,815만 원

④ 1,885만 원　　⑤ 1,935만 원

[23~24] 다음은 KTX공항버스에 대한 자료이다. 이를 바탕으로 질문에 답하시오.

1. 운행 노선 및 시간

• 인천공항행 운행 노선: 광명역 → 제1여객터미널(T1) → 제2여객터미널(T2)

출발	도착	
광명역	제1여객터미널(T1)	제2여객터미널(T2)
(첫차) 05:00	05:50	06:10
(막차) 20:20	21:10	21:30

• 광명역행 운행 노선: 제2여객터미널(T2) → 제1여객터미널(T1) → 송도국제교 → 광명역

출발	도착	
제2여객터미널(T2)	제1여객터미널(T1)	광명역
(첫차) 06:00	06:25	07:15
(막차) 22:05	22:35	23:35

※ 참고: KTX공항버스 운행시간표

광명역 출발 (인천공항행)				제2여객터미널 출발 (광명역행)				제1여객터미널 출발 (광명역행)				송도국제교 출발 (광명역행)			
시	분			시	분			시	분			시	분		
05	00	20	40	05				05				05			
06	00	30		06	00	20	50	06	25	45		06	45		
07	00	20	40	07	10	30	50	07	15	35	55	07	05	35	55
08	10	40		08	20	40		08	15	45		08	15	35	
09	00	20	40	09	10	40		09	05	35		09	05	25	55
10	00	30		10	10	40		10	05	35		10	25	55	
11	00	30		11	00	20	40	11	05	25	45	11	25	45	
12	00	30		12	00	30		12	05	25	55	12	05	25	45
13	00	30	50	13	00	30		13	25	55		13	15	45	
14	10	30	50	14	00	30		14	25	55		14	15	45	
15	10	40		15	00	20	40	15	25	45		15	15	45	
16	10	30	50	16	00	20	40	16	05	25	45	16	05	25	45
17	10	30	50	17	00	20	40	17	05	25	45	17	05	25	45
18	10	30	50	18	00	20	40	18	05	25	45	18	05	25	45
19	10	40		19	00	20	40	19	05	25	45	19	05	25	45
20	00	20		20	00	20	40	20	05	25	45	20	05	25	45
21				21	00	30		21	05	25	55	21	05	25	45
22				22	05			22	35			22	15	55	

2. 버스 운임

구분	광명역 ↔ 인천공항(T1,2)	인천공항(T1,2) → 송도국제교	송도국제교 → 광명역
어른(13세 이상)	16,000원	9,000원	8,000원
어린이(13세 미만)	8,000원	4,500원	3,500원

• 유아할인
– 만 6세 미만의 유아는 어른 1명당 유아 1명을 별도의 좌석을 점유(이용)하지 않는 조건으로 무임으로 이용할 수 있습니다.
– 동반한 유아의 좌석을 이용하거나 어른 1명당 유아 1명을 초과하여 이용하는 경우에는 어린이 승차권을 구매하신 후 이용하셔야 합니다.

3. 미사용 승차권 반환 수수료

출발 전				출발 후	
출발 2일 전	출발 1일 전~ 출발 1시간 전	출발 1시간 전~ 출발 15분 전	출발 15분 전~ 출발 전	출발 후 3시간 이내 취소	출발 후 3시간 경과
없음	10%	20%	30%	50%	환불불가

23 주어진 자료를 바탕으로 판단한 내용으로 옳은 것을 [보기]에서 모두 고르면?

보기

㉠ 어른 1명과 유아 2명이 탑승하고자 할 경우 최소 어른 1명과 어린이 1명의 운임을 지불해야 한다.
㉡ 광명역에 23시 30분 이전에 도착하고자 할 경우 제2여객터미널에서 적어도 21시 30분 버스에는 탑승해야 한다.
㉢ 12시 30분에서 15시 30분 사이에 제1여객터미널에서 광명역으로 가는 KTX공항버스는 총 8회 운행된다.
㉣ 어른 1명이 광명역에서 탑승하여 송도국제교에 하차할 경우 운임은 8,000원이다.

① ㉠, ㉡ ② ㉠, ㉣ ③ ㉡, ㉢
④ ㉠, ㉡, ㉣ ⑤ ㉡, ㉢, ㉣

24 다음 사례의 A씨가 환불받게 될 금액을 고르면?

여행 동호회 회장 A씨는 제2여객터미널에서 송도국제교로 가는 어른 10명, 어린이 8명에 대한 KTX공항버스의 승차권을 구입하였으나, 이 중 어른 5명과 어린이 2명이 미승차하여 출발 후 40분 뒤 미사용 승차권에 대한 반환 신청을 하였다.

① 0원 ② 27,000원 ③ 37,800원
④ 43,200원 ⑤ 76,800원

[25~26] 다음은 A국민체육센터 이용 규정의 일부에 대한 자료이다. 이를 바탕으로 질문에 답하시오.

■ 이용요금

이용시설	구분		1일 이용권(원)	월 자유이용권(원)	월 주3회 이용권(원)
수영장	성인	개인	4,000	52,500	42,000
		단체	3,500		
	청소년·군인	개인	3,500	42,000	34,800
		단체	3,000		
	노인·유아·어린이	개인	3,000	36,000	26,400
		단체	2,500		
헬스장	성인	개인	4,000	42,000	–
	청소년·군인	개인	3,000	36,000	–
	노인	개인	2,500	27,000	–
에어로빅		개인	–	–	34,800
요가		개인	–	–	26,400

※ 월 자유이용권은 30회, 월 주3회 이용권은 12회를 기준으로 함

※ 국가유공자(본인 및 배우자, 자녀, 부모) 및 독립유공자(본인, 배우자, 자녀, 손자녀) 50% 할인

※ 장애인(본인) 50% 할인

※ 수영과 헬스를 복수 이용하는 경우 헬스 이용료 30% 할인

■ 연기 및 환불 규정

1) 연기 규정

• 등록 기간에 관계없이 1개월 단위로 1회에 한하여 연기 가능합니다.

• 이용 연기는 회원기간 만료 7일 전까지 가능합니다.

2) 이용료 환불 규정

• 환불신청서를 제출한 날로부터 15일 이내에 환불 처리됩니다.

• 환불금액 정산 시점은 신청서를 제출한 날짜를 기준으로 합니다.

• 환불금액은 결제한 수강료를 기준으로 산정됩니다(할인 받은 경우 할인 후의 수강료).

강습 개시 전	전액 환불
강습 개시 후(고객 귀책)	강습 취소 수수료(수강료 전액의 10%)와 신청일까지 이용횟수 금액 공제 후 환불
센터 운영상 환불할 경우(센터 귀책)	환불신청일까지 이용한 횟수 금액 공제 후 환불

※ (1회당 금액)=(결제한 수강료 전액)÷(기준 횟수)

25 **다음 중 자료를 이해한 내용으로 적절한 것을 고르면?**

① 다른 할인 대상이 아닌 청소년 개인이 수영과 헬스를 1개월 자유이용하고자 하는 경우 이용료는 54,400원이다.

② 2024년 12월 15일이 회원기간 만료일이라면 이용 연기는 2024년 11월 30일 이전까지는 해야 한다.

③ 수영장을 1개월 중 10일 이용한다면 월 자유이용권보다 매번 1일 이용권을 사용하는 것이 더 저렴하다.

④ 회원 등록 기간이 1년 이상인 경우 1개월당 연기 가능 횟수는 2회이다.

⑤ 국가유공자의 손자인 경우 주3회 이용 월 요가 이용료는 13,000원이다.

26 **주어진 자료를 바탕으로 ㉠~㉣ 중 환불금액이 많은 순으로 나열한 것을 고르면?(단, 남은 이용 일수는 환불신청일 이후의 남은 일수이다.)**

구분	이용시설	구분	결제 내역	남은 이용 일수(일)	환불 사유
㉠	수영장	청소년(개인, 일반)	월 자유이용권(1개월)	15	센터 공사
㉡	에어로빅	개인(장애인)	월 주3회 이용권(2개월)	16	개인 사유
㉢	에어로빅	개인(일반)	월 주3회 이용권(3개월)	5	개인 사유
㉣	요가	개인(일반)	월 주3회 이용권(2개월)	10	센터 공사

① ㉠ − ㉢ − ㉡ − ㉣

② ㉡ − ㉠ − ㉣ − ㉢

③ ㉡ − ㉣ − ㉢ − ㉠

④ ㉣ − ㉠ − ㉡ − ㉢

⑤ ㉣ − ㉢ − ㉠ − ㉡

27 ○○기업의 성과급은 기본 성과급과 프로젝트 성과급으로 나뉜다. ○○기업의 성과급 체계와 직원 A~H의 정보 및 프로젝트 정보를 바탕으로 판단했을 때, 옳은 것을 고르면?

[○○기업의 성과급 체계]

- 기본 성과급과 프로젝트 성과급을 더하여 성과급을 지급한다.
- 기본 성과급은 각 직원의 본봉을 12로 나눈 값에 (근속연수)×(직급별 성과급 단위)를 더하여 산출한다.
- 직급별 성과급 단위 및 최대 기본 성과급은 아래와 같다.

직급	부장	차장	과장	대리	사원
성과급 단위	50만 원	40만 원	30만 원	20만 원	10만 원
최대 기본 성과급	1,500만 원	1,000만 원	750만 원	500만 원	500만 원

- 프로젝트 성과급은 각 직원이 참여한 프로젝트에서 발생한 이익의 절반을 프로젝트 참여인원 수로 균등하게 나누어 산출한다.

[직원 A~H의 정보]

지원자	직급	근속연수	본봉
A	사원	1년	3,600만 원
B	사원	3년	4,200만 원
C	대리	4년	4,500만 원
D	대리	5년	5,100만 원
E	과장	8년	6,000만 원
F	과장	11년	6,600만 원
G	차장	17년	7,200만 원
H	부장	25년	1억 2,000만 원

[프로젝트 정보]

프로젝트	총매출	총비용	참여직원
X	3억 원	2억 원	A, G
Y	2억 원	1억 4,000만 원	F
Z	8억 1,000만 원	6억 4,000만 원	B, C, D, E, H

※ (프로젝트 이익)=(총매출)−(총비용)

① E는 최대 기본 성과급을 받는다.

② 성과급이 가장 높은 사람은 H이다.

③ G의 프로젝트 성과급은 기본 성과급의 2.5배이다.

④ 두 사원의 프로젝트 성과급 차이는 700만 원이다.

⑤ 두 과장의 성과급 합계는 두 대리의 성과급 합계보다 2,000만 원 이상 많다.

28 다음은 호텔 이용 약관의 일부이다. 약관을 토대로 [보기]에 대해 판단한 내용으로 적절하지 않은 것을 고르면?

제5조(예약해제)

당 호텔은 숙박예약 신청자가 숙박 예약의 전부 또는 일부를 해지하였을 경우에는 다음에 열거하는 바에 의하여 위약금을 받습니다.

1. 일반 숙박 예약자
   1) 숙박일 5일 전에 해약하였을 경우: 위약금 없음
   2) 숙박일 5~3일 전에 해약하였을 경우: 최초 1일 숙박요금의 50%
   3) 숙박 2일 전에 해약하였을 경우: 최초 1일 숙박요금의 100%
   4) 당일 투숙하지 않았을 경우: 최초 1일 숙박요금 100%
2. 단체 숙박예약자(10실 이상)
   1) 숙박일 10일 전에 해약하였을 경우: 위약금 없음
   2) 숙박일 10일 전부터 3일 전 사이에 해약하였을 경우: 1실당 최초 1일째 숙박요금의 20%(단, 예약 객실의 10% 미만 해약 시에는 미부과)
   3) 숙박일 2일 전에 해약하였을 경우: 1실당 최초 1일째 숙박요금의 50%
   4) 숙박 당일 해약하였을 경우: 1실당 최초 1일째 숙박요금의 100%
   5) 해약 없이 당일 투숙하지 않았을 경우: 1실당 최초 1일째 숙박요금의 100%

제8조(체크인, 체크아웃 시간)

1. 당 호텔의 체크인 시간은 15:00부터입니다.
2. 숙박자 체크아웃 시간은 오전 11:00입니다.
3. 당 호텔에서는 전항의 규정에도 불구하고 체크아웃 시간을 초과하였을 시에는 다음에 열거하는 바와 같이 추가요금을 받습니다.
   1) 당일 14:00까지: 마지막 숙박일 객실요금의 50%
   2) 당일 18:00까지: 마지막 숙박일 객실요금의 100%

보기

- 예약 날짜: 2024년 12월 26일(목)
- 이용 예정 일자: 체크인 2025년 1월 10일(금)~체크아웃 2025년 1월 13일(월)
- 객실 정보: 디럭스 트윈 20실
- 객실 요금(1실당, 세금 포함)
  - 1월 10일(금): 200,000원
  - 1월 11일(토): 300,000원
  - 1월 12일(일): 250,000원

① 숙박 이틀 전 일부 객실 예약을 취소할 경우 위약금이 발생한다.
② 2024년 12월 30일에 호텔 이용을 취소할 경우 위약금은 없다.
③ 숙박 당일 투숙하지 않고 해약한 경우 발생하는 총 위약금은 4,000,000원이다.
④ 2025년 1월 6일에 전체 객실 중 1실에 대한 예약을 해지하고자 할 경우 위약금은 40,000원이다.
⑤ 전 객실에서 2025년 1월 13일 13시에 체크아웃할 경우 1실당 부과되는 추가요금은 125,000원이다.

29 다음 글에 주어진 문화 큐레이션의 업무의 사례로 옳지 않은 것을 고르면?

큐레이션(Curation)은 원래 미술관에서 기획자들이 우수한 작품을 뽑아 전시하는 행위를 가리킨다. 큐레이션은 여러 분야에서 '양질의 콘텐츠만을 취합·선별·조합·분류해 특별한 의미를 부여하고 가치를 재창출하는 행위'를 뜻한다. 초현대 시기에는 예술적 경험이 크게 발전하여 다양한 행사와 음악적 경험을 제공하고 있다. 문화 큐레이션은 이러한 경험을 형성하는 데 중요한 역할을 하여 대중이 의미 있고 흥미로운 콘텐츠에 노출되도록 한다. 예술 큐레이션의 여러 측면 중 이벤트 큐레이션과 음악 큐레이션 두 가지가 특히 두드러진다. 이 두 형태의 큐레이션은 개인들이 예술, 문화, 그리고 서로 연결될 수 있는 몰입적인 환경을 만드는 데 필수적이다.

이벤트 큐레이션은 대중을 매료시키고 참여하게 하는 행사를 설계하고 조직하는 예술이다. 음악 축제, 미술 전시회, 상업 회의 등 다양한 행사에서 이벤트 큐레이터는 기억에 남는 경험을 만들기 위해 적절한 요소를 선택하는 중추적인 역할을 한다. 여기에는 장소 선택, 테마 설정, 출연자나 연사 선택, 행사 전반의 분위기와 흐름을 큐레이션하는 작업이 포함된다.

음악 큐레이션은 청중의 경험을 향상시키는 방식으로 음악을 선택하고 조직하는 것이다. 특정 기분을 위한 플레이리스트 큐레이션, 영화나 TV 프로그램에 사용할 곡 선택, 라이브 음악 이벤트 조직 등에서 음악 큐레이터는 어떤 행사에도 완벽한 사운드트랙을 제공하는 책임이 있다. 이 과정에는 음악 트렌드와 제안을 이해하는 것뿐만 아니라 청중의 감정적 및 예술적 요구와 연결하는 능력이 포함된다.

① Spotify와 Apple Music과 같은 플랫폼에 나의 창작물을 제공한다.

② 영화에서 내러티브를 강화하고, 올바른 감정을 이끌어내며 청중과 공감하는 곡을 선택한다.

③ 대규모 음악 축제에 다양한 관중을 끌어들이면서 축제의 브랜드와 테마에 맞는 아티스트 라인업을 선택한다.

④ 소매 환경, 카페 및 기타 공공장소에서 적절한 음악이 손님의 기분과 행동에 영향을 미치는 음악을 선정하여 방문 시간과 매출을 늘린다.

⑤ 회의나 포럼에서 해당 분야의 전문가인 연사를 선택하고, 청중과 공감할 수 있는 주제를 선택하며 연결과 협업을 촉진하는 네트워킹 기회를 제공한다.

30 **다음은 철도공사의 운영 사업자 모집 공고의 사업 계획서 평가 방법에 대한 자료이다. 이를 바탕으로 담당자가 문의에 답한다고 할 때, 적절하지 않은 것을 고르면?**

> 1. 사업계획서(보관용 1부, 평가용 10부) ☞ [양식 3 표지 활용]
>
> • 평가용 사업계획서에는 제출 기업명과 로고, 제출자를 유추할 수 있는 색상 등을 사용하여서는 아니되며, 이외 기재사항은 보관용과 평가용이 동일하여야 함.
>
> • 사업계획서는 한글 프로그램을 활용, 제목 16pt, 본문 15pt, 줄간격 180%를 기준으로 작성
>
> • 사업계획서 분량은 A4용지 기준 50매 이내로 작성
>
> 2. 사업 참여 신청서 및 첨부서류(각 1부)
>
> ① 사업 참여 신청서 [양식 1], ② 가격제안서 [양식 2], ③ 서약서 [양식 4], ④ 사업자등록증, ⑤ 법인등기부등본, ⑥ 법인인감증명서, ⑦ 기타 증빙자료
>
> ※ 상기 사업계획서와 참여 신청서(첨부서류 포함)는 원본(출력물)과 스캔본(PDF 파일)이 함께 제출되어야 함.
>
> • 스캔본은 "1. 사업계획서"의 보관용(1개)과 평가용(1개), "2. 사업 참여 신청서 및 첨부서류(1개)"를 각각의 PDF 파일로 취합·제출하여야 하며, 타 형태(hwp, docx, ppt, jpg 등)의 파일은 무효함.
>
> ○ 제출방식 및 제출처
>
> – 원본: 등기우편 또는 방문 접수
>
> – 스캔본: 이메일 접수 (물류사업본부 ○○○ 과장, ○○○.cho@korail.com)
>
> • 제목은 [2023 생활물류스테이션 인천 운영사업자 모집 참여 / 참여업체명]으로 기재
>
> ○ 제출기간: 2023.11.22.(수)~2023.11.24.(금) / 3일간
>
> • 등기우편은 제출기간 내 발송한 경우까지 유효하며, 스캔본은 제출기간 내 상기 이메일로 제출되어야 함.
>
> • 제출기간 외(전·후) 송부된 사업계획서·사업 참여 신청서 및 첨부서류는 무효로 처리함.
>
> ○ 평가방안: 평가위원회를 통한 사업계획서 평가를 실시, 총 배점의 80점 이상 득점한 입찰자 중 최고 득점자를 우선협상대상자로 선정

① Q: 사업계획서는 어느 정도의 분량으로 작성하고, 몇 부를 제출해야 하나요?
A: 사업계획서는 본문 글자 크기 15pt, 줄간격 180%으로 작성하여 A4용지 50매 이내로 만들어 주세요. 제출 부수는 총 11부입니다.

② Q: 사업계획서와 사업 참여 신청서, 그리고 기타 서류들은 어떤 형태로 제출해야 하나요?
A: 사업계획서와 사업 참여 신청서 및 첨부서류는 PDF 파일로 받는데, 사업계획서와 사업 참여 신청서는 하나의 PDF로 취합해 주셔야 합니다.

③ Q: 제출 시 주의사항은 무엇인가요?
A: PDF 파일을 이메일로 보내 주실 때 제목의 형식이 정해져 있으니 참고 바랍니다.

④ Q: 제출기간은 어떻게 되나요?
A: 2023.11.22.(수)~2023.11.24.(금) / 3일간이며 제출기간 외 송부된 서류는 무효 처리됩니다.

⑤ Q: 평가방법은 어떻게 되나요?
A: 평가위원회를 통해 평가하며 총 80점 이상 득점한 입찰자 중 최고 득점자를 우선협상대상자로 선정합니다.

KORAIL
코레일
100% 새 문항
봉투모의고사

NCS
실전모의고사 3회

영역		문항 수	권장 풀이 시간
직업기초능력평가	의사소통능력	30문항	30분
	수리능력		
	문제해결능력		

※ 필기시험은 시험 과목 간 세부 시간의 구분 없이 70문항을 70분 내에 풀이하여야 하므로, 권장 풀이 시간 내에 문제 푸는 연습을 해보세요.

현재 나의 실력을 객관적으로 파악해 보자!

모바일 OMR

답안채점 / 성적분석 서비스

도서에 수록된 모의고사에 대한 객관적인 결과(정답률, 순위)를 종합적으로 분석하여 제공합니다.

OMR 입력

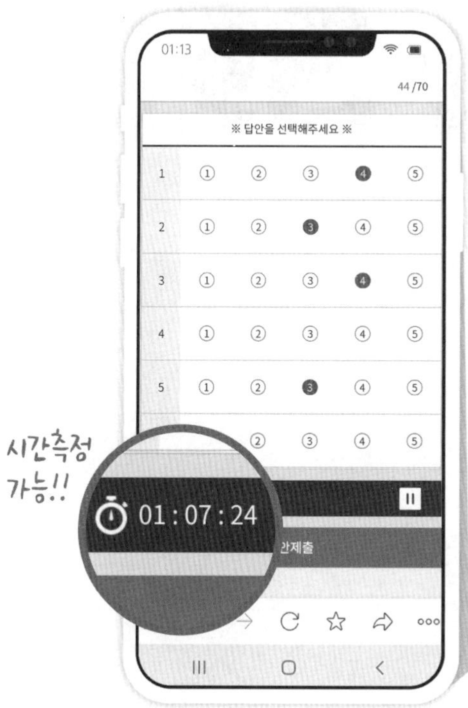

성적분석

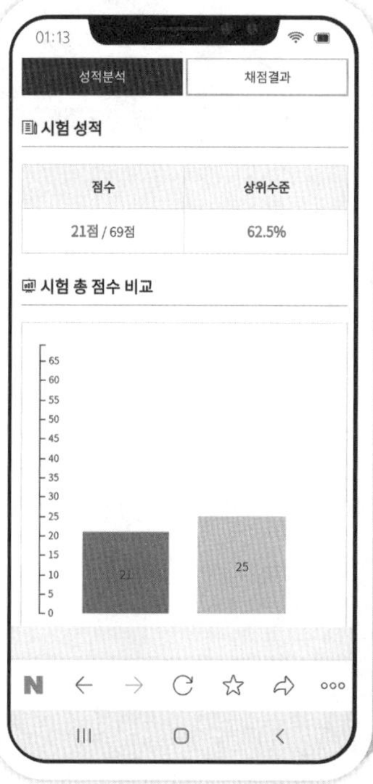

채점결과

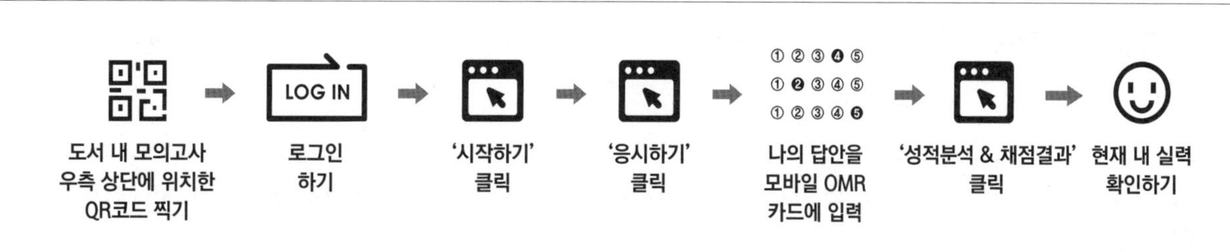

※OMR 답안채점 / 성적분석 서비스는 등록 후 30일간 사용 가능합니다.

모바일 OMR
바로가기

NCS 실전모의고사 3회

정답과 해설 P.24

01 다음 글을 읽고 영업팀 사원들이 나눈 대화가 [보기]와 같을 때, 잘못된 자세로 상대방의 이야기를 듣고 있는 사람을 모두 고르면?

> 의사소통을 원활하게 하기 위해서는 신뢰를 쌓는 것이 매우 중요하다. 관계의 신뢰성에 투자하지 않고 피상적인 관계성에 몰입한다면 원하는 목적을 이룰 수 없을 것이다. 상대방의 의도를 파악하고, 공감을 형성하며 신뢰를 쌓기 위해서는 적극적으로 듣는 자세, 즉 경청이 필요하다.

보기

> 김 사원: 저는 고객님의 이야기에 적극적으로 반응하고 장단을 맞추려고 노력하고 있습니다.
> 이 사원: 저는 고객님이 어떤 말씀을 하시더라도 미소를 잃지 않으려 노력하고 있습니다.
> 박 대리: 저는 고객님이 대화시간의 70% 이상을 집중하여 설명을 들으실 수 있도록 연습을 하고 있습니다.
> 차 대리: 저는 고객님의 의견을 좀 더 잘 듣기 위해 왜 그런지에 대한 질문을 적극적으로 활용하고 있습니다.
> 성 과장: 저는 고객님의 표정이나 몸동작 같은 비언어적 메시지에도 주의를 기울이려고 노력하고 있습니다.

① 김 사원, 이 사원
② 이 사원, 박 대리
③ 박 대리, 차 대리
④ 이 사원, 박 대리, 차 대리
⑤ 박 대리, 차 대리, 성 과장

02 ○○협회 황 팀장은 최근에 입사한 장 사원의 보고서를 읽고 몇 가지 문제점을 발견하여, 장 사원에게 보고서 작성의 일반원칙에 대해 다음과 같이 조언하였다. 그 내용 중 잘못된 부분을 고르면?

> ㉠ 자신만의 스타일을 보여주는 것은 좋지만, 그보다 기본적인 보고서 형식을 준수하는 것이 우선되어야 합니다. ㉡ 보고서는 그 특성상 핵심사항을 구체적으로 표현하는 것이 좋아요. ㉢ 또 개인의 능력을 평가하는 기본 요인이기 때문에 되도록 많은 자료를 첨부하는 것이 유리하겠죠. ㉣ 복잡한 내용이라면 도표나 그림을 활용하는 것도 좋을 거예요. ㉤ 마지막으로 보고서 내용과 관련된 예상질문을 생각해 보고 미리 그 답변도 준비하는 것도 추후 업무 진행에 도움이 될 거예요.

① ㉠ ② ㉡ ③ ㉢ ④ ㉣ ⑤ ㉤

03 ○○공사에서 근무하는 귀하는 이번 상반기에 입사한 신입사원들에게 문서를 이해하는 절차를 설명해 주려고 한다. 다음 [보기]의 내용을 절차에 맞게 배열한 것을 고르면?

보기

> ㉠ 이러한 문서가 작성된 배경과 주제를 파악하기
> ㉡ 문서의 목적을 이해하기
> ㉢ 상대방의 의도를 도표나, 그림 등으로 메모하여 요약, 정리해 보기
> ㉣ 문서에 쓰여진 정보를 밝혀내고, 문서가 제시하고 있는 현안문제를 파악하기
> ㉤ 문서를 통해 상대방의 욕구와 의도 및 내게 요구되는 행동에 관한 내용을 분석하기
> ㉥ 문서에서 이해한 목적 달성을 위해 취해야 할 행동을 생각하고 결정하기

① ㉠ – ㉡ – ㉣ – ㉤ – ㉢ – ㉥
② ㉠ – ㉡ – ㉤ – ㉣ – ㉥ – ㉢
③ ㉡ – ㉠ – ㉣ – ㉤ – ㉥ – ㉢
④ ㉡ – ㉠ – ㉤ – ㉣ – ㉢ – ㉥
⑤ ㉣ – ㉠ – ㉡ – ㉤ – ㉥ – ㉢

04 다음 [보기]를 참고할 때, 밑줄 친 단어의 발음이 적절하지 않은 것을 고르면?

보기

제12항 받침 'ㅎ'의 발음은 다음과 같다.

1. 'ㅎ(ㄶ, ㅀ)' 뒤에 'ㄱ, ㄷ, ㅈ'이 결합되는 경우에는, 뒤 음절 첫소리와 합쳐서 [ㅋ, ㅌ, ㅊ]으로 발음한다.

  〔붙임 1〕 받침 'ㄱ(ㄺ), ㄷ, ㅂ(ㄼ), ㅈ(ㄵ)'이 뒤 음절 첫소리 'ㅎ'과 결합되는 경우에도, 역시 두 소리를 합쳐서 [ㅋ, ㅌ, ㅍ, ㅊ]으로 발음한다.

  〔붙임 2〕 규정에 따라 'ㄷ'으로 발음되는 'ㅅ, ㅈ, ㅊ, ㅌ'의 경우에는 이에 준한다.

2. 'ㅎ(ㄶ, ㅀ)' 뒤에 'ㅅ'이 결합되는 경우에는, 'ㅅ'을 [ㅆ]으로 발음한다.

3. 'ㅎ' 뒤에 'ㄴ'이 결합되는 경우에는, [ㄴ]으로 발음한다.

  〔붙임〕 'ㄶ, ㅀ' 뒤에 'ㄴ'이 결합되는 경우에는, 'ㅎ'을 발음하지 않는다. 다만, 'ㅀ' 뒤에서는 'ㄴ'이 [ㄹ]로 발음된다.

4. 'ㅎ(ㄶ, ㅀ)' 뒤에 모음으로 시작된 어미나 접미사가 결합되는 경우에는, 'ㅎ'을 발음하지 않는다.

① 그는 평소 잘 먹지도 않던[안턴] 회를 찾았다.

② 자꾸만 그 아이가 눈에 밟히는[발피는] 것이다.

③ 섣달 그믐날 골목길에는 눈이 잔뜩 쌓이다[싸이다].

④ 냄비에서는 뭔가 보글보글 끓는[끈는] 소리가 났다.

⑤ 어머니는 꽃 한 송이[꼬탄송이]를 받고 싶어 하셨다.

05 귀하는 사내에서 진행하는 한글날 이벤트에 참여하고자 한다. 다음 중 이벤트의 정답을 고르면?

이번 한글날을 맞이하여 자주 틀리는 맞춤법 사례 10가지를 소개하려고 합니다. 밑줄 친 단어의 표현 중 적절하지 않은 것을 모두 찾아 그 개수를 담당자 메일로 보내주시면, 추첨을 통해 소정의 상품을 드립니다. 많은 참여 부탁드립니다.

1. 지갑을 그대로 들고 가면 의심받기 십상이다.
2. 그와 나의 담당자는 서로 틀리다.
3. 지난 보도 자료가 모두 사실로 들어났습니다.
4. 요즘 공기업 홍보 수단으로는 동영상 컨텐츠가 대세이다.
5. 고객 편의성 향상에 초점을 둔 제품을 개발해야 한다.
6. 서류 마감까지 며칠의 말미를 얻었다.
7. 이 제품이 문의하신 용도에 알맞은 제품입니다.
8. 그러면 서슴치 않고 나서서 해결했을 것이다.
9. 그는 느즈막하게 얻은 손자가 귀했다.
10. 당신은 태어나서 설렘에 두근댔던 경험이 있나요?

① 2개　② 3개　③ 4개

④ 5개　⑤ 6개

06 **다음 글의 제목으로 가장 적절한 것을 고르면?**

KTX-청룡은 차세대 고속철도 연구개발('07~'15)을 통해 100% 국내 기술로 설계·제작한 고속열차이다. 이로써, 우리나라는 대부분이 동력분산식인 세계 고속철도 시장에 진출할 수 있는 발판이 마련된 셈이다. KTX-청룡은 320km/h의 도달시간이 5분 16초인 KTX-산천에 반해, 3분 32초면 가능하다. 이러한 KTX-청룡의 가속 성능은 역 간의 간격이 비교적 짧은 우리나라 지형과 특성에 최적화되어 있다는 평을 받고 있다.

기존 KTX와 KTX-산천은 동력원을 별도로 장착한 맨 앞의 기관차가 뒤에 연결된 객차들을 끌고 달리는 방식으로 철도용어로는 '동력집중식'으로 분류된다. 반면 KTX-청룡은 맨 앞과 뒤의 조종실이 있는 객차를 제외한 나머지 객차에 동력원(모터)이 모두 분산배치돼 있는 '동력분산식' 열차이다. 8량 1편성인 KTX-청룡은 맨 앞과 뒤 객차를 뺀 모두 6개의 객차 아래에 동력원이 달려 있다. 앞서 2021년 첫선을 보인 시속 260km대의 준고속열차인 KTX-이음(6량 1편성)이나 지하철 전동차도 모두 동력분산식이다.

KTX-청룡은 전체 길이가 200m 안팎으로 엇비슷한 KTX-산천보다 좌석이 105~136석가량 더 많다. 동력장치가 객차 밑으로 분산돼 별도의 기관차가 없는 데다 차체 폭이 20cm 가까이 더 넓은 덕에 객실 공간을 그만큼 많이 확보할 수 있었던 덕분이다. 또한, KTX-이음처럼 좌석마다 개별 창문이 있으며 220V 콘센트, 무선충전기, USB 단자 등 승객을 위한 이용 시설이 구비되어 있어 승객의 편의성을 향상시켰다.

KTX-청룡은 장거리 도착지의 이동 시간을 단축하기 위해 정차역을 최소화하는 방식으로 운영된다. 서울~부산은 중간에 대전과 동대구에만 정차하고, 용산~광주는 익산에서만 멈춰선다. 한국철도공사 측은 "열차 속도가 높아지고 정차역도 줄면서 고속선 기준 서울~부산 등 이동 시간이 기존보다 20~30분가량 줄어들 것"이라고 전했다.

KTX-청룡의 운임요금은 기존 KTX와 동일하다. 다만, 이 열차는 특실이 없고, KTX-이음처럼 우등실이 있다. 서울-부산 기준 일반실은 59,800원, 우등실은 71,800원(KTX 특실 83,700원)이다.

① 최고 속력 고속열차, KTX-청룡

② 공개된 KTX-청룡은 어떤 열차일까?

③ 동력분산식 열차의 장점을 모은 KTX-청룡

④ KTX-청룡, 기존 KTX와의 차이점 비교

⑤ 세계로 진출할 우리의 고속열차, KTX-청룡

[07~08] 다음 글을 바탕으로 질문에 답하시오.

[가] 이런 난점을 고려하면 일반 기차역에 스크린도어 설치를 의무화하지 않은 것도 이해가 되지만, 사고는 언제 어디서 발생할지 누구도 알 수 없다. 술에 취해 선로에 추락하는 불상사라든가, 인명사고로 인한 열차 기관사들의 정신적 외상 등을 방지하기 위해 스크린도어를 포함해 여러 안전대책이 적극적으로 도입되기를 바란다.

[나] 국가철도공단에 따르면 6개역(중부내륙선 KTX역 5곳과 SRT 동탄역)을 제외하고 일반 기차역 684곳에는 스크린도어가 없다. 지하철역에 스크린도어가 대부분 설치돼 있는 것과는 다른 모습이다. 왜 이런 것일까?

[다] 그리고 현재 법제상 고상홈은 스크린도어 설치를 의무화한 것에 비해 저상홈은 의무가 아니다. 일반 기차에서처럼 승강장이 낮게 설계된 것을 저상홈, 승강장이 높아 열차 바닥과 자연스럽게 연결되게 설계된 것을 고상홈이라고 한다. 즉, KTX나 무궁화호처럼 저상홈의 경우 승객이 열차 탑승구에 설치된 계단을 따라 올라타도록 설계된 반면, 지하철은 계단 없이 수평이동하도록 설계돼 있다. 교통약자의 접근성을 높이기 위해 승강장부터 열차 객실 높이와 비슷하도록 설계한 게 고상홈이다.

[라] 그런데 이런 고상홈의 경우 열차가 멈춰서 탈 때는 편하지만 열차가 들어오기 전에 승객이 선로로 추락했을 경우에는 문제가 커진다. ㉠ <u>스크린도어가 없던 지하철역을 떠올리면 되는데, 열차가 들어오기 전 다시 승강장 위로 대피하기가 어렵다</u>.

[마] 게다가 지하철은 출입문의 위치나 크기가 비슷하지만, 일반 기차역에는 다양한 열차가 정차하는데 이들 열차의 출입문 위치가 각자 다르다는 점도 스크린도어 설치를 어렵게 하는 요인이다. 앞서 소개한 스크린도어가 설치된 중부내륙선 KTX역 5곳과 SRT 동탄역 승강장은 고속열차 전용이다 보니 스크린도어를 설치할 수 있었다.

[바] 결국 비용 문제인데 일반 기차역에 스크린도어가 없는 건 드는 비용에 비해서 설치 필요성이 낮기 때문이다. 서울시에 따르면 서울 시내 265개 지하철 역사 승강장에 스크린도어를 설치하는 데 3,160억 원이 들어갔다고 한다. 역 하나당 12억 원 정도가 필요한 셈이다. 문제는 승강장의 구조가 다르다 보니 지하철역보다 일반 기차역에서는 스크린도어 설치 비용이 더 들 수 있다는 점이다.

07 주어진 글의 [가]~[마] 문단을 문맥상 바르게 배열한 것을 고르면?

① [나] – [다] – [바] – [가] – [라] – [마]
② [나] – [바] – [다] – [라] – [마] – [가]
③ [나] – [라] – [바] – [다] – [마] – [가]
④ [나] – [라] – [마] – [가] – [바] – [다]
⑤ [나] – [바] – [마] – [라] – [다] – [가]

08 주어진 글의 밑줄 친 ㉠과 관련 깊은 한자성어를 고르면?

① 구사일생(九死一生)
② 사면초가(四面楚歌)
③ 아전인수(我田引水)
④ 촌철살인(寸鐵殺人)
⑤ 환골탈태(換骨奪胎)

09 다음 글을 통해 알 수 없는 것을 고르면?

> 신호등(信號燈)은 철도나 도로에서 진행·정지 등의 신호를 나타내 교통안전 확보 또는 교통의 흐름을 원활히 하는 장치이다. 우리나라뿐 아니라 전 세계 대부분의 국가에 설치된 교통신호등은 3색을 사용하는데, 빨간색은 '정지', 주황색은 '주의', 녹색은 '진행'을 뜻한다.
>
> 녹색은 눈을 편하게 해주는 색이라는 인식이 있기 때문에 '진행' 표시가 됐다는 설이 유력하다. 또한, 빨간색이 '정지'의 의미로 쓰이게 된 건 자극적이면서도 '피'를 연상시켜 공포감을 주는 탓에 위험의 신호로 여겨졌기 때문이라는 설이 유력하다. 게다가 눈이 색맹인 사람도 빨간색은 확인할 수 있기 때문에 신호등을 대표하는 색으로 자리 잡았다고 한다. 주황색이 '주의' 표시가 된 건 빨간색, 녹색 두 색깔과 비교했을 때 가장 대비되는 색이기 때문이라고 한다. 그런데 처음부터 빨간색, 주황색, 녹색이 신호등의 대표색이었던 것은 아니었다.
>
> 신호등 시스템을 처음 개발해 쓰기 시작한 것은 철도 종사자들이었다. 철도 초창기인 1830~1840년대에는 녹색이 '주의', 흰색(무색)이 '진행' 신호로 이용되었다. 그런데 한 기관사가 깨져 있는 빨간색 신호를 하얀색으로 착각해 그대로 진행하다가 앞의 기차와 충돌하며 대형사고로 이어진 사건이 있었다. 이를 계기로 녹색이 '주의'에서 '진행'으로 바뀌고, 새로이 주황색이 '주의' 표시가 되었다.
>
> 한편 현대의 신호등에서 녹색 불의 시간이 다르다는 것을 아는 사람은 드물다. 녹색 신호시간 책정 기준은 일반 보행자가 걷는 속도는 1초당 1m/s로, 어린이나 노인의 속도는 1초당 0.8m/s으로 계산한다고 한다. 그래서 일반 횡단보도와 어린이 혹은 노인보호구역의 신호시간이 다르게 책정된다. 만약 횡단거리가 15m라면 일반 횡단보도는 15초가 되고, 노인보호구역의 녹색 신호시간은 약 19초가 된다.

① 기차는 하얀색을 신호등 색으로 사용한 적이 있다.

② 교통신호등 3색 중 가장 나중에 결정된 색은 주황색이다.

③ 기차의 신호 체계는 대형사고로 인해 변화를 맞이하게 되었다.

④ 교통안전 확보를 위해 색맹인 사람을 배려하여 신호등의 색이 결정되었다.

⑤ 노인 보호구역의 녹색 신호시간은 일반 횡단보도보다 1m당 약 0.2초를 추가한다.

10 다음은 철도의 '화물운송 절차'이다. ○○사 해외영업 담당자인 귀하는 최근 발생한 이슈로 인해 먼저 철도 화물운송 이용 후 부산신항에서 출발하는 배편으로 컨테이너를 운송하고자 한다. 한국철도공사에 문의한 결과, 화물이 부산신항에 도착할 예정 시간은 오후 2시라고 한다. 이를 바탕으로 한 귀하의 체크 내용 중 적절하지 않은 것을 고르면?

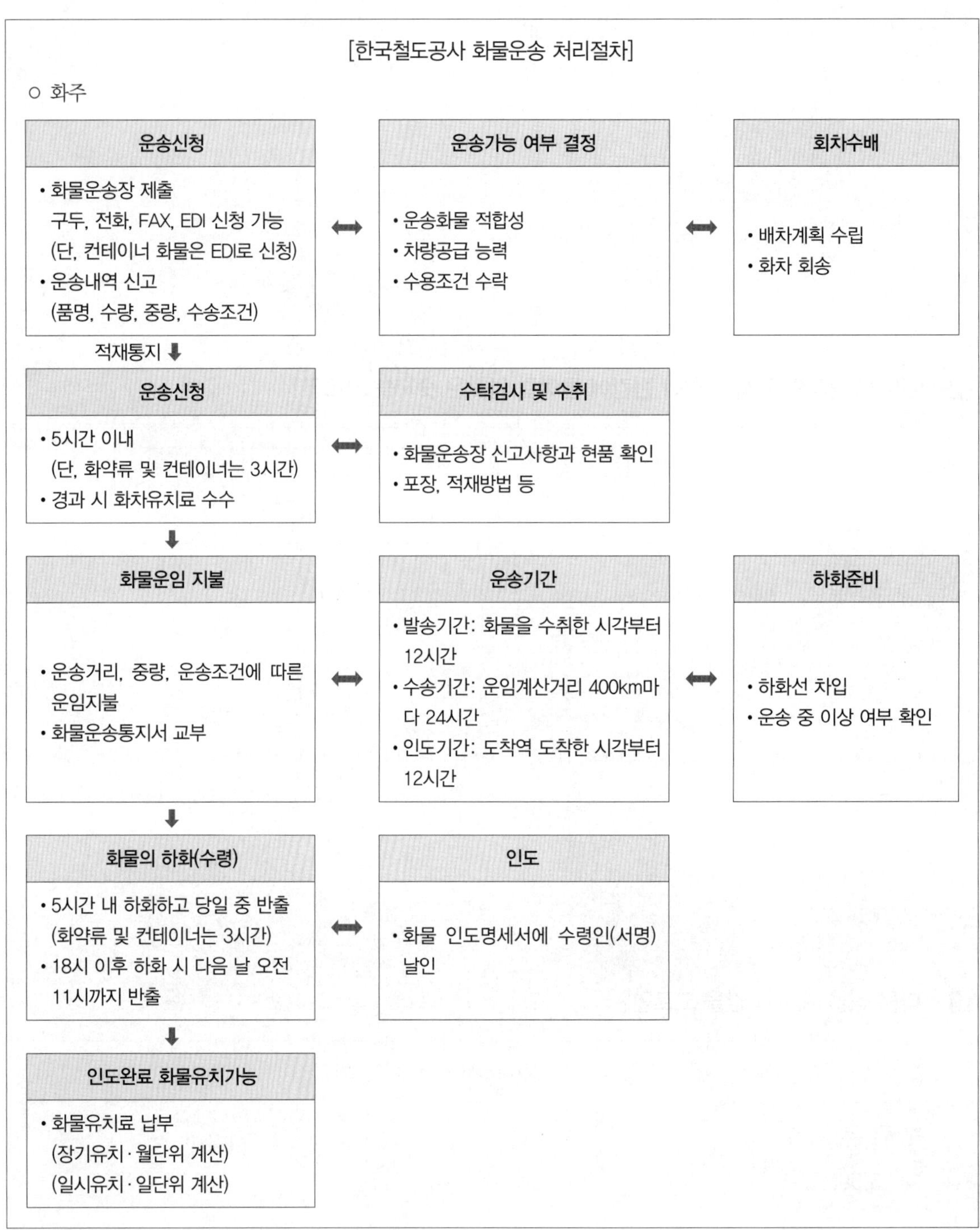

① 한국철도공사로 화물운송장 EDI로 신청

② 한국철도공사로부터 적재통지 받은 후 3시간 이내에 적재

③ 화물운송장과 신고사항과 현품을 확인 후 출발

④ 부산신항까지의 거리와 중량, 조건에 따른 운임 지불

⑤ 부산신항역에서 오후 5시 내로 하화하여 컨테이너 터미널로 이동

11 주어진 숫자의 규칙을 찾아 빈칸에 들어갈 알맞은 숫자를 고르면?

2	3	3	6	15	87	(　　)

① 243　② 381　③ 434
④ 681　⑤ 1,302

12 주어진 숫자의 규칙을 찾아 빈칸에 들어갈 알맞은 숫자를 고르면?

3	7	12	(　　)	20
13	53	148	293	404

① 13　② 15　③ 16
④ 17　⑤ 19

13 다음 식을 계산한 값을 고르면?

$$480\times 126+240\times 48-365$$

① 71,635　② 72,840　③ 74,275
④ 75,965　⑤ 76,420

14 다음 그림과 같이 5개의 영역으로 나누어진 그림을 서로 다른 5가지 색의 색연필로 색칠하려고 한다. 인접한 부분은 서로 다른 색으로 칠하고 같은 색연필을 중복해서 사용한다고 할 때, 그림을 칠하는 경우의 수를 고르면?

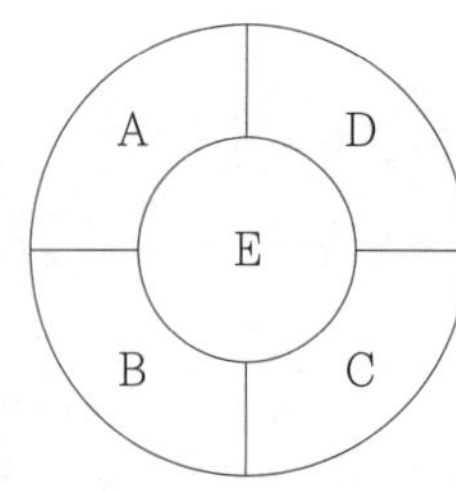

① 180가지 ② 210가지 ③ 360가지 ④ 400가지 ⑤ 420가지

15 어느 카페에서 밸런타인데이를 맞이하여 마카롱을 담은 선물세트를 판매하려고 한다. 상자에 마카롱을 5개씩 담으면 마카롱 3개가 남고, 8개씩 담으면 상자 하나가 남고 마지막 상자에는 마카롱이 4개 담긴다고 할 때, 준비된 마카롱의 개수를 고르면?

① 20개 ② 23개 ③ 28개 ④ 33개 ⑤ 36개

16 다음 [표]는 어느 과학관의 1인당 입장료에 관한 자료이다. 어른과 어린이를 합하여 총 30명이 10만 원 이하로 과학관에 입장하려면 어른은 최대 몇 명까지 입장할 수 있는지 고르면?

구분	1인당 입장료
어른	4,500원
어린이	2,300원

① 13명 ② 14명 ③ 15명 ④ 16명 ⑤ 17명

17 다음 [표]는 어느 해의 성별·연령별 영화 관람 횟수에 관한 자료이다. 이에 대한 설명으로 옳지 않은 것을 고르면?

[성별·연령별 영화 관람 횟수]

(단위: %)

구분		조사 인원수(명)	1회	2회	3회	4회 이상	평균(회)
전체	소계	5,119	13.9	31.7	22.1	32.4	3.52
성별	남성	2,507	14.1	30.9	22.4	32.6	3.53
	여성	2,612	13.6	32.4	21.8	32.2	3.52
연령별	15~19세	391	15.5	28.7	22.5	33.2	3.76
	20대	1,159	5.8	24.7	22.9	46.6	4.24
	30대	1,065	10.3	25.8	25.0	38.9	3.71
	40대	1,085	13.3	35.6	25.1	26	3.24
	50대	889	19.1	40.8	18.2	21.8	3.00
	60대	418	28.3	36.7	14.5	20.5	2.77
	70세 이상	112	30.5	36.4	16.0	17.2	3.32

① 평균 영화 관람 횟수가 가장 많은 연령대는 20대이다.

② 30대 조사 인원 중 영화를 3회 관람한 인원은 약 266명이다.

③ 남성과 여성 모두 3회 이상 영화를 관람하는 비중이 50% 이상이다.

④ 연령대가 높아질수록 4회 이상 영화를 관람하는 비중이 줄어든다.

⑤ 전체 평균보다 평균 영화 관람 횟수가 더 많은 연령대는 총 3개이다.

18 다음 [표]는 2022년의 시도별 대중교통 통행 목적에 관한 자료이다. 이에 대한 설명으로 옳지 않은 것을 고르면?

[시도별 대중교통 통행 목적]

(단위: %)

구분	출퇴근	등하교	업무	쇼핑	여가	학원	기타
전체	19.2	11.2	19.6	21.6	26.6	1.4	0.5
서울	19.5	9.6	20.2	22.5	26.6	1.3	0.4
부산	18.9	10.2	18.7	23.0	27.2	1.6	0.5
대구	19.1	10.2	20.6	21.9	26.5	1.4	0.3
인천	18.7	10.9	18.8	22.1	27.5	1.4	0.6
광주	19.2	12.7	20.1	21.0	25.3	1.2	0.6
대전	19.2	13.3	18.5	20.7	26.3	1.5	0.4
울산	21.1	12.6	18.7	19.6	26.5	1.0	0.4
세종	19.4	11.7	20.0	20.9	26.0	1.4	0.7
경기	19.5	15.3	18.4	17.9	27.6	1.1	0.2
강원	19.1	11.5	19.5	21.7	26.4	1.4	0.5
충북	19.4	12.0	19.5	20.7	27.0	1.2	0.3
충남	19.7	12.9	19.2	21.1	25.6	1.1	0.4
전북	18.5	12.4	19.8	20.7	26.9	1.2	0.4
전남	19.2	12.2	19.6	20.7	26.4	1.2	0.6
경북	19.2	10.5	19.3	21.0	27.8	1.4	0.7
경남	18.7	12.0	19.7	20.9	26.9	1.4	0.5
제주	19.8	11.9	19.3	21.0	26.1	1.5	0.5

① 모든 시도에서 대중교통 통행 목적이 여가라고 응답한 비중이 가장 높다.
② 대전과 제주의 대중교통 통행 목적 순위는 동일하다.
③ 전북과 전남에서 대중교통 통행 목적이 쇼핑이라고 응답한 인원수는 동일하다.
④ 세종에서 대중교통 통행 목적이 업무라고 응답한 인원이 7만 명이라면, 여가라고 응답한 인원은 9.1만 명이다.
⑤ 충북에서 대중교통 통행 목적이 출퇴근이라고 응답한 비중과 학원이라고 응답한 비중의 차이는 18.2%p이다.

19 다음 [표]는 2023년 청소년의 수면 충분 정도에 관한 자료이다. 이 자료를 바탕으로 작성한 그래프로 적절한 것을 고르면?

[청소년의 수면 충분 정도]

(단위: %)

구분		전혀 충분하지 않다	충분하지 않은 편이었다	충분한 편이었다	매우 충분했다
전체	소계	2.8	28.8	63.2	5.3
청소년 연령별	만 9~12세	1.5	19.3	71.7	7.5
	만 13~18세	4.7	39.7	51.9	3.7
	만 19~24세	1.9	25.1	67.6	5.4
청소년 성별	남성	3.0	28.7	63.0	5.3
	여성	2.5	28.9	63.4	5.3
학교급 및 재학여부	초등학교	1.2	18.0	72.9	7.8
	중학교	2.3	32.6	60.9	4.1
	고등학교	7.3	47.9	42.5	2.3
	대학교	1.9	24.8	67.8	5.6
	대학 미진학 및 졸업 등	2.0	26.1	65.5	6.4
거주 지역	대도시	2.2	26.8	65.3	5.7
	중소도시	2.9	30.1	61.9	5.2
	농산어촌	3.9	30.8	60.8	4.5
가구 소득	200만 원 미만	3.1	19.1	70.5	7.3
	200만 원 이상 400만 원 미만	2.8	26.9	64.8	5.5
	400만 원 이상 600만 원 미만	2.7	28.7	63.1	5.6
	600만 원 이상	2.8	32.3	60.7	4.3
가구 형태	양부모 가족	2.7	28.9	63.0	5.3
	한부모 및 조손가족 등	2.9	29.8	62.0	5.2

①

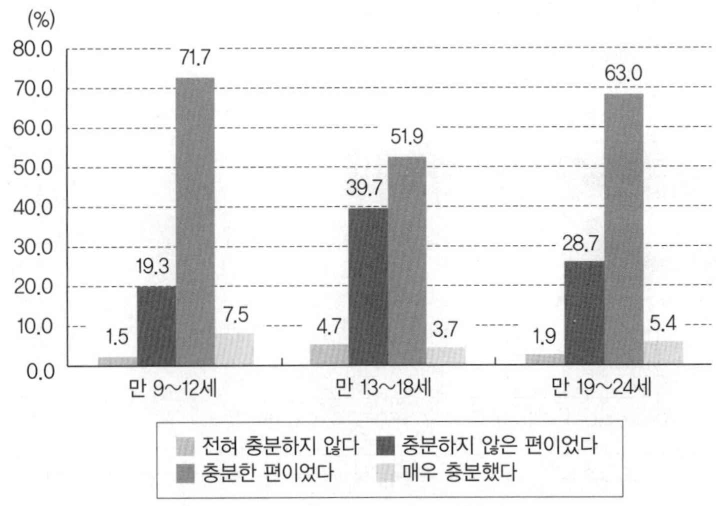
[청소년 연령별 수면 충분 정도]
(%)
80.0
70.0
60.0
50.0
40.0
30.0
20.0
10.0
0.0
1.5
19.3
71.7
7.5
4.7
39.7
51.9
3.7
1.9
28.7
63.0
5.4
만 9~12세
만 13~18세
만 19~24세
전혀 충분하지 않다
충분하지 않은 편이었다
충분한 편이었다
매우 충분했다

②

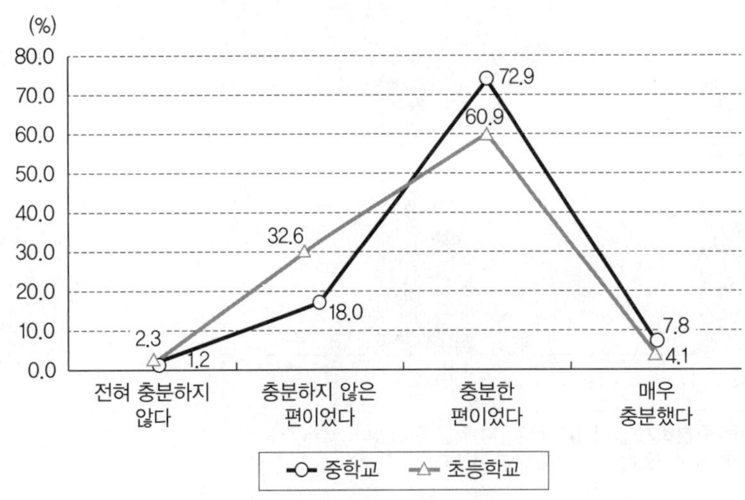
[초등학교와 중학교의 수면 충분 정도]
(%)
80.0
70.0
60.0
50.0
40.0
30.0
20.0
10.0
0.0
2.3
1.2
32.6
18.0
72.9
60.9
7.8
4.1
전혀 충분하지 않다
충분하지 않은 편이었다
충분한 편이었다
매우 충분했다
중학교
초등학교

③

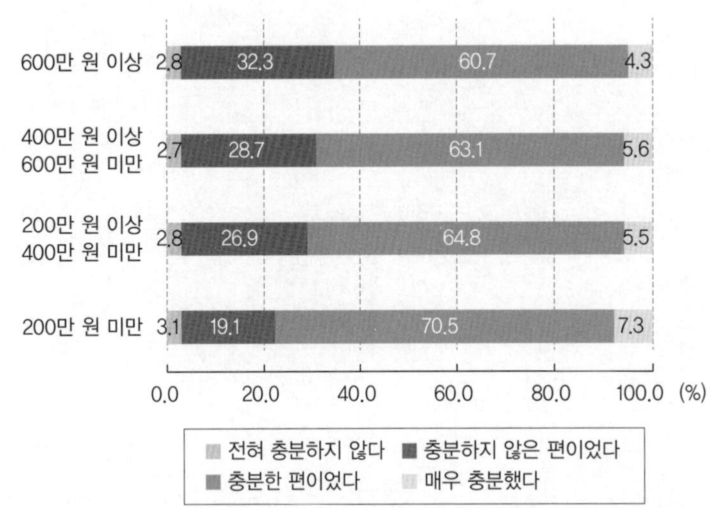
[가구 소득별 수면 충분 정도]
600만 원 이상
2.8
32.3
60.7
4.3
400만 원 이상 600만 원 미만
2.7
28.7
63.1
5.6
200만 원 이상 400만 원 미만
2.8
26.9
64.8
5.5
200만 원 미만
3.1
19.1
70.5
7.3
0.0
20.0
40.0
60.0
80.0
100.0 (%)
전혀 충분하지 않다
충분하지 않은 편이었다
충분한 편이었다
매우 충분했다

④ 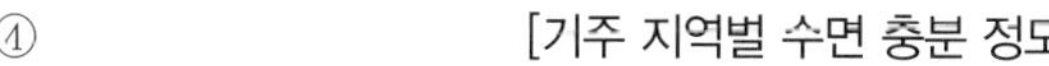

[기주 지역별 수면 충분 정도]

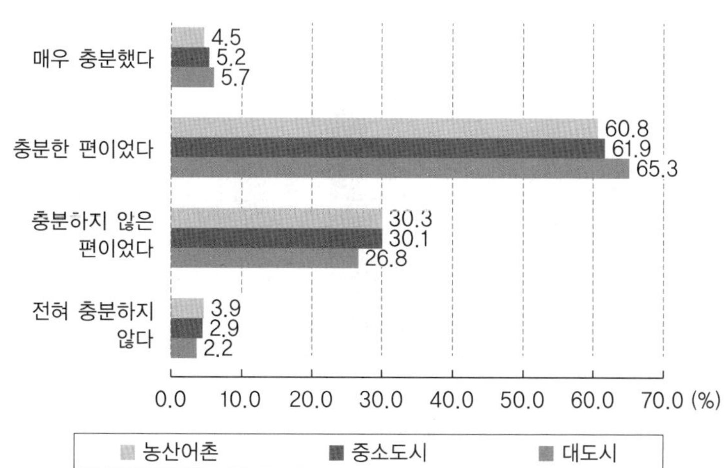

⑤ [성별 수면 충분 정도]

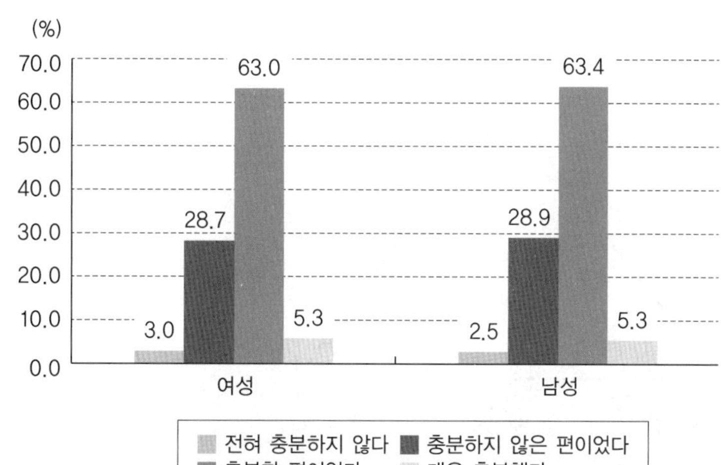

20 다음 [표]는 2021~2023년의 지역별 인구 및 인구밀도에 관한 자료이다. 2021년에 인구밀도가 세 번째로 높은 지역의 인구수는 2023년에 인구밀도가 다섯 번째로 낮은 지역의 인구수의 몇 배인지 고르면?(단, 소수점 아래 둘째 자리에서 반올림한다.)

[지역별 인구 및 인구밀도]

(단위: 천 명, 명/km^2)

구분	2021년		2022년		2023년	
	인구수	인구밀도	인구수	인구밀도	인구수	인구밀도
계	51,770	515	51,673	514	51,713	515
서울	9,508	15,709	9,421	15,567	9,400	15,533
부산	3,334	4,328	3,303	4,282	3,284	4,258
대구	2,396	2,711	2,372	2,679	2,360	2,666
인천	2,950	2,766	2,975	2,788	3,009	2,820
광주	1,476	2,945	1,470	2,933	1,463	2,921
대전	1,482	2,747	1,472	2,728	1,474	2,731
울산	1,125	1,059	1,114	1,048	1,106	1,041
세종	361	777	380	818	387	833
경기	13,611	1,335	13,690	1,342	13,781	1,351
강원	1,520	90	1,527	91	1,525	91
충북	1,626	220	1,623	219	1,627	220
충남	2,175	264	2,186	265	2,204	267
전북	1,792	222	1,777	220	1,768	219
전남	1,785	144	1,775	144	1,768	143
경북	2,641	139	2,626	138	2,611	137
경남	3,315	314	3,287	312	3,267	310
제주	672	363	675	365	677	366

① 0.8배　② 0.9배　③ 1.1배
④ 1.2배　⑤ 1.3배

21 다음 [보기]의 명제가 모두 참일 때, 항상 옳은 것을 고르면?

보기

- 내장탕을 좋아하는 사람은 로제떡볶이를 좋아하지 않는다.
- 탕후루를 좋아하는 사람은 로제떡볶이를 좋아한다.
- 로제떡볶이를 좋아하는 사람은 평양냉면을 좋아한다.
- 마라탕을 좋아하는 사람은 내장탕을 좋아하지 않는다.

① 탕후루를 좋아하는 사람은 마라탕을 좋아한다.

② 평양냉면을 좋아하는 사람은 마라탕을 좋아한다.

③ 탕후루를 좋아하지 않는 사람은 내장탕을 좋아한다.

④ 내장탕을 좋아하는 사람은 탕후루와 마라탕을 모두 좋아하지 않는다.

⑤ 내장탕을 좋아하면서 평양냉면을 좋아하지 않는 사람만이 탕후루를 좋아하지 않는다.

22 4개의 축구팀 A, B, C, D가 리그전을 펼친다. 다음 [조건]을 바탕으로 옳지 않은 것을 고르면?

조건

- 각 팀이 다른 3개 팀과 한 번씩 경기를 하여 2개 팀을 선발한다.
- 승리하면 승점 2점, 무승부를 하면 승점 1점, 패배하면 승점 0점을 획득한다.
- 3번의 경기에서 얻은 승점의 합이 가장 높은 2개 팀을 선발한다.
- 승점이 동일할 경우, 승점이 동일한 두 팀의 경기에서 승리한 팀이 선발되는 승자승 원칙을 적용한다.
- 승점이 동일한 팀이 무승부일 경우, 전체 경기에서 얻은 득점에서 실점을 뺀 골득실이 더 많은 팀을 선발한다.
- 승점이 동일한 팀이 무승부이고 골득실도 동일한 경우, 승부차기로 선발팀을 뽑는다.
- 현재 A팀은 1승 2무, B팀과 C팀은 1승 1무, D팀은 3패를 기록 중이다.
- 현재 A팀은 3득점, B팀은 2실점, C팀은 1득점, D팀은 2득점을 한 상태이다.

① D팀은 B팀을 상대로 1득점 이상을 하였다.

② 남은 1경기를 승리한 팀은 반드시 선발된다.

③ 남은 1경기를 패배한 팀은 반드시 선발되지 않는다.

④ 남은 1경기의 결과와 무관하게 A팀은 반드시 선발된다.

⑤ 현재 B팀이 4득점을 한 상태라면 남은 1경기가 무승부일 경우 B팀은 반드시 선발된다.

23 6가지 식재료 A~F를 사용하여 여러 가지 음식을 만들었다. 여러 음식에 대한 K씨의 알러지 반응이 다음 [조건]과 같을 때, 알러지 반응을 유발하는 식재료를 모두 확실히 알아내기 위해 필요한 추가 조건을 고르면?

조건

- 6가지 식재료 중 K씨의 알러지 반응을 유발하는 것이 1가지 이상 있다.
- A, C, E, F로 만든 음식을 먹자 알러지 반응이 나타났다.
- A, B, D로 만든 음식을 먹었을 때는 알러지 반응이 나타나지 않았다.
- A, C, D, F로 만든 음식을 먹자 알러지 반응이 나타났다.
- B, D, E로 만든 음식을 먹었을 때는 알러지 반응이 나타나지 않았다.

① B, C, D로 만든 음식을 먹자 알러지 반응이 나타났다.
② D, E, F로 만든 음식을 먹자 알러지 반응이 나타났다.
③ C, D, F로 만든 음식을 먹자 알러지 반응이 나타났다.
④ A, D, E로 만든 음식을 먹었을 때는 알러지 반응이 나타나지 않았다.
⑤ C, D, E로 만든 음식을 먹었을 때는 알러지 반응이 나타나지 않았다.

24 다음 [사례]의 문제와 이에 대한 문제점을 바르게 나열한 것을 고르면?

사례

서울 마포경찰서는 도로교통법 위반(난폭운전) 등의 혐의로 강 모 씨(26)와 이 모 씨(27)를 형사 입건했다고 밝혔다. 경찰에 따르면 강 씨와 이 씨는 서울 마포구 마포동 강변북로 일산 방향에서 각각 자기 소유 차량을 몰고 시속 110km 이상 과속하고 무리하게 차선변경을 하다가 교통사고를 낸 혐의를 받는다. 강 씨 등은 차량 4대와 충돌했고 이 중 1대는 차량이 전복됐다.

	문제	문제점
①	운전자의 난폭운전	20대인 운전자
②	20대인 운전자	운전자의 난폭운전
③	무리한 차선변경	교통사고의 발생
④	교통사고의 발생	20대인 운전자
⑤	교통사고의 발생	운전자의 난폭운전

25 다음 [사례]에서 문제해결의 5단계 중 ㉠과 ㉡에 해당하는 단계를 바르게 나열한 것을 고르면?

사례

사회적 기업 T사가 공공데이터를 활용해 환경정보와 기상정보를 애플리케이션과 설치형 키오스크를 통해 지역 주민에게 제공하겠다는 계획을 밝혔다. T사는 기존에 환경부에서 제공하는 환경 및 기상 정보의 유용성이 떨어지는 문제가 있는 것을 발견했다. ㉠ 이는 측정소가 많지 않아 정보의 적용 범위가 방대하고, 데이터 접근이 표준화되어 있지 않아 데이터 확보에 많은 어려움이 있기 때문이라고 판단했다. T사는 문제를 해결하기 위해 기존에 각 지역의 측정소에서만 데이터를 수집하고 표출하던 것을 중앙에서 모든 지역의 측정 데이터를 수집하고 원격으로 관리할 수 있도록 한 오픈 IoT 플랫폼을 개발했다. 나아가 ㉡ 시제품을 제작하여 검증에 착수하였으며, 실증이 완료되면 다중이용시설부터 순차적으로 설치 및 확대해 나갈 계획이다.

	㉠	㉡
①	문제 인식	해결안 개발
②	문제 인식	실행 및 평가
③	문제 도출	원인 분석
④	원인 분석	해결안 개발
⑤	원인 분석	실행 및 평가

26 다음은 해외진출 전략을 도출하기 위한 국내 철도엔지니어링 SWOT 분석 결과일 때, 분석 결과에 기반하여 수립한 전략으로 적절하지 않은 것을 고르면?

[SWOT 분석 결과]

구분	내용
강점(Strength)	• 공기업 협업을 통한 수주활동 • 신기술 경험 축적 및 가격경쟁력 확보 • 한국의 경제성장 모델 및 K-브랜드에 대한 높은 선호도
약점(Weakness)	• 해외 철도사업 수행경험/인력 부족 • 해외 인적 네트워크/정보 수집체계 미흡 • 기업의 영세성으로 진출 및 투자 어려움 • 대규모 민간투자사업 참여 역량 및 관심 부족 • 선진국 대비 외국어 구사력 부족
기회(Opportunity)	• 해외 철도시장 규모의 증가 추세 • 정부 ODA 예산의 확대기조 • 대규모 민간투자사업의 증가
위협(Threat)	• 글로벌 선진엔지니어링 기업의 해외 철도시장 선점 • 현지 로컬 기업 자체 사업 추진 • 장기 민간투자사업의 금융 리스크

[해외 진출 전략]

구분	강점(Strength)	약점(Weakness)
기회(Opportunity)	㉠ K-브랜드와 연계한 한국철도 이미지 제고	㉡ 현지 대사관, 주재기관 등을 통한 국내 철도엔지니어링에 대한 홍보 진행 ㉢ 퇴직 전문가, 현지 기술자 적극 채용 등으로 전문 인력 확보
위협(Threat)	㉣ 해외사업 경쟁력 강화를 위한 기술직원의 외국어 능력향상 교육	㉤ 현지 로컬 기업의 일정 지분 참여를 통한 해외 철도 사업 수행경험 축적

① ㉠　② 　③ ㉢　④ ㉣　⑤ ㉤

[27~28] 다음은 다자녀 행복 할인제도에 대한 자료이다. 이를 바탕으로 질문에 답하시오.

[다자녀 행복 할인제도]

■ 인증방법

온라인과 오프라인으로 신청 가능

• 온라인
  – 정부24를 통한 신청
  – 코레일 홈페이지 접속 후 다자녀 행복 선택
• 오프라인
  전국 읍면동 행정복지센터

■ 할인대상

코레일 멤버십 회원 중 25세 미만 자녀 2명 이상을 둔 회원

• '다자녀 행복 가족정보 인증하기'에서 부모 중 1명의 회원번호로 접속하여 인증 절차를 진행하여 주시기 바랍니다.
• 다자녀 가정 인증 절차가 완료된 경우, 별도 증빙서류 제출 또는 역방문 없이 다자녀 행복 할인승차권 구매가 가능합니다.

※ 단, 다자녀행복 가족정보가 온라인에서 인증이 되지 않은 경우(가족구성원이 주소를 달리하거나 주민등록등본상 표시되지 않을 경우 등)는 가까운 읍면동 행정복지센터를 방문하여 출산서비스 통합처리 신청서를 통해 신청하여 주시기 바랍니다.

■ 할인율

가족 중 최소 3명 이상(어른 1명 포함)이 이용하여야 하며, KTX열차 승차 시 2자녀 가정은 30%, 3자녀 가정은 50% 운임을 할인합니다.

※ 단, 다른 할인과 중복 적용되지 않습니다.

■ 이용방법

• 열차 출발 1개월 전부터 20분 전까지 레츠코레일 홈페이지, 코레일톡, 역창구에서 할인대상 열차 구매 시 할인 가능합니다.
• 할인이 적용된 승차권을 역 창구(고객센터)에서 변경 시 할인은 취소됩니다.
• 1개월 8회 이용 가능합니다.
• 등록된 가족 이외에 다른 사람이 이용하는 경우 할인금액 회수 및 추가로 부가운임을 수수하며, 할인승차권을 다른 사람에게 제공한 회원은 할인 자격이 정지됩니다.
• 역창구에서 다른 승차권으로 변경되지 않으며 환불 신청 후 재구매해야 합니다.

27 **주어진 자료를 이해한 내용으로 적절한 것을 고르면?**

① 가구원 중 청소년 할인 대상자가 포함될 경우 중복 할인이 적용된다.

② 가구원이 모두 성인일 경우 다자녀 행복 할인대상에 해당하지 않는다.

③ 다자녀 가정 인증이 완료된 경우 승차권은 최소 1장부터 최대 가구원수 만큼 예약할 수 있고 모두 할인이 적용된다.

④ 할인이 적용된 승차권을 타인에게 양도할 경우 증빙 서류를 제출해야 한다.

⑤ 다자녀 행복 할인 승차권은 이용 당일에도 구매할 수 있다.

28 **서울에 거주하며 다자녀 행복 할인 대상에 해당하는 정 씨는 부산에서 열리는 지역 축제에 배우자 및 21세, 18세, 12세인 자녀들과 함께 방문하고자 승차권 예약 페이지를 조회하고 있다. 예약 현황상 부산에 갈 때는 특실을, 서울로 다시 올라올 때는 일반실을 이용해야 하고, 정 씨가 탑승하고자 하는 서울–부산 KTX열차의 요금 정보가 다음과 같을 때, 정 씨가 왕복 승차권을 구매하는 데 결제해야 할 총 금액을 고르면?(단, 정 씨 부부는 경로 할인 대상자에 해당하지 않는다.)**

[서울–부산 KTX열차 요금 정보]

특실			일반실		
일반	어린이(6~12세)	경로	일반	어린이(6~12세)	경로
83,700원	53,800원	65,800원	59,800원	29,800원	41,900원

① 268,900원　　② 328,800원　　③ 376,460원

④ 460,320원　　⑤ 657,600원

29 다음 보도자료를 근거로 판단할 때, '이음5G'에 대한 설명으로 적절하지 않은 것을 고르면?

> 코레일이 L전자와 손잡고 5세대 특화 통신망(이음5G)을 기반으로 철도 디지털 혁신에 속도를 내겠다고 밝혔다. 철도 전용 5G 무선통신 네트워크를 구축하고 로봇·AI 등 첨단 기술로 철도산업 디지털 전환에 박차를 가하겠다는 계획이다. '이음5G'는 기존 이동통신망이 아닌 전용 주파수를 이용해 특정 구역 단위로 맞춤형 5G 네트워크를 제공하는 특화망 서비스이다. 초고속 대용량의 안정적 통신망과 더 강화된 보안이 장점이다.
>
> 시범사업 대상은 서울역, 시흥 수도권전철 차량정비 기지, 구로 전철변전소 등 3곳이다. 오는 2026년까지 철도 전용 5G 특화망을 새로 구축하고 로봇, 인공지능(AI), 디지털 트윈 등 4차 산업혁명 기술 솔루션을 적용할 계획이다.
>
> 우선, 서울역은 디지털 트윈과 로봇 기술로 역 운영의 효율성을 높인다. 역사 운영 정보를 3D로 시각화해 실시간 모니터링과 원격제어시스템을 구축할 계획이다. 선로에 장애물이 감지되면 접근 중인 열차가 비상 정차한다거나, 갑자기 환자가 발생한 경우 신속한 응급조치를 지원하는 등 이용객 안전을 강화할 수 있다. 철도 정보를 안내하고 승차권 발권을 돕는 로봇을 도입해 역 혼잡도를 줄이고 5G 기술로 고객 안내사항을 신속하게 표출하는 대형 LED 미디어 파사드를 설치할 계획이다.
>
> 수도권전철 차량을 정비하는 시흥차량기지에서는 5G 특화망의 초고속성과 안정성을 활용해 상태기반 유지보수(CBM, Condition Based Maintenance) 체계를 고도화한다. 차량·선로에 부착된 IoT 데이터를 초고속으로 수집·전송하고, 실시간 AI 분석으로 적절한 정비 방법과 시기를 결정, 시행하는 방식으로 유지보수의 효율성을 높인다. 또, 무거운 물건을 옮길 때 자동제어 가능한 5G 특화망 기반 지능형 물류 로봇으로 작업자 안전사고를 예방하고 작업 시간도 단축한다.
>
> 수도권 주요 철도노선에 전력을 공급하는 구로 전철변전소에는 디지털트윈 기술이 적용된다. 시설물 상태와 이상 징후를 모니터링하는 AI 기반 CCTV 시스템을 설치한다. 변압기 등 안전설비의 이상 여부를 신속하게 진단하는 원격제어 관리 체계로 변전소 운영의 안전성과 효율성이 한층 강화될 것으로 기대된다. 무인감시와 수시 점검 가능한 사족보행 순찰로봇 도입도 추진한다.

① 시범사업 대상은 3곳으로 2026년까지 기술 솔루션을 적용할 예정이다.

② 구로 전철변전소에는 변압기 등 안전설비의 이상 여부를 신속하게 진단하는 원격제어 관리 체계로 변전소 운영의 안전성과 효율성이 한층 강화될 예정이다.

③ 서울역은 5G 특화망의 초고속성과 안정성을 활용해 상태기반 유지보수 체계를 고도화한다.

④ 기존 이동통신망이 아닌 전용 주파수를 이용한다.

⑤ 시흥차량기지에서는 무거운 물건을 옮길 때 자동제어 가능한 5G 특화망 기반 지능형 물류 로봇으로 작업자 안전사고를 예방하고 작업 시간도 단축한다.

30 **다음 글을 근거로 판단한 내용으로 옳지 않은 것을 고르면?**

AI는 방대한 의료 데이터를 분석하여 진단의 정확성을 획기적으로 향상시키고 있다. AI는 의료 영상 분야에서 특히 두드러진 성과를 보인다. 예를 들어, AI 시스템은 MRI 및 CT 스캔을 분석하여 종양, 골절 및 기타 이상 징후를 더욱 정확하게 감지할 수 있다. 아울러 AI는 대량의 환자 데이터를 활용하여 잠재적인 건강 문제를 사전에 예측하는 데 도움을 준다. 이러한 예측 분석은 의료 제공자가 환자의 건강 상태를 모니터링하고 조기에 개입할 수 있는 기회를 제공한다. 마지막으로 AI는 유전체 정보와 환자의 개인 기록을 통합하여 개인 맞춤형 진단을 가능하게 한다.

AI는 헬스케어 운영의 효율성을 크게 향상시키고 있으며, 이는 비용 절감에도 기여하고 있다. AI는 일정 관리, 환자 기록 관리, 청구 처리와 같은 행정 업무를 자동화하여 의료 종사자들이 환자 관리에 더 많은 시간을 할애할 수 있도록 돕는다. 그리고 AI 알고리즘은 환자 입원율, 치료 소요 시간 등을 예측하여 의료 인력을 효율적으로 배치한다. 이를 통해 병원은 자원을 최적화하고, 대기 시간을 줄이며, 환자에게 보다 나은 서비스를 제공할 수 있다.

AI는 환자 관리의 질을 높이고, 전반적인 환자 경험을 개선하는 데 중요한 역할을 하고 있다. 개인화된 접근 방식과 혁신적인 솔루션을 통해 환자와 의료 제공자 간의 소통을 원활하게 하고 있다. AI가 탑재된 웨어러블 기기는 심박수, 혈압, 산소 포화도 등의 중요한 신호를 실시간으로 모니터링한다. 이러한 장치는 환자의 건강 상태를 지속적으로 체크하고, 이상이 감지되면 의료 제공자에게 즉시 경고한다. 또한, AI는 개인화된 건강 대시보드를 통해 환자와 제공자 간의 소통을 원활하게 한다. 환자는 자신의 건강 데이터를 쉽게 확인하고, 이를 기반으로 건강 관리에 적극적으로 참여할 수 있다.

① 만성 질환 환자의 경우, AI는 데이터 패턴을 분석하여 급격한 상태 악화를 예측하고, 이를 기반으로 적절한 치료를 계획할 수 있다.

② AI는 환자의 유전적 특성과 건강 이력을 고려한 맞춤형 치료를 제공할 수 있으며, 이는 보다 효과적인 헬스케어 솔루션으로 이어진다.

③ AI로 인한 병원 운영의 자동화는 인적 오류를 줄이고, 업무의 일관성을 높이며 의료진의 업무 부담을 경감한다.

④ AI의 의료적 접근은 환자가 자신의 건강을 의료진에게 의존하게 만들어 치료 효과를 높이는 데 기여한다.

⑤ AI는 방사선사의 진단을 보조하여 초기 단계에서 질병을 발견할 수 있게 도와준다.

KORAIL
코레일
100% 새 문항
봉투모의고사

2024년 10월 19일 시행

전공 기출복원 모의고사

※ 본 모의고사는 2024년 상반기 시행 직무수행능력평가(전공) 중 경영학의 기출복원 자료를 바탕으로 재구성하였고, 2024년 하반기 시행 직무수행능력평가(전공) 중 기계일반, 전기일반의 기출복원 자료를 바탕으로 재구성하였습니다.

전공	문항 수	페이지	권장 풀이 시간
경영학	30문항	P.3~12	30분
기계일반	30문항	P.13~20	
전기일반	30문항	P.21~29	

※ 필기시험은 시험 과목 간 세부 시간의 구분 없이 70문항을 70분 내에 풀이하여야 하므로, 권장 풀이 시간 내에 문제 푸는 연습을 해보세요.

현재 나의 실력을 객관적으로 파악해 보자!

모바일 OMR

답안채점 / 성적분석 서비스

도서에 수록된 모의고사에 대한 객관적인 결과(정답률, 순위)를 종합적으로 분석하여 제공합니다.

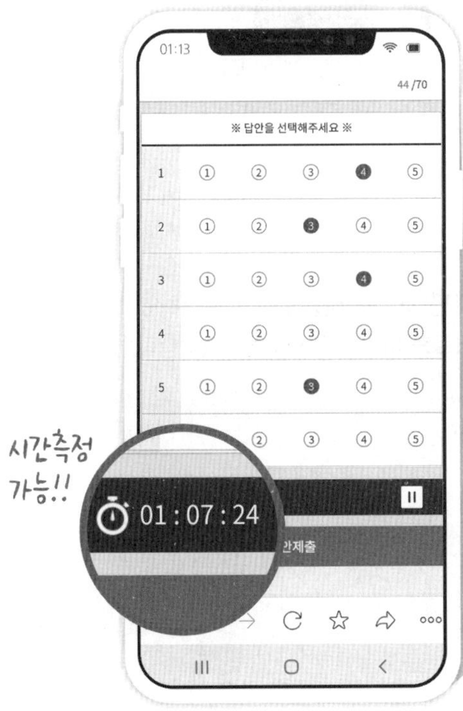

성적분석

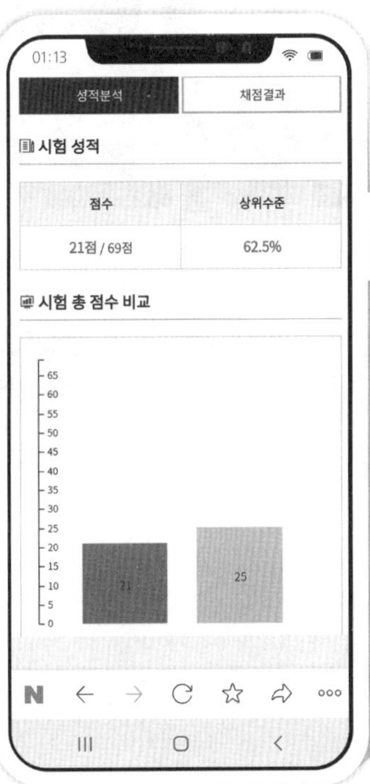

채점결과

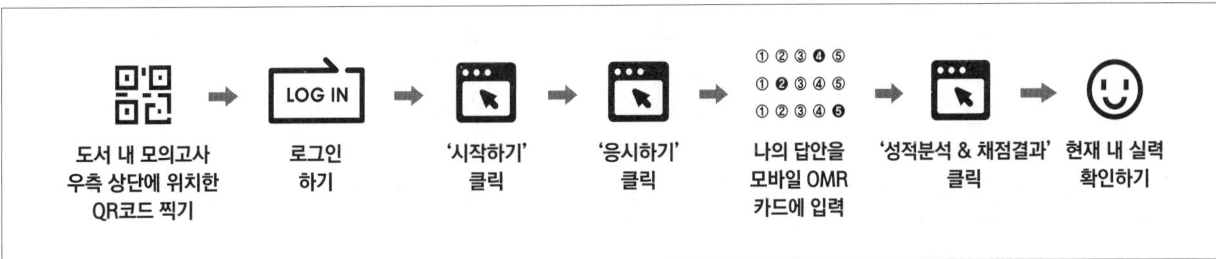

※OMR 답안채점 / 성적분석 서비스는 등록 후 30일간 사용 가능합니다.

2024년 4월 6일 시행

전공 기출복원 모의고사(경영학)

모바일 OMR
바로가기

정답과 해설 P.32

01 테일러(F.W.Taylor)의 과학적 관리법의 특징으로 옳지 않은 것을 고르면?

① 과업관리
② 작업지도표 제도
③ 차별적 성과급제
④ 기능식 직장 제도
⑤ 컨베이어 시스템

02 다음 [보기]에서 경영학의 발전 순서를 바르게 배열한 것을 고르면?

보기

가. 인간관계론(메이요와 뢰슬리스버거)
나. 경영관리론(페이욜)
다. 과학적 관리론(테일러)
라. 상황이론(우드워드, 톰슨 등)

① 가 – 다 – 나 – 라
② 나 – 가 – 다 – 라
③ 나 – 다 – 라 – 가
④ 다 – 가 – 나 – 라
⑤ 다 – 나 – 가 – 라

03 기업 환경 분석에서 모든 기업에 공통적으로 영향을 미치는 환경인 거시적 환경(Macro environment)으로 옳지 않은 것을 고르면?

① 유통경로에서 발생하는 경쟁자와 협력업자 환경
② 국가의 경제정책과 같은 경제적 환경
③ 디지털, 네트워크와 같은 기술적 환경
④ 문화와 가치관 같은 사회적 환경
⑤ 각종 규제와 같은 법률적 환경

04 **노나카의 지식변환 과정에 대한 설명으로 옳지 않은 것을 고르면?**

① 지식변환은 사회화 → 표출화 → 연결화 → 내면화의 과정을 거친다.

② 지식변환은 암묵지와 형식지의 상호작용으로 원천이 되는 지의 축과 변환되어 나온 결과물로서의 지의 축을 이루는 매트릭스로 표현된다.

③ 지식변환 과정은 개인, 집단, 조직의 차원으로 나선형으로 회전하면서 공유되고 발전해 나가는 창조적 프로세스이다.

④ 사회화는 암묵지에서 암묵지로 변환하는 과정으로 주로 경험을 공유하면서 지식이 전수되고 창조가 일어난다.

⑤ 4가지 지식변환 과정은 각기 독립적으로 진행되며 상호배타적으로 작용한다.

05 **다음 [보기]에서 마이클 포터가 말한 가치창출(Value Chain) 활동 중 본원적 활동에 해당하는 것으로만 묶인 것을 고르면?**

보기

㉠ 조달 및 구매활동	㉡ 기획 및 재무관리활동
㉢ 생산운영 활동	㉣ 마케팅과 영업활동
㉤ 인적자원관리	㉥ 기업의 사후서비스

① ㉠, ㉡　　② ㉠, ㉢　　③ ㉠, ㉡, ㉣

④ ㉡, ㉤, ㉥　　⑤ ㉢, ㉣, ㉥

06 **조직화는 지각의 대상이 하나의 이미지 형태로 형성되는 과정이라 할 수 있다. 다음 중 조직화의 형태에 해당하지 않는 것을 고르면?**

① 집단화(범주화)　　② 폐쇄화　　③ 단순화

④ 개별화　　⑤ 전경-배경의 원리

07 **조직시민행동(Organizational Citizenship Behavior)의 여러 유형 중 다른 사람에 대해 기본적인 배려심을 베푸는 행동을 지칭하는 것을 고르면?**

① 예의행동(courtesy)
② 이타적 행동(altruism)
③ 공익적 행동(civic virtue)
④ 스포츠맨십 행동(sportsmanship)
⑤ 양심적 행동(conscientiousness)

08 **동기부여 이론 중 내용 이론에 관한 설명으로 가장 옳지 않은 것을 고르면?**

① 매슬로우(A.Maslow)의 욕구단계 이론에 의하면 자아실현이 최상위의 욕구이다.
② 허즈버그(F.Herzberg)의 2요인 이론에 의하면 금전적 보상은 위생요인에 속한다.
③ 알더퍼(C.Alderfer)의 ERG 이론은 존재욕구, 관계욕구, 성장욕구로 구분하여 설명한다.
④ 아담스(J.Adams)의 공정성 이론은 내용이론 중 자신의 보상에 관련된 동기를 다룬다.
⑤ 맥클리랜드(D.McClelland)는 성취욕구, 권력욕구, 친교욕구로 구분하여 설명한다.

09 **다음 중 집단응집성(Group cohesiveness)의 증대 요인으로 옳지 않은 것을 고르면?**

① 구성원의 동질성
② 성공적인 목표 달성
③ 집단 내 경쟁
④ 집단 간 경쟁
⑤ 구성원 간 높은 접촉 빈도

10 **통합적 협상과 대비되는 분배적 협상의 특성에 해당되는 것을 고르면?**

① 협상의 합리적 측면에 초점을 맞추고 있으며 공유된 이익이 중요하다.
② 장기적 관계를 형성한다.
③ 정보 공유를 통해 각 당사자의 관심을 충족시킨다.
④ 당사자 사이의 이해관계보다 각 당사자의 입장에 초점을 맞춘다.
⑤ 양 당사자 모두 만족할 만큼의 파이를 확대한다.

11 **직무평가(Job evaluation)와 관련된 설명으로 가장 옳은 것을 고르면?**

① 직무평가는 직무기술서와 직무명세서를 활용하며, 직무평가의 결과는 직무급 산정의 기초자료가 된다.
② 직무평가는 현재의 직무 수행 방식의 장점과 단점을 평가하는 과정이다.
③ 서열법은 직무의 수가 많고 직무의 내용이 복잡한 경우에 적절한 평가 방법이다.
④ 분류법은 핵심이 되는 몇 개의 기준 직무를 선정하고, 평가하고자 하는 직무의 평가요소를 기준 직무의 평가요소와 비교하는 방법이다.
⑤ 직무평가를 통하여 직무의 절대적 가치를 산출한다.

12 **인적자원의 수요 및 공급계획에 대한 설명으로 가장 적절하지 않은 것을 고르면?**

① 마코프체인 기법(Markov chain method)에서는 전이확률행렬을 이용하여 인력의 수요량을 예측한다.
② 마코프체인 기법은 경영환경이 급격하게 변동하는 경우에 적합한 기법이다.
③ 기술목록(Skill inventory)에는 종업원 개인의 학력, 직무경험, 기능, 자격증, 교육훈련 경험이 포함된다.
④ 델파이 기법(Delphi method)은 전문가 집단을 대상으로 한 질문지를 통해 의견을 종합하여 미래의 인력 수요를 예측하는 비구조적 기법이다.
⑤ 조직의 규모가 급격하게 성장하고, 전략적 변화가 필요할 때에는 외부모집이 적절하다.

13 **직무분석법 중 다음 [보기]에서 설명하는 기법을 고르면?**

보기

이 기법은 여러 직무활동을 동시에 기록하여 전체 직무의 모습을 파악할 수 있다는 장점이 있으나, 직무성과가 외형적일 경우에만 적용이 가능하다는 단점이 있다.

① 관찰법 ② 면접법 ③ 질문지법
④ 중요사건법 ⑤ 워크샘플링법

14 **다음 [보기]에서 기업의 성과분배제도에 대한 설명으로 옳은 것의 개수를 고르면?**

보기

㉠ 단순성과급제는 제품 단위당 임률에 생산량을 곱하여 임금을 계산하는 방식이다.
㉡ 집단성과분배제는 목표 수준 이상의 이익이 발생했을 때 구성원에게 분배하는 제도이며, 이윤분배제도는 이익의 증가나 비용 감소 등 경영성과를 구성원에게 분배하는 제도이다.
㉢ 럭커플랜은 부가가치의 증대를 목표로 하여 이를 노사협력체제에 의하여 달성하고, 초과된 생산성 향상분인 부가가치를 인센티브로 분배하는 제도이다.
㉣ 스캔론플랜은 실제 산출액에서 기대 산출액을 차감한 모든 비용 절약분을 배분하는 제도이다.
㉤ 메릭식은 복률성과급에 해당하며, 3단계 임률을 사용하는 제도이다.

① 1개 ② 2개 ③ 3개
④ 4개 ⑤ 5개

15 **인터넷을 통한 전자상거래인 e-business에 있어 기업 측면의 장점에 해당하지 않는 것을 고르면?**

① 신속한 고객 서비스
② 유통비용 절감을 통한 효율성 재고
③ 고객 정보의 획득 및 데이터베이스 구축 가능
④ 구매 의사결정력의 향상
⑤ 오류 및 재작업의 감소

16 **데이터베이스 마케팅에 대한 설명 중 가장 올바르지 않은 것을 고르면?**

① 기존 고객에 대한 정보 자료를 활용하지만 기존 고객의 충성도 향상뿐만 아니라 잠재고객을 개발하는 용도에도 활용된다.
② 기존 고객의 평생 혹은 생애가치에 대한 평가가 데이터베이스 마케팅의 중요한 부분을 차지한다.
③ 데이터베이스 마케팅은 시장세분화, 목표시장 선정 및 포지셔닝(STP) 작업 전에 선행되어야 한다.
④ 정보통신 기술을 활용하여 고객에 대한 과학적인 정보를 수집·정리·평가에 활용하고자 하는 마케팅으로, 특히 개별 고객의 구매 행태를 파악하는 것이 매우 중요하다.
⑤ 단일 방향 소통으로 고객과 1:1 관계를 구축하여 즉각적인 반응을 확인할 수 있다.

17 적시 생산(Just in time) 시스템의 특성이 아닌 것을 고르면?

① 푸시 시스템(Push system)
② 칸반 생산
③ 리드타임의 단축
④ 낭비 요소의 지속적 개선
⑤ 빠른 생산 준비 시간

18 재고 유형에 관한 설명이 다음과 같을 때, 빈칸 A～D에 들어갈 내용이 바르게 짝지어진 것을 고르면?

재고 유형	설명
(A)	경제성을 위해 필요 이상 구입하거나 생산하여 남은 재고
(B)	수요나 생산의 불확실성에 대비하여 보유하는 재고
(C)	향후 급격한 수요 증가에 대비하여 사전에 확보한 재고
(D)	값이 오를 때를 대비하여 농산물 등을 비축하는 재고

	A	B	C	D
①	주기재고	안전재고	예비재고	투기재고
②	주기재고	대응재고	예비재고	순환재고
③	주기재고	예비재고	수요재고	투기재고
④	필요재고	안전재고	예비재고	수송 중 재고
⑤	필요재고	예비재고	대응재고	예방재고

19 다음 중 생산공정에 대한 설명으로 옳은 것을 고르면?

① 고객화가 낮은 저가품 단일시장은 프로젝트 공정(Project process)을 요구한다.
② 단속적 생산공정(Intermittent process)은 대량 생산공정(Mass production process)보다 더 많은 자본을 요구한다.
③ 연속 생산공정은 다품종 소량 생산의 제품 흐름에 적합하다.
④ 단속 생산공정의 경우 연속 생산공정에 비해 단위당 생산원가가 높다.
⑤ 연속공정은 제품이 표준화되어 있지 않거나 생산 수량이 많을 때 적합하다.

20 **제품수명주기 이론상 제품의 '성장기'에 해당 기업이 취할 수 있는 보편적인 전략으로 가장 적합한 것을 고르면?**

① 조기 사용 유도를 위한 강력한 촉진 전략을 수행한다.

② 기존 제품의 품질이나 특성 등을 수정하여 신규고객을 유인하거나 기존 고객의 사용빈도를 높인다.

③ 시장점유율을 증대시키기 위해 가능한 한 점포 수를 확장하는 집약적 유통을 구축한다.

④ 제품의 전문화 및 브랜드 전략을 강화한다.

⑤ 기존 마케팅믹스를 수정하여 가격 할인을 시도하거나 공격적인 비교 광고를 시행한다.

21 **다음 중 전문품(Specialty goods)에 대한 설명과 가장 거리가 먼 것을 고르면?**

① 주로 구매력이 있는 소비자들을 대상으로 판촉 활동을 실시하는 것이 효과가 크다.

② 소비자가 특정 상표에 대해 가장 강한 상표 충성도를 보인다.

③ 제품에 대한 사전 지식에 의존하지 않고 주로 구매 시점에 제품 특성을 비교평가 후 구매하는 제품이다.

④ 제품의 차별성과 소비자 관여도가 매우 높다.

⑤ 전속적 혹은 선택적 유통경로의 구축이 더욱 바람직하다.

22 **마케팅 담당자가 직면하는 수요의 상황(8가지 유형)과 그 개념으로 옳은 것을 고르면?**

① 부정적 수요는 소비자들이 제품을 알지 못하거나 무관심한 상태(또는 상황)를 의미한다.

② 잠재적 수요는 소비자들이 시장에 나와 있는 모든 제품을 적절하게 구입하고자 하는 상태(또는 상황)를 의미한다.

③ 감퇴적 수요는 수요가 줄어든 상태에서 수요를 다시 부활시키는 재마케팅이 필요하다.

④ 불건전한 수요는 소비자의 구매가 계절별·월별·주별·일별·시간대별로 변화하는 수요를 의미한다.

⑤ 초과 수요는 소비자들이 현존 제품으로 만족할 수 없는 강한 욕구를 갖고 있는 상태(또는 상황)를 의미한다.

23 STP 전략에서 주로 사용하는 시장세분화 변수 중 구매행동적 변수(Behavioral variables)에 해당하지 않는 것을 고르면?

① 가족 생애주기　② 사용률　③ 충성도 수준
④ 사용 경험　⑤ 추구하는 편익

24 다음 [보기]에서 포지셔닝 전략에 대한 설명으로 옳지 않은 것을 모두 고르면?

보기

㉠ 포지셔닝은 소비자들이 경쟁업체와 비교하여 브랜드의 결정이나 제품 선택에 영향을 주는 요인들을 고려하여 지각 형성을 위한 제품 및 브랜드를 소비자들에게 위치시키는 것을 말한다.
㉡ 이미지 포지셔닝은 제품이 특정 사용자층에 적합한 것으로 포지셔닝하는 방법이다.
㉢ 사용 상황에 의한 포지셔닝은 제품이 사용될 수 있는 사용 상황을 제시함으로써 포지셔닝하는 방법이다.
㉣ 사용자에 의한 포지셔닝은 제품의 기능적 편익 등을 경쟁 제품과 차별화하여 소비자에게 인식시키기 위한 방법이다.
㉤ 경쟁 제품에 의한 포지셔닝은 소비자가 인식하고 있는 기존 경쟁 제품과 비교함으로써 자사 제품의 편익을 강조하는 방법이다.

① ㉠, ㉡　② ㉠, ㉤　③ ㉡, ㉣
④ ㉢, ㉣　⑤ ㉢, ㉤

25 소비재 시장(B2C)과 비교한 산업재 시장(B2B)의 특성과 가장 거리가 먼 것을 고르면?

① 공급자와 구매자의 밀접한 관계가 형성되어 있다.
② 산업재 시장의 구매자는 전문적 구매를 하는 경향이 있다.
③ 산업재 수요는 궁극적으로 소비재 수요로부터 파생된다.
④ 산업재 수요는 소비재 수요에 비해 가격 탄력적이다.
⑤ 산업재는 직접 거래가 빈번하다.

26 **풀 전략(Pull strategy)과 푸시 전략(Push strategy)에 대한 설명으로 옳지 않은 것을 고르면?**

① 제조업자가 자신의 표적시장을 대상으로 직접 촉진하는 것은 풀 전략이다.

② 풀 전략은 제조업자 제품에 대한 소비자의 수요를 확보함으로써, 유통업자들이 자신의 이익을 위해 제조업자의 제품을 스스로 찾게 만드는 전략이다.

③ 푸시 전략은 제조업자가 유통업자들에게 직접 촉진하는 전략이다.

④ 제조업체가 중간상을 상대로 인적 판매, 구매 시점 디스플레이를 제공하는 것은 푸시 전략이다.

⑤ 일반적으로 푸시 전략의 경우 인적 판매보다 TV 광고가 효과적이다.

27 **품질검사의 종류 중 판정 대상에 의한 검사 방법으로 품질을 간접적으로 보증해 주는 방법에 해당하는 것을 고르면?**

① 전수검사 ② 로트별 샘플링검사 ③ 관리 샘플링검사
④ 무검사 ⑤ 자주검사

28 **인적자원관리를 위한 직무충실화(Job enrichment)에 대한 내용으로 옳지 않은 것을 고르면?**

① 근로자에게 과업을 수행하는 데 필요한 권한을 위임한다.

② 종업원에게 과업 수행상의 유연성을 허용한다.

③ 직무내용을 고도화하여 직무의 질을 높인다.

④ 종업원이 자신의 성과를 스스로 추적하고 측정하도록 한다.

⑤ 동일한 유형의 더 많은 직무로 직무량을 확대한다.

29 신제품의 경우 기존 자료가 없어서 보완 제품이나 대체 제품, 경쟁 제품 등의 자료를 사용하여 수요를 예측하기도 한다. 이러한 수요 예측 방법에 관한 용어로 가장 옳은 것을 고르면?

① 패널동의법(Panel discussion)
② 델파이법(Delphi method)
③ 역사적 유추법(Historical analogy)
④ 시나리오 기법(Scenario technique)
⑤ 회귀분석법(Regression method)

30 Garvin에 따르면 품질을 평가할 때 그 대상이 되는 제품의 성능이나 성질을 품질의 구성요소(특성)라고 한다. 이에 해당하지 않는 것을 고르면?

① 지각된 품질
② 구체성
③ 신뢰성
④ 적합성(일치성)
⑤ 심미성

2024년 10월 19일 시행

전공 기출복원 모의고사(기계일반)

모바일 OMR 바로가기

정답과 해설 P.42

01 다음 중 초킹(Choking) 현상에 대한 설명으로 가장 거리가 먼 것을 고르면?

① 초음속 유동에서만 발생하는 현상이다.

② 목 부분에서 압력이 감소하여 발생한다.

③ 질량 유량을 증가시키면 발생할 수 있다.

④ 노즐 설계 시 고려해야 하는 중요한 요소이다.

⑤ 유체의 흐름 속도가 음속에 도달하여 더 이상 질량 유량이 증가하지 않는다.

02 파스칼의 원리를 이용한 장치의 장점으로 가장 적절한 것을 고르면?

① 무게를 줄일 수 있다.

② 부피를 줄일 수 있다.

③ 마찰력을 줄일 수 있다.

④ 에너지 소비량을 줄일 수 있다.

⑤ 작은 힘으로 큰 일을 할 수 있다.

03 다음 중 정상 유동에 대한 설명으로 가장 거리가 먼 것을 고르면?

① 비정상 유동에 비해 해석이 간단하다.

② 유동장의 형상이 시간에 따라 변하지 않는다.

③ 유선이 시간에 따라 변하지 않고 고정되어 있다.

④ 유적선이 시간에 따라 변하지 않고 고정되어 있다.

⑤ 유체의 속도, 압력 등 모든 유체역학적 성질이 시간에 따라 변하지 않는다.

04 다음 중 관의 손실수두를 증가시키는 요인으로 가장 적절하지 않은 것을 고르면?

① 유속 증가　　② 관의 길이 증가　　③ 관의 직경 감소

④ 유체의 점도 감소　　⑤ 관 내벽의 거칠기 증가

05 3차원 공간에서 작용하는 세 가지 주응력 σ_1, σ_2, σ_3에 대해 각 축 방향의 변형률이 ε_1, ε_2, ε_3라고 할 때, 체적 변형률 ε_v를 바르게 설명한 것을 고르면?

① $\varepsilon_v=\varepsilon_1\varepsilon_2\varepsilon_3$
② $\varepsilon_v=\varepsilon_1+\varepsilon_2+\varepsilon_3$
③ $\varepsilon_v=(\varepsilon_1+\varepsilon_2+\varepsilon_3)^2$
④ $\varepsilon_v=3(\varepsilon_1+\varepsilon_2+\varepsilon_3)$
⑤ $\varepsilon_v=\frac{1}{3}(\varepsilon_1+\varepsilon_2+\varepsilon_3)$

06 원관에서 수력직경(Dh)과 수력반경(Rh)의 관계를 고르면?

① $Dh=Rh$
② $Dh=2Rh$
③ $Dh=4Rh$
④ $Dh=\frac{Rh}{4}$
⑤ 위의 어떤 것도 아님

07 코일 스프링에서 스프링의 평균 지름을 4배로 하면 선재에 생기는 최대 전단응력은 몇 배인지 고르면?(단, 코일을 만드는 스프링 선재의 지름은 동일하다.)

① 2배
② 4배
③ 6배
④ 8배
⑤ 변함없다.

08 다음 중 절대 압력을 사용하는 이유와 가장 거리가 먼 것을 고르면?

① 열역학 계산에 정확성을 높여준다.
② 대기압의 변화에 영향을 받지 않는다.
③ 압력 측정 기기를 간단하게 만들 수 있다.
④ 다양한 시스템 간의 압력 비교를 용이하게 한다.
⑤ 진공 시스템에서 압력을 정확하게 측정할 수 있다.

09 몰리에르 선도의 습증기 구간에서 등온선에 대한 설명으로 옳은 것을 고르면?

① 등온선은 항상 수평선이다.
② 등온선의 기울기는 항상 양수이다.
③ 등온선의 기울기는 항상 음수이다.
④ 등온선은 습증기 영역에서는 존재하지 않는다.
⑤ 등온선의 기울기는 습증기의 건도에 따라 달라진다.

10 다음 중 랭킨 사이클의 가장 큰 특징을 고르면?

① 등온 팽창 과정을 포함한다.
② 작동 유체가 상변화를 거치면서 일을 한다.
③ 외부에서 연료를 지속적으로 공급해야 한다.
④ 열에너지를 기계적인 일로 변환하는 사이클이다.
⑤ 높은 온도에서 열을 받아 낮은 온도로 열을 방출한다.

11 탄성계수 E가 300GPa이고, 푸아송의 비 η가 0.25인 재료가 있다. 이 재료의 전단 탄성계수 G를 고르면?

① 60GPa ② 80GPa ③ 100GPa
④ 120GPa ⑤ 200GPa

12 평판 하류쪽으로 갈수록 경계층이 어떻게 변화하는지에 대한 설명으로 옳은 것을 고르면?

① 두께가 감소하며, 난류 상태로 전환된다.
② 두께가 감소하며, 층류 상태가 유지된다.
③ 두께가 증가하며, 난류 상태로 전환된다.
④ 두께가 일정하게 유지되며, 난류 상태가 지속된다.
⑤ 두께가 일정하게 유지되며, 층류 상태가 지속된다.

13 1,200K의 고온원으로부터 800kJ의 에너지를 받아서 400K의 저온원으로 300kJ의 에너지를 방출하는 열기관이 있다. 이 기관의 효율(η)과 Clausius 부등식의 만족 여부를 고르면?

① η=41.7%, 만족한다.

② η=41.7%, 만족하지 않는다.

③ η=50.0%, 만족한다.

④ η=62.5%, 만족한다.

⑤ η=62.5%, 만족하지 않는다.

14 집중 하중을 받고 있는 단순보 A와 양단 고정보 B가 있다. 이 보들의 최대 처짐량의 비를 고르면?(단, 보의 굽힘강성 EI는 일정하다.)

① A:B=1:3　② A:B=1:4　③ A:B=3:2

④ A:B=3:1　⑤ A:B=4:1

15 연강 축의 길이 1[m]당 비틀림으로 변형된 각도가 0.25° 이내가 되도록 설계하는 이유를 고르면?

① 축의 길이를 줄이기 위해

② 축의 무게를 줄이기 위해

③ 축의 내구성을 높이기 위해

④ 축의 제조 비용을 절감하기 위해

⑤ 축의 회전 속도를 증가시키기 위해

16 다음 중 비열비가 가장 작을 것으로 예상되는 물질을 고르면?

① 헬륨(He)　② 산소(O_2)　③ 질소(N_2)

④ 메탄(CH_4)　⑤ 프로판(C_3H_8)

17 **백점이 발생하면 주조 금속의 어떤 특성이 저하될 가능성이 높은지 고르면?**

① 연성　　② 경도　　③ 인성
④ 강도　　⑤ 전기 전도성

18 **오일러 공식을 이용하여 장주 설계 시 적용하는 단말계수(n) 크기에 대한 부등호의 방향으로 옳은 것을 고르면?**

① 1단고정, 타단자유 > 1단힌지, 타단힌지
② 1단힌지, 타단힌지 > 1단힌지, 타단고정
③ 1단힌지, 타단고정 > 1단고정, 타단고정
④ 1단고정, 타단고정 > 1단힌지, 타단힌지
⑤ 1단고정, 타단자유 > 1단고정, 타단고정

19 **합금강이 내열성이 뛰어난 이유를 가장 잘 설명한 것을 고르면?**

① 탄소량이 적기 때문이다.
② 열처리를 하지 않기 때문이다.
③ 몰리브덴과 같은 원소가 포함되어 있다.
④ 높은 열전도성을 가지고 있기 때문이다.
⑤ 일반 강철보다 내식성이 뛰어나기 때문이다.

20 **다음 중 고용체에 대한 설명으로 가장 옳은 것을 고르면?**

① 금속이 액체 상태로 녹아 있는 상태이다.
② 고체 상태에서 원소가 기체 상태로 전환되는 과정이다.
③ 결정 구조 내에 특정 원소가 침입 위치를 차지하는 상태이다.
④ 두 개 이상의 원소가 고체 상태에서 균일하게 분포되어 있는 상태이다.
⑤ 한 원소가 다른 원소의 결정 구조를 완전히 대체하고있는 상태를 말한다.

21 다음 중 중력 순환 급유 방식의 단점으로 볼 수 있는 것을 고르면?

① 설치가 간단하다.
② 펌프가 필요 없다.
③ 급유량 조절이 어렵다.
④ 초기 투자 비용이 적다.
⑤ 별도의 전원 공급이 필요 없다.

22 다음 중 유동성을 좋게 하고 고온에서의 강도와 경도를 유지하며 내열성을 증가시키는 데 가장 효과적인 합금원소를 고르면?

① 탄소(C) ② 크롬(Cr) ③ 규소(Si)
④ 바나듐(V) ⑤ 몰리브덴(Mo)

23 회주철에서 가장 일반적으로 발견되는 흑연의 형태를 고르면?

① 구상흑연 ② 편상흑연 ③ 괴상흑연
④ 편석흑연 ⑤ 장미상흑연

24 어떤 장치에 63kJ의 열을 공급하였더니 외부에 대하여 63kJ의 일을 행하였다. 내부에너지의 증가량을 구하면?

① 43kJ 증가 ② 43kJ 감소 ③ 0kJ(변화 없음)
④ 83kJ 증가 ⑤ 83kJ 감소

25 다음 중 부싱 체인에 대한 설명으로 가장 적절한 것을 고르면?

① 롤러를 사용하여 마찰을 최소화하고, 높은 효율을 자랑한다.

② 높은 속도와 하중을 견딜 수 있는 체인으로, 컨베이어 시스템에 주로 사용된다.

③ 소음이 매우 적어 정밀 기기에 주로 사용되며, 링크를 겹겹이 쌓아 올린 구조이다.

④ 강한 링크로 구성되어 중량물을 들어 올리는 데 사용되며, 크레인 등에 많이 사용된다.

⑤ 핀과 부싱으로 구성되어 있으며, 엔진 타이밍 조절 등 저속, 저하중 조건에서 주로 사용된다.

26 철과 함께 오스테나이트 안정화를 돕는 원소가 바르게 짝지어진 것을 고르면?

① 니켈(Ni) – 구리(Cu)
② 니켈(Ni) – 텅스텐(W)
③ 니오븀(Nb) – 구리(Cu)
④ 텅스텐(W) – 바나듐(V)
⑤ 텅스텐(W) – 티타늄(Ti)

27 어떤 베어링의 회전수가 400rpm이고, 외부 지름이 50mm, 축의 지름이 20mm이며, 베어링의 폭이 50mm인 경우 폭경비를 고르면?

① 0.25
② 0.5
③ 1
④ 2
⑤ 2.5

28 자동차 서스펜션에 사용되는 고무 스프링은 다양한 하중을 받는데, 이를 무엇이라고 하는지 고르면?

① 복합 하중
② 인장 하중
③ 압축 하중
④ 진동 하중
⑤ 비틀림 하중

29 기어가 맞물려 돌아갈 때 스코링에 의한 손상을 가장 잘 설명한 것을 고르면?

① 균열 ② 변색 ③ 비틀림
④ 탄성 변형 ⑤ 긁힌 자국

30 웜기어의 작동 방식에 대한 설명으로 옳지 않은 것을 고르면?

① 소음이 적다.
② 마모에 강하다.
③ 높은 정밀도를 가진다.
④ 회전 속도를 증가시킨다.
⑤ 부드러운 작동을 제공한다.

모바일 OMR 바로가기

2024년 10월 19일 시행

전공 기출복원 모의고사(전기일반)

정답과 해설 P.49

01 정전용량이 C인 콘덴서가 3개 있을 때, 이것을 모두 병렬 접속하는 경우의 합성 정전용량을 C_1, 모두 직렬 접속하는 경우의 합성 정전용량을 C_2라고 할 때, C_1과 C_2의 관계는 어떻게 되는지 고르면?

① $C_1=9C_2$　② $C_1=3C_2$　③ $C_1=\frac{1}{3}C_2$

④ $C_1=\frac{1}{6}C_2$　⑤ $C_1=\frac{1}{9}C_2$

02 다음 그림과 같이 A, B, C 각 지점에 전하가 존재할 때, B지점의 전하에 가해지는 힘의 작용 방향과 힘의 크기[N]를 고르면?(단, $\frac{1}{4\pi\varepsilon_0}=9\times10^9$이다.)

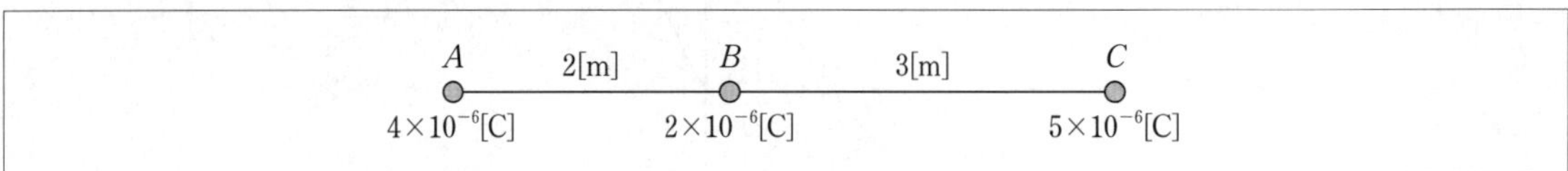

① B → A 방향이며, 힘의 크기는 28×10^{-3}[N]이다.

② B → C 방향이며, 힘의 크기는 28×10^{-3}[N]이다.

③ B → A 방향이며, 힘의 크기는 8×10^{-3}[N]이다.

④ B → C 방향이며, 힘의 크기는 8×10^{-3}[N]이다.

⑤ 작용 방향은 없으며, 힘의 크기는 8×10^{-3}[N]이다.

03 20[A]의 전류가 흐르는 무한 직선도체가 있다. 이 도체의 중심에서 2[m] 떨어진 지점의 자계[AT/m]를 고르면?

① 10π　② 5π　③ $\frac{5}{\pi}$

④ $\frac{10}{\pi}$　⑤ $\frac{15}{\pi}$

04 다음과 같은 정삼각형 형상의 도체의 각 꼭짓점에 5×10^{-6}[C]의 점전하가 위치하고 있을 때, 정삼각형 도체 중심 P점에서의 전계의 세기(E)와 전위(V)를 고르면?(단, 각 꼭짓점에서 중심 P점까지의 거리는 3[m]이며, $\frac{1}{4\pi\varepsilon_0}=9\times10^9$이다.)

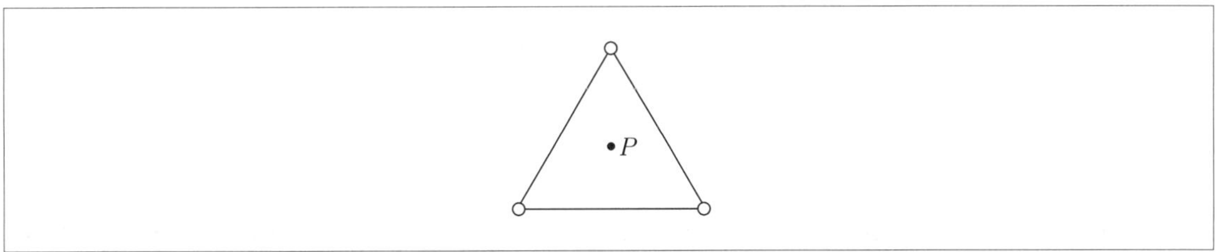

① $E=0$[V/m], $V=15\times10^3$[V]
② $E=0$[V/m], $V=45\times10^3$[V]
③ $E=15\times10^3$[V/m], $V=45\times10^3$[V]
④ $E=45\times10^3$[V/m], $V=45\times10^3$[V]
⑤ $E=45\times10^3$[V/m], $V=0$[V]

05 다음은 자성체의 히스테리시스 곡선을 나타낸 것이다. 이에 대한 설명으로 옳지 않은 것을 고르면?

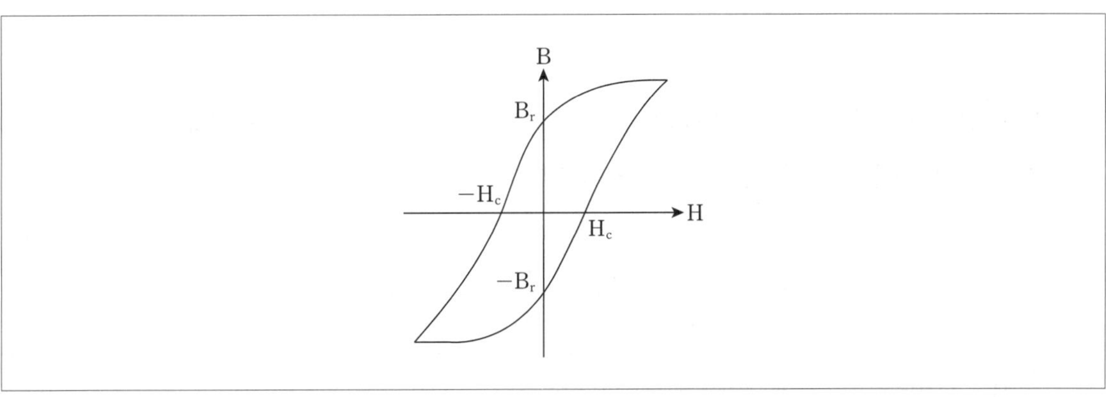

① 곡선의 H_r은 보자력을 의미한다.
② 곡선의 B_r은 잔류자기를 의미한다.
③ 영구자석으로 사용되는 재료는 B_r과 H_r이 모두 커야 한다.
④ 전자석으로 사용되는 재료는 B_r은 크고, H_r은 작고, 히스테리시스 곡선의 면적은 작아야 한다.
⑤ 히스테리시스 손실은 부하손 중에서 동손으로 분류된다.

06 평행하게 배치된 두 개의 무한 직선도체에 같은 방향으로 전류가 흐르고 있을 때, 두 평행 도체 간에 작용하는 단위 길이당 힘(F)과 작용력의 종류를 고르면?

① $F=\frac{2\mu_0 I_1 I_2}{r}$[N/m], 흡입력
② $F=\frac{2\mu_0 I_1 I_2}{r}$[N/m], 반발력
③ $F=\frac{\mu_0 I_1 I_2}{2\pi r}$[N/m], 흡입력
④ $F=\frac{\mu_0 I_1 I_2}{2\pi r}$[N/m], 반발력
⑤ $F=\frac{\mu_0 I_1 I_2}{2r}$[N/m], 흡입력

07 다음의 회로에서 전류 I[A]를 고르면?

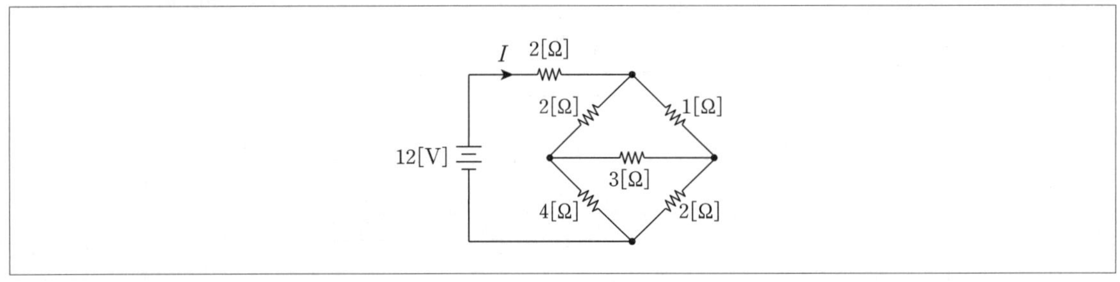

① 1 ② 2 ③ 3
④ 4 ⑤ 6

08 저항이 6[Ω], 유도성 리액턴스가 8[Ω]인 RL직렬회로에 $v(t)=200\sqrt{2}\sin wt$[V]의 전압을 인가하는 경우에 회로의 소비전력[kW]을 고르면?

① 1.2 ② 1.5 ③ 1.8
④ 2.4 ⑤ 3.2

09 다음 회로에서 a와 b 사이의 전압이 20[V]인 경우, 회로에 인가되는 전압 V[V]을 고르면?

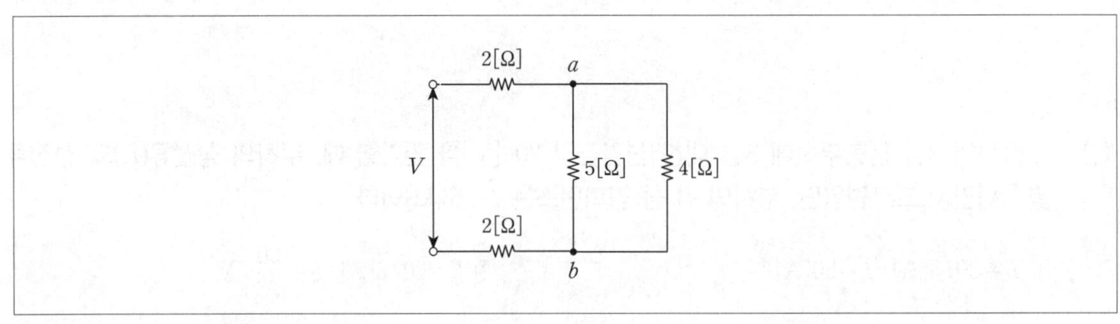

① 38 ② 42 ③ 48
④ 52 ⑤ 56

10 다음 회로에서 루프전류 I_1과 I_2는 각각 몇 [A]인지 고르면?

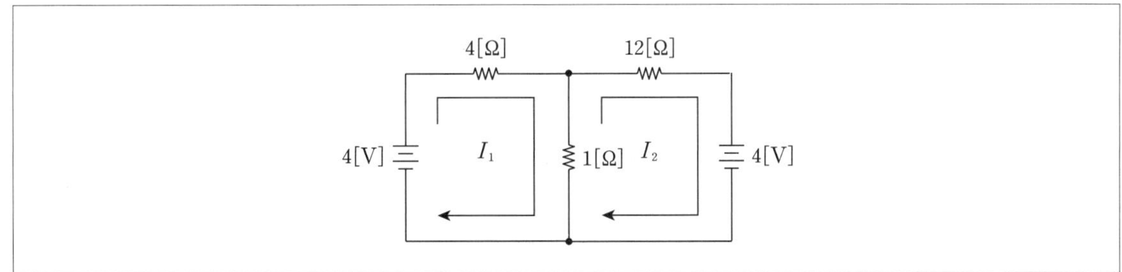

① $I_1=-0.75$, $I_2=0.25$
② $I_1=-0.25$, $I_2=0.75$
③ $I_1=0.25$, $I_2=-0.75$
④ $I_1=0.75$, $I_2=-0.25$
⑤ $I_1=0.75$, $I_2=0.25$

11 다음과 같이 좌측의 회로를 우측의 회로로 테브난 등가변환할 때, 등가전압 V[V]와 등가저항 R[Ω]을 고르면?

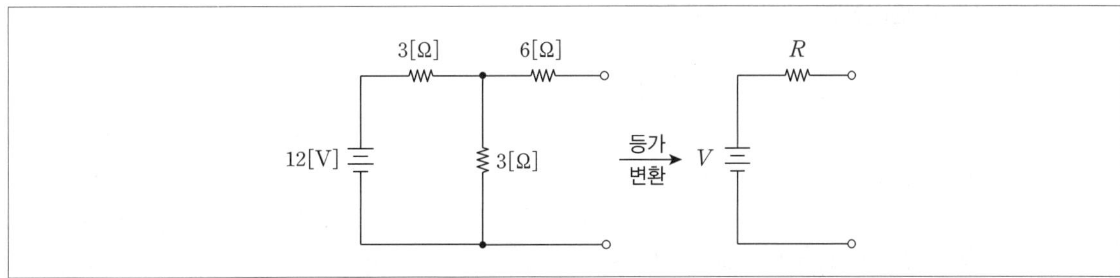

① $V=3$[V], $R=7.5$[Ω]
② $V=6$[V], $R=7.5$[Ω]
③ $V=9$[V], $R=7.5$[Ω]
④ $V=6$[V], $R=12$[Ω]
⑤ $V=9$[V], $R=12$[Ω]

12 Δ결선의 3상 평형부하에 3상 대칭 선간전압 200[V]를 인가할 때, 부하의 상전류(I_p)와 선전류(I_l)는 몇 [A]인지 고르면?(단, 부하의 각 상 임피던스는 $6+j8$[Ω]이다.)

① $I_p=20\sqrt{3}$[A], $I_l=20$[A]
② $I_p=20\sqrt{3}$[A], $I_l=\frac{20}{\sqrt{3}}$[A]
③ $I_p=20$[A], $I_l=20\sqrt{3}$[A]
④ $I_p=20$[A], $I_l=\frac{20}{\sqrt{3}}$[A]
⑤ $I_p=20$[A], $I_l=20$[A]

13 시간함수 $f(t)=e^{-2t}\sin 10t$에 대한 라플라스 변환함수 $F(s)$를 고르면?

① $\frac{10}{(s+2)^2+10^2}$　② $\frac{s+2}{(s+2)^2+10^2}$　③ $\frac{10}{(s-2)^2+10^2}$

④ $\frac{s-2}{(s-2)^2+10^2}$　⑤ $\frac{s+2}{(s-2)^2+10^2}$

14 폐루프 제어시스템에 대한 설명으로 옳지 않은 것을 고르면?

① 비례제어는 잔류편차가 발생한다.

② 비례제어의 비례대(Proportional Band)는 출력신호가 최소에서 최대로 변하는데 필요한 오차신호이며, 백분율로 나타내지 않는다.

③ 비례제어는 검출값의 편차에 비례하여 조작부를 연속적으로 제어하는 방식이다.

④ 미분제어는 오차의 변화율에 대응하여 오차의 변화를 사전에 억제할 수 있다.

⑤ 적분제어는 잔류편차를 제거한다.

15 다음의 블록선도에 대한 전달함수 $\frac{C}{R}$를 고르면?

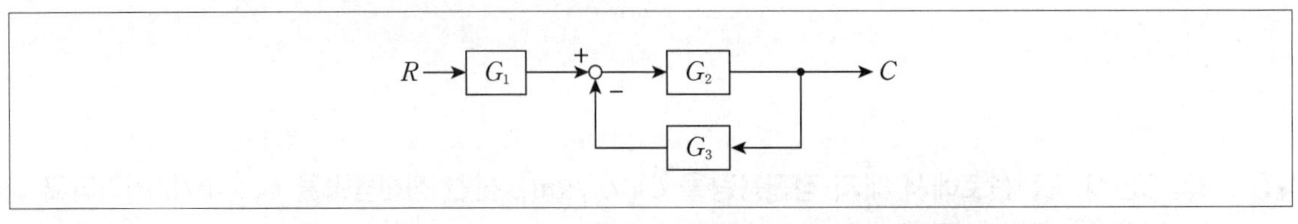

① $\frac{G_1+G_2}{1-G_2G_3}$　② $\frac{G_1+G_2}{1+G_2G_3}$　③ $\frac{G_1G_2}{1-G_2G_3}$

④ $\frac{G_1G_2}{1+G_2G_3}$　⑤ $\frac{G_1(G_2+G_3)}{1+G_2G_3}$

16 다음 그림과 같은 유접점 회로의 명칭을 고르면?

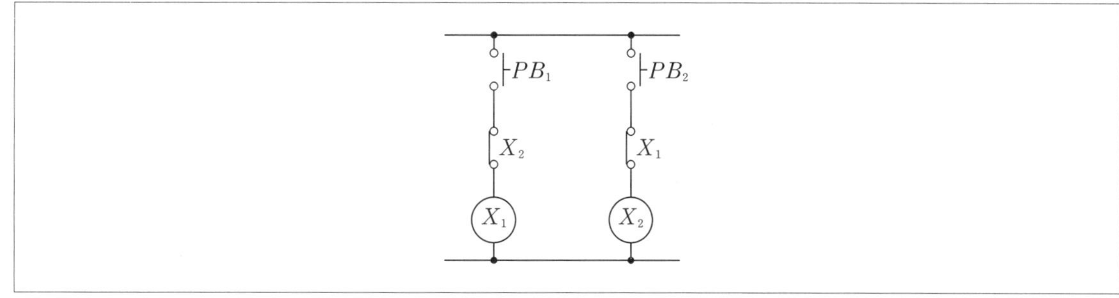

① AND회로 ② OR 회로 ③ 자기유지 회로
④ 인터록 회로 ⑤ 신입력 우선회로

17 전선 지지점 간 고저차가 없는 지지물 간에 가설된 가공전선의 이도(D)에 관한 수식과 실제길이(L)에 관한 수식을 고르면?(단, 전선의 합성하중을 W[kg/m], 지지물 간의 간격을 S[m], 수평장력을 T[kg]으로 표시한다.)

① $D=\frac{WS^2}{8T}$[m], $L=S+\frac{3D^2}{8S}$[m]
② $D=\frac{WS^2}{8T}$[m], $L=S+\frac{8D^2}{3S}$[m]
③ $D=\frac{WS^2}{8T}$[m], $L=S+\frac{8D}{3S}$[m]
④ $D=\frac{WS}{8T}$[m], $L=S+\frac{3D^2}{8S}$[m]
⑤ $D=\frac{WS}{8T}$[m], $L=S+\frac{8D^2}{3S}$[m]

18 3상 3선식 송전선로에서 대지 정전용량을 C_s[μF/km], 선간 정전용량을 C_m[μF/km]이라고 하는 경우, 작용 정전용량[μF/km]을 고르면?

① C_s+C_m ② $2C_s+C_m$ ③ $3C_s+C_m$
④ C_s+2C_m ⑤ C_s+3C_m

19 동기 발전기의 정격용량이 500[kVA], %임피던스가 5[%]일 때, 동기 발전기의 단락용량을 고르면?

① 5[MVA] ② 10[MVA] ③ 15[MVA]
④ 20[MVA] ⑤ 25[MVA]

20 중성점 접지방식 중 직접접지 방식에 대한 설명으로 옳지 않은 것을 고르면?

① 1선 지락 시 지락전류가 매우 크다.
② 1선 지락 시 보호계전기의 동작이 확실하여 고장 검출이 용이하다.
③ 1선 지락 시 통신선의 유도장해가 작다.
④ 1선 지락 시 건전상의 전위상승이 거의 없다.
⑤ 1선 지락 시 지락전류가 저역률의 대전류이므로 과도 안정도가 나빠진다.

21 변압기의 부하시험을 통해 알 수 있는 것을 고르면?

① 동손 ② 권선의 저항 ③ 철손
④ 여자전류 ⑤ 여자 어드미턴스

22 병렬운전 중인 두 대의 동기 발전기에서 기전력의 파형이 다른 경우에 일어나는 현상을 고르면?

① 상회전 방향이 반대가 된다.
② 난조가 심해져서 탈조에 이르게 된다.
③ 동기화 전류가 흐르게 된다.
④ 무효 순환전류가 흐르게 된다.
⑤ 고조파 무효 순환전류가 흐르게 된다.

23 60[Hz]의 동기 전동기의 회전속도가 1,800[rpm]일 때, 동기 전동기의 극수(p)와 1[Hz]에 대한 기하각(θ)을 고르면?

① $p=2$극, $\theta=\frac{2}{\pi}$[rad] ② $p=2$극, $\theta=\pi$[rad]
③ $p=4$극, $\theta=\frac{2}{\pi}$[rad] ④ $p=4$극, $\theta=\pi$[rad]
⑤ $p=6$극, $\theta=\frac{2}{\pi}$[rad]

24 유도전동기의 기동법에서 $Y-\Delta$기동을 전전압 기동과 비교할 때, 기동전류와 기동토크는 각각 몇 배인지 고르면?

① 기동전류: 3배, 기동토크: 3배 ② 기동전류: 3배, 기동토크: $\frac{1}{3}$배
③ 기동전류: $\frac{1}{\sqrt{3}}$배, 기동토크: $\frac{1}{\sqrt{3}}$배 ④ 기동전류: $\frac{1}{\sqrt{3}}$배, 기동토크: $\frac{1}{3}$배
⑤ 기동전류: $\frac{1}{3}$배, 기동토크: $\frac{1}{3}$배

25 4극, 60[Hz]의 3상 유도전동기의 슬립이 5[%]일 때의 회전속도를 고르면?

① 1,620[rpm] ② 1,674[rpm] ③ 1,692[rpm]
④ 1,710[rpm] ⑤ 1,764[rpm]

26 유도전동기의 제동 시, 전원에 연결시킨 상태로 동기속도 이상의 속도에서 운전함으로써 발전기로 동작시키고, 이로 인해 발생하는 전력을 전원으로 반환하면서 제동하는 방법을 고르면?

① 회생제동 ② 3상 제동 ③ 발전제동
④ 역전제동 ⑤ 유도제동

27 **전식을 방지하기 위한 대책방안에 해당하지 않는 것을 고르면?**

① 레일을 따라 보조귀선을 설치한다.
② 대지에 대한 레일의 전기저항을 크게 한다.
③ 변전소 간의 간격을 길게 한다.
④ 귀선의 극성을 정기적으로 변경한다.
⑤ 배류법, 희생양극법과 같은 방식을 적용한다.

28 **전기철도의 급전방식 중에서 직류 급전방식에 대한 설명으로 옳지 않은 것을 고르면?**

① 통신유도장해를 일으키지 않는다.
② 누설전류에 의한 전식이 발생하지 않는다.
③ 경량 단거리 수송에 유리한 방식이다.
④ 정류장치가 필요하다.
⑤ 전압이 낮으므로 절연계급을 낮출 수 있다.

29 **SCADA 시스템을 이용하여 전기철도를 운영할 때의 장점에 해당되지 않는 것을 고르면?**

① 안정된 전력의 공급으로 신뢰도가 향상된다.
② 사고 발생을 조기 감지할 수 있으며 신속한 조치가 가능하다.
③ 초기의 투자비용이 적으며, 유지보수 또한 용이하다.
④ 실시간으로 설비를 감시 및 제어할 수 있다.
⑤ 원격으로 설비의 제어가 가능하다.

30 **다음 중에서 압력을 측정하는 장치가 아닌 것을 고르면?**

① 오리피스 ② 스트레인 게이지 ③ 벨로우즈
④ 다이어프램 ⑤ 부르돈관

KORAIL
코레일
100% 새 문항
봉투모의고사

전공 실전모의고사

전공	문항 수	페이지	권장 풀이 시간
경영학	30문항	P.3~12	30분
기계일반	30문항	P.13~19	
전기일반	30문항	P.20~29	

※ 필기시험은 시험 과목 간 세부 시간의 구분 없이 70문항을 70분 내에 풀이하여야 하므로, 권장 풀이 시간 내에 문제 푸는 연습을 해보세요.

현재 나의 실력을 객관적으로 파악해 보자!

모바일 OMR

답안채점 / 성적분석 서비스

도서에 수록된 모의고사에 대한 객관적인 결과(정답률, 순위)를 종합적으로 분석하여 제공합니다.

성적분석

채점결과

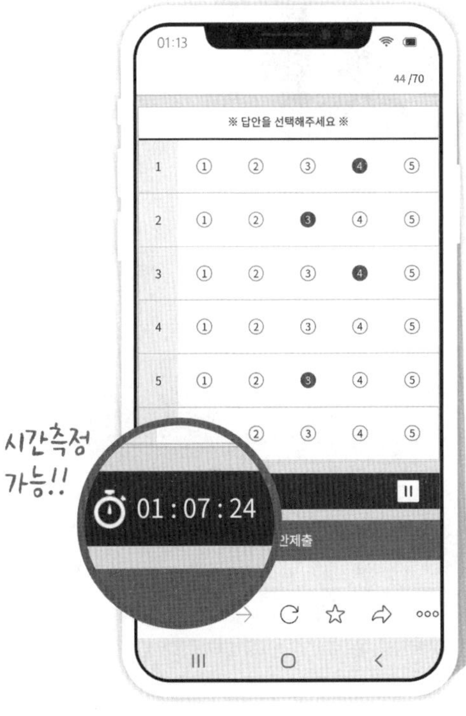

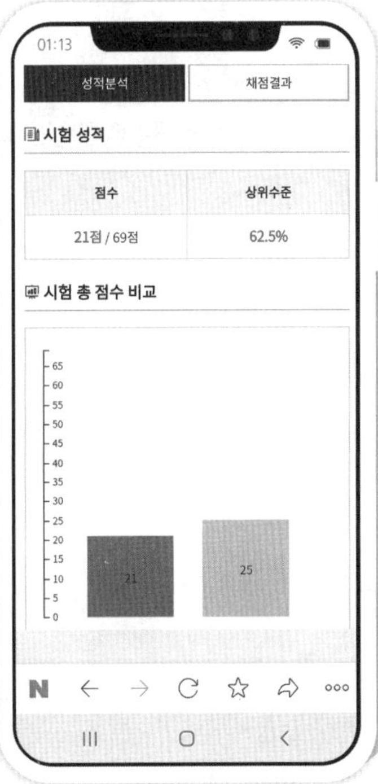

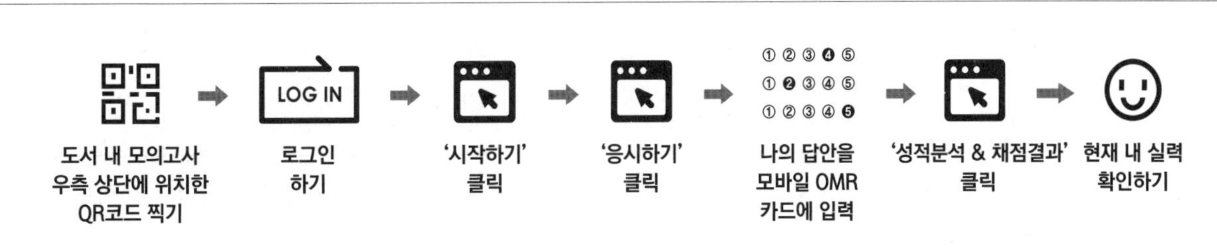

※OMR 답안채점 / 성적분석 서비스는 등록 후 30일간 사용 가능합니다.

모바일 OMR
바로가기

전공 실전모의고사(경영학)

정답과 해설 P.55

01 다음 [보기] 중 C.페로우(C.Perrow)가 제시한 기술 분류 기준으로 옳은 것을 모두 고르면?

보기

㉠ 환경의 동태성	㉡ 과업의 변동성(다양성)	㉢ 과업의 상호의존성
㉣ 과업의 정체성	㉤ 문제 분석 가능성	㉥ 피드백 작용

① ㉠, ㉡ ② ㉡, ㉣ ③ ㉡, ㉤
④ ㉢, ㉤ ⑤ ㉠, ㉢, ㉥

02 다음 중 기업결합의 형태에 대한 설명으로 옳지 않은 것을 고르면?

① 카르텔: 동종 기업들이 독립성을 유지하면서 상호 경쟁을 배제함
② 콘체른: 대기업이 중소기업을 주식소유 등 금융 기법을 이용해 지배함
③ 트러스트: 기업이 실질적인 독립성을 상실하여 시장지배 목적으로 새로운 기업으로 결합함
④ 콩글로메리트: 상호 관련성을 갖고 있는 여러 기업 간의 매수합병
⑤ 조인트 벤처: 둘 이상의 기업이 공동으로 출자해서 공동으로 경영하는 기업결합 형태

03 경영의 지도원리 중 효율성(efficiency)과 효과성(effectiveness)은 매우 중요한 개념이다. 다음 중 그 내용으로 옳은 것을 고르면?

① 효율성은 기업의 투입 대비 산출을 최소화하는 능력이라 할 수 있다.
② 효과성은 조직에서 설정한 목표를 달성했는지의 여부로 유효성이라고도 한다.
③ 소비자가 원하는 만큼의 재화와 서비스를 생산할 수 있는 능력은 효율성에 해당한다.
④ Do things right(자원의 낭비 없이 제대로 된 행위를 수행하려는 노력)는 효과성과 관계된 표현이다.
⑤ 성공적인 조직의 경우 효율성보다 효과성이 높은 것이 타당하다.

04 **다음 [보기] 중 현대 경영학 이론에 대한 설명으로 옳은 것을 모두 고르면?**

보기

㉠ 테일러의 과학적 관리법은 표준 작업량을 기준으로 고임금-저노무비를 적용하였다.
㉡ 과학적 관리법은 '조직 없는 인간' 이론이라는 비판을 받기도 하고, 인간관계론은 '인간 없는 조직' 이론이라는 비판을 받기도 한다.
㉢ 사이먼은 제한된 합리성밖에 달성할 수 없는 현실의 인간을 관리인이라고 하여 객관적 합리성을 달성할 수 있는 경제인과 구분하였다.
㉣ 시스템 이론에 따르면 전체는 상호 관련된 부분들의 집합(Set)이고, 단순한 집합 이상의 의미를 갖지 않는다.
㉤ 메이요의 호손실험은 비공식 조직이 생산성에 영향을 미친다는 것을 발견하여 인간관계학파 태동의 계기가 되었다.

① ㉠, ㉡　　② ㉡, ㉢　　③ ㉠, ㉢, ㉤
④ ㉢, ㉣, ㉤　　⑤ ㉡, ㉢, ㉣

05 **기업의 사회적 책임(CSR)에 대한 설명으로 옳지 않은 것을 고르면?**

① 기업의 사회적 책임에 관한 국제표준은 ISO 26000이다.
② ESG 경영과 사회적 책임은 상호연관성이 높은 개념이다.
③ ISO 26000은 강제집행사항은 아니지만 국제사회의 판단기준이 된다.
④ 사회적 책임 분야는 CSV(Creating Shared Value)에서 CSR(Corporate Social Responsibility), ESG 등의 순서로 발전되고 있다.
⑤ CSV는 기업 경쟁력을 강화하는 정책이며, 지역사회의 경제적·사회적 조건을 동시에 향상시킨다.

06 **다음 [보기] 중 기업의 전략적 의사결정을 위한 산업의 경쟁 요인에 해당하지 않는 것을 모두 고르면?**

보기

㉠ 구매자의 교섭력　　㉡ 공급자의 협상력
㉢ 정부의 통화정책　　㉣ 미래의 잠재적 경쟁자
㉤ 유망기술　　㉥ 보완재의 고려

① ㉠, ㉢　　② ㉡, ㉢　　③ ㉢, ㉤
④ ㉢, ㉤, ㉥　　⑤ ㉣, ㉤, ㉥

07 **적대적 M&A의 방어 전략에 대한 설명으로 옳은 것을 고르면?**

① 백기사(White knight): 대규모 신주 발행을 통해 M&A 업체가 확보한 지분을 희석시킴으로써 인수를 막는 전략

② 황금낙하산(Golden parachute): 공격자에게 경영권을 넘기기 전에 호의적인 제3자를 찾아 좋은 조건으로 기업을 매각하는 방법

③ 역공개 매수(Counter tender offer): M&A로 경영진이 교체될 경우, 퇴직하는 경영진에게 많은 비용을 지급하게 함으로써 매수자의 매수 부담을 증가시키는 전략

④ 포이즌 필(Poison pill): 자기주식을 매입 소각하여 매수 대상 기업의 총 발행 주식수를 감소시켜 지분율 확보를 어렵게 하는 전략

⑤ 왕관의 보석(Crown jewel): 적대적 M&A가 시도될 때 중요 자산을 미리 팔아버려 자산 가치를 떨어뜨리는 방법으로 M&A 의미를 희석시키는 것

08 **기업들은 성공을 위해 비전, 전략, 실행, 평가가 정렬되도록 균형성과표(BSC: Balanced Score Card)를 도입한다. 이에 대한 설명으로 옳지 않은 것을 고르면?**

① 균형성과표는 조직의 전략을 성과 측정이라는 틀로 바꾸어서 전략을 실행할 수 있도록 도와준다.

② 균형성과표의 측정지표는 구성원들에게 목표 달성을 위한 올바른 방향을 제시해 준다.

③ 균형성과표는 재무 관점, 고객 관점, 내부 프로세스 관점, 학습과 성장 관점에서 성과지표를 설정한다.

④ 균형성과표는 성과 측정, 전략적 경영관리, 의사소통의 도구로 사용된다.

⑤ 균형성과표의 성공은 실무자의 노력보다 전적으로 경영자 및 관리자의 노력에 달려 있다.

09 **I.Ansoff의 기업 성장 전략에 대한 설명으로 옳지 않은 것을 고르면?**

① 기존 제품으로 제품 가격을 인하해 기존 시장에서 매출액을 높이는 것은 시장침투 전략이다.

② 신제품을 개발하여 기존 시장에 진입하는 것은 제품개발 전략이다.

③ 기존 제품으로 새로운 시장에 진입하여 시장을 확대하는 것은 시장개발 전략이다.

④ 기존 시장에 제품 계열을 확장하여 진입하는 것은 제품개발 전략이다.

⑤ 기존 시장에서 경쟁자의 시장점유율을 빼앗아 오는 전략은 다각화에 해당한다.

10 기업 조직의 유형 중 매트릭스(Matrix) 조직 구조의 장점을 고르면?

① 명령 계통이 확실하다.
② 동태적, 임시적 조직으로 환경변화에 대한 유연성이 높다.
③ 여러 프로젝트가 자율적으로 동시에 수행될 수 있다.
④ 지역별로 독립적인 운영이 가능하다.
⑤ 이중 명령체계로 역할 갈등을 최소화할 수 있다.

11 커뮤니케이션 네트워크 유형에 대한 설명으로 적절하지 않은 것을 고르면?

① 쇠사슬(연쇄형, Chain)형은 구성원의 집단에 대한 몰입이 높다.
② 수레바퀴(Wheel)형은 구성원의 만족도가 낮다.
③ Y형은 커뮤니케이션 속도가 중간 정도이다.
④ 원(Circle)형은 태스크 포스나 위원회에 많이 사용된다.
⑤ 수레바퀴(Wheel)형은 공식적 작업집단에서 많이 나타나는 유형이다.

12 직무의 특성이 직무 수행자의 성장 욕구 수준에 부합할 때, 직무가 종업원에게 보다 큰 의미와 책임감을 주게 되므로 동기유발 측면에서 긍정적인 성과를 낳게 된다고 주장하는 동기부여 이론을 고르면?

① 허즈버그의 2요인 이론
② 매슬로의 욕구단계 이론
③ 알더퍼의 ERG 이론
④ 맥클리랜드의 성취동기 이론
⑤ 올드햄과 해크만의 직무특성 이론

13 다음 [보기]에서 설명하고 있는 이론을 고르면?

보기

- 리더가 처해 있는 상황의 호의성을 높일 수 있을 때 리더십이 촉진된다는 맥락에서 등장한 이론이다.
- LPC 점수를 사용하여 리더의 유형을 결정하고 호의적인 상황과 비호의적인 상황에서 유효한 리더의 유형을 제시하였다.

① 허쉬&블랜차드의 생애주기 이론
② 데시의 인지적 상황 이론
③ 하우스의 경로-목표 이론
④ 블레이크와 머튼의 관리격자 이론
⑤ 피들러의 상황 이론

14 **집단 의사결정 기법에 대한 설명으로 옳은 것을 고르면?**

① 브레인스토밍(Brainstorming)은 새로운 아이디어에 대하여 무기명 비밀투표로 서열을 정하는 방법이다.
② 지명반론자법(Devil's advocate method)은 구성원들이 여러 이해관계자를 대표하여 토론하는 방법이다.
③ 델파이법(Delphi method)은 전문가들의 면대면 토론을 통해 최적 대안을 선정한다.
④ 명목집단법(Nominal group technique)은 대안의 우선순위를 정하기 전에 구두로 지지하는 이유를 설명하는 것을 허용한다.
⑤ 변증법적 토의법(Dialectical inquiry model)은 구성원들이 대안에 대하여 공개적으로 찬성 혹은 반대하는 것을 금한다.

15 **B.터크만(B.Tuckman)의 집단 발달 5단계 모형에서 집단 구성원들 간 집단의 목표와 수단에 대해 합의가 이루어지고 응집력이 높아지며, 구성원들의 역할과 권한 관계가 정해지는 단계를 고르면?**

① 형성기(Forming) ② 성과달성기(Performing) ③ 규범기(Norming)
④ 격동기(Storming) ⑤ 해체기(Adjourning)

16 **효율적 인적자원관리를 위한 직무분석 방법에 해당하지 않는 것을 고르면?**

① 요소비교법 ② 중요사건법 ③ 질문지법
④ 관찰법 ⑤ 워크샘플링법

17 **인사 선발도구에 대한 설명으로 적절하지 않은 것을 고르면?**

① 동일한 피평가자를 반복 평가하여 비슷한 결과가 나타나는 것은 신뢰성(Reliability)과 관련이 있다.
② 신입사원의 입사시험 성적과 입사 이후 업무성과의 상관관계를 조사하는 방법은 선발도구의 예측타당성(Predictive validity)과 관련이 있다.
③ 평가도구의 신뢰성(Reliability)이 확보된다고 해서 타당성(측정의 정확성)을 확보할 수 있는 것은 아니다.
④ 평가도구가 얼마나 평가의 목적을 잘 충족시키는가는 타당성(Validity)과 관련이 있다.
⑤ 선발도구의 타당성을 측정하는 방법에는 내적 일관성(Internal consistency) 측정 방법, 양분법(Split half method), 시험－재시험(Test－retest) 방법 등이 있다.

18 **노동조합의 형태 중 Check-off system에 대한 설명으로 옳은 것을 고르면?**

① 노동조합의 조합원만을 고용할 수 있는 제도이다.

② 회사의 급여 계산 시 노동조합비를 일괄적으로 공제하여 노조에 인도하는 제도이다.

③ 기업의 조합원이 되면 일정 기간 동안 조합원으로의 지위를 유지해야 하는 제도이다.

④ 노동조합의 가입 여부에 상관없이 모든 사람들에게 조합비를 공제하는 제도이다.

⑤ 사용자가 비조합원을 자유롭게 채용할 수는 있지만, 채용 후 일정 기간 안에 조합에 가입해야 하는 제도이다.

19 **고객의 구매의사 결정 과정과 가장 거리가 먼 것을 고르면?**

① 구매의사 결정은 대개 '필요 인식 → 정보 수집 → 대안평가 → 구매 행동→ 구매 후 행동'이라는 5단계를 거치게 된다.

② 일반적인 소비자의 반응 순서는 '주목(A) → 흥미 유발(I) → 욕구(D) → 기억(M) → 행동(A)'으로 형성된다.

③ 구매의사 결정에 영향을 미치는 요인으로는 주로 개인적 요인, 사회적 요인, 심리적 요인, 문화적 요인 등이 있다.

④ 구매의사 결정에서 심리적 요인에는 나이와 생애주기, 직업과 경제적 상황, 라이프 스타일, 성격과 자아 등이 있다.

⑤ 소비자의 정보처리 과정은 '노출 → 주의 → 지각 → 반응과 태도 → 기억' 순이다.

20 **다음 중 소비자의 부조화 감소 행동이 가장 크게 일어나는 마케팅 상황을 고르면?**

① 고관여 제품이고 상표들 간 차이가 클 때

② 고관여 제품이고 상표들 간 차이가 작을 때

③ 저관여 제품이고 상표들 간 차이가 작을 때

④ 저관여 제품이고 상표들 간 차이가 클 때

⑤ 핵심 제품이고 상표들 간 차이가 없을 때

21 주어진 자료에 제시된 세계 HBM 반도체 시장의 연도별 시장 성장률과 시장에서의 점유율 지표를 보고, ㈜ATI의 20X3년 BCG 매트릭스상의 위치에 따른 전략으로 가장 옳은 것을 고르면?

[자료1] 연도별 세계 HBM 반도체 시장의 성장률

구분	20×1년	20×2년	20×3년
시장 성장률	3.8%	8.5%	15.1%

[자료2] ㈜ATI의 20X3년 반도체 시장 점유율

구분	S사	LG사	TSM사	㈜ATI
시장 성장률	46%	29%	21%	4%

① ㈜ATI는 시장에서 선두 위치에 있으므로 유지 전략이 중요하다.
② ㈜ATI는 시장에서 상대적 시장 점유율이 낮으므로 집중적인 투자 전략이 필요하다.
③ ㈜ATI는 시장에서 상대적 시장 점유율이 낮은 후발주자로 관망하는 전략이 중요하다.
④ ㈜ATI는 시장 성장률이 높은 기업으로 WT 전략이 매우 중요하다.
⑤ ㈜ATI는 시장상황상 다각화 전략이 요구된다.

22 제품수명주기(PLC)에 따른 유통경로 전략에 대한 설명으로 가장 옳지 않은 것을 고르면?

① 도입기에는 소수의 중간상들에게만 제품을 공급하는 선택적 유통 전략을 채택하는 경향이 있다.
② 도입기에는 수요의 불확실성으로 자사 제품을 취급하려는 중간상을 찾는데 어려움이 있을 경우에 전속적 유통 전략을 이용하기도 한다.
③ 성장기에는 제품을 널리 보급하기 위해 전속적 유통 전략을 이용한다.
④ 성숙기에서의 기본적인 유통 목표는 유통 집약도를 지속적으로 강화 및 유지하는 것이다.
⑤ 쇠퇴기가 되면 불량 중간상과의 거래를 중단함으로써 자사 제품을 취급하는 중간상의 수를 줄여 나간다.

23 유통경로상 경로파워가 발생할 수 있다. 다음 [보기]에 해당하는 유통경로상 권력(Power)의 원천이 무엇인지 고르면?

보기

• 중간상이 제조업자를 존경하거나 동일시하려는 경우에 발생하는 힘이다.
• 상대방에 대하여 '일체감'을 갖기를 바라는 정도가 클수록 커진다.
• 유명 상표의 제품일 경우 경로파워가 커진다.

① 보상적 파워　② 합법적 파워　③ 준거적 파워
④ 전문적 파워　⑤ 강압적 파워

24 **표본추출 유형에 대한 설명으로 옳지 않은 것을 고르면?**

① 단순 무작위 표본추출법에서는 모집단의 모든 원소가 알려져 있고 선택될 확률이 똑같다.

② 층화 표본추출 방법은 모집단이 상호 배타적인 집단으로 나누어지며, 각 집단에서 무작위 표본이 도출되는 방식이다.

③ 편의 표본추출 방식은 조사자가 가장 얻기 쉬운 모집단 원소를 선정하는 방식이다.

④ 판단 표본추출 방식은 조사자가 모집단을 상호 배타적인 몇 개의 집단으로 나누고 그중에서 무작위로 추출하는 방식이다.

⑤ 할당 표본추출 방식은 몇 개의 범주 각각에서 사전에 결정된 수만큼의 표본을 추출하는 방식이다.

25 **다음 중 경제적 주문량(EOQ) 모형의 전제조건으로 옳지 않은 것을 고르면?**

① 단일 품목에 대해서만 가정한다.

② 주문량에 따른 할인을 가정한다.

③ 수요는 일정하다고 가정한다.

④ 연간 수요량이 알려져 있다.

⑤ 조달 기간은 일정하다.

26 **다음 중 채찍효과(Bullwhip Effect)의 원인이 아닌 것을 고르면?**

① 중복 또는 부정확한 수요 예측

② 납품 주기 단축과 납품 횟수 증대

③ 결품을 우려한 과다 주문

④ 로트(Lot) 단위 또는 대단위 일괄(Batch) 주문

⑤ 가격 변동에 의한 선행 구입

27 **다음 중 6시그마 활동과 관련된 설명으로 옳지 않은 것을 고르면?**

① 매우 높은 품질을 확보하기 위한 품질경영 혁신 활동이다.

② 품질 규격을 벗어날 확률은 1백만 개 중 3.4개(3.4DPMO) 수준이다.

③ '정의－분석－측정－개선－통제'의 프로세스를 거쳐 최종적으로 6σ 기준에 도달하는 것을 목표로 한다.

④ 모토롤라가 시작해서 GE에 의해 널리 확대되었다.

⑤ 마스터 블랙벨트는 블랙벨트와 같은 품질요원의 양성 교육을 담당하고 블랙벨트를 지도·지원하는 역할을 한다.

28 **다음은 ㈜시대의 월별 IT 관련 서적의 판매량을 나타낸 것이다. 이동평균법, 가중이동평균법, 지수평활법을 이용하여 4월의 수요를 예측한 a, b, c에 들어갈 값을 고르면?(단, 계산한 값은 반올림하여 백 단위까지 구한다.)**

기간	실제 판매량	예측 판매량		
		이동평균법	가중이동평균법	지수평활법
1월	4.0만 권			
2월	4.3만 권			
3월	4.2만 권			4.5만 권
4월	(　　)	a	b	c

• 이동평균법의 경우 기간(n)은 3을 적용함
• 가중이동평균법의 경우 가중치는 최근 월로부터 각각 0.5, 0.3, 0.2를 적용함
• 지수평활법의 경우 지수평활상수(α)는 0.8을 적용함

	a	b	c
①	4.17만 권	4.19만 권	4.26만 권
②	4.17만 권	4.25만 권	4.44만 권
③	4.30만 권	4.19만 권	4.42만 권
④	4.30만 권	4.32만 권	4.26만 권
⑤	4.35만 권	4.32만 권	4.42만 권

29 **MRP 시스템과 JIT 시스템을 비교한 것으로 옳지 않은 것을 고르면?**

① MRP 시스템은 Push 방식이며, JIT 시스템은 Pull 방식이다.

② MRP 시스템은 자재의 소요 및 조달 계획을 수립하여 그 계획에 의한 실행에 중점을 두며, JIT 시스템은 불필요한 부품, 재공품, 자재의 재고를 없애도록 설계된 시스템이다.

③ MRP 시스템은 칸반(Kanban)에 의해 자재의 제조 명령, 구매 주문을 가시적으로 통제하며, JIT 시스템은 컴퓨터에 의한 정교한 정보처리를 한다.

④ MRP 시스템은 품질수준에 약간의 불량을 허용하나, JIT 시스템은 무결점 품질을 유지한다.

⑤ MRP 시스템은 종속 수요 품목의 자재 수급 계획에 더 적합하다.

30 **생산 일정 관리 기법 중 PERT-CPM에 대한 설명으로 가장 옳지 않은 것을 고르면?**

① PERT는 확률적, CPM은 확정적 모형에 해당한다.

② PERT는 비반복적 신규 사업, CPM은 반복적 사업에 적합하다.

③ PERT는 확정된 시간을, CPM은 낙관적, 비관적, 최빈 시간을 이용한다.

④ PERT는 시간에 관한 문제이고, CPM은 시간과 비용에 관한 문제이다.

⑤ CPM은 과거의 충분한 경험과 자료가 있는 프로젝트에 적용하기 용이하다.

모바일 OMR
바로가기

전공 실전모의고사(기계일반)

정답과 해설 P.64

01 어떤 기체가 단열 팽창 과정에서 외부에 29.8kJ의 일을 하였다. 내부에너지의 변화량을 고르면?

① 29.8kJ 증가 ② 29.8kJ 감소 ③ 0kJ(변화 없음)
④ 59.6kJ 증가 ⑤ 59.6kJ 감소

02 다음 중 비열비가 가장 큰 것을 고르면?

① 공기 ② 질소(N_2) ③ 아르곤(Ar)
④ 코발트(Co) ⑤ 이산화탄소(CO_2)

03 어떤 열기관이 카르노 사이클을 따라 작동할 때, 다음 중 클라우지우스 부등식을 만족하는 식을 고르면?

① $\oint(dQ/T)=0$ ② $\oint(dQ/T)\geq 0$ ③ $\oint(dQ/T)\leq 0$
④ $\oint(dQ/T)<0$ ⑤ $\oint(dQ/T)>0$

04 체적탄성계수 K를 설명한 것으로 옳은 것을 고르면?(단, 푸아송의 수를 m, 가로탄성계수는 G이다.)

① $K=\frac{mE}{2(m+3)}$ ② $K=\frac{mE}{2(m-3)}$ ③ $K=\frac{EG}{3(3G-E)}$
④ $K=\frac{EG}{3(3G+E)}$ ⑤ $K=\frac{mG}{3(3G-E)}$

05 수평으로 놓인 소방 호스 끝의 노즐을 조여 물의 속도를 3배로 증가시켰다. 호스 내부의 물의 초기 속도가 3m/s이고 물의 밀도가 1,000kg/m^3일 때, 노즐을 조이기 전과 후의 압력 차이를 고르면?

① 9kPa ② 18kPa ③ 27kPa
④ 36kPa ⑤ 72kPa

06 다음 중 실린더 내에서 단열 압축 과정이 가장 뚜렷하게 나타나는 이상적인 사이클을 고르면?

① 랭킨 사이클 ② 오토 사이클 ③ 카르노 사이클
④ 사바테 사이클 ⑤ 브레이튼 사이클

07 밀폐된 용기에 가득 채워진 유체에 대한 설명으로 옳지 않은 것을 고르면?

① 깊이에 따라 압력이 달라진다.
② 유체의 밀도가 증가하면 압력도 증가한다.
③ 유체의 한 점에 작용되는 압력은 방향에 관계없이 동일하게 작용한다.
④ 파스칼의 원리를 적용한다면 기체에는 적용되지 않고 액체에만 적용된다.
⑤ 작은 힘으로 큰 힘을 얻을 수 있는 유압 장치는 파스칼의 원리를 이용한 것이다.

08 국소 대기압이 720mmHg일 때 절대 압력 0.4kg/cm^2abs는 계기압으로 몇 kPa인지 고르면?(단, 수은의 비중은 13.6이다.)

① 1기압 ② −23.38kPa(진공) ③ 23.38kPa
④ −56.76kPa(진공) ⑤ 56.76kPa

09 **다음 중 층류 유동의 특징으로 가장 옳은 것을 고르면?**

① 에너지 손실이 매우 크다.

② 높은 레이놀즈 수를 가진다.

③ 유체 입자들이 불규칙하게 혼합된다.

④ 유선이 규칙적이고 층상으로 나타난다.

⑤ 관 내부의 유동 속도가 중심부에서 가장 느리다.

10 **다음 중 습증기 영역의 특징으로 가장 거리가 먼 것을 고르면?**

① 액체와 기체 상태가 공존한다.

② 과열 증기보다 엔탈피 값이 낮다.

③ 압력이 증가하면 포화 온도가 낮아진다.

④ 등압 과정에서 온도가 일정하게 유지된다.

⑤ 건도(Quality)라는 성질을 사용하여 상태를 나타낼 수 있다.

11 **다음 중 표면 경계층의 두께에 영향을 미치는 요인으로 가장 거리가 먼 것을 고르면?**

① 유동 속도　② 유체의 점성　③ 유체의 밀도

④ 유체의 온도　⑤ 표면의 거칠기

12 **가로 200cm, 높이 500cm인 직사각형 단면의 관에 3m 높이의 물이 채워져 있을 때, 수력반경은 얼마인지 고르면?**

① 0.3m　② 0.6m　③ 0.75m

④ 2.4m　⑤ 3.0m

13 반지름이 5[cm]이고 길이가 1,000[m]인 수평원관 속을 물이 70l/s의 비율로 흐르고 있다. 이때 마찰계수 $f=0.02$인 경우 손실수두를 구하면?

① 91m ② 811.9m ③ 1,623.8m
④ 40,595.1m ⑤ 50,000m

14 길이가 100[mm]이고, 바깥지름이 15[mm], 안지름이 13[mm]인 중공축의 구리봉이 있다. 인장하중 20[kN]을 작용하면 몇 [mm]가 늘어나는지 고르면?(단, 구리의 세로 탄성계수 $E=122$[GPa]이다.)

① 0.173 ② 0.373 ③ 0.573
④ 0.773 ⑤ 0.783

15 다음에서 스프링 상수가 $k_1=70\times10^6$[N/m]이고 $k_2=50\times10^6$[N/m]일 때, 합성(전체) 스프링 상수 [N/m]를 고르면?

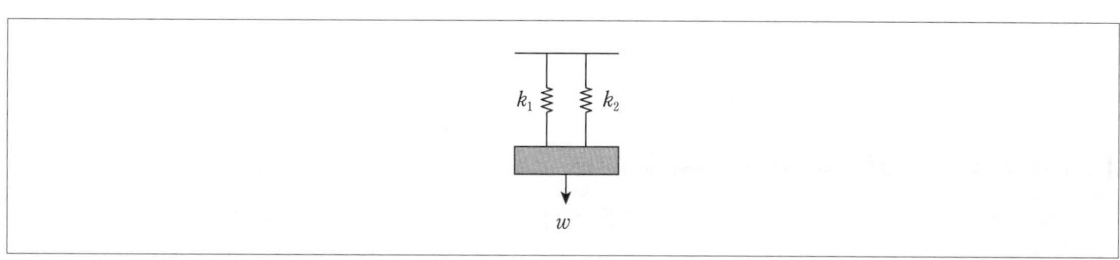

① 20×10^6 ② 29.17×10^6 ③ 49.17×10^6
④ 60×10^6 ⑤ 120×10^6

16 보의 임의의 점에서 처짐을 평가할 수 있는 해석적 방법이 아닌 것을 고르면?

① 중첩법 ② 공액보법 ③ 불연속 함수법
④ 모멘트-면적법 ⑤ 레이저 에너지법

17 길이가 4[m]인 원형 단면의 축 지름이 50[mm]일 때, 이 축이 비틀림 모멘트 100[N·m]를 받는다면 비틀림 각($\theta°$)은 얼마인지 고르면?(단, 전단 탄성 계수는 80[GPa]이다.)

① 0.0082° ② 0.0164° ③ 0.328°
④ 2.46° ⑤ 0.467°

18 다음 중 기둥을 설계하는 내용으로 옳은 것을 고르면?

① 세장비가 클수록 좌굴되기 쉽다.
② 양단 힌지단의 단말계수는 2이다.
③ 양단 고정단의 단말계수는 2이다.
④ 좌굴을 일으키는 하중을 임계하중 또는 편심하중이라고 한다.
⑤ 오일러 공식은 기둥의 양끝을 지지하는 방법을 크게 3가지로 적용할 수 있다.

19 유동성을 좋게 하고 주물의 수축을 적게 하며 강도를 높이는 데 기여하는 원소를 고르면?

① C ② S ③ P
④ Mn ⑤ Si

20 특정 온도에서 고체와 액체가 반응하여 새로운 고체 상을 형성하는 현상을 고르면?

① 농축 ② 포정 ③ 용해
④ 침전 ⑤ 과포화

21 다음 중 용탕의 흐름이 합류되는 부분에서 용탕의 온도 저하로 인해 발생할 수 있는 주조 결함은 무엇인지 고르면?

① 균열(Crack) ② 핀홀(Pinholes) ③ 흑피(Black Skin)
④ 기공(Gas Porosity) ⑤ 콜드 셧(Cold Shut)

22 다음 중 시효 경화 처리를 통해 매우 높은 강도와 인성을 얻을 수 있는 초고강도강은 무엇인지 고르면?

① 주강(Cast Steel)

② 합금 주철(Alloy Cast Iron)

③ 마레이징강(Maraging Steel)

④ 탄소 공구강(Carbon Tool Steel)

⑤ 냉간 압연강판(Cold Rolled Steel Sheet)

23 다음 중 구상흑연 주철을 제조하기 위해 용융된 주철에 첨가하는 주요 첨가제가 아닌 것을 고르면?

① S(황) ② Ca(칼슘) ③ Ce(세륨)

④ Si(규소) ⑤ Mg(마그네슘)

24 윤활유 급유방법에 대한 설명으로 옳지 않은 것을 고르면?

① 손 급유법은 저속 기계에 사용된다.

② 패드 급유법은 고속 회전에 적합하다.

③ 적하 급유법은 정밀한 조절이 가능하다.

④ 심지 급유법은 심지를 제거하여 중지한다.

⑤ 비순환 급유법은 윤활유를 회수하지 않는다.

25 다음 중 판 스프링의 장점이 아닌 것을 고르면?

① 승차감이 매우 뛰어나다.

② 큰 하중을 지지하는 데 적합하다.

③ 구조가 간단하여 제작 및 유지 보수가 용이하다.

④ 판 사이의 마찰로 인해 진동 감쇠 효과가 있다.

⑤ 저속으로 험로를 주행 시 비교적 안정적인 주행 성능을 제공한다.

26 다음 중 탄소강에서 오스테나이트 조직이 나타나는 온도는 대략 얼마인지 고르면?

① 상온(20℃) ② 100℃ ③ 500℃

④ 900℃ 이상 ⑤ 1,500℃ 이상

27 기어가 맞물려 돌아갈 때 발생할 수 있는 손상 유형 중, 주된 원인이 소성 변형인 것을 고르면?

① 피팅　　② 점착 마모　　③ 리플링
④ 스크로링　　⑤ 연마 마모

28 다음 중 헬리컬 기어의 장점으로 옳은 것을 고르면?

① 효율이 매우 높다.
② 소음과 진동이 적다.
③ 큰 감속비를 얻을 수 있다.
④ 스퍼 기어보다 제작이 간단하다.
⑤ 축 방향 하중이 발생하지 않는다.

29 동일한 베어링에 축 방향 하중과 반경 방향 하중이 동시에 작용할 경우, 등가 하중을 계산하는 주된 이유를 고르면?

① 베어링의 설치 방향을 결정하기 위해
② 베어링의 윤활 상태를 평가하기 위해
③ 베어링의 작동 온도를 예측하기 위해
④ 베어링 수명을 정확하게 예측하기 위해
⑤ 베어링의 마찰 계수를 정확하게 계산하기 위해

30 플레이트와 핀으로만 구성되어 있고 높은 하중을 견딜 수 있어서 주로 중장비와 같은 고하중 장비에서 사용되는 체인을 고르면?

① 롤러 체인　　② 리프 체인　　③ 타이밍 체인
④ 사일런트 체인　　⑤ 플라스틱 체인

모바일 OMR
바로가기

전공 실전모의고사(전기일반)

정답과 해설 P.70

01 자유 공간상에 다음과 같은 정삼각형의 각 꼭짓점 A, B, C에 각각 4×10^{-6}[C]의 점전하가 있을 때, 꼭짓점 A의 전하에 작용하는 힘의 크기는 몇 [N]인지 고르면?(단, 정삼각형 중심 P점에서 각 꼭짓점까지의 거리는 $2\sqrt{3}$[m]이고, $\frac{1}{4\pi\varepsilon_0}=9\times10^9$이다.)

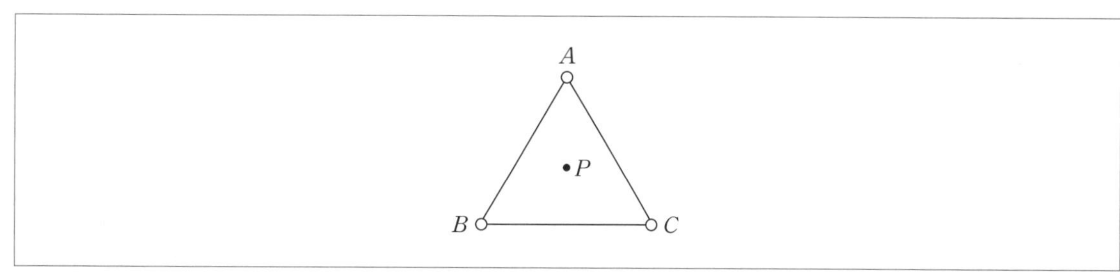

① 2×10^{-3}　② $2\sqrt{3}\times10^{-3}$　③ 4×10^{-3}
④ $4\sqrt{3}\times10^{-3}$　⑤ 6×10^{-3}

02 다음과 같은 정사각형의 도체가 자유공간상에 있다. 꼭짓점 A, B, C에 2×10^{-9}[C]의 점전하가 위치하고 있을 때, 정사각형의 도체 중심 P점에서의 전계의 세기와 전위를 고르면?(단, 정사각형 중심 P점에서 각 꼭짓점까지의 거리는 2[m]이고, $\frac{1}{4\pi\varepsilon_0}=9\times10^9$이다.)

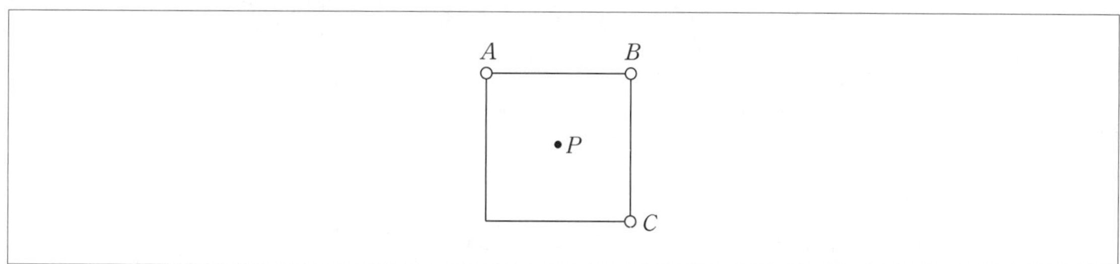

	전계의 세기[V/m]	전위[V]
①	4.5	9
②	13.5	9
③	4.5	27
④	13.5	27
⑤	4.5	36

03 유전율이 $2\varepsilon_0$[F/m]인 매질1과 유전율이 $6\varepsilon_0$[F/m]인 매질2가 완전히 접해있는 상태에서, 매질2에서 5[F/m]의 전계가 경계면과 $\delta_2=30°$의 각도로 입사될 때, 매질1에서의 전계 E_1과 경계면과의 각도 δ_1를 고르면?(단, 유전체 경계면에는 진전하가 존재하지 않는다.)

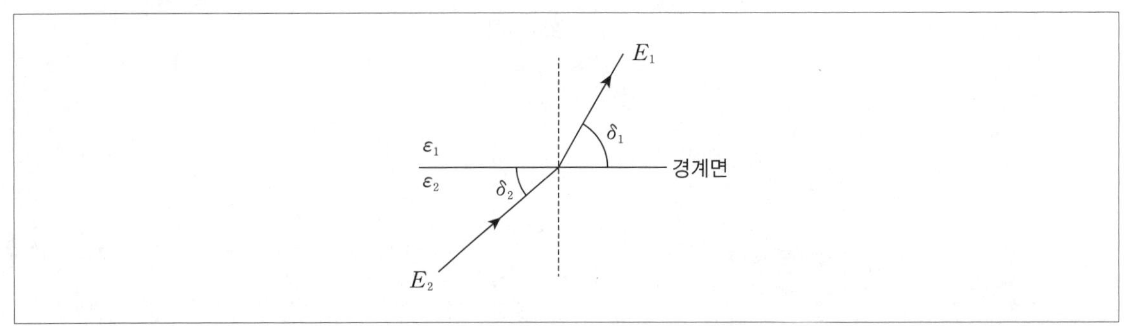

	E_1	δ_1
①	5[V/m]	30°
②	$5\sqrt{3}$[V/m]	30°
③	$\frac{5}{\sqrt{3}}$[V/m]	60°
④	5[V/m]	60°
⑤	$5\sqrt{3}$[V/m]	60°

04 비투자율이 1,000인 철심으로 된 자기회로의 전체 길이가 1[m]이다. 이 자기회로 중간에 5[mm]의 공극을 만든 경우에 자기회로의 자기저항이 30[AT/wb]라면, 공극을 만들기 전의 자기저항은 몇 [AT/wb]인지 고르면?

① 5 ② 6 ③ 8 ④ 10 ⑤ 15

05 정전용량이 4[μF]인 공기콘덴서에 다음과 같이 단면적의 $\frac{1}{2}$만큼 비유전율이 $\varepsilon_s=2$인 유전체를 삽입하였을 때, 합성 정전용량[μF]을 고르면?

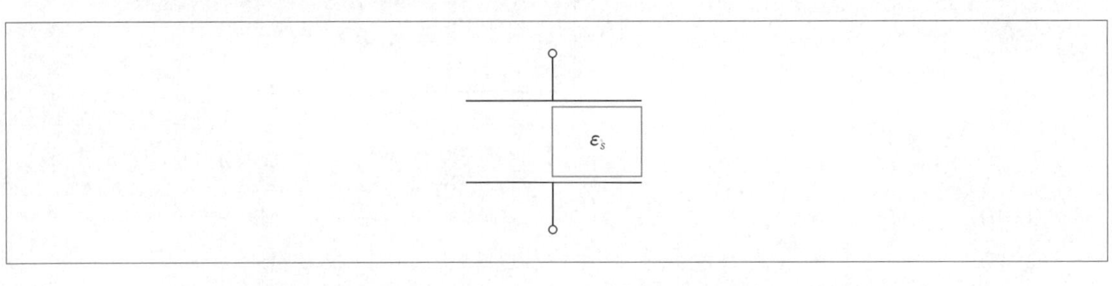

① 3.2 ② 4.8 ③ 6 ④ 8 ⑤ 12

06 1[C]의 점전하가 균등전계 $E=4a_x+3a_y$[V/m] 및 자계 $B=5a_z$[wb/m^2] 내에서 $v=2a_x$[m/s]의 속도로 운동하고 있을 때, 점전하에 작용하는 힘을 고르면?

① $4a_x-7a_y$[N] ② $4a_x+17a_y$[N] ③ $14a_x+3a_y$[N]
④ $-6a_x+3a_y$[N] ⑤ $-13a_x+20a_y$[N]

07 $R=20[\Omega]$, $C=500[\mu F]$인 RC직렬회로에 $v(t)=20\sqrt{2}\sin100\pi t$[V]의 전압을 인가할 때, 회로에 흐르는 전류의 실횻값을 고르면?

① $\dfrac{\pi}{\sqrt{\pi^2+1}}$[A] ② $\dfrac{2\pi}{\sqrt{\pi^2+1}}$[A] ③ $\dfrac{5\pi}{\sqrt{\pi^2+1}}$[A]
④ $\dfrac{\pi}{2\sqrt{\pi^2+1}}$[A] ⑤ $\dfrac{\pi}{5\sqrt{\pi^2+1}}$[A]

08 다음과 같은 회로에서 저항 r_1, r_2에 흐르는 전류의 크기 비가 2:1라면, r_1, r_2는 각각 몇 [Ω]인지 고르면?

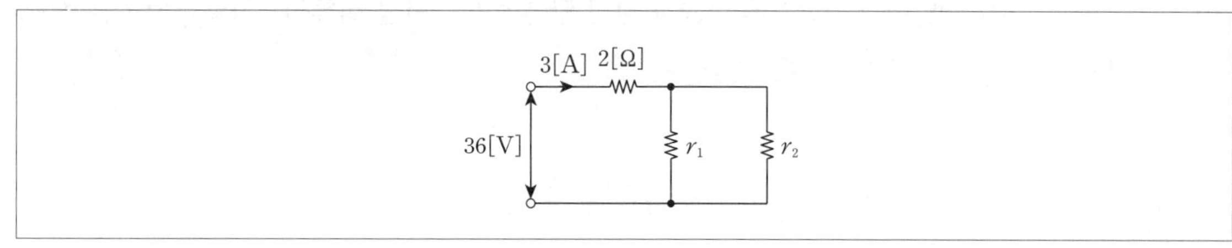

	r_1	r_2		r_1	r_2
①	10	5	②	12	6
③	20	10	④	30	15
⑤	40	20			

09 회로 a를 회로 b로 테브난 등가변환할 때, 테브난 등가전압 V와 등가저항 R을 고르면?

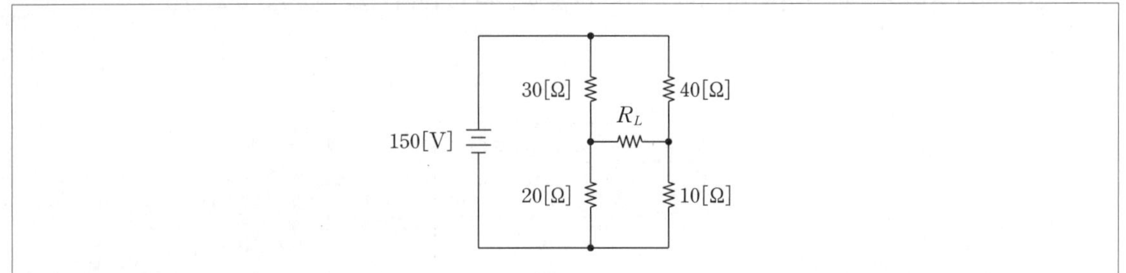

	등가전압 V	등가저항 R		등가전압 V	등가저항 R
①	30[V]	10[Ω]	②	30[V]	20[Ω]
③	30[V]	30[Ω]	④	60[V]	20[Ω]
⑤	90[V]	30[Ω]			

10 다음의 함수 $f(t)$에 대한 라플라스 변환함수 $F(s)$를 고르면?

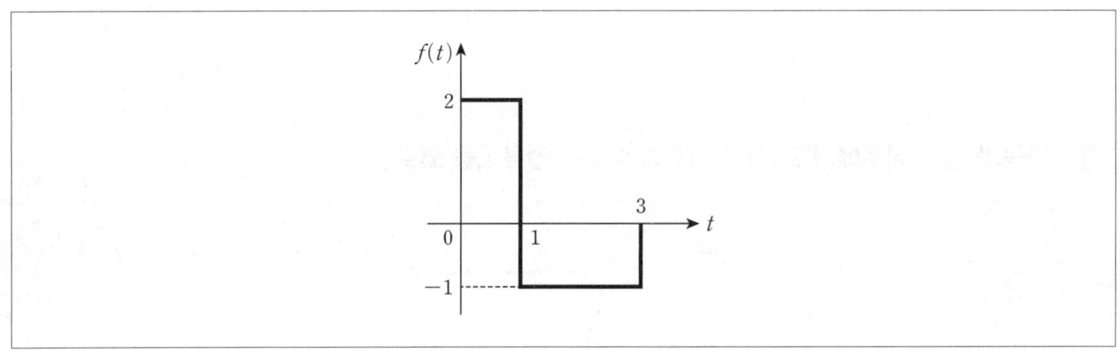

① $\frac{2}{s}-\frac{1}{s}e^{-s}+\frac{1}{s}e^{-3s}$

② $\frac{2}{s}+\frac{1}{s}e^{-s}-\frac{1}{s}e^{-3s}$

③ $\frac{2}{s}-\frac{3}{s}e^{-s}+\frac{1}{s}e^{-3s}$

④ $\frac{2}{s}+\frac{3}{s}e^{-s}-\frac{1}{s}e^{-3s}$

⑤ $\frac{2}{s}-\frac{3}{s}e^{-s}+\frac{1}{s}e^{3s}$

11 다음 신호흐름선도에 대한 전달함수를 고르면?

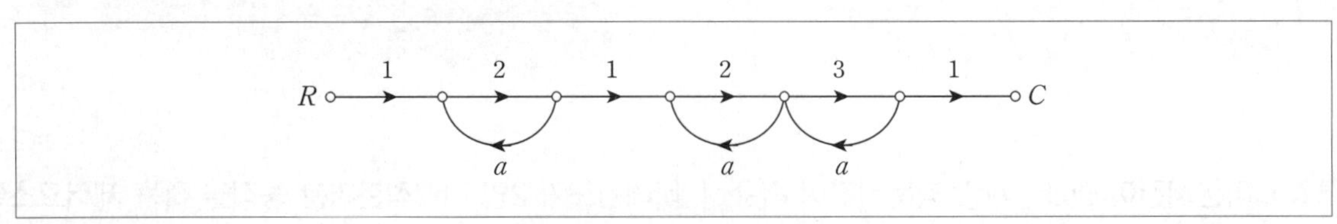

① $\frac{12}{1-7a}$

② $\frac{12}{1-7a+8a^2}$

③ $\frac{12}{1-7a+10a^2}$

④ $\frac{12}{(1-2a)^3}$

⑤ $\frac{12}{(1+2a)^3}$

12 대칭 3상 전압이 공급되고 있는 유도 전동기 회로에서 각 단상 전력계의 지시가 결선도이다. 각 단상 전력계의 지시가 $W_1=3[\text{kW}]$, $W_2=1[\text{kW}]$일 때, 유도 전동기의 역률을 고르면?

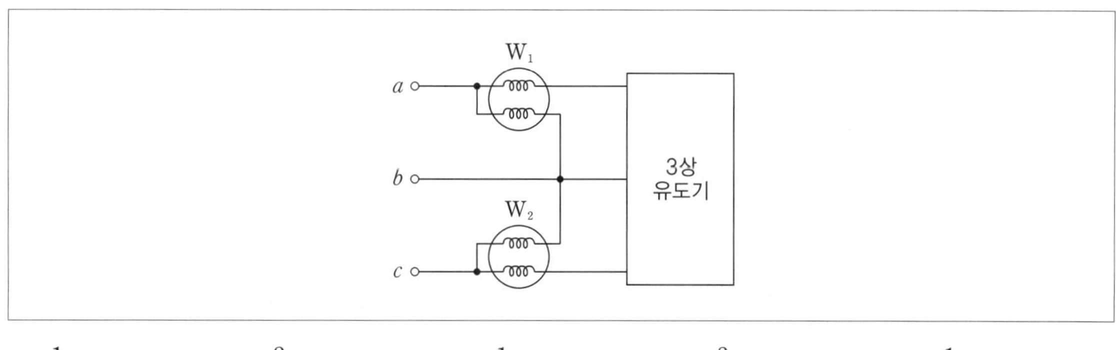

① $\frac{1}{\sqrt{3}}$　② $\frac{2}{\sqrt{3}}$　③ $\frac{1}{\sqrt{7}}$　④ $\frac{2}{\sqrt{7}}$　⑤ $\frac{1}{2\sqrt{7}}$

13 다음과 같은 회로에서 7[Ω]의 저항에 흐르는 전류 i_x를 고르면?

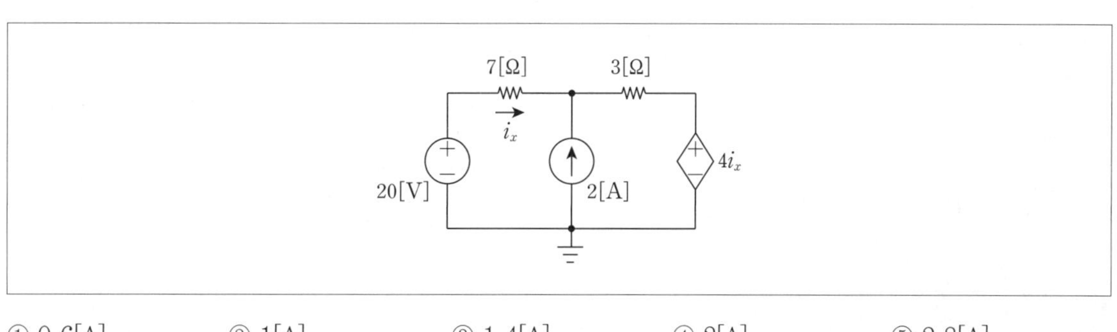

① 0.6[A]　② 1[A]　③ 1.4[A]　④ 2[A]　⑤ 2.8[A]

14 미분시간이 0.25[sec], 적분시간이 4[sec], 비례감도가 2인 비례적분미분 동작을 하는 제어요소에 동작신호 $8t$를 주었을 때, 제어요소의 조작량을 고르면?(단, 조작량의 초깃값은 0이다.)

① $4(4+t+4t^2)$　② $2(2+8t+t^2)$　③ $2(4+t+t^2)$
④ $4(1+4t+t^2)$　⑤ $2(1+t+t^2)$

15 선간전압 200[V]인 대칭 3상 전원에 접속된 평형 3상 Δ부하의 각 상 저항과 리액턴스가 $R=8[\Omega]$, $X_L=6[\Omega]$일 때, 선전류와 3상 전력을 고르면?

	선전류[A]	3상 전력[kW]		선전류[A]	3상 전력[kW]
①	20	9.6	②	20	28.8
③	$20\sqrt{3}$	7.2	④	$20\sqrt{3}$	9.6
⑤	$20\sqrt{3}$	28.8			

16 다음의 논리식을 간소화한 것을 고르면?

$$Z=X\cdot Y+\overline{X}\cdot Y+X\cdot \overline{Y}$$

① $Z=X+Y$ ② $Z=\overline{X}+Y$ ③ $Z=X+\overline{Y}$
④ $Z=\overline{X}+\overline{Y}$ ⑤ $Z=XY$

17 다음과 같은 154[kV] 송전계통에서 F점에 3상 단락고장이 발생한 경우의 단락용량[MVA]을 고르면?(단, 변압기 2차측으로부터 고장점(F)까지의 선로 임피던스는 60[MVA] 기준으로 10[%]이며, 주어지지 않은 기타 조건은 무시한다.)

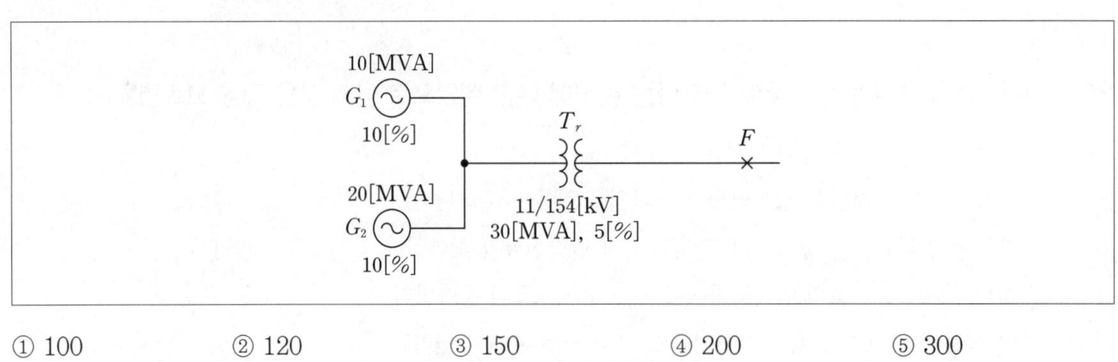

① 100 ② 120 ③ 150 ④ 200 ⑤ 300

18 다음 [보기]는 단도체 방식의 1[km]당 작용 인덕턴스와 작용 정전용량의 관계식이다. 빈칸 ㉠, ㉡에 들어갈 내용으로 알맞은 것을 고르면?(단, D=등가선간거리, r=전선의 반지름이다.)

보기

• 작용 인덕턴스 $L_w = 0.05 + (\quad ㉠ \quad)\log\dfrac{D}{r}$[mH/km]

• 작용 정전용량 $C_w = \dfrac{(\quad ㉡ \quad)}{\log\dfrac{D}{r}}$[μF/km]

	㉠	㉡
①	0.02413	0.4605
②	0.2413	0.4605
③	0.04605	0.02413
④	0.4605	0.02413
⑤	0.4605	0.2413

19 지지물 간 간격이 240[m]인 가공전선로에 자체하중이 4[kg/m]인 전선이 가설되어 있다. 전선의 수평하중이 2,880[kg]인 경우 가공전선의 이도를 고르면?(단, 전선 지지점 간에 고저차는 없다.)

① 5 ② 6 ③ 8 ④ 9 ⑤ 10

20 전력계통을 연계하는 경우에 나타나는 특징에 대한 설명으로 옳지 않은 것을 고르면?

① 공급 예비력이 절감된다.

② 복잡한 보호계전방식으로 인해 계전기의 오작동이 우려된다.

③ 계통의 임피던스가 증가하여 단락사고 시 단락전류가 작아진다.

④ 설비이용률과 계통의 안정도가 향상되고 유지보수가 용이하다.

⑤ 한 계통의 사고가 연계된 다른 계통으로 파급될 우려가 있다.

21 **변압기의 병렬운전에 대한 설명으로 옳지 않은 것을 고르면?**

① 1차측, 2차측의 단자전압이 일치해야 한다.

② 각 변압기의 극성이 일치해야 한다.

③ 각 변압기의 전류분담은 각 변압기의 %임피던스에 비례하여 분할된다.

④ 3상 결선의 경우, 상회전 방향과 각변위가 일치해야 한다.

⑤ 3상 결선의 각 변압기 결선이 Y−Y, Δ−Δ인 경우에는 병렬운전이 가능하다.

22 **단상 변압기 3대를 이용하여 Δ결선으로 운전하다가 변압기 1대에 고장이 발생하여 나머지 2대를 V 결선으로 하여 3상 전력을 공급하는 경우, V결선의 이용률[%]과 출력비[%]를 고르면?**

	이용률	출력비
①	$\frac{\sqrt{3}}{3}$	$\frac{\sqrt{3}}{2}$
②	$\frac{\sqrt{3}}{3}$	$\frac{\sqrt{2}}{2}$
③	$\frac{\sqrt{3}}{2}$	$\frac{\sqrt{3}}{3}$
④	$\frac{\sqrt{3}}{2}$	$\frac{\sqrt{2}}{2}$
⑤	$\frac{\sqrt{3}}{2}$	$\frac{\sqrt{2}}{3}$

23 **직류 전동기의 속도제어방식의 일종으로, 속도를 비교적 광범위하게 조정할 수 있으며 손실이 작고 전기자 전류에 거의 관계가 없는 특징을 가져 정출력 가변속도 제어에 적합한 것을 고르면?**

① 일그너 제어 ② 저항 제어 ③ 워드레오나드 제어

④ 메타다인 제어 ⑤ 계자 제어

24 파권, 4극 직류 분권 전동기의 전기자 총 도체수가 240, 극당 자속이 0.1[wb], 전기자 전류가 2[A]일 때, 전동기의 토크는 몇 [N·m]인지 고르면?

① $\frac{24}{\pi}$　② $\frac{36}{\pi}$　③ $\frac{48}{\pi}$　④ $\frac{60}{\pi}$　⑤ $\frac{96}{\pi}$

25 동기기의 전기자 반작용과 관련된 다음 [보기]의 빈칸 ㉠, ㉡에 들어갈 내용이 바르게 짝지어진 것을 고르면?

보기
3상 동기 발전기에 기전력보다 (㉠) 전기자 전류가 흐르면 감자작용이 나타나며, 동기 전동기에 기전력보다 (㉡) 전기자 전류가 흐르면 증자작용이 나타난다.

	㉠	㉡
①	90° 뒤진	90° 뒤진
②	90° 뒤진	90° 앞선
③	90° 뒤진	30° 뒤진
④	90° 앞선	90° 뒤진
⑤	90° 앞선	90° 앞선

26 3상 10극 60[Hz]의 권선형 유도전동기가 648[rpm]의 속도로 회전하고 있다. 회전자에 연결된 가변 저항 장치를 이용하여 유도 전동기의 2차측 저항을 2배로 하는 경우의 회전속도[rpm]를 고르면?

① 612　② 576　③ 504　④ 432　⑤ 360

27 직류기의 전기자 반작용을 방지하기 위한 대책방안에 대한 설명으로 옳지 않은 것을 고르면?

① 계자극 표면의 홈에 설치하는 권선은 주로 대형 직류기에서 사용된다.

② 보극을 설치하여 전기자와 직렬로 접속하면 전기자 반작용의 영향을 감소시킬 수 있다.

③ 브러시를 중성축 이동방향으로 이동하면 전기자 반작용의 영향을 줄일 수 있다.

④ 계자극 표면의 홈에 권선을 설치하여 전기자와 동일 방향의 전류를 흘려준다.

⑤ 브러시의 이동은 전기자 반작용을 억제하기보다는 반작용에 의한 정류불량을 개선하는 데 목적이 있다.

28 기동토크가 커서 전차용 전동기 또는 전기철도용 견인 전동기로 사용되는 전동기를 고르면?

① 직권 전동기 ② 분권 전동기 ③ 타여자 전동기

④ 가동복권 전동기 ⑤ 차동복권 전동기

29 열차의 곡선부 주행 시 발생하는 원심력에 대비하여 곡선 바깥쪽 레일을 안쪽 레일보다 높게 하는 정도를 의미하는 용어와 관계식을 고르면?

	용어	관계식		용어	관계식
①	캔트	$\dfrac{l^2}{8R}$	②	슬랙	$\dfrac{l^2}{8R}$
③	캔트	$\dfrac{GV^2}{127R}$	④	슬랙	$\dfrac{GV^2}{127R}$
⑤	구배	$\dfrac{GV^2}{127R}$			

30 열차저항의 분류에 포함되지 않는 것을 고르면?

① 출발저항 ② 곡선저항 ③ 구배저항

④ 가속저항 ⑤ 복선저항

KORAIL
코레일
100% 새 문항
봉투모의고사

2024년 10월 19일 시행

철도법령 기출복원 & 난이도별 실전모의고사

※ 본 모의고사는 2024년 하반기 시행 철도법령의 기출복원 자료를 바탕으로 재구성하였습니다.

※ 2025 상반기 철도법령 시험 난이도에 모두 대비 가능하도록 실전모의고사 1회는 2024 하반기 난이도(난이도 하)와 비슷하게 구성하였고, 실전모의고사 2회는 2024 하반기보다는 좀 더 어려운 '난이도 중', 실전모의고사 3회는 '난이도 상'으로 구성하였습니다.

구분	문항 수	페이지	권장 풀이 시간
2024 하반기 기출복원	10문항	P.3~6	10분
실전모의고사 1회	10문항	P.7~10	10분
실전모의고사 2회	10문항	P.11~14	10분
실전모의고사 3회	10문항	P.15~18	10분

※ 필기시험은 시험 과목 간 세부 시간의 구분 없이 70문항을 70분 내에 풀이하여야 하므로, 권장 풀이 시간 내에 문제 푸는 연습을 해보세요.

현재 나의 실력을 객관적으로 파악해 보자!

모바일 OMR

답안채점 / 성적분석 서비스

도서에 수록된 모의고사에 대한 객관적인 결과(정답률, 순위)를 종합적으로 분석하여 제공합니다.

OMR 입력

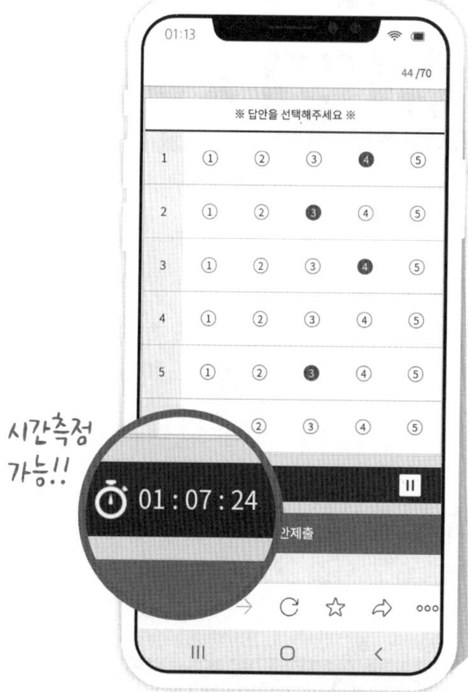

성적분석

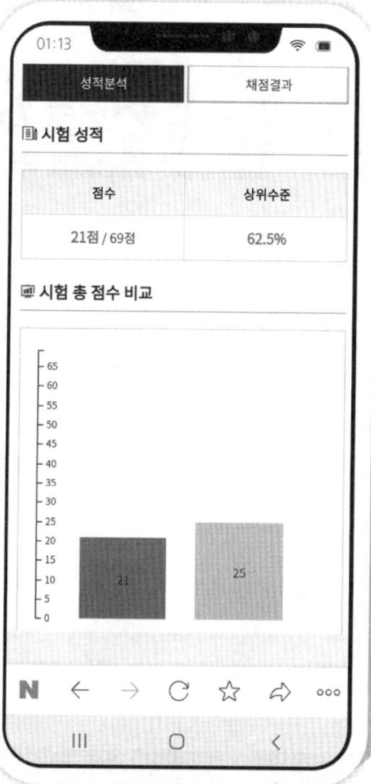

채점결과

※OMR 답안채점 / 성적분석 서비스는 등록 후 30일간 사용 가능합니다.

2024년 10월 19일 시행

철도법령 기출복원 모의고사

모바일 OMR
바로가기

정답과 해설 P.78

01 **다음 중 철도산업발전기본법상 정의로 옳지 않은 것을 고르면?**

① "철도"라 함은 여객 또는 화물을 운송하는 데 필요한 철도시설과 철도차량 및 이와 관련된 운영·지원체계가 유기적으로 구성된 운송체계를 말한다.

② "공익서비스"라 함은 철도운영자가 영리목적의 영업활동과 관계없이 국가 또는 지방자치단체의 정책이나 공공목적 등을 위하여 제공하는 철도서비스를 말한다.

③ "철도차량"이라 함은 선로를 운행할 목적으로 제작된 동력차·객차·화차를 말하며, 특수차는 제외한다.

④ "철도시설의 유지보수"라 함은 기존 철도시설의 현상유지 및 성능향상을 위한 점검·보수·교체·개량 등 일상적인 활동을 말한다.

⑤ "철도산업"이라 함은 철도운송·철도시설·철도차량 관련 산업과 철도기술개발관련 산업 그 밖에 철도의 개발·이용·관리와 관련된 산업을 말한다.

02 **다음 중 빈칸에 들어갈 말로 옳은 것을 고르면?**

> 철도산업발전기본법 시행령 제4조
> 철도산업발전기본계획의 경미한 변경은 다음과 같다.
> 1. 철도시설투자사업 규모의 100분의 1의 범위 안에서의 변경
> 2. 철도시설투자사업 총 투자비용의 100분의 1의 범위 안에서의 변경
> 3. 철도시설투자사업 기간의 (　　　　)의 기간 내에서의 변경

① 1개월

② 3개월

③ 6개월

④ 1년

⑤ 2년

03 다음 빈칸에 들어갈 단어를 순서대로 나열한 것을 고르면?

- (　　　): 철도청과 고속철도건설공단이 철도운영 등을 주된 목적으로 취득하였거나 관련 법령 및 계약 등에 의하여 취득하기로 한 재산·시설 및 그에 관한 권리
- (　　　): 철도청과 고속철도건설공단이 철도의 기반이 되는 시설의 건설 및 관리를 주된 목적으로 취득하였거나 관련 법령 및 계약 등에 의하여 취득하기로 한 재산·시설 및 그에 관한 권리

① 철도자산, 시설자산
② 운영자산, 시설자산
③ 운영자산, 유지자산
④ 시설자산, 철도자산

04 다음 중 보기의 정의에 해당되는 것으로 옳은 것을 고르면?

철도사업을 목적으로 설치하거나 운영하는 철도

① 전용철도
② 사업용철도
③ 특수철도
④ 관광철도
⑤ 유상철도

05 다음 중 철도사업 면허를 받으려는 법인의 임원 결격사유로 옳지 않은 것을 고르면?

① 피한정후견인
② 피성년후견인
③ 파산선고를 받고 복권되지 아니한 사람
④ 철도 관계 법령을 위반하여 금고 이상의 형의 집행유예를 선고받고 그 유예 기간 중에 있는 사람 및 자연인
⑤ 철도사업의 면허가 취소된 후 그 취소일부터 2년이 지나지 아니한 법인

06 다음 중 빈칸에 들어갈 단어로 옳은 것을 고르면?

> 철도사업법 제12조
> 국토교통부장관은 철도사업자가 다음 각 호의 어느 하나에 해당하는 경우에는 사업계획의 변경을 제한할 수 있다.
> 1. 제8조에 따라 국토교통부장관이 지정한 날 또는 기간에 운송을 시작하지 아니한 경우
> 2. 제16조에 따라 노선 운행중지, 운행제한, 감차(減車) 등을 수반하는 사업계획 변경명령을 받은 후 (　　　　)이 지나지 아니한 경우
> 3. 생략

① 1개월

② 3개월

③ 6개월

④ 1년

⑤ 2년

07 다음 중 철도사업법상 벌칙(형벌)에 해당되는 것으로 옳은 것을 고르면?

① 면허를 받지 아니하고 철도사업을 경영한 자

② 여객 운임·요금의 신고를 하지 아니한 자

③ 철도사업약관을 신고하지 않은 경우

④ 신고를 하지 않고 사업계획을 변경한 경우

⑤ 사업용철도차량의 표시를 하지 않은 경우

08 다음 중 한국철도공사법 내용으로 옳지 않은 것을 고르면?

① 한국철도공사는 법인으로 한다.

② 공사의 주된 사무소의 소재지는 정관으로 정한다.

③ 공사의 자본금은 22조 원으로 하고, 그 전부를 정부가 출자한다.

④ 공사는 등기가 필요한 사항에 관하여는 등기하기 전에는 제3자에게 대항하지 못한다.

⑤ 사장이 지정한 공사의 직원은 사장을 대신하여 공사의 업무에 관한 재판상 또는 재판 외의 모든 행위를 할 수 없다.

09 다음 중 철도공사의 손익금 처리 순서를 바르게 나열한 것을 고르면?

> ㉠ 국고에 납입
> ㉡ 자본금의 2분의 1이 될 때까지 이익금의 10분의 2 이상을 이익준비금으로 적립
> ㉢ 자본금과 같은 액수가 될 때까지 이익금의 10분의 2 이상을 사업확장적립금으로 적립
> ㉣ 이월결손금의 보전

① ㉠ – ㉡ – ㉢ – ㉣
② ㉠ – ㉢ – ㉡ – ㉣
③ ㉣ – ㉠ – ㉡ – ㉢
④ ㉣ – ㉡ – ㉢ – ㉠
⑤ ㉣ – ㉢ – ㉡ – ㉠

10 다음 중 빈칸에 들어갈 말로 옳은 것을 고르면?

> 사채의 발행액은 공사의 자본금과 적립금을 합한 금액의 (　　　　)를 초과하지 못한다.

① 2배
② 3배
③ 5배
④ 10배
⑤ 30배

모바일 OMR
바로가기

철도법령 실전모의고사 1회

정답과 해설 P.80

01 다음 중 빈칸에 들어갈 단어로 옳은 것을 고르면?

> 공익서비스라 함은 (   )가 영리목적의 영업활동과 관계없이 국가 또는 지방자치단체의 정책이나 공공목적 등을 위하여 제공하는 철도서비스를 말한다.

① 정부
② 국가
③ 국토교통부
④ 철도운영자
⑤ 철도시설관리자

02 다음 중 철도산업전문 연수기관이 전문인력 수요조사를 실시했을 때 그 결과와 전문인력의 수급에 관한 의견을 제출할 수 있는 곳을 고르면?

① 국가
② 대통령
③ 국토교통부장관
④ 기획재정부장관
⑤ 철도운영자

03 **다음 중 철도산업의 건전한 발전과 해외진출을 도모하기 위하여 설립할 수 있는 곳을 고르면?**

① 한국철도기술연구원

② 철도산업발전위원회

③ 철도협회

④ 철도기술발전위원회

⑤ 철도산업개발위원회

04 **다음 중 철도의 관리청으로 옳은 것을 고르면?**

① 정부

② 국가

③ 대통령

④ 국토교통부장관

⑤ 한국철도공사

05 **다음 중 철도사업법에서 사용하는 용어의 뜻이 잘못된 것을 고르면?**

① “사업용철도”란 철도사업을 목적으로 설치하거나 운영하는 철도를 말한다.

② “철도사업”이란 철도운영자가 철도차량을 사용하여 유상으로 여객이나 화물을 운송하는 사업을 말한다.

③ “철도운수종사자”란 철도운송과 관련하여 승무 및 역무서비스를 제공하는 직원을 말한다.

④ “철도사업자”란 「한국철도공사법」에 따라 설립된 한국철도공사 및 철도사업 면허를 받은 자를 말한다.

⑤ “전용철도운영자”란 전용철도 등록을 한 자를 말한다.

06 다음 중 철도사업자가 그 사업의 전부 또는 일부를 휴업하려는 경우 최대 휴업기간으로 옳은 것을 고르면?

① 1개월

② 2개월

③ 3개월

④ 6개월

⑤ 1년

07 다음 중 철도사업의 면허를 받을 수 없는 법인의 임원으로 옳지 않은 것을 고르면?

① 피한정후견인

② 피성년후견인

③ 파산선고를 받고 복권되지 아니한 사람

④ 철도사업법 또는 대통령령으로 정하는 철도 관계 법령을 위반하여 금고 이상의 실형을 선고받고 보석금을 납입한 사람

⑤ 철도사업법 또는 대통령령으로 정하는 철도 관계 법령을 위반하여 금고 이상의 형의 집행유예를 선고받고 그 유예 기간 중에 있는 사람

08 다음 중 빈칸에 들어갈 단어로 옳은 것을 고르면?

철도사업자는 여객 또는 화물 운송에 부수하여 우편물과 (　　　) 등을 운송할 수 있다.

① 광고

② 잡지

③ 신문

④ 전단지

⑤ 홍보물

09 다음 중 한국철도공사의 자본금으로 옳은 것을 고르면?

① 2조 원

② 5조 원

③ 10조 원

④ 20조 원

⑤ 22조 원

10 다음 중 사채의 발행액은 공사의 자본금과 적립금을 합한 금액의 몇 배를 초과할 수 없는지 고르면?

① 2배

② 3배

③ 4배

④ 5배

⑤ 6배

모바일 OMR 바로가기

철도법령 실전모의고사 2회

정답과 해설 P.82

01 다음 중 철도산업발전기본법 정의로 옳지 않은 것을 고르면?

① "철도"라 함은 여객 또는 화물을 운송하는 데 필요한 철도시설과 철도차량 및 이와 관련된 운영·지원체계가 유기적으로 구성된 운송체계를 말한다.

② "철도차량"이라 함은 운송을 목적으로 제작된 동력차·객차·화차 및 특수차를 말한다.

③ "선로"라 함은 철도차량을 운행하기 위한 궤도와 이를 받치는 노반 또는 공작물로 구성된 시설을 말한다.

④ "철도시설의 유지보수"라 함은 기존 철도시설의 현상유지 및 성능향상을 위한 점검·보수·교체·개량 등 일상적인 활동을 말한다.

⑤ "철도운영자"라 함은 법에 따라 설립된 한국철도공사 등 철도운영에 관한 업무를 수행하는 자를 말한다.

02 다음 중 실무위원회는 위원장을 제외하고 몇 인 이내로 구성할 수 있는지 고르면?

① 19인 이내

② 20인 이내

③ 24인 이내

④ 25인 이내

⑤ 30인 이내

03 **다음 중 철도기술의 진흥을 위하여 철도시험·연구개발시설 및 부지 등 국유재산을 「과학기술분야 정부출연연구기관 등의 설립·운영 및 육성에 관한 법률」에 의한 한국철도기술연구원에 무상으로 대부·양여하거나 사용·수익하게 할 수 있는 곳으로 옳은 것을 고르면?**

① 국가

② 대통령

③ 국토교통부장관

④ 기획재정부장관

⑤ 철도운영자

04 **다음 중 공익서비스에 대한 내용으로 옳지 않은 것을 고르면?**

① 철도운영자의 공익서비스 제공으로 발생하는 비용은 대통령령으로 정하는 바에 따라 국가 또는 해당 철도서비스를 직접 요구한 자가 부담하여야 한다.

② 원인제공자는 철도운영자와 공익서비스비용의 보상에 관한 계약을 체결하여야 한다.

③ 원인제공자는 철도운영자와 보상계약을 체결하기 전에 계약내용에 관하여 국토교통부장관 및 기획재정부장관과 미리 협의하여야 한다.

④ 국토교통부장관은 공익서비스비용의 객관성과 공정성을 확보하기 위하여 필요한 때에는 국토교통부령으로 정하는 바에 의하여 전문기관을 지정하여 그 기관으로 하여금 공익서비스비용의 산정 및 평가 등의 업무를 담당하게 할 수 있다.

⑤ 보상계약체결에 관하여 원인제공자와 철도운영자의 협의가 성립되지 아니하는 때에는 국토교통부장관이 이를 조정할 수 있다.

05 **다음 중 철도사업자가 열차를 이용하는 여객에게 징수할 수 있는 부가 운임의 범위로 옳은 것을 고르면?**

① 2배

② 5배

③ 10배

④ 20배

⑤ 30배

06 다음 중 철도사업자의 면허를 취소할 수 있는 경우로 옳지 않은 것을 고르면?

① 사업 경영의 불확실 또는 자산상태의 현저한 불량이나 그 밖의 사유로 사업을 계속하는 것이 적합하지 아니할 경우

② 철도사업의 면허기준에 미달하게 된 경우

③ 자연재해로 인한 철도사고로 대통령령으로 정하는 다수의 사상자가 발생한 경우

④ 면허에 붙인 부담을 위반한 경우

⑤ 휴업 또는 폐업의 허가를 받지 아니하거나 신고를 하지 아니하고 영업을 하지 아니한 경우

07 다음 중 점용허가에 대한 설명으로 옳지 않은 것을 고르면?

① 국토교통부장관은 국가가 소유·관리하는 철도시설에 건물이나 그 밖의 시설물을 설치하려는 자에게 「국유재산법」에도 불구하고 대통령령으로 정하는 바에 따라 시설물의 종류 및 기간 등을 정하여 점용허가를 할 수 있다.

② 점용허가는 철도사업자와 철도사업자가 출자·보조 또는 출연한 사업을 경영하는 자에게만 하며, 시설물의 종류와 경영하려는 사업이 철도사업에 지장을 주지 아니하여야 한다.

③ 점용허가를 받은 자는 점용허가기간이 만료되거나 점용허가가 취소된 경우에는 점용허가된 철도 재산을 원상으로 회복하여야 한다. 다만, 대통령령으로 인정하는 경우에는 원상회복의무를 면제할 수 있다.

④ 점용허가로 인하여 발생한 권리와 의무를 이전하려는 경우에는 대통령령으로 정하는 바에 따라 국토교통부장관의 인가를 받아야 한다.

⑤ 국토교통부장관은 점용허가를 받지 아니하고 철도시설을 점용한 자에 대하여 점용료의 100분의 120에 해당하는 금액을 변상금으로 징수할 수 있다.

08 다음 중 철도사업법상 1천만 원 이하의 과태료 부과에 해당되지 않는 자를 고르면?

① 여객 운임·요금의 신고를 하지 아니한 자

② 철도사업약관을 신고하지 아니하거나 신고한 철도사업약관을 이행하지 아니한 자

③ 상습 또는 영업으로 승차권 또는 이에 준하는 증서를 자신이 구입한 가격을 초과한 금액으로 다른 사람에게 판매하거나 이를 알선한 자

④ 회계를 구분하여 경리하지 아니한 자

⑤ 인가를 받지 아니하거나 신고를 하지 아니하고 사업계획을 변경한 자

09 다음 중 한국철도공사법 내용으로 옳지 않은 것을 고르면?

① 공사는 이사회의 의결을 거쳐 사채를 발행할 수 있다.

② 사채의 소멸시효는 원금은 5년, 이자는 2년이 지나면 완성한다.

③ 사채의 발행액은 공사의 자본금과 적립금을 합한 금액의 5배를 초과하지 못한다.

④ 국토교통부는 공사가 발행하는 사채의 원리금 상환을 보증할 수 있다.

⑤ 국가는 공사의 경영 안정 및 철도 차량·장비의 현대화 등을 위하여 재정 지원이 필요하다고 인정하면 예산의 범위에서 사업에 필요한 비용의 일부를 보조하거나 재정자금의 융자 또는 사채 인수를 할 수 있다.

10 다음 중 한국철도공사법상 비밀누설, 도용의 금지를 위반한 자의 벌칙으로 옳은 것을 고르면?

① 3년 이하의 징역

② 1년 이하의 징역

③ 5천만 원 이하의 벌금

④ 3천만 원 이하의 벌금

⑤ 2천만 원 이하의 벌금

모바일 OMR
바로가기

철도법령 실전모의고사 3회

정답과 해설 P.84

01 **다음 중 철도산업발전기본법에서 정하는 철도시설로 옳지 않은 것을 고르면?**

① 철도기술의 개발·시험 및 연구를 위한 시설

② 철도경영연수 및 철도전문인력의 교육훈련을 위한 시설

③ 선로 및 철도차량을 보수·정비하기 위한 선로보수기지, 차량정비기지 및 차량유치시설

④ 철도의 건설 및 유지보수를 위하여 당해 사업기간 중에 사용되는 철도차량과 그 철도차량을 정비·점검 또는 수리를 위한 시설

⑤ 철도의 전철전력설비, 정보통신설비, 신호 및 열차제어설비

02 **다음 중 철도산업의 육성 및 발전에 관한 사항으로서 대통령령으로 정하는 사항으로 옳은 것을 고르면?**

① 철도산업의 여건 및 동향전망에 관한 사항

② 철도산업시책의 추진체계

③ 각종 철도 간의 연계수송 및 사업조정에 관한 사항

④ 철도산업 전문인력의 양성에 관한 사항

⑤ 철도기술의 개발 및 활용에 관한 사항

03 **다음 중 철도산업위원회의 위원이 될 수 없는 자를 고르면?**

① 해양수산부차관
② 교육부차관
③ 행정안전부차관
④ 산업통상자원부차관
⑤ 국방부차관

04 **다음 중 철도시설관리권에 대한 내용으로 옳지 않은 것을 고르면?**

① 철도시설관리권은 이를 물권으로 보며, 철도산업발전기본법에 특별한 규정이 있는 경우를 제외하고는 민법 중 부동산에 관한 규정을 준용한다.
② 저당권이 설정된 철도시설관리권은 그 저당권자의 동의가 없으면 처분할 수 없다.
③ 철도시설관리권 또는 철도시설관리권을 목적으로 하는 저당권의 설정·변경·소멸 및 처분의 제한은 국가철도공단에 비치하는 철도시설관리권등록부에 등록함으로써 그 효력이 발생한다.
④ 철도시설을 관리하는 자는 그가 관리하는 철도시설의 관리대장을 작성·비치하여야 한다.
⑤ 철도시설 관리대장의 작성·비치 및 기재사항 등에 관하여 필요한 사항은 국토교통부령으로 정한다.

05 **다음 중 특정노선 폐지 승인신청서의 첨부서류로 옳지 않은 것을 고르면?**

① 승인신청 사유
② 등급별·시간대별 철도차량의 운행빈도, 역수, 종사자수 등 운영현황
③ 과거 1년 이상의 기간 동안의 1일 평균 철도서비스 수요
④ 과거 1년 이상의 기간 동안의 수입·비용 및 영업손실액에 관한 회계보고서
⑤ 향후 5년 동안의 1일 평균 철도서비스 수요에 대한 전망

06 **다음 중 철도사업의 면허를 취소하여야 하는 경우로 옳은 것은?**

① 면허받은 사항을 정당한 사유 없이 시행하지 아니한 경우
② 사업 경영의 불확실 또는 자산상태의 현저한 불량이나 그 밖의 사유로 사업을 계속하는 것이 적합하지 아니할 경우
③ 고의 또는 중대한 과실에 의한 철도사고로 대통령령으로 정하는 다수의 사상자가 발생한 경우
④ 거짓이나 그 밖의 부정한 방법으로 철도사업의 면허를 받은 경우
⑤ 국토교통부장관이 지정한 날 또는 기간에 운송을 시작하지 아니한 경우

07 **다음 중 국토교통부장관이 지정한 날 운송을 시작하지 않은 경우 부과하는 과징금 금액으로 옳은 것을 고르면?**

① 100만 원
② 300만 원
③ 500만 원
④ 700만 원
⑤ 1000만 원

08 **다음 중 국토교통부장관이 철도사업자에게 명할 수 있는 사항으로 옳지 않은 것을 고르면?**

① 사업계획의 변경
② 철도차량 및 운송 관련 장비·시설의 개선
③ 운임·요금 징수 방식의 개선
④ 철도사업면허의 갱신
⑤ 철도운수종사자의 양성 및 자질향상을 위한 교육

09 **다음 중 전용철도 등록사항의 경미한 변경의 경우로 옳지 않은 것을 고르면?**

① 운행시간을 연장 또는 단축한 경우

② 배차간격 또는 운행횟수를 단축 또는 연장한 경우

③ 10분의 1의 범위 안에서 철도차량 대수를 변경한 경우

④ 주사무소 · 철도차량기지의 부대시설을 변경한 경우

⑤ 6월의 범위 안에서 전용철도 건설기간을 조정한 경우

10 **다음 중 한국철도공사법 내용으로 옳지 않은 것을 고르면?**

① 공사는 국외에서 철도 차량의 정비 및 임대사업을 할 수 있다.

② 정부는 예산의 범위에서 공사의 업무와 관련된 사업에 투자 · 융자 · 보조 또는 출연할 수 있다.

③ 공사는 「공공기관의 운영에 관한 법률」에 따라 예산이 확정되면 2개월 이내에 해당 연도에 발행할 사채의 목적 · 규모 · 용도 등이 포함된 사채발행 운용계획을 수립하여 이사회의 의결을 거쳐 국토교통부장관의 승인을 받아야 한다. 운용계획을 변경하려는 경우에도 또한 같다.

④ 공사는 사업을 효율적으로 수행하기 위하여 필요하면 대부받거나 사용 · 수익을 허가받은 국유재산을 전대할 수 있다. 이 경우 전대를 하려면 미리 국토교통부장관의 승인을 받아야 한다. 이를 변경하려는 경우에도 또한 같다.

⑤ 공사는 매 사업연도 결산 결과 손실금이 생기면 사업확장적립금으로 보전하고 그 적립금으로도 부족하면 이익준비금으로 보전하되, 보전미달액은 다음 사업연도로 이월한다.